世界がわかるデータブック

せかいこくせいずえ

世界国勢図会

2023/24

- 世界の国々
- 人口と都市
- 労働
- 国民経済計算
- 資源とエネルギー
- 農林水産業
- 工業
- 貿易と国際収支
- 財政・金融・物価
- 運輸・観光
- 情報通信・科学技術
- 諸国民の生活
- 軍備・軍縮

公益財団法人 矢野恒太記念会 編集・発行

資料を提供していただいた諸団体（50音順）

英国国際戦略研究所（IISS)、ガートナージャパン、キャッシュレス推進協議会、国際アグリバイオ事業団、国際自動車工業連合会、国際貿易投資研究所、コンピュータエンターテインメント協会、ストックホルム国際平和研究所（SIPRI)、世界鉄鋼協会、世界半導体市場統計（WSTS）日本協議会、石油化学工業協会、電子情報技術産業協会、日本海事広報協会、日本海事センター、日本化学繊維協会、日本原子力産業協会、日本航空協会、日本自動車工業会、日本新聞協会、日本製薬工業協会、日本船主協会、日本鉄鋼連盟、日本貿易振興機構（ジェトロ)、日本ロボット工業会、Futures Industry Association (FIA)、米国科学者連盟（FAS）
(株式会社、社団法人等の名称は省略しました)

世界国勢図会の版歴

1985年12月10日　初 版 発 行
1987年12月5日　第2版発行
1989年12月1日　第3版発行
1991年12月5日　第4版発行
1993年12月1日　第5版発行
1995年9月1日　第6版発行
1996年9月1日　第7版発行
1997年9月1日　第8版発行
1998年9月1日　第9版発行
1999年9月1日　第10版発行
2000年9月1日　第11版発行
2001年9月1日　第12版発行
2002年9月1日　第13版発行
2003年9月1日　第14版発行
2004年9月1日　第15版発行
2005年9月1日　第16版発行
2006年9月1日　第17版発行
2007年9月1日　第18版発行
2008年9月1日　第19版発行
2009年9月1日　第20版発行
2010年9月1日　第21版発行
2011年9月1日　第22版発行
2012年9月1日　第23版発行
2013年9月1日　第24版発行
2014年9月1日　第25版発行
2015年9月20日　第26版発行
2016年9月1日　第27版発行
2017年9月1日　第28版発行
2018年9月1日　第29版発行
2019年9月1日　第30版発行
2020年9月1日　第31版発行
2021年9月1日　第32版発行
2022年9月1日　第33版発行
2023年9月1日　第34版発行

まえがき

本書は、現在の世界の情勢を示すデータを収載した統計データブックです。矢野恒太*が1927年（昭和２年）に刊行した「日本国勢図会」のうち、国際統計を拡充したもので、1985年（昭和60年）より刊行を続けています。

矢野恒太記念会は、2023年３月で創立70周年を迎えました。弊会では、統計普及・啓発事業として、統計データブックの刊行だけでなく、在外教育施設への統計データブックの贈呈や統計関連団体への出捐を続けています。

矢野恒太は、統計による客観的な数字こそが、社会を理解するうえで最も重要であると考え、その普及に努めました。その精神を受け継ぐ本書は、国際機関などの信頼性が高いと考えるデータを出典に、広範な分野で可能な限り最新の統計を体系的に掲載しています。国際統計では国によって定義等が異なり、比較が難しいものもありますが、本書が世界のあらましを考察する一助となれば幸いです。

刊行にあたり、ご協力いただいた皆様方に深く感謝の意を表します。

2023年７月

公益財団法人　矢野恒太記念会
編集長　岡田康弘

*矢野恒太　慶応1.12.2～昭和26.9.23（1866.1.18～1951.9.23）
第一生命保険の創立者。保険のみならず統計、公衆衛生、社会教育など各方面に功績があった。

目次

国際統計利用についての留意点

本書で用いた国際統計は、国際機関や各国政府あるいは業界団体などが公表した原数値、修正値、推計値などであるが、人口、GDP、貿易などがほぼ同じ基準で統計が作成されているのに対して、労働、財政、文化指標などは国によって統計の定義、分類、集計範囲が異なっている。そのため各国のデータの整合性が取れず、データの扱いには注意が必要となる。また、国際統計の多くは、毎年数値が遡って修正されるのが通例で、なかには農業生産などのように、大幅な訂正も行われている。国際統計を利用する際には、整合性が保たれていない統計が多いことに留意されて、各注釈を参照されたい。

アンケートのお願い　本書へのご意見、ご感想は、とじ込みの郵便はがきのほか、下記のウェブサイトでも受け付けております。皆様のご意見をお待ちしています。

URL：https://yt-ms.jp/q_w_zue202324/

凡例

▼年次は西暦を使いました。「年度」とあるもの以外は暦年（1月から12月まで）です。「年度」は特記しない限り会計年度を指し、日本の場合はその年の4月から翌年3月までですが、国により異なります。

▼単位は原則として計量法に基づく法定計量単位を使用しています。重量単位tは特記しない限り、メートル法によるトン（1000kg）です。

▼ドルは特記しない限り、アメリカ合衆国のドル（米ドル）です。

▼数値の単位未満は四捨五入している場合があり、合計の数値と内訳の計とが一致しない場合があります。

▼構成比（%）の内訳は、その他の項目がある場合を除き100%になるよう調整していません。

▼統計データは編集時点での最新データを使用していますが、その後訂正されることがあります。

▼ただ中国とある場合は、台湾省および香港特別行政区、マカオ特別行政区を含みません。

▼台湾、香港、マカオ、各国の属領はカッコ付きで表記しています。

統計表の記号等について

— は皆無、または定義上該当数値がないもの

0 または0.0 は表章単位に満たないもの

… は数値が得られないもの、不詳なもの

正誤表について 本書の訂正情報は、矢野恒太記念会のウェブサイトにてお知らせしております。

URL： https://yt-ms.jp/

各国通貨の名称と為替相場（1米ドルあたり各国通貨）（年平均）（2022年）

	ISOコード	年平均
アジア		
アラブ首長国連邦(ディルハム)	AED	3.67
イスラエル(新シェケル)	ILS	3.36
イラン(リアル)[1]	IRR	42 000.00
インド（ルピー）	INR	78.60
インドネシア(ルピア)	IDR	14 849.85
ウズベキスタン(スム)	UZS	11 050.15
カザフスタン(テンゲ)	KZT	460.17
韓国（ウォン）	KRW	1 291.45
カンボジア(リエル)	KHR	4 102.04
サウジアラビア(リヤル)	SAR	3.75
シンガポール(ドル)	SGD	1.38
スリランカ(ルピー)[1]	LKR	198.76
タイ（バーツ）	THB	35.06
(台湾)(ドル)	TWD	29.81
中国（人民元）	CNY	6.74
トルコ（リラ）	TRY	16.55
日本（円）	JPY	131.50
ネパール(ルピー)	NPR	125.20
パキスタン(ルピー)	PKR	204.87
バングラデシュ(タカ)	BDT	91.75
フィリピン(ペソ)	PHP	54.48
ベトナム（ドン）	VND	23 271.21
(香港)(ドル)	HKD	7.83
マレーシア(リンギット)	MYR	4.40
ミャンマー(チャット)[2]	MMK	1 381.62
モンゴル(トグログ)[1]	MNT	2 849.29
ラオス（キープ）	LAK	14 035.23
アフリカ		
アルジェリア(ディナール)	DZD	141.99
アンゴラ(クワンザ)	AOA	460.57
エジプト(ポンド)	EGP	19.16
ガーナ（セディ）	GHS	8.27
ガボン（フラン）	XAF	623.76
ケニア(シリング)	KES	117.87
コートジボワール(フラン)	XOF	623.76
コンゴ民主共和国(フラン)[1]	CDF	1 989.39
スーダン(ポンド)	SDG	546.76
タンザニア(シリング)[1]	TZS	2 297.76
チュニジア(ディナール)	TND	3.10
ナイジェリア(ナイラ)	NGN	425.98
南アフリカ共和国(ランド)	ZAR	16.36
モロッコ(ディルハム)	MAD	10.16
ヨーロッパ		
アイスランド(クローナ)	ISK	135.28
イギリス(ポンド)	GBP	0.81
ウクライナ(フリヴニャ)	UAH	32.34
クロアチア(クーナ)	HRK	7.16
スイス（フラン）	CHF	0.95
スウェーデン(クローナ)	SEK	10.11
セルビア(ディナール)	RSD	111.66
チェコ（コルナ）	CZK	23.36
デンマーク(クローネ)	DKK	7.08
ノルウェー(クローネ)	NOK	9.61
ハンガリー(フォリント)	HUF	372.60
ブルガリア(レフ)	BGN	1.86
ベラルーシ(ルーブル)	BYN	2.63
ポーランド(ズロチ)	PLN	4.46
ルーマニア(レイ)	RON	4.69
ロシア(ルーブル)	RUB	68.48
ユーロ圏(ユーロ)[3]	EUR	0.95
北中アメリカ		
アメリカ合衆国(ドル)[4]	USD	(1.05)
カナダ（ドル）	CAD	1.30
グアテマラ(ケツァル)	GTQ	7.75
コスタリカ(コロン)	CRC	647.14
ドミニカ共和国(ペソ)	DOP	55.14
メキシコ（ペソ）	MXN	20.13
南アメリカ		
アルゼンチン(ペソ)	ARS	130.62
ウルグアイ(ペソ)	UYU	41.17
コロンビア(ペソ)	COP	4 256.19
スリナム（ドル）	SRD	24.71
チリ（ペソ）	CLP	873.31
パラグアイ(グアラニ)	PYG	6 982.75
ブラジル(レアル)	BRL	5.16
ペルー（ソル）	PEN	3.84
ボリビア(ボリビアノス)	BOB	6.91
オセアニア		
オーストラリア(ドル)	AUD	1.44
ニュージーランド(ドル)	NZD	1.58
フィジー（ドル）	FJD	2.20

IMF Data, "International Financial Statistics" およびISO（国際標準化機構）資料（2023年6月12日閲覧）より作成。1）2021年。2）2020年。3）参加国は、オーストリア、ベルギー、キプロス、エストニア、フィンランド、フランス、ドイツ、ギリシャ、アイルランド、イタリア、ルクセンブルク、マルタ、オランダ、ポルトガル、スロバキア、スロベニア、スペイン、リトアニア、ラトビアの19か国（2022年現在）。4）1ユーロあたり。

第1章　世界の国々

2022年2月に始まったロシアのウクライナ侵攻は、冷戦終結後の安定した国際秩序を大きく揺るがした。今、世界情勢は「歴史の転換期にある」との認識が広がっている。アメリカ合衆国や日本、西欧諸国などの「自由で民主主義を掲げる先進国グループ」とロシアや中国などの「権威主義を強める勢力」の対立は激しさを増し、そして、その中間にある「グローバルサウス（インドやインドネシア、トルコ、南アフリカ共和国といった南半球に多いアジアやアフリカなどの新興国・途上国）」が存在感を強めている。2023年5月のG7（主要7か国首脳会議）広島サミットは、ウクライナに侵攻するロシアや海洋進出を進める中国を強く非難するとともに、気候変動、食料安全保障、サイバーセキュリティー、偽情報対策、生成AI（人工知能）をめぐる議論の必要性などが協議された。「グローバルサウス」については、各国のニーズに応じていくことで連携の強化を図っていくことが話し合われた。今回のサミットには、アジアからインド、インドネシア、ベトナム、韓国、南米からブラジル、アフリカからコモロ、太平洋諸国からクック諸島、オセアニアからオーストラリアの8か国の首脳が招待され、オーストラリアと韓国以外はすべて「グローバルサウス」と言える国々となっている。

ロシアが開始したウクライナ侵攻は、国外の領土を武力で占領・併合

世界の国・地域（2023年6月末現在）　2023年6月末現在、日本が国家として承認している国の数は195か国。最近では、クック諸島（2011年3月25日）、南スーダン共和国（2011年7月9日）、ニウエ（2015年5月15日）を承認した。北朝鮮については未承認で、北朝鮮と日本を含めた世界の国の数は197か国となる（日本政府は、北朝鮮を含まない196か国を世界の国の数としている）。国連加盟国は193か国で、北朝鮮は国連に加盟しており、日本承認国のうちバチカン、コソボ、クック諸島、ニウエは未加盟となっている。パレスチナは、2012年11月、国連オブザーバー国家に格上げされた。現在のオブザーバー国家は、バチカンとパレスチナ。台湾と国交を結んでいるのは、2023年6月末現在、13か国（2023年3月にホンジュラスが外交関係を解除）。

する行為であり、国際法に違反する。ウクライナは欧米諸国から武器支援を受けて徹底抗戦を続け、戦争はロシアの想定を超えて長期化しており、戦争終結の兆しは見えない状況である。欧米諸国はロシアへの経済制裁を強めているが、中国やインドを含めた多くの国は経済制裁に参加しておらず、食料やエネルギーの貿易が活発に行われている。さらに、エネルギー価格が高騰する中で、輸出大国であるロシアの財政を潤しているとの指摘もある。ロシアは国際社会で孤立を深めているが、プーチン大統領は積極的な外交を続けており、経済支援や防衛協力などを通じて、援助を求める多くの国々とつながりを深めている。2023年2月に国連総会で実施されたロシアのウクライナ侵攻を非難する決議には、「グローバルサウス」の国々が反対票や棄権票に名を連ねている（9ページ

2023年2月、国連ロシア撤退要求に反対・棄権した国々

193か国で構成する国際連合の総会は、ロシアのウクライナ侵攻開始から1年となる2023年2月、ロシア軍の即時撤退などを求める決議案を賛成141か国の圧倒的多数で採択した。反対や棄権などに回りロシアへの配慮を示した国は52か国で、以下は、国名リストである。

反対票（7か国）：ロシア、エリトリア、北朝鮮、シリア、ニカラグア、ベラルーシ、マリ

棄権票（32か国）：アルジェリア、アルメニア、アンゴラ、イラン、インド、ウガンダ、ウズベキスタン、エチオピア、エルサルバドル、カザフスタン、ガボン、ギニア、キューバ、キルギス、コンゴ共和国、ジンバブエ、スーダン、スリランカ、タジキスタン、中央アフリカ共和国、中国、トーゴ、ナミビア、パキスタン、バングラデシュ、ブルンジ、ベトナム、ボリビア、南アフリカ共和国、モザンビーク、モンゴル、ラオス

無投票（13か国）：アゼルバイジャン、エスワティニ、カメルーン、ギニア・ビサウ、グレナダ、赤道ギニア、セネガル、タンザニア、ドミニカ国、トルクメニスタン、ブルキナファソ、ベネズエラ、レバノン

ロシアを非難する決議案に反対・棄権した52か国は、旧ソ連の構成国、西欧諸国の旧植民地で独立後も紛争を抱えるアフリカの国々が多い。近年、ロシアは国際社会での孤立を防ぐために、欧米諸国への不信感が強い国を相手に積極的な外交を行っている。特に、アフリカ諸国とは天然資源・鉱物の利権などにもつながることから関係を深めており、2023年7月には、第2回「ロシア・アフリカ首脳会議」が開かれる。

解説欄参照)。ロシア国内では、2023年6月24日に、自国の重要な戦力となっている民間軍事会社ワグネルがロシア政府に対して武装蜂起し、首都モスクワに向けて進軍した。モスクワから約200キロメートルの地点でワグネルは撤収、反乱は24時間のうちに収束している。ワグネル率いるプリゴジン氏は、ロシア国防省との連携体制に不満を募らせており、ロシア政府からの支援が不十分と言及していた。撤収後、ワグネル戦闘員は、ウクライナの戦場から撤退すると報道されているが、編集時点で詳細は不明である。ワグネルは、シリア、リビア、スーダン、中央アフリカ共和国、マリで軍事や治安維持に従事しており、ロシアの外交にも深くかかわっているため、今後の動向が注視されている。

中国は、世界第2位の経済大国であり、ロシアと同様に国連安全保障

イランとサウジアラビア、国交回復

2023年3月、中国の仲介により、イランとサウジアラビアが7年ぶりに国交を回復させることで合意した。6月には、サウジアラビアの首都リアドでイランの大使館が再開している。イスラム教スンニ派で親米のサウジアラビアと、イスラム教シーア派で反米のイランは、どちらも莫大なエネルギー資源を持つ大国で、長年にわたって中東における主導権を激しく争い、対立してきた。断交に至った直接的な原因は、2016年、イランの首都テヘランでサウジアラビア大使館が襲撃されたことである。

両国の国交回復には、国際関係で影響力を強めている中国の存在が大きい。これまで中東地域では、アメリカ合衆国が中心的役割を果たしてきたが、自国でのエネルギー生産が拡大したことで中東の重要性が低下している。一方、中国にとってサウジアラビアは最大の原油輸入先であり、世界の物流ルートを作ろうとしている中国に中東の安定は重要である。また、イランとサウジアラビア両国にとっても、中国は原油の主要輸出国となっている。また、政治・経済的に孤立するイランには、中国と関係を深め、サウジアラビアと和解することは、国益にかなうものである。

今回の国交回復で、両国は、他国の内政への不干渉を確認しあった。これまで、両国の対立により、イラクやシリア、イエメン、レバノンなど周辺国で「代理戦争」と言われる状況が生まれていた。特にイエメンでは、2015年から続くスンニ派主体の政府とシーア派主体の武装勢力との争いに両国が介入したことで、内戦は泥沼化している。両国の関係改善が、周辺国で起きる内戦の解決につながることが期待されている。

理事会で拒否権を持つ国である。G7は、国際問題の解決のためには中国を切り離すことはできず、対話を続けていくことが不可欠であると再確認した。中国側は、外部勢力による内政干渉に対して断固反対する立場を堅持しており、ロシアのウクライナ侵攻に関しても、国連の非難採決を棄権するなど慎重かつロシア寄りの姿勢を見せている。また、台湾問題は内政事項であり、東·南シナ海などの海空域への進出についても、広大な海域の領有権や海洋権益を主張している。世界の海運が通過する東・南シナ海は、自由貿易や航行の自由が確保されるべき重要な地域である。南シナ海では、ブルネイやマレーシア、フィリピン、台湾、ベトナムが中国に対して領有権を争っている。

アメリカ合衆国では、2024年に大統領選挙が実施される。民主党からは現大統領のバイデン氏が再出馬することが報じられ、共和党からはトランプ前大統領が立候補を表明している。米国内では、トランプ前大統領を支持する層と支持しない層に分断・分極しており、2022年11月の中間選挙では、下院で共和党が僅差で勝利した。一方、中国では習近平国家主席が終身政権を保持し、ロシアのプーチン大統領も2024年3月大統領選での当選は確実とみられ、2036年まで任期が続く予定である。

図 1-1　世界銀行の分類による面積、人口、GNIの分布（2021年）

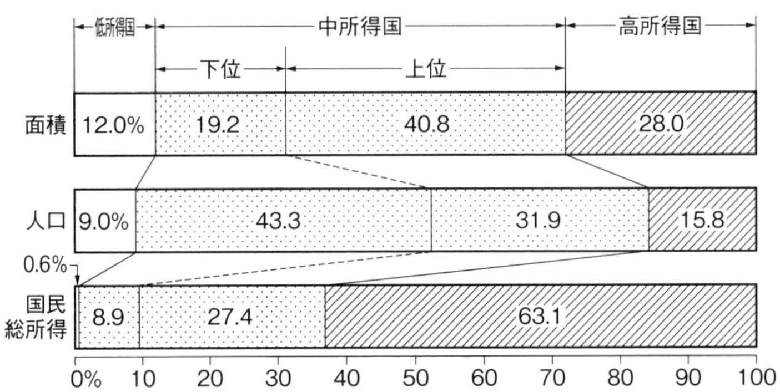

世界銀行“World Development Indicators”より作成。ほかの図表とは資料が異なるので注意。世界銀行は、アトラス方式を用いて計算された1人あたり国民総所得（GNI）によって便宜的な所得による分類を毎年行っている。2021年の1人あたりGNIは、低所得国が1085ドル以下、中所得国のうち下位が1086～4255ドル、中所得国上位が4256～13205ドル、高所得国は13206ドル以上。

表 1-1　独立国・その他の地域の一覧表

国名	面積（千km²）（2021年）	人口（千人）（2022年）	人口密度（1km²あたり 人）	首都
アジア				
日本国	378	124 947	1) 335	東京
アゼルバイジャン共和国	87	10 358	120	バクー
アフガニスタン・イスラム共和国	653	41 129	63	カブール
アラブ首長国連邦	2) 71	9 441	133	アブダビ
アルメニア共和国	30	2 780	93	エレバン
イエメン共和国	528	33 697	64	サヌア
イスラエル国 4)	22	9 038	409	エルサレム4)
イラク共和国	435	44 496	102	バグダッド
イラン・イスラム共和国	1 631	88 551	54	テヘラン
インド共和国 5)	3 287	1 417 173	431	ニューデリー
インドネシア共和国	1 911	275 501	144	ジャカルタ7)
ウズベキスタン共和国	449	34 628	77	タシケント
オマーン国	310	4 576	15	マスカット
カザフスタン共和国	2 725	19 398	7	アスタナ8)
カタール国	12	2 695	232	ドーハ
カンボジア王国	181	16 768	93	プノンペン
キプロス共和国 9)	9.3	1 251	135	ニコシア
キルギス共和国	200	6 631	33	ビシュケク
クウェート国	18	4 269	240	クウェート
サウジアラビア王国	2 207	36 409	16	リヤド
ジョージア	70	3 744	54	トビリシ
シリア・アラブ共和国	185	22 125	119	ダマスカス
シンガポール共和国	0.7	5 976	8 202	なし(都市国家)
スリランカ民主社会主義共和国	66	21 832	333	スリ・ジャヤワルダナプラ・コッテ
タイ王国	513	71 697	140	バンコク
大韓民国（韓国）	100	51 816	516	ソウル
タジキスタン共和国	141	9 953	70	ドゥシャンベ
中華人民共和国 11)	9 600	1 425 887	149	ペキン（北京）
トルクメニスタン	488	6 431	13	アシガバット
トルコ共和国	784	85 341	109	アンカラ
ネパール	147	30 548	208	カトマンズ
バーレーン王国	0.8	1 472	1 891	マナーマ
パキスタン・イスラム共和国12)	796	235 825	296	イスラマバード
バングラデシュ人民共和国	148	171 186	1 153	ダッカ
東ティモール民主共和国	15	1 341	90	ディリ
フィリピン共和国	300	115 559	385	マニラ
ブータン王国	38	782	20	ティンプー
ブルネイ・ダルサラーム国	5.8	449	78	バンダル・スリ・ブガワン
ベトナム社会主義共和国	331	98 187	296	ハノイ

主要言語	独立年月	国内総生産(百万ドル)(2021年)	1人あたりGNI(ドル)(2021年)	貿易額(百万ドル)(2022年)	
				輸出	輸入
日本語	—	4 940 878	41 162	746 920	897 242
アゼルバイジャン語	1991. 8	54 622	5 263	41 794	14 399
ダリー語、パシュトゥー語	—	14 939	377	883	5 629
アラビア語	1971.12	405 468	43 217	598 509	424 525
アルメニア語	1991. 9	13 861	5 032	5 360	8 769
アラビア語	[3]	9 947	301	873	5 715
ヘブライ語、アラビア語	1948. 5	481 591	53 302	73 585	107 269
アラビア語、クルド語	—	204 004	4 645	131 766	78 227
ペルシャ語、トルコ語	—	594 892	6 556	73 000	55 446
ヒンディー語[6]	1947. 8	3 201 471	2 239	453 481	723 348
インドネシア語	1945. 8	1 186 093	4 217	291 979	237 447
ウズベク語、ロシア語	1991. 8	69 239	2 023	15 350	28 173
アラビア語	—	88 192	18 184	62 904	36 888
カザフ語、ロシア語	1991.12	193 018	9 168	84 663	49 586
アラビア語	1971. 9	179 571	65 863	129 810	33 199
カンボジア語	1953.11	26 669	1 523	22 472	29 795
ギリシャ語、トルコ語	1960. 8	28 408	29 554	4 330	11 924
キルギス語、ロシア語	1991. 8	8 741	1 294	2 187	9 629
アラビア語	1961. 6	136 642	36 453	104 118	34 652
アラビア語	—	833 541	23 642	410 460	188 336
ジョージア語	1991. 4	18 696	4 700	5 593	13 450
アラビア語	1946. 4	19 719	997	951	8 579
マレー語、英語[10]	1965. 8	396 992	58 770	515 802	475 578
シンハラ語、タミル語、英語	1948. 2	85 309	3 823	13 107	18 291
タイ語	—	505 982	6 818	287 068	303 191
韓国語	1948. 8	1 810 966	35 329	683 585	731 370
タジク語、ロシア語	1991. 9	8 746	1 047	2 142	5 167
中国語	—	17 734 131	12 324	3 593 601	2 715 999
トルクメン語、ロシア語	1991.10	53 954	8 070	11 703	2 912
トルコ語	—	819 034	9 519	254 172	363 711
ネパール語	—	36 207	1 212	1 291	13 353
アラビア語	1971. 8	38 869	24 990	29 788	15 537
ウルドゥー語、英語	1947. 8	342 501	1 584	30 936	71 072
ベンガル語	1971.12	414 907	2 579	54 695	88 234
テトゥン語、ポルトガル語	2002. 5	2 004	1 842	357	909
フィリピノ語、英語	1946. 7	394 086	3 584	78 798	144 493
ゾンカ語	—	2 381	2 809	720	1 702
マレー語、英語	1984. 1	14 006	31 650	14 039	9 651
ベトナム語	[13]	366 138	3 564	371 374	359 280

国名	面積（千km²）（2021年）	人口（千人）（2022年）	人口密度（1km²あたり 人）	首都
マレーシア…………	331	33 938	103	クアラルンプール
ミャンマー連邦共和国	677	54 179	80	ネーピードー
モルディブ共和国……	0.3	524	1 746	マレ
モンゴル国…………	1 564	3 398	2	ウランバートル
ヨルダン・ハシェミット王国[14]	89	11 286	126	アンマン
ラオス人民民主共和国	237	7 529	32	ビエンチャン
レバノン共和国………	10	5 490	525	ベイルート
アフリカ				
アルジェリア民主人民共和国	2 382	44 903	19	アルジェ
アンゴラ共和国………	1 247	35 589	29	ルアンダ
ウガンダ共和国………	242	47 250	196	カンパラ
エジプト・アラブ共和国	1 002	110 990	111	カイロ[15]
エスワティニ王国…[16]	17	1 202	69	ムババーネ
エチオピア連邦民主共和国	1 104	123 380	112	アディスアベバ
エリトリア国…………	121	3 684	30	アスマラ
ガーナ共和国…………	239	33 476	140	アクラ
カーボベルデ共和国…	4.0	593	147	プライア
ガボン共和国…………	268	2 389	9	リーブルビル
カメルーン共和国……	476	27 915	59	ヤウンデ
ガンビア共和国………	11	2 706	240	バンジュール
ギニア共和国…………	246	13 859	56	コナクリ
ギニアビサウ共和国…	36	2 106	58	ビサウ
ケニア共和国…………	592	54 027	91	ナイロビ
コートジボワール共和国	322	28 161	87	ヤムスクロ[17]
コモロ連合…………	2.2	837	374	モロニ
コンゴ共和国…………	342	5 970	17	ブラザビル
コンゴ民主共和国……	2 345	99 010	42	キンシャサ
サントメ・プリンシペ民主共和国…………	1.0	227	236	サントメ
ザンビア共和国………	753	20 018	27	ルサカ
シエラレオネ共和国…	72	8 606	119	フリータウン
ジブチ共和国…………	23	1 121	48	ジブチ
ジンバブエ共和国……	391	16 321	42	ハラレ
スーダン共和国……[18]	1 880	46 874	25	ハルツーム
セーシェル共和国……	0.5	107	234	ビクトリア
赤道ギニア共和国……	28	1 675	60	マラボ
セネガル共和国………	197	17 316	88	ダカール
ソマリア連邦共和国…	638	17 598	28	モガディシュ
タンザニア連合共和国‥	947	65 498	69	ドドマ[20]
チャド共和国…………	1 284	17 723	14	ウンジャメナ
中央アフリカ共和国…	623	5 579	9	バンギ
チュニジア共和国……	164	12 356	76	チュニス
トーゴ共和国…………	57	8 849	156	ロメ

主要言語	独立年月	国内総生産(百万ドル)(2021年)	1人あたりGNI(ドル)(2021年)	貿易額(百万ドル)(2022年) 輸出	輸入
マレー語、中国語、英語	1957. 8	372 702	10 769	352 501	294 430
ミャンマー語	1948. 1	58 582	1 095	19 607	16 941
ディベヒ語	1965. 7	5 406	9 391	400	3 516
モンゴル語、カザフ語	—	15 098	3 889	12 540	8 704
アラビア語、英語	1946. 5	45 244	4 038	12 289	27 191
ラオス語	1953.10	19 074	2 414	7 906	7 369
アラビア語、仏語、英語	1943.11	37 945	6 521	4 370	19 503
アラビア語、ベルベル語、仏語	1962. 7	163 473	3 618	61 089	39 173
ポルトガル語	1975.11	70 533	2 070	47 560	16 932
英語、スワヒリ語	1962.10	42 661	915	3 973	9 366
アラビア語	—	425 906	3 778	49 277	85 758
英語、スワティ語	1968. 9	4 732	3 586	2 076	2 004
アムハラ語、英語	—	99 269	821	3 941	18 809
ティグリニャ語、アラビア語	1993. 5	2 255	616	719	1 431
英語	1957. 3	79 083	2 348	17 267	14 654
ポルトガル語、クレオール語	1975. 7	1 936	3 229	46	882
仏語	1960. 8	18 521	7 358	9 200	4 569
仏語、英語	1960. 1	45 368	1 636	5 900	7 800
英語、マンディンゴ語	1965. 2	2 038	753	51	597
仏語、各民族語	1958.10	16 036	1 046	11 150	5 378
ポルトガル語	1973. 9	1 563	760	236	370
スワヒリ語、英語	1963.12	110 347	2 051	7 545	21 571
仏語、各民族語	1960. 8	69 765	2 462	16 436	17 948
仏語、アラビア語、コモロ語	1975. 7	1 340	1 620	55	319
仏語、リンガラ語	1960. 8	12 841	1 737	3 230	3 056
仏語、キコンゴ語	1960. 6	52 850	541	26 200	12 200
ポルトガル語	1975. 7	555	2 512	18	184
英語、ベンバ語	1964.10	21 313	1 062	11 651	9 047
英語、クリオ語、メンデ語	1961. 4	4 249	499	1 003	1 995
アラビア語、仏語	1977. 6	3 701	3 254	4 518	5 430
英語、ショナ語、ンデベレ語	1980. 4	24 118	1 471	6 586	8 683
アラビア語、英語	1956. 1	35 867	745	4 191	10 064
英語、仏語、クレオール語	1976. 6	1 287	11 500	593	1 380
スペイン語、仏語	1968.10	12 431	6 991	8 000	2 800
仏語、ウォロフ語	1960. 4	27 625	1 602	5 851	12 923
ソマリ語、アラビア語[19)	1960. 7	7 628	444	…	…
スワヒリ語、英語	1961.12	[21)] 70 297	[21)] 1 117	6 825	14 255
仏語、アラビア語	1960. 8	16 410	923	3 300	3 500
サンゴ語、仏語	1960. 8	2 518	493	141	500
アラビア語、仏語	1956. 3	46 687	3 679	18 561	26 656
仏語	1960. 4	8 160	946	1 471	2 900

国名	面積（千km²）（2021年）	人口（千人）（2022年）	人口密度（1km²あたり 人）	首都
ナイジェリア連邦共和国	924	218 541	237	アブジャ
ナミビア共和国………	825	2 567	3	ウィントフック
ニジェール共和国……	1 267	26 208	21	ニアメ
ブルキナファソ………	271	22 674	84	ワガドゥグ
ブルンジ共和国………	28	12 890	463	ブジュンブラ[22)
ベナン共和国…………	115	13 353	116	ポルトノボ[23)
ボツワナ共和国………	582	2 630	5	ハボロネ
マダガスカル共和国……	587	29 612	50	アンタナナリボ
マラウイ共和国………	95	20 405	216	リロングウェ
マリ共和国…………	1 240	22 594	18	バマコ
南アフリカ共和国……	1 221	59 894	49	プレトリア
南スーダン共和国……[18)	659	10 913	17	ジュバ
モーリシャス共和国……	2.0	1 299	657	ポートルイス
モーリタニア・イスラム共和国	1 031	4 736	5	ヌアクショット
モザンビーク共和国……	799	32 970	41	マプト
モロッコ王国…………	447	37 458	84	ラバト
リビア………………	1 676	6 812	4	トリポリ
リベリア共和国………	111	5 303	48	モンロビア
ルワンダ共和国………	26	13 777	523	キガリ
レソト王国…………	30	2 306	76	マセル
ヨーロッパ				
アイスランド…………	103	373	4	レイキャビク
アイルランド…………	70	5 023	72	ダブリン
アルバニア共和国……	29	2 842	99	ティラナ
アンドラ公国…………	0.5	80	171	アンドラ・ラ・ベリャ
イタリア共和国………	302	59 037	195	ローマ
ウクライナ…………	604	39 702	66	キーウ
エストニア共和国……	45	1 326	29	タリン
オーストリア共和国……	84	8 940	107	ウィーン
オランダ王国…………	42	17 564	423	アムステルダム
北マケドニア共和国‥[25)	26	2 094	81	スコピエ
ギリシャ共和国………	132	10 385	79	アテネ
グレートブリテン及び北アイルランド連合王国（英国）……	244	67 509	276	ロンドン
クロアチア共和国……	57	4 030	71	ザグレブ
コソボ共和国(国連未加盟)[26)	11	1 762	162	プリシュティナ
サンマリノ共和国……	0.06	34	552	サンマリノ
スイス連邦…………	41	8 740	212	ベルン
スウェーデン王国……	439	10 549	24	ストックホルム
スペイン王国…………	506	47 559	94	マドリード
スロバキア共和国……	49	5 643	115	ブラチスラバ
スロベニア共和国……	20	2 120	105	リュブリャナ
セルビア共和国……[27)	77	7 221	93	ベオグラード

主要言語	独立年月	国内総生産(百万ドル)(2021年)	1人あたりGNI(ドル)(2021年)	貿易額(百万ドル)(2022年)	
				輸出	輸入
英語、ハウサ語	1960.10	430 923	1 868	62 675	53 614
英語、アフリカーンス語	1990. 3	12 236	4 760	7 100	9 800
仏語、ハウサ語	1960. 8	14 915	585	1 243	2 722
仏語	1960. 8	19 738	865	4 518	5 504
仏語、キルンジ語	1962. 7	3 900	312	181	1 206
仏語	1960. 8	17 688	1 347	3 611	4 975
英語、ツワナ語	1966. 9	17 615	6 692	8 295	7 840
マダガスカル語、仏語	1960. 6	14 450	489	3 609	5 471
チェワ語、英語	1964. 7	12 199	602	945	3 170
仏語、バンバラ語	1960. 9	19 157	849	5 288	7 380
英語、アフリカーンス語	—	419 016	6 920	122 901	136 208
英語、アラビア語、各部族語	2011. 7	4 304	386	873	1 255
英語、仏語、クレオール語	1968. 3	11 525	9 005	2 301	6 617
アラビア語、仏語	1960.11	9 996	2 144	3 203	4 594
ポルトガル語	1975. 6	15 777	481	8 333	8 840
アラビア語、ベルベル語	1956. 3	142 867	3 801	41 146	71 511
アラビア語	1951.12	39 006	5 839	35 697	21 588
英語、アラビア語、部族語	—	2 445	413	800	1 500
ルワンダ語、英語、仏語	1962. 7	11 070	795	2 111	3 569
英語、ソト語	1966.10	2 373	1 224	1 117	1 924
アイスランド語	1944. 6	25 602	69 996	7 390	9 690
アイルランド語、英語	—	504 183	76 726	213 991	145 856
アルバニア語	—	18 260	6 290	4 309	8 399
カタルーニャ語、仏語	1993. 3	3 325	42 066	165	2 075
イタリア語	—	2 107 703	36 216	656 925	689 452
ウクライナ語、ロシア語	1991. 8	[24]200 086	[24] 4 697	45 830	56 092
エストニア語	1991. 9	37 191	27 506	22 360	25 801
独語	—	480 368	54 082	211 647	232 433
オランダ語	—	1 012 847	56 574	965 518	898 536
マケドニア語、アルバニア語	1991. 9	13 881	6 285	8 727	12 755
現代ギリシャ語	—	214 874	20 481	57 392	97 696
英語	—	3 131 378	46 338	529 435	823 866
クロアチア語	1991. 6	68 955	16 950	25 294	44 307
アルバニア語、セルビア語	2008. 2	9 412	5 792	…	…
イタリア語	—	1 702	45 440	…	…
独語、仏語	—	812 867	90 045	401 731	356 473
スウェーデン語	—	635 664	62 469	197 792	202 018
スペイン語	—	1 427 381	30 216	418 364	493 354
スロバキア語	1993. 1	116 527	21 124	108 037	112 756
スロベニア語	1991. 6	61 749	28 724	69 624	69 696
セルビア語	1992. 4	63 068	8 377	29 058	41 148

国名	面積 (千km²) (2021年)	人口 (千人) (2022年)	人口密度 (1km²あたり 人)	首都
チェコ共和国	79	10 494	133	プラハ
デンマーク王国	43	5 882	137	コペンハーゲン
ドイツ連邦共和国	358	83 370	233	ベルリン
ノルウェー王国	324	5 434	17	オスロ
バチカン（国連未加盟）	0.0004	0.5	1 159	なし(都市国家の一種)
ハンガリー	93	9 967	107	ブダペスト
フィンランド共和国	337	5 541	16	ヘルシンキ
フランス共和国	552	64 627	117	パリ
ブルガリア共和国	110	6 782	61	ソフィア
ベラルーシ共和国	208	9 535	46	ミンスク
ベルギー王国	31	11 656	382	ブリュッセル
ポーランド共和国	313	39 857	127	ワルシャワ
ボスニア・ヘルツェゴビナ	51	3 234	63	サラエボ
ポルトガル共和国	92	10 271	111	リスボン
マルタ共和国	0.3	533	1 693	バレッタ
モナコ公国	0.002	36	18 235	モナコ
モルドバ共和国	34	3 273	97	キシナウ[28]
モンテネグロ	14	627	45	ポドゴリツァ
ラトビア共和国	65	1 851	29	リガ
リトアニア共和国	65	2 750	42	ビリニュス
リヒテンシュタイン公国	0.2	39	246	ファドーツ
ルーマニア	238	19 659	82	ブカレスト
ルクセンブルク大公国	2.6	648	250	ルクセンブルク
ロシア連邦	17 098	144 713	8	モスクワ
北中アメリカ				
アメリカ合衆国（米国）	9 834	338 290	34	ワシントンD.C.
アンティグア・バーブーダ	0.4	94	212	セントジョンズ
エルサルバドル共和国	21	6 336	301	サンサルバドル
カナダ	9 985	38 454	4	オタワ
キューバ共和国	110	11 212	102	ハバナ
グアテマラ共和国	109	17 844	164	グアテマラ市
グレナダ	0.3	125	364	セントジョージズ
コスタリカ共和国	51	5 181	101	サンホセ
ジャマイカ	11	2 827	257	キングストン
セントクリストファー・ネービス[29]	0.3	48	183	バセテール
セントビンセント及びグレナディーン諸島	0.4	104	267	キングスタウン
セントルシア	0.6	180	292	カストリーズ
ドミニカ共和国	49	11 229	231	サントドミンゴ
ドミニカ国	0.8	73	97	ロゾー
トリニダード・トバゴ共和国	5.1	1 531	299	ポート・オブ・スペイン
ニカラグア共和国	130	6 948	53	マナグア

主要言語	独立年月	国内総生産(百万ドル)(2021年)	1人あたりGNI(ドル)(2021年)	貿易額(百万ドル)(2022年) 輸出	輸入
チェコ語	1993. 1	281 778	25 608	241 228	235 978
デンマーク語	—	398 303	70 390	131 048	126 832
独語	—	4 259 935	52 885	1 655 480	1 571 455
ノルウェー語	—	482 175	93 149	249 805	105 545
ラテン語、仏語、イタリア語	—	…	…	…	…
ハンガリー語	—	181 848	18 139	151 303	163 141
フィンランド語	—	297 302	54 714	85 614	97 064
仏語	—	2 957 880	45 535	617 817	817 994
ブルガリア語	—	84 058	11 889	50 718	58 167
ベラルーシ語、ロシア語	1991. 8	68 206	6 842	23 323	39 682
オランダ語、仏語、独語	—	594 104	51 639	632 852	620 616
ポーランド語	—	679 442	16 908	360 542	381 187
ボスニア語、セルビア語	1992. 3	23 365	7 082	9 674	15 377
ポルトガル語	—	253 663	24 353	82 382	114 691
マルタ語、英語	1964. 9	17 721	31 132	3 180	8 328
仏語	—	8 596	234 317	…	…
モルドバ語、ロシア語	1991. 8	13 680	4 592	4 335	9 219
モンテネグロ語、セルビア語	2006. 6	5 809	9 529	742	3 704
ラトビア語	1991. 9	39 854	20 876	23 885	29 466
リトアニア語	1991. 9	66 445	22 926	46 340	54 938
独語	—	6 608	198 294	…	…
ルーマニア語	—	284 086	14 416	96 706	132 483
ルクセンブルク語	—	85 506	93 369	17 420	26 416
ロシア語	—	1 778 782	11 960	531 887	240 391
英語	—	23 315 081	70 081	2 064 787	3 376 200
英語	1981.11	1 421	14 735	18	728
スペイン語	—	28 737	4 294	7 115	17 108
英語、仏語	—	1 988 336	51 741	597 480	581 669
スペイン語	—	126 694	11 086	1 779	…
スペイン語	—	85 986	4 791	15 695	32 116
英語	1974. 2	1 115	8 529	37	589
スペイン語	—	64 282	11 627	20 329	26 431
英語	1962. 8	14 658	5 023	1 517	7 360
英語	1983. 9	861	17 835	25	392
英語	1979.10	881	8 395	28	557
英語	1979. 2	1 765	9 655	49	914
スペイン語	—	94 243	8 053	13 602	30 718
英語	1978.11	548	7 594	16	164
英語	1962. 8	24 460	15 316	12 312	6 202
スペイン語	—	14 013	1 927	7 360	11 247

国名	面積 (千km²) (2021年)	人口 (千人) (2022年)	人口密度 (1km²あたり 人)	首都
ハイチ共和国	28	11 585	417	ポルトープランス
パナマ共和国	75	4 409	59	パナマシティー
バハマ国	14	410	29	ナッソー
バルバドス	0.4	282	653	ブリッジタウン
ベリーズ	23	405	18	ベルモパン
ホンジュラス共和国	112	10 433	93	テグシガルパ
メキシコ合衆国	1 964	127 504	65	メキシコシティ
南アメリカ				
アルゼンチン共和国	2 796	45 510	16	ブエノスアイレス
ウルグアイ東方共和国	174	3 423	20	モンテビデオ
エクアドル共和国	257	18 001	70	キト
ガイアナ共和国[30)]	215	809	4	ジョージタウン
コロンビア共和国	1 142	51 874	45	ボゴタ
スリナム共和国	164	618	4	パラマリボ
チリ共和国	756	19 604	26	サンティアゴ
パラグアイ共和国	407	6 781	17	アスンシオン
ブラジル連邦共和国	8 510	215 313	25	ブラジリア
ベネズエラ・ボリバル共和国	930	28 302	30	カラカス
ペルー共和国	1 285	34 050	26	リマ
ボリビア多民族国	1 099	12 224	11	ラパス[31)]
オセアニア				
オーストラリア連邦	7 692	26 177	3	キャンベラ
キリバス共和国	0.7	131	181	タラワ
クック諸島(国連未加盟)	0.2	17	72	アバルア
サモア独立国	2.8	222	78	アピア
ソロモン諸島	29	724	25	ホニアラ
ツバル	0.03	11	435	フナフティ
トンガ王国	0.7	107	143	ヌクアロファ
ナウル共和国	0.02	13	603	ヤレン
ニウエ(国連未加盟)	0.3	2	7	アロフィ
ニュージーランド	268	5 185	19	ウェリントン
バヌアツ共和国	12	327	27	ポートビラ
パプアニューギニア独立国	463	10 143	22	ポートモレスビー
パラオ共和国	0.5	18	39	マルキョク
フィジー共和国	18	930	51	スバ
マーシャル諸島共和国	0.2	42	230	マジュロ
ミクロネシア連邦	0.7	114	163	パリキール
主なその他の地域[33)]				
北朝鮮	121	26 069	216	ピョンヤン(平壌)
台湾	36	23 893	660	タイペイ(台北)
パレスチナ[34)]	6.0	5 250	872	ラマッラ
香港[35)]	1.1	7 489	6 723	—
マカオ[35)]	0.03	695	21 066	—

資料、脚注は22ページ参照。

主要言語	独立年月	国内総生産（百万ドル）（2021年）	1人あたりGNI（ドル）（2021年）	貿易額（百万ドル）（2022年）	
				輸出	輸入
仏語、クレオール語	—	19 044	1 665	914	2 987
スペイン語	—	63 605	14 012	14 414	31 617
英語	1973. 7	11 209	25 962	783	4 195
英語	1966.11	4 844	16 887	546	2 133
英語、スペイン語	1981. 9	2 492	5 936	441	1 378
スペイン語	—	28 489	2 546	12 222	17 573
スペイン語	—	1 272 839	9 956	578 193	626 324
スペイン語	—	487 227	10 590	88 445	81 522
スペイン語	—	59 318	16 498	11 237	12 973
スペイン語	—	106 166	5 873	32 658	33 049
英語、クレオール語	1966. 5	8 044	11 063	10 998	4 204
スペイン語	—	314 464	6 003	56 999	77 413
オランダ語、英語	1975.11	3 224	4 588	1 665	1 735
スペイン語	—	317 059	15 320	97 492	104 407
スペイン語、グアラニー語	—	40 458	5 842	9 957	15 853
ポルトガル語	—	1 608 981	7 305	334 136	292 245
スペイン語	—	111 813	3 528	5 170	10 225
スペイン語	—	223 252	6 446	58 675	60 919
スペイン語、ケチュア語	—	40 408	3 266	13 653	13 049
英語	—	1 734 532	64 490	412 184	309 188
キリバス語、英語	1979. 7	227	3 018	11	106
マオリ語、英語	[32)	328	19 264	11	124
サモア語、英語	1962. 1	857	3 825	39	435
英語、ピジン語	1978. 7	1 632	2 323	333	644
英語、ツバル語	1978.10	60	7 156	0	34
トンガ語、英語	1970. 6	472	4 699	16	197
英語、ナウル語	1968. 1	155	17 434	117	35
ニウエ語、英語	[32)	…	…	1	16
英語、マオリ語、手話	—	250 451	47 876	45 652	54 256
ビスラマ語、英語、仏語	1980. 7	981	3 183	64	413
英語、ピジン英語、モツ語	1975. 9	26 595	2 607	15 193	3 189
パラオ語、英語	1994.10	218	16 252	3	211
英語、フィジー語	1970.10	4 296	4 376	1 085	2 984
マーシャル語、英語	1986.10	257	7 455	43	94
英語、現地の8言語	1986.11	404	3 934	134	223
朝鮮語	(1948. 9)	16 750	662	128	1 344
中国語、台湾語	—	775 838	33 756	477 778	435 835
アラビア語	—	18 037	4 176	…	…
中国語、英語	—	369 174	52 777	609 925	667 554
中国語、ポルトガル語	—	29 905	51 684	1 677	17 338

表1-1の資料、脚注　面積は、国連“Demographic Yearbook”（2021年版）より作成。面積は、原則として海洋面積等を含まない領土面積（surface area、内水面を含む）。人口は、国連“World Population Prospects”（2022年版）による中位推計の将来推計人口。日本の人口は、総務省統計局「人口推計」による2022年10月1日現在の人口（国連資料では1億2395万人と公表されている）。難民や遊牧民などの取り扱い方は国によって異なり、詳細は不明。人口密度は、本表に使用したデータで編者算出。国・地域名、主要言語および首都・政庁所在地名は、原則として外務省ホームページによる。言語は主なもので、公用語以外の通用語も示した。独立年月は1943年以降に独立した国のもの。国内総生産（GDP）および1人あたり国民総所得（GNI）は名目値で、国連"National Accounts Estimates of Main Aggregates"より作成（2023年1月更新データ）。台湾のデータは“National Statistics”（2023年6月17日閲覧）による。貿易額は物品貿易額で、WTO（世界貿易機関）のWTO STATS“International Trade Statistics”より作成（2023年6月30日更新データ）。先述の資料で数字がとれない場合、または年次が古い国については「…」で示した。1）北方領土（約5000km²）を含まない面積で算出。2）土地面積（land area）のみ。外務省ホームページでは83.6千km²。3）イエメン・アラブ共和国（北イエメン）とイエメン民主人民共和国（南イエメン）が1990年5月に統合。4）1967年6月に併合した東エルサレム地区とゴラン高原などを含む。イスラエルはエルサレムを首都として宣言しているが、日本を含め国際的承認は得ていない。2017年12月、アメリカ合衆国が首都として認定。5）パキスタンとの係争地であるジャム・カシミール地方のインド支配地域を含む。首都はデリーと表記されることもある。6）このほかに21の憲法公認語がある。7）2022年1月に首都をカリマンタン島に移転する法案を決定。名称はヌサンタラ。2045年の移転完了を目指す。8）2022年9月、ヌルスルタンから元の名称のアスタナに戻した。9）1974年のトルコ軍による軍事侵攻以降、キプロスは北部のトルコ軍実効支配地域（北キプロス・トルコ共和国）と南部のキプロス共和国実効支配地域とに分かれている。10）このほか中国語、タミール語。11）原資料は、便宜上、人口や面積などについて香港、マカオ、台湾を含まない。12）パキスタン支配のジャム・カシミール地方を除く。13）南北ベトナムの統一は1976年7月。14）外務省資料は国名をヨルダンとしている。しかし、正式名称の変更は行われていない。15）カイロ近郊に首都移転予定。16）旧スワジランド王国。2018年4月、エスワティニ王国に変更すると宣言し、同日発効。17）実質的な首都機能はアビジャン。18）スーダンの面積は外務省データ。南スーダンは2011年7月9日にスーダンから分離独立。19）このほか英語、イタリア語。20）ドドマは法律上の首都。政府官庁が存在し、事実上の首都機能を有するのはダルエスサラーム。21）ザンジバルを含まず。ザンジバルの2021年国内総生産は2080百万ドル、1人あたりGNIは1190ドル。22）2019年1月、ブジュンブラからギテガに首都を移転する法案が採択された。一部機関はブジュンブラに所在。23）実質的首都機能はコトヌ。24）原資料では、クリミア自治共和国とセバストポリ市を含まないことが明記されている。25）2019年2月、「北マケドニア共和国」として国名を正式変更。26）2008年2月、セルビアから独立。面積は外務省データ。人口は世界銀行データ。27）旧ユーゴスラビア社会主義連邦共和国のうちセルビアとモンテネグロで1992年に新ユーゴスラビア連邦共和国を樹立し、2003年に国家連合「セルビア・モンテネグロ」と国名変更。2006年6月、モンテネグロ共和国が独立。2008年2月、コソボがセルビアから分離・独立を宣言したが、セルビアはこれを認めていない。面積は外務省データ、人口は世界銀行データ。28）2022年5月、首都キシニョフの呼称を、公的に使用されているルーマニア語の発音に近いキシナウに変更。29）国連はセントキッツ・ネービスを国名として使用。30）憲法上の国名はガイアナ協同共和国。31）憲法上の首都はスクレ。32）ニュージーランドと自由連合にある。33）日本は国家承認を行っていない。34）ヨルダン川西岸とガザ地区。35）中華人民共和国の特別行政区。便宜上、統計データの多くは中華人民共和国に含まれない。

表1-2 その他の地域（属領）の面積と人口

	面積 (km²) (2021)	人口 (千人) (2022)
アフリカ		
イギリス領		
アセンション島	88	…
セントヘレナ島	123	[1] 5
トリスタンダクーニャ	98	…
西サハラ[2]	266 000	576
フランス領		
マヨット	368	326
レユニオン	2 510	974
ヨーロッパ		
イギリス領		
ガーンジー島[3]	64	63
ジャージー島[3]	116	111
ジブラルタル[4]	6	33
マン島	572	85
デンマーク領		
フェロー諸島	1 393	53
ノルウェー領		
スバールバル・ヤンマイエン島	62 422	[5] …
フィンランド領		
オーランド諸島	1 583	[5] …
北中アメリカ		
アメリカ領		
プエルトリコ	8 868	3 252
米領バージン諸島	347	99
イギリス領		
アンギラ	91	16
英領バージン諸島	151	31
ケイマン諸島	264	69
タークス・カイコス諸島	948	46
モンセラット	103	4
バミューダ諸島	54	64
オランダ領		
アルバ	180	106
キュラソー[6]	444	191
シント・マールテン[6]	34	44
デンマーク領		
グリーンランド	2 166 086	56
フランス領		
グアドループ島	1 639	396
サン・バルテルミー島	22	11
サンピエール・ミクロン島	242	6
サン・マルタン	53	32
マルチニーク島	1 090	368
南アメリカ		
イギリス領		
フォークランド(マルビナス)諸島[7]	12 173	4
フランス領		
仏領ギアナ	83 534	305
オセアニア		
アメリカ領		
米領サモア	199	44
グアム	541	172
北マリアナ諸島	457	50
イギリス領		
ピトケアン島	5	[5] …
オーストラリア領		
ノーフォーク島	36	[5] …
ニュージーランド領		
トケラウ諸島	12	2
フランス領		
仏領ポリネシア	3 687	306
ニューカレドニア	19 100	290
ワリス・フテュナ	142	12

面積は国連 “Demographic Yearbook”（2021年版）、人口は国連 “World Population Prospects”（2022年版）より作成。2022年の人口は中位推計の将来推計人口。面積の単位は前表（千km²）と異なるので注意。本表の数値は、原則、表1-1の当該国データに含まれない。1）人口は同島とアセンション島、トリスタンダクーニャ島の計。2）旧スペイン領。モロッコが領有権を主張し、独立を宣言した現地住民と紛争が続く。3）ガーンジー島とジャージー島、および属島でチャネル諸島を形成。4）イギリスとスペインが領有権を争う。5）人口は、表1-1の当該国数値に含まれる。6）2010年10月にオランダ領アンティルは解体され、キュラソー島とシントマールテン島は独立自治領となった。7）アルゼンチンも領有権を主張。2013年３月の国民投票では、99％以上の島民がイギリスへの帰属維持を支持。

2023年　主な選挙

キプロス大統領選挙（２月５日、２月12日決選投票）

ニコス・フリストドゥリディス前外相が、決選投票で52.0％の得票率で勝利。キプロスは1974年に南北に分裂したが、トルコ系の北キプロス・トルコ共和国との再統合に向けた協議は決裂中。協議の再開が望まれる。

ナイジェリア大統領選挙（２月25日）

現職ブハリ大統領の後継者として、与党・全進歩会議（APC）の元ラゴス州知事ティヌブ氏が当選。大統領選の投票率は27％と低く、ティヌブ氏の得票率は36.6％。経済の停滞、汚職、治安悪化など課題は山積み。

カザフスタン下院選挙（３月19日）

与党「アマナト」が過半数の議席を獲得。前倒しで2022年11月に実施された大統領選挙でトカエフ大統領が再選され、下院選で与党が勝利したことで、全ナザルバエフ前大統領からトカエフ氏の権力移行が行われる。

フィンランド総選挙（４月２日）

マリン首相率いる与党「社会民主党」が敗れ、緊縮財政を訴えた野党「国民連合」が第１党となる。過半数の議席は確保できず、ほかの政党と連立交渉を行う見通し。国民連合もNATO（北大西洋条約機構）への加盟を訴えてきたことから、NATO加盟に関しての方針転換は無い（2023年４月４日加盟）。

パラグアイ大統領選挙（４月30日）

与党コロラド党のペニャ元財務相が当選。今回の大統領選の争点として、野党連合候補のアレグレ氏は、農産物輸出拡大のため、中国と国交を結ぶことを訴えていた。ペニャ氏が当選したことで、パラグアイは南米で唯一、台湾との外交関係が維持される見通し。

タイ下院総選挙（５月14日）

大方の予想を覆し、革新系の「前進党」が第１党となる。投票率75.01％。首相指名には、上院（250議席）と下院（500議席）で少なくとも半数（376議席）を超える議席数を獲得しなければならず、１度目の首相指名では、「前進党」党首ピター氏は選出されなかった。

トルコ大統領選挙（５月14日、決選投票５月28日）

決選投票の結果、現職エルドアン氏が当選。得票率は52.18％。2018年に行われた大統領選とトルコ大国民議会議員選をもって、議院内閣制から実権型大統領制へと移行しており、首相は廃止され、権力は大統領（任期は５年、２期まで）に集中している。

アルゼンチン大統領選挙（10月22日予定）

深刻な経済危機に直面している中、現職のフェルナンデス大統領は出馬しないと表明、与党「正義党（ペロン党）」の主導権争いは激しくなる見込み。

ミャンマー総選挙（未定）

国軍が政権を掌握して以降、非常事態宣言が延長され、総選挙の実施は先送りされている。選挙が実現するかどうかは不明。

表 1-3　各国の主な宗教（Ⅰ）（各国における最近年の推計）

世界…………	キリスト教31.1%、イスラム教24.9%、ヒンズー教15.2%、仏教6.6%、民間信仰5.6%、無所属15.6%
アジア・中東	
アゼルバイジャン	イスラム教97.3%（主にシーア派）、キリスト教2.6%
アフガニスタン・	イスラム教99.7%（スンニ派84.7-89.7%、シーア派10-15%）
アラブ首長国連邦	イスラム教（国教）76%、キリスト教９%
イエメン………	イスラム教（国教）99.1%（スンニ派65%、シーア派35%）
イスラエル……	ユダヤ教74%、イスラム教18%、キリスト教1.9%
イラク………	イスラム教（国教）95-98%（シーア派61-64%、スンニ派29-34%）
イラン………	イスラム教（国教）99.6%（シーア派90-95%、スンニ派５-10%）
インド………	ヒンズー教79.8%、イスラム教14.2%、キリスト教2.3%、シーク教1.7%
インドネシア…	イスラム教87.2%、他にキリスト教、ヒンズー教
オマーン……	イスラム教85.9%、キリスト教6.4%、ヒンズー教5.7%
カザフスタン…	イスラム教70.2%、キリスト教26.2%（主にロシア正教）
カタール……	イスラム教65.2%、キリスト教13.7%、ヒンズー教15.9%
韓国…………	プロテスタント19.7%、仏教15.5%、カトリック7.9%
カンボジア……	仏教（国教）97.1%、イスラム教2%
クウェート……	イスラム教（国教）74.6%、キリスト教18.2%
サウジアラビア・	イスラム教（国教、スンニ派85-90%、シーア派10-12%）
シリア………	イスラム教（国教）87%（スンニ派74%、その他アラウィ派、シーア派など13%）、キリスト教10%
タイ…………	仏教94.6%、イスラム教4.3%
中国…………	仏教18.2%、キリスト教5.1%、イスラム教1.8%、民間信仰21.9%、無所属52.1%
トルコ………	イスラム教99.8%（主にスンニ派）
日本…………	神道70.5%、仏教67.2%、キリスト教1.5%
パキスタン……	イスラム教（国教）96.5%（スンニ派85-90%、シーア派10-15%）
バーレーン……	イスラム教73.7%、キリスト教9.3%
バングラデシュ・	イスラム教88.4%、その他11.6%
ベトナム……	カトリック6.1%、仏教5.8%、無宗教86.3%
マレーシア……	イスラム教（国教）61.3%、仏教19.8%、キリスト教9.2%、ヒンズー教6.3%
ミャンマー……	仏教87.9%、キリスト教6.2%、イスラム教4.3%
ヨルダン……	イスラム教97.1%（国教、主にスンニ派）、キリスト教2.1%
レバノン……	イスラム教（スンニ派31.9%、シーア派31.2%）、キリスト教32.4%（大半がマロン派）、ドルーズ教4.5%
アフリカ	
アルジェリア…	イスラム教（国教、主にスンニ派）99%
アンゴラ……	ローマカトリック41.1%、プロテスタント38.1%
エジプト……	イスラム教（主にスンニ派）90%、キリスト教10%
エスワティニ…	キリスト教90%（シオニスト40%、ローマカトリック20%、その他30%）、イスラム教２%
エチオピア……	エチオピア正教43.8%、イスラム教31.3%、プロテスタント22.8%
エリトリア……	エリトリア正教、ローマカトリック、福音ルター派

各国の主な宗教（Ⅱ）（各国における最近年の推計）

ケニア………	キリスト教85.5％（プロテスタント33.4％、カトリック20.6％、福音派20.4％）、イスラム教10.9％
コンゴ民主共和国	カトリック29.9％、プロテスタント26.7％、キンバンギズム2.8％、その他のキリスト教36.5％
ソマリア……	イスラム教スンニ派（国教）
中央アフリカ共和国	キリスト教89％、イスラム教９％
チュニジア…	イスラム教（国教、スンニ派）99％
ナイジェリア…	イスラム教53.5％、ローマカトリック10.6％、その他のキリスト教35.3％
ナミビア……	キリスト教97.5％
ニジェール…	イスラム教99.3％
南アフリカ共和国	キリスト教86％、アフリカ伝統宗教5.4％
南スーダン…	キリスト教60.5％、民間信仰32.9％、イスラム教6.2％
モザンビーク…	ローマカトリック27.2％、イスラム教18.9％、シオニスト15.6％、福音派／ペンテコステ派15.3％
リビア………	イスラム教（正教、スンニ派）96.6％、キリスト教2.7％
ヨーロッパ	
アイルランド…	ローマカトリック78.3％、アイルランド聖公会2.7％
イギリス……	キリスト教（英国教会、ローマカトリック、長老派教会など）59.5％、イスラム教4.4％、ヒンズー教1.3％
イタリア……	キリスト教80.8％（主にローマカトリック）
ウクライナ…	キリスト教（主に正教）
オランダ……	ローマカトリック20.1％、プロテスタント14.8％、イスラム教５％
ギリシャ……	ギリシャ正教81-90％
スウェーデン…	スウェーデン国教会（ルーテル派）57.6％、特定不能33.5％
スペイン……	ローマカトリック58.2％、無神論者16.2％
チェコ………	ローマカトリック７％、無宗教47.8％、不特定30.1％
ドイツ………	ローマカトリック26％、プロテスタント23.7％、イスラム教3.6％
フィンランド…	ルーテル派66.6％、ギリシャ正教1.1％、無宗教30.6％
フランス……	ローマカトリック47％、イスラム教４％、プロテスタント２％
ベラルーシ…	正教48.3％、カトリック7.1％、無宗教41.1％
ポーランド…	カトリック85％（主にローマカトリック）、正教1.3％
ロシア………	ロシア正教15-20％、イスラム教10-15％
北中アメリカ	
アメリカ合衆国・	プロテスタント46.5％、ローマカトリック20.8％、ユダヤ教1.9％
カナダ………	キリスト教53.3％、イスラム教4.9％、ヒンズー教2.3％、シーク教2.1％
メキシコ……	ローマカトリック78％、プロテスタント（福音派）11.2％
南アメリカ	
アルゼンチン…	ローマカトリック62.9％、福音派15.3％
コロンビア…	キリスト教92.3％（主にローマカトリック）
ブラジル……	ローマカトリック64.6％、プロテスタント22.2％
ベネズエラ…	ローマカトリック96％、プロテスタント２％
オセアニア	
オーストラリア・	ローマカトリック20％、プロテスタント18.1％
ニュージーランド	キリスト教37.3％（カトリック10.1％、英国教会6.8％）、無宗教48.6％

米国CIA "The World Factbook"（2023年７月７日閲覧）より作成。

国際連合（The United Nations）

【成立】 第２次世界大戦で全体主義国家と戦った連合諸国が、勝利のために築いた連合組織を戦後も維持し、世界平和を守るための恒久的な世界機関へと発展させたもの。第２次世界大戦末期の1945年４月25日から６月26日までサンフランシスコで開かれた「国際機関創設のための連合国会議」において、世界50か国の代表により国際連合憲章が起草された（後にポーランドが加わり原加盟国は51か国)。「1945年10月24日」── 国際連合（以下国連）が正式に発足した。この日は国連の日と定められている。本部はニューヨーク。

【公用語】 英語、スペイン語、フランス語、ロシア語、中国語、アラビア語。

【予算】 国連の通常予算は２か年予算に代わり、2020年から単年度予算（１月～12月）が導入された。主な財源は加盟国の分担金であり、各国の分担率は、国民総生産（GNP、現在の国民総所得 ── GNI）を考慮した分担金委員会の勧告に基づき総会で３年ごとに決定される。また、加盟国は通常予算以外でも、基本的な分担率を修正した率に応じて、平和維持活動（PKO）の経費を割り当てられる。国連開発計画（UNDP）や国連難民高等弁務官事務所（UNHCR）といった国連の活動計画や基金の多くは、主として各国の自発的拠出金によってまかなわれており、国連児童基金（UNICEF）のように個人から提供されることもある。

【主な機構】 国連は、総会、安全保障理事会、経済社会理事会、国際司法裁判所、事務局、信託統治理事会（活動停止）の６主要機関から成る。

（総会） 国連の主要審議機関で、年１回（９月から12月中旬まで）開かれる通常総会と、必要に応じて安全保障理事会および加盟国の過半数の要請によって開かれる特別総会（緊急特別総会を含む）がある。全加盟国の代表によって構成され､投票権は１国１票。国連憲章に定められたすべての事項について審議、勧告する。平和と安全保障に関する勧告、新加盟国の承認、安保理非常任理事国の選出、経済社会理事会の理事国の選出、予算事項、加盟国の除名などの重要問題に関する表決には、出席投票国の３分の２の多数が必要であり、その他の問題は単純多数決による。総会の勧告には拘束力はなく、安全保障理事会が処理中の紛争や事態に関しては、安保理の要請がない限り勧告できない。主要委員会は６つあり、それぞれ軍縮、経済、人権、非植民地化、行政・予算、法律を担当している。信頼性を失ったとの批判を受けていた人権委員会は、2006年３月に廃止され、新しく人権理事会が設立された。

（安全保障理事会） 国際の平和と安全の維持について、主要な責任を持つ。全加盟国は安保理の決定を受け入れ、履行しなければならない。アメリカ、イギリス、フランス、ロシア、中国の常任理事国５か国（拒否権を持つ）と非常任理事国10か国（任期２年）の計15の理事国で構成。議事手続き事項の決定には15か国のうち少なくとも９か国の賛成が必要である。実質事項に関する決定には、常任理事国すべての賛成を含む９票が必要である。2023年６月現在の非常任理事国は、アルバニア、ブラジル、ガボン、ガーナ、アラブ首長国連邦（以上は2023年末まで)、エクアドル、日本、マルタ、モザンビーク、スイス(以上は2024年末まで)。議長国は、アルファベット順に毎月代わる。

(経済社会理事会) 国連およびその専門機関などの経済的・社会的活動を調整する機関。アフリカ14、アジア11、中南米10、東ヨーロッパ6、西ヨーロッパとその他13の合計54か国で構成され、任期は3年である。毎年、総会で3年の任期を終えた18か国の後任として新たな18か国が選出される。

(国際司法裁判所) 国連の主要な司法機関。加盟国は裁判所の判決に従う義務がある。総会と安保理によって選出された15人の裁判官で構成され(現行ではアフリカ3、アジア3、中南米2、東ヨーロッパ2、西ヨーロッパとその他5)、任期は9年間、3年ごとに5人が改選される。本部はオランダのハーグ。

(事務局) 国連の日常業務を遂行するほか、他の国連機関を補佐し、それらの機関が決定した計画や政策を実施する。国連本部と世界各地に勤務する職員で構成される。事務総長はその最高責任者で、安保理の勧告に基づき総会が任命する(任期5年)。事務総長の職は任期5年で、慣習として、各地域の出身者が交代で務めることになっている。2017年1月、ポルトガルのアントニオ・グテーレス氏が第9代国連事務総長に就任(2022年1月より2期目)。

(信託統治理事会) この制度は信託統治地域の施政を監督するためのものであったが、1994年10月1日、最後の信託統治領パラオが正式に独立したのを受け、94年11月、活動停止を決定した。

表 1-4　国連通常予算の分担率と分担額

	分担率(%)				2023年度[1] 分担額(千ドル)
	2013〜2015年	2016〜2018年	2019〜2021年	2022〜2024年	
アメリカ合衆国	*22.000*	*22.000*	*22.000*	*22.000*	707 898
中国	*5.148*	*7.921*	*12.005*	*15.254*	490 830
日本	*10.833*	*9.680*	*8.564*	*8.033*	258 479
ドイツ	*7.141*	*6.389*	*6.090*	*6.111*	196 635
イギリス	*5.179*	*4.463*	*4.567*	*4.375*	140 775
フランス	*5.593*	*4.859*	*4.427*	*4.318*	138 941
イタリア	*4.448*	*3.748*	*3.307*	*3.189*	102 613
カナダ	*2.984*	*2.921*	*2.734*	*2.628*	84 562
韓国	*1.994*	*2.039*	*2.267*	*2.574*	82 824
スペイン	*2.973*	*2.443*	*2.146*	*2.134*	68 666
オーストラリア	*2.074*	*2.337*	*2.210*	*2.111*	67 926
ブラジル	*2.934*	*3.823*	*2.948*	*2.013*	64 773
ロシア	*2.438*	*3.088*	*2.405*	*1.866*	60 043
オランダ	*1.654*	*1.482*	*1.356*	*1.377*	44 308
世界計×	*100.000*	*100.000*	*100.000*	*100.000*	**3 217 716**

国際連合資料より作成。国連分担率は3年ごとに見直される。1) 単年分の通常予算で、職員課金からの収入を含む総額。職員課金は、出身国への納税義務が免除されている国連職員が、国連に対して支払う所得税にあたるもので、出身国の分担金に繰り込まれている。アメリカ合衆国は、自国職員から所得税を徴収しているため、職員課金からの収入はない(2023年度は64326千ドル相当)。×その他とも。

図 1-2　国連の主な組織（2023年 6 月現在）

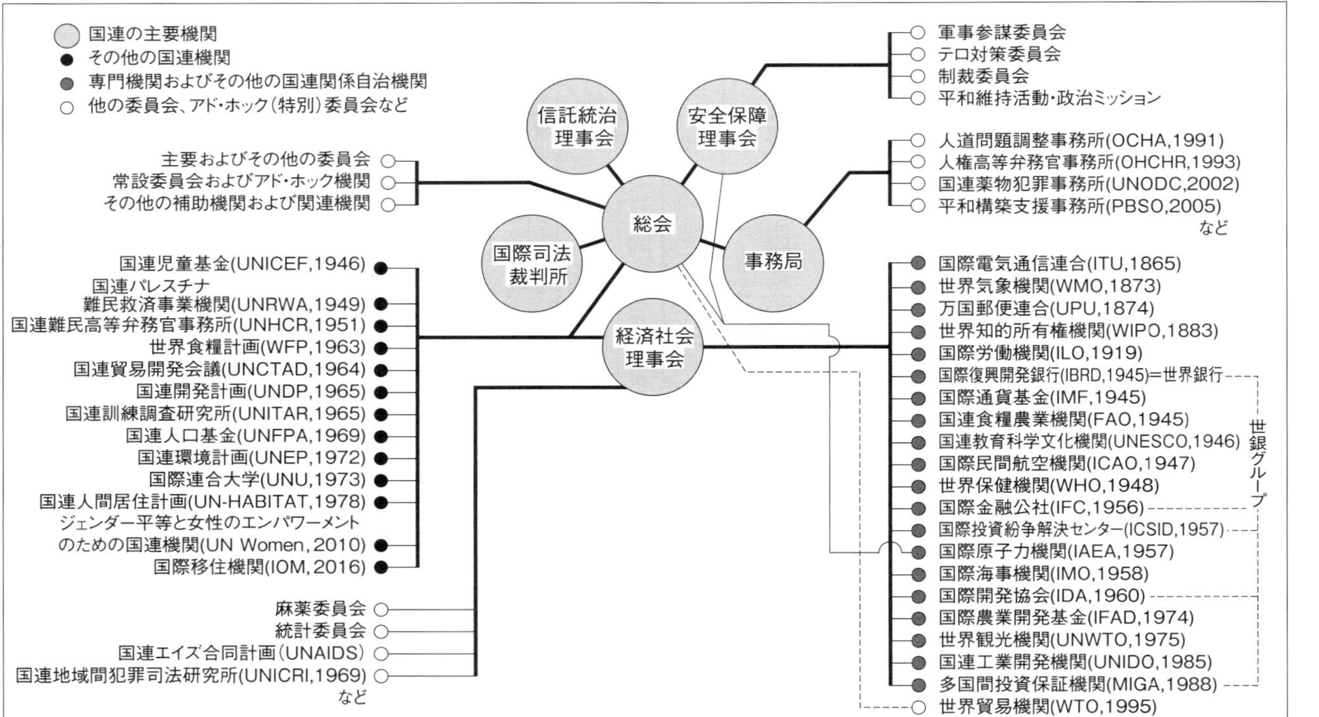

国連の主要機関
その他の国連機関
専門機関およびその他の国連関係自治機関
他の委員会、アド・ホック(特別)委員会など
信託統治理事会
安全保障理事会
総会
国際司法裁判所
事務局
経済社会理事会
主要およびその他の委員会
常設委員会およびアド・ホック機関
その他の補助機関および関連機関
軍事参謀委員会
テロ対策委員会
制裁委員会
平和維持活動・政治ミッション
人道問題調整事務所(OCHA,1991)
人権高等弁務官事務所(OHCHR,1993)
国連薬物犯罪事務所(UNODC,2002)
平和構築支援事務所(PBSO,2005)
など
国連児童基金(UNICEF,1946)
国連パレスチナ難民救済事業機関(UNRWA,1949)
国連難民高等弁務官事務所(UNHCR,1951)
世界食糧計画(WFP,1963)
国連貿易開発会議(UNCTAD,1964)
国連開発計画(UNDP,1965)
国連訓練調査研究所(UNITAR,1965)
国連人口基金(UNFPA,1969)
国連環境計画(UNEP,1972)
国際連合大学(UNU,1973)
国連人間居住計画(UN-HABITAT,1978)
ジェンダー平等と女性のエンパワーメントのための国連機関(UN Women, 2010)
国際移住機関(IOM, 2016)
麻薬委員会
統計委員会
国連エイズ合同計画(UNAIDS)
国連地域間犯罪司法研究所(UNICRI,1969)
など
国際電気通信連合(ITU,1865)
世界気象機関(WMO,1873)
万国郵便連合(UPU,1874)
世界知的所有権機関(WIPO,1883)
国際労働機関(ILO,1919)
国際復興開発銀行(IBRD,1945)=世界銀行
国際通貨基金(IMF,1945)
国連食糧農業機関(FAO,1945)
国連教育科学文化機関(UNESCO,1946)
国際民間航空機関(ICAO,1947)
世界保健機関(WHO,1948)
国際金融公社(IFC,1956)
国際投資紛争解決センター(ICSID,1957)
国際原子力機関(IAEA,1957)
国際海事機関(IMO,1958)
国際開発協会(IDA,1960)
国際農業開発基金(IFAD,1974)
世界観光機関(UNWTO,1975)
国連工業開発機関(UNIDO,1985)
多国間投資保証機関(MIGA,1988)
世界貿易機関(WTO,1995)
世銀グループ

図 1-3　世界の難民数等の推移（各年末現在）

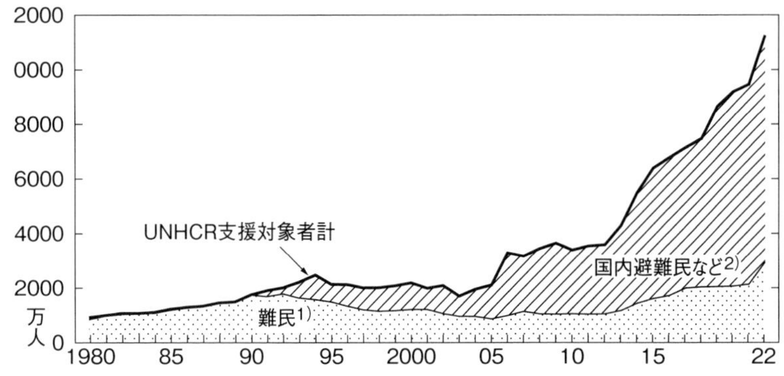

資料・注記は表1-6に同じ。UNHCR支援対象者のみを対象とし、パレスチナ難民（約590万人）は含まない。1）自国を逃れほかの国の保護を受けている者。2）国内避難民のほかに、庇護希望者、帰還難民、無国籍者などが含まれる。

図 1-4　地域別（受入国ベース）と種類別の難民等の割合（2022年末現在）

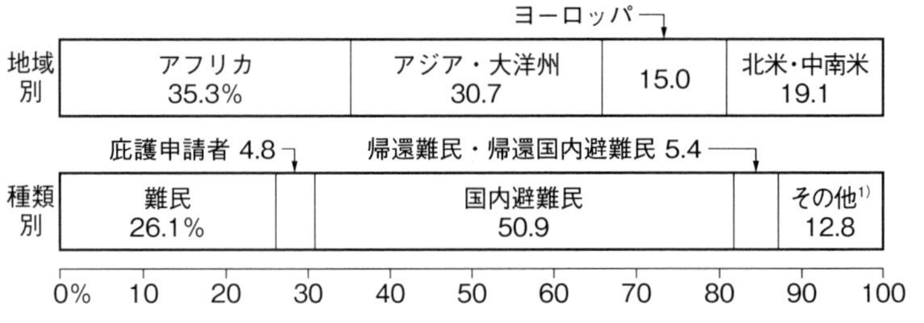

資料・注記は表1-6に同じ。地域区分は国連統計部の区分で表1-1と同じ。トルコやシリアなどの中東諸国はアジアに含む。1）ベネズエラからの避難民を含む。

表 1-5　2022年中の主な新たな難民発生の動き（単位　千人）

発生国（from）	難民	主な受入国（to）
ウクライナ	3 871	ポーランド、ドイツ、チェコ、スペイン、ブルガリア
シリア	137	ドイツ、エジプト、オーストリア、イラク
アフガニスタン	108	ドイツ、フランス、アメリカ合衆国、ギリシャ
南スーダン	104	スーダン、ウガンダ、ケニア、エチオピア
コンゴ民主共和国	87	ウガンダ、マラウイ、ザンビア、ブルンジ
ソマリア	47	エチオピア、ウガンダ、ドイツ、イエメン
ナイジェリア	40	カメルーン、ニジェール、ポルトガル、ドイツ
ベネズエラ 1)	39	スペイン、ブラジル、アメリカ合衆国、メキシコ
マリ	38	モーリタニア、ブルキナファソ、スペイン
中央アフリカ共和国	29	カメルーン、チャド、フランス、コンゴ民主

資料・注記は表1-6に同じ。1）他に国外避難したが難民申請未定の人が多数。

表 1-6 難民・国内避難民などの発生国（2022年末現在）（単位 千人）

発生国	難民[1]	庇護[2]申請者	帰還難民	国内避難民	帰還国内避難民	計[3]
シリア…………	6 548	157	51	6 781	255	13 795
ウクライナ……	5 680	35	—	5 914	—	12 180
ベネズエラ……[4]	234	1 137	—	—	—	9 977
アフガニスタン・	5 662	294	7	3 254	236	9 544
コンゴ民主共和国	932	135	11	5 541	1 217	7 853
コロンビア……	109	144	—	6 834	—	7 650
エチオピア……	149	121	—	2 730	1 880	4 886
イエメン………	39	34	—	4 523	—	4 595
ソマリア………	791	57	3	2 968	607	4 511
スーダン………	837	87	12	3 553	—	4 491
南スーダン……	2 295	5	151	1 475	—	3 926
ナイジェリア…	391	83	20	3 287	140	3 921
ミャンマー……	1 253	49	—	1 505	325	3 132
ブルキナファソ・	33	32	—	1 882	—	1 948
イラク…………	288	229	—	1 169	30	1 745
中央アフリカ共和国	748	14	6	516	405	1 691
モザンビーク…	—	9	—	1 029	271	1 308
カメルーン……	147	22	31	989	38	1 227
世界計×……[3]	**29 413**	**5 439**	**339**	**57 321**	**5 708**	**112 564**

国連難民高等弁務官事務所（UNHCR）"Global Trends 2022"（資料編）より作成。データはUNHCRの支援対象者のみ（支援を要する帰還難民数などを含む）で、UNRWA（国連パレスチナ難民救済事業機関）の援助下にある約590万人のパレスチナ難民数を含まないことから、一般的に使用される「難民数」とは異なることに注意。難民や国内避難民の認定を受けてないが、それに相当する状況にある人びとを含む。1）自国を逃れてほかの国の保護を受けている者。2）難民・亡命認定のプロセスが終了していない者。3）その他の支援対象者を含む。世界計には無国籍者3190千人（ミャンマーからのロヒンギャ難民等でデータの重複がある）、分類不詳431千人を含む。4）計には、国外へ避難したが難民申請を完了していない5217千人を含む。×その他とも。

表 1-7 受け入れ難民数・庇護申請者数の多い国（2022年末）（単位 千人）

受入国	難民[1]	庇護申請者	受入国	難民[1]	庇護申請者
トルコ………	3 568	272	ポーランド……	971	3
イラン………	3 425	0	バングラデシュ	952	0
コロンビア…[2]	2 455	23	エチオピア……	880	2
ドイツ………	2 075	261	レバノン……	819	8
パキスタン……	1 744	38	ヨルダン……	698	45
ウガンダ……	1 464	32	フランス……	613	75
ロシア………	1 278	1	チャド………	593	5
スーダン……	1 097	32	エクアドル…[2]	555	10
ペルー………[2]	976	537	コンゴ民主共和国	521	2

資料・注記は表1-6に同じ。1）難民に相当する状況にある人々を含む。2）難民数には、ベネズエラから出国したが難民申請を行っていない人々を含む。

主な国際機構（2023年6月末現在）

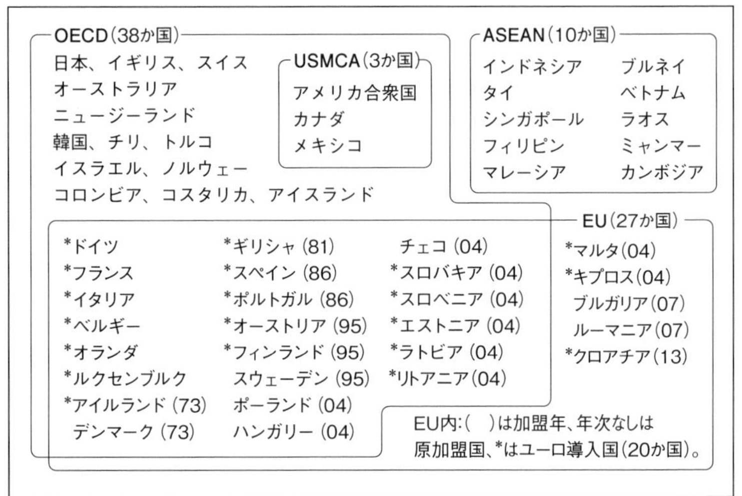

OECD　経済協力開発機構（Organisation for Economic Co-operation and Development）**[設立]**1961年9月。**[本部]**パリ（フランス）。**[主な目的]**自由貿易の拡大と途上国への援助。**[加盟国]**38か国。西ヨーロッパと北アメリカ諸国の経済協力体制の強化を図る目的で発足。下部機構にあたる開発援助委員会（DAC）は、発展途上国の開発の援助に関する問題について検討する機関。最近の加盟国は、2020年4月にコロンビア、2021年5月にコスタリカが加盟。

EU　欧州連合（European Union）**[設立]**欧州共同体（EC）が前身で、1993年11月に発効したマーストリヒト条約による。**[本部]**（拠点都市）はブリュッセル（ベルギー）、ストラスブール（フランス）、ルクセンブルク。**[主な目的]**経済通貨統合、共通外交・安全保障政策の実施。欧州憲法に代わるリスボン条約は2009年12月に発効。1999年に統一通貨ユーロ圏発足。**[加盟国]**27か国。イギリスは2020年1月31日に離脱。現在、加盟候補国（交渉開始が決定）は、トルコ、北マケドニア、モンテネグロ、セルビア、アルバニア、ウクライナ、モルドバ、ボスニア・ヘルツェゴビナ。潜在的加盟候補国（要件が整った段階で加盟候補国に認定される）は、ジョージアとコソボ。

USMCA　米国・メキシコ・カナダ協定（The United States-Mexico-Canada Agreement）**[設立]**2020年7月1日に発効。NAFTA（北米自由貿易協定）を抜本改定した新協定。**[主な目的]**NAFTAにはなかった中小企業育成、腐敗防止、環境保護、労働者の権利保護などが組み込まれた。

ASEAN　東南アジア諸国連合（Association of South-East Asian Nations）**[設立]**1967年8月。**[本部]**ジャカルタ（インドネシア）。**[主な目的]**域内における経済の発展、社会の進歩、文化の発展を促進すること、共通の利益への活発な協力と相互扶助を推進すること、東南アジア地域の政治・経済の安定を確保すること。**[加盟国]**10か国。

AIIB　アジアインフラ投資銀行（Asian Infrastructure Investment Bank）**[設立]**中国が創設を提唱し、2015年12月に発足。**[本部]**北京（中国）。**[主な目的]**アジアのインフラ建設に対して低い金利で融資を行う銀行。**[加盟国]**106か国・地域（2023年６月20日現在）。創設参加は57か国。アジア・中東以外では、ヨーロッパ諸国、アフリカ諸国、中南米諸国が広く参加している。

SCO　上海協力機構（The Shanghai Cooperation Organisation）**[設立]**2001年６月。**[本部]**北京。**[主な目的]**安全保障の確立と経済・文化交流。**[加盟国]**８か国。中国、ロシア、カザフスタン、キルギス、タジキスタン、ウズベキスタン、インド、パキスタン。2023年７月にイランの正式加盟が承認された。

AU　アフリカ連合（African Union）**[設立]**2002年。1963年に創設されたアフリカ統一機構（OAU）が新機構として発足。**[本部]**アディスアベバ（エチオピア）。**[主な目的]**共通の議会、裁判所、通貨の導入など。アフリカ地域における戦争、虐殺、人権侵害など非人道的犯罪や紛争の解決を目的とする「平和安全保障委員会」を創設し、平和維持軍の編成・派遣を行う。**[加盟国]**西サハラ（サハラ・アラブ民主共和国）を含む55か国・地域。

ECOWAS　西アフリカ諸国経済共同体（Economic Community of West African States）**[設立]**1975年。**[本部]**アブジャ（ナイジェリア）。**[主な目的]**西アフリカ地域の経済交流の推進。また、地域の紛争解決を目的とする平和維持活動組織、西アフリカ諸国監視グループ（ECOMOG）を設立。**[加盟国]**15か国。ガーナ、カーボベルデ、ガンビア、ギニア、ギニアビサウ、コートジボワール、シエラレオネ、セネガル、トーゴ、ナイジェリア、ニジェール、ブルキナファソ、ベナン、マリ、リベリア。

アラブ連盟（League of Arab States）**[設立]**1945年。**[本部]**カイロ（エジプト）。**[主な目的]**アラブ諸国の政治、文化、社会、経済面での協力、独立と主権の擁護、紛争の調停と仲介。地域の治安に対応するため、2015年３月に「アラブ合同軍」の創設を原則合意。**[加盟国]**22か国・地域。エジプト、イラク、サウジアラビア、シリア（加盟資格停止中）、レバノン、ヨルダン、イエメン（加盟時は北イエメン）の原加盟国に加えて、アルジェリア、バーレーン、ジブチ、クウェート、リビア、モーリタニア、モロッコ、オマーン、カタール、ソマリア、スーダン、チュニジア、アラブ首長国連邦、コモロ、パレスチナ。

GCC　湾岸協力会議（Gulf Cooperation Council）**[設立]**1981年。**[本部]**リヤド（サウジアラビア）。**[主な目的]**軍事、経済、情報、司法などの分野で共通の制度を設置すること。**[加盟国]**６か国。アラブ首長国連邦、バーレーン、クウェート、オマーン、カタール、サウジアラビア。

OIC　イスラム協力機構（Organisation of Islamic Cooperation）**[設立]**1971年。**[本部]**ジッダ（サウジアラビア）。**[主な目的]**イスラム世界の連帯強化とエルサレムの奪回。付属機関にイスラム開発銀行やイスラム商工業・商品取引会議所を持つ。**[加盟国]**イスラム諸国57か国（パレスチナを含む）。

第2章　人口と都市

国連の人口推計“World Population Prospects 2022”(以下:国連推計)によると、2022年7月1日時点の世界人口は79.8億人(中位推計)であった。地域別にみると、アジアが47.2億人で世界人口の約60%を占め、次いでアフリカが14.3億人で約18%を占める。国別では中国が14.3億人で最も人口が多く、次いでインドが14.2億人であるが、2023年にはインドの人口が中国を上回るとされている。なお、世界人口は2022年11月15日に80億人に達したとみられる。

2021〜22年の世界の人口増加数は約6600万人で、増加が多い国はインド(961万人増)、ナイジェリア(514万人増)、パキスタン(442万人増)などであった。増加率が最も高い地域はアフリカで、2021年から約2.4%増加した。ヨーロッパの増加率はマイナス0.2%で、地域別で唯一、2020年をピークに人口が減少している。

世界の人口は、1950年には25億人に満たなかったが、1987年に50億人、2011年に70億人を超えた。戦後、人口増加が最も激しかったのは1962年から65年にかけてで、年2.1%以上の割合で増えていた。以降増加率はゆるやかに低下し、近年は年1%を下回っている。

人口動態は、社会の発展に伴い、多産多死(出生率と死亡率がともに高い状態)から多産少死を経て、少産少死(出生率が低く平均寿命が長い状態)に至る。戦後の人口爆発の原因の一つは、欧米から遅れて近代化したアジアなどで、経済発展や医療の進歩により死亡率が低下したことにある。現在もアフリカなどの多産少死国により人口増加は続いているが、多くの先進国が少産少死に移行し、世界的に少子高齢化が進んでいる。65歳以上人口の割合は、1991年から2021年までの30年間で6.2%から9.6%に上昇し、14歳以下人口の割合は32.8%から25.5%に低下した(国連推計)。地域別で最も高齢化が進むヨーロッパでは65歳以上の割合が19.4%、続く北アメリカでは16.9%にのぼる。WHO(世界保健機関)によると、世界全体の平均寿命は、2000年には男性64.42年、女性69.27

年であったが、2019年には男性70.85年、女性75.87年に延びた。女性が生涯に産む子供の数に相当する合計特殊出生率は、1970年の世界平均4.85から、1990年に3.31、2021年には2.27となった（世界銀行による）。2021年の国別では韓国が0.81で最も低く、唯一1.0を下回った。急速な少子化により、韓国や日本、中国などでは人口減少が始まっている。

少子高齢化は将来さらに進行する見通しである。国連の将来推計によると、65歳以上人口の割合は、2030年には11.8%、50年には16.5%となる。また、世界全体の出生率（人口1000人あたりの出生数）は、2021年の16.9から、2030年には15.9、2050年には14.0に低下する。人口の増加はしばらく続き、2037年に90億人、2058年に100億人を超えるが、2086年に約104.31億人に達して以降、ゆるやかに減少していく。

戦後、人口増加とともに急速に進んだのが都市への人口集中である。国連“World Urbanization Prospects 2018”によると、都市に住む人口の割合は、1950年には29.6%であったが、2020年には56.2%に上昇した。開発途上地域では17.7%から51.7%と約３倍になった。都市化は今後も進み、2050年には世界人口の約７割が都市に住む見通しである。

国際移動者数（移民や難民の数）も、近年増加傾向にある。国連によると、世界人口に対する国際移動者の割合は、1970年には2.3%であったが、2020年には3.6%に上昇した。最も多くの移民を抱える国はアメリカ合衆国で、2020年の移民数は5063万人（人口の15.3%）であった。

最近の人口情勢の変化には、新型コロナの流行も大いに影響している。近年の世界全体の死亡者数は、人口増加に伴い、2019年まで毎年数十万人ずつ増加していたが、新型コロナにより急増し、2020年は524万人、2021年は607万人増えた（国連推計）。また、婚姻や出産を控える人が増えたことで、少子化にも影響を与えた。

人口の変化は、経済、環境、食糧、医療など社会のさまざまな面に影響する。少子化が進む国では、生産年齢人口の減少により経済成長が弱まることが懸念されており、児童手当や育休など、政策による少子化対策が進められている。国連は、人口動態の変化はある程度自然なものであるため、変化に対応できる社会を作ることが重要であると主張する。

図 2-1　世界人口の地域別割合（推計人口）（各年 7 月 1 日現在）

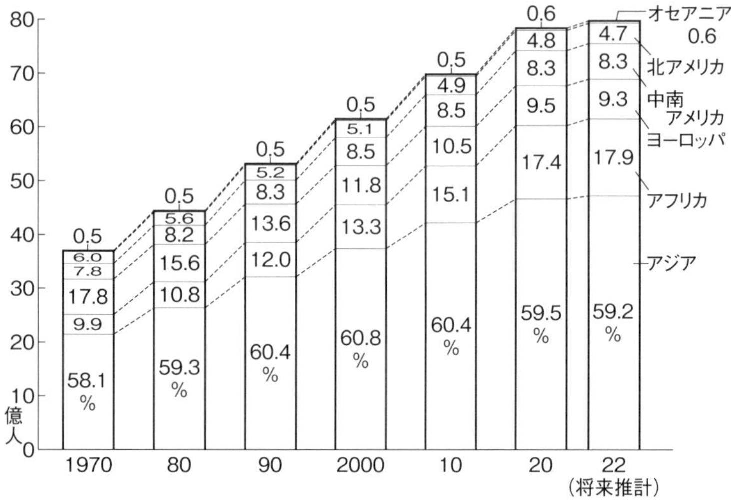

下表より作成。2022年は将来推計人口の中位推計値。

表 2-1　地域別世界人口の推移（各年 7 月 1 日現在）（単位　千人）

	1960	1970	1980	1990	2000
アジア……	1 699 525	2 145 547	2 636 014	3 211 352	3 736 038
アフリカ……	284 288	365 450	481 543	638 157	818 952
ヨーロッパ‥	605 630	656 521	693 437	721 497	726 968
北アメリカ・1)	194 177	221 866	247 761	275 860	313 206
中南アメリカ	219 754	286 526	362 333	442 565	522 512
オセアニア‥	15 859	19 480	22 920	26 744	31 223
世界計……	**3 019 233**	**3 695 390**	**4 444 008**	**5 316 176**	**6 148 899**

	2010	2020	2021	2022 (将来推計)	人口増減率 (2021〜22) (%)
アジア……	4 221 171	4 664 324	4 694 576	4 722 635	*0.60*
アフリカ……	1 055 233	1 360 677	1 393 676	1 426 736	*2.37*
ヨーロッパ‥	736 277	746 225	745 174	743 556	*−0.22*
北アメリカ・1)	345 272	373 957	375 279	376 871	*0.42*
中南アメリカ	590 547	651 836	656 098	660 269	*0.64*
オセアニア‥	37 103	43 933	44 492	45 039	*1.23*
世界計……	**6 985 603**	**7 840 953**	**7 909 295**	**7 975 105**	*0.83*

国連“World Population Prospects 2022”より作成。2021年までは推計人口、2022年は将来推計人口の中位推計値。人口増減率は編者算出。旧ソ連の構成国は、位置に応じてアジアとヨーロッパに振り分けられている。1）アメリカ合衆国、カナダ、グリーンランド、バミューダ諸島、サンピエール・ミクロン島。

図 2-2　人口の多い国（将来推計）（2022年 7 月 1 日現在）

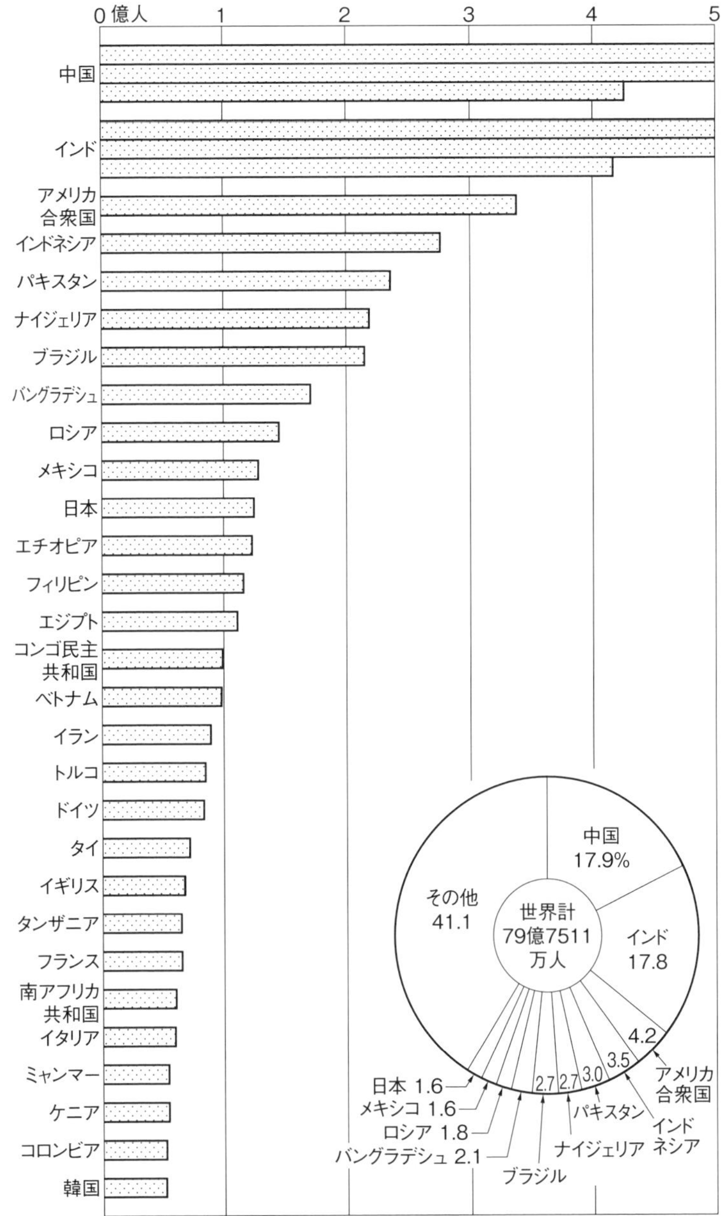

国連“World Population Prospects 2022”より作成。将来推計人口の中位推計値。ただし、日本は総務省統計局「人口推計」による2022年10月 1 日現在の推計人口。

表 2-2　各国の人口の推移（Ⅰ）（推計人口）（単位　千人）

	2000	2010	2020	2021	2022（将来推計）
アジア					
アゼルバイジャン[1)	8 190	9 237	10 285	10 313	10 358
アフガニスタン·	19 543	28 190	38 972	40 099	41 129
アラブ首長国連邦	3 275	8 482	9 287	9 365	9 441
アルメニア·····	3 169	2 946	2 806	2 791	2 780
イエメン·······	18 629	24 744	32 284	32 982	33 697
イスラエル·····	6 117	7 328	8 757	8 900	9 038
イラク·········	24 629	31 265	42 557	43 534	44 496
イラン·········	65 544	75 374	87 290	87 923	88 551
インド·········	1 059 634	1 240 614	1 396 387	1 407 564	1 417 173
インドネシア···	214 072	244 016	271 858	273 753	275 501
ウズベキスタン·	24 926	28 614	33 527	34 081	34 628
オマーン·······	2 344	2 882	4 543	4 520	4 576
カザフスタン···	15 236	16 628	18 979	19 196	19 398
カタール·······	646	1 714	2 760	2 688	2 695
韓国···········	46 789	48 813	51 845	51 830	51 816
カンボジア·····	12 119	14 364	16 397	16 589	16 768
北朝鮮·········	23 367	24 686	25 867	25 972	26 069
キプロス·······	948	1 130	1 238	1 244	1 251
キルギス·······	4 935	5 484	6 425	6 528	6 631
クウェート·····	1 935	2 943	4 360	4 250	4 269
サウジアラビア·	21 547	29 412	35 997	35 950	36 409
ジョージア····[2)	4 265	3 837	3 766	3 758	3 744
シリア·········	16 308	22 338	20 773	21 324	22 125
シンガポール···	4 054	5 164	5 910	5 941	5 976
スリランカ·····	18 776	20 669	21 715	21 773	21 832
タイ···········	63 067	68 270	71 476	71 601	71 697
(台湾)·········	22 195	23 083	23 821	23 860	23 893
タジキスタン···	6 273	7 622	9 543	9 750	9 953
中国··········[3)	1 264 099	1 348 191	1 424 930	1 425 893	1 425 887
トルクメニスタン	4 569	5 268	6 250	6 342	6 431
トルコ·········	64 114	73 195	84 135	84 775	85 341
日本···········	126 926	128 057	126 146	125 502	124 947
ネパール·······	24 560	27 162	29 349	30 035	30 548
バーレーン·····	711	1 214	1 477	1 463	1 472
パキスタン·····	154 370	194 454	227 197	231 402	235 825
(パレスチナ)··[4)	3 140	3 992	5 019	5 133	5 250
バングラデシュ·	129 193	148 391	167 421	169 356	171 186
東ティモール···	878	1 088	1 300	1 321	1 341
フィリピン·····	77 958	94 637	112 191	113 880	115 559
ブータン·······	587	706	773	777	782
ブルネイ·······	334	396	442	445	449
ベトナム·······	79 001	87 411	96 649	97 468	98 187
(香港)·········	6 731	7 132	7 501	7 495	7 489
(マカオ)·······	432	557	676	687	695

各国の人口の推移（Ⅱ）（推計人口）（単位　千人）

	2000	2010	2020	2021	2022 (将来推計)
マレーシア……[5]	22 945	28 718	33 200	33 574	33 938
ミャンマー……	45 538	49 391	53 423	53 798	54 179
モルディブ……	283	362	514	521	524
モンゴル………	2 451	2 703	3 294	3 348	3 398
ヨルダン………	5 056	6 931	10 929	11 148	11 286
ラオス…………	5 431	6 323	7 319	7 425	7 529
レバノン………	4 321	4 996	5 663	5 593	5 490
アフリカ					
アルジェリア…	30 775	35 856	43 452	44 178	44 903
アンゴラ………	16 394	23 364	33 428	34 504	35 589
ウガンダ………	24 021	32 342	44 405	45 854	47 250
エジプト………	71 371	87 252	107 465	109 262	110 990
エスワティニ…	1 030	1 100	1 181	1 192	1 202
エチオピア……	67 032	89 238	117 191	120 283	123 380
エリトリア……	2 393	3 148	3 556	3 620	3 684
ガーナ…………	19 666	25 575	32 180	32 833	33 476
カーボベルデ…	458	521	583	588	593
ガボン…………	1 273	1 711	2 293	2 341	2 389
カメルーン……	15 092	19 878	26 491	27 199	27 915
ガンビア………	1 438	1 937	2 574	2 640	2 706
ギニア…………	8 337	10 271	13 205	13 532	13 859
ギニアビサウ…	1 231	1 567	2 016	2 061	2 106
ケニア…………	30 852	41 518	51 986	53 006	54 027
コートジボワール	16 800	21 120	26 812	27 478	28 161
コモロ…………	537	656	806	822	837
コンゴ共和国…	3 134	4 438	5 702	5 836	5 970
コンゴ民主共和国	48 616	66 391	92 853	95 894	99 010
サントメ・プリンシペ	144	182	219	223	227
ザンビア………	9 891	13 792	18 928	19 473	20 018
シエラレオネ…	4 584	6 437	8 234	8 421	8 606
ジブチ…………	742	919	1 090	1 106	1 121
ジンバブエ……	11 835	12 840	15 670	15 994	16 321
スーダン………	26 299	33 740	44 440	45 657	46 874
セーシェル……	80	92	106	106	107
赤道ギニア……	685	1 095	1 596	1 634	1 675
セネガル………	9 704	12 530	16 436	16 877	17 316
ソマリア………	8 721	12 027	16 537	17 066	17 598
タンザニア……[6]	34 464	45 111	61 705	63 588	65 498
チャド…………	8 259	11 895	16 645	17 180	17 723
中央アフリカ共和国	3 759	4 660	5 343	5 457	5 579
チュニジア……	9 893	10 895	12 162	12 263	12 356
トーゴ…………	5 008	6 572	8 443	8 645	8 849
ナイジェリア…	122 852	160 953	208 327	213 401	218 541
ナミビア………	1 819	2 099	2 489	2 530	2 567
ニジェール……	11 623	16 648	24 334	25 253	26 208

各国の人口の推移（Ⅲ）（推計人口）（単位　千人）

	2000	2010	2020	2021	2022（将来推計）
ブルキナファソ·	11 883	16 117	21 523	22 101	22 674
ブルンジ·······	6 308	9 127	12 220	12 551	12 890
ベナン·········	6 998	9 446	12 643	12 997	13 353
ボツワナ·······	1 727	2 092	2 546	2 588	2 630
マダガスカル···	16 216	21 731	28 225	28 916	29 612
マラウイ·······	11 229	14 718	19 377	19 890	20 405
マリ···········	11 239	15 529	21 224	21 905	22 594
南アフリカ共和国	46 813	51 785	58 802	59 392	59 894
南スーダン·····	6 114	9 714	10 606	10 748	10 913
モーリシャス··[7]	1 216	1 283	1 298	1 299	1 299
モーリタニア···	2 695	3 419	4 499	4 615	4 736
モザンビーク···	17 769	23 074	31 178	32 077	32 970
モロッコ·······	28 554	32 465	36 689	37 077	37 458
リビア·········	5 155	6 492	6 654	6 735	6 812
リベリア·······	2 895	4 020	5 088	5 193	5 303
ルワンダ·······	8 110	10 309	13 146	13 462	13 777
レソト·········	1 999	2 023	2 254	2 281	2 306
(レユニオン)···	785	890	958	966	974
ヨーロッパ					
アイスランド···	281	318	367	370	373
アイルランド···	3 769	4 525	4 946	4 987	5 023
アルバニア·····	3 182	2 913	2 867	2 855	2 842
アンドラ·······	66	72	78	79	80
イギリス·······	58 850	62 760	67 059	67 281	67 509
イタリア·······	56 966	59 822	59 501	59 240	59 037
ウクライナ····[8]	48 880	45 683	43 910	43 531	39 702
エストニア·····	1 397	1 332	1 329	1 329	1 326
オーストリア···	8 010	8 363	8 908	8 922	8 940
オランダ·······	15 899	16 617	17 435	17 502	17 564
北マケドニア···	2 038	2 094	2 111	2 103	2 094
ギリシャ·······	11 038	11 034	10 512	10 445	10 385
クロアチア·····	4 548	4 369	4 097	4 060	4 030
コソボ·········	1 823	1 793	1 671	1 662	1 660
サンマリノ·····	27	32	34	34	34
スイス·········	7 182	7 822	8 639	8 691	8 740
スウェーデン···	8 871	9 382	10 369	10 467	10 549
スペイン······[9]	40 742	46 573	47 364	47 487	47 559
スロバキア·····	5 377	5 396	5 457	5 448	5 643
スロベニア·····	1 984	2 057	2 118	2 119	2 120
セルビア·······	7 935	7 654	7 358	7 297	7 221
チェコ·········	10 235	10 465	10 531	10 511	10 494
デンマーク·····	5 341	5 551	5 826	5 854	5 882
ドイツ·········	81 552	81 325	83 329	83 409	83 370
ノルウェー···[10]	4 491	4 890	5 380	5 403	5 434
バチカン······ *	0.65	0.60	0.52	0.51	0.51

各国の人口の推移（Ⅳ）（推計人口）（単位　千人）

	2000	2010	2020	2021	2022 (将来推計)
ハンガリー……	10 202	9 987	9 751	9 710	9 967
フィンランド・ 11)	5 176	5 363	5 529	5 536	5 541
フランス………	58 665	62 445	64 480	64 531	64 627
ブルガリア……	8 098	7 592	6 979	6 886	6 782
ベラルーシ……	10 256	9 731	9 634	9 578	9 535
ベルギー………	10 264	10 878	11 562	11 611	11 656
ポーランド……	38 504	38 597	38 428	38 308	39 857
ボスニア・ヘルツェゴビナ	4 179	3 811	3 318	3 271	3 234
ポルトガル……	10 301	10 588	10 298	10 290	10 271
マルタ…………	399	419	515	527	533
モナコ…………	32	33	37	37	36
モルドバ…… 12)	4 252	3 678	3 085	3 062	3 273
モンテネグロ…	633	631	629	628	627
ラトビア………	2 393	2 102	1 897	1 874	1 851
リトアニア……	3 600	3 139	2 820	2 787	2 750
リヒテンシュタイン	33	36	39	39	39
ルーマニア……	21 920	20 335	19 442	19 329	19 659
ルクセンブルク・	436	507	630	639	648
ロシア…………	146 845	143 243	145 617	145 103	144 713
北アメリカ					
アメリカ合衆国・	282 399	311 183	335 942	336 998	338 290
カナダ…………	30 683	33 963	37 889	38 155	38 454
中南アメリカ					
アルゼンチン…	37 071	41 100	45 036	45 277	45 510
アンティグア・バーブーダ…	75	86	93	93	94
ウルグアイ……	3 292	3 353	3 429	3 426	3 423
エクアドル……	12 627	14 990	17 589	17 798	18 001
エルサルバドル・	5 958	6 114	6 293	6 314	6 336
ガイアナ………	759	748	797	805	809
キューバ………	11 106	11 290	11 301	11 256	11 212
グアテマラ……	11 736	14 543	17 363	17 608	17 844
グレナダ………	107	114	124	125	125
コスタリカ……	3 979	4 622	5 123	5 154	5 181
コロンビア……	39 215	44 816	50 931	51 517	51 874
ジャマイカ……	2 612	2 734	2 820	2 828	2 827
スリナム………	479	546	607	613	618
セントクリストファー・ネービス	45	47	48	48	48
セントビンセント・グレナディーン諸島	114	109	105	104	104
セントルシア…	160	171	179	180	180
チリ……………	15 352	17 004	19 300	19 493	19 604
ドミニカ共和国・	8 541	9 776	11 000	11 118	11 229

各国の人口の推移（Ⅴ）（推計人口）（単位　千人）

	2000	2010	2020	2021	2022（将来推計）
ドミニカ国……	68	69	72	72	73
トリニダード・トバゴ	1 332	1 410	1 518	1 526	1 531
ニカラグア……	5 123	5 856	6 756	6 851	6 948
ハイチ………	8 360	9 843	11 307	11 448	11 585
パナマ………	3 002	3 624	4 294	4 351	4 409
バハマ………	325	373	406	408	410
パラグアイ……	5 124	5 769	6 619	6 704	6 781
バルバドス……	265	275	281	281	282
(プエルトリコ)・	3 827	3 718	3 272	3 256	3 252
ブラジル……	175 874	196 353	213 196	214 326	215 313
ベネズエラ……	24 428	28 715	28 490	28 200	28 302
ベリーズ……	240	322	395	400	405
ペルー………	26 654	29 230	33 305	33 715	34 050
ボリビア……	8 593	10 223	11 936	12 079	12 224
ホンジュラス…	6 657	8 451	10 122	10 278	10 433
メキシコ……	97 873	112 532	125 998	126 705	127 504
オセアニア					
オーストラリア13)	19 018	22 019	25 670	25 921	26 177
キリバス……	89	108	126	129	131
クック諸島……	16	17	17	17	17
サモア………	184	195	215	219	222
ソロモン諸島…	430	540	691	708	724
ツバル………	10	11	11	11	11
トンガ………	103	107	105	106	107
ナウル………	10	10	12	13	13
ニウエ………＊	2.07	1.81	1.94	1.94	1.93
ニュージーランド	3 855	4 346	5 061	5 130	5 185
バヌアツ……	192	245	312	319	327
パプアニューギニア	5 508	7 583	9 750	9 949	10 143
パラオ………	20	19	18	18	18
フィジー……	833	905	920	925	930
マーシャル諸島・	54	53	43	42	42
ミクロネシア連邦	112	108	112	113	114

国連“World Population Prospects 2022”より作成。各年7月1日現在。2022年は将来推計人口の中位推計値。ただし、日本は総務省統計局「国勢調査」による各年10月1日現在の確定人口（2021、22年は同「人口推計」による推計人口）。特に注記のない国については、海外領土や自治領を含まない。＊印の国は人口が少ないため、千人以下の数値についても記載した。1）ナゴルノ・カラバフを含む。2）アブハジアおよび南オセチアを含む。3）香港、マカオおよび台湾を含まない。4）東エルサレムを含む。5）サバ州およびサワラク州を含む。6）ザンジバルを含む。7）アガレガ諸島、ロドリゲス島およびカルガドス・カラホス諸島を含む。8）クリミアを含む。9）カナリア諸島およびセウタ、メリリャを含む。10）スバールバル・ヤンマイエン島を含む。11）オーランド諸島を含む。12）沿ドニエストル共和国を含む。13）クリスマス島、ココス諸島およびノーフォーク島を含む。

表 2-3　各国の人口増減率（Ｉ）（%）

	2002～12年平均増減率	2012～22年平均増減率		2002～12年平均増減率	2012～22年平均増減率
アジア			レバノン……	1.53	0.59
アゼルバイジャン	1.26	0.88	**アフリカ**		
アフガニスタン	3.79	3.05	アルジェリア…	1.65	1.88
アラブ首長国連邦	9.08	0.86	アンゴラ……	3.70	3.52
アルメニア……	−0.63	−0.47	ウガンダ……	2.98	3.26
イエメン……	2.92	2.54	エジプト……	2.06	1.98
イスラエル……	1.79	1.76	エチオピア……	2.88	2.71
イラク……	2.58	2.77	エリトリア……	2.47	1.25
イラン……	1.39	1.36	ガーナ……	2.61	2.23
インド……	1.50	1.07	カメルーン……	2.83	2.87
インドネシア…	1.29	0.97	ガンビア……	3.08	2.76
ウズベキスタン	1.44	1.61	ギニア……	2.32	2.54
オマーン……	3.93	2.61	ケニア……	2.92	2.14
カザフスタン…	1.09	1.27	コートジボワール	2.21	2.49
カタール……	10.33	3.53	コンゴ共和国…	3.53	2.39
韓国……	0.48	0.43	コンゴ民主共和国	3.23	3.38
カンボジア……	1.64	1.27	ザンビア……	3.45	3.10
北朝鮮……	0.52	0.46	シエラレオネ…	2.82	2.40
キルギス……	1.14	1.65	ジンバブエ……	1.02	2.09
クウェート……	5.19	2.32	スーダン……	2.46	2.92
サウジアラビア	3.14	1.68	セネガル……	2.66	2.73
ジョージア……	−0.65	−0.16	ソマリア……	2.83	3.53
シリア……	2.79	−0.21	タンザニア……	2.77	3.20
シンガポール…	2.57	1.05	チャド……	3.74	3.34
スリランカ……	0.96	0.38	中央アフリカ共和国	1.96	1.57
タイ……	0.74	0.36	チュニジア……	1.02	1.01
(台湾)……	0.34	0.28	トーゴ……	2.75	2.48
タジキスタン…	1.98	2.26	ナイジェリア…	2.76	2.54
中国……	0.65	0.43	ニジェール……	3.72	3.85
トルクメニスタン	1.51	1.65	ブルキナファソ	3.08	2.85
トルコ……	1.33	1.26	ブルンジ……	3.95	2.78
日本……	0.01	−0.21	ベナン……	3.03	2.92
ネパール……	0.76	1.12	ボツワナ……	1.94	1.92
パキスタン……	2.16	1.55	マダガスカル…	2.93	2.57
(パレスチナ)…	2.37	2.30	マラウイ……	2.83	2.73
バングラデシュ	1.26	1.19	マリ……	3.29	3.18
フィリピン……	1.89	1.66	南アフリカ共和国	1.09	1.20
ベトナム……	1.03	0.95	南スーダン……	4.82	0.20
(香港)……	0.55	0.35	モーリタニア…	2.57	2.68
マレーシア……	2.08	1.36	モザンビーク…	2.74	3.02
ミャンマー……	0.78	0.76	モロッコ……	1.30	1.17
モンゴル……	1.13	1.98	リビア……	0.83	1.50
ヨルダン……	3.18	4.58	リベリア……	3.53	2.04
ラオス……	1.50	1.47	ルワンダ……	2.62	2.43

各国の人口増減率（II）（%）

	2002～12年平均増減率	2012～22年平均増減率		2002～12年平均増減率	2012～22年平均増減率
ヨーロッパ			ロシア	-0.14	0.08
アイルランド	1.60	0.96	**北アメリカ**		
アルバニア	-0.77	-0.17	アメリカ合衆国	0.94	0.66
イギリス	0.73	0.57	カナダ	1.03	1.03
イタリア	0.53	-0.19			
ウクライナ	-0.55	-1.33	**中南アメリカ**		
オーストリア	0.43	0.59	アルゼンチン	1.03	0.82
			ウルグアイ	0.19	0.15
オランダ	0.44	0.45	エクアドル	1.71	1.52
ギリシャ	-0.12	-0.54	エルサルバドル	0.25	0.28
クロアチア	-0.34	-0.72	キューバ	0.12	-0.09
スイス	0.95	0.89	グアテマラ	2.10	1.66
スウェーデン	0.68	0.99	コスタリカ	1.40	0.90
スペイン	1.21	0.17	コロンビア	1.25	1.26
スロバキア	0.06	0.42	ジャマイカ	0.45	0.24
セルビア	-0.40	-0.50	チリ	1.00	1.23
チェコ	0.26	-0.02			
デンマーク	0.41	0.49	ドミニカ共和国	1.32	1.13
ドイツ	0.01	0.22	ニカラグア	1.38	1.43
ノルウェー	1.01	0.80	ハイチ	1.56	1.37
			パナマ	1.87	1.62
ハンガリー	-0.23	0.05	パラグアイ	1.14	1.36
フィンランド	0.40	0.23	ブラジル	1.03	0.74
フランス	0.61	0.24	ベネズエラ	1.53	-0.40
ブルガリア	-0.63	-0.99	ペルー	0.85	1.36
ベラルーシ	-0.44	-0.17	ボリビア	1.73	1.46
ベルギー	0.63	0.55	ホンジュラス	2.28	1.73
			メキシコ	1.38	0.97
ポーランド	-0.01	0.31			
ボスニア・ヘルツェゴビナ	-1.32	-1.27	**オセアニア**		
			オーストラリア	1.56	1.42
ポルトガル	0.09	-0.24	ニュージーランド	1.11	1.63
モルドバ	-1.66	-0.69	パプアニューギニア	3.14	2.37
リトアニア	-1.37	-1.07			
ルーマニア	-0.72	-0.24	世界平均	1.27	1.08

資料は表2-2に同じ。2002、12年は推計人口、22年は将来推計人口の中位推計値（いずれも7月1日現在）を用いて編者算出。ただし、日本は総務省統計局「人口推計」による各年10月1日現在の推計人口を用いた。各国の注記は表2-2参照。人口が少ない国の増減率は誤差が大きくなる傾向があり、必ずしも実態を正確に表さないことに留意。

人口統計について　人口統計には、全数調査（センサス、国勢調査）や推計などがある。センサスは各国で数年に一度実施され、その他の年はセンサス結果から出生数や死亡数などを加減して人口が推計される。国連が公表する人口統計には、各国の統計をまとめた“Demographic Yearbook”や、各国の推計人口と将来予測を計算した“World Population Prospects”などがある。

表 2-4　人口動態（Ⅰ）（推計値）（2021年）

	出生率（千人あたり）	死亡率（千人あたり）	自然増減数（千人）[1]	自然増減率（千人あたり）	社会増減数（千人）[2]	社会増減率（千人あたり）
アジア						
アゼルバイジャン	12.3	9.2	32	3.1	1	0.1
アフガニスタン	35.8	7.3	1 146	28.5	-184	-4.6
アラブ首長国連邦	10.3	1.9	79	8.4	-3	-0.3
アルメニア	12.0	13.0	-3	-1.0	-13	-4.6
イエメン	30.5	6.8	783	23.7	-101	-3.1
イスラエル	19.6	5.6	124	14.0	17	1.9
イラク	27.4	4.8	985	22.6	-60	-1.4
イラン	13.7	6.4	638	7.3	28	0.3
インド	16.4	9.4	9 814	7.0	-302	-0.2
インドネシア	16.4	10.1	1 741	6.4	-15	-0.1
ウズベキスタン	23.6	6.5	582	17.1	-39	-1.2
オマーン	18.4	3.8	66	14.6	-21	-4.6
カザフスタン	21.5	10.2	217	11.3	-19	-1.0
カタール	9.8	1.3	23	8.5	-31	-11.4
韓国	5.6	6.5	-46	-0.9	43	0.8
カンボジア	19.3	6.8	207	12.5	-24	-1.5
北朝鮮	13.2	9.3	102	3.9	-2	-0.1
キプロス	10.3	7.3	4	3.1	2	1.6
キルギス	24.1	6.2	117	17.9	-17	-2.5
クウェート	10.4	2.9	32	7.5	-37	-8.6
サウジアラビア	17.5	2.9	526	14.6	-154	-4.3
ジョージア	13.4	15.2	-7	-1.8	-3	-0.7
シリア	20.1	5.1	318	15.0	212	10.0
シンガポール	7.1	5.4	10	1.7	19	3.3
スリランカ	14.0	7.4	145	6.7	-92	-4.2
タイ	9.0	7.9	77	1.1	1	0.0
(台湾)	7.8	7.4	9	0.4	26	1.1
タジキスタン	26.7	4.5	216	22.2	-4	-0.4
中国	7.6	7.4	264	0.2	-200	-0.1
トルクメニスタン	21.6	6.6	95	15.0	-5	-0.7
トルコ	14.7	6.4	702	8.3	-70	-0.8
日本	6.6	11.7	-628	-5.1	-35	-0.0
ネパール	20.4	7.8	377	12.6	297	9.9
バーレーン	11.9	2.5	14	9.4	-9	-6.2
パキスタン	27.5	7.2	4 714	20.4	-471	-2.0
(パレスチナ)	28.2	3.8	126	24.4	-12	-2.4
バングラデシュ	17.8	5.7	2 057	12.1	-175	-1.0
東ティモール	24.9	7.2	23	17.7	-2	-1.5
フィリピン	21.8	7.3	1 652	14.5	-80	-0.7
ブータン	12.5	6.5	5	6.0	0	0.4
ブルネイ	13.8	5.2	4	8.6	-0	-0.4
ベトナム	15.0	7.3	749	7.7	-1	-0.0

人口動態（Ⅱ）（推計値）（2021年）

	出生率（千人あたり）	死亡率（千人あたり）	自然増減数（千人）[1)]	自然増減率（千人あたり）	社会増減数（千人）[2)]	社会増減率（千人あたり）
(香港)…………	5.7	7.2	-11	-1.5	0	0.0
(マカオ)………	10.1	4.1	4	6.0	4	5.9
マレーシア……	15.2	6.0	309	9.2	46	1.4
ミャンマー……	17.1	9.8	395	7.3	-35	-0.7
モルディブ……	14.1	3.0	6	11.1	1	2.3
モンゴル………	21.4	6.1	51	15.3	0	0.0
ヨルダン………	22.0	3.9	201	18.1	14	1.3
ラオス…………	22.0	6.6	114	15.4	-10	-1.4
レバノン………	14.9	8.3	38	6.7	-115	-20.4
アフリカ						
アルジェリア…	21.5	4.5	750	17.0	-19	-0.4
アンゴラ………	38.8	8.0	1 063	30.8	29	0.8
ウガンダ………	36.8	5.9	1 417	30.9	43	0.9
エジプト………	22.6	6.3	1 774	16.2	-32	-0.3
エスワティニ…	24.1	11.4	15	12.8	-5	-4.1
エチオピア……	32.4	6.8	3 081	25.6	-1	-0.0
エリトリア……	28.6	6.7	79	21.9	-15	-4.1
ガーナ…………	27.5	7.6	654	19.9	-11	-0.3
カーボベルデ…	17.0	6.0	6	10.9	-1	-2.2
ガボン…………	27.1	7.3	47	19.9	2	0.6
カメルーン……	34.9	8.6	717	26.4	-10	-0.4
ガンビア………	33.3	7.5	68	25.7	-2	-0.7
ギニア…………	34.4	10.0	331	24.4	-4	-0.3
ギニアビサウ…	31.1	8.7	46	22.4	-1	-0.7
ケニア…………	27.7	8.1	1 041	19.6	-53	-1.0
コートジボワール	33.9	9.0	685	24.9	-21	-0.8
コモロ…………	29.4	8.7	17	20.7	-2	-2.2
コンゴ共和国…	30.7	7.1	138	23.6	-4	-0.8
コンゴ民主共和国	42.0	9.7	3 104	32.3	-65	-0.7
サントメ・プリンシペ	28.3	6.4	5	21.9	-1	-3.5
ザンビア………	34.5	7.0	536	27.5	9	0.5
シエラレオネ…	31.4	9.1	187	22.2	-2	-0.2
ジブチ…………	22.2	9.1	14	13.1	1	0.7
ジンバブエ……	30.5	9.1	344	21.5	-25	-1.6
スーダン………	33.6	6.8	1 224	26.8	-15	-0.3
セーシェル……	15.4	9.0	1	6.5	0	1.4
赤道ギニア……	30.5	9.0	35	21.5	6	4.0
セネガル………	32.6	5.9	450	26.7	-10	-0.6
ソマリア………	43.6	11.6	546	32.0	-17	-1.0
タンザニア……	36.2	6.2	1 907	30.0	-5	-0.1
チャド…………	43.4	12.5	530	30.9	9	0.5
中央アフリカ共和国	42.7	11.4	172	31.3	-86	-15.6
チュニジア……	16.1	7.9	101	8.2	-9	-0.7

人口動態（Ⅲ）（推計値）（2021年）

	出生率（千人あたり）	死亡率（千人あたり）	自然増減数（千人）[1)]	自然増減率（千人あたり）	社会増減数（千人）[2)]	社会増減率（千人あたり）
トーゴ	31.9	8.2	205	23.7	-1	-0.1
ナイジェリア	37.1	13.1	5 131	24.0	-76	-0.4
ナミビア	27.4	10.7	42	16.7	-4	-1.7
ニジェール	45.3	8.1	939	37.2	-4	-0.2
ブルキナファソ	35.5	9.0	588	26.6	-13	-0.6
ブルンジ	34.8	7.5	344	27.4	-14	-1.1
ベナン	36.6	9.4	353	27.2	2	0.1
ボツワナ	23.6	9.5	37	14.1	2	0.7
マダガスカル	30.9	7.1	690	23.8	-1	-0.0
マラウイ	32.9	7.0	515	25.9	-2	-0.1
マリ	41.6	9.3	710	32.4	-22	-1.0
南アフリカ共和国	19.8	11.4	498	8.4	11	0.2
南スーダン	29.1	11.1	194	18.1	-32	-3.0
モーリシャス	10.3	9.6	1	0.7	-0	-0.4
モーリタニア	33.2	7.4	119	25.8	-1	-0.3
モザンビーク	36.6	8.8	892	27.8	-10	-0.3
モロッコ	17.5	6.2	422	11.4	-46	-1.2
リビア	17.8	6.0	80	11.8	-1	-0.1
リベリア	31.3	8.8	117	22.4	-12	-2.3
ルワンダ	30.0	6.3	319	23.7	-6	-0.5
レソト	26.1	14.2	27	11.9	-1	-0.7
ヨーロッパ						
アイスランド	12.4	6.8	2	5.6	1	1.7
アイルランド	11.8	7.1	23	4.7	15	3.1
アルバニア	10.2	11.3	-3	-1.1	-11	-3.7
アンドラ	7.2	8.2	-0	-0.9	1	17.6
イギリス	10.1	9.7	24	0.4	202	3.0
イタリア	6.9	11.5	-270	-4.6	28	0.5
ウクライナ	7.7	16.8	-395	-9.1	1	0.0
エストニア	10.3	14.2	-5	-3.9	3	2.3
オーストリア	9.5	10.1	-5	-0.6	20	2.3
オランダ	10.3	9.6	12	0.7	57	3.3
北マケドニア	9.6	13.9	-9	-4.3	-0	-0.2
ギリシャ	7.6	13.0	-57	-5.4	-15	-1.4
クロアチア	8.5	15.3	-28	-6.8	-10	-2.6
コソボ	11.1	7.2	7	3.9	-15	-9.0
サンマリノ	6.0	11.6	-0	-5.6	0	1.2
スイス	10.0	8.0	17	2.0	24	2.8
スウェーデン	10.9	8.9	21	2.0	80	7.7
スペイン	7.6	9.6	-96	-2.0	275	5.8
スロバキア	10.0	13.3	-18	-3.3	2	0.3
スロベニア	9.0	10.8	-4	-1.8	5	2.2
セルビア	9.3	18.9	-71	-9.7	0	0.0

人口動態（Ⅳ）（推計値）（2021年）

	出生率〔千人あたり〕	死亡率〔千人あたり〕	自然増減数（千人）[1]	自然増減率〔千人あたり〕	社会増減数（千人）[2]	社会増減率〔千人あたり〕
チェコ	9.9	12.8	-30	-2.9	4	0.3
デンマーク	10.8	10.0	5	0.8	23	3.9
ドイツ	9.2	12.5	-276	-3.3	313	3.8
ノルウェー	10.0	7.8	12	2.2	11	2.0
ハンガリー	9.5	15.9	-62	-6.4	20	2.0
フィンランド	8.5	10.4	-10	-1.9	15	2.7
フランス	10.5	9.9	38	0.6	21	0.3
ブルガリア	8.4	22.3	-96	-13.9	-9	-1.3
ベラルーシ	9.3	16.5	-69	-7.3	13	1.4
ベルギー	10.1	9.5	6	0.5	52	4.5
ポーランド	9.5	13.1	-139	-3.6	-3	-0.1
ボスニア・ヘルツェゴビナ	8.4	15.7	-24	-7.3	-26	-7.9
ポルトガル	7.8	12.0	-43	-4.2	27	2.7
マルタ	8.9	7.3	1	1.6	10	20.0
モナコ	8.8	21.3	-0	-12.5	0	5.6
モルドバ	12.4	16.4	-12	-3.9	-14	-4.7
モンテネグロ	11.1	12.0	-1	-0.9	-0	-0.2
ラトビア	9.1	19.2	-19	-10.2	-7	-3.6
リトアニア	9.6	18.3	-24	-8.6	-12	-4.2
リヒテンシュタイン	9.2	7.2	0	2.0	0	5.9
ルーマニア	10.1	16.3	-119	-6.1	-13	-0.7
ルクセンブルク	10.4	6.8	2	3.5	7	10.9
ロシア	9.6	17.0	-1 061	-7.3	321	2.2
北アメリカ						
アメリカ合衆国	11.1	9.7	442	1.3	562	1.7
カナダ	9.8	7.8	76	2.0	195	5.1
中南アメリカ						
アルゼンチン	13.9	9.0	224	4.9	2	0.1
アンティグア・バーブーダ	12.1	6.4	1	5.8	0	0.0
ウルグアイ	10.5	12.2	-6	-1.7	-1	-0.4
エクアドル	16.8	6.7	180	10.1	36	2.0
エルサルバドル	16.0	8.7	47	7.4	-27	-4.3
ガイアナ	20.3	10.0	8	10.3	-4	-5.4
キューバ	8.9	14.7	-65	-5.7	-7	-0.6
グアテマラ	21.1	6.5	258	14.6	-29	-1.7
グレナダ	16.0	8.2	1	7.8	-0	-0.7
コスタリカ	11.9	7.2	24	4.7	2	0.4
コロンビア	14.2	7.7	333	6.5	212	4.1
ジャマイカ	11.7	8.8	8	2.9	-6	-2.0
スリナム	18.2	8.7	6	9.5	-0	-0.8
セントクリストファー・ネービス	12.1	10.2	0	1.9	-0	-1.9

人口動態（V）（推計値）（2021年）

	出生率（千人あたり）	死亡率（千人あたり）	自然増減数（千人）[1)]	自然増減率（千人あたり）	社会増減数（千人）[2)]	社会増減率（千人あたり）
セントビンセント・グレナディーン諸島	12.9	13.4	-0	-0.5	-0	-3.6
セントルシア……	11.5	10.3	0	1.2	0	0.0
チリ…………	11.8	7.4	85	4.4	114	5.9
ドミニカ共和国・	18.4	6.7	131	11.8	-15	-1.3
ドミニカ国……	13.3	9.0	0	4.3	0	0.8
トリニダード・トバゴ	11.7	9.1	4	2.6	3	1.7
ニカラグア……	20.5	4.9	107	15.6	-10	-1.5
ハイチ…………	23.5	8.7	170	14.8	-33	-2.9
パナマ…………	17.7	6.1	51	11.6	5	1.3
バハマ…………	11.4	9.0	1	2.5	0	1.2
パラグアイ……	20.6	7.6	87	13.0	-8	-1.2
バルバドス……	10.8	9.0	1	1.8	-0	-0.1
(プエルトリコ)・	8.1	10.1	-6	-2.0	-7	-2.3
ブラジル………	12.9	8.3	977	4.6	20	0.1
ベネズエラ……	15.9	8.1	221	7.8	-525	-18.5
ベリーズ………	18.0	6.4	5	11.6	1	1.4
ペルー…………	17.6	8.0	324	9.6	68	2.0
ボリビア………	21.8	9.9	144	11.9	-5	-0.4
ホンジュラス…	21.1	5.6	159	15.5	-6	-0.6
メキシコ………	14.9	9.4	691	5.5	-53	-0.4
オセアニア						
オーストラリア・	11.5	6.4	132	5.1	118	4.6
キリバス………	27.2	6.2	3	21.0	-0	-2.3
クック諸島……	16.2	8.5	0	7.8	-0	-9.4
サモア…………	27.3	5.3	5	21.9	-1	-4.0
ソロモン諸島…	29.8	5.0	18	24.8	-1	-1.1
ツバル…………	23.5	10.2	0	13.3	-0	-1.3
トンガ…………	23.0	7.0	2	16.1	-1	-8.9
ナウル…………	27.6	6.6	0	20.9	-0	-5.3
ニウエ…………	14.0	13.9	0	0.1	-0	-2.0
ニュージーランド	12.4	6.6	30	5.8	38	7.5
バヌアツ………	29.4	5.4	8	24.0	-0	-0.6
パプアニューギニア	25.5	6.7	187	18.8	11	1.1
パラオ…………	15.2	12.7	0	2.5	0	0.2
フィジー………	19.3	8.9	10	10.5	-6	-6.5
マーシャル諸島・	19.3	7.6	1	11.7	-2	-44.2
ミクロネシア連邦	20.8	6.2	2	14.6	-1	-5.6

国連“World Population Prospects 2022”より作成。ただし、日本の出生率、死亡率、自然増減数および増減率は厚生労働省「人口動態統計」(日本人のみのデータ)、社会増減数および増減率は総務省統計局「人口推計」による（2020年10月～21年９月の増減)。各国の注記は表2-2参照。1）出生児数－死亡者数。2）入国者数－出国者数。

第2章 人口と都市

表 2-5　男女別人口と人口性比（Ⅰ）（推計人口）（2021年7月1日現在）

	人口総数（千人）	男	女	人口性比*	15～64歳	65歳以上
アジア						
アゼルバイジャン	10 313	5 089	5 224	97.4	95.4	67.9
アフガニスタン	40 099	20 255	19 845	102.1	101.2	75.5
アラブ首長国連邦	9 365	6 512	2 853	228.2	272.0	113.8
アルメニア・・・	2 791	1 256	1 534	81.9	81.2	52.0
イエメン・・・・・	32 982	16 668	16 313	102.2	101.8	75.3
イスラエル・・・	8 900	4 437	4 463	99.4	100.9	80.8
イラク・・・・・・・	43 534	21 797	21 736	100.3	99.4	68.8
イラン・・・・・・・	87 923	44 427	43 497	102.1	102.7	88.3
インド・・・・・・・	1 407 564	726 503	681 060	106.7	107.4	90.7
インドネシア・	273 753	137 852	135 901	101.4	102.8	76.7
ウズベキスタン	34 081	17 052	17 030	100.1	99.6	70.3
オマーン・・・・・	4 520	2 762	1 759	157.0	189.4	93.9
カザフスタン・	19 196	9 230	9 966	92.6	92.8	54.3
カタール・・・・・	2 688	1 954	735	266.0	334.1	168.6
韓国・・・・・・・・・	51 830	25 885	25 945	99.8	105.3	75.8
カンボジア・・・	16 589	8 212	8 377	98.0	98.3	64.2
北朝鮮・・・・・・・	25 972	12 844	13 128	97.8	101.8	67.5
キプロス・・・・・	1 244	623	621	100.3	102.6	84.8
キルギス・・・・・	6 528	3 205	3 322	96.5	95.0	65.8
クウェート・・・	4 250	2 591	1 659	156.1	167.8	184.0
サウジアラビア	35 950	20 766	15 184	136.8	152.7	102.2
ジョージア・・・	3 758	1 767	1 991	88.7	92.9	54.2
シリア・・・・・・・	21 324	10 681	10 643	100.4	100.0	76.1
シンガポール・	5 941	3 107	2 834	109.7	113.5	94.0
スリランカ・・・	21 773	10 490	11 283	93.0	94.3	68.2
タイ・・・・・・・・・	71 601	34 794	36 807	94.5	95.9	77.5
（台湾）・・・・・・・	23 860	11 821	12 039	98.2	100.0	84.1
タジキスタン・	9 750	4 906	4 844	101.3	99.6	89.7
中国・・・・・・・・・	1 425 893	728 050	697 843	104.3	106.2	82.8
トルクメニスタン	6 342	3 142	3 200	98.2	97.6	67.3
トルコ・・・・・・・	84 775	42 490	42 286	100.5	103.1	71.1
日本・・・・・・・・・	125 502	61 019	64 483	94.6	102.6	76.7
ネパール・・・・・	30 035	14 371	15 664	91.7	87.3	85.4
バーレーン・・・	1 463	909	555	163.8	189.4	116.5
パキスタン・・・	231 402	116 816	114 586	101.9	101.3	87.4
（パレスチナ）・	5 133	2 560	2 573	99.5	98.1	79.6
バングラデシュ	169 356	83 998	85 358	98.4	97.0	91.1
東ティモール・	1 321	674	647	104.1	104.1	87.3
フィリピン・・・	113 880	57 817	56 063	103.1	103.5	78.4
ベトナム・・・・・	97 468	48 136	49 332	97.6	98.3	66.1
（香港）・・・・・・・	7 495	3 457	4 038	85.6	81.3	88.8
マレーシア・・・	33 574	17 167	16 407	104.6	105.7	90.1
ミャンマー・・・	53 798	26 783	27 015	99.1	99.8	73.5
モンゴル・・・・・	3 348	1 661	1 686	98.5	98.0	63.8

男女別人口と人口性比（Ⅱ）（推計人口）（2021年7月1日現在）

	人口総数（千人）	男	女	人口性比*	15～64歳	65歳以上
ヨルダン·····	11 148	5 780	5 368	107.7	110.8	92.3
ラオス·······	7 425	3 743	3 682	101.6	101.7	86.5
レバノン·····	5 593	2 713	2 879	94.2	92.1	78.7
アフリカ						
アルジェリア·	44 178	22 497	21 681	103.8	104.7	92.1
アンゴラ·····	34 504	17 051	17 452	97.7	96.1	75.9
ウガンダ·····	45 854	22 701	23 153	98.0	96.4	68.1
エジプト·····	109 262	55 260	54 002	102.3	103.6	73.0
エチオピア···	120 283	60 443	59 840	101.0	100.0	83.5
エリトリア···	3 620	1 786	1 834	97.3	96.0	74.9
ガーナ·······	32 833	16 376	16 457	99.5	98.7	83.3
ガボン·······	2 341	1 192	1 149	103.8	106.5	89.6
カメルーン···	27 199	13 564	13 634	99.5	98.9	83.0
ガンビア·····	2 640	1 313	1 327	99.0	96.9	89.6
ギニア·······	13 532	6 686	6 846	97.7	95.4	71.1
ギニアビサウ·	2 061	1 017	1 044	97.5	95.6	69.1
ケニア·······	53 006	26 279	26 726	98.3	98.2	73.7
コートジボワール	27 478	13 878	13 601	102.0	102.5	102.9
コンゴ共和国·	5 836	2 914	2 921	99.8	99.3	81.4
コンゴ民主共和国	95 894	47 575	48 319	98.5	97.8	82.0
ザンビア·····	19 473	9 609	9 864	97.4	96.8	62.4
シエラレオネ·	8 421	4 219	4 202	100.4	100.5	79.7
ジンバブエ···	15 994	7 544	8 450	89.3	83.7	66.8
スーダン·····	45 657	22 815	22 842	99.9	98.6	87.3
赤道ギニア···	1 634	863	771	112.0	121.4	83.4
セネガル·····	16 877	8 297	8 580	96.7	94.2	70.4
ソマリア·····	17 066	8 556	8 510	100.5	99.4	81.4
タンザニア···	63 588	31 418	32 171	97.7	95.2	81.5
チャド·······	17 180	8 624	8 556	100.8	99.6	83.1
中央アフリカ共和国	5 457	2 728	2 729	100.0	98.5	93.2
チュニジア···	12 263	6 057	6 206	97.6	96.6	83.9
トーゴ·······	8 645	4 345	4 300	101.1	101.2	88.8
ナイジェリア·	213 401	107 827	105 574	102.1	102.1	91.8
ナミビア·····	2 530	1 221	1 309	93.3	92.7	58.5
ニジェール···	25 253	12 809	12 444	102.9	103.7	82.2
ブルキナファソ	22 101	11 011	11 090	99.3	97.9	67.6
ブルンジ·····	12 551	6 232	6 319	98.6	97.7	75.5
ベナン·······	12 997	6 510	6 487	100.3	99.8	80.1
ボツワナ·····	2 588	1 278	1 311	97.5	96.9	67.8
マダガスカル·	28 916	14 491	14 425	100.5	99.9	86.0
マラウイ·····	19 890	9 671	10 219	94.6	92.2	66.2
マリ·········	21 905	11 061	10 844	102.0	102.6	85.5
南アフリカ共和国	59 392	28 895	30 498	94.7	96.2	51.1
南スーダン···	10 748	5 321	5 428	98.0	95.8	71.9
モーリシャス·	1 299	641	658	97.4	100.2	77.1

男女別人口と人口性比（Ⅲ）（推計人口）（2021年７月１日現在）

	人口総数（千人）	男	女	人口性比*	15〜64歳	65歳以上
モーリタニア·	4 615	2 261	2 354	96.0	91.7	89.6
モザンビーク·	32 077	15 737	16 340	96.3	94.7	63.5
モロッコ·····	37 077	18 666	18 411	101.4	101.4	89.4
リビア·······	6 735	3 410	3 326	102.5	102.8	82.0
リベリア·····	5 193	2 585	2 608	99.1	98.1	77.0
ルワンダ·····	13 462	6 582	6 880	95.7	93.6	66.2
レソト·······	2 281	1 126	1 156	97.4	99.1	60.5
ヨーロッパ						
アイルランド·	4 987	2 471	2 516	98.2	98.4	89.2
アルバニア···	2 855	1 426	1 429	99.8	100.2	94.4
イギリス·····	67 281	33 239	34 042	97.6	99.8	84.5
イタリア·····	59 240	28 873	30 367	95.1	100.3	77.7
ウクライナ···	43 531	20 147	23 384	86.2	94.0	49.9
エストニア···	1 329	630	699	90.2	101.7	53.8
オーストリア·	8 922	4 391	4 531	96.9	101.5	77.4
オランダ·····	17 502	8 696	8 805	98.8	101.3	86.7
北マケドニア·	2 103	1 049	1 055	99.4	103.0	77.5
ギリシャ·····	10 445	5 117	5 328	96.0	98.0	85.4
クロアチア···	4 060	1 977	2 083	94.9	102.7	70.0
コソボ·······	1 662	828	834	99.4	100.5	78.3
スイス·······	8 691	4 314	4 377	98.6	102.4	81.6
スウェーデン·	10 467	5 273	5 195	101.5	105.2	87.5
スペイン·····	47 487	23 272	24 215	96.1	100.5	77.1
スロバキア···	5 448	2 660	2 788	95.4	102.1	66.7
スロベニア···	2 119	1 065	1 054	101.0	109.3	76.3
セルビア·····	7 297	3 497	3 800	92.0	99.5	64.5
チェコ·······	10 511	5 176	5 334	97.0	104.4	72.6
デンマーク···	5 854	2 912	2 942	99.0	102.0	85.6
ドイツ·······	83 409	41 154	42 255	97.4	103.3	78.0
ノルウェー···	5 403	2 726	2 677	101.8	105.0	87.9
ハンガリー···	9 710	4 654	5 056	92.1	100.8	62.0
フィンランド·	5 536	2 735	2 801	97.6	103.7	79.1
フランス·····	64 531	31 195	33 336	93.6	97.4	76.0
ブルガリア···	6 886	3 339	3 547	94.2	103.4	66.7
ベラルーシ···	9 578	4 415	5 163	85.5	92.1	51.0
ベルギー·····	11 611	5 735	5 877	97.6	101.8	79.8
ポーランド···	38 308	18 524	19 783	93.6	100.2	66.6
ボスニア・ヘルツェゴビナ	3 271	1 610	1 661	97.0	101.7	76.2
ポルトガル···	10 290	4 855	5 435	89.3	93.3	71.9
モルドバ·····	3 062	1 453	1 608	90.4	95.0	56.8
ラトビア·····	1 874	868	1 006	86.3	97.4	50.8
リトアニア···	2 787	1 308	1 479	88.4	99.7	52.3
ルーマニア···	19 329	9 345	9 984	93.6	100.9	65.2
ロシア·······	145 103	67 393	77 710	86.7	93.2	49.6

男女別人口と人口性比（Ⅳ）（推計人口）（2021年７月１日現在）

	人口総数（千人）	男	女	人口性比*	15～64歳	65歳以上
北アメリカ						
アメリカ合衆国	336 998	166 942	170 056	98.2	100.7	82.6
カナダ・・・・・・・	38 155	18 960	19 195	98.8	101.4	85.6
中南アメリカ						
アルゼンチン・	45 277	22 415	22 862	98.0	101.6	69.4
ウルグアイ・・・	3 426	1 659	1 767	93.9	99.5	63.6
エクアドル・・・	17 798	8 887	8 911	99.7	100.2	82.4
エルサルバドル	6 314	3 007	3 307	90.9	88.8	67.4
キューバ・・・・・	11 256	5 589	5 667	98.6	100.9	82.4
グアテマラ・・・	17 608	8 717	8 892	98.0	96.9	81.7
コスタリカ・・・	5 154	2 579	2 575	100.1	101.2	86.1
コロンビア・・・	51 517	25 415	26 101	97.4	97.8	79.6
ジャマイカ・・・	2 828	1 403	1 425	98.5	99.0	80.4
チリ・・・・・・・・・	19 493	9 675	9 818	98.5	100.7	81.1
ドミニカ共和国	11 118	5 582	5 536	100.8	101.3	85.9
トリニダード・トバゴ	1 526	753	773	97.4	99.9	74.4
ニカラグア・・・	6 851	3 376	3 475	97.1	96.5	75.0
ハイチ・・・・・・・	11 448	5 673	5 775	98.2	98.4	75.5
パナマ・・・・・・・	4 351	2 177	2 175	100.1	100.4	84.3
パラグアイ・・・	6 704	3 365	3 339	100.8	100.8	84.7
(プエルトリコ)	3 256	1 538	1 718	89.5	91.3	76.7
ブラジル・・・・・	214 326	105 291	109 035	96.6	97.8	74.9
ベネズエラ・・・	28 200	13 957	14 243	98.0	98.5	73.4
ペルー・・・・・・・	33 715	16 695	17 020	98.1	97.6	85.8
ボリビア・・・・・	12 079	6 059	6 021	100.6	101.2	77.0
ホンジュラス・	10 278	5 191	5 088	102.0	101.9	84.7
メキシコ・・・・・	126 705	61 856	64 849	95.4	94.3	82.4
オセアニア						
オーストラリア	25 921	12 868	13 053	98.6	99.4	88.4
ニュージーランド	5 130	2 542	2 587	98.3	99.0	87.8
パプアニューギニア	9 949	5 138	4 812	106.8	106.0	107.7
世界計×・・・	**7 909 295**	**3 976 648**	**3 932 647**	101.1	102.7	79.5

国連“World Population Prospects 2022”より作成。ただし、日本は総務省統計局「人口推計」による2021年10月１日現在の推計人口。日本の15～64歳、65歳以上人口性比は編者算出。各国の注記は表2-2参照。*女性100人に対する男性の数。×その他とも。

現在人口と常住人口　人口調査でとらえる人口には、居住者か非居住者かに関係なく、調査時点にその地域に存在する現在人口（de facto population）と、その地域に居住している常住人口（de jure population）がある。本章で多く引用した、国連による人口推計“World Population Prospects”では、現在人口の推計値を掲載している。

図 2-3　人口ピラミッド（年齢階級別人口構成）（推計人口）（2021年）

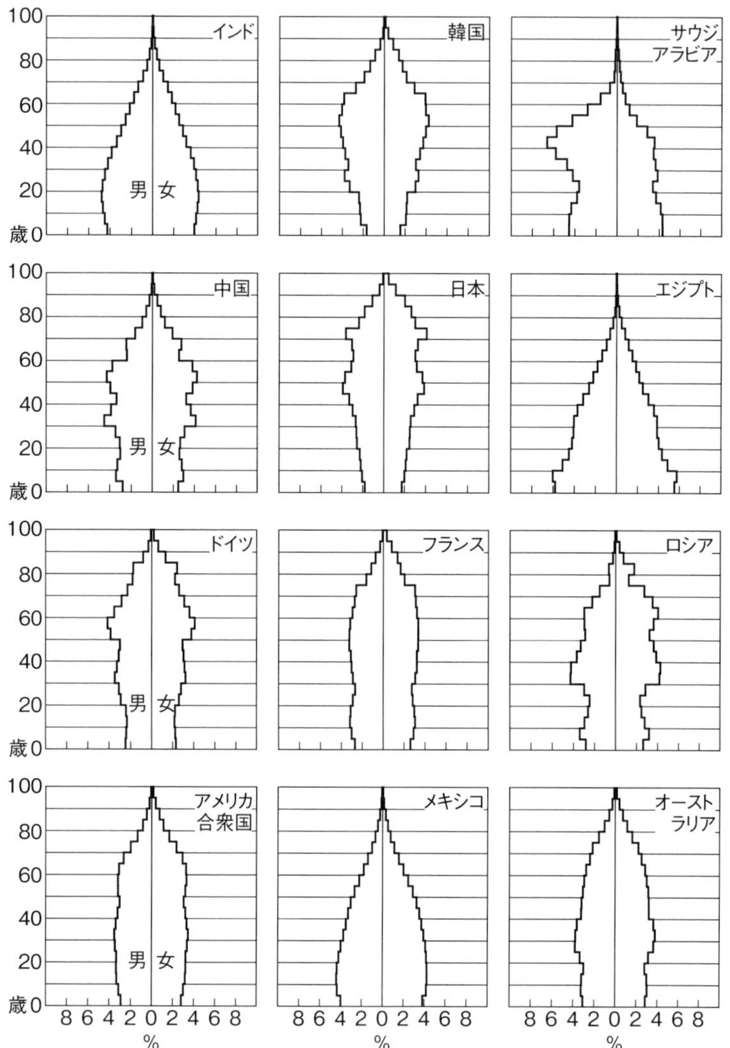

国連“World Population Prospects 2022”より作成。2021年7月1日現在。ただし、日本は総務省統計局「人口推計」による2021年10月1日現在の推計人口。男女・年齢5歳階級ごとの人口割合。95～99歳には100歳以上を含む。

人口ピラミッドは、人口総数に対する男女・年齢別の人口割合を図式化したもの。出生率が高く、高齢者の割合が低い富士山型、出生率と死亡率がともに低いつりがね型、出生率が極端に低く、高齢者の割合が高いつぼ型などがある。一般的に、経済の成長に従って富士山型からつりがね型へと変化し、日本や韓国などのように少子化が進行すると、つぼ型へと変化していく。

表 2-6　年齢階級別人口構成（Ⅰ）（推計値）（2021年 7 月 1 日現在）

	人口割合（%）				中位年齢*（歳）
	0～14歳	15～64歳	65歳以上	75歳以上	
アジア					
アゼルバイジャン	23.9	69.4	6.7	1.9	31.4
アフガニスタン	43.4	54.2	2.4	0.7	16.7
アラブ首長国連邦	15.1	83.1	1.8	0.6	32.8
アルメニア	20.4	66.8	12.7	4.5	34.4
イエメン	39.9	57.4	2.7	0.9	18.7
イスラエル	28.2	59.9	11.9	4.9	29.0
イラク	38.1	58.5	3.4	1.0	19.8
イラン	23.8	68.8	7.4	2.3	31.9
インド	25.7	67.5	6.8	2.2	27.6
インドネシア	25.5	67.7	6.8	2.2	29.4
ウズベキスタン	30.1	64.9	5.0	1.4	26.6
オマーン	26.8	70.4	2.8	0.8	28.8
カザフスタン	29.5	62.5	7.9	2.3	29.5
カタール	15.8	82.8	1.4	0.3	33.0
韓国	11.9	71.5	16.7	7.1	43.4
カンボジア	29.3	65.2	5.5	1.5	26.5
北朝鮮	18.9	69.7	11.4	4.8	35.6
キプロス	16.0	69.5	14.5	6.2	37.6
キルギス	34.5	61.2	4.4	1.1	23.7
クウェート	21.1	74.4	4.5	1.0	38.3
サウジアラビア	26.2	71.2	2.6	0.9	29.8
ジョージア	21.1	64.3	14.6	5.6	36.4
シリア	33.0	62.4	4.6	1.4	20.9
シンガポール	12.0	73.9	14.1	4.1	41.8
スリランカ	23.2	65.6	11.2	3.7	32.5
タイ	15.8	69.7	14.5	5.7	39.3
(台湾)	12.7	71.4	16.0	6.1	41.3
タジキスタン	36.4	60.3	3.3	0.9	21.5
中国	17.7	69.2	13.1	4.4	37.9
トルクメニスタン	31.2	63.9	4.9	1.3	25.8
トルコ	23.5	68.1	8.4	2.9	30.9
日本	11.8	58.4	29.8	15.8	48.4
ネパール	29.4	64.6	6.0	1.8	23.7
バーレーン	20.4	76.1	3.5	0.9	32.7
パキスタン	36.9	58.8	4.2	1.3	20.2
(パレスチナ)	39.1	57.4	3.5	1.1	19.2
バングラデシュ	26.5	67.7	5.8	1.9	26.3
東ティモール	35.3	59.4	5.3	1.8	20.3
フィリピン	30.6	64.0	5.3	1.5	24.5
ベトナム	22.5	68.7	8.8	2.9	32.0
(香港)	12.2	68.2	19.6	8.2	44.9
マレーシア	23.0	69.8	7.3	2.3	29.9

年齢階級別人口構成（Ⅱ）（推計値）（2021年7月1日現在）

	人口割合（%）				中位年齢*（歳）
	0〜14歳	15〜64歳	65歳以上	75歳以上	
ミャンマー	*24.9*	*68.5*	*6.6*	*1.9*	29.0
モンゴル	*32.4*	*63.2*	*4.4*	*1.5*	26.8
ヨルダン	*32.6*	*63.7*	*3.7*	*1.2*	23.4
ラオス	*31.0*	*64.6*	*4.4*	*1.3*	23.8
レバノン	*27.6*	*62.8*	*9.6*	*3.6*	28.3
アフリカ					
アルジェリア	*30.7*	*63.1*	*6.2*	*2.0*	27.8
アンゴラ	*45.2*	*52.2*	*2.6*	*0.8*	16.2
ウガンダ	*45.2*	*53.1*	*1.7*	*0.4*	15.9
エジプト	*33.1*	*62.2*	*4.8*	*1.3*	23.9
エスワティニ	*35.0*	*61.0*	*4.0*	*1.1*	21.5
エチオピア	*40.0*	*56.9*	*3.1*	*0.9*	18.5
エリトリア	*39.8*	*56.2*	*4.0*	*1.4*	18.2
ガーナ	*37.3*	*59.3*	*3.5*	*1.0*	20.4
ガボン	*36.4*	*59.7*	*3.9*	*1.3*	21.6
カメルーン	*42.4*	*54.9*	*2.7*	*0.9*	17.5
ガンビア	*43.5*	*54.1*	*2.4*	*0.8*	16.8
ギニア	*41.8*	*54.8*	*3.4*	*1.1*	17.7
ギニアビサウ	*40.6*	*56.6*	*2.8*	*0.7*	18.3
ケニア	*38.4*	*58.8*	*2.8*	*1.0*	19.2
コートジボワール	*41.8*	*55.8*	*2.4*	*0.7*	17.6
コンゴ共和国	*41.4*	*55.9*	*2.7*	*0.7*	18.2
コンゴ民主共和国	*46.5*	*50.5*	*3.0*	*0.9*	15.6
ザンビア	*43.3*	*55.0*	*1.7*	*0.5*	16.9
シエラレオネ	*39.4*	*57.5*	*3.1*	*0.9*	18.8
ジブチ	*30.8*	*64.7*	*4.5*	*1.4*	23.7
ジンバブエ	*40.9*	*55.7*	*3.4*	*1.0*	18.1
スーダン	*41.1*	*55.5*	*3.4*	*0.8*	18.4
赤道ギニア	*38.8*	*58.1*	*3.1*	*0.9*	20.9
セネガル	*41.8*	*55.1*	*3.2*	*1.0*	17.8
ソマリア	*47.3*	*50.2*	*2.6*	*0.7*	15.2
タンザニア	*43.6*	*53.3*	*3.1*	*1.0*	16.8
チャド	*47.7*	*50.3*	*2.0*	*0.5*	15.0
中央アフリカ共和国	*48.2*	*49.3*	*2.5*	*0.6*	14.7
チュニジア	*24.9*	*66.3*	*8.8*	*3.2*	31.7
トーゴ	*40.2*	*56.7*	*3.1*	*0.7*	18.7
ナイジェリア	*43.3*	*53.7*	*3.0*	*0.8*	17.0
ナミビア	*36.2*	*59.8*	*4.0*	*1.3*	21.3
ニジェール	*48.9*	*48.7*	*2.4*	*0.6*	14.5
ブルキナファソ	*44.1*	*53.4*	*2.5*	*0.7*	16.6
ブルンジ	*46.3*	*51.2*	*2.5*	*0.7*	15.6
ベナン	*42.6*	*54.3*	*3.1*	*1.0*	17.5
ボツワナ	*32.9*	*63.5*	*3.6*	*1.1*	23.5

年齢階級別人口構成（Ⅲ）（推計値）（2021年7月1日現在）

	人口割合（%）				中位年齢*（歳）
	0～14歳	15～64歳	65歳以上	75歳以上	
マダガスカル	39.4	57.3	3.3	0.9	19.0
マラウイ	43.2	54.1	2.7	1.1	16.8
マリ	47.4	50.2	2.4	0.7	15.1
南アフリカ共和国	28.7	65.4	6.0	2.1	27.1
南スーダン	44.7	52.4	2.8	0.8	16.1
モーリシャス	16.6	71.1	12.3	4.0	36.8
モーリタニア	42.0	54.7	3.3	1.0	17.6
モザンビーク	43.7	53.7	2.6	0.7	16.8
モロッコ	26.9	65.7	7.4	2.2	28.7
リビア	28.9	66.3	4.8	1.8	26.3
リベリア	41.0	55.6	3.3	1.1	17.9
ルワンダ	38.9	58.0	3.1	0.9	19.0
レソト	34.1	61.7	4.2	1.4	22.1
ヨーロッパ					
アイルランド	19.9	65.3	14.8	6.4	37.6
アルバニア	16.3	67.5	16.2	6.6	37.3
イギリス	17.7	63.4	18.9	8.9	39.6
イタリア	12.7	63.7	23.7	12.0	46.8
ウクライナ	15.2	67.4	17.4	7.0	40.8
エストニア	16.5	63.2	20.4	9.4	41.5
オーストリア	14.4	66.2	19.4	9.5	42.8
オランダ	15.5	64.5	20.0	8.7	41.7
北マケドニア	16.1	69.2	14.8	5.1	38.3
ギリシャ	14.1	63.4	22.5	11.2	44.7
クロアチア	14.1	63.9	22.0	9.6	43.7
コソボ	22.0	68.1	9.9	3.9	30.5
スイス	15.1	66.0	19.0	9.3	41.8
スウェーデン	17.7	62.2	20.1	9.8	39.5
スペイン	14.1	66.0	19.9	9.9	43.9
スロバキア	15.9	66.9	17.2	6.4	40.6
スロベニア	15.2	64.3	20.5	8.9	43.2
セルビア	14.3	65.0	20.7	8.5	42.9
チェコ	16.0	63.5	20.5	8.3	42.6
デンマーク	16.2	63.6	20.3	9.4	41.3
ドイツ	13.9	64.0	22.2	11.4	44.9
ノルウェー	17.0	64.9	18.1	8.1	39.3
ハンガリー	14.6	65.0	20.4	8.4	42.7
フィンランド	15.4	61.7	22.9	10.1	42.4
フランス	17.4	61.3	21.3	9.9	41.6
ブルガリア	14.0	63.6	22.4	9.7	44.5
ベラルーシ	16.8	66.3	16.8	6.2	40.2
ベルギー	16.7	63.9	19.4	9.1	40.9
ポーランド	15.4	65.8	18.8	7.1	40.9

年齢階級別人口構成（Ⅳ）（推計値）（2021年7月1日現在）

	人口割合（%）				中位年齢*（歳）
	0～14歳	15～64歳	65歳以上	75歳以上	
ボスニア・ヘルツェゴビナ	14.9	66.9	18.1	6.8	41.8
ポルトガル	13.3	64.1	22.6	11.0	45.0
モルドバ	19.8	66.6	13.6	4.0	36.1
ラトビア	15.6	62.8	21.6	10.4	43.6
リトアニア	15.2	64.2	20.6	10.1	43.7
ルーマニア	16.0	65.0	18.9	7.7	41.9
ロシア	17.7	66.7	15.6	5.7	38.8
北アメリカ					
アメリカ合衆国	18.2	65.1	16.7	6.8	37.7
カナダ	15.7	65.7	18.5	7.9	40.2
中南アメリカ					
アルゼンチン	23.4	64.8	11.8	5.1	31.3
ウルグアイ	19.4	65.1	15.5	7.5	35.2
エクアドル	26.1	66.3	7.6	2.9	27.6
エルサルバドル	25.8	66.1	8.2	3.3	26.3
キューバ	15.8	68.5	15.7	6.8	41.2
グアテマラ	32.9	62.2	4.9	1.9	22.1
コスタリカ	20.5	68.9	10.5	4.0	32.9
コロンビア	21.6	69.7	8.7	3.0	30.8
ジャマイカ	20.3	72.5	7.2	2.4	30.8
チリ	18.5	68.9	12.7	5.2	34.9
ドミニカ共和国	27.4	65.5	7.2	2.7	27.1
トリニダード・トバゴ	19.3	69.6	11.1	3.6	35.5
ニカラグア	30.1	64.8	5.2	1.8	24.5
ハイチ	32.4	63.2	4.5	1.3	23.0
パナマ	26.4	65.0	8.6	3.4	28.8
パラグアイ	29.0	64.8	6.2	2.3	25.6
(プエルトリコ)	13.7	64.0	22.4	10.0	44.0
ブラジル	20.5	69.9	9.6	3.3	32.8
ベネズエラ	28.2	63.5	8.3	2.9	28.1
ペルー	26.3	65.3	8.3	3.2	28.2
ボリビア	31.1	64.0	4.9	1.5	23.9
ホンジュラス	30.6	65.2	4.2	1.2	23.4
メキシコ	25.0	66.9	8.1	3.1	29.0
オセアニア					
オーストラリア	18.4	65.1	16.6	7.4	37.0
ニュージーランド	18.9	65.2	15.9	6.8	36.5
パプアニューギニア	34.6	62.3	3.1	0.8	21.8
フィジー	28.9	65.4	5.7	1.6	26.8
世界平均	25.5	64.9	9.6	3.6	30.0

国連“World Population Prospects 2022”より作成。各国の注記は表2-2参照。
*人口を年齢で上下に分けたとき、上の世代と下の世代の人口がちょうど同じになる年齢。

図 2-4 年齢3階級別人口構成割合（2021年7月1日現在）

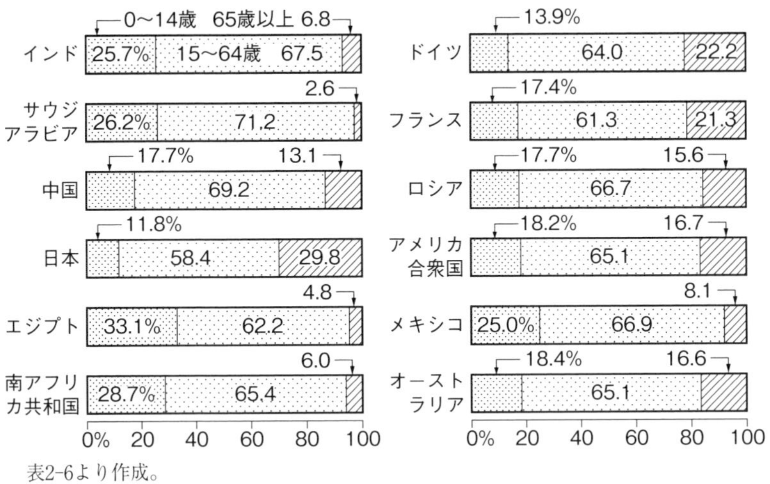

表2-6より作成。

図 2-5 年齢3階級別人口の推移と予測（各年7月1日現在）

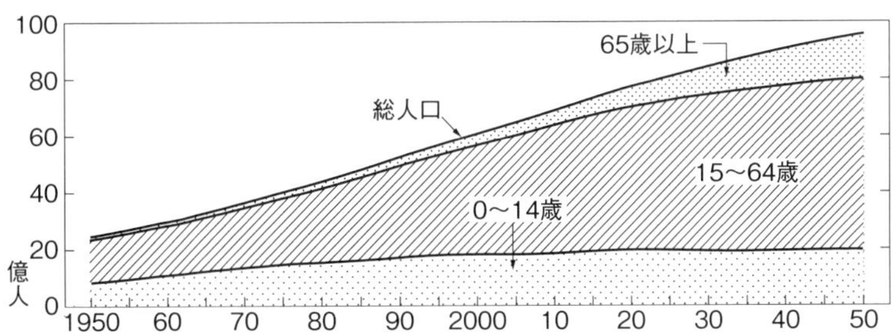

図 2-6 地域別人口の推移と予測（各年7月1日現在）

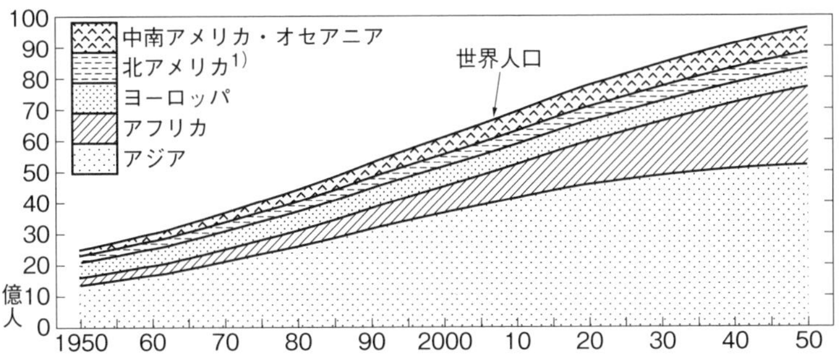

図2-5、2-6ともに国連“World Population Prospects 2022”より作成。2021年までは推計人口、2022年からは将来推計人口の中位推計値。1）アメリカ合衆国、カナダ、グリーンランド、バミューダ諸島、サンピエール・ミクロン島。

表 2-7　人口予測（Ⅰ）（各年7月1日現在）

	将来推計人口（千人）			年平均人口増減率（%）	
	2022	2030	2050	2022～2030	2030～2050
アジア	4 722 635	4 958 807	5 292 948	*0.61*	*0.33*
アフガニスタン	41 129	50 331	74 075	*2.56*	*1.95*
イエメン	33 697	39 923	55 296	*2.14*	*1.64*
イラク	44 496	52 801	74 515	*2.16*	*1.74*
イラン	88 551	92 921	99 007	*0.60*	*0.32*
インド	1 417 173	1 514 994	1 670 491	*0.84*	*0.49*
インドネシア	275 501	292 150	317 225	*0.74*	*0.41*
ウズベキスタン	34 628	38 313	45 593	*1.27*	*0.87*
韓国	51 816	51 290	45 771	*−0.13*	*−0.57*
北朝鮮	26 069	26 569	25 807	*0.24*	*−0.15*
サウジアラビア	36 409	40 461	48 375	*1.33*	*0.90*
シリア	22 125	29 825	38 306	*3.80*	*1.26*
タイ	71 697	72 060	67 880	*0.06*	*−0.30*
(台湾)	23 893	24 028	22 446	*0.07*	*−0.34*
中国	1 425 887	1 415 606	1 312 636	*−0.09*	*−0.38*
トルコ	85 341	88 880	95 829	*0.51*	*0.38*
日本	124 947	120 116	104 686	*−0.49*	*−0.69*
ネパール	30 548	33 133	37 401	*1.02*	*0.61*
パキスタン	235 825	274 030	367 808	*1.89*	*1.48*
バングラデシュ	171 186	184 424	203 905	*0.94*	*0.50*
フィリピン	115 559	129 453	157 892	*1.43*	*1.00*
ベトナム	98 187	102 700	107 013	*0.56*	*0.21*
マレーシア	33 938	36 688	41 032	*0.98*	*0.56*
ミャンマー	54 179	56 988	59 929	*0.63*	*0.25*
アフリカ	1 426 736	1 710 666	2 485 136	*2.29*	*1.88*
アルジェリア	44 903	49 787	60 001	*1.30*	*0.94*
アンゴラ	35 589	44 912	72 328	*2.95*	*2.41*
ウガンダ	47 250	58 380	87 622	*2.68*	*2.05*
エジプト	110 990	125 152	160 340	*1.51*	*1.25*
エチオピア	123 380	149 296	214 812	*2.41*	*1.84*
ガーナ	33 476	38 776	52 232	*1.85*	*1.50*
カメルーン	27 915	34 051	51 280	*2.52*	*2.07*
ケニア	54 027	63 104	85 212	*1.96*	*1.51*
コートジボワール	28 161	34 211	51 358	*2.46*	*2.05*
コンゴ民主共和国	99 010	127 582	217 494	*3.22*	*2.70*
スーダン	46 874	56 997	84 494	*2.47*	*1.99*
タンザニア	65 498	81 885	129 932	*2.83*	*2.34*
ナイジェリア	218 541	262 580	377 460	*2.32*	*1.83*
ニジェール	26 208	35 218	67 043	*3.76*	*3.27*
マダガスカル	29 612	35 604	51 593	*2.33*	*1.87*
南アフリカ共和国	59 894	64 659	73 530	*0.96*	*0.64*
モザンビーク	32 970	40 921	63 044	*2.74*	*2.18*
モロッコ	37 458	40 226	45 045	*0.90*	*0.57*

人口予測（Ⅱ）（各年7月1日現在）

	将来推計人口（千人）			年平均人口増減率（%）	
	2022	2030	2050	2022～2030	2030～2050
ヨーロッパ……	743 556	736 574	703 007	*-0.12*	*-0.23*
イギリス……	67 509	69 176	71 685	*0.31*	*0.18*
イタリア……	59 037	57 544	52 250	*-0.32*	*-0.48*
ウクライナ……	39 702	38 295	32 868	*-0.45*	*-0.76*
オーストリア……	8 940	9 055	8 924	*0.16*	*-0.07*
オランダ……	17 564	17 944	17 897	*0.27*	*-0.01*
ギリシャ……	10 385	10 060	9 145	*-0.40*	*-0.48*
スイス……	8 740	9 144	9 754	*0.57*	*0.32*
スウェーデン……	10 549	11 007	11 902	*0.53*	*0.39*
スペイン……	47 559	47 077	44 220	*-0.13*	*-0.31*
チェコ……	10 494	10 515	10 577	*0.03*	*0.03*
ドイツ……	83 370	82 763	78 932	*-0.09*	*-0.24*
ハンガリー……	9 967	9 643	8 817	*-0.41*	*-0.45*
フランス……	64 627	65 543	65 827	*0.18*	*0.02*
ベラルーシ……	9 535	9 206	8 410	*-0.44*	*-0.45*
ベルギー……	11 656	11 873	12 091	*0.23*	*0.09*
ポーランド……	39 857	38 701	34 932	*-0.37*	*-0.51*
ポルトガル……	10 271	10 062	9 261	*-0.26*	*-0.41*
ルーマニア……	19 659	19 023	17 457	*-0.41*	*-0.43*
ロシア……	144 713	141 433	133 133	*-0.29*	*-0.30*
北アメリカ……[1]	376 871	393 297	421 398	*0.53*	*0.35*
アメリカ合衆国…	338 290	352 162	375 392	*0.50*	*0.32*
カナダ……	38 454	41 009	45 891	*0.81*	*0.56*
中南アメリカ……	660 269	697 585	749 169	*0.69*	*0.36*
アルゼンチン……	45 510	47 679	51 621	*0.58*	*0.40*
エクアドル……	18 001	19 487	22 270	*1.00*	*0.67*
グアテマラ……	17 844	20 004	24 601	*1.44*	*1.04*
コロンビア……	51 874	54 130	56 988	*0.53*	*0.26*
チリ……	19 604	19 934	20 675	*0.21*	*0.18*
ブラジル……	215 313	223 909	230 886	*0.49*	*0.15*
ベネズエラ……	28 302	32 027	35 937	*1.56*	*0.58*
ペルー……	34 050	36 702	42 023	*0.94*	*0.68*
ボリビア……	12 224	13 626	16 610	*1.37*	*1.00*
メキシコ……	127 504	134 534	143 772	*0.67*	*0.33*
オセアニア……	45 039	49 212	57 834	*1.11*	*0.81*
オーストラリア…	26 177	28 202	32 193	*0.94*	*0.66*
ニュージーランド・	5 185	5 496	5 949	*0.73*	*0.40*
パプアニューギニア	10 143	11 615	14 910	*1.71*	*1.26*
世界計……	**7 975 105**	**8 546 141**	**9 709 492**	*0.87*	*0.64*

国連"World Population Prospects 2022"より作成。中位推計値。ただし、日本の2022年は総務省統計局「人口推計」、2030および50年は国立社会保障・人口問題研究所「日本の将来推計人口」(2023年推計）による。日本はいずれも10月1日現在。年平均人口増減率は編者算出。各国の注記は表2-2参照。1）北アメリカの範囲は表2-1の注記参照。

表 2-8　65歳以上人口割合の推移と予測（Ⅰ）（各年７月１日現在）（％）

	1990	2000	2010	2020	2021	2030（予測）	2050（予測）
アジア							
アフガニスタン	2.2	2.3	2.4	2.4	2.4	2.6	4.2
イエメン	2.8	2.7	2.8	2.7	2.7	2.9	5.6
イラク	3.7	3.2	3.1	3.4	3.4	4.0	7.2
イラン	3.3	4.1	5.0	7.1	7.4	10.5	22.1
インド	4.1	4.5	5.1	6.7	6.8	8.8	15.0
インドネシア	4.0	5.0	5.9	6.7	6.8	9.0	15.0
ウズベキスタン	3.6	4.6	4.6	4.9	5.0	7.0	11.0
韓国	4.9	7.1	11.0	15.8	16.7	25.0	39.4
北朝鮮	4.4	6.4	9.5	11.1	11.4	15.0	21.8
サウジアラビア	2.6	2.6	2.2	2.4	2.6	5.7	20.7
シリア	3.0	3.3	3.4	4.6	4.6	5.2	9.4
スリランカ	6.1	7.1	7.6	10.8	11.2	14.7	21.5
タイ	4.3	6.1	8.8	13.9	14.5	21.3	31.6
（台湾）	6.1	8.4	10.4	15.2	16.0	22.7	35.3
中国	5.3	6.9	8.6	12.6	13.1	18.2	30.1
トルコ	4.7	5.4	6.4	8.2	8.4	11.7	21.1
日本	12.1	17.4	23.0	28.6	28.9	30.8	37.1
ネパール	3.6	3.8	4.7	6.0	6.0	6.8	10.7
パキスタン	3.5	3.5	3.7	4.2	4.2	4.9	6.4
バングラデシュ	3.5	3.8	4.4	5.6	5.8	7.9	15.4
フィリピン	3.3	3.8	4.3	5.2	5.3	6.9	10.8
ベトナム	5.6	6.2	6.5	8.4	8.8	12.3	20.0
マレーシア	3.7	4.1	5.1	7.0	7.3	9.9	17.4
ミャンマー	4.4	4.9	5.2	6.5	6.6	8.7	13.6
アフリカ							
アルジェリア	3.1	4.2	4.8	6.0	6.2	8.5	16.5
アンゴラ	2.1	2.4	2.6	2.6	2.6	2.9	3.9
ウガンダ	2.8	2.2	1.6	1.7	1.7	2.0	3.2
エジプト	4.2	4.5	4.1	4.7	4.8	5.9	9.8
エチオピア	2.7	2.6	2.8	3.1	3.1	3.6	5.6
ガーナ	2.6	3.2	3.2	3.4	3.5	4.4	7.3
カメルーン	3.6	3.3	3.0	2.7	2.7	2.9	4.5
ケニア	2.1	2.2	2.1	2.8	2.8	3.4	5.9
コートジボワール	2.6	2.6	2.5	2.4	2.4	2.7	4.4
コンゴ民主共和国	2.8	3.0	3.1	3.0	3.0	2.9	3.4
スーダン	2.7	2.5	2.4	3.3	3.4	3.9	5.4
タンザニア	2.9	2.8	2.9	3.1	3.1	3.2	4.8
ナイジェリア	3.2	3.1	3.1	3.0	3.0	3.1	4.3
ニジェール	2.1	2.2	2.4	2.4	2.4	2.5	2.8
ブルキナファソ	3.4	2.9	2.7	2.6	2.5	2.8	4.3
マダガスカル	2.9	2.8	2.7	3.2	3.3	4.0	6.0
南アフリカ共和国	3.9	4.2	4.9	6.0	6.0	7.0	11.0
モザンビーク	2.9	2.8	2.7	2.6	2.6	2.7	3.9
モロッコ	3.0	4.3	5.2	7.2	7.4	10.2	16.4

65歳以上人口割合の推移と予測（Ⅱ）（各年7月1日現在）（%）

	1990	2000	2010	2020	2021	2030（予測）	2050（予測）
ヨーロッパ							
イギリス·······	15.7	15.7	16.3	18.7	18.9	22.0	26.1
イタリア·······	15.0	18.3	20.4	23.4	23.7	28.3	37.1
ウクライナ·····	12.1	14.0	15.5	17.2	17.4	22.2	30.1
オーストリア···	14.9	15.4	17.6	19.1	19.4	24.0	30.4
オランダ·······	12.8	13.6	15.4	19.6	20.0	23.9	27.2
ギリシャ·······	13.9	16.9	19.3	22.2	22.5	25.8	34.5
スイス·········	14.6	15.3	16.8	18.7	19.0	23.0	29.3
スウェーデン···	17.8	17.3	18.3	20.0	20.1	21.8	24.8
スペイン·······	13.7	16.7	16.9	19.7	19.9	24.7	36.6
チェコ·········	12.5	13.7	15.5	20.2	20.5	21.7	26.1
ドイツ·········	14.9	16.4	20.5	22.0	22.2	26.4	30.5
ハンガリー·····	13.4	15.0	16.6	20.1	20.4	21.0	27.5
フランス·······	14.1	16.2	17.0	21.0	21.3	24.4	28.5
ベラルーシ·····	10.6	13.9	14.3	16.6	16.8	20.6	26.4
ベルギー·······	14.9	16.8	17.2	19.2	19.4	23.0	27.4
ポーランド·····	10.1	12.2	13.4	18.4	18.8	21.7	30.1
ポルトガル·····	13.7	16.3	18.6	22.3	22.6	26.5	34.3
ルーマニア·····	10.5	13.4	15.7	18.7	18.9	19.6	27.5
ロシア·········	10.0	12.3	12.8	15.3	15.6	19.2	24.4
北アメリカ							
アメリカ合衆国·	12.3	12.3	13.0	16.2	16.7	20.5	23.6
カナダ·········	11.2	12.5	14.1	18.0	18.5	22.8	25.5
中南アメリカ							
アルゼンチン···	8.7	9.7	10.5	11.7	11.8	13.3	19.1
エクアドル·····	4.0	4.8	5.9	7.5	7.6	10.0	17.0
グアテマラ·····	3.4	3.8	4.2	4.9	4.9	5.7	10.3
コロンビア·····	3.9	4.6	5.9	8.5	8.7	12.6	20.9
チリ···········	5.9	8.0	9.8	12.4	12.7	16.9	25.8
ハイチ·········	3.9	3.7	4.0	4.4	4.5	5.3	8.4
ブラジル·······	4.5	5.5	6.9	9.3	9.6	13.0	21.9
ベネズエラ·····	3.9	4.8	5.7	8.0	8.3	10.4	14.7
ペルー·········	3.6	4.7	7.1	8.3	8.3	10.2	16.6
ボリビア·······	3.8	5.1	4.8	5.0	4.9	5.7	9.3
メキシコ·······	4.1	5.0	6.2	8.0	8.1	10.8	18.9
オセアニア							
オーストラリア·	11.1	12.4	13.6	16.2	16.6	19.5	23.8
ニュージーランド	11.1	11.7	13.0	15.6	15.9	19.7	24.3
パプアニューギニア	1.8	2.3	2.6	3.0	3.1	4.3	7.3
世界平均·····	6.1	6.9	7.7	9.4	9.6	11.8	16.5

国連“World Population Prospects 2022”より作成。2021年までは推計値、2030および50年は将来推計の中位推計値。ただし、日本の2020年までは総務省統計局「国勢調査」、21年は同「人口推計」、2030および50年は国立社会保障・人口問題研究所「日本の将来推計人口」(2023年推計) による。日本は各年10月1日現在。各国の注記は表2-2参照。

表 2-9　都市人口割合の推移と予測（Ⅰ）（各年7月1日現在）（%）

	1980	1990	2000	2010	2020（将来推計） 都市人口（千人）	%	2030（将来推計）
アジア・・・・・・・・	27.1	32.3	37.5	44.8	2 361 464	51.1	56.7
アゼルバイジャン	52.8	53.7	51.4	53.4	5 696	56.4	60.8
アフガニスタン	16.0	21.2	22.1	23.7	9 904	26.0	29.6
アラブ首長国連邦	80.7	79.1	80.2	84.1	8 542	87.0	89.2
イエメン・・・・・・	16.5	20.9	26.3	31.8	11 465	37.9	44.4
イスラエル・・・・	88.6	90.4	91.2	91.8	8 068	92.6	93.5
イラク・・・・・・・・	65.5	69.7	68.5	69.1	29 423	70.9	73.6
イラン・・・・・・・・	49.7	56.3	64.0	70.6	63 421	75.9	80.1
インド・・・・・・・・	23.1	25.5	27.7	30.9	483 099	34.9	40.1
インドネシア・・	22.1	30.6	42.0	49.9	154 189	56.6	62.8
ウズベキスタン	40.8	41.4	46.1	51.0	16 756	50.4	51.8
カザフスタン・・	54.1	56.3	56.1	56.8	10 829	57.7	60.0
韓国・・・・・・・・・・	56.7	73.8	79.6	81.9	41 934	81.4	82.0
カンボジア・・・・	9.9	15.5	18.6	20.3	4 050	24.2	29.0
北朝鮮・・・・・・・・	56.9	58.4	59.4	60.4	16 120	62.4	65.6
キルギス・・・・・・	38.6	37.8	35.3	35.3	2 323	36.9	40.9
サウジアラビア	65.9	76.6	79.8	82.1	29 256	84.3	86.5
シリア・・・・・・・・	46.7	48.9	51.9	55.6	10 498	55.5	61.7
シンガポール・・	100.0	100.0	100.0	100.0	5 935	100.0	100.0
スリランカ・・・・	18.6	18.5	18.4	18.2	3 945	18.7	21.1
タイ・・・・・・・・・・	26.8	29.4	31.4	43.9	35 698	51.4	58.4
（台湾）・・・・・・・・	48.7	66.3	69.9	74.7	18 802	78.9	82.4
タジキスタン・・	34.3	31.7	26.5	26.5	2 606	27.5	30.8
中国・・・・・・・・・・	19.4	26.4	35.9	49.2	875 076	61.4	70.6
トルクメニスタン	47.1	45.1	45.9	48.5	3 167	52.5	57.9
トルコ・・・・・・・・	43.8	59.2	64.7	70.8	63 803	76.1	80.2
日本・・・・・・・・・・	76.2	77.3	78.6	90.8	116 100	91.8	92.7
ネパール・・・・・・	6.1	8.9	13.4	16.8	6 226	20.6	25.4
パキスタン・・・・	28.1	30.6	33.0	35.0	77 438	37.2	40.7
バングラデシュ	14.9	19.8	23.6	30.5	64 815	38.2	45.6
フィリピン・・・・	37.5	47.0	46.1	45.3	52 009	47.4	50.9
ベトナム・・・・・・	19.2	20.3	24.4	30.4	36 727	37.3	44.5
マレーシア・・・・	42.0	49.8	62.0	70.9	25 362	77.2	81.8
ミャンマー・・・・	24.0	25.2	27.0	28.9	17 068	31.1	35.0
ヨルダン・・・・・・	60.0	73.3	78.3	86.1	9 333	91.4	93.2
ラオス・・・・・・・・	12.4	15.4	22.0	30.1	2 600	36.3	42.9
アフリカ・・・・・・	26.8	31.5	35.0	38.9	587 738	43.5	48.4
アルジェリア・・	43.5	52.1	59.9	67.5	31 951	73.7	78.3
アンゴラ・・・・・・	24.3	37.1	50.1	59.8	21 937	66.8	72.5
ウガンダ・・・・・・	7.5	11.1	14.8	19.4	11 775	25.0	31.2
エジプト・・・・・・	43.9	43.5	42.8	43.0	44 041	42.8	44.8
エチオピア・・・・	10.4	12.6	14.7	17.3	24 463	21.7	26.9
ガーナ・・・・・・・・	31.2	36.4	43.9	50.7	17 626	57.3	63.4

都市人口割合の推移と予測（II）（各年7月1日現在）（%）

	1980	1990	2000	2010	2020（将来推計） 都市人口（千人）	2020（将来推計） %	2030（将来推計）
カメルーン･･･	31.9	39.7	45.5	51.6	14 942	57.6	63.2
ギニア･･････	23.6	28.0	30.9	33.7	5 071	36.9	41.4
ケニア･･････	15.6	16.7	19.9	23.6	14 975	28.0	33.4
コートジボワール	36.8	39.3	43.2	47.3	13 532	51.7	56.7
コンゴ共和国･･	47.9	54.3	58.7	63.3	3 857	67.8	72.3
コンゴ民主共和国	27.1	30.6	35.1	40.0	40 848	45.6	51.8
ザンビア･････	39.8	39.4	34.8	39.4	8 336	44.6	50.5
シエラレオネ･･	29.8	33.3	35.6	38.9	3 454	42.9	47.8
ジンバブエ･･･	22.4	29.0	33.8	33.2	5 700	32.2	34.2
スーダン････	20.0	28.6	32.5	33.1	15 349	35.3	39.7
セネガル････	35.8	38.9	40.3	43.8	8 277	48.1	53.2
ソマリア････	26.8	29.7	33.2	39.3	7 431	46.1	52.1
タンザニア･･･	14.6	18.9	22.3	28.1	22 113	35.2	42.4
チャド･････	18.8	20.8	21.6	22.0	3 830	23.5	27.1
中央アフリカ共和国	33.9	36.8	37.6	38.9	2 077	42.2	47.6
チュニジア･･･	50.6	57.9	63.4	66.7	8 281	69.6	73.0
トーゴ･････	24.7	28.6	32.9	37.5	3 588	42.8	48.6
ナイジェリア･･	22.0	29.7	34.8	43.5	107 113	52.0	59.2
ニジェール･･･	13.4	15.4	16.2	16.2	4 003	16.6	18.7
ブルキナファソ	8.8	13.8	17.8	24.6	6 398	30.6	37.1
ブルンジ････	4.3	6.3	8.2	10.6	1 637	13.7	17.6
ベナン･････	27.3	34.5	38.3	43.1	5 869	48.4	54.1
マダガスカル･･	18.5	23.6	27.1	31.9	10 670	38.5	45.2
マラウイ････	9.1	11.6	14.6	15.5	3 535	17.4	20.9
マリ･･････	18.5	23.3	28.4	36.0	8 907	43.9	51.2
南アフリカ共和国	48.4	52.0	56.9	62.2	39 551	67.4	72.1
南スーダン･･･	8.5	13.3	16.5	17.9	2 749	20.2	24.1
モザンビーク･･	13.2	25.0	29.1	31.8	11 978	37.1	42.9
モロッコ････	41.2	48.4	53.3	58.0	23 552	63.5	68.7
リビア･････	70.1	75.7	76.4	78.1	5 376	80.7	83.6
ルワンダ････	4.7	5.4	14.9	16.9	2 281	17.4	19.6
ヨーロッパ･･･	67.6	69.9	71.1	72.9	556 684	74.9	77.5
イギリス････	78.5	78.1	78.7	81.3	56 495	83.9	86.3
イタリア････	66.6	66.7	67.2	68.3	42 007	71.0	74.3
ウクライナ･･･	61.7	66.8	67.1	68.6	30 335	69.6	71.7
オーストリア･･	65.4	63.0	60.2	57.4	5 159	58.7	61.8
オランダ････	64.7	68.7	76.8	87.1	15 847	92.2	94.8
ギリシャ････	69.3	71.5	72.7	76.3	8 850	79.7	82.8
スイス･････	74.5	73.9	73.4	73.6	6 409	73.9	75.4
スウェーデン･･	83.1	83.1	84.0	85.1	8 905	88.0	90.3
スペイン････	72.8	75.4	76.3	78.4	37 544	80.8	83.3
スロバキア･･･	51.6	56.5	56.2	54.7	2 931	53.8	55.6
セルビア･･･ 1)	46.1	50.4	52.8	55.0	4 913	56.4	59.3

都市人口割合の推移と予測（Ⅲ）（各年7月1日現在）（%）

	1980	1990	2000	2010	2020（将来推計） 都市人口（千人）	%	2030（将来推計）
チェコ……	75.2	75.2	74.0	73.3	7 875	74.1	76.1
デンマーク……	83.7	84.8	85.1	86.8	5 108	88.1	89.4
ドイツ……	72.8	73.1	75.0	77.0	63 930	77.5	78.9
ハンガリー……	64.2	65.8	64.6	68.9	6 922	71.9	75.1
フィンランド……	71.7	79.4	82.2	83.8	4 772	85.5	86.6
フランス……	73.3	74.1	75.9	78.4	53 218	81.0	83.6
ブルガリア……	62.1	66.4	68.9	72.3	5 253	75.7	79.0
ベラルーシ……	56.5	66.0	70.0	74.7	7 484	79.5	83.3
ベルギー……	95.4	96.4	97.1	97.7	11 397	98.1	98.4
ポーランド……	58.1	61.3	61.7	60.9	22 782	60.0	61.5
ポルトガル……	42.8	47.9	54.4	60.6	6 776	66.3	71.4
ルーマニア……	46.1	53.2	53.0	53.8	10 507	54.2	56.6
ロシア……	69.8	73.4	73.4	73.7	107 486	74.8	77.1
北アメリカ…2)	73.9	75.4	79.1	80.8	304 761	82.6	84.7
アメリカ合衆国	73.7	75.3	79.1	80.8	273 975	82.7	84.9
カナダ……	75.7	76.6	79.5	80.9	30 670	81.6	82.9
中南アメリカ…	64.6	70.7	75.5	78.6	539 427	81.2	83.6
アルゼンチン…	82.9	87.0	89.1	90.8	41 920	92.1	93.2
エクアドル……	47.0	55.1	60.3	62.7	11 124	64.2	66.7
エルサルバドル	44.1	49.3	58.9	65.5	4 759	73.4	79.2
キューバ……	68.1	73.4	75.3	76.6	8 874	77.2	78.7
グアテマラ……	38.7	42.0	45.3	48.4	9 284	51.8	56.4
コロンビア……	63.7	69.5	74.0	78.0	40 892	81.4	84.3
チリ……	81.2	83.3	86.1	87.1	16 206	87.7	88.8
ドミニカ共和国	51.3	55.2	61.8	73.8	9 169	82.5	87.8
ニカラグア……	50.3	53.1	55.2	56.9	3 787	59.0	62.3
ハイチ……	20.5	28.5	35.6	47.5	6 492	57.1	64.9
パラグアイ……	41.7	48.7	55.3	59.3	4 394	62.2	65.7
ブラジル……	65.5	73.9	81.2	84.3	186 217	87.1	89.3
ベネズエラ……	79.2	84.3	87.6	88.1	29 284	88.3	89.0
ペルー……	64.6	68.9	73.0	76.4	26 082	78.3	80.5
ボリビア……	45.5	55.6	61.8	66.4	8 095	70.1	73.7
ホンジュラス…	34.9	40.5	45.5	51.9	5 672	58.4	64.3
メキシコ……	66.3	71.4	74.7	77.8	108 074	80.7	83.5
オセアニア……	70.9	70.3	68.3	68.1	28 919	68.2	68.9
オーストラリア	85.6	85.4	84.2	85.2	21 904	86.2	87.6
ニュージーランド	83.4	84.7	86.0	86.2	4 191	86.7	87.8
世界計……	39.3	43.0	46.7	51.7	**4 378 994**	56.2	60.4

国連“World Urbanization Prospects 2018”より作成。同資料は、“World Population Prospects 2017”による推計人口を基準としている。2010年までは推計値、2020年および30年は将来推計値。都市の定義は国により異なる。各国の注記は表2-2参照。1）コソボを含む。2）北アメリカの範囲は表2-1の注記参照。

表 2-10 大都市の人口（Ｉ）（単位 千人）

	都市名	調査年	市域人口	郊外を含む人口
アジア				
アゼルバイジャン·	バクー*	2019	2 285	…
アフガニスタン··#	カブール*	2021	4 775	…
アラブ首長国連邦#	ドバイ	2002	1 089	…
	アブダビ*	2002	527	…
アルメニア·······	エレバン*	2020	1 088	…
イエメン·········	サヌア*	2020	1 201	3 674
	アデン	2020	1 020	1 020
イスラエル·······	エルサレム*1)	2020	944	…
イラク··········#	モースル	2015	1 384	…
	バスラ	2015	1 226	…
	バグダッド*	2015	1 212	…
イラン···········	テヘラン*	2016	8 694	…
	マシュハド	2016	3 001	…
	イスファハン	2016	1 961	…
	キャラジ	2016	1 592	…
	シーラーズ	2016	1 566	…
	タブリーズ	2016	1 559	…
	コム	2016	1 201	…
	アフヴァーズ	2016	1 185	…
インド··········#	ムンバイ	2011	…	12 442
	デリー2)	2011	…	11 035
	ベンガルール	2011	…	8 495
	ハイデラバード	2011	…	6 993
	アーメダバード	2011	…	5 634
	チェンナイ	2011	…	4 647
	スーラト	2011	…	4 502
	コルカタ	2011	…	4 497
	プネ	2011	…	3 124
	ジャイプール	2011	…	3 046
	ラクナウ	2011	…	2 817
	カーンプル	2011	…	2 768
	ナーグプル	2011	…	2 406
	インドール	2011	…	1 994
	ターネー	2011	…	1 841
インドネシア·····	ジャカルタ*	2020	10 562	…
	ボゴール	2018	5 162	…
	タンゲラン	2018	3 051	…
	スラバヤ	2020	2 874	…
	バンドン	2020	2 444	…
	メダン	2020	2 435	…
	チルボン	2018	1 892	…
	パレンバン	2018	1 649	…
	マカッサル	2018	1 502	…
	マラン	2018	1 383	…
	バタム	2018	1 348	…
	スカブミ	2018	1 302	…
	プカンバル	2018	1 091	…

大都市の人口（II）（単位　千人）

	都市名	調査年	市域人口	郊外を含む人口
インドネシア……	バンダルランプン	2018	1 034	…
ウズベキスタン…	タシケント*	2021	2 694	…
カザフスタン……#	アルマティ	2021	2 001	…
	アスタナ*	2021	1 212	…
	シムケント	2021	1 093	…
カタール………#	ドーハ*	2020	1 186	…
韓国……………	ソウル*	2020	9 602	…
	釜山（プサン）	2020	3 344	…
	仁川（インチョン）	2020	2 951	…
	大邱（テグ）	2020	2 419	…
	大田（テジョン）	2020	1 500	…
	光州（クアンジュ）	2020	1 488	…
	蔚山（ウルサン）	2020	1 140	…
カンボジア……#	プノンペン*	2011	1 571	…
	バッタンバン	2011	1 126	…
北朝鮮…………	平壌（ピョンヤン）*	2008	2 581	…
キルギス………	ビシュケク*	2021	1 071	1 086
サウジアラビア‥#	リヤド*	2010	5 188	…
	ジッダ	2010	3 431	…
	メッカ	2010	1 535	…
	マディーナ	2010	1 100	…
ジョージア……	トビリシ*	2020	1 154	1 185
シリア………#	アレッポ	2008	4 450	…
	ダマスカス郊外県	2008	2 529	
	ダマスカス*	2008	1 680	…
	ホムス	2008	1 667	…
	ハマ	2008	1 508	…
	ハサカ	2008	1 392	…
	イドリブ	2008	1 376	…
	デリゾール	2008	1 111	…
シンガポール……	シンガポール*	2021	3) 5 454	…
タイ……………	バンコク*	2021	…	8 393
	ナコンラチャシマ	2021	…	2 478
	サムット・プラカーン	2021	…	2 152
	チョンブリ	2021	…	1 748
	ウボンラチャタニ	2021	…	1 728
	コンケン	2021	…	1 702
	チェンマイ	2021	…	1 682
	ノンタブリー	2021	…	1 642
	ソンクラー	2021	…	1 612
	パトゥムタニ	2021	…	1 601
	ナコンシータマラート	2021	…	1 491
	ウドンタニ	2021	…	1 248
	ブリーラム	2021	…	1 200
	チェンライ	2021	…	1 107
	ナコンパトム	2021	…	1 057
	ローイエット	2021	…	1 050
	スラタニ	2021	…	1 048

大都市の人口（Ⅲ）（単位　千人）

	都市名	調査年	市域人口	郊外を含む人口
タイ	スリン	2021	…	1 047
(台湾)	新北（シンペイ）	2022	3 996	…
	台中（タイチョン）	2022	2 814	…
	高雄（カオシュン）	2022	2 728	…
	台北（タイペイ）	2022	2 481	…
	桃園（タオユェン）	2022	2 281	…
	台南（タイナン）	2022	1 853	…
	彰化（チャンホワ）	2022	1 245	…
タジキスタン#	ドゥシャンベ*	2017	824	…
中国	重慶（チョンチン）	2020	22 290	32 090
	上海（シャンハイ）	2020	22 220	24 880
	北京（ペキン）	2020	19 160	21 890
	天津（ティエンチン）	2020	11 740	13 870
トルコ	イスタンブール	2020	…	15 462
	アンカラ*	2020	…	5 663
	イズミル	2020	…	4 395
	ブルサ	2020	…	3 102
	アンタルヤ	2020	…	2 548
	アダナ	2020	…	2 259
	コンヤ	2020	…	2 250
	シャンルウルファ	2020	…	2 115
	ガージアンテップ	2020	…	2 101
	コジャエリ	2020	…	1 997
	メルスィン	2020	…	1 869
	ディヤルバクル	2020	…	1 783
	ハタイ	2020	…	1 659
	マニサ	2020	…	1 451
	カイセリ	2020	…	1 421
日本	東京*	2020	4) 9 733	5) 14 048
	横浜	2020	3 777	…
	大阪	2020	2 752	…
	名古屋	2020	2 332	…
	札幌	2020	1 973	…
	福岡	2020	1 612	…
	川崎	2020	1 538	…
	神戸	2020	1 525	…
	京都	2020	1 464	…
	さいたま	2020	1 324	…
	広島	2020	1 201	…
	仙台	2020	1 097	…
ネパール	カトマンズ*	2011	975	…
パキスタン#	カラチ	2017	14 910	…
	ラホール	2017	11 126	…
	ファイサラバード	2017	3 204	…
	ラワルピンディー	2017	2 098	…
	グジュラーンワーラー	2017	2 027	…
	ペシャワール	2017	1 970	…
	ムルターン	2017	1 872	…

大都市の人口（Ⅳ）（単位　千人）

	都市名	調査年	市域人口	郊外を含む人口
パキスタン……#	ハイデラバード	2017	1 733	…
	イスラマバード*	2017	1 015	…
	クエッタ	2017	1 001	…
バングラデシュ‥#	ダッカ*	2011	8 906	…
	チッタゴン	2011	2 592	…
フィリピン………	ケソンシティ	2020	2 960	…
	マニラ*	2020	1 847	…
	ダバオ	2020	1 777	…
	カローカン	2020	1 662	…
ベトナム………	ホーチミン	2020	…	9 228
	ハノイ*	2020	…	8 247
	ハイフォン	2020	…	2 053
	カントー	2020	…	1 241
	ダナン	2020	…	1 169
(香港)…………	香港（ホンコン）*	2021	7 413	…
(マカオ)………	マカオ*	2021	683	…
マレーシア……	クアラルンプール*	2020	1 854	…
ミャンマー……#	ヤンゴン	2014	…	5 211
	マンダレー	2014	…	1 226
	ネーピードー*	2014	…	1 160
モンゴル………#	ウランバートル*	2021	1 618	…
ヨルダン………#	アンマン*	2021	3 999	…
ラオス…………	ビエンチャン*	2021	…	969
アフリカ				
アルジェリア……	アルジェ*	2008	2 713	…
	オラン	2008	1 166	…
アンゴラ………#	ルアンダ*	2021	…	1 742
ウガンダ………#	カンパラ*	2019	1 651	…
エジプト………	カイロ*	2017	…	9 540
	アレクサンドリア	2017	…	5 164
エチオピア……#	アディスアベバ*	2021	3 774	…
エリトリア……	アスマラ*	2021	535	612
ガーナ…………#	クマシ	2010	1 730	…
	アクラ*	2010	1 594	…
ガボン…………#	リーブルビル*	2013	…	704
カメルーン……	ドゥアラ	2020	3 322	…
	ヤウンデ*	2020	3 256	…
ギニア…………	コナクリ*	2020	6) 1 985	6) 2 432
ケニア…………#	ナイロビ*	2019	…	4 396
	モンバサ	2019	…	1 208
コートジボワール#	アビジャン	2021	5 467	…
ザンビア………	ルサカ*	2010	1 747	…
シエラレオネ…#	フリータウン*	2020	1 200	…
ジンバブエ……#	ハラレ*	2021	1 878	…
セネガル………	ピキン	2021	1 489	…
	ダカール*	2021	1 458	…
タンザニア……#	ダルエスサラーム	2018	5 147	…

大都市の人口（V）（単位　千人）

	都市名	調査年	市域人口	郊外を含む人口
タンザニア……#	アルーシャ	2018	1 001	…
	ドドマ*	2018	507	…
チャド…………	ウンジャメナ*	2019	1 522	…
チュニジア……#	チュニス*	2014	…	1 056
トーゴ…………#	ロメ*	2015	…	1 789
ナミビア………#	ウィントフック*	2020	506	…
ニジェール……	ニアメ*	2019	1 284	…
ブルキナファソ…	ワガドゥグ*	2019	2 415	…
マダガスカル……	アンタナナリボ*	2018	1 275	…
マラウイ………	リロングウェ*	2018	989	…
マリ…………#	バマコ*	2009	…	1 810
南アフリカ共和国#	プレトリア*7)	2011	742	…
モーリタニア…#	ヌアクショット*	2019	1 196	…
モザンビーク…#	マトラ	2021	1 246	…
	マプト*	2021	1 128	…
モロッコ………	カサブランカ	2020	3 566	3 566
	マラケシュ	2020	1 044	1 405
	フェズ	2020	1 229	1 249
	タンジェ	2020	1 152	1 215
	ケニトラ	2020	696	1 151
	サレ	2020	1 024	1 094
	ラバト*	2020	537	537
リベリア………#	モンロビア*8)	2008	…	971
ルワンダ………	キガリ*	2012	859	…
ヨーロッパ				
アイルランド……	ダブリン*	2016	544	…
イギリス………	ロンドン*8)	2011	8 136	…
	グラスゴー8)	2011	1 209	…
	バーミンガム	2011	1 086	…
イタリア………	ローマ*	2020	2 789	…
	ミラノ	2020	1 390	…
	ナポリ	2020	935	…
ウクライナ……	キーウ*	2018	2 893	…
	ハルキウ	2018	1 431	…
	オデーサ	2018	994	…
	ドニプロ	2018	990	993
	ドネツィク	2018	910	926
オーストリア……	ウイーン*	2019	1 897	…
オランダ………	アムステルダム*	2015	822	…
北マケドニア……	スコピエ*	2016	547	…
ギリシャ………#	アテネ*	2011	664	…
クロアチア……	ザグレブ*	2011	790	…
スイス…………	チューリッヒ	2020	422	1 415
スウェーデン……	ストックホルム*	2007	789	…
スペイン………	マドリード*	2020	9) 3 320	…
	バルセロナ	2020	9) 1 650	…
セルビア………	ベオグラード*	2020	1 387	1 694

大都市の人口（Ⅵ）（単位　千人）

	都市名	調査年	市域人口	郊外を含む人口
チェコ…………	プラハ*	2021	1 335	…
デンマーク………	コペンハーゲン*	2021	9) 639	…
ドイツ…………	ベルリン*	2019	3 645	…
	ハンブルク	2019	1 841	…
	ミュンヘン	2019	1 472	…
	ケルン	2019	1 086	…
ノルウェー………	オスロ*	2019	681	…
ハンガリー………	ブダペスト*	2020	1 737	2 622
フィンランド……	ヘルシンキ*	2021	657	…
フランス…………	パリ*	2015	2 206	10) 10 706
	リヨン	2015	513	1 640
	マルセイユ	2015	862	11) 1 585
	リール	2015	233	1 039
	トゥールーズ	2015	472	948
	ニース	2015	343	943
	ボルドー	2015	250	904
ブルガリア………	ソフィア*	2021	1 222	…
ベラルーシ………	ミンスク*	2020	2 020	…
ベルギー…………	ブリュッセル*	2011	174	12) 1 550
ポーランド………	ワルシャワ*	2020	1 793	…
ポルトガル………	リスボン*	2020	510	…
ラトビア…………	リガ*	2021	615	…
リトアニア………	ビリニュス*	2021	546	…
ルーマニア……#	ブカレスト*	2021	1 824	…
ロシア…………	モスクワ*	2012	11 918	…
	サンクトペテルブルク	2012	4 991	…
	ノボシビルスク	2012	1 511	…
	エカテリンブルク	2012	1 387	1 420
	ニジニ・ノブゴロド	2012	1 257	1 266
	サマラ	2012	1 170	1 170
	カザン	2012	1 169	…
	オムスク	2012	1 159	…
	チェリャビンスク	2012	1 150	…
	ロストフ・ナ・ドヌ	2012	1 100	…
	ウファ	2012	1 075	1 084
	ボルゴグラード	2012	1 019	…
	クラスノヤルスク	2012	1 007	1 008
	ペルミ	2012	1 007	1 007
	ヴォロネジ	2012	997	…
北アメリカ				
アメリカ合衆国…	ニューヨーク	2021	8 468	…
	ロサンゼルス	2021	3 849	…
	シカゴ	2021	2 697	…
	ヒューストン	2021	2 288	…
	フェニックス	2021	1 625	…
	フィラデルフィア	2021	1 576	…
	サンアントニオ	2021	1 452	…

大都市の人口（Ⅶ）（単位　千人）

	都市名	調査年	市域人口	郊外を含む人口
アメリカ合衆国･･･	サンディエゴ	2021	1 382	…
	ダラス	2021	1 288	…
	ワシントンD.C.*	2021	670	…
カナダ･･････････	トロント	2021	2 974	6 573
	モントリオール	2021	1 779	4 342
	バンクーバー	2021	693	2 773
	カルガリー	2021	1 372	1 559
	エドモントン	2021	1 057	1 481
	オタワ*	2021	1 055	13) 1 477
中南アメリカ				
アルゼンチン････#	ブエノスアイレス*	2021	…	15 568
	コルドバ	2021	…	1 573
	ロサリオ	2021	…	1 330
	メンドーサ	2021	…	1 033
ウルグアイ･･･････	モンテビデオ*14)	2021	1 384	…
エクアドル･･････#	グアヤキル	2021	…	2 653
	キト*	2021	…	1 837
キューバ････････	ハバナ*	2021	2 131	…
グアテマラ･･････	グアテマラ市*	2002	942	…
コロンビア･･････	ボゴタ*	2021	7 834	…
	メデジン	2021	2 573	…
	カリ	2021	2 265	…
	バランキージャ	2021	1 297	…
	カルタヘナ	2021	1 044	…
ジャマイカ･･････	キングストン*15)	2011	…	592
チリ･･･････････#	サンティアゴ*16)	2017	5 614	…
ドミニカ共和国･･･	サントドミンゴ*	2020	1 043	1 043
ニカラグア･･････	マナグア*	2009	…	985
パナマ････････#	パナマシティー*	2021	497	1 140
パラグアイ･････#	アスンシオン*17)	2014	513	2 887
ブラジル････････	サンパウロ	2021	12 396	…
	リオデジャネイロ	2021	6 776	…
	ブラジリア*	2021	3 094	…
	サルバドール	2021	2 900	…
	フォルタレザ	2021	2 703	…
	ベロオリゾンテ	2021	2 531	…
	マナウス	2021	2 256	…
	クリチバ	2021	1 964	…
	レシフェ	2021	1 661	…
	ゴイアニア	2021	1 556	…
	ベレン	2021	1 506	…
	ポルトアレグレ	2021	1 493	…
	グアルーリョス	2021	1 405	…
	カンピーナス	2021	1 223	…
	サン・ルイス	2021	1 116	…
	サン・ゴンサロ	2021	1 098	…
	マセイオ	2021	1 032	…

大都市の人口（Ⅷ）（単位　千人）

	都市名	調査年	市域人口	郊外を含む人口
ベネズエラ・・・・・・#	カラカス*	2015	2 082	…
	マラカイボ	2015	1 653	…
ペルー・・・・・・・・・・#	リマ*18)	2021	10 923	…
	アレキパ	2021	1 122	…
	トルヒーヨ	2021	1 088	…
ボリビア・・・・・・・・#	サンタクルス	2010	1 616	…
	ラパス*	2010	835	…
ホンジュラス・・・・・	テグシガルパ*	2013	997	…
メキシコ・・・・・・・・・	メキシコシティ*	2021	…	21 805
	モンテレイ	2021	…	5 341
	グアダラハラ	2021	…	5 269
	プエブラ・トラスカラ	2021	…	3 200
	トルーカ	2021	…	2 354
	ティフアナ	2021	…	2 158
	レオン	2021	…	1 925
	ケレタロ	2021	…	1 594
	シウダー・フアレス	2021	…	1 512
	ラ・ラグナ	2021	…	1 434
	メリダ	2021	…	1 316
	サンルイス・ポトシ	2021	…	1 271
	アグアスカリエンテス	2021	…	1 141
	メヒカリ	2021	…	1 050
	サルティーヨ	2021	…	1 032
	クエルナバカ	2021	…	1 029
	クリアカン・ロサレス	2021	…	1 004
オセアニア				
オーストラリア・・・	シドニー8)	2020	…	5 367
	メルボルン8)	2020	…	5 159
	ブリスベン8)	2020	…	2 561
	パース8)	2020	…	2 125
	アデレード8)	2020	…	1 377
ニュージーランド・	オークランド	2021	1 716	…

国連“Demographic Yearbook”（2021年版など）より作成。ただし、日本は総務省統計局「国勢調査」、中国は国家統計局「中国城市統計年鑑2021」（万人単位で公表）、台湾は行政院主計総処による。常住人口（#印の国は現在人口）。市域人口（City proper）または郊外を含む人口（Urban agglomeration）が100万人以上の都市および50万人以上の首都を掲載。ただし、ヨーロッパは90万人以上の都市、インドおよびトルコは上位15都市、中国は直轄市のみを掲載。中国の主要都市人口は表2-12に掲載。*首都。1）東エルサレムを含む。国際的には首都として認められていない。2）ニューデリーと軍管区を除く。3）居住者と非居住者（1年以上居住していない者を除く）の合計。4）23区人口。5）東京都人口。6）世帯人員のみ。7）行政首都。司法首都はブルームフォンテーン、立法首都はケープタウン。8）周辺地域を含む大都市圏。9）登録人口。10）アルジャントゥイユ、ブローニュ・ビヤンクール、モントルイユを含む。11）エクサンプロヴァンスを含む。12）アンデルレヒト、スカールベークを含む。13）オタワ・ガティノー首都圏の人口。14）モンテビデオ県。15）キングストン首都圏。16）一部地域を除く首都圏州。17）アスンシオン首都圏。18）リマ市およびカヤオ憲法特別市。

表 2-11　都市圏人口の推移と予測（I）（推計人口）（年央人口）

都市圏名	国名	人口（千人）			2020～30年平均増減率（%）
		2010	2020（将来推計）	2030（将来推計）	
デリー・・・・・・・ 1)	インド	21 988	30 291	38 939	*2.54*
東京・・・・・・・・・ 2)	日本	36 860	37 393	36 574	*-0.22*
上海・・・・・・・・・ 3)	中国	20 314	27 058	32 869	*1.96*
ダッカ・・・・・・・・・	バングラデシュ	14 731	21 006	28 076	*2.94*
カイロ・・・・・・・ 4)	エジプト	16 899	20 901	25 517	*2.02*
ムンバイ・・・・・・・	インド	18 257	20 411	24 572	*1.87*
北京・・・・・・・・・ 3)	中国	16 441	20 463	24 282	*1.73*
メキシコシティ 5)	メキシコ	20 137	21 782	24 111	*1.02*
サンパウロ・・・・・	ブラジル	19 660	22 043	23 824	*0.78*
キンシャサ・・・・・	コンゴ民主共和国	9 382	14 342	21 914	*4.33*
ラゴス・・・・・・・ 6)	ナイジェリア	10 441	14 368	20 600	*3.67*
カラチ・・・・・・・・・	パキスタン	12 612	16 094	20 432	*2.42*
ニューヨーク・ 7)	アメリカ合衆国	18 365	18 804	19 958	*0.60*
重慶・・・・・・・・・ 3)	中国	11 244	15 872	19 649	*2.16*
大阪・・・・・・・・・ 8)	日本	19 313	19 165	18 658	*-0.27*
コルカタ・・・・・・・	インド	14 003	14 850	17 584	*1.70*
イスタンブール・	トルコ	12 585	15 190	17 124	*1.21*
ラホール・・・・・・・	パキスタン	8 432	12 642	16 883	*2.93*
マニラ・・・・・・・ 9)	フィリピン	11 887	13 923	16 841	*1.92*
ブエノスアイレス 10)	アルゼンチン	14 246	15 154	16 456	*0.83*
ベンガルール・・・	インド	8 296	12 327	16 227	*2.79*
広州・・・・・・・・・ 3)	中国	10 278	13 302	16 024	*1.88*
天津・・・・・・・・・ 3)	中国	10 150	13 589	15 745	*1.48*
深圳・・・・・・・・・ 3)	中国	10 223	12 357	14 537	*1.64*
リオデジャネイロ	ブラジル	12 374	13 458	14 408	*0.68*
チェンナイ・・・・・	インド	8 506	10 971	13 814	*2.33*
ロサンゼルス・ 11)	アメリカ合衆国	12 160	12 447	13 209	*0.60*
モスクワ・・・・・・・	ロシア	11 461	12 538	12 796	*0.20*
ハイデラバード・	インド	7 531	10 004	12 714	*2.43*
ジャカルタ・・・ 12)	インドネシア	9 626	10 770	12 687	*1.65*
ボゴタ・・・・・・・ 13)	コロンビア	8 418	10 978	12 343	*1.18*
リマ・・・・・・・・・ 14)	ペルー	8 920	10 719	12 266	*1.36*
ルアンダ・・・・・ 15)	アンゴラ	5 300	8 330	12 129	*3.83*
バンコク・・・・・・・	タイ	8 269	10 539	12 101	*1.39*
パリ・・・・・・・・・・・	フランス	10 460	11 017	11 710	*0.61*
ホーチミン・・・・・	ベトナム	6 189	8 602	11 054	*2.54*
南京・・・・・・・・・ 3)	中国	6 162	8 847	11 011	*2.21*
ダルエスサラーム	タンザニア	3 870	6 702	10 789	*4.88*
成都・・・・・・・・・ 3)	中国	7 573	9 136	10 728	*1.62*
テヘラン・・・・・・・	イラン	8 059	9 135	10 240	*1.15*
ロンドン・・・・・ 16)	イギリス	8 044	9 304	10 228	*0.95*
ソウル・・・・・・・ 17)	韓国	9 796	9 963	10 163	*0.20*
アーメダバード・	インド	6 250	8 059	10 148	*2.33*

都市圏人口の推移と予測（Ⅱ）（推計人口）（年央人口）

都市圏名	国名	人口（千人）			2020～30年平均増減率（%）
		2010	2020（将来推計）	2030（将来推計）	
西安・・・・・・・・・ 3)	中国	5 526	8 001	9 984	*2.24*
クアラルンプール18)	マレーシア	5 810	7 997	9 805	*2.06*
スーラト・・・・・・・	インド	4 445	7 185	9 711	*3.06*
武漢・・・・・・・・・ 3)	中国	7 515	8 365	9 611	*1.40*
シカゴ・・・・・・・・・	アメリカ合衆国	8 616	8 865	9 424	*0.61*
名古屋・・・・・・・19)	日本	9 098	9 552	9 407	*-0.15*
蘇州・・・・・・・・・ 3)	中国	3 997	7 070	9 389	*2.88*
バグダッド・・・・・	イラク	5 652	7 144	9 365	*2.74*
杭州・・・・・・・・・ 3)	中国	5 758	7 642	9 260	*1.94*
瀋陽・・・・・・・・・ 3)	中国	5 849	7 220	8 569	*1.73*
リヤド・・・・・・・・・	サウジアラビア	5 220	7 231	8 547	*1.69*
プネー・・・・・・・・・	インド	4 960	6 629	8 442	*2.45*
仏山・・・・・・・・・ 3)	中国	6 653	7 327	8 350	*1.32*
東莞・・・・・・・・・ 3)	中国	7 118	7 408	8 279	*1.12*
ハルツーム・・・・・	スーダン	4 517	5 829	8 023	*3.25*
香港・・・・・・・・・20)	（香港）	7 025	7 548	7 987	*0.57*
哈爾浜・・・・・・・ 3)	中国	5 140	6 387	7 597	*1.75*
アディスアベバ・	エチオピア	3 126	4 794	7 352	*4.37*
ヒューストン・・・	アメリカ合衆国	4 976	6 371	7 254	*1.31*

国連“World Urbanization Prospects 2018”より作成。2020年および30年は将来推計人口。年平均増減率は編者算出。2030年の人口が多い順に掲載。都市圏の定義は各都市により異なる。1）ファリーダーバード、グルガオン、ガーズィヤーバードなどの隣接都市を含む。2）関東大都市圏。3）市轄区のみの人口（北京は延慶区を除く）。4）ギーザ、カリュービーヤといった周辺都市を含む。5）都市圏における76自治体の総人口。6）ラゴス州全体。7）ニューヨークおよびニューアーク。8）近畿大都市圏。9）マニラ首都圏（NCR）。10）大ブエノスアイレス都市圏および郊外のいくつかの地域。11）ロサンゼルス、ロングビーチおよびサンタアナ。12）人口密度や経済機能などによる機能的都市圏。13）ボゴタ特別区およびチア、フンサ、ソアチャの中心部。14）リマ市およびカヤオ憲法特別市。15）ルアンダ州。16）大ロンドン。17）ソウル特別市における都市人口。18）大クアラルンプール。19）中京大都市圏。20）香港島、九龍半島、新界および島しょ部。

表 2-12　中国の主要都市人口（2020年）（単位　万人）

都市	人口	都市	人口	都市	人口	都市	人口
重慶・ *	3 209	鄭州・・・	1 262	南京・・・	932	南昌・・・	626
上海・ *	2 488	武漢・・・	1 233	洛南・・・	924	貴陽・・・	599
北京・ *	2 189	杭州・・・	1 197	瀋陽・・・	907	太原・・・	532
成都・・・	2 095	石家荘・	1 124	長春・・・	907	蘭州・・・	437
広州・・・	1 874	長沙・・・	1 006	昆明・・・	846	海口・・・	289
天津・ *	1 387	哈爾浜・	1 001	福州・・・	832	西寧・・・	247
西安・・・	1 296	合肥・・・	937				

中国国家統計局「中国城市統計年鑑2021」より作成。22省（台湾を除く）の省都と４直轄市の人口を掲載。農村部を含めた市全体の常住人口。*直轄市。

表 2-13 国際移住者数の推移（推計値）（各年7月1日現在）

	国際移住者数（千人）					国際移住者率*
	1990	2000	2010	2020	男性比率（%）	2020（%）
アジア	48 210	49 067	66 124	85 619	*58.2*	*1.8*
アフリカ	15 690	15 052	17 807	25 389	*52.9*	*1.9*
ヨーロッパ	49 608	56 859	70 627	86 706	*48.4*	*11.6*
北アメリカ 1)	27 610	40 352	50 971	58 709	*48.2*	*15.9*
中南アメリカ	7 136	6 540	8 327	14 795	*50.5*	*2.3*
オセアニア	4 732	5 362	7 129	9 381	*49.5*	*22.0*
世界計	**152 986**	**173 231**	**220 983**	**280 598**	*51.9*	*3.6*
アメリカ合衆国 2)5)	23 251	34 814	44 184	50 633	*48.3*	*15.3*
ドイツ 2)	5 936	8 993	9 812	15 762	*50.1*	*18.8*
サウジアラビア 3)4)	4 998	5 263	8 430	13 455	*68.6*	*38.6*
ロシア 2)	11 525	11 900	11 195	11 637	*49.1*	*8.0*
イギリス 2)5)	3 650	4 730	7 120	9 360	*47.7*	*13.8*
アラブ首長国連邦 3)4)	1 307	2 447	7 317	8 716	*73.7*	*88.1*
フランス 2)5)	5 897	6 279	7 310	8 525	*48.5*	*13.1*
カナダ 2)	4 333	5 512	6 761	8 049	*47.6*	*21.3*
オーストラリア 2)	3 955	4 386	5 883	7 686	*49.6*	*30.1*
スペイン 2)	822	1 657	6 280	6 842	*47.8*	*14.6*
イタリア 2)	1 428	2 122	5 788	6 387	*46.4*	*10.6*
トルコ 2)4)	1 164	1 281	1 374	6 053	*51.6*	*7.2*
ウクライナ 2)6)	6 893	5 527	4 819	4 997	*43.0*	*11.4*
インド 2)4)	7 595	6 411	5 574	4 879	*46.6*	*0.4*
カザフスタン 2)4)	3 619	2 874	3 335	3 732	*49.6*	*19.9*
タイ 2)4)	529	1 258	3 234	3 632	*50.2*	*5.2*
マレーシア 3)4)7)	696	1 464	2 417	3 477	*62.0*	*10.7*
ヨルダン 3)4)	1 146	1 928	2 787	3 458	*50.8*	*33.9*
パキスタン 2)4)	6 208	4 182	3 944	3 277	*55.3*	*1.5*
クウェート 3)4)	1 074	1 128	1 875	3 110	*66.3*	*72.8*
(香港) 2)4)	2 218	2 669	2 780	2 962	*37.4*	*39.5*
南アフリカ共和国 2)4)	1 164	1 017	2 115	2 860	*56.9*	*4.8*
イラン 3)4)	4 292	2 476	2 722	2 797	*54.3*	*3.3*
日本 3)	1 075	1 686	2 134	2 771	*48.6*	*2.2*
コートジボワール 2)3)4)	1 816	2 164	2 367	2 565	*55.4*	*9.7*
シンガポール 2)	727	1 352	2 165	2 524	*44.1*	*43.1*
スイス 2)	1 392	1 571	2 075	2 491	*49.1*	*28.8*
オマーン 3)4)	304	624	816	2 373	*83.6*	*46.5*
オランダ 2)5)	1 182	1 556	1 833	2 358	*48.1*	*13.8*
アルゼンチン 2)4)	1 650	1 540	1 806	2 282	*46.6*	*5.0*
カタール 3)	310	360	1 456	2 226	*82.8*	*77.3*

国連“International Migrant Stock 2020”より作成。移民・難民の数。2020年の国際移住者数の多い順に掲載。1）北アメリカの範囲については表2-1の脚注参照。2）外国生まれの人口。3）外国人人口。4）難民を含む。5）海外領土、自治領を含まない。6）クリミアを含む。7）サバ州およびサワラク州を含む。*総人口に対する割合。

図 2-7　各国の国際移住者の出身国（2020年７月１日現在）

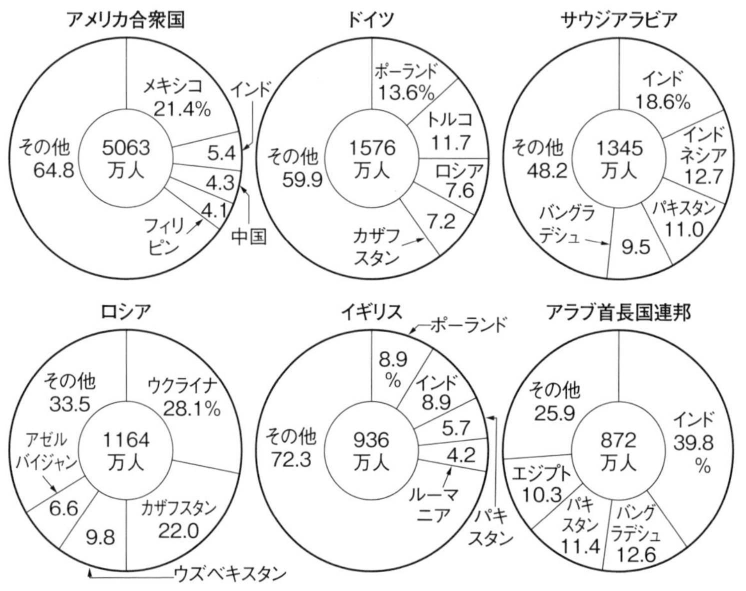

資料は表2-13に同じ。表2-13の脚注参照。

表 2-14　国際移住者の出身国（推計値）（各年７月１日現在）（単位　千人）

	2000		2010		2020
ロシア・・・・・・	10 665	インド・・・・・・	13 222	インド・・・・・・	17 869
メキシコ・・・・	9 563	メキシコ・・・・	12 415	メキシコ・・・・	11 186
インド・・・・・・	7 928	ロシア・・・・・・	10 119	ロシア・・・・・・	10 757
中国・・・・・・・・	5 885	中国・・・・・・・・	8 715	中国・・・・・・・・	10 461
ウクライナ 1)	5 597	バングラデシュ	6 320	シリア・・・・・・	8 457
バングラデシュ	5 441	ウクライナ 1)	5 430	バングラデシュ	7 402
アフガニスタン	4 751	アフガニスタン	5 270	パキスタン・・	6 328
イギリス・・ 2)	3 860	パキスタン・・	4 791	ウクライナ 1)	6 139
カザフスタン	3 554	フィリピン・・	4 693	フィリピン・・	6 094
パキスタン・・	3 406	イギリス・・ 2)	4 433	アフガニスタン	5 854
ドイツ・・・・・・	3 235	カザフスタン	3 798	ベネズエラ・・	5 415
イタリア・・・・	3 067	ポーランド・・	3 716	ポーランド・・	4 825
フィリピン・・	3 063	ドイツ・・・・・・	3 697	イギリス・・ 2)	4 733
トルコ・・・・・・	2 847	(パレスチナ)3)	3 540	インドネシア	4 601
(パレスチナ)3)	2 767	インドネシア	3 416	カザフスタン	4 204
インドネシア	2 415	ルーマニア・・	3 363	(パレスチナ)3)	4 023
世界計×・・	**173 231**	世界計×・・	**220 983**	世界計×・・	**280 598**

資料は表2-13に同じ。出身国別にみた移民・難民の数。1）クリミアを含む。2）海外領土を含まない。3）東エルサレムを含む。×その他とも。

表 2-15 各国の民族別人口割合（%）

インドネシア[1)] (2010年)	
ジャワ人	*40.2*
スンダ人	*15.5*
バンジャール人	*4.0*
マドゥラ人	*3.0*

ジョージア (2014年)	
ジョージア系	*86.8*
アゼルバイジャン系	*6.3*
アルメニア系	*4.5*

シンガポール[2)] (2020年)	
中国系	*74.3*
マレー系	*13.5*
インド系	*9.0*

スリランカ (2012年)	
シンハラ人	*74.9*
スリランカタミル人	*11.1*
スリランカムーア人	*9.3*
インドタミル人	*4.1*

中国 (2020年)	
漢（ハン）族	*91.1*
壮（チワン）族	*1.4*
ウイグル族	*0.8*
回（フイ）族	*0.8*
苗（ミャオ）族	*0.8*
満州(マンチュウ)族	*0.7*
彝（イ）族	*0.7*
土家(トゥチャ)族	*0.7*
蔵(チベット)族	*0.5*

ネパール (2011年)	
チェトリ族	*16.6*
ブラーマン族	*12.2*
マガール族	*7.1*

マレーシア (2010年)	
マレー系	*50.1*
中国系	*22.5*
インド系	*6.7*

ガーナ[3)] (2010年)	
アカン族	*47.5*
グルマ族	*16.6*
ガダンメ族	*13.9*
エウェ族	*7.4*
グアン族	*5.7*

ケニア (2009年)	
キクユ族	*17.2*
ルヒヤ族	*13.8*
カレンジン族	*12.9*
ルオ族	*10.5*
カンバ族	*10.1*

リベリア (2008年)	
クペレ族	*20.3*
バサ族	*13.4*
グレボ族	*10.0*
ギオ族	*8.0*
マノ族	*7.9*

チェコ (2021年)	
チェコ人	*61.0*
モラビア人	*5.3*
スロバキア人	*1.5*

ルーマニア (2011年)	
ルーマニア人	*83.5*
ハンガリー人	*6.1*
ロマ人	*3.1*
ウクライナ人	*0.3*
ドイツ人	*0.2*

ロシア (2010年)	
ロシア人	*77.7*
タタール人	*3.7*
ウクライナ人	*1.3*
バシキール人	*1.1*
チュヴァシ人	*1.0*
チェチェン人	*1.0*

アメリカ合衆国 (2020年)	
白人	*61.6*
黒人・アフリカ系	*12.4*
2人種以上の混血	*10.2*
アジア系	*6.0*
先住民	*1.3*

カナダ (2016年)	
英国系	*32.5*
カナダ系	*32.3*
アジア系	*17.7*
フランス系	*13.6*

ブラジル (2010年)	
白人	*47.7*
ムラート	*43.1*
黒人	*7.6*
アジア系	*1.1*

オーストラリア (2016年)	
英国系	*33.4*
オーストラリア系	*20.7*
中国系	*4.8*
イタリア系	*3.2*

ニュージーランド (2018年)	
ニュージーランド・ヨーロピアン	*64.1*
マオリ人	*16.5*

国連 "Population Censuses' Datasets"（2023年7月閲覧）より作成。ただし、中国は国家統計局「中国統計年鑑2021」による。原資料に記載された総数に対する割合。各国へのアンケート調査を通じて集計されており、国によって集計方法が異なるほか、内訳の合計が総数と一致しない場合がある。1）インドネシア国籍を持つ者のみ。2）国民と永住者のみ。3）ガーナ出生者および二重国籍によるガーナ国籍所有者のみ。

表 2-16　各国の言語別人口割合（%）

インドネシア[1)]（2010年）	
ジャワ語	31.9
インドネシア語	20.0
スンダ語	15.2
マドゥラ語	3.6

ジョージア（2014年）	
ジョージア語	87.6
アゼルバイジャン語	6.2
アルメニア語	3.9
ロシア語	1.2

ネパール（2011年）	
ネパール語	44.6
マイティリー語	11.7
ボージュプリー語	6.0
タルー語	5.8
タマン語	5.1
ネワール語	3.2
バッジカ語	3.0
マガル語	3.0

（香港）[2)]（2021年）	
広東語	88.2
英語	4.6
中国語(広東語以外)	2.8

ガーナ[3)]（2010年）	
アサンテ方言	16.0
エウェ語	13.9
ファンティ語	11.6

南アフリカ共和国（2011年）	
ズールー語	22.7
コサ語	16.0
アフリカーンス語	13.5
英語	9.6
ペディ語	9.1
ツワナ語	8.0
ソト語	7.6

クロアチア（2011年）	
クロアチア語	95.6
セルビア語	1.2
イタリア語	0.4
アルバニア語	0.4
ボスニア語	0.4

スイス[4)]（2011年）	
ドイツ語	56.0
フランス語	19.2
イタリア語	7.2
英語	3.7
ポルトガル語	2.7

スロバキア（2011年）	
スロバキア語	78.6
ハンガリー語	9.4
ロマ語	2.3
ルテニア語	1.0
チェコ語	0.7

フィンランド（2021年）	
フィンランド語	86.9
スウェーデン語	5.2
ロシア語	1.5

ポーランド（2011年）	
ポーランド語	98.2
シレジア語	1.4

ルーマニア（2011年）	
ルーマニア語	85.4
ハンガリー語	6.3

ロシア[5)]（2010年）	
ロシア語	96.2
英語	5.3
タタール語	3.0
ドイツ語	1.4
チェチェン語	0.9

カナダ（2016年）	
英語	74.5
フランス語	23.4
中国語	3.7
セム語	1.8
パンジャブ語	1.6
スペイン語	1.6
タガログ語	1.5
アラビア語	1.5

ペルー[6)]（2017年）	
スペイン語	82.9
ケチュア語	13.6
アイマラ語	1.6

ボリビア（2012年）	
スペイン語	61.4
ケチュア語	16.0
アイマラ語	9.9
グアラニー語	0.5

メキシコ[7)]（2010年）	
ナワトル語	1.5
マヤ語	0.8
ミシュテカ語	0.5

オーストラリア（2016年）	
英語	72.7
中国語(マンダリン)	2.5
アラビア語	1.4
ベトナム語	1.2
イタリア語	1.2
ギリシャ語	1.0
ヒンディー語	0.7
スペイン語	0.6

ニュージーランド（2018年）	
英語	95.4
マオリ語	4.0
サモア語	2.2

資料および集計方法は表2-15に同じ。1）５歳以上人口。2）調査時点で香港にいた非永住者を含む。3）ガーナ出生者および二重国籍によるガーナ国籍所有者のみ。4）15歳以上人口。5）複数言語話者を含む。6）３歳以上人口。7）先住民族言語を話す３歳以上人口。

表 2-17　家族類型別世帯数（単位　千世帯）

	調査年	世帯総数1)	単独世帯	核家族世帯	その他	単独世帯割合2)（%）
アジア						
アゼルバイジャン	2019	2 294	221	1 154	611	*11.1*
韓国・・・・・・・・・ 3)4)	2020	20 927	6 643	11 641	2 642	*31.7*
シンガポール・・・5)	2020	1 373	220	920	232	*16.0*
タイ・・・・・・・・・・・・	2010	20 364	3 739	9 640	6 985	*18.4*
日本・・・・・・・・・・・3)	2020	55 705	21 151	30 111	4 283	*38.1*
ラオス・・・・・・・・・・	2015	1 183	27	615	541	*2.3*
アフリカ						
ガーナ・・・・・・・・・#	2010	5 467	961	2 253	2 253	*17.6*
ケニア・・・・・・・・・#	2019	12 030	2 449	5 746	3 835	*20.4*
南アフリカ共和国#	2011	15 056	4 151	5 616	5 289	*27.6*
ヨーロッパ						
イギリス・・・・・・・・	2011	26 442	8 087	16 248	2 107	*30.6*
イタリア・・・・・・・・	2011	24 612	7 667	15 942	1 003	*31.2*
オーストリア・・・・	2011	3 649	1 324	2 025	300	*36.3*
スペイン・・・・・・・・	2011	18 084	4 193	11 820	2 071	*23.2*
チェコ・・・・・・・・・・	2011	4 375	1 422	2 347	606	*32.5*
ドイツ・・・・・・・・・・	2011	36 933	13 765	21 807	1 361	*37.3*
ハンガリー・・・・・#	2011	4 106	1 317	2 367	422	*32.1*
フィンランド・・・・	2021	2 767	1 254	1 428	84	*45.3*
フランス・・・・・・・・	2015	28 280	10 027	16 945	1 308	*35.5*
ブルガリア・・・・・・	2011	3 006	925	1 562	519	*30.8*
ベラルーシ・・・・・・	2019	4 320	1 640	2 121	559	*38.0*
ベルギー・・・・・・・・	2011	4 735	1 608	2 869	258	*34.0*
ポーランド・・・・・・	2011	13 432	3 229	7 817	2 387	*24.0*
ポルトガル・・・・・3)	2011	4 044	867	2 750	427	*21.4*
ルーマニア・・・・・#	2011	7 470	1 941	4 061	1 464	*26.0*
ロシア・・・・・・・・・3)	2010	54 561	14 019	27 378	13 164	*25.7*
北アメリカ						
アメリカ合衆国・・	2010	116 716	31 205	67 666	17 846	*26.7*
カナダ・・・・・・・・・・	2021	14 979	4 394	8 931	1 654	*29.3*
中南アメリカ						
アルゼンチン・・・#	2010	12 174	2 160	7 545	2 470	*17.7*
ドミニカ共和国・・	2010	2 672	390	1 337	944	*14.6*
ペルー・・・・・・・・・#	2017	8 252	1 384	4 452	2 416	*16.8*
ボリビア・・・・・・・#	2012	2 779	569	1 321	889	*20.5*
メキシコ・・・・・・3)#	2010	28 159	2 475	18 074	7 362	*8.9*
オセアニア						
オーストラリア・・	2016	8 862	2 024	5 651	1 187	*22.8*
ニュージーランド3)	2018	1 654	361	977	251	*22.7*

国連“Population Censuses' Datasets”（2023年7月閲覧）より作成。日本は総務省統計局「国勢調査」による。常住人口（#印の国は現在人口）。世帯の定義や統計方法は国により異なる。1）不詳を含む。2）不詳を除いて算出。3）施設等を除く一般世帯のみ。4）外国人のみの世帯を除く。5）国民と永住者のみ。

表 2-18　保健統計（Ⅰ）

	平均寿命（年）				健康寿命[1)]（年）	
	2000	2019	男	女	2000	2019
アジア						
アゼルバイジャン	65.52	71.43	68.78	74.09	58.50	63.65
アフガニスタン	54.99	63.21	63.29	63.16	46.76	53.95
アラブ首長国連邦	73.18	76.08	75.10	78.42	63.85	65.99
アルメニア	71.88	76.03	72.49	79.16	63.50	67.12
イエメン	62.69	66.63	64.41	68.92	54.46	57.53
イスラエル	78.57	82.62	80.79	84.36	69.21	72.38
イラク	68.77	72.42	69.93	74.97	59.52	62.66
イラン	72.56	77.35	75.69	79.09	62.56	66.26
インド	62.11	70.79	69.52	72.17	52.95	60.33
インドネシア	67.17	71.31	69.40	73.30	59.03	62.83
ウズベキスタン	65.27	73.01	70.76	75.21	58.08	64.68
オマーン	69.07	73.90	72.97	75.26	60.94	64.68
カザフスタン	63.15	73.95	69.98	77.61	56.10	64.99
カタール	71.29	77.17	78.03	76.63	62.45	67.06
韓国	76.21	83.30	80.32	86.09	67.36	73.06
カンボジア	58.68	70.12	67.23	72.75	51.39	61.51
北朝鮮	63.95	72.63	69.29	75.69	57.75	65.01
キプロス	78.75	83.14	81.12	85.12	69.13	72.41
キルギス	65.95	74.18	70.75	77.31	58.66	65.78
クウェート	77.86	80.97	79.25	83.95	67.70	70.09
サウジアラビア	70.52	74.31	73.11	76.15	61.18	64.02
ジョージア	69.41	73.28	68.79	77.76	61.94	64.68
シリア	71.46	72.67	71.18	74.26	62.80	62.87
シンガポール	78.44	83.22	81.05	85.45	69.49	73.55
スリランカ	71.89	76.87	73.80	79.81	62.99	67.05
タイ	71.25	77.70	74.36	81.04	62.64	68.26
タジキスタン	65.58	69.50	67.58	71.55	58.35	62.01
中国	71.58	77.43	74.73	80.49	63.71	68.53
トルクメニスタン	63.32	69.75	66.48	72.97	56.64	62.11
トルコ	74.41	78.62	76.44	80.67	64.97	68.41
日本	81.12	84.26	81.49	86.94	71.58	74.09
ネパール	65.26	70.88	68.88	72.75	56.25	61.34
バーレーン	70.47	75.81	75.04	77.02	61.88	65.88
パキスタン	60.08	65.61	64.59	66.72	52.35	56.87
バングラデシュ	65.59	74.25	72.99	75.64	57.05	64.30
東ティモール	62.67	69.62	67.93	71.41	53.05	60.89
フィリピン	69.03	70.43	67.40	73.60	60.58	62.00
ブータン	65.70	73.11	72.03	74.39	57.06	63.36
ベトナム	71.45	73.74	69.56	78.11	63.30	65.30
マレーシア	72.80	74.72	72.61	77.08	63.99	65.66
ミャンマー	59.99	69.13	65.91	72.20	52.95	60.85
モンゴル	60.52	68.10	63.82	72.76	53.82	60.29

新生児死亡率2)	乳児死亡率3)	5歳未満児死亡率4)	妊産婦死亡率5)	合計特殊出生率6)	若年出産率7)	
2021	2021	2021	2020	2021	2021	
						アジア
9.51	16.61	18.59	40.8	1.52	40.08	アゼルバイジャン
34.09	43.39	55.66	620.4	4.64	82.57	アフガニスタン
3.49	5.45	6.37	9.3	1.46	3.09	アラブ首長国連邦
5.64	9.54	10.72	27.2	1.58	18.51	アルメニア
28.31	46.65	61.91	183.4	3.80	54.40	イエメン
1.73	2.69	3.36	2.8	3.00	7.61	イスラエル
14.07	20.75	24.52	76.1	3.50	62.19	イラク
8.06	10.87	12.63	22.0	1.69	30.16	イラン
19.12	25.49	30.62	102.7	2.03	17.23	インド
11.33	18.88	22.17	172.9	2.18	33.93	インドネシア
7.68	12.57	14.07	30.2	3.17	15.86	ウズベキスタン
4.55	8.70	10.14	17.0	2.62	9.94	オマーン
5.03	9.14	10.27	13.4	3.32	21.88	カザフスタン
3.30	4.54	5.31	7.6	1.80	7.07	カタール
1.38	2.47	2.89	8.1	0.81	2.21	韓国
12.83	21.26	24.76	218.0	2.34	45.45	カンボジア
8.25	10.10	15.40	106.7	1.81	2.33	北朝鮮
1.61	2.29	2.79	68.4	1.32	6.83	キプロス
11.92	15.55	17.40	50.4	2.89	34.70	キルギス
4.87	7.48	8.73	7.2	2.11	5.64	クウェート
3.27	5.75	6.72	16.2	2.43	11.94	サウジアラビア
5.40	8.43	9.48	27.6	2.08	31.65	ジョージア
10.84	18.44	22.27	29.9	2.75	38.72	シリア
0.75	1.73	2.09	7.5	1.12	2.62	シンガポール
3.85	5.77	6.75	28.8	1.99	15.65	スリランカ
4.71	7.10	8.29	28.6	1.33	32.74	タイ
13.57	27.64	31.42	16.6	3.19	45.43	タジキスタン
3.19	5.05	6.93	23.1	1.16	11.05	中国
23.49	35.84	41.43	5.2	2.67	21.77	トルクメニスタン
4.72	7.69	8.98	17.3	1.89	16.88	トルコ
0.81	1.74	2.30	4.3	1.30	2.90	日本
16.17	22.82	27.16	174.4	2.03	63.84	ネパール
2.97	5.91	6.92	15.9	1.81	8.68	バーレーン
39.44	52.78	63.33	154.2	3.47	42.27	パキスタン
16.00	22.91	27.27	123.0	1.98	75.50	バングラデシュ
22.23	43.08	50.55	203.9	3.15	33.88	東ティモール
12.28	20.47	25.74	78.2	2.75	48.20	フィリピン
14.83	22.45	26.69	60.0	1.41	18.98	ブータン
10.53	16.43	20.60	45.5	1.94	34.60	ベトナム
4.21	6.46	7.56	21.1	1.80	9.27	マレーシア
21.66	33.72	41.81	178.7	2.15	33.04	ミャンマー
7.54	12.68	14.73	39.5	2.84	26.71	モンゴル

保健統計（Ⅱ）

	平均寿命（年）				健康寿命[1]（年）	
	2000	2019	男	女	2000	2019
ヨルダン········	72.65	77.87	77.02	78.78	63.56	67.60
ラオス··········	58.41	68.51	66.19	70.95	51.77	60.51
レバノン········	74.61	76.44	74.03	79.15	64.66	65.96
アフリカ						
アルジェリア····	72.21	77.13	76.23	78.12	62.71	66.39
アンゴラ········	49.30	63.06	60.70	65.52	42.87	54.84
ウガンダ········	48.76	66.69	63.24	70.10	42.52	58.21
エジプト········	69.82	71.82	69.59	74.14	61.21	62.97
エスワティニ····	47.05	57.73	53.36	63.18	41.28	50.06
エチオピア······	50.58	68.70	66.90	70.52	44.33	59.89
エリトリア······	54.51	64.08	61.30	67.07	47.01	55.73
ガーナ··········	59.24	66.28	63.66	69.16	51.90	57.98
ガボン··········	58.10	66.47	63.59	69.73	50.50	57.56
カメルーン······	52.82	62.36	60.29	64.50	46.05	54.52
ガンビア········	59.24	65.47	63.42	67.65	51.66	57.04
ギニア··········	54.26	61.01	59.48	62.25	47.54	53.32
ギニアビサウ····	50.28	60.22	57.36	62.98	44.05	52.62
ケニア··········	53.87	66.09	63.70	68.44	46.94	57.68
コートジボワール	50.33	62.92	60.53	65.81	43.96	54.81
コンゴ共和国····	52.12	64.74	63.81	65.61	45.35	56.25
コンゴ民主共和国	52.44	62.35	60.00	64.82	45.26	54.09
ザンビア········	44.46	62.45	59.54	65.37	38.95	54.40
シエラレオネ····	48.73	60.77	59.60	61.90	42.22	52.92
ジブチ··········	59.84	65.81	64.10	67.78	52.73	58.00
ジンバブエ······	46.57	60.68	57.51	63.61	41.03	53.07
スーダン········	62.47	69.15	67.55	70.76	54.27	59.91
赤道ギニア······	54.31	62.19	60.87	63.58	46.81	53.86
セネガル········	58.60	68.58	66.82	70.14	50.76	59.37
ソマリア········	49.87	56.47	54.01	59.22	44.01	49.72
タンザニア······	52.47	67.34	65.37	69.26	45.44	58.46
チャド··········	51.08	59.63	57.95	61.34	44.70	52.02
中央アフリカ共和国	44.34	53.10	50.21	56.26	38.69	46.37
チュニジア······	74.12	77.04	74.88	79.19	64.80	66.89
トーゴ··········	55.95	64.27	61.52	67.23	48.93	56.19
ナイジェリア····	53.63	62.62	61.20	64.10	46.46	54.39
ナミビア········	53.32	64.58	60.58	68.45	46.60	56.06
ニジェール······	50.35	63.29	62.06	64.56	44.18	55.52
ブルキナファソ··	51.64	62.70	60.06	65.23	44.88	54.86
ブルンジ········	43.78	63.84	61.55	66.14	38.13	55.58
ベナン··········	56.59	63.43	61.19	65.66	49.59	55.52
ボツワナ········	45.59	62.25	58.95	65.46	40.08	53.89
マダガスカル····	58.82	65.35	64.10	66.60	51.32	57.31
マラウイ········	44.73	65.62	62.31	68.93	39.07	57.06

新生児死亡率2)	乳児死亡率3)	5歳未満児死亡率4)	妊産婦死亡率5)	合計特殊出生率6)	若年出産率7)	
2021	2021	2021	2020	2021	2021	
8.54	12.56	14.60	41.3	2.83	25.37	ヨルダン
21.03	34.22	42.51	126.1	2.50	73.18	ラオス
4.78	7.05	8.24	20.6	2.09	20.31	レバノン
						アフリカ
15.65	19.16	22.34	77.7	2.89	11.71	アルジェリア
26.65	47.16	69.42	221.9	5.30	138.40	アンゴラ
19.01	31.17	42.13	284.1	4.59	107.94	ウガンダ
10.02	16.23	18.96	16.8	2.92	44.77	エジプト
23.25	41.49	52.63	239.6	2.84	69.93	エスワティニ
26.19	34.27	46.81	266.7	4.16	69.22	エチオピア
17.34	28.95	38.09	321.6	3.87	64.36	エリトリア
22.82	32.58	43.97	263.1	3.56	64.18	ガーナ
18.94	29.36	39.75	226.6	3.49	91.18	ガボン
25.64	46.95	69.79	437.8	4.46	110.38	カメルーン
25.30	34.00	47.89	458.2	4.68	63.19	ガンビア
31.11	63.78	98.73	553.4	4.40	114.83	ギニア
34.30	49.96	74.31	725.1	4.01	87.54	ギニアビサウ
18.42	27.99	37.15	530.0	3.34	64.19	ケニア
32.29	55.85	74.79	479.9	4.42	104.97	コートジボワール
18.41	31.98	42.97	282.4	4.17	103.63	コンゴ共和国
26.48	62.37	78.96	547.4	6.16	108.96	コンゴ民主共和国
24.56	40.19	57.69	134.7	4.31	117.02	ザンビア
30.94	78.25	104.70	442.8	3.98	100.91	シエラレオネ
29.56	45.85	54.14	234.5	2.80	22.72	ジブチ
24.99	35.71	49.52	356.8	3.49	94.31	ジンバブエ
26.66	38.95	54.90	270.4	4.46	79.91	スーダン
28.48	57.19	76.78	212.3	4.27	139.71	赤道ギニア
21.09	29.14	38.60	260.9	4.39	66.45	セネガル
35.95	71.13	111.80	620.7	6.31	117.99	ソマリア
20.01	34.11	47.12	238.3	4.73	123.65	タンザニア
32.35	66.05	107.10	1063.0	6.26	138.31	チャド
31.91	75.42	99.92	835.3	5.98	160.51	中央アフリカ共和国
11.54	14.03	16.32	36.6	2.09	6.69	チュニジア
24.04	43.36	62.60	399.0	4.26	77.88	トーゴ
34.92	70.59	110.80	1047.0	5.24	101.68	ナイジェリア
19.46	29.38	39.04	214.6	3.30	64.94	ナミビア
33.69	59.50	115.20	441.1	6.82	170.46	ニジェール
25.25	51.77	82.61	263.8	4.77	110.51	ブルキナファソ
20.45	37.63	52.60	494.4	5.08	53.62	ブルンジ
29.25	55.17	83.52	522.6	4.97	92.26	ベナン
18.00	28.31	34.87	185.9	2.79	49.32	ボツワナ
24.12	45.26	66.00	391.5	3.85	119.43	マダガスカル
19.30	31.24	41.90	380.7	3.92	117.87	マラウイ

保健統計（Ⅲ）

	平均寿命（年）				健康寿命[1]（年）	
	2000	2019	男	女	2000	2019
マリ…………	52.64	62.80	62.20	63.40	45.61	54.63
南アフリカ共和国	55.75	65.25	62.20	68.29	48.48	56.15
南スーダン……	54.15	62.79	60.83	64.84	46.36	53.66
モーリシャス……	71.17	74.07	70.95	77.32	61.94	63.94
モーリタニア……	61.96	68.38	68.08	68.73	54.36	59.76
モザンビーク……	50.69	58.14	54.46	61.73	43.58	50.36
モロッコ………	69.35	72.99	71.68	74.31	60.69	63.69
リビア………	74.40	75.78	74.21	77.34	64.59	65.22
リベリア………	53.77	64.08	63.15	65.00	45.82	54.91
ルワンダ………	47.51	69.10	66.88	71.24	41.19	60.21
レソト………	47.82	50.75	47.66	54.24	41.98	44.24
ヨーロッパ						
アイルランド……	76.41	81.84	80.20	83.48	67.08	71.07
アルバニア……	73.55	78.00	76.25	79.91	65.24	69.08
イギリス………	77.85	81.40	79.79	82.99	67.57	70.13
イタリア………	79.36	82.97	80.91	84.90	69.04	71.92
ウクライナ……	67.53	73.02	68.00	77.81	59.71	64.30
エストニア……	70.94	78.88	74.70	82.60	62.56	69.24
オーストリア……	78.17	81.65	79.44	83.78	68.18	70.94
オランダ………	78.01	81.79	80.40	83.15	68.77	71.44
北マケドニア……	71.11	74.82	72.84	76.87	63.19	66.14
ギリシャ………	78.17	81.10	78.64	83.57	68.63	70.87
クロアチア……	74.36	78.64	75.54	81.60	65.43	68.62
スイス………	79.72	83.45	81.75	85.08	69.29	72.52
スウェーデン……	79.57	82.40	80.83	83.97	69.86	71.91
スペイン………	79.08	83.22	80.68	85.68	69.06	72.09
スロバキア……	73.30	78.23	74.84	81.44	64.72	68.54
スロベニア……	76.05	81.31	78.59	84.06	66.52	70.74
セルビア………	71.43	75.87	73.46	78.28	63.43	66.88
チェコ………	74.95	79.13	76.30	81.93	65.94	68.79
デンマーク……	76.93	81.32	79.59	83.02	67.57	71.04
ドイツ………	78.09	81.72	78.72	84.77	68.46	70.89
ノルウェー……	78.53	82.62	81.08	84.13	68.43	71.36
ハンガリー……	71.34	76.44	73.09	79.59	63.03	67.19
フィンランド……	77.60	81.61	79.16	84.04	67.78	71.00
フランス………	78.91	82.48	79.76	85.09	69.30	72.08
ブルガリア……	71.61	75.07	71.65	78.60	63.54	66.28
ベラルーシ……	68.85	74.81	69.65	79.62	60.82	65.97
ベルギー………	77.66	81.42	79.29	83.51	67.84	70.56
ポーランド……	73.70	78.27	74.53	81.93	65.00	68.66
ボスニア・ヘルツェゴビナ	75.42	76.75	74.38	79.09	66.17	67.19
ポルトガル……	76.58	81.57	78.56	84.40	66.83	70.96

新生児死亡率2)	乳児死亡率3)	5歳未満児死亡率4)	妊産婦死亡率5)	合計特殊出生率6)	若年出産率7)	
2021	2021	2021	2020	2021	2021	
33.43	61.63	97.07	440.2	5.96	150.06	マリ
11.02	26.43	32.85	126.8	2.37	61.21	南アフリカ共和国
39.63	63.76	98.69	1223.0	4.47	99.20	南スーダン
10.56	15.31	16.62	84.4	1.41	24.56	モーリシャス
22.61	32.21	40.50	463.8	4.40	78.01	モーリタニア
27.51	51.00	69.56	127.1	4.64	165.78	モザンビーク
11.12	15.42	18.00	71.9	2.33	25.94	モロッコ
5.76	9.22	10.77	72.1	2.46	6.93	リビア
29.93	56.72	76.04	652.3	4.09	123.38	リベリア
17.52	29.65	39.44	258.9	3.82	32.44	ルワンダ
35.26	56.96	72.93	566.2	3.02	89.57	レソト
						ヨーロッパ
2.06	2.74	3.15	5.0	1.72	5.94	アイルランド
7.12	8.41	9.46	8.3	1.39	14.52	アルバニア
2.80	3.65	4.19	9.8	1.56	10.54	イギリス
1.47	2.23	2.61	4.6	1.25	3.99	イタリア
4.83	7.04	8.22	16.5	1.16	15.64	ウクライナ
0.88	1.55	2.00	5.2	1.61	8.76	エストニア
2.34	2.99	3.66	5.2	1.48	5.52	オーストリア
2.68	3.50	4.05	4.3	1.62	2.80	オランダ
3.41	4.65	5.31	3.0	1.60	16.37	北マケドニア
2.25	3.27	3.71	7.7	1.39	8.48	ギリシャ
2.78	3.92	4.64	4.8	1.62	8.64	クロアチア
2.70	3.38	3.83	7.4	1.52	2.21	スイス
1.35	2.01	2.46	4.5	1.67	3.35	スウェーデン
1.78	2.56	3.05	3.4	1.19	6.28	スペイン
2.80	4.63	5.63	4.8	1.64	26.31	スロバキア
1.28	1.75	2.17	4.5	1.64	4.48	スロベニア
3.55	4.75	5.49	10.2	1.48	14.90	セルビア
1.44	2.20	2.75	3.4	1.83	9.71	チェコ
2.48	3.11	3.58	4.7	1.72	1.91	デンマーク
2.19	3.03	3.57	4.4	1.58	7.47	ドイツ
1.29	1.77	2.17	1.7	1.55	2.34	ノルウェー
2.07	3.31	4.00	15.1	1.59	22.15	ハンガリー
1.27	1.78	2.17	8.3	1.46	4.16	フィンランド
2.53	3.45	4.35	7.9	1.83	9.53	フランス
3.01	5.27	6.32	7.1	1.58	38.61	ブルガリア
0.87	2.05	2.72	1.1	1.48	11.85	ベラルーシ
2.43	3.38	4.10	4.8	1.60	5.33	ベルギー
2.76	3.73	4.35	2.0	1.33	9.65	ポーランド
4.10	4.84	5.60	5.7	1.35	9.86	ボスニア・ヘルツェゴビナ
1.71	2.54	3.10	11.8	1.38	7.44	ポルトガル

保健統計（Ⅳ）

	平均寿命（年）				健康寿命[1]（年）	
	2000	2019	男	女	2000	2019
ラトビア・・・・・・・・	70.18	75.38	70.58	79.84	61.57	66.25
リトアニア・・・・・・	72.04	75.99	71.23	80.43	63.12	66.69
ルーマニア・・・・・・	71.39	75.57	71.95	79.26	63.27	66.85
ロシア・・・・・・・・・・	65.29	73.23	68.18	78.00	57.34	64.21
北アメリカ						
アメリカ合衆国・・	76.69	78.50	76.28	80.73	65.80	66.12
カナダ・・・・・・・・・・	79.10	82.24	80.40	84.05	69.42	71.25
中南アメリカ						
アルゼンチン・・・・	74.09	76.58	73.51	79.50	65.14	67.13
ウルグアイ・・・・・・	74.82	77.10	73.48	80.56	65.94	67.51
エクアドル・・・・・・	74.53	78.45	76.41	80.50	65.25	68.48
エルサルバドル・・	72.50	75.03	70.58	79.13	62.73	64.87
ガイアナ・・・・・・・・	62.96	65.69	62.45	69.39	54.97	57.24
キューバ・・・・・・・・	76.76	77.76	75.37	80.25	67.12	67.84
グアテマラ・・・・・・	66.78	72.02	68.95	75.04	57.84	62.30
コスタリカ・・・・・・	78.00	80.85	78.31	83.44	68.04	69.97
コロンビア・・・・・・	73.75	79.31	76.69	81.87	64.14	68.96
ジャマイカ・・・・・・	74.22	75.98	74.36	77.68	65.40	66.55
スリナム・・・・・・・・	69.94	71.48	68.50	74.63	61.31	62.39
チリ・・・・・・・・・・・・	76.77	80.74	78.09	83.25	67.00	70.05
ドミニカ共和国・・	73.22	72.84	69.76	76.19	64.10	63.98
トリニダード・トバゴ	69.70	76.13	72.54	79.92	61.43	66.23
ニカラグア・・・・・・	73.26	75.04	72.07	77.93	63.69	65.46
ハイチ・・・・・・・・・・	57.05	64.05	63.34	64.76	50.00	55.80
パナマ・・・・・・・・・・	77.23	79.29	76.65	82.06	67.20	68.68
バハマ・・・・・・・・・・	70.94	73.21	69.85	76.59	62.69	64.35
パラグアイ・・・・・・	74.80	75.81	73.08	78.85	65.00	65.80
ブラジル・・・・・・・・	71.47	75.90	72.45	79.39	61.66	65.40
ベネズエラ・・・・・・	74.09	73.95	69.91	78.17	64.68	64.44
ベリーズ・・・・・・・・	70.34	74.41	71.36	77.77	62.29	65.29
ペルー・・・・・・・・・・	74.42	79.90	78.46	81.34	64.90	69.50
ボリビア・・・・・・・・	66.02	72.14	71.15	73.13	57.89	63.27
ホンジュラス・・・・	70.04	71.94	70.67	73.16	61.22	62.98
メキシコ・・・・・・・・	74.41	76.01	73.13	78.86	64.55	65.76
オセアニア						
オーストラリア・・	79.69	83.04	81.25	84.84	68.57	70.93
ニュージーランド	78.57	81.96	80.36	83.52	67.80	70.24
パプアニューギニア	63.29	65.30	63.40	67.36	55.28	57.08

WHO（世界保健機関）“Global Health Observatory（GHO）data”より作成。ただし、合計特殊出生率および若年出産率は世界銀行“World Development Indicators”による（ともに2023年7月閲覧）。1）健康上の理由で日常生活が制限されることなく過ごせる年齢寿命。2）出生1000人のうち、生後27日以内に死亡する数。3）出生1000人のうち、1歳未↗

新生児死亡率2)	乳児死亡率3)	5歳未満児死亡率4)	妊産婦死亡率5)	合計特殊出生率6)	若年出産率7)	
2021	2021	2021	2020	2021	2021	
2.05	3.16	3.68	18.3	1.57	11.22	ラトビア
1.91	2.71	3.31	8.7	1.34	10.38	リトアニア
3.23	5.26	6.43	10.1	1.80	36.38	ルーマニア
2.04	4.07	5.05	13.7	1.49	14.99	ロシア
						北アメリカ
3.27	5.36	6.24	21.1	1.66	15.97	アメリカ合衆国
3.41	4.43	5.04	11.0	1.43	6.98	カナダ
						中南アメリカ
5.13	6.15	6.92	44.9	1.89	39.07	アルゼンチン
4.00	4.99	5.82	18.6	1.49	36.23	ウルグアイ
6.65	10.72	12.46	65.8	2.03	63.16	エクアドル
6.10	10.69	12.43	42.8	1.80	55.89	エルサルバドル
16.85	23.22	27.68	111.9	2.40	66.56	ガイアナ
2.38	3.99	5.00	39.3	1.44	48.82	キューバ
10.80	19.56	23.02	95.5	2.40	64.05	グアテマラ
5.36	6.24	7.65	22.0	1.53	37.15	コスタリカ
6.99	11.06	12.85	74.8	1.72	59.03	コロンビア
10.31	10.67	12.40	98.9	1.35	32.76	ジャマイカ
10.66	15.35	17.18	96.5	2.35	56.14	スリナム
4.28	5.62	6.55	15.0	1.54	24.08	チリ
22.95	27.29	33.00	107.3	2.27	65.63	ドミニカ共和国
10.32	14.60	16.33	26.6	1.63	38.13	トリニダード・トバゴ
7.37	11.41	13.26	77.9	2.32	85.65	ニカラグア
24.28	45.41	58.63	350.4	2.81	52.55	ハイチ
7.75	11.94	13.87	49.5	2.33	69.91	パナマ
7.15	11.41	13.16	77.1	1.39	25.69	バハマ
9.65	15.57	18.16	71.1	2.47	70.35	パラグアイ
8.47	12.88	14.41	72.2	1.64	45.20	ブラジル
14.99	21.06	24.23	259.2	2.21	82.72	ベネズエラ
7.42	9.61	11.19	129.8	2.01	57.13	ベリーズ
7.14	10.96	14.12	68.5	2.19	56.76	ペルー
13.18	20.18	24.69	160.9	2.62	63.79	ボリビア
9.50	14.23	16.56	71.8	2.36	71.97	ホンジュラス
8.11	11.40	13.24	59.1	1.82	54.37	メキシコ
						オセアニア
2.37	3.16	3.71	2.9	1.70	8.10	オーストラリア
2.54	3.94	4.73	7.0	1.64	12.63	ニュージーランド
21.22	34.44	42.81	191.8	3.22	55.25	パプアニューギニア

↘満で死亡する数。4）出生1000人のうち、5歳未満で死亡する数。5）妊娠・出産中または産後42日以内に、妊娠に関連する原因で死亡した女性の数（出生10万人あたり）。6）1人の女性（通常15～49歳の女性を指す）が生涯に産むとされる子供の平均数。7）15～19歳の女性1000人あたりの出生数。

表 2-19　婚姻率と離婚率（2021年）（人口千人あたり　件）

	婚姻率	離婚率
アジア		
アゼルバイジャン	5.6	1.7
アルメニア	1) 4.1	1) 1.1
イスラエル	1) 4.3	1) 1.7
イラン	1) 6.7	1) 2.2
ウズベキスタン	8.8	1.1
カザフスタン	7.4	2.5
カタール	1.6	0.8
韓国	3.8	2.0
キプロス	2) 9.0	2) 2.6
キルギス	7.6	1.8
クウェート	3.8	1) 1.3
ジョージア	6.2	2.9
シンガポール	7.1	1.9
スリランカ	7.3	…
タジキスタン	2) 8.8	2) 1.4
トルコ	6.7	2.1
日本	4.1	1.5
(パレスチナ)	1) 8.1	1) 1.6
ベトナム	5.1	0.2
(香港)	1) 3.7	…
(マカオ)	4.8	1) 1.9
マレーシア	1) 5.7	1) 1.4
モンゴル	4.8	1.0
ヨルダン	6.8	1.8
アフリカ		
エジプト	1) 8.7	1) 2.2
スーダン	3) 4.6	3) 1.5
モーリシャス	6.5	1.7
ヨーロッパ		
アイルランド	4) 3.4	1) 0.6
アルバニア	1) 6.2	1) 1.5
イギリス 5)	3) 3.4	2) 1.6
イタリア	1) 1.6	1) 1.1
ウクライナ	1) 4.0	1) 2.9
エストニア	4.8	1.9
オーストリア	4.6	1.6
オランダ	4) 3.2	4) 1.5
北マケドニア	6.4	0.9
ギリシャ	1) 2.9	6) 1.8
クロアチア	5.1	1.2
スイス	1) 4.1	1) 1.9
スウェーデン	4) 3.7	4) 2.3
スペイン	1)4) 1.9	1) 1.6
スロバキア	4.8	1.5
スロベニア	2.8	1.1
セルビア	4.8	1.4
チェコ	4.5	2.0
デンマーク	4.7	2.2
ドイツ	2) 5.0	1) 1.7
ノルウェー	1)4) 3.3	1)4) 1.8
ハンガリー	7.4	1.9
フィンランド	3.5	2.2
フランス	1)4) 2.3	…
ブルガリア	3.8	1.4
ベラルーシ	6.4	3.7
ベルギー	1)4) 2.8	1) 1.8
ポーランド	1) 3.8	1) 1.3
ボスニア・ヘルツェゴビナ	2) 5.4	2) 0.8
ポルトガル	4) 2.8	1)4) 1.7
モルドバ	8.6	3.8
ラトビア	1) 5.6	2.5
リトアニア	6.0	2.8
ルーマニア	5.9	1.4
北アメリカ		
アメリカ合衆国	2) 6.1	2)7) 2.3
カナダ	…	1) 1.1
中南アメリカ		
アルゼンチン	2) 2.7	…
ウルグアイ	2.3	1) 0.7
キューバ	3.7	1.6
グアテマラ	5.1	0.6
コスタリカ	4.7	2.8
ジャマイカ	3) 6.1	3) 1.2
チリ	1) 1.9	…
ドミニカ共和国	4.3	2.7
パナマ	2.1	0.8
ベネズエラ	6) 2.6	6) 0.7
ペルー	1) 1.4	1) 0.2
メキシコ	1)4) 2.6	1)4) 0.7
オセアニア		
オーストラリア	1) 3.1	1) 1.9
ニュージーランド	4) 3.1	4) 1.2

国連“Demographic Yearbook”（2021年版）より作成。日本は厚生労働省「人口動態統計」による。調査の対象や方法は国により異なる。1）2020年。2）2019年。3）2018年。4）同性同士のものを含む。5）イングランド、ウェールズ。6）2017年。7）一部の州を除く。

第3章　労働

コロナ禍から経済や社会活動が正常化に向かう中で、労働市場が急速に回復している。アメリカ合衆国では失業率が2020年４月に戦後最悪となる14.7％を記録したが、その後低下して、2022年には3.6％とコロナ禍以前の水準となった。またこれは、1970年代の石油危機以降で最も低い水準である。ILOモデル推定（2022年11月現在）によると、EUの2022年の失業率は6.1％で、コロナ前の2019年を下回っている。世界全体の失業率は5.8％と、2019年の5.5％より高いものの低下傾向にある。

雇用状況は属性によって違いがみられる。ILOモデル推定による2021年の女性の就業率は43.9％、男性は67.6％であった。若年労働者（15～24歳）の失業率は14.7％と成人労働者（25歳以上）4.8％の約３倍である。また、若者人口の23.8％は就業、教育や職業訓練を受けていないニートの状態にあり、女性が男性の２倍である（ニートはILO定義により、日本の内閣府の定義と異なる）。ニートの状態ではスキルを高めることができず、将来にわたって収入などに影響を及ぼす。

近年、失業率が低下する一方で、欧米を中心に求人数が求職者数を上回っている。接客業などサービス業を中心に人手不足が続いており、賃金が上昇している。アメリカでは、さらなる処遇改善を求める自発的な離職者が2021年から増加しており、賃金上昇に拍車をかけている。時間あたりの賃金は、2022年で対前年比５％程度に伸びた。

しかし、賃金以上に物価が大幅に上昇している。物価は労働コストの上昇に加えて、原材料価格の高騰や物流の停滞などの影響を受けており、アメリカでは名目賃金を消費者物価で割った実質賃金が2022年で対前年比マイナス３％程度であった。ヨーロッパでも同年の実質賃金の伸びはマイナスである。日本では、2022年から経済活動の正常化に伴う残業代の増加などによって、現金給与総額が前年より増加しているが、物価高騰により実質ベースでマイナスが続いている。2023年１月には対前年比で4.1％減となったが、これは消費税引き上げ直後の2014年５月や、世界金融危機の影響があった2009年12月と同程度の低下である。物価上昇に伴い賃金の上昇が期待されるが、2023年の春闘では30年ぶりの高い水準となる賃上げ率となった一方で、大幅な賃上げを行う企業と賃上げ余地に乏しい企業との二極化が進んでいる。

ILOでは、コロナ危機やウクライナ侵攻などに伴う物価高や債務危機リスクなどによって、発展途上国の回復が滞ることを懸念している。2023年の労働需要不足率は全体的に低下するものの、低所得国のみが高止まりする見通しであり、厳しい財政下で有効な労働政策に乏しい。社会保障の格差も大きく、老齢基礎年金の受給率をみると、世界全体では77.5%であるが、低中所得国で38.6%、低所得国では23.2%である。

労働需要不足率で浮き彫りになる男女格差

ILOによる新指標「労働需要不足（jobs gap）」は、仕事をする意欲があるが就業していない人を対象としている。ILOによる推定では2022年で4億7281万人であり、失業者が2億525万人のほか、就業をあきらめた人や家庭の事情などにより就業できない人など2億6756万人が含まれる。

失業率と比べて労働需要不足率は低所得国で高く、労働市場に参加できていない人が多いことを示している。また、失業率では男女で大きな差がみられないが、労働需要不足率では差が大きい。ILOでは、女性には育児や介護など家庭内の「無償ケア労働」が重くのしかかって積極的な職探しを難しくさせており、失業率ではこうした失業者の定義を満たさない女性の就労状況が反映されにくいと分析している。

ILOではさらに、女性の方が雇用の質が低くなりがちである点を指摘している。2019年の調査で女性の労働収入は、男性100に対し世界平均で51であり、高所得国で58、低所得国では33と大きな差となっている。

失業率と労働需要不足率（2022年）（%）

	失業率			労働需要不足率		
	計	男	女	計	男	女
世界全体……	*5.8*	*5.7*	*5.8*	*12.3*	*10.5*	*15.0*
人数（千人）…	205 246	123 536	81 710	472 810	238 635	234 175
低所得国……	*5.8*	*5.5*	*6.0*	*20.4*	*16.6*	*24.9*
下位中所得国‥	*6.2*	*6.2*	*6.2*	*13.2*	*11.0*	*17.4*
上位中所得国‥	*6.0*	*6.0*	*5.9*	*11.5*	*10.0*	*13.3*
高所得国……	*4.5*	*4.3*	*4.8*	*8.4*	*7.4*	*9.6*

ILOSTATより作成。2022年11月時点の推計値。

表 3-1 労働力人口と労働力率（Ⅰ）（ILOモデル推定、15歳以上）（2021年）

	労働力人口（千人）	男	女	労働力率（%）	男	女
アジア						
アラブ首長国連邦	6 462	5 317	1 145	*81.3*	*92.0*	*52.8*
イエメン	7 535	6 948	587	*38.0*	*69.9*	*5.9*
イラク	10 684	9 194	1 490	*39.7*	*69.2*	*10.9*
イラン	28 071	23 135	4 937	*41.9*	*68.7*	*14.8*
インド	507 701	390 830	116 871	*48.5*	*72.7*	*23.0*
インドネシア	134 382	81 335	53 047	*65.9*	*79.7*	*52.0*
ウズベキスタン	13 413	8 609	4 804	*56.3*	*73.3*	*39.8*
カザフスタン	9 389	4 736	4 654	*69.4*	*75.0*	*64.5*
韓国	28 806	16 501	12 305	*63.1*	*72.6*	*53.6*
カンボジア	8 888	4 701	4 188	*75.8*	*82.2*	*69.7*
北朝鮮	15 675	8 219	7 456	*74.5*	*79.6*	*69.5*
サウジアラビア	15 683	12 743	2 940	*59.1*	*79.9*	*27.8*
シリア	6 254	5 074	1 181	*43.8*	*71.7*	*16.4*
スリランカ	8 674	5 684	2 990	*51.9*	*71.8*	*34.0*
タイ	40 333	21 798	18 535	*66.9*	*75.2*	*59.2*
(台湾)	12 389	6 900	5 489	*59.5*	*67.3*	*51.9*
中国	787 848	431 740	356 108	*67.1*	*72.8*	*61.3*
トルコ	33 317	22 640	10 677	*51.4*	*70.1*	*32.8*
日本	68 273	37 840	30 433	*62.1*	*71.3*	*53.5*
ネパール	8 412	5 210	3 202	*39.7*	*52.8*	*28.2*
パキスタン	76 945	59 039	17 906	*52.7*	*80.8*	*24.6*
バングラデシュ	72 549	49 029	23 520	*58.2*	*80.2*	*37.1*
フィリピン	44 858	27 485	17 373	*56.8*	*69.1*	*44.3*
ベトナム	55 035	28 482	26 553	*72.9*	*77.9*	*68.2*
マレーシア	16 916	10 312	6 604	*65.4*	*78.2*	*52.1*
アフリカ						
アルジェリア	12 261	9 868	2 393	*40.1*	*63.4*	*15.9*
アンゴラ	14 470	7 249	7 221	*76.5*	*78.6*	*74.5*
ウガンダ	17 467	8 806	8 661	*69.5*	*71.8*	*67.3*
エジプト	30 223	24 899	5 324	*41.3*	*67.7*	*14.6*
エチオピア	58 059	30 940	27 119	*80.4*	*86.1*	*74.8*
ガーナ	14 140	7 361	6 779	*68.6*	*72.3*	*65.1*
カメルーン	11 163	5 875	5 288	*71.3*	*75.8*	*66.9*
ケニア	24 116	12 152	11 964	*73.9*	*75.6*	*72.1*
コートジボワール	10 356	5 880	4 476	*64.8*	*72.6*	*56.7*
コンゴ民主共和国	33 725	17 435	16 290	*65.8*	*69.1*	*62.5*
ザンビア	6 700	3 647	3 053	*60.6*	*67.6*	*54.0*
ジンバブエ	6 201	3 061	3 139	*65.6*	*71.6*	*60.7*
スーダン	13 043	9 100	3 943	*48.5*	*68.4*	*29.0*
タンザニア	29 343	14 987	14 356	*81.8*	*86.1*	*77.8*
チャド	5 334	3 157	2 177	*59.3*	*70.6*	*48.2*
ナイジェリア	70 620	39 669	30 951	*58.4*	*65.1*	*51.5*
ニジェール	9 400	5 470	3 930	*72.9*	*83.7*	*61.7*
ブルキナファソ	8 075	4 422	3 653	*65.3*	*72.9*	*58.0*

労働力人口と労働力率（Ⅱ）（ILOモデル推定、15歳以上）（2021年）

	労働力人口（千人）	男	女	労働力率（%）	男	女
ブルンジ	5 333	2 565	2 767	*79.1*	*77.5*	*80.7*
マダガスカル	14 925	7 635	7 290	*85.2*	*87.5*	*82.8*
マラウイ	7 648	3 905	3 742	*67.6*	*72.6*	*63.2*
マリ	7 705	4 682	3 022	*66.9*	*80.6*	*52.9*
南アフリカ共和国	23 621	12 634	10 987	*55.8*	*62.5*	*49.6*
モザンビーク	14 119	6 836	7 284	*78.2*	*78.5*	*77.8*
モロッコ	12 286	9 476	2 810	*45.3*	*69.8*	*20.7*
ヨーロッパ						
イギリス	34 442	17 957	16 485	*62.2*	*66.2*	*58.3*
イタリア	25 133	14 416	10 717	*48.6*	*57.6*	*40.1*
ウクライナ	20 165	10 524	9 640	*54.6*	*62.9*	*47.8*
オランダ	9 636	5 104	4 532	*65.2*	*69.9*	*60.6*
スウェーデン	5 542	2 927	2 615	*64.3*	*67.8*	*60.9*
スペイン	23 419	12 394	11 026	*57.4*	*62.5*	*52.6*
チェコ	5 277	2 935	2 342	*59.8*	*68.0*	*51.9*
ドイツ	43 497	23 179	20 318	*60.6*	*65.8*	*55.5*
フランス	30 660	15 679	14 981	*55.9*	*59.8*	*52.2*
ベルギー	5 271	2 804	2 467	*54.5*	*59.1*	*50.0*
ポーランド	18 794	10 286	8 508	*58.0*	*66.4*	*50.3*
ルーマニア	8 289	4 806	3 483	*51.1*	*61.9*	*41.1*
ロシア	74 214	38 176	36 038	*62.2*	*70.4*	*55.3*
（再掲）EU[1]	216 474	116 241	100 233	*56.9*	*63.2*	*51.1*
北中アメリカ						
アメリカ合衆国	168 675	90 833	77 842	*61.2*	*67.0*	*55.6*
カナダ	20 921	11 063	9 858	*65.1*	*69.6*	*60.6*
グアテマラ	6 836	4 648	2 188	*57.9*	*80.5*	*36.3*
メキシコ	56 994	35 141	21 852	*59.9*	*76.7*	*44.3*
南アメリカ						
アルゼンチン	20 946	12 037	8 909	*60.4*	*70.9*	*50.3*
エクアドル	8 652	5 087	3 565	*65.8*	*78.1*	*53.7*
コロンビア	25 984	15 308	10 675	*64.3*	*77.6*	*51.7*
チリ	9 081	5 358	3 723	*57.1*	*68.3*	*46.2*
ブラジル	105 434	59 974	45 460	*61.9*	*72.4*	*52.0*
ベネズエラ	10 501	6 413	4 088	*51.8*	*64.9*	*39.4*
ペルー	17 866	9 652	8 214	*71.9*	*79.2*	*64.9*
ボリビア	5 664	3 259	2 405	*68.1*	*78.6*	*57.6*
オセアニア						
オーストラリア	13 933	7 361	6 572	*65.9*	*70.6*	*61.2*
世界計×	**3 499 832**	**2 115 659**	**1 384 173**	*59.4*	*72.0*	*46.8*

ILO "ILOSTAT"（2023年7月3日閲覧）より作成。ILOによる2022年11月時点の推定値。労働力人口は就業者と失業者の合計。労働力人口の対象は国により異なる場合があるが、本表はILOが一部の国の数値を調整している。労働力率は労働年齢人口に対する労働力人口の割合。1）イギリスを除く27か国。×その他とも。

表 3-2　産業別就業者数（Ⅰ）（ILOモデル推定）（2021年）（単位　千人）

	イラン	インド	インドネシア	ウズベキスタン	韓国	北朝鮮
農林漁業	4 068	205 972	37 462	3 019	1 484	6 600
鉱業・採石	192	1 585	1 424	127	12	107
製造業	4 381	53 648	17 987	1 548	4 446	1 392
電気・ガス・水道[1]	362	3 569	751	170	244	134
建設	3 665	59 927	7 962	1 359	2 128	519
卸売・小売[2]	3 884	54 619	27 878	1 371	3 413	3 316
運輸・情報通信[3]	2 594	26 443	5 869	617	2 531	693
宿泊・飲食	284	8 064	6 593	299	2 135	87
金融・保険	375	4 962	2 018	73	814	89
不動産・専門サービス[4]	912	9 416	1 984	195	3 203	252
公務・社会保障[5]	1 378	6 936	4 909	1 313	1 163	298
教育	1 340	15 968	6 254	1 058	1 873	730
医療・福祉	797	5 227	2 050	562	2 579	253
計×	**25 034**	**468 543**	**129 235**	**12 606**	**27 758**	**15 171**

	サウジアラビア	タイ	（台湾）	中国	トルコ	日本
農林漁業	395	12 615	576	183 533	5 021	2 104
鉱業・採石	181	46	5	3 327	144	19
製造業	1 307	6 330	3 234	143 213	5 573	10 487
電気・ガス・水道[1]	144	242	124	6 103	337	355
建設	1 297	2 371	988	59 734	1 729	4 874
卸売・小売[2]	2 076	6 499	2 020	110 828	4 120	9 342
運輸・情報通信[3]	608	1 540	774	41 778	1 567	5 608
宿泊・飲食	537	3 042	920	37 026	1 529	3 410
金融・保険	192	542	462	10 315	333	1 661
不動産・専門サービス[4]	830	1 344	844	24 212	2 213	6 232
公務・社会保障[5]	1 922	1 762	306	41 233	2 106	2 952
教育	1 308	1 234	583	34 537	1 942	3 906
医療・福祉	823	825	434	17 339	1 676	10 141
計×	**14 634**	**39 933**	**11 889**	**752 001**	**29 326**	**66 362**

	パキスタン	バングラデシュ	フィリピン	ベトナム	マレーシア	ミャンマー[6]
農林漁業	27 056	25 537	10 600	15 604	1 566	11 015
鉱業・採石	195	112	205	192	108	169
製造業	11 017	10 280	3 495	12 282	2 748	2 887
電気・ガス・水道[1]	585	148	166	351	190	65
建設	6 349	4 410	4 294	4 976	1 540	1 283
卸売・小売[2]	10 692	10 631	9 110	7 894	2 790	4 367
運輸・情報通信[3]	4 401	6 308	3 615	2 347	976	1 299
宿泊・飲食	1 496	1 523	1 632	2 733	1 485	417
金融・保険	448	534	601	531	409	148
不動産・専門サービス[4]	1 191	911	2 309	1 042	1 389	269
公務・社会保障[5]	1 899	1 074	2 735	1 505	812	178
教育	2 854	2 563	1 393	2 017	1 062	665
医療・福祉	1 140	556	640	655	678	126
計×	**72 066**	**68 851**	**43 677**	**53 725**	**16 231**	**23 705**

産業別就業者数（Ⅱ）（ILOモデル推定）（2021年）（単位　千人）

	アルジェリア	アンゴラ	ウガンダ	エジプト	エチオピア	ガーナ
農林漁業	1 117	7 607	10 517	5 550	35 508	5 366
鉱業・採石	155	98	158	42	441	200
製造業	1 134	207	944	3 647	2 866	1 662
電気・ガス・水道1)	209	49	18	532	508	54
建設	1 861	658	461	3 918	1 868	683
卸売・小売2)	1 749	853	1 854	4 146	4 172	2 833
運輸・情報通信3)	690	490	482	2 616	711	482
宿泊・飲食	204	106	397	849	850	389
金融・保険	73	66	47	169	279	152
不動産・専門サービス4)	189	789	144	829	671	182
公務・社会保障5)	1 647	1 115	150	1 566	472	213
教育	1 099	356	750	2 107	1 447	618
医療・福祉	387	52	188	990	492	172
計×	**10 821**	**12 968**	**16 716**	**27 987**	**55 777**	**13 586**

	ケニア	コンゴ民主共和国	タンザニア	ナイジェリア	マダガスカル	南アフリカ共和国
農林漁業	7 517	17 692	18 341	23 386	10 775	3 583
鉱業・採石	197	934	392	341	169	367
製造業	1 580	2 075	855	5 625	1 110	1 360
電気・ガス・水道1)	89	180	62	260	11	99
建設	1 712	19	759	2 185	232	1 078
卸売・小売2)	4 642	8 119	3 924	14 270	1 121	2 359
運輸・情報通信3)	1 399	886	824	3 867	256	1 533
宿泊・飲食	828	268	1 245	2 181	57	452
金融・保険	231	174	95	516	17	360
不動産・専門サービス4)	764	172	296	1 721	77	1 354
公務・社会保障5)	544	387	253	2 410	154	694
教育	1 394	498	615	3 103	236	881
医療・福祉	372	233	249	1 384	48	896
計×	**22 755**	**32 001**	**28 539**	**66 428**	**14 581**	**16 826**

	モザンビーク	イギリス	イタリア	ウクライナ	スペイン	ドイツ
農林漁業	9 534	338	921	2 667	810	525
鉱業・採石	81	114	31	427	32	77
製造業	673	2 964	4 220	2 278	2 445	8 389
電気・ガス・水道1)	26	444	365	532	248	641
建設	475	2 369	1 443	1 212	1 304	2 480
卸売・小売2)	1 314	3 893	3 133	3 475	2 990	5 389
運輸・情報通信3)	191	2 994	1 812	1 472	1 709	3 570
宿泊・飲食	53	1 664	1 213	389	1 476	1 200
金融・保険	16	1 350	630	247	492	1 269
不動産・専門サービス4)	176	4 451	2 622	715	2 314	4 294
公務・社会保障5)	220	2 238	1 157	1 035	1 386	3 411
教育	285	3 475	1 629	1 773	1 453	2 745
医療・福祉	120	4 574	1 903	1 211	1 883	5 715
計×	**13 563**	**32 780**	**22 745**	**18 182**	**19 958**	**41 944**

産業別就業者数（Ⅲ）（ILOモデル推定）（2021年）（単位　千人）

	フランス	ポーランド	ロシア	アメリカ合衆国	カナダ	メキシコ
農林漁業	709	1 525	4 103	2 654	259	6 741
鉱業・採石	29	212	1 563	438	293	164
製造業	3 187	3 545	10 056	15 819	1 780	9 079
電気・ガス・水道1)	428	400	2 579	2 083	184	395
建設	1 863	1 462	4 805	12 287	1 473	4 380
卸売・小売2)	3 624	2 514	11 045	20 398	3 003	11 722
運輸・情報通信3)	2 511	1 776	7 534	17 290	1 587	2 782
宿泊・飲食	1 022	397	1 739	9 718	1 054	4 117
金融・保険	1 056	441	1 558	8 064	794	582
不動産・専門サービス4)	3 408	1 407	5 562	19 687	2 001	3 359
公務・社会保障5)	2 410	1 213	4 854	5 801	1 380	2 403
教育	2 269	1 423	6 566	14 143	1 830	2 813
医療・福祉	4 070	1 211	5 504	22 786	2 508	1 809
計×	**28 250**	**18 163**	**70 711**	**159 651**	**19 361**	**54 663**

	アルゼンチン	コロンビア	ブラジル	ペルー	オーストラリア	世界全体7)
農林漁業	1 463	3 563	8 853	4 723	321	872 888
鉱業・採石	14	202	438	192	246	20 065
製造業	2 049	2 421	10 742	1 434	912	445 541
電気・ガス・水道1)	239	270	687	99	168	30 150
建設	1 511	1 614	6 986	1 161	1 154	262 207
卸売・小売2)	3 144	4 346	17 344	3 303	1 790	494 955
運輸・情報通信3)	1 433	1 969	6 299	1 300	1 126	207 430
宿泊・飲食	553	1 619	4 634	1 091	802	128 289
金融・保険	395	309	1 396	147	491	52 124
不動産・専門サービス4)	1 561	1 721	8 181	810	1 545	151 373
公務・社会保障5)	1 753	690	4 901	689	955	142 979
教育	1 464	881	6 082	705	1 205	169 850
医療・福祉	1 207	884	5 119	428	1 980	134 158
計×	**19 115**	**22 372**	**91 369**	**16 955**	**13 220**	**3 283 431**

ILO "ILOSTAT"（2023年7月3日閲覧）より作成。ILOによる2022年11月時点の推定値。基本的に15歳以上であるが、国の法律や慣習によって若干異なる場合があるほか、産業分類等も国によって異なる場合があり、ILOにより調整されている。1）蒸気・空調供給、下水処理、廃棄物管理等を含む。2）自動車・オートバイ修理業を含む。3）保管業を含む。4）法律や会計サービス等、科学・技術サービス、広告や市場調査等、管理支援サービス（物品賃貸や職業紹介、警備など）を含む。5）国防を含む。社会保障は強制加入のもの。6）2020年。7）その他の国々を含む。×その他（芸術・娯楽・レクリエーションや、その他のサービス業、家事代行、治外法権機関や団体など）とも。

表 3-3　失業者数・失業率（Ⅰ）（ILOモデル推定）（15歳以上）

	失業率（%）			失業者数（千人）		
	2020	2021	2022	2020	2021	2022
アゼルバイジャン	7.2	6.0	5.5	377	311	287
アフガニスタン	11.7	…	…	1 066	…	…
アラブ首長国連邦	4.3	3.1	2.8	278	201	181
イエメン……	13.6	13.9	13.6	990	1 046	1 062
イラク……	16.2	16.2	15.5	1 731	1 728	1 739
イラン……	9.7	10.8	11.0	2 633	3 037	3 160
インド……	10.2	7.7	7.3	50 659	39 158	38 398
インドネシア…	4.3	3.8	3.6	5 785	5 147	4 879
ウズベキスタン	5.3	6.0	6.0	693	807	819
カザフスタン…	4.9	5.2	5.0	454	485	477
韓国……	3.9	3.6	2.8	1 124	1 049	817
カンボジア……	0.3	0.3	0.4	26	26	33
北朝鮮……	3.1	3.2	3.0	471	504	469
サウジアラビア	7.5	6.7	5.6	1 192	1 050	897
シリア……	10.0	9.8	9.6	591	614	646
スリランカ……	5.2	5.2	6.7	444	454	575
タイ……	1.1	1.0	0.9	442	400	347
(台湾)……	3.8	4.0	3.9	472	500	478
中国……	5.0	4.6	4.9	37 941	35 847	38 570
トルコ……	13.1	12.0	10.0	4 148	3 991	3 453
日本……	2.8	2.8	2.6	1 915	1 912	1 803
ネパール……	13.1	12.2	11.1	1 068	1 028	967
パキスタン……	6.6	6.3	6.4	4 771	4 878	5 063
バングラデシュ	5.2	5.1	4.7	3 695	3 698	3 499
フィリピン……	2.5	2.6	2.2	1 069	1 181	1 052
ベトナム……	2.1	2.4	1.9	1 150	1 310	1 076
マレーシア……	4.5	4.0	3.7	755	684	646
ミャンマー……	1.5	…	…	356	…	…
アルジェリア…	12.2	11.7	11.6	1 452	1 440	1 460
アンゴラ……	10.4	10.4	10.2	1 447	1 503	1 536
ウガンダ……	4.5	4.3	4.3	755	750	779
エジプト……	7.9	7.4	7.0	2 367	2 237	2 169
エチオピア……	4.1	3.9	4.0	2 303	2 282	2 412
ガーナ……	3.8	3.9	3.9	518	554	562
カメルーン……	3.9	4.1	4.0	427	460	463
ケニア……	5.6	5.6	5.5	1 305	1 361	1 375
コートジボワール	2.7	2.8	2.6	265	292	284
コンゴ民主共和国	5.1	5.1	5.0	1 663	1 724	1 749
ザンビア……	6.0	6.2	6.1	391	417	425
ジンバブエ……	7.9	8.1	7.9	475	500	509
スーダン……	19.3	19.1	18.7	2 428	2 485	2 529
セネガル……	3.5	3.5	3.4	168	175	179
タンザニア……	2.8	2.7	2.8	774	804	846
チャド……	1.6	1.5	1.4	85	82	78

失業者数・失業率（Ⅱ）（ILOモデル推定）（15歳以上）

	失業率（%）			失業者数（千人）		
	2020	2021	2022	2020	2021	2022
ナイジェリア・・	*6.0*	*5.9*	*5.8*	4 118	4 192	4 221
ニジェール・・・・	*0.7*	*0.7*	*0.5*	61	63	53
ブルキナファソ	*5.1*	*5.2*	*5.2*	391	422	433
ブルンジ・・・・・・	*1.0*	*1.1*	*1.0*	53	60	57
マダガスカル・・	*2.4*	*2.3*	*2.1*	341	345	332
マラウイ・・・・・・	*5.7*	*5.7*	*5.6*	423	433	445
マリ・・・・・・・・・・	*3.5*	*2.6*	*2.8*	259	201	222
南アフリカ共和国	*24.3*	*28.8*	*29.8*	5 579	6 796	7 245
モザンビーク・・	*3.8*	*3.9*	*3.9*	516	556	571
モロッコ・・・・・・	*11.1*	*10.5*	*10.5*	1 292	1 295	1 315
イギリス・・・・・・	*4.5*	*4.8*	*3.6*	1 548	1 662	1 241
イタリア・・・・・・	*9.2*	*9.5*	*8.1*	2 304	2 388	2 069
ウクライナ・・・・	*9.5*	*9.8*	…	1 942	1 982	…
オランダ・・・・・・	*3.8*	*4.2*	*3.5*	363	406	347
スウェーデン・・	*8.3*	*8.7*	*7.4*	454	483	415
スペイン・・・・・・	*15.5*	*14.8*	*13.0*	3 547	3 461	3 082
チェコ・・・・・・・・	*2.6*	*2.8*	*2.4*	135	148	126
ドイツ・・・・・・・・	*3.9*	*3.6*	*3.0*	1 683	1 553	1 319
フランス・・・・・・	*8.0*	*7.9*	*7.4*	2 390	2 410	2 308
ベルギー・・・・・・	*5.6*	*6.3*	*5.6*	287	330	301
ポーランド・・・・	*3.2*	*3.4*	*2.6*	585	631	513
ポルトガル・・・・	*6.8*	*6.6*	*5.8*	351	339	303
ルーマニア・・・・	*5.0*	*5.6*	*5.4*	452	463	468
ロシア・・・・・・・・	*5.6*	*4.7*	…	4 128	3 503	…
(参考)EU・・・・1)	*7.0*	*7.0*	*6.1*	15 141	15 135	13 392
アメリカ合衆国	*8.1*	*5.4*	*3.6*	13 512	9 024	6 203
カナダ・・・・・・・・	*9.5*	*7.5*	*5.2*	1 931	1 561	1 098
グアテマラ・・・・	*3.4*	*2.9*	*2.6*	222	201	182
ドミニカ共和国	*6.1*	*7.7*	*7.1*	295	393	376
メキシコ・・・・・・	*4.5*	*4.1*	*3.3*	2 364	2 331	1 942
アルゼンチン・・	*11.5*	*8.7*	*6.5*	2 207	1 831	1 369
エクアドル・・・・	*6.1*	*4.5*	*4.0*	475	389	351
コロンビア・・・・	*15.0*	*13.9*	*10.7*	3 750	3 612	2 770
チリ・・・・・・・・・・	*11.1*	*9.4*	*7.8*	969	849	735
ブラジル・・・・・・	*13.9*	*13.3*	*9.5*	14 019	14 065	10 254
ベネズエラ・・・・	*7.5*	*6.5*	*5.3*	787	680	576
ペルー・・・・・・・・	*7.2*	*5.1*	*3.7*	1 208	911	665
ボリビア・・・・・・	*7.9*	*5.1*	*4.4*	451	288	259
オーストラリア	*6.5*	*5.1*	*3.7*	878	713	521
世界全体・・・・	*6.9*	*6.2*	*5.8*	**235 205**	**216 401**	**205 246**

ILO "ILOSTAT" より作成。2023年7月7日閲覧。2022年11月時点のILOモデル推定値で、一部の国は実数値。2022年は予測値。失業者を①仕事をしておらず、②働くことができる状態にあり、③仕事を探しているものと定義したもの。1）イギリスを除くEU27か国。

第3章 労働

図 3-1　失業率と製造業の賃金

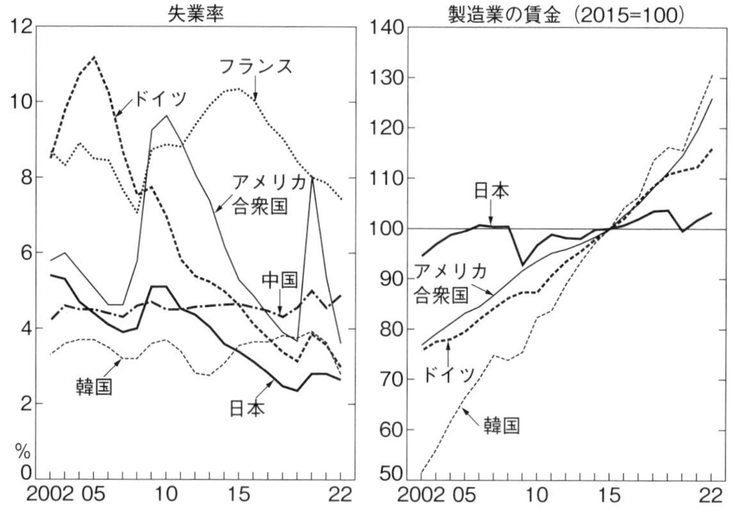

表3-3およびOECD. Stat（2023年7月7日閲覧）より作成。失業者について、アメリカは失業者に再雇用を前提とした一時解雇を含むほか、2020年はコロナ禍に伴う失業保険の特例加算による手厚い給付があり、同年の失業率が急増した。

表 3-4　男女別失業率（ILOモデル推定）（15歳以上）（2021年）（%）

	男	女		男	女
イラン…………	*9.3*	*17.8*	南アフリカ共和国	*27.5*	*30.3*
インド…………	*8.0*	*6.9*	イギリス………	*5.0*	*4.6*
インドネシア……	*4.3*	*3.2*	イタリア………	*8.7*	*10.6*
韓国……………	*3.6*	*3.7*	ウクライナ……	*9.5*	*10.1*
サウジアラビア…	*3.3*	*21.5*	スペイン………	*13.1*	*16.7*
タイ……………	*1.0*	*1.0*	ドイツ…………	*3.9*	*3.2*
中国……………	*5.0*	*4.0*	フランス………	*8.0*	*7.8*
トルコ…………	*10.7*	*14.7*	ロシア…………	*4.6*	*4.8*
日本……………	*3.1*	*2.5*	（参考）EU…… 1)	*6.7*	*7.3*
パキスタン……	*5.5*	*9.2*	アメリカ合衆国…	*5.5*	*5.2*
バングラデシュ…	*3.9*	*7.5*	カナダ…………	*7.7*	*7.2*
フィリピン……	*2.4*	*3.0*	メキシコ………	*4.1*	*4.1*
ベトナム………	*2.5*	*2.3*	アルゼンチン……	*7.9*	*9.9*
マレーシア……	*3.9*	*4.3*	コロンビア……	*10.9*	*18.2*
エジプト………	*5.6*	*15.9*	ブラジル………	*10.8*	*16.7*
エチオピア……	*2.9*	*5.1*	オーストラリア…	*5.2*	*5.0*
ケニア…………	*5.3*	*5.9*	世界全体………	*6.2*	*6.2*
コンゴ民主共和国	*5.8*	*4.4*			
ナイジェリア……	*6.2*	*5.7*			

資料・注記は表3-3に同じ。表3-3の男女別データ。1）イギリスを除くEU27か国。

表 3-5 若年失業者（15～24歳）（ILOモデル推定）（2021年）

	失業者数（千人）	失業率（%）		失業者数（千人）	失業率（%）
インド	16 617	*23.9*	コロンビア	1 024	*24.8*
中国	9 661	*12.4*	イラク	813	*35.6*
ブラジル	5 139	*28.5*	スーダン	803	*34.8*
インドネシア	2 729	*13.8*	エジプト	762	*17.8*
パキスタン	2 258	*11.0*	メキシコ	747	*7.9*
アメリカ合衆国	2 159	*9.7*	ロシア	728	*16.1*
バングラデシュ	1 809	*13.8*	（参考）EU 1)	3 051	*16.7*
ナイジェリア	1 404	*13.6*	日本	259	*4.6*
南アフリカ共和国	1 236	*49.9*	世界計×	**71 355**	*14.7*
トルコ	1 220	*22.4*	うち男	44 239	*14.9*
エチオピア	1 084	*6.1*	女	27 116	*14.5*

資料・注記は表3-3に同じ。1）イギリスを除くEU27か国。×その他とも。

表 3-6 ニート人口とその割合（15～24歳）（ILOモデル推定）（2021年）

	千人	割合（%）		千人	割合（%）
インド	80 401	*31.6*	エチオピア	4 438	*17.5*
中国	26 709	*16.6*	メキシコ	3 940	*18.4*
パキスタン	16 066	*34.3*	フィリピン	3 678	*17.5*
ナイジェリア	15 272	*36.6*	イラン	3 447	*30.7*
インドネシア	9 905	*22.5*	トルコ	3 238	*24.8*
バングラデシュ	9 005	*27.3*	（参考）EU 1)	5 231	*11.1*
ブラジル	7 692	*23.4*	日本	376	*3.2*
コンゴ民主共和国	5 618	*30.8*	世界計×	**290 660**	*23.8*
アメリカ合衆国	5 376	*12.2*	うち男	99 703	*15.8*
エジプト	5 110	*27.4*	女	190 957	*32.2*

資料は表3-3に同じ。ニートは、ILO定義では働いておらず教育や職業訓練も行っていない若者。割合は15～24歳人口に対するもの。1）イギリスを除く27か国。×その他とも。

表 3-7 貧困労働者（ワーキングプア）（15歳以上）（ILOモデル推定）（2021年）

	千人	%		千人	%
インド	36 718	*7.8*	ケニア	6 276	*27.6*
ナイジェリア	23 170	*34.9*	ウガンダ	5 927	*35.5*
コンゴ民主共和国	21 486	*67.1*	マラウイ	5 043	*69.9*
タンザニア	13 963	*48.9*	ブルンジ	4 197	*79.6*
マダガスカル	11 297	*77.5*	インドネシア	3 911	*3.0*
エチオピア	10 326	*18.5*	ニジェール	3 824	*41.0*
モザンビーク	8 242	*60.8*	イエメン	3 652	*56.3*
アンゴラ	6 558	*50.6*	世界計×	**220 583**	*6.7*

資料は表3-3に同じ。貧困労働者は購買力平価換算で1日1.90ドル未満で暮らす労働者。割合は全労働者に占めるもの。×その他とも。

表 3-8　雇用者の平均労働時間とパートタイム雇用率（2022年）

	雇用者の週あたり平均労働時間（時間）			パートタイム雇用率(%)（労働時間週35時間未満）		
	全体	男	女	全体	男	女
イラン 1)	* 43.9	* 45.8	* 33.5	25.4	21.5	47.2
インド 1)	* 47.7	* 50.7	* 39.5	19.1	12.8	36.4
インドネシア	* 37.6	* 39.3	* 35.0	39.2	33.7	47.7
韓国	* 37.9	* 40.3	* 34.8	30.0	23.2	38.8
サウジアラビア	* 45.0	* 45.5	* 42.5	…	…	…
タイ	* 41.8	* 41.9	* 41.7	18.9	18.9	19.0
中国 2)	3)4) 46.1	3)4) 46.8	3)4) 45.2	…	…	…
トルコ 1)	* 43.4	* 45.0	* 39.6	19.2	15.5	27.1
日本 5)	*6) 36.6	*6) 40.8	*6) 31.3	37.6	25.4	52.9
フィリピン 1)	* 39.2	39.0	39.5	33.2	32.8	33.7
ベトナム	* 41.5	42.3	40.5	20.4	18.9	22.1
マレーシア	*5)6) 43.2	*5)6) 43.9	*5)6) 42.0	7)8)9) 11.0	7)8)9) 9.3	7)8)9) 11.0
アルジェリア 10)	43.7	45.4	35.9	19.4	15.7	36.2
エジプト 1)	* 42.9	* 44.0	* 37.2	18.6	16.5	30.4
エチオピア 1)	* 29.8	* 32.3	* 26.5	61.4	56.2	68.6
タンザニア 5)	* 39.1	* 42.8	* 35.3	41.2	34.2	48.5
南アフリカ共和国	* 42.0	* 43.9	* 39.5	13.3	10.6	16.6
モロッコ 1)6)	11) 44.0	11) 46.0	11) 34.0	21.2	14.1	46.3
イギリス 7)	11) 35.9	11) 39.6	11) 31.5	41.1	27.6	56.2
イタリア	* 36.1	* 38.9	* 32.2	1) 35.6	1) 24.7	1) 50.7
オーストリア	* 29.4	* 33.3	* 25.1	49.3	35.8	64.5
オランダ	* 30.8	* 34.5	* 26.5	1) 60.7	1) 45.6	1) 77.7
ギリシャ	* 37.9	* 40.4	* 34.6	25.8	19.5	34.3
スイス	* 35.1	* 39.3	* 30.2	33.6	20.0	49.2
スウェーデン	* 34.8	* 36.2	* 33.1	1) 47.0	1) 41.1	1) 53.8
スペイン	* 36.4	* 38.6	* 33.8	1) 36.0	1) 27.9	1) 45.6
ドイツ	* 33.9	* 37.4	* 29.9	1) 42.6	1) 28.3	1) 59.0
フランス	* 35.9	* 38.1	* 33.5	1) 40.1	1) 31.6	1) 49.1
ポーランド	* 39.3	* 40.5	* 37.8	1) 19.6	1) 14.6	1) 25.7
ロシア 1)	* 37.8	* 39.0	* 36.5	8.6	6.2	11.2
アメリカ合衆国 12)	* 36.4	* 38.5	* 34.1	26.5	21.0	32.7
カナダ	* 32.0	* 34.9	* 28.8	41.6	33.6	50.5
メキシコ	* 42.7	* 45.7	* 38.2	25.4	19.1	34.9
アルゼンチン 1)13)	* 34.6	* 38.5	* 29.4	43.1	32.1	57.5
ブラジル	* 37.9	* 39.9	* 35.3	25.8	19.9	33.7
オーストラリア	*1) 35.7	*1) 39.1	*1) 32.0	5)6)14) 46.6	5)6)14) 35.8	5)6)14) 58.6

ILOSTATより作成。2023年7月7日閲覧。自営業者や家族従業者などを含む。本表のパートタイム雇用は労働時間週35時間未満の共通定義に基づき、各国統計と異なる場合がある。*主業のみ。1）2021年。2）2016年。3）フルタイム労働者。4）都市部のみ。5）2020年。6）自営の生産労働者（農業など）を除く。7）2019年。8）施設人口（寮や病院などの施設の居住者）を除く。9）64歳以下。10）2017年。11）主業と副業。12）16歳以上。13）主要都市圏のみ。14）施設人口および軍隊、徴兵を除く。

表 3-9　従業者の平均賃金（月収換算）(2021年)（単位　ドル）

	購買力平価換算ドル	米ドル換算
アゼルバイジャン	1 445	431
イスラエル 1)2)3)	2 546	2 948
インド	826	238
インドネシア 4)	385	136
ウズベキスタン 5)	1 387	303
韓国 6)7)	3 876	3 373
カンボジア	726	264
サウジアラビア 5)8)9)10)	3 875	1 750
シンガポール 5)10)11)12)	4 642	3 483
スリランカ 8)	628	200
タイ	1 265	486
中国 5)8)13)	1 921	1 176
トルコ	1 320	455
日本 3)5)7)	2 747	2 801
ネパール 14)	583	170
パキスタン	573	148
バングラデシュ 14)	400	147
フィリピン	771	315
ベトナム	854	291
(香港) 12)15)16)	2 384	1 932
マレーシア 8)9)10)	1 786	698
ミャンマー 8)	…	157
モンゴル 3)10)	1 272	449
ヨルダン	1 058	475
ラオス 14)	631	240
アンゴラ	434	144
ウガンダ	469	161
エジプト	683	186
エチオピア	271	…
ガーナ 14)	485	195
ケニア 17)	317	137
コートジボワール 17)	575	231
タンザニア 8)	539	186
ナイジェリア 17)	339	148
ブルキナファソ 1)	538	193
マリ 8)	421	141
ルワンダ	100	30
アイルランド 18)	4 226	5 060
イギリス 8)	3 124	3 142
イタリア 18)	4 226	3 640
ウクライナ 10)19)20)21)	1 644	514
オーストリア 18)	5 274	5 057
オランダ 18)	5 576	5 522
ギリシャ 18)	3 063	2 287
スイス 22)	…	6 491
スウェーデン 8)21)23)	3 780	3 920
スペイン 18)	3 699	3 067
チェコ 8)	2 629	1 660
ドイツ 18)	5 539	5 111
ノルウェー	4 745	5 913
フランス 18)	4 741	4 562
ベラルーシ 24)	…	650
ベルギー 18)	6 326	6 133
ポーランド 8)	2 676	1 325
ポルトガル 18)	3 104	2 372
ルーマニア 3)8)20)	2 670	1 228
ルクセンブルク 18)	6 949	7 860
ロシア 19)	2 106	777
アメリカ合衆国 18)	4 600	4 600
グアテマラ 3)9)10)11)	519	309
コスタリカ	1 583	913
ドミニカ共和国	675	308
ホンジュラス 8)	717	338
メキシコ	675	369
アルゼンチン 25)	1 218	545
ウルグアイ 8)	1 233	880
エクアドル	…	482
コロンビア	806	338
チリ 8)	1 533	928
ブラジル	954	448
ペルー	866	422
ボリビア 6)10)20)25)	2 902	1 051
オーストラリア 1)5)10)26)	3 844	4 467
ニュージーランド 10)17)	3 285	3 373

資料は表3-8に同じ。購買力平価は2017年基準。一部の国で軍隊などを除く。1）2018年。2）自給自足労働者を含む。3）加重平均。4）2015年。5）フルタイム労働者。6）民間部門のみ。7）従業者5人以上の事業所。8）2020年。9）自営の生産労働者を除く。10）主業。11）国民と居住者。12）中央値。13）都市部のみ。14）2017年。15）2016年。16）施設人口を除く。17）2019年。18）16歳以上。19）一部の地域を除く。20）家事代行などを除く。21）従業者10人以上の事業所。22）2022年。23）農業、公務、家事代行などを除く。24）従業者16人以上の事業所。25）主要都市のみ。26）若年労働者を除く。

表 3-10　法定最低賃金（月収換算）（2022年）

	購買力平価換算ドル	米ドル換算		購買力平価換算ドル	米ドル換算
イラク 1)2)	652	241	タンザニア 6)	…	61
イラン 1)	…	632	ナイジェリア 1)	179	…
インド 1)	217	63	南アフリカ共和国	336	251
インドネシア 1)	494	175	モザンビーク 1)6)	…	114
ウズベキスタン	121	84	モロッコ 1)	699	315
韓国 1)	1 831	1 593	イギリス	1 860	1 953
カンボジア	…	194	オランダ	2 020	1 851
サウジアラビア 3)	1 567	800	ギリシャ 7)	1 389	877
スリランカ	130	40	スイス 8)	3 415	4 216
タイ	…	249	スペイン	1 507	1 230
中国	390	…	チェコ	1 001	…
トルコ 4)	2 680	…	ドイツ	2 235	1 824
日本 1)	1 441	1 469	フランス	2 069	1 735
パキスタン 1)2)	452	117	ポーランド	1 515	…
バングラデシュ	67	17	ロシア	…	213
フィリピン 1)5)	364	149	アメリカ合衆国	1 257	1 257
ベトナム	315	168	カナダ	2 281	…
マレーシア	976	…			
アルジェリア	672	140	アルゼンチン	…	483
ウガンダ	3	2	コロンビア	477	…
エジプト	244	…	ブラジル 1)	435	204
コートジボワール	243	…	ペルー 1)	492	240
コンゴ民主共和国 1)	…	92	オーストラリア	…	2 462

資料は表3-8に同じ。購買力平価は2017年基準。国全体で最低賃金が定められていない場合は首都や主要都市、複数の地域の平均の場合もある。1）2021年。2）非熟練労働者。3）自国民のみ。4）米ドル換算は公表されていないが、ILOによると現地通貨では6471リラで、IMF年平均レートで換算すると391ドル（編者換算）。5）最低賃金が最も低い地域のもので、非農業部門。6）製造業。7）民間部門。8）首都。

表 3-11　主要国の男女賃金格差（男性＝100）（2021年）

イスラエル	74.6	スイス 2)	86.2	ポーランド 2)	91.3
韓国	68.9	スウェーデン	92.7	ポルトガル	87.8
トルコ 1)	90.0	スペイン	91.9	アメリカ合衆国	83.1
日本	77.9	チェコ	88.5	カナダ	83.3
アイルランド	92.7	デンマーク	94.4	メキシコ	87.5
イギリス	85.8	ドイツ	86.3	アルゼンチン	93.7
イタリア	94.3	ノルウェー	95.4	ブラジル	90.9
オーストリア	87.8	フィンランド	84.7	オーストラリア	89.5
オランダ	86.8	フランス	88.4	ニュージーランド	93.3
ギリシャ	93.1	ベルギー 2)	98.8		

OECD“OECD.Stat”（2023年7月7日閲覧）より作成。男性を100としたときの女性の賃金。フルタイム雇用者の中位所得。1）2018年。2）2020年。

表 3-12　**労働生産性**（単位　購買力平価換算米ドル）

	就業者1人あたりGDP			労働時間あたりGDP		
	2020	2022	(日本=100)	2020	2022	(日本=100)
イスラエル……	83 462	89 903	116.4	46.9	47.5	98.9
インド………	18 987	20 159	26.1	…	…	…
インドネシア…	24 606	25 513	33.0	…	…	…
韓国…………	79 737	81 576	105.7	41.9	42.9	89.3
中国…………	31 328	35 696	46.2	…	…	…
トルコ………	88 902	91 372	118.3	56.5	52.8	109.8
日本…………	74 872	77 212	100.0	46.9	48.0	100.0
南アフリカ共和国	48 935	50 761	65.7	21.3	…	1) 45.4
アイルランド…	194 804	219 137	283.8	120.3	132.2	275.2
イギリス……	82 103	91 305	118.3	60.2	59.6	124.1
イタリア……	85 360	92 508	119.8	55.3	54.6	113.6
オーストリア…	98 007	102 725	133.0	70.0	71.2	148.1
オランダ……	93 893	97 038	125.7	66.7	68.0	141.5
ギリシャ……	58 838	63 382	82.1	34.0	33.6	69.9
スイス………	111 894	116 638	151.1	74.7	76.3	158.8
スウェーデン…	102 480	106 656	138.1	71.9	74.0	154.1
スペイン……	81 706	86 332	111.8	52.6	52.5	109.3
スロバキア…	73 501	77 450	100.3	46.8	47.7	99.4
チェコ………	72 591	75 421	97.7	43.3	43.0	89.5
デンマーク…	100 976	103 303	133.8	75.1	75.3	156.8
ドイツ………	89 324	91 987	119.1	67.7	68.6	142.8
ノルウェー…	117 773	120 139	155.6	83.5	84.3	175.5
ハンガリー…	63 587	69 280	89.7	38.4	40.8	84.8
フィンランド…	94 130	94 088	121.9	61.5	62.8	130.7
フランス……	95 039	99 217	128.5	67.8	65.6	136.6
ブルガリア…	41 551	45 563	59.0	25.9	28.1	58.6
ベルギー……	107 802	113 835	147.4	74.6	74.6	155.3
ポーランド…	72 927	79 632	103.1	41.2	43.9	91.3
ポルトガル…	64 632	69 830	90.4	40.1	42.7	88.9
ルーマニア…	59 701	64 902	84.1	34.0	35.9	74.7
ルクセンブルク…	142 372	142 580	184.7	101.1	96.8	201.4
ロシア………	51 874	…	1) 69.3	27.7	…	1) 59.0
(参考) EU……2)	84 582	89 098	115.4	55.1	55.6	115.8
アメリカ合衆国…	129 196	130 508	169.0	74.0	72.1	150.0
カナダ………	93 962	89 886	116.4	56.8	53.3	110.9
コスタリカ…	49 000	49 283	63.8	25.4	22.9	47.6
メキシコ……	43 299	41 553	53.8	19.6	18.7	38.8
コロンビア…	33 278	34 336	44.5	16.1	14.3	29.7
チリ…………	52 109	53 234	68.9	28.5	27.1	56.4
ブラジル……	29 663	…	1) 39.6	…	…	…
オーストラリア…	95 079	94 936	123.0	56.3	56.1	116.9
ニュージーランド	74 130	75 930	98.3	42.6	43.4	90.4

資料は表3-11に同じ。2015年基準購買力平価換算。1）2020年。2）イギリスを除く27か国。

第4章　国民経済計算

IMF（国際通貨基金）は2023年４月に、2023年の世界全体の成長率（実質GDPの対前年増減率）を2.8％（2022年3.4％）とする世界経済見通しを公表した。ロシアのウクライナ侵攻以降、毎回成長率の引き下げが続いてきた見通しは、中国経済の正常化を織り込んで2023年１月には一旦予想が引き上げられたが、今回はそこから0.1％の下方修正となった。アメリカ合衆国とユーロ圏が各0.1％上方修正されたものの、イギリスに加えてドイツが再びマイナス成長に下方修正されている。

IMFは３月中旬に欧米で相次ぎ表面化した、金融機関の経営危機が実体経済に及ぼす影響に警鐘を鳴らしている。IMFはリスクシナリオとして、成長率の２％割れの確率を25％と試算し、金融不安が強い信用収縮や株価の下落、ドル高、そして消費者の購買姿勢の悪化につながれば、世界の成長率は1.8％まで低下すると予想している。この歴史的な低成長を警戒する背景には、経済が十分に回復しないまま金融リスクが高まる一方で、インフレが依然としてピークに達していないとする見方がある。金融・経済政策の舵取りは非常に困難な状況を迎えている。

アメリカ合衆国は、コロナ禍に伴う2020年のマイナスの成長の反動で、2021年は5.9％、2022年は2.1％経済成長したが、2023年は1.6％に低下する。経済の再始動後に発生した急激なインフレに対応して、米連邦準備制度理事会（FRB）をはじめ、欧米各国の中央銀行は急ピッチの利上げを行ってきた。これにより物価上昇のペースは減速したものの、各国中央銀行が目指す物価水準は達成されていない。３月には、米地銀が保有する米国債の価格急落に対応できず、経営破綻に追い込まれ、信用不安から他の銀行の預金流出へと波及した。銀行が融資に慎重になると、個人消費の低迷や、企業の設備投資減少など実体経済に影響が出る。

欧州ではインバウンド需要が回復しており、サービス業を中心に労働需要は堅調である。一方で、製造業は巣ごもり需要の反動による世界的な生産活動の減速で、力強さを欠いている。ウクライナ危機によるエネルギーの供給不安は一服したが、変動の大きいエネルギーや食品などを除いた物価上昇率は過去最高水準にある。ドイツでは昨年末時点での実質所得のマイナスは大きく、３月には賃上げを求めて過去30年間で最大規模のストライキが公共交通機関で広がった。IMFは財政引き締めやインフレから2023年のドイツの成長率を-0.1％（2022年1.8％）と見込んでいる。イギリスでも食品やサービス価格が高止まりし、今年に入ってからはストライキが頻発している。物価高で家計の購買力が低下しており、モノの需要は低迷して製造業の生産活動は弱含んでいる。イギリスの成長率は-0.3％（2022年4.0％）まで落ち込むと予想している。

一方、IMFは中国の2023年の経済成長率を5.2％（2022年3.0％）とする見通しを前回から維持した。2022年に「ゼロコロナ」政策が終了し、輸出も堅調で旅行や外食等サービス消費が増加しているものの、耐久財などのモノの消費は必ずしも堅調とはいえない。中国では、雇用の持ち直しが緩慢なことが、家計全体の所得の伸びを抑えている。

アジアを中心に新興市場国・発展途上国の多くは、一足早くコロナ禍のダメージから経済の回復を進めてきたが、金利の急激な上昇は経済力の弱い途上国債務の重荷になっている。世界的に金融環境が引き締まると、大規模な資本流出や安全資産への逃避によるドルの急上昇、さらには家計支出や投資の減少につながる。IMFは今回、新興市場国・発展途上国経済（中国を含む）の2023年成長率見通しを4.0％から3.9％（2022年4.0％）に下方修正した。アジア全体の新興市場国・発展途上国の2023年の見通しを5.3％（2022年4.4％）で維持する一方、インドを6.1％から5.9％（2022年6.8％）に、ブラジルを1.2％から0.9％（2022年2.9％）に引き下げている。

日本のインフレは欧米より緩やかだが、賃金上昇が進まず、2022年の成長率は1.1％であった。同年10-12月期がゼロ成長に留まったことを受け、2023年の見通しは、1.8％から1.3％に下方修正された。内需では、インバウンド消費の回復やコロナが感染症法上で５類に移行したことによる消費の拡大、高水準の賃上げによる景気の下支えが期待される。一方、世界経済の減速による輸出への影響など、外需には懸念が残る。

図 4-1　世界のGDP(国内総生産)の推移（名目）

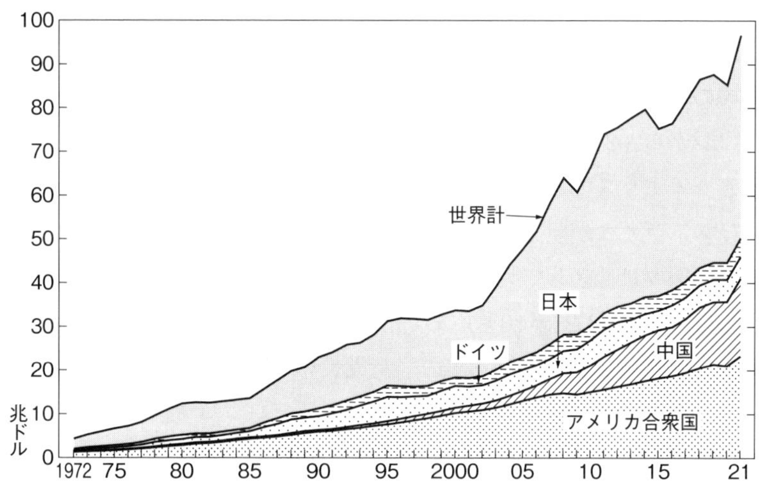

国連“National Accounts－Analysis of Main Aggregates”より作成。

表 4-1　国際機関の経済成長率見通し（対前年比、%）

	IMF			OECD		
	2022	2023	2024	2022	2023	2024
先進国・・・・・・・・・・1)	2.7	1.3	1.4	3.0	1.4	1.4
日本・・・・・・・・・・・	1.1	1.3	1.0	1.0	1.3	1.1
アメリカ合衆国・	2.1	1.6	1.1	2.1	1.6	1.0
ユーロ圏・・・・・・・	3.5	0.8	1.4	3.5	0.9	1.5
ドイツ・・・・・・・	1.8	-0.1	1.1	1.9	0.0	1.3
フランス・・・・・	2.6	0.7	1.3	2.5	0.8	1.3
イギリス・・・・・・・	4.0	-0.3	1.0	4.1	0.3	1.0
オーストラリア・	3.7	1.6	1.7	3.6	1.8	1.4
新興・開発途上国・	4.0	3.9	4.2	…	…	…
アジア・・・・・・・・・	4.4	5.3	5.1	…	…	…
中国・・・・・・・・・	3.0	5.2	4.5	3.0	5.4	5.1
インド・・・・・・・	6.8	5.9	6.3	7.2	6.0	7.0
中南米・・・・・・・・・	4.0	1.6	2.2	…	…	…
ブラジル・・・・・	2.9	0.9	1.5	3.0	1.7	1.2
中東・中央アジア	5.3	2.9	3.5	…	…	…
サハラ以南アフリカ	3.9	3.6	4.2	…	…	…
世界全体・・・・・・・	3.4	2.8	3.0	3.3	2.7	2.9

IMF“World Economic Outlook Database, April 2023”およびOECD“Economic Outlook, June 2023”より作成。実質GDPの対前年増加率。1) IMFの先進国には韓国、台湾、香港、シンガポールのアジアNIEsを含む。OECDの先進国は加盟38か国。

表 4-2　主な経済地域（2021年）

	面積（千km²）	人口（百万人）	GDP（名目）（億ドル）	貿易額（億ドル）輸出	輸入
ASEAN（10か国）・・	4 487	674	33 403	17 241	16 212
EU（27か国）・・・・・・・	4 132	445	171 778	66 471	65 083
USMCA（3か国）・・	21 783	502	265 763	27 567	39 618
MERCOSUR（6か国）	13 915	310	23 482	3 934	3 390
（参考）					
アメリカ合衆国・・・・	9 834	337	233 151	17 543	29 353
中国・・・・・・・・・・・・・・	9 600	1 426	177 341	33 582	26 867
日本・・・・・・・・・・・・・・	378	125	49 409	7 560	7 690
イギリス・・・・・・・・・・	244	67	31 314	4 705	6 946

面積は国連“Demographic Yearbook 2021”、人口は同“World Population Prospects:2022”による中位推計の将来推計人口。GDPは国連“National Accounts－Analysis of Main Aggregates”、貿易額はWTO Stat, International Trade Statistics”より作成。ASEAN、EUは32ページを参照。EUはイギリスを除く27か国。USMCA（米国・メキシコ・カナダ協定）はNAFTA（北米自由貿易協定）に代えて2020年7月に発効した新協定。MERCOSUR（南米南部共同市場、メルコスール）はアルゼンチン、ウルグアイ、パラグアイ、ブラジル、ベネズエラ、ボリビア。

図 4-2　主な経済地域のGDP（2021年）

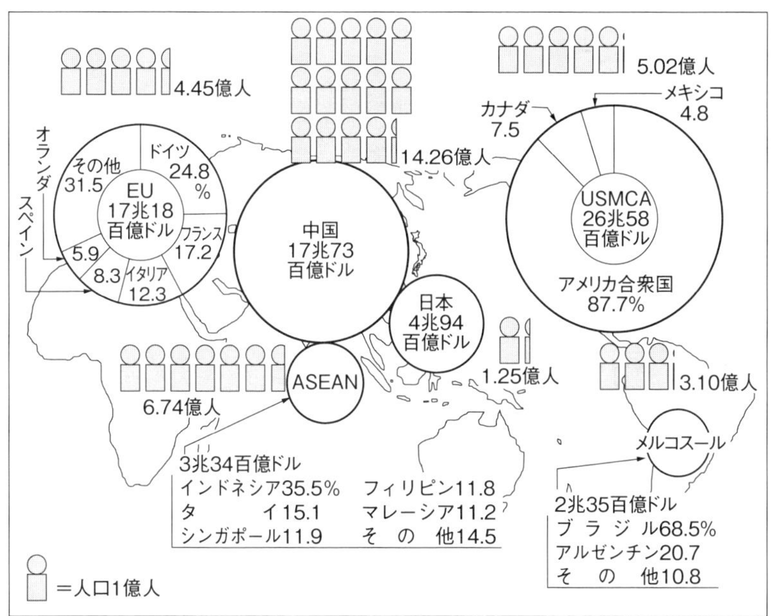

資料、注記は表4-2を参照。

図 4-3　GDPの多い国（名目）（2021年）

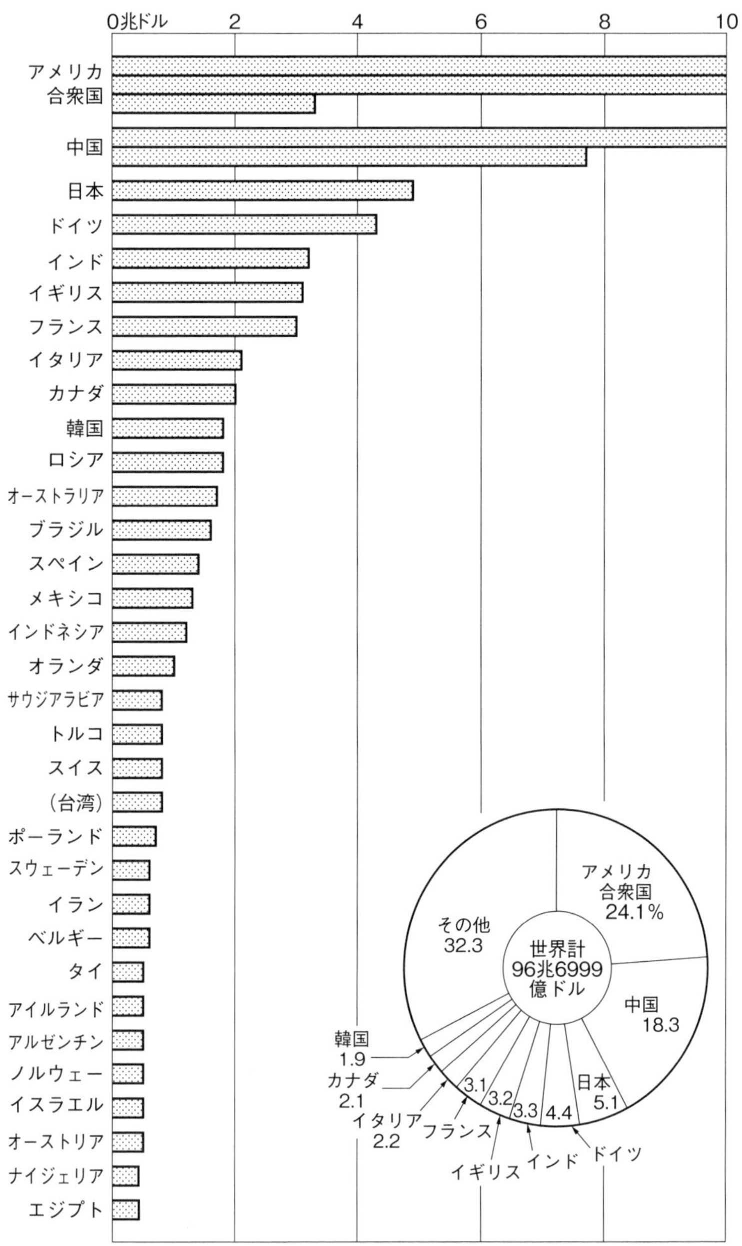

表4-3より作成。

表 4-3　各国のGDP（国内総生産）の推移（I）（名目）（単位　百万ドル）

	2010	2019	2020	2021	1人[1]あたり（ドル）
アジア					
アゼルバイジャン	52 906	48 174	42 693	54 622	5 296
アフガニスタン	14 699	18 904	20 143	14 939	373
アラブ首長国連邦	289 787	417 216	357 219	405 468	43 295
アルメニア・・・・	9 875	13 619	12 642	13 861	4 967
イエメン・・・・・・	30 907	12 980	9 417	9 947	302
イスラエル・・・・	234 655	397 935	407 101	481 591	54 111
イラク・・・・・・・・	138 517	233 636	180 924	204 004	4 686
イラン・・・・・・・・	523 804	519 356	543 654	594 892	6 766
インド・・・・・・・・	1 669 620	2 850 733	2 672 204	3 201 471	2 274
インドネシア・・	755 094	1 119 100	1 058 689	1 186 093	4 333
ウズベキスタン	50 010	59 908	59 894	69 239	2 032
オマーン・・・・・・	64 994	88 061	75 909	88 192	19 509
カザフスタン・・	148 047	181 667	171 082	193 018	10 055
カタール・・・・・・	125 122	176 371	144 411	179 571	66 799
韓国・・・・・・・・・・	1 144 067	1 651 223	1 644 313	1 810 966	34 940
カンボジア・・・・	11 242	27 098	25 291	26 669	1 608
北朝鮮・・・・・・・・	13 945	16 331	15 847	16 750	654
キプロス・・・・・・	25 775	25 945	25 008	28 408	32 281
キルギス・・・・・・	4 794	8 871	7 781	8 741	1 339
クウェート・・・・	115 416	136 192	105 949	136 642	32 150
サウジアラビア	528 207	803 616	703 368	833 541	23 186
ジョージア・・・・	12 243	17 477	15 846	18 696	4 975
シリア・・・・・・・・	60 465	26 597	23 208	19 719	925
シンガポール・・	239 808	375 484	345 286	396 992	66 822
スリランカ・・・・	56 726	83 903	80 970	85 309	3 918
タイ・・・・・・・・・・	341 105	544 081	500 225	505 982	7 067
（台湾）・・・・・・・・	444 245	611 336	673 252	775 838	33 059
タジキスタン・・	5 642	8 301	8 134	8 746	897
中国・・・・・・・・・・	6 087 188	14 279 966	14 687 744	17 734 131	12 437
トルクメニスタン	22 583	45 939	46 135	53 954	8 508
トルコ・・・・・・・・	776 967	759 935	720 289	819 034	9 661
日本・・・・・・・・・・	5 759 072	5 123 318	5 040 108	4 940 878	39 650
ネパール・・・・・・	18 365	34 268	32 859	36 207	1 206
バーレーン・・・・	25 713	38 653	34 723	38 869	26 563
パキスタン・・・・	182 960	291 919	293 752	342 501	1 480
（パレスチナ）・・	9 682	17 134	15 532	18 037	3 514
バングラデシュ	123 085	349 474	373 562	414 907	2 450
フィリピン・・・・	208 369	376 823	361 751	394 086	3 461
ブルネイ・・・・・・	13 707	13 469	12 006	14 006	31 449
ベトナム・・・・・・	147 201	334 365	346 616	366 138	3 756
（香港）・・・・・・・・	228 639	363 052	344 930	369 174	49 259
（マカオ）・・・・・・	28 242	55 205	25 586	29 905	43 555
マレーシア・・・・	255 018	365 279	337 008	372 702	11 101
ミャンマー・・・・	44 847	74 276	78 318	58 582	1 089

各国のGDP（国内総生産）の推移（Ⅱ）（名目）（単位　百万ドル）

	2010	2019	2020	2021	1人[1)] あたり（ドル）
モルディブ････	2 588	5 609	3 746	5 406	10 366
モンゴル･･････	7 189	14 206	13 313	15 098	4 510
ヨルダン･･････	27 134	44 503	43 697	45 244	4 058
ラオス････････	7 313	18 741	19 116	19 074	2 569
レバノン･･････	38 444	52 022	39 047	37 945	6 785
アフリカ					
アルジェリア･･	161 207	171 760	145 744	163 473	3 700
アンゴラ･･････	83 799	83 137	54 821	70 533	2 044
ウガンダ･･････	30 701	37 775	38 061	42 661	930
エジプト･･････	214 630	317 347	371 530	425 906	3 898
エチオピア････	26 311	92 562	96 611	99 269	825
ガーナ････････	42 587	68 353	70 043	79 083	2 409
ガボン････････	14 359	16 874	15 317	18 521	7 911
カメルーン････	27 481	39 671	40 804	45 368	1 668
ギニア････････	6 853	13 443	14 178	16 036	1 185
ケニア････････	45 406	100 378	100 667	110 347	2 082
コートジボワール	26 264	58 540	61 349	69 765	2 539
コンゴ共和国･･	13 136	12 910	10 483	12 841	2 200
コンゴ民主共和国	21 566	47 320	45 308	52 850	551
ザンビア･･････	20 265	23 310	18 111	21 313	1 095
ジンバブエ････	12 042	22 595	21 665	24 118	1 508
スーダン･･････	54 740	35 119	34 286	35 867	786
赤道ギニア････	16 299	11 417	10 022	12 431	7 605
セネガル･･････	16 106	23 404	24 498	27 625	1 637
ソマリア･･････	2 688	6 485	6 883	7 628	447
タンザニア･･ [2)]	31 553	61 027	65 892	70 297	1 136
チャド････････	12 176	15 299	14 910	16 410	955
チュニジア････	44 051	41 906	42 538	46 687	3 807
トーゴ････････	4 742	6 993	7 336	8 160	944
ナイジェリア･･	363 360	474 517	429 899	430 923	2 019
ナミビア･･････	11 282	12 543	10 563	12 236	4 836
ニジェール････	7 631	12 916	13 744	14 915	591
ブルキナファソ	10 100	16 178	17 934	19 738	893
ベナン････････	9 526	14 392	15 687	17 688	1 361
ボツワナ･･････	12 637	16 696	14 930	17 615	6 805
マダガスカル･･	9 983	14 105	13 056	14 450	500
マラウイ･･････	6 960	11 032	11 762	12 199	613
マリ･･････････	10 679	17 280	17 465	19 157	875
南アフリカ共和国	417 364	388 531	337 620	419 016	7 055
モーリシャス･･	10 004	14 433	11 398	11 525	8 873
モーリタニア･･	5 629	8 066	8 405	9 996	2 166
モザンビーク･･	11 105	15 390	14 157	15 777	492
モロッコ･･････	96 428	128 920	121 348	142 867	3 853
リビア････････	75 381	69 254	46 842	39 006	5 791
ルワンダ･･････	6 120	10 356	10 185	11 070	822

各国のGDP（国内総生産）の推移（Ⅲ）（名目）（単位　百万ドル）

	2010	2019	2020	2021	1人[1] あたり（ドル）
ヨーロッパ					
アイスランド・・	13 751	24 826	21 695	25 602	69 133
アイルランド・・	221 697	399 322	425 852	504 183	101 109
アルバニア・・・・	11 927	15 402	15 132	18 260	6 396
イギリス・・・・・・	2 491 397	2 857 058	2 704 609	3 131 378	46 542
イタリア・・・・・・	2 134 018	2 011 302	1 896 755	2 107 703	35 579
ウクライナ・・ 3)	136 012	153 883	156 618	200 086	4 596
エストニア・・・・	19 535	31 082	31 370	37 191	27 991
オーストリア・・	391 893	444 621	435 225	480 368	53 840
オランダ・・・・・・	846 555	910 194	909 793	1 012 847	57 871
北マケドニア・・	9 407	12 606	12 114	13 881	6 600
ギリシャ・・・・・・	296 835	205 257	188 926	214 874	20 571
クロアチア・・・・	60 672	62 328	57 472	68 955	16 983
コソボ・・・・・・・・	5 339	7 899	7 734	9 412	5 663
スイス・・・・・・・・	603 434	731 718	752 248	812 867	93 525
スウェーデン・・	495 813	533 880	547 054	635 664	60 730
スペイン・・・・・・	1 420 722	1 394 320	1 276 963	1 427 381	30 058
スロバキア・・・・	91 074	105 720	106 697	116 527	21 390
スロベニア・・・・	48 161	54 332	53 707	61 749	29 135
セルビア・・・・・・	41 819	51 514	53 335	63 068	8 643
チェコ・・・・・・・・	209 070	252 548	245 975	281 778	26 809
デンマーク・・・・	321 995	346 499	355 222	398 303	68 037
ドイツ・・・・・・・・	3 396 354	3 888 226	3 889 669	4 259 935	51 073
ノルウェー・・・・	428 757	404 941	362 198	482 175	89 242
ハンガリー・・・・	132 175	163 989	157 182	181 848	18 728
フィンランド・・	249 181	268 515	271 892	297 302	53 703
フランス・・・・・・	2 642 610	2 728 870	2 639 009	2 957 880	44 229
ブルガリア・・・・	50 682	68 914	70 239	84 058	12 207
ベラルーシ・・・・	57 232	64 410	61 372	68 206	7 121
ベルギー・・・・・・	480 952	535 831	525 212	594 104	51 166
ポーランド・・・・	475 697	596 058	599 443	679 442	17 736
ボスニア・ヘルツェゴビナ・・	17 176	20 203	19 951	23 365	7 143
ポルトガル・・・・	237 881	239 987	229 032	253 663	24 651
マルタ・・・・・・・・	9 027	15 872	15 036	17 721	33 642
モナコ・・・・・・・・	5 362	7 384	6 740	8 596	234 317
モルドバ・・・・・・	6 975	11 971	11 860	13 680	4 468
モンテネグロ・・	4 139	5 542	4 781	5 809	9 252
ラトビア・・・・・・	23 964	34 344	34 602	39 854	21 267
リトアニア・・・・	37 138	54 752	56 847	66 445	23 844
リヒテンシュタイン・・・・・・	5 621	6 427	6 115	6 608	169 260
ルーマニア・・・・	170 029	251 018	251 363	284 086	14 698
ルクセンブルク	56 159	69 826	73 993	85 506	133 745
ロシア・・・・・・・・	1 539 845	1 693 115	1 489 362	1 778 782	12 259

各国のGDP（国内総生産）の推移（Ⅳ）（名目）（単位　百万ドル）

	2010	2019	2020	2021	1人[1]あたり（ドル）
北中アメリカ					
アメリカ合衆国	15 048 970	21 380 976	21 060 474	23 315 081	69 185
エルサルバドル	18 448	26 881	24 563	28 737	4 551
カナダ・・・・・・・・	1 617 267	1 741 497	1 645 423	1 988 336	52 112
キューバ・・・・・・	64 328	103 428	107 352	126 694	11 255
グアテマラ・・・・	40 682	77 170	77 626	85 986	4 883
（ケイマン諸島）	4 157	5 943	5 609	5 809	85 250
コスタリカ・・・・	37 659	64 418	62 158	64 282	12 472
ジャマイカ・・・・	13 221	15 831	13 812	14 658	5 184
ドミニカ共和国	53 160	88 941	78 845	94 243	8 477
トリニダード・トバゴ・・・・・・	23 352	23 850	21 059	24 460	16 033
ニカラグア・・・・	8 759	12 597	12 587	14 013	2 046
ハイチ・・・・・・・・	11 812	14 065	16 548	19 044	1 664
パナマ・・・・・・・・	29 440	66 984	53 977	63 605	14 618
バハマ・・・・・・・・	10 096	13 193	9 700	11 209	27 478
（バミューダ）・・	6 635	7 423	6 882	7 231	112 653
（プエルトリコ）	98 381	105 126	103 020	106 526	32 716
ホンジュラス・・	15 839	25 090	23 828	28 489	2 772
メキシコ・・・・・・	1 057 801	1 269 010	1 090 515	1 272 839	10 046
南アメリカ					
アルゼンチン・・	426 487	447 755	385 540	487 227	10 761
ウルグアイ・・・・	40 285	61 231	53 561	59 318	17 313
エクアドル・・・・	69 555	108 108	99 291	106 166	5 965
ガイアナ・・・・・・	3 433	5 174	5 471	8 044	9 999
コロンビア・・・・	286 563	323 110	270 300	314 464	6 104
チリ・・・・・・・・・・	218 538	278 585	252 727	317 059	16 265
パラグアイ・・・・	27 261	37 925	35 432	40 458	6 035
ブラジル・・・・・・	2 208 838	1 881 459	1 448 566	1 608 981	7 507
ベネズエラ・・・・	393 806	150 165	106 499	111 813	3 965
ペルー・・・・・・・・	147 528	228 326	201 703	223 252	6 622
ボリビア・・・・・・	19 650	40 895	36 630	40 408	3 345
オセアニア					
オーストラリア	1 301 097	1 376 060	1 431 725	1 734 532	66 916
（ニューカレドニア）・	9 355	9 476	9 455	10 071	34 994
ニュージーランド	146 518	213 435	212 214	250 451	48 824
パプアニューギニア	14 251	24 751	23 848	26 595	2 673
（仏領ポリネシア）	6 081	6 001	5 709	6 055	19 915
世界計×・・・・	**66 578 017**	**87 728 744**	**85 311 030**	**96 698 005**	12 229

国連“National Accounts - Analysis of Main Aggregates“（2023年5月11日閲覧）より作成。台湾は台湾“National Statistics”による。1）2021年。2）ザンジバルを除く。3）クリミアとセバストポリを除く。

表 4-4　各国のGNI（国民総所得）（I）（名目）（単位　百万ドル）

	2000	2010	2019	2020	2021
アジア					
アゼルバイジャン	5 178	49 738	46 319	42 423	54 277
アラブ首長国連邦	107 823	289 704	419 277	355 340	404 732
イスラエル……	124 198	230 314	395 686	402 948	474 392
イラク………	23 458	118 729	232 371	179 042	202 235
イラン………	111 813	524 187	525 971	526 802	576 451
インド………	471 090	1 651 729	2 823 310	2 636 213	3 151 647
インドネシア	161 393	722 008	1 085 079	1 030 410	1 154 465
ウズベキスタン	16 009	51 211	60 781	59 653	68 960
オマーン……	21 422	61 412	82 161	70 678	82 199
カザフスタン…	17 150	128 676	158 629	155 990	175 991
カタール……	17 403	112 179	171 962	141 359	177 055
韓国………	572 324	1 145 776	1 665 474	1 658 669	1 831 127
カンボジア…	3 140	10 728	25 534	24 304	25 257
北朝鮮………	10 593	13 960	16 480	16 003	16 941
キプロス……	8 972	25 406	24 542	23 250	26 008
クウェート…	44 417	124 837	154 466	119 723	154 931
サウジアラビア	190 407	535 251	811 516	717 195	849 928
ジョージア…	3 340	12 026	16 699	15 108	17 662
シリア………	18 686	59 105	28 663	25 011	21 250
シンガポール	95 489	237 217	328 541	299 057	349 158
スリランカ…	18 820	56 109	81 433	78 690	83 245
タイ………	123 900	326 815	523 870	488 208	488 180
(台湾)………	335 101	457 379	626 731	692 582	792 201
中国………	1 196 667	6 061 120	14 239 959	14 570 138	17 572 401
トルクメニスタン	4 716	20 689	43 576	43 762	51 179
トルコ………	278 663	765 098	747 128	710 894	806 947
日本………	5 040 236	5 912 477	5 323 445	5 222 887	5 129 301
ネパール……	5 726	18 494	34 623	33 249	36 404
バーレーン…	8 839	23 337	36 393	32 264	36 568
パキスタン…	75 797	188 798	306 153	310 627	366 492
(パレスチナ)	4 819	10 281	20 165	18 024	21 435
バングラデシュ	47 141	132 513	363 789	389 024	436 746
フィリピン…	94 969	231 747	414 552	389 166	408 174
ベトナム……	30 726	142 634	317 567	331 798	347 388
(香港)………	173 048	233 478	381 393	365 051	395 542
(マカオ)……	6 247	24 910	48 965	30 362	35 487
マレーシア…	86 182	246 905	355 745	330 207	361 553
ミャンマー…	8 462	43 629	73 976	78 117	58 926
ヨルダン……	8 713	26 919	44 510	43 574	45 011
ラオス………	1 732	6 850	17 656	17 980	17 922
レバノン……	17 232	37 017	50 656	37 284	36 469
アフリカ					
アルジェリア	52 339	161 125	167 860	143 043	159 848
アンゴラ……	9 960	75 568	75 258	53 326	71 422
ウガンダ……	6 661	30 322	36 796	37 417	41 950

各国のGNI（国民総所得）（Ⅱ）（名目）（単位　百万ドル）

	2000	2010	2019	2020	2021
エジプト	95 564	213 495	305 820	359 981	412 839
エチオピア	8 005	26 262	91 993	96 073	98 772
ガーナ	10 258	41 883	65 543	70 777	77 088
ガボン	4 262	12 472	15 511	14 246	17 226
カメルーン	10 047	27 217	38 803	39 920	44 501
ケニア	13 662	44 862	98 774	98 931	108 691
コートジボワール	10 074	25 299	56 976	59 471	67 653
コンゴ民主共和国	8 094	20 520	46 467	44 492	51 898
ザンビア	3 445	18 874	22 910	17 562	20 680
ジンバブエ	8 408	10 614	22 238	21 183	23 524
スーダン 1)	12 520	54 180	36 628	32 414	34 023
セネガル	5 887	15 962	22 712	23 861	27 042
タンザニア 2)	12 200	30 977	60 034	64 628	69 079
チュニジア	20 531	41 984	40 680	41 104	45 113
ナイジェリア	64 076	347 582	436 672	401 228	398 710
ブルキナファソ	2 938	9 835	15 667	17 367	19 114
ベナン	3 494	9 417	14 248	15 524	17 503
ボツワナ	5 100	11 998	15 820	14 681	17 321
マリ	2 924	10 259	16 585	16 727	18 589
南アフリカ共和国	148 579	409 233	378 832	331 960	411 019
モロッコ	38 247	95 239	126 979	120 187	140 922
リビア	38 680	76 119	70 042	47 060	39 327
ヨーロッパ					
アイスランド	8 741	11 655	25 526	22 409	25 922
アイルランド	87 139	186 352	310 166	320 580	382 594
イギリス	1 670 500	2 492 430	2 855 884	2 643 853	3 117 697
イタリア	1 139 462	2 129 496	2 028 351	1 920 487	2 145 467
ウクライナ 3)	30 319	135 958	155 795	160 040	204 458
エストニア	5 482	18 485	30 498	31 020	36 547
オーストリア	195 086	395 171	443 348	439 084	482 528
オランダ	413 952	839 044	891 679	880 056	990 138
ギリシャ	132 622	290 269	203 411	188 006	213 935
クロアチア	21 420	58 804	62 206	57 360	68 820
スイス	296 887	629 972	696 272	723 043	782 620
スウェーデン	262 994	509 281	549 543	566 102	653 869
スペイン	592 609	1 400 016	1 396 786	1 280 088	1 434 871
スロバキア	20 637	89 179	103 182	105 402	115 078
スロベニア	20 242	47 523	53 501	53 347	60 877
セルビア	9 866	40 930	48 729	51 694	61 128
チェコ	60 621	193 418	237 284	233 710	269 164
デンマーク	160 421	327 262	356 540	366 699	412 080
ドイツ	1 932 213	3 464 482	4 019 078	4 004 193	4 411 028
ノルウェー	168 899	433 408	417 418	376 702	503 287
ハンガリー	44 476	125 954	159 662	153 455	176 130
フィンランド	124 923	252 405	269 874	276 425	302 896
フランス	1 383 768	2 703 781	2 787 417	2 679 986	3 045 183

各国のGNI（国民総所得）（Ⅲ）（名目）（単位　百万ドル）

	2000	2010	2019	2020	2021
ブルガリア…	12 845	49 556	66 968	67 803	81 866
ベラルーシ…	10 734	56 069	62 500	58 875	65 534
ベルギー……	242 292	488 334	541 014	530 570	599 602
ポーランド…	171 501	458 405	571 174	576 792	647 689
ボスニア・ヘルツェゴビナ・	6 292	17 456	20 136	19 778	23 163
ポルトガル…	116 393	230 312	233 753	225 467	250 593
ラトビア……	7 949	24 205	33 845	34 593	39 119
リトアニア…	11 318	36 897	52 845	55 211	63 887
ルーマニア…	36 942	165 277	246 201	246 539	278 635
ルクセンブルク	18 736	38 166	47 013	51 102	59 693
ロシア………	254 444	1 491 145	1 639 594	1 454 333	1 735 441
北中アメリカ					
アメリカ合衆国	10 383 667	15 172 073	21 764 537	21 472 360	23 617 113
エルサルバドル	11 022	17 910	25 540	23 248	27 113
カナダ………	725 232	1 585 303	1 719 560	1 627 049	1 974 180
キューバ……	29 943	62 896	101 874	105 739	124 790
グアテマラ…	16 725	39 487	75 763	76 159	84 361
コスタリカ…	14 326	36 450	60 573	58 595	59 926
ドミニカ共和国	22 933	51 257	84 872	75 020	89 537
トリニダード・トバゴ……	7 946	22 214	23 244	21 194	23 367
ハイチ………	6 353	11 834	14 113	16 580	19 065
パナマ………	10 782	26 353	61 780	51 740	60 969
(プエルトリコ)	42 106	64 295	70 765	70 509	73 581
ホンジュラス・	6 965	15 110	23 102	22 170	26 172
メキシコ……	647 463	1 045 220	1 243 596	1 060 739	1 261 434
南アメリカ					
アルゼンチン・	299 144	411 955	435 009	379 419	479 491
ウルグアイ…	22 757	38 782	58 351	51 041	56 528
エクアドル…	16 732	68 569	104 935	96 427	104 530
コロンビア…	97 567	276 601	316 058	267 842	309 256
チリ…………	75 396	203 115	268 152	236 833	298 641
パラグアイ…	8 029	25 855	36 829	34 297	39 162
ブラジル……	636 572	2 140 606	1 830 946	1 417 770	1 565 632
ベネズエラ…	115 753	387 288	115 197	96 242	99 479
ペルー………	50 334	136 692	220 069	196 346	217 323
ボリビア……	8 172	18 783	39 930	35 765	39 455
オセアニア					
オーストラリア	398 362	1 248 936	1 345 120	1 415 856	1 671 647
ニュージーランド	51 351	139 235	208 157	208 093	245 588
パプアニューギニア	5 356	13 182	23 707	23 589	25 938
世界計×…	**33 730 296**	**66 391 111**	**87 795 212**	**85 356 216**	**96 624 551**

資料は表4-3に同じ。1）旧スーダンで、現在の南スーダンを含む。2）ザンジバルを除く。3）2010年以降、クリミアとセバストポリを除く。

第4章 国民経済計算

図4-4　1人あたりGNI（国民総所得）の多い国（名目）（2021年）

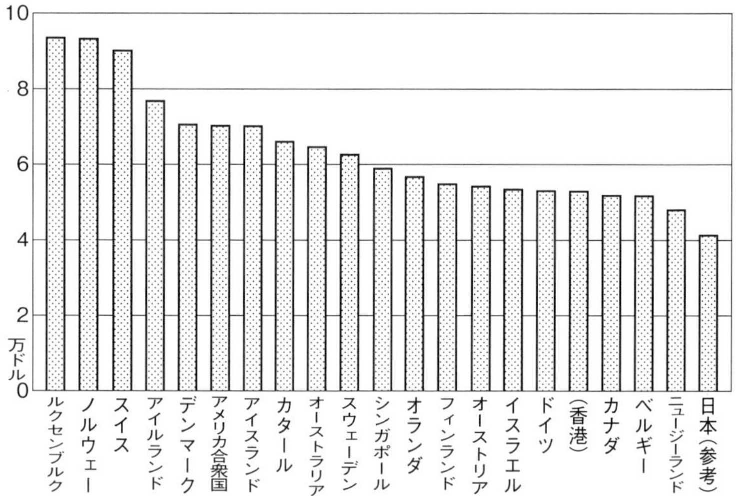

表4-5より作成。このほかに1人あたりGNIの多い国・地域としてモナコ（23万4317ドル）、リヒテンシュタイン（19万8294ドル）などがある。

名目GDP（ドル換算）の順位

2022年の日本の名目GDPは世界第3位の約4兆2300億ドルである。第4位のドイツは約4兆800億ドルで、その差は2020年の1兆1600億ドルから1500億ドルまでに縮んだ（IMF“World Economic Outlook”（2023年4月）による）。2002年には日本が4兆1800億ドル、ドイツは2兆800億ドルであった。この間、日本の名目GDPは1％増だが、米国、ドイツは2倍になり、12倍になった中国は日本を抜いて世界第2位にランクアップした。

ドル換算の名目GDPは、実質GDP、物価、為替レートの3つを掛け合わせたものと考えることができる。20年間で日本の実質GDPが1.13倍なのに対して、ドイツは1.26倍。物価を示すGDPデフレーターは日本が6％低下したが、ドイツは40％上昇している。対米ドルでの為替相場は、日本は2022年が大幅な円安だったのに比べ、ユーロは堅調であった。日本経済は構造的に成長力が低下している。デフレで内需が弱く、生産の海外移転が進み、円安でも輸出で稼ぐ力は落ちた。欧州向けを軸にGDPの4割を占める輸出が経済をけん引するドイツとは対照的である。1969年に「日本の名目GDPはドイツを抜き西側で2位」と新聞が報じてから50余年。2023年の日本とドイツの順位は微妙だが、2020年代の後半にはインドが日独を抜くとIMFは予想する。

表 4-5 各国の１人あたりGNI（Ⅰ）（名目）（単位 ドル）

	2000	2010	2019	2020	2021
アジア					
アゼルバイジャン	632	5 385	4 526	4 125	5 263
アラブ首長国連邦	32 920	34 156	45 516	38 261	43 217
イスラエル	20 304	31 427	45 968	46 012	53 302
イラク	952	3 798	5 591	4 207	4 645
イラン	1 706	6 955	6 076	6 035	6 556
インド	445	1 331	2 041	1 888	2 239
インドネシア	754	2 959	4 025	3 790	4 217
ウズベキスタン	642	1 790	1 843	1 779	2 023
オマーン	9 138	21 310	17 850	15 556	18 184
カザフスタン	1 126	7 739	8 458	8 219	9 168
カタール	26 942	65 467	61 257	51 210	65 863
韓国	12 232	23 473	32 150	31 993	35 329
カンボジア	259	747	1 575	1 482	1 523
北朝鮮	461	574	649	627	662
キプロス	12 935	30 631	28 236	26 562	29 554
クウェート	22 956	42 413	34 781	27 457	36 453
サウジアラビア	8 837	18 198	22 651	19 924	23 642
ジョージア	783	3 134	4 429	4 012	4 700
シリア	1 146	2 646	1 426	1 204	997
シンガポール	23 557	45 940	56 004	50 603	58 770
スリランカ	1 002	2 715	3 761	3 624	3 823
タイ	1 965	4 787	7 347	6 830	6 818
(台湾)	15 105	19 765	26 561	29 369	33 756
中国	947	4 496	10 015	10 225	12 324
トルクメニスタン	1 032	3 927	7 076	7 001	8 070
トルコ	4 346	10 453	8 950	8 449	9 519
日本	39 748	46 153	42 320	41 701	41 162
ネパール	233	681	1 201	1 133	1 212
バーレーン	12 424	19 229	24 356	21 838	24 990
パキスタン	491	971	1 371	1 367	1 584
(パレスチナ)	1 535	2 575	4 107	3 591	4 176
バングラデシュ	365	893	2 198	2 324	2 579
フィリピン	1 218	2 449	3 756	3 469	3 584
ベトナム	389	1 632	3 316	3 433	3 564
(香港)	25 708	32 735	50 879	48 667	52 777
(マカオ)	14 465	44 697	73 781	44 895	51 684
マレーシア	3 756	8 598	10 845	9 946	10 769
ミャンマー	186	883	1 395	1 462	1 095
ヨルダン	1 723	3 884	4 160	3 987	4 038
ラオス	319	1 083	2 448	2 456	2 414
レバノン	3 988	7 410	8 761	6 584	6 521
アフリカ					
アルジェリア	1 701	4 494	3 931	3 292	3 618
アンゴラ	608	3 234	2 326	1 595	2 070
ウガンダ	277	938	857	843	915

各国の１人あたりGNI（Ⅱ）（名目）（単位　ドル）

	2000	2010	2019	2020	2021
エジプト…………	1 339	2 447	2 896	3 350	3 778
エチオピア………	119	294	806	820	821
ガーナ……………	522	1 638	2 079	2 199	2 348
ガボン……………	3 348	7 289	6 916	6 214	7 358
カメルーン………	666	1 369	1 505	1 507	1 636
ケニア……………	443	1 081	1 939	1 903	2 051
コートジボワール…	600	1 198	2 179	2 218	2 462
コンゴ民主共和国…	166	309	517	479	541
ザンビア…………	348	1 368	1 246	928	1 062
ジンバブエ………	710	827	1 448	1 352	1 471
スーダン…………	1) 386	1 606	847	729	745
セネガル…………	607	1 274	1 419	1 452	1 602
タンザニア……2)	364	706	1 031	1 077	1 117
チュニジア………	2 075	3 853	3 376	3 380	3 679
ナイジェリア……	522	2 160	2 148	1 926	1 868
ブルキナファソ…	247	610	748	807	865
ベナン……………	499	997	1 159	1 228	1 347
ボツワナ…………	2 953	5 736	6 329	5 765	6 692
マリ………………	260	661	806	788	849
南アフリカ共和国…	3 174	7 903	6 522	5 645	6 920
モロッコ…………	1 339	2 934	3 498	3 276	3 801
リビア……………	7 504	11 725	10 662	7 073	5 839
ヨーロッパ					
アイスランド……	31 054	36 614	70 753	61 116	69 996
アイルランド……	23 120	41 187	63 351	64 815	76 726
アルバニア………	1 129	4 053	5 289	5 190	6 290
イギリス…………	28 386	39 714	42 766	39 425	46 338
イタリア…………	20 002	35 597	33 960	32 277	36 216
ウクライナ……3)	620	2 976	3 524	3 645	4 697
エストニア………	3 924	13 882	22 982	23 333	27 506
オーストリア……	24 354	47 253	49 927	49 292	54 082
オランダ…………	26 036	50 493	51 354	50 478	56 574
ギリシャ…………	12 015	26 307	19 237	17 884	20 481
クロアチア………	4 709	13 460	15 063	14 001	16 950
スイス……………	41 337	80 534	81 192	83 699	90 045
スウェーデン……	29 646	54 284	53 520	54 596	62 469
スペイン…………	14 546	30 061	29 636	27 027	30 216
スロバキア………	3 838	16 526	18 919	19 316	21 124
スロベニア………	10 201	23 100	25 321	25 192	28 724
セルビア…………	1 243	5 348	6 584	7 026	8 377
チェコ……………	5 923	18 483	22 519	22 193	25 608
デンマーク………	30 038	58 957	61 516	62 946	70 390
ドイツ……………	23 693	42 600	48 336	48 053	52 885
ノルウェー………	37 607	88 636	78 047	70 021	93 149
ハンガリー………	4 359	12 612	16 339	15 738	18 139
フィンランド……	24 134	47 062	48 877	49 991	54 714

各国の１人あたりGNI（Ⅲ）（名目）（単位　ドル）

	2000	2010	2019	2020	2021
フランス	22 823	41 874	41 793	40 119	45 535
ブルガリア	1 586	6 527	9 496	9 715	11 889
ベラルーシ	1 047	5 762	6 461	6 111	6 842
ベルギー	23 605	44 892	47 002	45 890	51 639
ポーランド	4 454	11 877	14 838	15 010	16 908
ボスニア・ヘルツェゴビナ	1 505	4 580	5 992	5 960	7 082
ポルトガル	11 300	21 751	22 717	21 894	24 353
ラトビア	3 323	11 518	17 659	18 235	20 876
リトアニア	3 144	11 754	18 548	19 577	22 926
ルーマニア	1 685	8 128	12 610	12 681	14 416
ルクセンブルク	43 009	75 267	75 830	81 063	93 369
ロシア	1 733	10 410	11 250	9 987	11 960
北中アメリカ					
アメリカ合衆国	36 770	48 756	65 101	63 917	70 081
エルサルバドル	1 850	2 929	4 067	3 694	4 294
カナダ	23 636	46 677	45 827	42 943	51 741
キューバ	2 696	5 571	9 002	9 357	11 086
グアテマラ	1 425	2 715	4 429	4 386	4 791
コスタリカ	3 600	7 886	11 913	11 437	11 627
ドミニカ共和国	2 685	5 243	7 799	6 820	8 053
トリニダード・トバゴ	5 965	15 752	15 292	13 961	15 316
ハイチ	760	1 202	1 265	1 466	1 665
パナマ	3 592	7 273	14 596	12 048	14 012
(プエルトリコ)	11 002	17 293	21 490	21 552	22 598
ホンジュラス	1 046	1 788	2 320	2 190	2 546
メキシコ	6 615	9 288	9 942	8 419	9 956
南アメリカ					
アルゼンチン	8 070	10 023	9 722	8 425	10 590
ウルグアイ	6 912	11 568	17 020	14 885	16 498
エクアドル	1 325	4 574	6 050	5 482	5 873
コロンビア	2 488	6 172	6 298	5 259	6 003
チリ	4 911	11 945	14 084	12 271	15 320
パラグアイ	1 567	4 482	5 640	5 182	5 842
ブラジル	3 619	10 902	8 645	6 650	7 305
ベネズエラ	4 739	13 487	3 976	3 378	3 528
ペルー	1 888	4 676	6 704	5 895	6 446
ボリビア	951	1 837	3 390	2 996	3 266
オセアニア					
オーストラリア	20 947	56 720	53 047	55 156	64 490
ニュージーランド	13 320	32 035	41 975	41 116	47 876
パプアニューギニア	972	1 738	2 484	2 419	2 607
世界全体	5 487	9 507	11 310	10 889	12 220

資料は表4-3に同じ。1）旧スーダンで、現在の南スーダンを含む。2）ザンジバルを除く。3）2010年以降、クリミアとセバストポリを除く。

図 4-5　実質経済成長率の推移（Ⅰ）

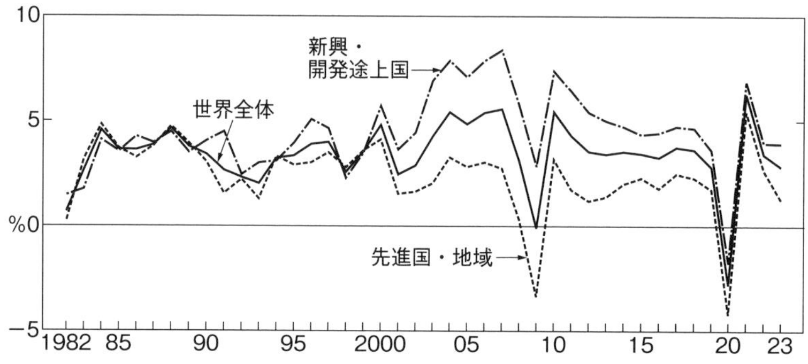

資料、注記は表4-6に同じ。実質国内総生産の対前年増減率。IMFでは、先進国・地域をアメリカ合衆国、カナダ、ユーロ参加国、デンマーク、アイスランド、ノルウェー、スウェーデン、スイス、イギリス、チェコ、サンマリノ、アンドラ、イスラエル、日本、韓国、台湾、香港、マカオ、シンガポール、オーストラリア、ニュージーランド、プエルトリコとし、それ以外の国を新興・開発途上国に分類している。

実質経済成長率の推移（Ⅱ）

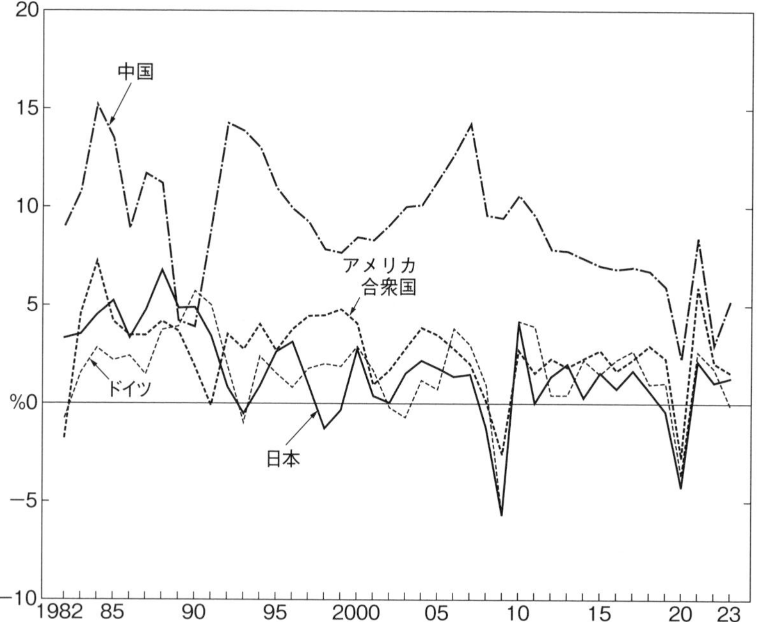

表 4-6　各国の実質経済成長率（Ⅰ）（%）

	2018	2019	2020	2021	2022	2023
アジア						
アラブ首長国連邦	1.3	1.1	-5.0	3.9	7.4	3.5
イスラエル……	4.1	4.2	-1.9	8.6	6.4	2.9
イラク…………	4.7	5.8	-15.7	7.7	8.1	3.7
イラン…………	-1.8	-3.1	3.3	4.7	2.5	2.0
インド…………	6.5	3.9	-5.8	9.1	6.8	5.9
インドネシア……	5.2	5.0	-2.1	3.7	5.3	5.0
ウズベキスタン…	5.9	6.0	2.0	7.4	5.7	5.3
オマーン………	1.3	-1.1	-3.2	2.9	4.3	1.7
カザフスタン……	4.1	4.5	-2.6	4.1	3.2	4.3
カタール………	1.2	0.7	-3.6	1.6	4.2	2.4
韓国…………	2.9	2.2	-0.7	4.1	2.6	1.5
クウェート……	2.4	-0.6	-8.9	1.3	8.2	0.9
サウジアラビア…	2.8	0.8	-4.3	3.9	8.7	3.1
シンガポール……	3.6	1.3	-3.9	8.9	3.6	1.5
スリランカ……	2.3	-0.2	-3.5	3.3	-8.7	-3.1
タイ…………	4.2	2.1	-6.2	1.6	2.6	3.4
(台湾)…………	2.8	3.1	3.4	6.5	2.5	2.1
中国…………	6.8	6.0	2.2	8.5	3.0	5.2
トルコ…………	3.0	0.8	1.9	11.4	5.6	2.7
日本…………	0.6	-0.4	-4.3	2.1	1.1	1.3
パキスタン……	6.1	3.1	-0.9	5.7	6.0	0.5
バングラデシュ…	7.3	7.9	3.4	6.9	7.1	5.5
フィリピン……	6.3	6.1	-9.5	5.7	7.6	6.0
ベトナム………	7.5	7.4	2.9	2.6	8.0	5.8
(香港)…………	2.8	-1.7	-6.5	6.4	-3.5	3.5
マレーシア……	4.8	4.4	-5.5	3.1	8.7	4.5
アフリカ						
アルジェリア……	1.2	1.0	-5.1	3.4	2.9	2.6
アンゴラ………	-1.3	-0.7	-5.6	1.1	2.8	3.5
エジプト………	5.3	5.5	3.5	3.3	6.6	3.7
エチオピア……	7.7	9.0	6.1	6.3	6.4	6.1
ガーナ…………	6.2	6.5	0.5	5.4	3.2	1.6
ケニア…………	5.7	5.1	-0.3	7.5	5.4	5.3
コートジボワール	3.8	8.3	1.7	7.0	6.7	6.2
タンザニア……	7.0	7.0	4.8	4.9	4.7	5.2
ナイジェリア……	1.9	2.2	-1.8	3.6	3.3	3.2
南アフリカ共和国	1.5	0.3	-6.3	4.9	2.0	0.1
モロッコ………	3.1	2.9	-7.2	7.9	1.1	3.0
ヨーロッパ						
アイルランド……	8.5	5.4	6.2	13.6	12.0	5.6
イギリス………	1.7	1.6	-11.0	7.6	4.0	-0.3
イタリア………	0.9	0.5	-9.0	7.0	3.7	0.7
ウクライナ……	3.5	3.2	-3.8	3.4	-30.3	-3.0
オーストリア……	2.4	1.5	-6.5	4.6	5.0	0.4
オランダ………	2.4	2.0	-3.9	4.9	4.5	1.0
ギリシャ………	1.7	1.9	-9.0	8.4	5.9	2.6

各国の実質経済成長率（Ⅱ）（%）

	2018	2019	2020	2021	2022	2023
クロアチア……	2.8	3.4	-8.6	13.1	6.3	1.7
スイス…………	2.9	1.2	-2.5	4.2	2.1	0.8
スウェーデン……	2.0	2.0	-2.2	5.4	2.6	-0.5
スペイン………	2.3	2.0	-11.3	5.5	5.5	1.5
スロバキア……	4.0	2.5	-3.4	3.0	1.7	1.3
チェコ…………	3.2	3.0	-5.5	3.6	2.4	-0.5
デンマーク……	2.0	1.5	-2.0	4.9	3.6	0.0
ドイツ…………	1.0	1.1	-3.7	2.6	1.8	-0.1
ノルウェー……	0.8	1.1	-1.3	3.9	3.3	2.1
ハンガリー……	5.4	4.9	-4.5	7.1	4.9	0.5
フィンランド……	1.1	1.2	-2.4	3.0	2.1	0.0
フランス………	1.8	1.9	-7.9	6.8	2.6	0.7
ブルガリア……	2.7	4.0	-4.0	7.6	3.4	1.4
ベラルーシ……	3.1	1.4	-0.7	2.3	-4.7	0.7
ベルギー………	1.8	2.2	-5.4	6.1	3.1	0.7
ポーランド……	5.9	4.5	-2.0	6.8	4.9	0.3
ポルトガル……	2.8	2.7	-8.3	5.5	6.7	1.0
リトアニア……	4.0	4.6	0.0	6.0	1.9	-0.3
ルーマニア……	6.0	3.8	-3.7	5.9	4.8	2.4
ルクセンブルク‥	1.2	2.3	-0.8	5.1	1.5	1.1
ロシア…………	2.8	2.2	-2.7	5.6	-2.1	0.7
(参考)ユーロ圏‥	1.8	1.6	-6.1	5.4	3.5	0.8
北中アメリカ						
アメリカ合衆国‥	2.9	2.3	-2.8	5.9	2.1	1.6
カナダ…………	2.8	1.9	-5.1	5.0	3.4	1.5
グアテマラ……	3.4	4.0	-1.8	8.0	4.0	3.4
コスタリカ……	2.6	2.4	-4.3	7.8	4.3	2.7
ドミニカ共和国‥	7.0	5.1	-6.7	12.3	4.9	4.2
パナマ…………	3.7	3.0	-17.9	15.3	10.0	5.0
(プエルトリコ)‥	-4.4	1.7	-4.4	0.2	4.8	0.4
メキシコ………	2.2	-0.2	-8.0	4.7	3.1	1.8
南アメリカ						
アルゼンチン……	-2.6	-2.0	-9.9	10.4	5.2	0.2
エクアドル……	1.3	0.0	-7.8	4.2	3.0	2.9
コロンビア……	2.6	3.2	-7.3	11.0	7.5	1.0
チリ……………	4.0	0.7	-6.1	11.7	2.4	-1.0
ブラジル………	1.8	1.2	-3.3	5.0	2.9	0.9
ベネズエラ……	-19.7	-27.7	-30.0	0.5	8.0	5.0
ペルー…………	4.0	2.2	-11.0	13.6	2.7	2.4
オセアニア						
オーストラリア‥	2.8	1.9	-1.8	5.2	3.7	1.6
ニュージーランド	3.5	3.1	-1.5	6.1	2.4	1.1
世界全体……	3.6	2.8	-2.8	6.3	3.4	2.8

IMF "World Economic Outlook Database, April 2023" より作成。2023年5月22日閲覧。直近は見通しを含む。

表 4-7 各国の国内総生産（支出側）（Ⅰ）（名目）（単位 百万ドル）
（各国別の上段：2010年、中段：2020年、下段：2021年）

	民間最終消費支出	政府最終消費支出	総資本形成1)	財貨・サービスの輸出	(控除)財貨・サービスの輸入	国内総生産(支出側)2)
アジア						
アゼルバイジャン	20 825	5 757	9 555	28 730	10 942	52 906
	25 994	6 924	10 104	15 209	15 538	42 693
	28 676	7 338	9 457	25 488	16 337	54 622
アフガニスタン	14 113	2 875	2 117	2 686	5 104	14 699
	18 992	4 265	2 393	1 476	6 983	20 143
	13 864	3 251	1 921	1 804	5 901	14 939
アラブ首長国連邦	122 408	29 069	78 594	238 328	178 611	289 787
	140 386	53 048	86 218	351 258	273 691	357 219
	165 269	61 094	101 488	425 149	347 532	405 468
アルメニア	7 981	1 106	3 236	2 307	4 389	9 875
	9 523	1 892	2 486	3 763	5 022	12 642
	9 956	2 189	2 853	4 854	5 991	13 861
イスラエル	132 880	52 981	44 394	81 346	76 947	234 655
	201 536	96 602	90 039	114 117	95 192	407 101
	243 493	106 983	109 728	143 054	121 667	481 591
イラク	72 796	30 989	25 991	64 564	55 823	138 517
	106 581	42 065	36 489	51 841	56 052	180 924
	106 194	42 701	14 405	90 356	59 120	204 004
イラン	219 856	74 211	206 653	124 810	95 131	523 804
	250 344	81 524	233 046	102 553	136 043	543 654
	259 117	84 147	238 057	131 945	131 461	594 892
インド	913 697	183 785	664 290	374 010	448 364	1 669 620
	1 623 864	322 983	745 446	499 940	510 296	2 672 204
	1 906 897	356 323	998 356	685 068	764 887	3 201 471
インドネシア	424 493	68 003	248 276	183 481	169 158	755 094
	624 136	101 087	342 534	182 851	166 258	1 058 689
	660 028	108 449	373 144	255 731	223 720	1 186 093
ウズベキスタン	30 766	6 254	13 592	12 140	12 493	50 010
	35 096	9 693	24 063	14 547	22 605	59 894
	40 937	11 562	28 098	16 437	27 795	69 239
オマーン	21 082	10 642	19 099	38 408	24 237	64 994
	33 459	19 786	20 967	35 720	34 022	75 909
	39 081	19 526	19 763	46 324	36 502	88 192
カザフスタン	67 185	16 007	37 565	65 502	44 257	148 047
	90 680	21 799	49 284	52 230	45 333	171 082
	99 444	22 523	51 600	66 125	47 301	193 018
カタール	20 232	17 497	39 134	77 976	29 717	125 122
	37 513	31 706	63 323	70 933	59 065	144 411
	35 886	29 923	69 233	105 855	61 327	179 571

各国の国内総生産（支出側）（Ⅱ）（名目）（単位　百万ドル）
（各国別の上段：2010年、中段：2020年、下段：2021年）

	民間最終消費支出	政府最終消費支出	総資本形成[1)]	財貨・サービスの輸出	（控除）財貨・サービスの輸入	国内総生産（支出側）[2)]
韓国	577 012	162 513	372 418	538 898	506 774	1 144 067
	762 812	296 623	524 282	597 865	537 270	1 644 313
	835 507	328 876	581 139	761 249	696 441	1 810 966
カンボジア	9 139	713	1 953	6 080	6 692	11 242
	17 983	1 393	6 437	15 793	16 160	25 291
	27 217	1 963	6 801	15 688	22 887	26 669
北朝鮮	…	…	…	821	1 552	13 945
	…	…	…	931	1 766	15 847
	…	…	…	984	1 866	16 750
キプロス	16 960	4 761	6 176	12 974	15 096	25 775
	15 420	4 906	5 027	20 354	20 699	25 008
	16 845	5 566	5 167	24 606	23 776	28 408
クウェート	33 345	19 773	20 380	76 952	35 034	115 416
	46 710	27 295	26 728	46 865	41 649	105 949
	52 981	31 324	31 684	71 863	51 209	136 642
サウジアラビア	170 511	106 713	163 355	261 831	174 203	528 207
	304 053	202 966	194 315	184 162	182 128	703 368
	345 913	203 664	197 093	289 815	202 945	833 541
ジョージア	9 941	1 870	2 513	4 035	6 115	12 243
	12 792	2 331	3 780	5 909	8 967	15 846
	14 888	2 611	4 103	8 055	10 961	18 696
シリア	36 635	7 495	16 137	19 747	19 549	60 465
	13 857	2 799	6 621	7 491	7 560	23 208
	11 775	2 378	5 624	6 364	6 422	19 719
シンガポール	87 141	23 241	66 327	474 817	411 718	239 808
	112 627	42 560	77 531	627 442	517 967	345 286
	122 951	45 851	96 673	733 782	609 280	396 992
スリランカ	38 829	4 797	17 218	11 091	15 209	56 726
	57 448	8 364	20 362	13 031	18 236	80 970
	59 962	8 172	23 629	15 132	21 586	85 309
タイ	177 973	53 897	86 493	226 788	207 270	341 105
	265 280	89 147	118 364	257 701	231 113	500 225
	263 386	91 958	147 293	294 591	295 800	505 982
中国	2 089 503	887 941	2 833 964	1 654 823	1 432 425	6 087 188
	5 610 767	2 516 025	6 369 582	2 723 262	2 357 115	14 687 744
	6 804 948	2 823 264	7 596 512	3 525 631	3 062 721	17 734 131
トルクメニスタン	1 139	2 102	11 716	17 234	10 044	22 583
	5 073	4 159	22 860	34 250	20 354	46 135
	5 932	4 864	26 732	40 058	23 806	53 954

各国の国内総生産（支出側）（Ⅲ）（名目）（単位　百万ドル）
（各国別の上段：2010年、中段：2020年、下段：2021年）

	民間最終消費支出	政府最終消費支出	総資本形成[1]	財貨・サービスの輸出	（控除）財貨・サービスの輸入	国内総生産（支出側）[2]
トルコ	486 996	115 570	207 858	164 672	198 129	776 967
	408 890	109 294	197 399	206 961	232 097	720 289
	452 864	106 961	230 493	289 144	291 019	819 034
日本	3 275 101	1 105 891	1 300 992	859 167	782 080	5 759 072
	2 711 307	1 060 039	1 280 939	784 168	796 345	5 040 108
	2 659 877	1 058 287	1 248 892	910 489	936 410	4 940 878
ネパール	15 785	1 631	5 298	1 560	5 858	18 365
	28 000	2 980	10 002	2 236	11 209	32 859
	30 375	3 041	12 956	1 886	13 977	36 207
バーレーン	10 590	3 324	7 016	17 880	13 097	25 713
	14 587	5 936	12 248	25 249	23 297	34 723
	13 163	5 242	12 806	35 235	27 577	38 869
パキスタン	146 330	18 399	29 099	24 281	35 235	182 960
	239 452	34 630	43 521	27 315	51 165	293 752
	285 479	37 461	50 159	31 024	61 623	342 501
（パレスチナ）	9 025	2 501	1 922	1 367	5 264	9 682
	13 779	3 640	3 775	2 385	8 066	15 532
	15 843	4 355	4 648	3 180	10 245	18 037
バングラデシュ	90 016	6 235	32 560	18 361	24 728	123 085
	250 104	22 306	116 954	39 010	59 130	373 562
	285 354	24 408	128 699	44 241	70 788	414 907
フィリピン	146 259	20 254	42 594	68 501	69 240	208 369
	271 563	55 208	63 065	91 172	119 257	361 751
	296 625	61 336	83 482	101 447	148 804	394 086
ブルネイ	2 017	3 036	3 247	9 240	3 833	13 707
	2 852	3 053	4 873	6 886	6 355	12 006
	3 433	3 144	4 380	11 229	9 378	14 006
ベトナム	86 016	15 284	54 610	79 747	88 029	147 201
	193 991	32 855	110 625	292 480	273 356	346 616
	202 965	35 191	122 537	341 576	341 154	366 138
（香港）	140 328	20 256	54 623	469 447	456 015	228 639
	229 145	43 950	65 213	608 113	601 492	344 930
	240 079	46 264	65 018	751 358	733 546	369 174
（マカオ）	6 693	2 301	3 741	24 690	9 183	28 242
	11 911	6 545	6 541	15 806	15 217	25 586
	12 763	6 599	6 828	26 406	22 691	29 905
マレーシア	122 705	32 084	59 640	221 688	181 099	255 018
	205 011	43 783	66 502	207 036	185 325	337 008
	215 680	47 673	83 004	256 784	230 440	372 702

各国の国内総生産（支出側）(IV)（名目）（単位　百万ドル）

（各国別の上段：2010年、中段：2020年、下段：2021年）

	民間最終消費支出	政府最終消費支出	総資本形成[1]	財貨・サービスの輸出	（控除）財貨・サービスの輸入	国内総生産（支出側）[2]
ミャンマー	26 552	2 603	11 860	7 779	6 930	44 847
	42 826	13 463	21 415	19 349	18 414	78 318
	31 002	9 458	16 019	15 382	12 711	58 582
モンゴル	3 970	912	3 026	3 356	4 074	7 189
	8 051	2 105	2 980	7 676	7 346	13 313
	7 893	2 201	5 455	9 032	9 107	15 098
ヨルダン	17 894	5 223	9 507	12 752	18 241	27 134
	33 883	8 071	9 312	10 417	18 300	43 697
	35 232	8 392	11 034	13 817	23 183	45 244
ラオス	4 739	788	1 957	2 378	2 836	7 313
	9 155	2 598	7 233	5 951	5 822	19 116
	9 831	2 633	7 163	6 429	6 981	19 074
レバノン	33 790	4 698	9 587	13 464	23 095	38 444
	41 390	6 119	3 728	10 972	23 162	39 047
	48 156	1 535	3 340	16 949	35 207	37 945
アフリカ						
アルジェリア	55 327	27 771	66 789	61 975	50 655	161 207
	69 637	27 388	63 863	25 461	40 605	145 744
	72 545	28 479	62 002	43 704	43 257	163 473
アンゴラ	29 998	14 281	23 629	51 573	35 682	83 799
	27 563	5 356	11 640	19 554	9 292	54 821
	30 493	5 612	14 800	31 095	11 468	70 533
ウガンダ	22 790	2 129	7 401	3 359	8 804	30 701
	27 288	3 954	9 191	4 245	8 652	38 061
	30 514	4 204	10 314	5 666	10 541	42 661
エジプト	160 051	23 951	41 884	45 812	57 068	214 630
	319 084	29 437	51 043	48 695	76 730	371 530
	366 301	32 190	64 617	44 981	82 182	425 906
エチオピア	21 453	2 415	7 107	3 620	8 766	26 311
	67 677	8 821	29 546	6 886	16 309	96 611
	71 684	8 770	27 818	7 537	16 541	99 269
ガーナ	31 907	3 535	11 115	9 484	13 919	42 587
	49 149	5 487	13 359	14 514	12 465	70 043
	55 447	7 868	14 672	23 652	22 556	79 083
ガボン	4 400	1 936	4 265	8 280	4 523	14 359
	6 432	2 017	3 048	7 304	3 484	15 317
	6 746	2 125	3 446	9 862	3 658	18 521
カメルーン	20 022	3 136	5 009	6 147	6 834	27 481
	29 831	5 036	7 240	6 135	7 437	40 804
	33 071	5 530	8 140	7 884	9 257	45 368

各国の国内総生産（支出側）（V）（名目）（単位　百万ドル）
（各国別の上段：2010年、中段：2020年、下段：2021年）

	民間最終消費支出	政府最終消費支出	総資本形成[1]	財貨・サービスの輸出	（控除）財貨・サービスの輸入	国内総生産（支出側）[2]
ギニア	5 481	861	1 393	2 079	2 961	6 853
	10 144	2 455	2 111	9 119	9 650	14 178
	9 427	2 081	2 509	10 335	8 387	16 036
ケニア	33 069	5 882	9 655	9 140	13 743	45 406
	76 134	12 560	19 814	9 704	17 712	100 667
	83 326	13 375	22 400	11 663	22 180	110 347
コートジボワール	17 573 [3]	3 143	3 622	12 605	10 824	26 264
	40 348 [3]	6 777	13 577	13 222	12 554	61 349
	45 728 [3]	7 271	16 308	18 146	17 678	69 765
コンゴ共和国	3 842	1 389	6 199	9 002	7 295	13 136
	5 313	2 005	1 635	5 977	4 446	10 483
	5 404	1 454	1 862	8 831	5 174	12 841
コンゴ民主共和国	15 110	2 087	6 207	8 866	10 704	21 566
	35 096	3 691	9 682	11 383	14 544	45 308
	36 541	4 303	11 539	21 651	21 235	52 850
ザンビア	11 063	1 901	6 055	7 503	6 257	20 265
	6 969	2 664	5 848	8 474	5 892	18 111
	8 423	3 021	6 103	11 501	7 735	21 313
ジンバブエ	10 809	1 844	2 259	3 569	6 440	12 042
	17 506	1 921	2 848	5 615	6 225	21 665
	18 107	3 597	3 738	6 129	7 453	24 118
スーダン	41 751	2 666	13 425	2 636	5 743	54 740
	30 075	2 574	4 450	2 402	5 215	34 286
	31 377	2 773	4 928	2 574	5 785	35 867
セネガル	12 602	2 281	3 235	3 218	5 231	16 106
	16 855	3 602	8 613	5 063	9 634	24 498
	19 045	3 918	10 465	6 398	12 201	27 625
タンザニア[4]	21 072	3 285	10 529	6 217	8 882	31 553
	39 025	4 845	26 002	8 730	9 176	65 892
	41 717	5 163	28 342	10 082	11 732	70 297
チャド	7 249	1 206	2 775	4 698	3 752	12 176
	9 919	1 322	3 939	3 139	3 075	14 910
	10 263	1 348	4 124	4 350	3 402	16 410
チュニジア	27 711	7 320	11 291	21 804	24 075	44 051
	31 478	9 193	5 415	16 143	19 691	42 538
	34 483	9 794	7 126	19 667	24 383	46 687
ナイジェリア	249 730	32 150	63 814	93 240	64 170	363 360
	299 356	37 434	126 385	37 958	71 235	429 899
	267 824	22 036	145 801	46 274	51 013	430 923

各国の国内総生産（支出側）（Ⅵ）（名目）（単位　百万ドル）
（各国別の上段：2010年、中段：2020年、下段：2021年）

	民間最終消費支出	政府最終消費支出	総資本形成[1)	財貨・サービスの輸出	（控除）財貨・サービスの輸入	国内総生産（支出側）[2)
ニジェール	5 553	1 082	2 489	1 374	2 867	7 631
	9 791	2 166	3 916	1 414	3 543	13 744
	10 745	2 586	4 111	1 534	4 061	14 915
ブルキナファソ	7 231	1 460	2 221	2 072	2 884	10 100
	10 735	2 960	3 536	4 863	4 770	17 934
	11 906	3 320	4 205	5 424	5 848	19 738
ベナン	7 475	1 068	1 487	2 198	2 701	9 526
	10 676	1 788	4 021	3 117	3 916	15 687
	11 902	1 782	5 103	3 700	4 800	17 688
ボツワナ	5 405	3 889	4 385	5 326	6 634	12 637
	7 289	5 407	4 896	4 681	6 938	14 930
	8 206	5 855	5 099	7 859	8 784	17 615
マダガスカル	7 385	1 309	2 698	2 184	3 594	9 983
	10 030	2 392	2 382	2 629	3 768	13 056
	10 731	3 090	2 563	3 042	4 254	14 450
マリ	7 753	1 675	2 566	2 439	3 753	10 679
	12 821	2 760	2 876	5 354	6 346	17 465
	14 022	3 088	4 082	5 663	7 698	19 157
南アフリカ共和国	260 299	75 109	73 438	107 611	102 766	417 364
	211 096	70 200	41 865	93 184	78 330	337 620
	258 425	82 325	53 624	130 707	104 855	419 016
モザンビーク	8 214	1 982	2 436	3 159	4 686	11 105
	9 231	2 888	7 193	4 151	9 307	14 157
	10 824	3 001	7 861	4 951	10 860	15 777
モロッコ	57 400	17 019	32 116	29 313	39 422	96 428
	71 669	23 561	34 922	37 370	46 175	121 348
	84 951	26 532	44 368	47 048	60 033	142 867
リビア	21 314	13 159	14 926	49 956	23 975	75 381
	17 458	18 024	6 715	17 120	12 475	46 842
	14 289	14 776	5 673	15 472	11 204	39 006
ヨーロッパ						
アイスランド	7 071	3 413	1 913	7 116	5 762	13 751
	11 153	6 044	4 619	7 474	7 595	21 695
	13 183	7 028	5 849	9 779	10 237	25 602
アイルランド	105 127	41 381	38 303	228 887	192 173	221 697
	105 874	54 919	185 878	567 820	487 297	425 852
	119 235	61 790	124 546	677 696	479 131	504 183
アルバニア	9 316	1 331	3 615	3 337	5 792	11 927
	12 188	1 797	3 511	3 436	5 636	15 132
	13 717	2 147	4 404	5 591	8 017	18 260

各国の国内総生産（支出側）（Ⅶ）（名目）（単位　百万ドル）
（各国別の上段：2010年、中段：2020年、下段：2021年）

	民間最終消費支出	政府最終消費支出	総資本形成[1]	財貨・サービスの輸出	（控除）財貨・サービスの輸入	国内総生産（支出側）[2]
イギリス	1 592 419	536 534	404 483	711 534	753 573	2 491 397
	1 619 082	609 121	466 718	790 752	781 063	2 704 609
	1 892 689	700 830	566 531	875 197	899 365	3 131 378
イタリア	1 295 889	438 604	439 177	535 085	574 737	2 134 018
	1 100 764	392 436	335 269	558 466	490 179	1 896 755
	1 218 369	417 174	422 492	688 582	638 915	2 107 703
ウクライナ[6]	86 738	26 370	28 390	63 998	69 484	136 012
	114 778	30 220	13 990	60 802	63 171	156 618
	138 574	36 113	27 647	81 532	83 781	200 086
エストニア	10 242	3 822	4 217	14 661	13 407	19 535
	15 596	6 510	9 827	21 731	21 706	31 370
	17 906	7 366	11 287	29 119	29 255	37 191
オーストリア	209 670	80 309	88 599	200 893	187 159	391 893
	218 347	91 700	111 621	224 632	211 567	435 225
	239 547	104 193	133 445	268 527	265 749	480 368
オランダ	384 757	222 164	171 187	590 926	522 480	846 555
	383 195	237 050	197 939	712 054	620 445	909 793
	425 278	266 358	217 294	840 460	736 543	1 012 847
北マケドニア	7 106	1 721	2 302	3 743	5 465	9 407
	8 152	2 016	3 516	7 141	8 711	12 114
	9 141	2 259	4 694	9 152	11 366	13 881
ギリシャ	199 645	66 363	53 390	64 704	87 267	296 835
	132 014	43 183	28 266	60 434	74 970	188 926
	145 975	46 479	38 992	87 828	104 401	214 874
クロアチア	35 920	13 096	12 665	21 636	22 645	60 672
	33 846	13 803	13 859	23 841	27 876	57 472
	39 607	15 327	15 035	35 359	36 373	68 955
スイス	319 257	66 715	151 606	388 603	322 747	603 434
	383 472	89 304	213 314	468 967	402 809	752 248
	406 534	94 712	191 453	568 557	448 390	812 867
スウェーデン	232 518	124 114	113 849	221 523	196 191	495 813
	240 599	144 634	137 293	239 868	215 341	547 054
	279 070	164 558	164 688	289 188	261 840	635 664
スペイン	825 282	293 136	316 865	368 701	383 262	1 420 722
	716 500	281 375	260 486	393 304	374 702	1 276 963
	802 791	305 905	297 485	498 634	477 434	1 427 381
スロバキア	51 590	17 482	22 303	69 728	70 029	91 074
	61 350	22 355	21 248	90 771	89 027	106 697
	66 681	25 047	25 061	109 304	109 566	116 527

各国の国内総生産（支出側）（Ⅷ）（名目）（単位　百万ドル）
（各国別の上段：2010年、中段：2020年、下段：2021年）

	民間最終消費支出	政府最終消費支出	総資本形成[1]	財貨・サービスの輸出	（控除）財貨・サービスの輸入	国内総生産（支出側）[2]
スロベニア	27 048	9 834	10 770	30 956	30 446	48 161
	26 908	11 078	10 755	41 752	36 786	53 707
	31 567	12 748	13 519	51 640	47 726	61 749
セルビア	31 566	8 004	7 360	[7] 13 489	[7] 18 599	41 819
	35 521	9 327	12 905	[7] 25 728	[7] 30 146	53 335
	41 257	10 589	16 172	[7] 34 309	[7] 39 260	63 068
チェコ	102 547	42 930	57 201	137 031	130 639	209 070
	111 506	53 536	64 331	172 056	155 455	245 975
	127 812	60 567	85 054	204 942	196 597	281 778
デンマーク	153 309	88 117	58 204	162 681	140 316	321 995
	164 216	87 957	80 504	195 122	172 576	355 222
	181 621	96 770	91 486	237 622	209 196	398 303
ドイツ	1 871 686	664 436	681 505	1 445 674	1 266 947	3 396 354
	1 957 172	854 360	859 227	1 673 068	1 454 160	3 889 669
	2 097 994	943 231	992 152	2 003 471	1 776 914	4 259 935
ノルウェー	179 864	91 498	109 074	170 473	122 152	428 757
	159 310	96 149	109 782	116 792	119 834	362 198
	188 129	112 725	122 220	200 451	141 351	482 175
ハンガリー	69 611	28 286	28 000	107 204	100 926	132 175
	77 820	33 493	42 837	123 747	120 715	157 182
	87 860	37 981	55 457	148 292	147 742	181 848
フィンランド	131 145	59 022	54 938	95 721	92 322	249 181
	138 860	65 908	66 627	97 674	97 094	271 892
	151 615	72 565	71 244	117 187	116 506	297 302
フランス	1 462 835	633 942	579 955	707 910	742 031	2 642 610
	1 406 793	658 037	625 992	724 414	776 227	2 639 009
	1 557 796	717 272	740 259	871 059	928 506	2 957 880
ブルガリア	32 523	8 365	11 414	25 396	27 016	50 682
	40 958	13 620	14 284	39 419	38 042	70 239
	49 008	15 924	17 715	51 549	50 139	84 058
ベラルーシ	31 847	9 169	23 268	29 402	36 940	57 232
	32 058	10 412	16 849	37 444	35 548	61 372
	35 063	11 301	16 882	49 184	45 444	68 206
ベルギー	247 392	114 143	111 229	364 802	356 614	480 952
	259 514	128 892	127 810	417 264	408 268	525 212
	290 670	142 668	154 519	516 056	509 810	594 104
ポーランド	295 563	91 622	99 788	190 713	201 990	475 697
	338 862	114 215	112 451	317 650	283 736	599 443
	382 744	127 728	146 034	393 469	370 533	679 442

各国の国内総生産（支出側）（IX）（名目）（単位　百万ドル）
（各国別の上段：2010年、中段：2020年、下段：2021年）

	民間最終消費支出	政府最終消費支出	総資本形成[1]	財貨・サービスの輸出	（控除）財貨・サービスの輸入	国内総生産（支出側）[2]
ボスニア・ヘルツェゴビナ	14 387	3 972	3 385	5 101	8 807	17 176
	14 601	4 152	4 674	6 914	9 694	19 951
	16 211	4 557	6 155	9 969	12 750	23 365
ポルトガル	156 824	48 987	50 255	71 529	89 714	237 881
	146 710	43 449	43 783	84 849	89 759	229 032
	161 148	47 728	52 354	105 509	113 075	253 663
マルタ	5 290	1 721	2 011	13 626	13 621	9 027
	6 591	3 146	3 298	26 871	24 869	15 036
	7 463	3 558	3 787	30 187	27 275	17 721
モルドバ	6 292	1 270	1 664	1 941	4 193	6 975
	9 681	2 014	2 867	3 219	5 921	11 860
	11 227	2 276	3 922	4 189	7 933	13 680
ラトビア	15 178	4 411	4 875	12 763	13 263	23 964
	19 627	7 043	7 597	20 726	20 391	34 602
	22 732	8 212	10 274	25 295	26 660	39 854
リトアニア	23 780	7 370	6 732	23 747	24 491	37 138
	33 105	10 529	7 924	41 640	36 352	56 847
	38 727	11 645	13 071	53 483	50 480	66 445
ルーマニア	109 624	25 520	45 913	53 855	64 882	170 029
	153 595	46 922	61 670	92 694	103 517	251 363
	177 021	49 543	73 602	116 047	132 127	284 086
ルクセンブルク	19 309	8 865	10 155	91 377	73 547	56 159
	22 513	13 598	12 707	147 703	122 529	73 993
	25 860	14 926	15 010	180 789	151 078	85 506
ロシア	784 523	276 474	368 726	445 513	322 367	1 539 845
	782 965	274 298	348 426	381 017	304 549	1 489 362
	893 588	313 069	398 837	549 088	378 879	1 778 782
北中アメリカ						
アメリカ合衆国	10 260 256	2 511 046	2 809 976	1 857 247	2 389 555	15 048 970
	14 116 166	3 138 376	4 433 432	2 148 616	2 776 115	21 060 474
	15 902 575	3 353 731	4 920 488	2 539 648	3 401 361	23 315 081
エルサルバドル	16 098	2 898	3 076	4 971	8 595	18 448
	19 513	4 864	4 655	6 295	10 764	24 563
	23 975	5 647	6 377	8 491	15 754	28 737
カナダ	921 815	347 315	379 766	471 714	502 011	1 617 267
	940 443	372 719	366 223	483 153	516 977	1 645 423
	1 083 729	431 422	472 034	611 121	609 186	1 988 336
キューバ	32 369	[3] 22 360	6 480	14 519	11 400	64 328
	54 345	[3] 41 704	10 601	8 769	8 067	107 352
	55 682	[3] 66 700	10 005	6 963	6 121	126 694

各国の国内総生産（支出側）（X）（名目）（単位　百万ドル）

（各国別の上段：2010年、中段：2020年、下段：2021年）

	民間最終消費支出	政府最終消費支出	総資本形成[1]	財貨・サービスの輸出	（控除）財貨・サービスの輸入	国内総生産（支出側）[2]
グアテマラ	34 629	4 551	6 412	9 736	14 711	40 682
	64 973	8 952	10 301	12 675	19 275	77 626
	73 957	9 723	14 587	15 297	27 577	85 986
コスタリカ	24 628	6 259	7 469	12 363	13 061	37 659
	39 519	10 972	9 823	19 602	17 758	62 158
	40 147	10 444	12 626	23 226	22 161	64 282
ジャマイカ	10 831	2 131	2 671	4 143	6 555	13 221
	11 646	2 041	2 690	3 338	5 821	13 812
	12 611	2 228	3 296	4 411	7 272	14 658
ドミニカ共和国	39 520	5 277	14 023	12 054	17 715	53 160
	54 950	9 955	20 012	14 425	20 498	78 845
	62 589	10 805	29 547	20 500	29 199	94 243
トリニダード・トバゴ	11 024	2 624	4 289	12 539	7 124	23 352
	14 519	3 538	3 342	6 339	6 679	21 059
	15 330	3 736	2 658	11 347	8 611	24 460
ニカラグア	7 050	1 235	2 176	3 544	5 246	8 759
	8 910	1 886	2 424	5 310	5 943	12 587
	10 468	1 994	3 310	6 564	8 323	14 013
ハイチ	11 449	874	3 002	813	4 326	11 812
	15 055	1 134	3 530	1 086	4 257	16 548
	18 533	1 419	3 437	1 355	5 700	19 044
パナマ	16 888	3 713	11 250	20 621	23 032	29 440
	29 103	9 114	12 986	21 379	18 606	53 977
	31 513	9 866	16 228	32 479	26 481	63 605
（プエルトリコ）	56 784	10 842	9 012	74 310	52 567	98 381
	65 185	7 873	11 712	73 220	54 969	103 020
	71 039	7 539	12 422	73 851	58 325	106 526
ホンジュラス	12 373	2 839	3 466	7 248	10 087	15 839
	19 449	3 568	4 488	8 362	12 039	23 828
	24 170	4 165	6 836	10 958	17 639	28 489
メキシコ	691 266	124 518	241 105	314 142	328 581	1 057 801
	687 750	136 375	204 684	430 675	408 353	1 090 515
	830 998	150 196	263 915	523 161	545 285	1 272 839
南アメリカ						
アルゼンチン	273 950	64 671	75 512	80 750	68 397	426 487
	245 943	65 123	54 479	64 042	52 468	385 540
	296 692	77 193	85 139	87 868	72 817	487 227
ウルグアイ	26 974	5 094	7 818	10 612	10 215	40 285
	32 482	9 419	9 332	13 435	11 108	53 561
	34 854	9 907	10 904	18 674	15 021	59 318

各国の国内総生産（支出側）（XI）（名目）（単位　百万ドル）
（各国別の上段：2010年、中段：2020年、下段：2021年）

	民間最終消費支出	政府最終消費支出	総資本形成1)	財貨・サービスの輸出	（控除）財貨・サービスの輸入	国内総生産（支出側）2)
エクアドル	44 012	9 181	19 501	19 402	22 542	69 555
	58 837	16 241	21 889	21 703	19 379	99 291
	65 165	16 222	23 727	27 803	26 751	106 166
コロンビア	188 942	39 432	62 725	46 827	51 363	286 563
	190 592	46 402	52 017	36 466	55 177	270 300
	226 112	51 326	62 290	51 599	76 863	314 464
チリ	127 462	26 462	50 570	82 487	68 443	218 538
	145 993	40 527	54 676	79 694	68 162	252 727
	193 295	45 536	80 291	101 113	103 175	317 059
パラグアイ	17 469	2 470	6 498	11 488	10 664	27 261
	22 392	4 480	7 101	11 907	10 449	35 432
	25 288	4 913	9 385	14 122	13 250	40 458
ブラジル	1 330 225	420 052	481 556	240 003	262 997	2 208 838
	911 009	296 656	230 765	243 288	233 152	1 448 566
	980 935	307 245	304 415	323 362	306 975	1 608 981
ベネズエラ	220 118	44 144	86 526	112 355	69 336	393 806
	97 801	9 512	12 313	24 356	51 475	106 499
	98 196	9 425	12 301	29 554	49 964	111 813
ペルー	91 075	15 529	35 053	41 051	35 180	147 528
	129 357	32 416	37 446	45 143	42 659	201 703
	135 498	31 262	50 539	64 933	58 980	223 252
ボリビア	12 241	5) 2 718	3 342	8 093	6 745	19 650
	25 436	5) 7 230	5 780	7 426	9 242	36 630
	27 154	5) 7 813	6 803	11 243	12 605	40 408
オセアニア						
オーストラリア	701 593	241 761	344 310	278 922	265 491	1 301 097
	725 247	319 303	325 894	316 056	254 774	1 431 725
	846 032	381 854	403 249	447 720	345 896	1 734 532
ニュージーランド	84 728	28 866	29 560	44 356	40 993	146 518
	122 030	43 690	47 318	46 404	47 228	212 214
	144 921	54 262	61 316	56 314	66 383	250 451
パプアニューギニア	8 813	2 149	3 470	9 068	9 249	14 251
	13 820	5 402	1 900	11 688	8 962	23 848
	15 696	6 093	2 111	12 199	9 504	26 595

国連“National Accounts – Analysis of Main Aggregates”（2023年5月12日閲覧）より作成。1）総固定資本形成および在庫品変動。2）国により統計上の不突合を含む。3）対家計民間非営利団体を含む。4）ザンジバルを除く。5）一般政府による個人消費向け支出（教育費や医療費等が該当）を除く。6）クリミアとセバストポリを除く。7）モンテネグロとの輸出入を含む。

表 4-8　産業活動別国内総生産（Ⅰ）（名目）（アジア）（単位　百万ドル）

	アラブ首長国連邦			イスラエル	
	2020	2021		2020	2021
農林水産業‥	3 297	3 557	農林水産業‥	4 697	5 138
鉱工業‥‥‥	113 018	156 597	鉱工業‥‥‥	52 593	60 085
うち製造業 ‥‥	37 092	41 126	うち製造業 ‥‥	46 099	53 130
建設業‥‥‥	35 905	32 397	建設業‥‥‥	23 077	27 811
卸売・小売業	55 091	60 785	卸売・小売業	39 462	47 348
運輸・通信業	29 011	29 801	運輸・通信業	55 058	67 974
サービス業‥	120 897	122 331	サービス業‥	196 148	228 724
産業計‥‥	357 219	405 468	産業計‥‥	371 033	437 079
国内総生産×	**357 219**	**405 468**	国内総生産×	**407 101**	**481 591**

	イラン			インド	
	2020	2021		2020	2021
農林水産業‥	67 453	74 688	農林水産業‥	487 114	538 443
鉱工業‥‥‥	171 751	185 659	鉱工業‥‥‥	477 974	596 211
うち製造業 ‥‥	105 763	102 056	うち製造業 ‥‥	365 648	447 430
建設業‥‥‥	16 897	22 206	建設業‥‥‥	177 546	232 568
卸売・小売業	60 620	68 557	卸売・小売業	249 171	306 023
運輸・通信業	43 091	49 062	運輸・通信業	137 659	171 383
サービス業‥	155 044	174 252	サービス業‥	907 502	1 043 625
産業計‥‥	514 856	574 424	産業計‥‥	2 436 966	2 888 254
国内総生産×	**543 654**	**594 892**	国内総生産×	**2 672 204**	**3 201 471**

	インドネシア			韓国	
	2020	2021		2020	2021
農林水産業‥	145 066	157 521	農林水産業‥	29 034	32 410
鉱工業‥‥‥	291 632	348 936	鉱工業‥‥‥	445 530	494 284
うち製造業 ‥‥	210 396	228 325	うち製造業 ‥‥	407 465	461 107
建設業‥‥‥	113 334	123 826	建設業‥‥‥	89 499	93 301
卸売・小売業	163 774	182 609	卸売・小売業	145 861	157 919
運輸・通信業	95 016	102 626	運輸・通信業	121 475	143 408
サービス業‥	211 225	222 623	サービス業‥	670 046	730 479
産業計‥‥	1 020 047	1 138 141	産業計‥‥	1 501 445	1 651 802
国内総生産×	**1 058 689**	**1 186 093**	国内総生産×	**1 644 313**	**1 810 966**

産業活動別国内総生産（Ⅱ）（名目）（アジア）（単位　百万ドル）

	サウジアラビア		シンガポール	
	2020	2021	2020	2021
農林水産業	17 879	19 267	115	133
鉱工業	239 128	333 932	73 283	88 018
うち製造業	85 215	108 820	68 902	83 663
建設業	42 959	45 513	8 371	10 845
卸売・小売業	71 179	76 680	67 998	77 260
運輸・通信業	43 347	45 672	37 265	43 964
サービス業	264 112	266 860	142 185	154 482
産業計	678 603	787 924	329 216	374 702
国内総生産×	**703 368**	**833 541**	**345 286**	**396 992**

	タイ		中国	
	2020	2021	2020	2021
農林水産業	43 461	43 250	1 179 528	1 345 563
鉱工業	152 623	162 222	4 534 320	5 777 279
うち製造業	127 369	136 682	3 860 701	4 865 843
建設業	13 486	13 733	1 049 806	1 242 655
卸売・小売業	103 963	100 602	1 613 900	1 990 166
運輸・通信業	37 721	37 323	1 142 293	1 411 351
サービス業	148 429	148 852	5 167 895	5 967 117
産業計	499 682	505 982	14 687 744	17 734 131
国内総生産×	**500 225**	**505 982**	**14 687 744**	**17 734 131**

	トルコ		日本	
	2020	2021	2020	2021
農林水産業	48 030	45 400	52 632	51 411
鉱工業	164 061	213 340	1 164 078	1 150 890
うち製造業	137 822	181 888	995 309	995 197
建設業	37 801	41 492	298 402	275 686
卸売・小売業	104 141	128 239	724 958	732 875
運輸・通信業	76 710	94 604	476 341	491 278
サービス業	209 565	209 230	2 299 831	2 206 705
産業計	640 309	732 304	5 016 243	4 908 845
国内総生産×	**720 289**	**819 034**	**5 040 108**	**4 940 878**

産業活動別国内総生産（Ⅲ）（名目）（アジア）（単位　百万ドル）

	パキスタン			バングラデシュ	
	2020	2021		2020	2021
農林水産業‥	64 197	77 658	農林水産業‥	44 826	48 266
鉱工業……	46 924	55 880	鉱工業……	89 025	100 681
うち製造業 …	33 535	40 799	うち製造業 …	76 947	88 108
建設業……	7 683	8 497	建設業……	33 920	37 550
卸売・小売業	52 204	63 235	卸売・小売業	56 765	63 174
運輸・通信業	30 314	34 737	運輸・通信業	31 502	34 632
サービス業‥	75 170	80 504	サービス業‥	104 160	115 047
産業計…．	276 491	320 511	産業計…．	360 198	399 350
国内総生産×	**293 752**	**342 501**	国内総生産×	**373 562**	**414 907**

	フィリピン			ベトナム	
	2020	2021		2020	2021
農林水産業‥	36 845	39 678	農林水産業‥	43 866	45 988
鉱工業……	78 954	86 481	鉱工業……	106 578	115 362
うち製造業 …	63 879	69 504	うち製造業 …	83 005	90 134
建設業……	23 783	27 357	建設業……	20 781	21 852
卸売・小売業	71 949	76 916	卸売・小売業	41 060	40 559
運輸・通信業	23 055	25 279	運輸・通信業	29 222	29 540
サービス業‥	127 165	138 375	サービス業‥	74 711	80 779
産業計…．	361 751	394 086	産業計…．	316 218	334 080
国内総生産×	**361 751**	**394 086**	国内総生産×	**346 616**	**366 138**

	（香港）			マレーシア	
	2020	2021		2020	2021
農林水産業‥	341	334	農林水産業‥	27 616	35 829
鉱工業……	7 844	8 247	鉱工業……	107 384	127 227
うち製造業 …	3 290	3 493	うち製造業 …	75 083	87 553
建設業……	13 441	13 617	建設業……	13 688	13 404
卸売・小売業	65 510	74 884	卸売・小売業	67 372	69 406
運輸・通信業	26 776	28 540	運輸・通信業	32 408	34 558
サービス業‥	216 113	224 874	サービス業‥	84 792	88 155
産業計…．	330 026	350 495	産業計…．	333 259	368 579
国内総生産×	**344 930**	**369 174**	国内総生産×	**337 008**	**372 702**

産業活動別国内総生産（Ⅳ）（名目）（アフリカ）（単位　百万ドル）

	アルジェリア			アンゴラ	
	2020	2021		2020	2021
農林水産業‥	20 090	19 904	農林水産業‥	5 453	8 101
鉱工業‥‥‥	30 019	46 391	鉱工業‥‥‥	20 530	29 112
うち製造業 ‥‥	6 945	7 029	うち製造業 ‥‥	3 872	4 613
建設業‥‥‥	18 025	18 180	建設業‥‥‥	4 512	4 407
卸売・小売業	19 804	21 305	卸売・小売業	11 367	14 887
運輸・通信業	16 133	15 738	運輸・通信業	1 220	1 434
サービス業‥	36 193	35 863	サービス業‥	11 751	12 550
産業計‥‥	140 263	157 380	産業計‥‥	54 832	70 491
国内総生産×	**145 744**	**163 473**	国内総生産×	**54 821**	**70 533**

	エジプト			エチオピア	
	2020	2021		2020	2021
農林水産業‥	42 977	48 711	農林水産業‥	34 357	37 299
鉱工業‥‥‥	95 147	102 072	鉱工業‥‥‥	6 082	5 978
うち製造業 ‥‥	60 848	65 953	うち製造業 ‥‥	5 124	4 572
建設業‥‥‥	23 776	30 758	建設業‥‥‥	16 240	15 714
卸売・小売業	59 681	65 656	卸売・小売業	14 997	14 874
運輸・通信業	32 370	38 551	運輸・通信業	4 017	4 195
サービス業‥	100 255	119 297	サービス業‥	16 570	17 202
産業計‥‥	354 206	405 045	産業計‥‥	92 263	95 263
国内総生産×	**371 530**	**425 906**	国内総生産×	**96 611**	**99 269**

	ガーナ			ケニア	
	2020	2021		2020	2021
農林水産業‥	13 206	15 586	農林水産業‥	22 772	24 749
鉱工業‥‥‥	16 440	17 305	鉱工業‥‥‥	10 474	11 024
うち製造業 ‥‥	7 672	8 462	うち製造業 ‥‥	7 662	7 994
建設業‥‥‥	4 487	5 048	建設業‥‥‥	7 047	7 729
卸売・小売業	12 673	14 177	卸売・小売業	8 871	9 830
運輸・通信業	7 215	8 926	運輸・通信業	13 401	15 304
サービス業‥	11 763	13 220	サービス業‥	32 009	34 909
産業計‥‥	65 784	74 262	産業計‥‥	94 573	103 546
国内総生産×	**70 043**	**79 083**	国内総生産×	**100 667**	**110 347**

産業活動別国内総生産（V）（名目）（アフリカ）（単位　百万ドル）

	コートジボワール			コンゴ民主共和国	
	2020	2021		2020	2021
農林水産業‥	12 261	14 233	農林水産業‥	9 552	10 486
鉱工業‥‥‥	10 559	12 109	鉱工業‥‥‥	17 549	22 662
うち製造業 ‥‥	6 924	8 146	うち製造業 ‥‥	8 686	9 407
建設業‥‥‥	2 257	2 565	建設業‥‥‥	488	558
卸売・小売業	8 103	9 173	卸売・小売業	6 248	6 318
運輸・通信業	6 090	6 784	運輸・通信業	4 100	4 661
サービス業‥	17 861	20 235	サービス業‥	6 366	6 796
産業計‥‥	57 131	65 099	産業計‥‥	44 304	51 482
国内総生産×	**61 349**	**69 765**	国内総生産×	**45 308**	**52 850**

	タンザニア			ナイジェリア	
	2020	2021		2020	2021
農林水産業‥	17 421	18 380	農林水産業‥	103 792	100 651
鉱工業‥‥‥	10 297	11 089	鉱工業‥‥‥	88 881	94 748
うち製造業 ‥‥	5 462	5 499	うち製造業 ‥‥	54 456	62 961
建設業‥‥‥	9 297	9 733	建設業‥‥‥	32 439	40 594
卸売・小売業	6 295	6 864	卸売・小売業	62 560	60 642
運輸・通信業	5 828	6 051	運輸・通信業	54 202	51 768
サービス業‥	11 947	12 771	サービス業‥	82 651	76 284
産業計‥‥	61 084	64 888	産業計‥‥	424 525	424 687
国内総生産×	**65 892**	**70 297**	国内総生産×	**429 899**	**430 923**

	南アフリカ共和国			モロッコ	
	2020	2021		2020	2021
農林水産業‥	8 510	10 340	農林水産業‥	12 941	17 195
鉱工業‥‥‥	70 296	93 134	鉱工業‥‥‥	24 842	29 247
うち製造業 ‥‥	39 375	49 382	うち製造業 ‥‥	18 418	21 920
建設業‥‥‥	8 277	9 541	建設業‥‥‥	6 763	8 014
卸売・小売業	39 768	50 837	卸売・小売業	14 221	17 785
運輸・通信業	22 469	26 914	運輸・通信業	7 000	7 920
サービス業‥	156 259	186 305	サービス業‥	43 333	47 950
産業計‥‥	305 580	377 071	産業計‥‥	109 100	128 111
国内総生産×	**337 620**	**419 016**	国内総生産×	**121 348**	**142 867**

産業活動別国内総生産（Ⅵ）（名目）（ヨーロッパ）（単位　百万ドル）

	アイルランド			イギリス	
	2020	2021		2020	2021
農林水産業‥	3 966	5 131	農林水産業‥	17 412	21 132
鉱工業‥‥‥	150 372	180 229	鉱工業‥‥‥	322 763	381 200
うち製造業 ‥‥	144 982	174 523	うち製造業 ‥‥	235 799	274 872
建設業‥‥‥	9 342	10 311	建設業‥‥‥	136 792	166 332
卸売・小売業	31 156	34 362	卸売・小売業	307 750	358 426
運輸・通信業	73 164	92 451	運輸・通信業	237 331	275 851
サービス業‥	134 117	152 325	サービス業‥	1 418 434	1 603 547
産業計‥‥	402 116	474 808	産業計‥‥	2 440 482	2 806 488
国内総生産×	**425 852**	**504 183**	国内総生産×	**2 704 609**	**3 131 378**

	イタリア			ウクライナ[1)]	
	2020	2021		2020	2021
農林水産業‥	38 104	40 667	農林水産業‥	14 581	21 275
鉱工業‥‥‥	332 885	379 881	鉱工業‥‥‥	28 146	41 379
うち製造業 ‥‥	276 510	314 096	うち製造業 ‥‥	15 821	20 614
建設業‥‥‥	75 752	94 195	建設業‥‥‥	4 431	5 564
卸売・小売業	245 630	283 109	卸売・小売業	22 969	29 070
運輸・通信業	152 569	166 628	運輸・通信業	17 503	20 143
サービス業‥	870 774	924 991	サービス業‥	46 904	54 509
産業計‥‥	1 715 714	1 889 472	産業計‥‥	134 535	171 941
国内総生産×	**1 896 755**	**2 107 703**	国内総生産×	**156 618**	**200 086**

	オーストリア			オランダ	
	2020	2021		2020	2021
農林水産業‥	4 724	5 823	農林水産業‥	14 548	15 668
鉱工業‥‥‥	84 590	92 957	鉱工業‥‥‥	118 782	135 484
うち製造業 ‥‥	71 429	79 481	うち製造業 ‥‥	98 498	109 667
建設業‥‥‥	27 616	31 141	建設業‥‥‥	43 679	47 428
卸売・小売業	59 338	66 613	卸売・小売業	128 233	145 421
運輸・通信業	35 408	37 960	運輸・通信業	78 945	89 204
サービス業‥	178 948	195 244	サービス業‥	426 348	468 711
産業計‥‥	390 624	429 738	産業計‥‥	810 534	901 915
国内総生産×	**435 225**	**480 368**	国内総生産×	**909 793**	**1 012 847**

産業活動別国内総生産（Ⅶ）（名目）（ヨーロッパ）（単位　百万ドル）

	ギリシャ			スイス	
	2020	2021		2020	2021
農林水産業‥	8 007	8 317	農林水産業‥	5 186	5 069
鉱工業‥‥‥	25 222	29 443	鉱工業‥‥‥	152 747	169 183
うち製造業‥‥	16 474	18 583	うち製造業‥‥	136 457	153 132
建設業‥‥‥	3 063	3 460	建設業‥‥‥	37 163	39 254
卸売・小売業	28 569	35 123	卸売・小売業	119 233	131 923
運輸・通信業	15 540	18 993	運輸・通信業	57 463	64 280
サービス業‥	85 317	92 328	サービス業‥	359 817	380 761
産業計‥‥	165 719	187 663	産業計‥‥	731 609	790 471
国内総生産×	**188 926**	**214 874**	国内総生産×	**752 248**	**812 867**

	スウェーデン			スペイン	
	2020	2021		2020	2021
農林水産業‥	7 272	8 200	農林水産業‥	36 663	37 275
鉱工業‥‥‥	84 781	106 032	鉱工業‥‥‥	186 401	218 591
うち製造業‥‥	67 620	80 588	うち製造業‥‥	140 656	164 652
建設業‥‥‥	33 332	37 900	建設業‥‥‥	70 679	71 987
卸売・小売業	58 025	65 557	卸売・小売業	189 149	232 993
運輸・通信業	63 782	74 237	運輸・通信業	89 408	102 121
サービス業‥	238 394	272 182	サービス業‥	592 815	627 311
産業計‥‥	485 586	564 107	産業計‥‥	1 165 114	1 290 279
国内総生産×	**547 054**	**635 664**	国内総生産×	**1 276 963**	**1 427 381**

	スロバキア			チェコ	
	2020	2021		2020	2021
農林水産業‥	1 846	2 032	農林水産業‥	4 823	5 200
鉱工業‥‥‥	23 675	26 592	鉱工業‥‥‥	62 843	70 963
うち製造業‥‥	19 323	22 999	うち製造業‥‥	52 521	59 400
建設業‥‥‥	6 378	6 256	建設業‥‥‥	12 639	14 325
卸売・小売業	11 976	13 711	卸売・小売業	27 190	31 230
運輸・通信業	10 813	11 940	運輸・通信業	27 438	32 321
サービス業‥	40 970	43 260	サービス業‥	88 942	102 004
産業計‥‥	95 657	103 791	産業計‥‥	223 874	256 043
国内総生産×	**106 697**	**116 527**	国内総生産×	**245 975**	**281 778**

産業活動別国内総生産（Ⅷ）（名目）（ヨーロッパ）（単位　百万ドル）

	デンマーク			ドイツ	
	2020	2021		2020	2021
農林水産業‥	4 836	3 454	農林水産業‥	29 268	36 240
鉱工業‥‥‥	54 109	57 701	鉱工業‥‥‥	844 350	926 299
うち製造業 ‥‥	46 860	47 622	うち製造業 ‥‥	727 553	803 213
建設業‥‥‥	16 932	19 252	建設業‥‥‥	191 123	212 659
卸売・小売業	45 674	52 452	卸売・小売業	401 479	437 879
運輸・通信業	32 270	43 441	運輸・通信業	322 324	367 126
サービス業‥	154 790	169 767	サービス業‥	1 738 516	1 873 836
産業計‥‥	308 611	346 066	産業計‥‥	3 527 059	3 854 039
国内総生産×	**355 222**	**398 303**	国内総生産×	**3 889 669**	**4 259 935**

	ノルウェー			ハンガリー	
	2020	2021		2020	2021
農林水産業‥	6 539	7 780	農林水産業‥	5 331	6 100
鉱工業‥‥‥	72 049	145 190	鉱工業‥‥‥	30 789	34 686
うち製造業 ‥‥	23 577	26 493	うち製造業 ‥‥	27 226	30 827
建設業‥‥‥	22 245	26 159	建設業‥‥‥	7 558	9 415
卸売・小売業	31 576	37 981	卸売・小売業	16 029	19 071
運輸・通信業	29 366	32 997	運輸・通信業	14 505	16 440
サービス業‥	157 539	182 173	サービス業‥	58 454	68 164
産業計‥‥	319 314	432 279	産業計‥‥	132 665	153 877
国内総生産×	**362 198**	**482 175**	国内総生産×	**157 182**	**181 848**

	フィンランド			フランス	
	2020	2021		2020	2021
農林水産業‥	6 676	6 826	農林水産業‥	41 424	48 515
鉱工業‥‥‥	47 180	53 235	鉱工業‥‥‥	310 860	344 278
うち製造業 ‥‥	38 747	43 637	うち製造業 ‥‥	244 567	262 643
建設業‥‥‥	18 139	19 919	建設業‥‥‥	124 457	148 380
卸売・小売業	24 635	26 787	卸売・小売業	290 149	327 869
運輸・通信業	23 651	25 803	運輸・通信業	236 310	282 967
サービス業‥	115 133	125 238	サービス業‥	1 351 405	1 469 858
産業計‥‥	235 415	257 807	産業計‥‥	2 354 605	2 621 866
国内総生産×	**271 892**	**297 302**	国内総生産×	**2 639 009**	**2 957 880**

産業活動別国内総生産（IX）（名目）（ヨーロッパ）（単位　百万ドル）

	ベルギー			ポーランド	
	2020	2021		2020	2021
農林水産業‥	3 943	3 940	農林水産業‥	15 399	15 111
鉱工業‥‥‥	77 170	87 824	鉱工業‥‥‥	130 506	148 473
うち製造業‥‥	64 559	73 193	うち製造業‥‥	98 742	113 608
建設業‥‥‥	25 151	28 739	建設業‥‥‥	39 426	40 853
卸売・小売業	57 095	67 601	卸売・小売業	94 239	106 715
運輸・通信業	47 249	52 718	運輸・通信業	55 532	63 242
サービス業‥	260 735	288 309	サービス業‥	192 897	216 645
産業計‥‥	471 342	529 132	産業計‥‥	527 998	591 039
国内総生産×	**525 212**	**594 104**	国内総生産×	**599 443**	**679 442**

	ポルトガル			ルーマニア	
	2020	2021		2020	2021
農林水産業‥	4 979	5 556	農林水産業‥	10 504	12 357
鉱工業‥‥‥	34 955	39 297	鉱工業‥‥‥	50 263	60 320
うち製造業‥‥	27 525	31 523	うち製造業‥‥	39 865	44 211
建設業‥‥‥	9 478	10 572	建設業‥‥‥	16 469	18 610
卸売・小売業	34 671	38 549	卸売・小売業	30 975	36 563
運輸・通信業	15 411	17 304	運輸・通信業	30 945	35 404
サービス業‥	100 125	108 391	サービス業‥	88 838	93 370
産業計‥‥	199 619	219 670	産業計‥‥	227 993	256 625
国内総生産×	**229 032**	**253 663**	国内総生産×	**251 363**	**284 086**

	ルクセンブルク			ロシア	
	2020	2021		2020	2021
農林水産業‥	157	167	農林水産業‥	59 563	67 533
鉱工業‥‥‥	4 608	5 082	鉱工業‥‥‥	354 595	467 784
うち製造業‥‥	3 720	4 147	うち製造業‥‥	202 739	260 582
建設業‥‥‥	3 777	4 501	建設業‥‥‥	89 063	121 458
卸売・小売業	6 720	7 476	卸売・小売業	230 820	259 759
運輸・通信業	7 482	8 389	運輸・通信業	103 080	116 163
サービス業‥	44 826	51 963	サービス業‥	502 442	566 246
産業計‥‥	67 571	77 577	産業計‥‥	1 339 563	1 598 943
国内総生産×	**73 993**	**85 506**	国内総生産×	**1 489 362**	**1 778 782**

産業活動別国内総生産（X）（名目）（北中アメリカ）（単位　百万ドル）

	アメリカ合衆国			カナダ	
	2020	2021		2020	2021
農林水産業‥	162 200	206 600	農林水産業‥	29 683	35 298
鉱工業‥‥‥	2 841 500	3 274 600	鉱工業‥‥‥	277 239	336 353
うち製造業‥‥	2 241 800	2 496 800	うち製造業‥‥	161 270	195 652
建設業‥‥‥	894 400	945 300	建設業‥‥‥	116 274	140 507
卸売・小売業	2 992 500	3 522 100	卸売・小売業	194 807	235 298
運輸・通信業	2 215 600	2 494 300	運輸・通信業	119 167	144 139
サービス業‥	11 954 400	12 872 100	サービス業‥	796 291	962 511
産業計‥‥	21 060 600	23 315 000	産業計‥‥	1 533 459	1 854 105
国内総生産×	**21 060 474**	**23 315 081**	国内総生産×	**1 645 423**	**1 988 336**

	キューバ			グアテマラ	
	2020	2021		2020	2021
農林水産業‥	2 965	2 684	農林水産業‥	7 682	8 080
鉱工業‥‥‥	13 902	12 675	鉱工業‥‥‥	13 215	14 483
うち製造業‥‥	12 020	10 983	うち製造業‥‥	10 959	12 037
建設業‥‥‥	10 808	11 654	建設業‥‥‥	3 990	4 637
卸売・小売業	21 748	21 632	卸売・小売業	17 160	19 532
運輸・通信業	7 288	6 802	運輸・通信業	5 179	5 731
サービス業‥	49 879	81 153	サービス業‥	25 957	28 163
産業計‥‥	106 590	136 600	産業計‥‥	73 184	80 625
国内総生産×	**107 352**	**126 694**	国内総生産×	**77 626**	**85 986**

	ドミニカ共和国			メキシコ	
	2020	2021		2020	2021
農林水産業‥	4 763	5 340	農林水産業‥	41 391	49 503
鉱工業‥‥‥	14 226	17 312	鉱工業‥‥‥	294 838	333 338
うち製造業‥‥	11 389	14 287	うち製造業‥‥	189 453	230 068
建設業‥‥‥	9 650	13 470	建設業‥‥‥	69 643	89 567
卸売・小売業	11 611	15 246	卸売・小売業	217 942	271 194
運輸・通信業	7 265	8 739	運輸・通信業	75 879	94 029
サービス業‥	26 227	27 500	サービス業‥	322 318	357 365
産業計‥‥	73 742	87 606	産業計‥‥	1 022 013	1 194 996
国内総生産×	**78 845**	**94 243**	国内総生産×	**1 090 515**	**1 272 839**

産業活動別国内総生産（XI）（名目）（南アメリカ）（単位　百万ドル）

	アルゼンチン			コロンビア	
	2020	2021		2020	2021
農林水産業‥	26 187	29 352	農林水産業‥	19 978	23 361
鉱工業‥‥‥	73 664	93 153	鉱工業‥‥‥	50 851	63 789
うち製造業 ‥‥	53 094	63 841	うち製造業 ‥‥	29 387	36 211
建設業‥‥‥	12 409	17 865	建設業‥‥‥	13 448	14 850
卸売・小売業	61 233	75 741	卸売・小売業	34 266	42 756
運輸・通信業	19 953	27 390	運輸・通信業	18 866	21 597
サービス業‥	126 962	161 923	サービス業‥	108 758	117 914
産業計‥‥	320 408	405 424	産業計‥‥	246 167	284 268
国内総生産×	**385 540**	**487 227**	国内総生産×	**270 300**	**314 464**

	チリ			ブラジル	
	2020	2021		2020	2021
農林水産業‥	10 322	10 415	農林水産業‥	84 308	110 880
鉱工業‥‥‥	60 613	81 279	鉱工業‥‥‥	235 960	248 284
うち製造業 ‥‥	22 512	27 447	うち製造業 ‥‥	157 839	167 961
建設業‥‥‥	15 105	19 383	建設業‥‥‥	51 971	55 140
卸売・小売業	25 376	34 089	卸売・小売業	182 886	198 617
運輸・通信業	20 090	24 881	運輸・通信業	99 087	103 355
サービス業‥	96 387	114 292	サービス業‥	625 071	653 462
産業計‥‥	227 893	284 339	産業計‥‥	1 279 284	1 369 737
国内総生産×	**252 727**	**317 059**	国内総生産×	**1 448 566**	**1 608 981**

	ベネズエラ			ペルー	
	2020	2021		2020	2021
農林水産業‥	5 335	5 703	農林水産業‥	15 536	15 561
鉱工業‥‥‥	46 315	48 717	鉱工業‥‥‥	47 236	61 083
うち製造業 ‥‥	15 693	16 722	うち製造業 ‥‥	24 593	29 351
建設業‥‥‥	3 007	2 517	建設業‥‥‥	13 587	17 150
卸売・小売業	23 844	25 569	卸売・小売業	26 701	29 542
運輸・通信業	6 539	7 161	運輸・通信業	16 439	17 488
サービス業‥	16 775	16 397	サービス業‥	66 546	62 840
産業計‥‥	101 814	106 064	産業計‥‥	186 045	203 665
国内総生産×	**106 499**	**111 813**	国内総生産×	**201 703**	**223 252**

産業活動別国内総生産（XII）（名目）（オセアニア）（単位　百万ドル）

	オーストラリア			ニュージーランド	
	2020	2021		2020	2021
農林水産業‥	33 024	55 031	農林水産業‥	12 188	14 241
鉱工業‥‥‥	265 446	364 706	鉱工業‥‥‥	29 043	34 079
うち製造業 ‥‥	79 444	94 036	うち製造業 ‥‥	21 200	24 850
建設業‥‥‥	99 980	118 812	建設業‥‥‥	14 233	16 937
卸売・小売業	146 868	158 871	卸売・小売業	23 875	28 028
運輸・通信業	89 615	103 931	運輸・通信業	14 102	16 567
サービス業‥	703 462	820 030	サービス業‥	100 919	119 590
産業計‥‥	1 338 395	1 621 382	産業計‥‥	194 359	229 443
国内総生産×	**1 431 725**	**1 734 532**	国内総生産×	**212 214**	**250 451**

	パプアニューギニア			フィジー	
	2020	2021		2020	2021
農林水産業‥	4 473	5 146	農林水産業‥	649	624
鉱工業‥‥‥	6 454	7 579	鉱工業‥‥‥	623	633
うち製造業 ‥‥	402	452	うち製造業 ‥‥	490	499
建設業‥‥‥	1 427	1 517	建設業‥‥‥	133	93
卸売・小売業	2 734	2 887	卸売・小売業	533	473
運輸・通信業	888	1 000	運輸・通信業	303	308
サービス業‥	6 879	7 294	サービス業‥	1 556	1 530
産業計‥‥	22 855	25 422	産業計‥‥	3 797	3 660
国内総生産×	**23 848**	**26 595**	国内総生産×	**4 477**	**4 296**

国連“National Accounts－Analysis of Main Aggregates”（2023年5月15日閲覧）より作成。農林水産業には狩猟業を含む。鉱工業には電気・ガス・水道業を含む。卸売・小売業には飲食・宿泊業、自動車・家庭用品等修理業を含む。運輸・通信業には倉庫業を含む。サービス業は表中に掲げた項目以外の産業で、教育、保健・衛生、社会事業、その他サービス産業のほか、金融・保険業、不動産業、物品賃貸業および対事業所サービス業、公務などを含む。ただし、国によっては分類が一部異なる場合がある。1）クリミアおよびセバストポリを除く。×国内総生産には産業計のほか、輸入品に課される税・関税、（控除）総資本形成に係る消費税、（控除）帰属利子、統計上の不突合が含まれる。なお、国によっては産業計が国内総生産の場合がある。

第5章　資源とエネルギー

2020年はコロナ禍に伴う行動制限などによって、世界のエネルギー需要は大きく落ち込んだ。2021年には各国で行動制限の解除が進んだほか、コロナ禍対応で行われた経済刺激策に伴い、エネルギー需要が急速に回復した。化石燃料の価格はコロナ禍以前を上回る水準に上昇したが、この要因の一つに開発投資の停滞がある。各国が年限を定めてカーボンニュートラルを目標とするなかで、化石燃料は将来的な需要動向が不透明で、開発投資が抑えられて供給力に影響を与えている。

燃料価格の上昇は、特に天然ガスでみられた。比較的クリーンとされる天然ガスは、脱炭素社会を目指すなかで欧米を中心に石炭からの転換が進んでいたこともあって、コロナ禍でも需要の減小が限定的であった。欧州各国はロシアからパイプラインを用いて天然ガスを大量に輸入し、ロシアに対するエネルギー依存度を高めていた。

そのなかで、2022年2月にロシアがウクライナに侵攻した。欧米を中心にロシアに経済制裁が行われ、ロシア産石炭の禁輸や、その後一定価格を超えるロシア産原油を購入しないプライスキャップ制度を導入した。一方、ロシアは天然ガスの支払いをルーブルに限定して、拒絶国への供給を停止したほか、ドイツを経由する海底パイプラインのノルドストリーム1を点検や技術的な問題で停止、その後損傷したことで供給再開の見通しが立っていない。また、個々の契約でプライスキャップ制度を規定する国には、2023年2月以降輸出を禁止している。

欧州では、天然ガス供給不足に対して、再生可能エネルギーへの迅速な移行を目指すほか、エネルギー供給源の多様化を目指すこととなり、特にLNG（液化天然ガス）の調達を強めた。LNG需要が高まり、世界的にLNG争奪戦とよばれる事態となったが、マレーシアなど供給国側で災害や事故に伴い供給が制限されて、LNG価格が高騰した。この影響で、バングラデシュやパキスタンなどではLNGを十分に調達できず、計画停電を行わざるを得ない状態になった。中国はLNG輸入量を大きく減らし、国産の天然ガスや石炭の生産量を増やしたほか、パイプラインを用いてロシアから天然ガス輸入量を増やしている。

原油や天然ガスの国際価格の高騰は、各国の激しいインフレの大きな要因となったが、2022年８月頃をピークに落ち着いてきた。これは、欧州でガス貯蔵を進めてきたことや、2022～23年の暖冬、エネルギー源の転換が進んだことによる。とはいえ、世界的なLNG争奪戦は今後も続くとみられ、新たなガス田開発投資を求める声が高まっている。

一方、脱炭素社会を目指す動きは世界的に進んでいる。ヨーロッパでは化石燃料を使った機器からの転換や、電気自動車（EV）導入が加速している。これまで対策に消極的だったアメリカでも、2022年のインフレ抑制法でクリーンエネルギー導入や自国製EVの普及を目指している。

これらに必要な電池の材料であるリチウムやコバルトは、中国が権益を持つものが多く、コバルト生産量で世界の７割を占めるコンゴ民主共和国では中国企業が主権益を持つものが約半分を占める。リチウムでは、世界生産量の半数を占めるオーストラリアは、ほぼ全量を中国に輸出している。米中摩擦が続くなかで、中国はEVの安定的な生産のために権益をさらに確保する方針であるが、資源国では近年、鉱物資源の統制が強化される傾向にある。また、各国の自動車メーカーは鉱業への関与を強めるほか、鉱業ベンチャーが登場し、新鉱床の開発を進めている。

水素の色

脱炭素社会を目指す上で、燃焼時にCO_2（二酸化炭素）を生じない水素の活用が期待される。ただし、化石燃料を原料する水素は、製造時にCO_2が生じるため「グレー水素」などと呼んで区別する。太陽光や風力など再生可能エネルギーを利用したものは「グリーン水素」、化石燃料を使用するもののCO_2を回収・貯蔵したものは「ブルー水素」と呼ばれる。

地中の天然水素は「ホワイト水素」と呼ばれ、存在自体が疑問視されていたが、2012年にマリ共和国で水素純度98％のガス田が確認されて各地で探索が始まった。アメリカ地質調査所は、世界で数千年分の埋蔵量があり、さらに岩石中の鉄分と水の化学反応により常に新たな水素が生成されると予測するが、ほとんどは経済的に回収できないとみている。

図 5-1　各種金属鉱の主要生産国（2020年）

鉱種	生産量	1位	2位	3位	4位	5位	
金鉱1)	3090t	中国 10.6%	ロシア 10.3	オーストラリア 10.2	カナダ 7.2	アメリカ合衆国 6.1	その他
銀鉱	2.37万t	メキシコ 23.4%	中国 14.3	ペルー 11.7	チリ 6.6	ロシア 5.8	その他
鉄鉱石	15.2億t	オーストラリア 37.1%	ブラジル 16.2	中国 14.8	インド 8.4	ロシア 4.6	その他
ボーキサイト	3.91億t	オーストラリア 26.7%	中国 23.7	ギニア 22.0	ブラジル 7.9	インドネシア 5.3	その他
銅鉱2)	2040万t	チリ 28.4%	ペルー 12.0	中国 8.3	コンゴ民主共和国 6.3	アメリカ合衆国 6.2	その他
鉛鉱2)	472万t	中国 42.6%	オーストラリア 10.8	ペルー 6.5	アメリカ合衆国 5.8	メキシコ 5.5	その他
亜鉛鉱1)	1270万t	中国 32.6%	ペルー 12.1	オーストラリア 10.4	インド 6.1	メキシコ 5.7	その他
すず鉱	26.4万t	中国 31.8%	インドネシア 20.1	ミャンマー 11.0	ペルー 7.8	コンゴ民主共和国 6.6	その他
ニッケル鉱2)	261万t	インドネシア 32.7%	フィリピン 12.4	ロシア 10.7	(ニューカレドニア) 8.0	カナダ 7.0	その他
クロム鉱1)3)	4220万t	南アフリカ共和国 44.0%	トルコ 16.5	カザフスタン 15.4	インド 10.1	フィンランド 5.4	その他
マンガン鉱1)	2010万t	南アフリカ共和国 35.8%	ガボン 21.6	オーストラリア 16.2			その他
タングステン鉱2)	8.38万t	中国 82.3%	ベトナム 5.4				その他
モリブデン鉱1)	25.5万t	中国 37.4%	チリ 19.4	アメリカ合衆国 16.1	ペルー 13.4	メキシコ 6.4	その他

0%　10　20　30　40　50　60　70　80　90　100

資料は本章の各表を参照。金属含有量（ボーキサイトを除く）。1）2021年。2）2019年。3）クロマイト（クロム鉄鉱）の精鉱生産量。

図 5-2 各種金属鉱の主要埋蔵国（2022年）

鉱種	1位	2位	3位	4位	5位	
金鉱 5.2万t	オーストラリア 16.2%	ロシア 13.1	南アフリカ共和国 9.6	アメリカ合衆国 5.8	ペルー 5.6	その他
銀鉱 55万t	ペルー 17.8%	オーストラリア 16.7	中国 12.9	ポーランド 11.8	ロシア 8.2	その他
鉄鉱石 850億t	オーストラリア 31.8%	ブラジル 17.6	ロシア 16.5	中国 8.1		その他
ボーキサイト 310億t	ギニア 23.9%	ベトナム 18.7	オーストラリア 16.5	ブラジル 8.7	ジャマイカ 6.5	その他
銅鉱 8.9億t	チリ 21.3%	オーストラリア 10.9	ペルー 9.1	ロシア 7.0	メキシコ 6.0	その他
鉛鉱 8500万t	オーストラリア 43.5%	中国 14.1	ロシア 7.1	メキシコ 6.6	ペルー 6.2	その他
亜鉛鉱 2.1億t	オーストラリア 31.4%	中国 14.8	ロシア 10.5	ペルー 8.1	メキシコ 5.7	その他
すず鉱 460万t	インドネシア 17.4%	中国 15.7	ミャンマー 15.2	オーストラリア 12.4	ロシア 9.3	その他
ニッケル鉱 1.0億t	オーストラリア 21.0%	インドネシア 21.0	ブラジル 16.0	ロシア 7.5	（ニューカレドニア） 7.1	その他
クロム鉱 5.6億t	カザフスタン 41.1%	南アフリカ共和国 35.7	インド 17.9			その他
マンガン鉱 17億t	南アフリカ共和国 37.6%	中国 16.5	オーストラリア 15.9	ブラジル 15.9	ウクライナ 8.2	その他
タングステン鉱 380万t	中国 47.4%	ロシア 10.5				その他
モリブデン鉱 1200万t	中国 30.8%	アメリカ合衆国 22.5	ペルー 20.0	チリ 11.7		その他

0% 10 20 30 40 50 60 70 80 90 100

資料は本表の各表を参照。金属含有量（ボーキサイトを除く）。

表 5-1　金鉱の生産量（金含有量）（単位　t）

	1990	2000	2010	2020	2021	〃 %
中国…………	100.0	180.0	345.0	365.3	329.0	*10.6*
ロシア………	1) 146.0	143.0	189.0	308.6	319.6	*10.3*
オーストラリア·	244.0	296.4	261.0	327.9	315.1	*10.2*
カナダ………	169.0	156.2	102.7	178.1	222.5	*7.2*
アメリカ合衆国·	294.0	353.0	231.0	193.0	187.0	*6.1*
メキシコ……	9.7	26.4	72.6	101.6	120.0	*3.9*
カザフスタン…	1)2) 24.0	28.2	30.3	117.0	116.0	*3.8*
南アフリカ共和国	605.0	430.8	188.7	95.9	107.0	*3.5*
ウズベキスタン·	1) 70.0	85.0	90.0	104.6	100.0	*3.2*
ペルー………	9.1	132.6	164.1	87.5	97.3	*3.1*
ガーナ………	16.8	72.1	76.3	125.6	87.6	*2.8*
ブルキナファソ·	7.8	0.6	3) 22.9	3) 62.1	3) 66.9	*2.2*
インドネシア··4)	11.2	124.6	106.3	65.9	65.9	*2.1*
ブラジル……	102.0	50.4	62.0	79.6	60.7	*2.0*
タンザニア…	3.5	15.1	39.4	55.5	59.6	*1.9*
コロンビア…	29.4	37.0	53.6	48.6	55.3	*1.8*
パプアニューギニア	31.9	74.5	62.9	54.0	54.0	*1.7*
マリ…………	5) 5.2	28.7	36.4	40.0	50.7	*1.6*
スーダン……	0.1	5.8	6) 26.3	6) 35.7	6) 49.7	*1.6*
ボリビア……	5.2	12.0	6.4	23.2	45.7	*1.5*
コンゴ民主共和国	9.3	0.1	12.0	43.0	43.0	*1.4*
トルコ………	7) 1.0	0.5	16.9	38.0	38.0	*1.2*
アルゼンチン…	1.4	26.0	63.1	37.1	35.0	*1.1*
チリ…………	27.5	54.1	39.5	33.9	34.2	*1.1*
（参考）日本…	7.3	8.4	8.5	7.6	7.5	*0.2*
世界計×……	**2 180.0**	**2 570.0**	**2 600.0**	**3 030.0**	**3 090.0**	*100.0*

USGS（アメリカ地質調査所）"Minerals Yearbook" より作成。1）1992年。2）副産物を含む。3）小規模採掘工による生産や副産物としての生産を含まない。4）個人などによる無許可の採掘（近年は20トン程度）を含まない。銅生産に伴う副産物を含む。5）密輸された金を含む可能性がある。6）輸出量。7）卑金属生産に伴う副産物。×その他とも。

表 5-2　白金族の生産（2021年）（単位　t）

	プラチナ	パラジウム	ルテニウム	ロジウム	イリジウム	計1)
南アフリカ共和国	141.63	84.34	31.46	20.88	7.01	285.31
ロシア………	21.00	86.00	1.00	1.65	0.23	109.88
ジンバブエ…	14.73	12.40	1.28	1.33	0.64	30.38
カナダ………	6.00	15.00	—	0.50	—	21.50
アメリカ合衆国·	4.02	13.70	…	…	…	17.72
中国…………	2.30	1.00	…	…	…	3.30
フィンランド…	1.45	1.04	…	…	…	2.48
世界計×……	**192.00**	**214.00**	**33.70**	**24.40**	**7.88**	**472.00**

資料は表5-1に同じ。1）掲載した5元素の合計。×その他とも。

表 5-3 銀鉱の生産（銀含有量）（単位 t）

	1990	2000	2010	2019	2020	〃 %
メキシコ	2 420	2 620	3 499	5 840	5 541	*23.4*
中国	130	1 600	3 500	3 443	3 378	*14.3*
ペルー	1 930	2 438	3 640	3 860	2 772	*11.7*
チリ	655	1 242	1 287	1 309	1 576	*6.6*
ロシア	1) 800	370	1 545	1 407	1 380	*5.8*
オーストラリア	1 170	2 060	1 879	1 325	1 343	*5.7*
ポーランド	832	1 148	1 181	1 249	1 218	*5.1*
アメリカ合衆国	2 120	1 980	1 280	981	1 030	*4.3*
ボリビア	311	434	1 259	1 153	930	*3.9*
アルゼンチン	83	78	723	1 070	768	*3.2*
インド	33	41	146	633	706	*3.0*
カザフスタン	1)2) 500	927	552	422	435	*1.8*
スウェーデン	243	329	302	424	421	*1.8*
インドネシア	67	256	335	487	335	*1.4*
カナダ	3) 1 500	1 212	4) 591	4) 350	4) 295	*1.2*
モロッコ	241	289	243	251	260	*1.1*
ウズベキスタン	1) 55	90	59	219	238	*1.0*
パプアニューギニア	115	73	74	147	132	*0.6*
トルコ	53	110	364	242	98	*0.4*
ポルトガル	42	21	24	95	96	*0.4*
ドミニカ共和国	22	…	23	109	88	*0.4*
(参考) 日本	150	104	5	3	2	*0.0*
世界計×	**16 600**	**18 100**	**23 300**	**25 700**	**23 700**	*100.0*

資料は表5-1に同じ。1）1992年。2）銀の生産量。3）出荷量。4）精鉱中の含有量。×その他とも。

表 5-4 天然ダイヤモンドの生産（単位 千カラット）

	2019	宝飾用	工業用	2020	宝飾用	工業用
ロシア	45 300	25 400	19 900	31 200	17 500	13 700
ボツワナ	23 690	16 600	7 090	16 980	11 900	5 080
カナダ	18 638	…	…	13 104	…	…
コンゴ民主共和国	15 130	3 830	11 300	12 750	2 550	10 200
オーストラリア	12 960	260	12 700	10 919	219	10 700
南アフリカ共和国	7 180	2 870	4 310	8 480	3 390	5 090
アンゴラ	9 145	8 230	915	7 733	6 960	773
ジンバブエ	2 111	211	1 900	2 667	267	2 400
ナミビア	2 018	…	…	1 550	…	…
シエラレオネ	811	649	162	641	513	128
レソト	1 114	…	…	481	…	…
タンザニア	417	313	104	147	110	37
世界計×	**139 000**	**80 700**	**58 500**	**107 000**	**58 900**	**48 200**

資料は表5-1に同じ。1カラットは0.2グラム。×その他とも。

表 5-5　鉄鉱石の生産（鉄含有量）（単位　千t）

	1990	2000	2010	2019	2020	〃 %
オーストラリア・	69 800	104 000	271 000	568 965	564 519	37.1
ブラジル・・・・・・・	99 900	141 000	248 000	258 000	246 791	16.2
中国・・・・・・・・・・・	50 500	73 500	230 000	219 000	225 000	14.8
インド・・・・・・・・・	34 400	48 600	128 000	126 000	127 000	8.4
ロシア・・・・・・・・・	1) 45 000	50 000	57 600	2) 64 287	2) 69 500	4.6
ウクライナ・・・・・	1) 42 000	30 600	38 600	39 500	49 300	3.2
カナダ・・・・・・・・・	22 000	22 700	23 300	35 200	36 100	2.4
南アフリカ共和国	19 700	21 600	36 900	46 100	35 400	2.3
イラン・・・・・・・・・	1 800	6 100	16 500	21 700	32 500	2.1
スウェーデン・・・	12 900	13 600	17 400	27 600	25 400	1.7
アメリカ合衆国・	35 700	39 700	31 300	29 800	24 100	1.6
カザフスタン・・・	1) 9 500	9 200	13 700	11 643	12 673	0.8
チリ・・・・・・・・・・・	5 040	5 460	5 850	8 427	9 891	0.7
メキシコ・・・・・・・	7 110	6 800	8 750	7 141	9 377	0.6
ペルー・・・・・・・・・	2 150	2 810	6 140	10 120	8 894	0.6
トルコ・・・・・・・・・	2 690	2 200	3 250	9 110	8 570	0.6
モーリタニア・・・	6 800	7 500	7 500	7 625	7 822	0.5
モンゴル・・・・・・・	—	—	2 050	5 140	5 530	0.4
シエラレオネ・・・	…	…	—	97	3 500	0.2
マレーシア・・・・・	210	168	2 220	2 600	3 360	0.2
リベリア・・・・・・・	2 490	—	—	2 770	3 050	0.2
ベトナム・・・・・・・	—	165	1 970	3 236	2 777	0.2
ニュージーランド	1 300	808	1 400	3) 2 270	3) 2 270	0.1
インドネシア・・・	84	269	2 830	3) 1 730	3) 1 810	0.1
北朝鮮・・・・・・・・・	4 700	1 100	1 220	1 750	1 750	0.1
アルゼンチン・・・	681	—	…	1 820	1 460	0.1
ノルウェー・・・・・	1 350	369	1 930	1 100	969	0.1
ボスニア・ヘルツェゴビナ・・・	1) 150	182	876	906	892	0.1
オーストリア・・・	653	500	1 293	897	749	0.0
ラオス・・・・・・・・・	…	…	32	292	628	0.0
ギリシャ・・・・・・・	861	575	1 030	524	524	0.0
ベネズエラ・・・・・	13 100	11 100	8 700	685	487	0.0
コロンビア・・・・・	283	363	48	391	382	0.0
エジプト・・・・・・・	1 500	950	1 660	312	347	0.0
韓国・・・・・・・・・・・	180	188	287	192	322	0.0
アルジェリア・・・	1 470	830	771	412	317	0.0
パキスタン・・・・・	—	—	253	201	184	0.0
チュニジア・・・・・	154	98	109	188	180	0.0
ケニア・・・・・・・・・	—	—	…	90	90	0.0
コンゴ共和国・・・	…	…	…	46	46	0.0
モロッコ・・・・・・・	90	4	24	27	27	0.0
（参考）日本・・・・	21	1	…	…	…	…
世界計×・・・・・	**540 000**	**604 000**	**1 170 000**	**1 520 000**	**1 520 000**	100.0

資料は表5-1に同じ。1）1992年。2）精鉱中の含有量。3）砂鉄。×その他とも。

表 5-6　鉄鉱石の埋蔵量（鉄含有量）（2022年）

	百万 t	%		百万 t	%
オーストラリア	27 000	*31.8*	カナダ・・・・・・・・	2 300	*2.7*
ブラジル・・・・・・	15 000	*17.6*	ウクライナ・・・・	2 300	*2.7*
ロシア・・・・・・・・	14 000	*16.5*	イラン・・・・・・・・	1 500	*1.8*
中国・・・・・・・・・・	6 900	*8.1*	ペルー・・・・・・・・	1 200	*1.4*
インド・・・・・・・・	3 400	*4.0*	世界計×・・・・	**85 000**	*100.0*

USGS "Mineral Commodity Summaries"（2023年）より作成。×その他とも。

表 5-7　ボーキサイトの生産（単位　千 t）

	1990	2000	2010	2019	2020	〃 %
オーストラリア・・	41 400	53 800	68 414	105 544	104 328	*26.7*
中国・・・・・・・・・・・・	2 400	9 000	44 000	105 000	92 700	*23.7*
ギニア・・・・・・・・・・	15 800	15 700	1) 15 900	1) 67 000	1) 86 000	*22.0*
ブラジル・・・・・・・・	9 680	13 900	32 028	1) 31 938	1) 31 000	*7.9*
インドネシア・・・・	1 210	1 150	27 400	16 593	20 800	*5.3*
インド・・・・・・・・・・	4 850	7 560	14 124	22 321	20 200	*5.2*
ジャマイカ・・・・・・	10 900	11 100	1) 8 540	1) 9 022	1) 7 546	*1.9*
ロシア・・・・・・・・・・	2) 4 580	4 200	5 690	5 574	5 570	*1.4*
カザフスタン・・・・	2) 3 040	3 730	5 310	4 118	5 000	*1.3*
サウジアラビア・・	…	…	—	4 050	4 305	*1.1*
ベトナム・・・・・・・・	—	—	80	3 350	3 500	*0.9*
ギリシャ・・・・・・・・	2 500	1 990	1 902	1) 1 492	1) 1 500	*0.4*
シエラレオネ・・・・	1 430	—	1 089	1 884	1 342	*0.3*
トルコ・・・・・・・・・・	773	459	1 311	819	1 300	*0.3*
ガーナ・・・・・・・・・・	381	504	595	1 200	1 000	*0.3*
ボスニア・ヘルツェゴビナ・・・・	2) 200	75	844	934	900	*0.2*
ガイアナ・・・・・・・・	1 420	2 470	1) 1 083	1) 1 900	1) 900	*0.2*
ソロモン諸島・・・・	…	…	…	1 161	842	*0.2*
イラン・・・・・・・・・・	100	400	681	1) 780	1) 800	*0.2*
世界計×・・・・・・	**113 000**	**136 000**	**236 000**	**387 000**	**391 000**	*100.0*

資料は表5-1に同じ。1）粗鉱の乾燥ボーキサイト換算。2）1992年。×その他とも。

表 5-8　ボーキサイトの埋蔵量（2022年）

	百万 t	%		百万 t	%
ギニア・・・・・・・・	7 400	*23.9*	インドネシア・・	1 000	*3.2*
ベトナム・・・・・・	5 800	*18.7*	中国・・・・・・・・・・	710	*2.3*
オーストラリア	5 100	*16.5*	インド・・・・・・・・	660	*2.1*
ブラジル・・・・・・	2 700	*8.7*	ロシア・・・・・・・・	500	*1.6*
ジャマイカ・・・・	2 000	*6.5*	世界計×・・・・	**31 000**	*100.0*

資料は表5-6に同じ。乾燥重量。×その他とも。

表 5-9　銅鉱の生産（銅含有量）（単位　千t）

	1990	2000	2010	2018	2019	〃 %
チリ	1 590	4 600	5 419	5 832	5 787	*28.4*
ペルー	339	554	1 247	2 437	2 455	*12.0*
中国	285	613	1 200	1 625	1 684	*8.3*
コンゴ民主共和国	356	21	420	1 226	1 291	*6.3*
アメリカ合衆国	1 580	1 440	1 110	1 220	1 260	*6.2*
オーストラリア	327	829	870	911	934	*4.6*
ロシア	1) 699	570	703	785	801	*3.9*
ザンビア	421	249	672	854	797	*3.9*
メキシコ	294	365	270	697	715	*3.5*
カナダ	794	634	523	543	573	*2.8*
カザフスタン	1) 270	430	427	636	562	*2.8*
ポーランド	330	454	425	401	399	*2.0*
ブラジル	36	32	218	386	381	*1.9*
インドネシア	164	1 010	878	651	361	*1.8*
イラン	66	135	256	317	312	*1.5*
モンゴル	124	125	128	315	302	*1.5*
スペイン	11	23	51	188	170	*0.8*
ミャンマー	5	27	9	153	153	*0.8*
パナマ	…	…	…	—	147	*0.7*
ラオス	—	—	132	152	141	*0.7*
ウズベキスタン	1) 75	70	90	115	130	*0.6*
パプアニューギニア	170	201	160	97	99	*0.5*
スウェーデン	74	78	76	106	99	*0.5*
アルメニア	1) 1	12	31	69	88	*0.4*
トルコ	34	76	88	80	74	*0.4*
フィリピン	182	31	58	70	72	*0.4*
ブルガリア	33	92	105	70	71	*0.3*
南アフリカ共和国	179	137	103	47	53	*0.3*
エクアドル	0	0	…	42	50	*0.2*
セルビア	1)2) 98	2) 86	25	43	44	*0.2*
ポルトガル	163	76	74	49	42	*0.2*
世界計×	**8 950**	**13 300**	**16 100**	**20 500**	**20 400**	*100.0*

資料は表5-1に同じ。1）1992年。2）旧セルビア・モンテネグロ。×その他とも。

表 5-10　銅鉱の埋蔵量（銅含有量）（2022年）

	千t	%		千t	%
チリ	190 000	*21.3*	アメリカ合衆国	44 000	*4.9*
オーストラリア	97 000	*10.9*	コンゴ民主共和国	31 000	*3.5*
ペルー	81 000	*9.1*	ポーランド	30 000	*3.4*
ロシア	62 000	*7.0*	中国	27 000	*3.0*
メキシコ	53 000	*6.0*	世界計×	**890 000**	*100.0*

資料は表5-6に同じ。×その他とも。

表 5-11 鉛鉱の生産（鉛含有量）（単位 千 t）

	1990	2000	2010	2018	2019	〃 %
中国	315.0	660.0	1 850.0	1 976.0	2 010.0	*42.6*
オーストラリア	570.0	739.0	625.0	431.6	509.2	*10.8*
ペルー	210.0	271.0	262.0	289.2	308.1	*6.5*
アメリカ合衆国	497.0	465.0	369.0	280.0	274.0	*5.8*
メキシコ	187.0	138.0	192.1	240.0	259.0	*5.5*
ロシア	1) 22.0	13.3	2) 97.0	220.0	230.0	*4.9*
インド	23.2	28.9	86.0	192.5	200.0	*4.2*
ボリビア	19.9	9.5	72.8	112.1	88.0	*1.9*
トルコ	18.4	17.3	3) 38.0	76.0	71.0	*1.5*
スウェーデン	98.3	107.0	67.7	64.8	68.6	*1.5*
タジキスタン	1) 2.0	0.8	4.0	59.0	65.0	*1.4*
カザフスタン	1) 170.0	40.0	35.4	86.5	56.0	*1.2*
イラン	11.0	15.0	25.0	48.0	50.0	*1.1*
南アフリカ共和国	69.4	75.3	50.6	35.1	42.9	*0.9*
ミャンマー	2.7	1.2	7.0	38.2	37.8	*0.8*
ブルガリア	57.0	10.5	12.1	26.5	35.5	*0.8*
ウズベキスタン	1) 35.0	…	…	30.0	35.0	*0.7*
北マケドニア	1) 15.0	16.2	41.0	32.1	33.7	*0.7*
アルゼンチン	23.4	14.1	22.6	28.3	32.0	*0.7*
キューバ	…	…	…	24.0	32.0	*0.7*
モロッコ	68.8	81.2	46.4	30.4	30.0	*0.6*
ポルトガル	…	…	…	18.4	27.9	*0.6*
北朝鮮	14.9	60.0	26.0	30.0	26.0	*0.6*
ナイジェリア	0.1	…	…	18.0	24.0	*0.5*
スペイン	58.5	40.3	…	21.0	22.0	*0.5*
カナダ	241.0	149.0	64.8	18.9	21.8	*0.5*
ポーランド	61.3	51.2	60.2	13.2	20.2	*0.4*
アイルランド	35.3	57.8	39.1	16.7	16.1	*0.3*
ベトナム	…	1.0	6.5	14.5	12.5	*0.3*
ホンジュラス	5.8	4.8	16.9	9.9	12.3	*0.3*
世界計×	**3 370.0**	**3 170.0**	**4 170.0**	**4 560.0**	**4 720.0**	*100.0*

資料は表5-1に同じ。1）1992年。2）回収可能量。3）鉛－亜鉛鉱石中の鉛含有量。×その他とも。

表 5-12 鉛鉱の埋蔵量（鉛含有量）（2022年）

	千 t	%		千 t	%
オーストラリア	37 000	*43.5*	アメリカ合衆国	4 600	*5.4*
中国	12 000	*14.1*	インド	2 500	*2.9*
ロシア	6 000	*7.1*	イラン	2 000	*2.4*
メキシコ	5 600	*6.6*	スウェーデン	1 700	*2.0*
ペルー	5 300	*6.2*	世界計×	**85 000**	*100.0*

資料は表5-6に同じ。×その他とも。

第5章 資源とエネルギー

表 5-13　亜鉛鉱の生産（亜鉛含有量）（単位　千 t）

	1990	2000	2010	2020	2021	〃 %
中国	619	1 780	3 700	4 058	4 136	*32.6*
ペルー	598	910	1 470	1 335	1 532	*12.1*
オーストラリア	940	1 420	1 480	1 315	1 323	*10.4*
インド	74	144	740	731	777	*6.1*
メキシコ	307	393	570	688	724	*5.7*
アメリカ合衆国	543	852	748	723	704	*5.5*
ボリビア	104	149	411	360	500	*3.9*
カナダ	1 200	1 002	649	248	310	*2.4*
ロシア	1) 160	136	187	261	280	*2.2*
スウェーデン	164	177	199	232	234	*1.8*
カザフスタン	1) 250	325	405	222	194	*1.5*
南アフリカ共和国	75	63	36	161	194	*1.5*
ポルトガル	…	…	6	177	180	*1.4*
トルコ	39	39	196	130	170	*1.3*
ブラジル	158	100	211	173	158	*1.2*
イラン	29	90	130	140	140	*1.1*
エリトリア	…	…	…	122	130	*1.0*
アイルランド	167	263	342	127	112	*0.9*
スペイン	258	201	17	90	90	*0.7*
ブルキナファソ	…	…	—	80	85	*0.7*
タジキスタン	…	…	—	48	71	*0.6*
フィンランド	52	30	56	61	59	*0.5*
キューバ	…	…	…	60	45	*0.4*
モロッコ	19	103	44	40	45	*0.4*
ウズベキスタン	1) 50	…	—	37	45	*0.4*
ナミビア	38	39	204	62	42	*0.3*
モンゴル	…	…	56	38	38	*0.3*
パキスタン	…	…	10	35	35	*0.3*
ホンジュラス	30	31	34	30	34	*0.3*
ナイジェリア	…	…	10	27	33	*0.3*
マケドニア	1) 9	12	29	32	30	*0.2*
世界計×	**7 150**	**8 770**	**12 300**	**12 100**	**12 700**	*100.0*

資料は表5-1に同じ。1）1992年。×その他とも。

表 5-14　亜鉛鉱の埋蔵量（亜鉛含有量）（2022年）

	千 t	%		千 t	%
オーストラリア	66 000	*31.4*	インド	9 600	*4.6*
中国	31 000	*14.8*	カザフスタン	7 400	*3.5*
ロシア	22 000	*10.5*	アメリカ合衆国	7 300	*3.5*
ペルー	17 000	*8.1*	スウェーデン	4 000	*1.9*
メキシコ	12 000	*5.7*	世界計×	**210 000**	*100.0*

資料は表5-6に同じ。×その他とも。

表 5-15 すず鉱の生産（すず含有量）（単位 千 t）

	1990	2000	2010	2019	2020	〃 %
中国	42.00	99.40	115.00	84.50	84.00	*31.8*
インドネシア	30.20	51.63	43.26	77.47	53.00	*20.1*
ミャンマー 1)	0.60	0.21	4.00	45.00	29.00	*11.0*
ペルー	5.13	70.90	33.85	19.85	20.65	*7.8*
コンゴ民主共和国	2.22	0.05	8.00	11.20	17.30	*6.6*
ブラジル	39.10	14.20	10.40	14.87	16.89	*6.4*
ボリビア	17.20	12.46	20.19	17.15	14.71	*5.6*
オーストラリア	2) 7.38	9.15	18.26	7.74	8.12	*3.1*
ベトナム	0.85	4.10	5.40	5.50	5.40	*2.0*
ナイジェリア	0.19	2.76	0.16	5.80	5.00	*1.9*
マレーシア	28.50	6.31	2.67	3.61	2.96	*1.1*
ロシア	3) 15.16	2.50	0.14	2.26	2.50	*0.9*
ルワンダ	0.73	0.28	3.30	2.40	1.80	*0.7*
ラオス	0.30	0.41	0.93	1.60	1.40	*0.5*
ナミビア	0.90	…	…	0.01	0.31	*0.1*
ブルンジ	0.05	0.01	0.01	0.24	0.15	*0.1*
ポルトガル	4.78	1.23	0.02	0.11	0.12	*0.0*
モンゴル	0.32	…	…	0.03	0.10	*0.0*
世界計×	**221.00**	**278.00**	**266.00**	**299.00**	**264.00**	*100.0*

資料は表5-1に同じ。1）すず－タングステン精鉱を含む。2）銅－すず精鉱およびすず－タングステン精鉱を除く。3）1992年。×その他とも。

表 5-16 すず鉱の埋蔵量（すず含有量）（2022年）

	千 t	%		千 t	%
インドネシア	800	*17.4*	ブラジル	420	*9.1*
中国	720	*15.7*	ボリビア	400	*8.7*
ミャンマー	700	*15.2*	コンゴ民主共和国	130	*2.8*
オーストラリア	570	*12.4*	ペルー	130	*2.8*
ロシア	430	*9.3*	世界計×	**4 600**	*100.0*

資料は表5-6に同じ。×その他とも。

表 5-17 ニッケル鉱の埋蔵量（ニッケル含有量）（2022年）

	千 t	%1)		千 t	%1)
オーストラリア	21 000	*21.0*	（ニューカレドニア）	7 100	*7.1*
インドネシア	21 000	*21.0*	フィリピン	4 800	*4.8*
ブラジル	16 000	*16.0*	カナダ	2 200	*2.2*
ロシア	7 500	*7.5*	世界計×	1) **100 000**	*100.0*

資料は表5-6に同じ。1）原資料で世界計は掲載数値以上としている。世界計に対する割合は、掲載数値に対するもの。×その他とも。

表 5-18　ニッケル鉱の生産（ニッケル含有量）（単位　千ｔ）

	1990	2000	2010	2018	2019	〃 %
インドネシア････	68.3	98.2	300.8	606.0	853.0	*32.7*
フィリピン･････	15.8	17.4	169.3	345.0	323.3	*12.4*
ロシア･･････････	1) 280.0	315.0	269.3	272.3	278.7	*10.7*
(ニューカレドニア)	85.1	126.0	131.3	216.2	208.2	*8.0*
カナダ･･････････	196.0	190.8	160.1	177.9	181.4	*7.0*
オーストラリア･･	67.0	166.5	170.1	160.0	158.8	*6.1*
中国････････････	33.0	50.3	79.6	110.0	120.0	*4.6*
ブラジル････････	24.1	45.3	109.0	74.4	60.6	*2.3*
ドミニカ共和国･･	28.7	39.9	—	34.7	56.9	*2.2*
キューバ････････	40.8	68.1	69.7	52.2	49.2	*1.9*
コロンビア･････	22.4	58.9	76.2	47.7	45.0	*1.7*
南アフリカ共和国	29.0	36.6	40.0	43.2	42.9	*1.6*
マダガスカル････	…	…	…	39.0	39.0	*1.5*
フィンランド････	11.5	3.3	12.1	43.6	38.5	*1.5*
グアテマラ･････	…	…	—	39.2	36.3	*1.4*
パプアニューギニア	…	…	—	35.4	32.7	*1.3*
ミャンマー･････	0.0	0.0	—	21.0	20.0	*0.8*
トルコ･･････････	…	—	1.9	17.0	16.6	*0.6*
ジンバブエ･････	13.5	8.2	6.2	17.9	16.6	*0.6*
ギリシャ････････	18.5	19.5	16.3	17.9	13.7	*0.5*
アメリカ合衆国･･	0.3	…	—	17.6	13.5	*0.5*
コソボ･･････････	…	…	9.1	4.8	3.3	*0.1*
ザンビア････････	…	…	2.5	—	3.0	*0.1*
アルバニア･････	8.8	…	3.0	4.2	2.8	*0.1*
世界計×･･････	**974.0**	**1 290.0**	**1 690.0**	**2 400.0**	**2 610.0**	*100.0*

資料は表5-1に同じ。ニッケルを含むラテライトや硫化鉱など、国や年次によって集計する鉱物が異なる場合がある。1）1992年。×その他とも。

表 5-19　主なレアメタルの生産量と埋蔵量（Ⅰ）（金属含有量）

	生産量（2021年）	千ｔ	%	埋蔵量（2022年）	千ｔ	%
クロム 1)	南アフリカ共和国	18 550	*44.0*	カザフスタン･･･	230 000	*41.1*
	トルコ･････････	6 961	*16.5*	南アフリカ共和国	200 000	*35.7*
	カザフスタン･･･	6 500	*15.4*	インド･････････	100 000	*17.9*
	インド･････････	4 249	*10.1*	トルコ･････････	26 000	*4.6*
	フィンランド･･･	2 274	*5.4*	フィンランド･･･	8 300	*1.5*
	世界計×･････	**42 200**	*100.0*	世界計×･････	**560 000**	*100.0*
マンガン	南アフリカ共和国	7 200	*35.8*	南アフリカ共和国	640 000	*37.6*
	ガボン･････････	4 343	*21.6*	中国･･･････････	280 000	*16.5*
	オーストラリア･	3 255	*16.2*	オーストラリア･	270 000	*15.9*
	中国･･･････････	991	*4.9*	ブラジル･･･････	270 000	*15.9*
	ガーナ･････････	940	*4.7*	ウクライナ････	140 000	*8.2*
	世界計×･････	**20 100**	*100.0*	世界計×･････	**1 700 000**	*100.0*

主なレアメタルの生産量と埋蔵量（Ⅱ）（金属含有量）

	生産量（2021年）	千t	%	埋蔵量（2022年）	千t	%
タングステン	中国……………[2]	69.00	*82.3*	中国……………	1 800	*47.4*
	ベトナム……[2]	4.50	*5.4*	ロシア…………	400	*10.5*
	ロシア………[2]	2.20	*2.6*	ベトナム………	100	*2.6*
	モンゴル……[2]	1.90	*2.3*	スペイン………	56	*1.5*
	北朝鮮………[2]	1.13	*1.3*	オーストリア…	10	*0.3*
	世界計×…[2]	**83.80**	*100.0*	世界計×……	**3 800**	*100.0*
モリブデン	中国……………	95.30	*37.4*	中国……………	3 700	*30.8*
	チリ……………	49.43	*19.4*	アメリカ合衆国·	2 700	*22.5*
	アメリカ合衆国·	41.10	*16.1*	ペルー…………	2 400	*20.0*
	ペルー…………	34.15	*13.4*	チリ……………	1 400	*11.7*
	メキシコ………	16.32	*6.4*	ロシア…………	430	*3.6*
	世界計×……	**255.00**	*100.0*	世界計×……	**12 000**	*100.0*
バナジウム	中国……………	70.30	*67.0*	中国……………	9 500	*36.5*
	ロシア…………	20.06	*19.1*	オーストラリア·	7 400	*28.5*
	南アフリカ共和国	8.80	*8.4*	ロシア…………	5 000	*19.2*
	ブラジル………	5.78	*5.5*	南アフリカ共和国	3 500	*13.5*
				ブラジル………	120	*0.5*
	世界計×……	**105.00**	*100.0*	世界計×……	**26 000**	*100.0*
アンチモン	中国……………[3]	61.00	*55.0*	中国……………	350	*19.4*
	ロシア………[3]	25.00	*22.5*	ロシア…………	350	*19.4*
	タジキスタン·[3]	13.00	*11.7*	ボリビア………	310	*17.2*
	オーストラリア[3]	3.90	*3.5*	キルギス………	260	*14.4*
	ボリビア……[3]	2.60	*2.3*	ミャンマー……	140	*7.8*
	世界計×…[3]	**111.00**	*100.0*	世界計×…[4]	**1 800**	*100.0*
チタン[5]	中国……………[6]	3 400	*35.8*	オーストラリア	191 000	*27.3*
	モザンビーク…	1 108	*11.7*	中国……………[6]	190 000	*27.1*
	南アフリカ共和国	995	*10.5*	インド…………	92 400	*13.2*
	オーストラリア·	790	*8.3*	ブラジル……[6]	43 000	*6.1*
	セネガル………	491	*5.2*	ノルウェー…[6]	37 000	*5.3*
	世界計×……	**9 500**	*100.0*	世界計×……	**700 000**	*100.0*
ジルコニウム[7]	オーストラリア[3]	400	*30.8*	オーストラリア·	48 000	*70.6*
	南アフリカ共和国[3]	310	*23.8*	南アフリカ共和国	5 900	*8.7*
	中国……………[3]	133	*10.2*	セネガル………	2 600	*3.8*
	モザンビーク·[3]	104	*8.0*	モザンビーク…	1 800	*2.6*
	アメリカ合衆国[3]	100	*7.7*	アメリカ合衆国·	500	*0.7*
	世界計×…[3]	**1 300**	*100.0*	世界計×……	**68 000**	*100.0*

生産量はUSGS“Minerals Yearbook”、埋蔵量は同“Mineral Commodity Summaries”より作成。1）生産量はクロマイト（クロム鉄鉱）の生産量。2）2019年。3）2020年。4）現資料で世界計は掲載数値以上としている。割合は掲載数値に対するもの。5）生産量も“Mineral Commodity Summaries”による。TiO_2当量。イルメナイトとルチルの合計。6）イルメナイトのみ。7）生産量は精鉱の生産量、埋蔵量はZrO_2含有量。×その他とも。

表 5-20　リチウム、コバルト、レアアース生産量（単位　千ｔ）

		2020	2021	2022	〃 %	埋蔵量 (2022年末)	〃 %
リチウム	オーストラリア…	39.7	55.3	61.0	*46.8*	6 200	*26.9*
	チリ…………	21.6	28.2	38.9	*29.8*	9 300	*40.4*
	中国…………	13.3	14.0	19.0	*14.6*	2 000	*8.7*
	アルゼンチン……	5.9	6.0	6.4	*4.9*	2 700	*11.7*
	ブラジル………	1.4	1.7	2.2	*1.7*	250	*1.1*
	アメリカ合衆国…	0.9	0.9	0.9	*0.7*	1 000	*4.3*
	ジンバブエ……	0.4	0.7	0.8	*0.6*	310	*1.3*
	ポルトガル……	0.3	0.9	0.6	*0.5*	60	*0.3*
	世界計×……	**83.7**	**107.9**	**130.5**	*100.0*	**23 024**	*100.0*
コバルト	コンゴ民主共和国·	86.6	93.0	111.3	*67.0*	4 000	*46.9*
	ロシア…………	9.7	8.0	8.9	*5.4*	250	*2.9*
	オーストラリア…	5.6	5.3	5.9	*3.5*	1 500	*17.6*
	フィリピン……	4.9	4.3	4.7	*2.8*	260	*3.0*
	カナダ…………	4.5	4.4	3.9	*2.3*	220	*2.6*
	キューバ………	3.8	4.0	3.8	*2.3*	500	*5.9*
	パプアニューギニア	2.9	3.0	3.0	*1.8*	47	*0.6*
	マダガスカル……	0.8	2.0	2.4	*1.4*	100	*1.2*
	モロッコ………	2.3	2.3	2.3	*1.4*	13	*0.2*
	中国…………	2.2	2.2	2.2	*1.3*	140	*1.6*
	(ニューカレドニア)	2.2	1.5	2.0	*1.2*	57	*0.7*
	南アフリカ共和国·	1.8	1.2	1.0	*0.6*	38	*0.4*
	世界計×……	**131.4**	**137.8**	**166.2**	*100.0*	**8 533**	*100.0*
レアアース1)	中国…………	140.0	168.0	210.0	*70.3*	44 000	*35.0*
	アメリカ合衆国…	39.0	42.0	43.0	*14.4*	2 300	*1.8*
	オーストラリア…	21.1	22.5	16.0	*5.3*	4 200	*3.3*
	タイ…………	3.6	8.2	7.1	*2.4*	0	*0.0*
	インド…………	2.5	2.6	2.6	*0.9*	6 900	*5.5*
	ロシア…………	2.6	2.6	2.6	*0.9*	21 000	*16.7*
	マダガスカル……	2.8	4.1	1.0	*0.3*	180	*0.1*
	ブラジル………	0.6	0.5	0.1	*0.0*	21 000	*16.7*
	世界計×……	**244.3**	**286.2**	**298.6**	*100.0*	**125 620**	*100.0*

EI（Energy Institute）"Statistical Review of World Energy"（2023年）より作成。1）酸化物当量。×その他とも。

表 5-21　塩の生産（単位　千ｔ）

	2018	2019		2018	2019
中国………	63 640	67 014	オーストラリア	12 894	11 474
インド……	40 000	45 000	チリ………	10 012	10 477
アメリカ合衆国	44 000	44 900	メキシコ……	9 000	9 000
ドイツ……	16 248	16 628	（参考）日本…	929	903
カナダ……	10 713	11 936	世界計×……	**300 000**	**308 000**

資料は表5-1に同じ。×その他とも。

表 5-22　エネルギー需給（Ｉ）（2020年）（単位　PJ）

	一次エネルギー生産[1)]	輸出	輸入	国内供給	1人あたり（GJ）
アジア	274 041	89 030	119 383	294 918	63
アラブ首長国連邦	9 465	7 229	2 209	3 637	392
イスラエル	495	363	793	884	101
イラク	8 916	7 473	482	1 896	45
イラン	13 893	2 979	231	11 074	127
インド	23 600	2 618	16 916	38 178	27
インドネシア	20 464	11 555	1 779	10 345	38
ウズベキスタン	1 730	106	141	1 796	54
オマーン	3 341	2 279	80	1 127	248
カザフスタン	6 650	4 403	545	2 759	145
カタール	9 216	7 304	10	1 753	635
韓国	2 169	2 589	12 412	11 549	223
クウェート[2)]	6 353	4 996	211	1 530	351
サウジアラビア[2)]	25 618	16 742	776	9 445	262
シンガポール	26	3 018	6 246	1 135	192
その他のアジア[3)]	465	537	4 732	4 460	187
タイ	2 598	538	3 436	5 243	73
中国	111 744	3 294	35 876	140 213	98
トルクメニスタン	3 255	2 186	0	1 062	170
トルコ	1 826	361	4 757	6 131	73
日本	1 811	493	14 966	16 145	129
バーレーン	1 045	786	396	667	451
パキスタン	2 220	31	1 475	3 685	16
バングラデシュ	1 457	0	644	2 079	12
フィリピン	1 229	242	1 412	2 381	21
ベトナム	2 509	354	2 347	4 512	47
マレーシア	3 837	2 226	2 304	3 881	117
ミャンマー	1 147	444	255	957	18
アフリカ	43 879	17 292	7 406	33 518	25
アルジェリア	5 506	3 150	53	2 388	55
ウガンダ	979	1	246	1 222	28
エジプト	3 656	850	933	3 702	34
エチオピア	1 441	6	209	1 625	14
ケニア	777	1	273	1 032	20
コンゴ民主共和国	1 316	48	45	1 308	14
タンザニア	887	—	122	1 006	16
ナイジェリア	9 932	4 147	941	6 639	32
南アフリカ共和国	6 313	1 898	1 236	5 510	94
モロッコ	100	2	803	892	24
リビア	1 334	946	295	679	102
ヨーロッパ	101 441	58 300	60 642	100 980	135
イギリス	4 894	2 938	4 756	6 440	96
イタリア[4)]	1 469	1 068	5 486	5 743	96
ウクライナ[5)]	2 329	52	1 241	3 447	79
オーストリア	501	583	1 372	1 321	148

エネルギー需給（Ⅱ）（2020年）（単位　PJ）

	一次エネルギー生産[1]	輸出	輸入	国内供給	1人あたり（GJ）
オランダ	1 136	5 279	7 652	2 884	165
ギリシャ	191	814	1 558	816	78
スイス	519	136	625	971	112
スウェーデン	1 411	714	1 382	1 827	176
スペイン[6]	1 407	1 187	4 544	4 528	96
スロバキア	280	207	594	683	125
セルビア	458	61	257	657	89
チェコ	987	229	888	1 681	160
ドイツ	4 034	1 360	8 994	11 646	140
ノルウェー	8 727	7 986	455	1 139	212
ハンガリー	449	327	949	1 099	113
フィンランド	761	403	975	1 322	239
フランス[7]	4 976	1 159	5 359	9 110	136
ブルガリア	453	157	440	732	105
ベラルーシ	187	497	1 379	1 052	109
ベルギー	571	1 326	3 198	2 097	181
ポーランド	2 423	596	2 453	4 285	112
ポルトガル[8]	254	263	866	848	82
ルーマニア	941	213	599	1 355	70
ロシア	60 041	29 356	1 001	31 453	216
北アメリカ	112 278	35 984	23 091	97 441	261
アメリカ合衆国	90 604	23 212	19 832	85 517	255
カナダ	21 671	12 772	3 242	11 908	314
中南アメリカ	35 067	14 121	11 308	32 408	50
アルゼンチン	3 108	341	368	3 088	69
コロンビア	4 025	3 469	189	1 681	33
チリ	535	29	1 080	1 584	82
ブラジル	13 393	3 574	2 273	11 927	56
ベネズエラ	2 070	1 264	212	1 012	36
ペルー	890	319	323	882	26
メキシコ	6 284	2 918	4 285	7 487	59
オセアニア	20 290	15 722	2 650	6 787	154
オーストラリア	18 950	15 144	2 090	5 514	215
ニュージーランド	727	72	315	935	185
世界計	**586 995**	**230 448**	**224 480**	**566 053**	72

国連“Energy Statistics Yearbook”（2020年）より作成。PJ（ペタジュール）はエネルギーの単位で、1 PJ＝2390億kcal。GJ（ギガジュール）はPJの百万分の１で、1 GJ＝23.9万kcal。1）化石燃料や風力、原子力など。電力などは一次エネルギーを変換・加工した二次エネルギーであり、一次エネルギーと区別される。2）クウェートとサウジアラビアの中立地帯を50％ずつ含む。3）原資料表記により、本表で掲載した国以外のアジアという意味ではない。この項目に該当するのは、ほとんどが台湾と考えられる。4）サンマリノ、バチカンを含む。5）クリミア、セバストポリを除く。6）カナリア諸島を含む。7）モナコおよび海外県を含む。8）アゾレス諸島、マデイラ諸島を含む。

表 5-23 エネルギー国内供給の推移（Ⅰ）（単位 PJ）

	1990	2000	2010	2020	2021	2022
アジア・太平洋 1)	76 184	112 917	197 010	257 778	271 835	277 595
インド	8 283	13 423	22 482	31 756	34 506	36 444
インドネシア	2 161	4 189	6 256	7 605	7 758	9 774
オーストラリア	3 719	4 699	5 432	5 713	5 733	5 980
韓国	3 838	8 085	10 934	12 003	12 563	12 708
シンガポール	983	1 595	2 784	3 282	3 279	3 164
スリランカ	108	193	251	379	383	342
タイ	1 275	2 671	4 252	4 966	5 007	5 063
(台湾)	2 104	3 669	4 703	4 705	4 981	4 783
中国	28 578	42 481	104 600	149 450	157 943	159 393
日本	18 787	22 473	21 267	17 147	17 942	17 842
ニュージーランド	671	826	846	863	848	839
パキスタン	1 100	1 742	2 667	3 518	3 902	3 602
バングラデシュ	266	490	901	1 645	1 726	1 795
フィリピン	675	1 107	1 227	1 844	1 965	2 108
ベトナム	278	771	1 945	4 338	4 343	4 589
(香港)	502	711	1 156	929	876	786
マレーシア	868	2 201	3 359	4 302	4 580	4 837
中東 2)	10 764	17 165	29 339	36 262	37 520	39 130
アラブ首長国連邦	1 242	1 929	3 501	4 215	4 714	5 050
イスラエル	465	819	956	1 028	1 044	1 095
イラク	856	1 162	1 370	1 991	2 079	2 305
イラン	2 921	5 028	8 718	12 163	12 099	12 156
オマーン	168	399	853	1 293	1 418	1 495
カタール	284	483	1 202	1 829	1 930	1 884
クウェート	329	763	1 415	1 431	1 500	1 596
サウジアラビア	3 342	4 806	8 824	10 407	10 755	11 496
アフリカ	9 388	11 505	16 023	18 961	20 205	20 257
アルジェリア	1 134	1 080	1 580	2 336	2 531	2 466
エジプト	1 409	2 047	3 222	3 541	3 791	3 980
南アフリカ共和国	3 707	4 267	5 266	4 989	5 002	4 819
モロッコ	298	423	702	865	966	924
ヨーロッパ 3)	90 589	88 102	89 583	79 240	82 979	79 809
アイスランド	78	120	203	206	209	223
アイルランド	424	624	642	634	646	683
イギリス	9 030	9 592	8 934	7 104	7 198	7 315
イタリア	6 678	7 557	7 332	5 947	6 339	6 144
ウクライナ	11 501	5 708	5 137	3 306	3 363	2 331
オーストリア	1 207	1 409	1 513	1 444	1 453	1 374
オランダ	3 279	3 625	4 214	3 559	3 655	3 541
ギリシャ	1 034	1 343	1 362	997	1 089	1 137
クロアチア	363	348	390	329	354	341
スイス	1 194	1 312	1 259	1 112	1 075	1 049
スウェーデン	2 456	2 302	2 246	2 217	2 268	2 276
スペイン	3 848	5 499	6 156	5 182	5 555	5 755
スロバキア	894	786	740	652	703	688

エネルギー国内供給の推移（Ⅱ）（単位　PJ）

	1990	2000	2010	2020	2021	2022
スロベニア‥‥	249	283	312	279	276	262
チェコ‥‥‥‥	1 968	1 708	1 849	1 593	1 679	1 671
デンマーク‥‥	727	851	821	616	678	682
ドイツ‥‥‥‥	15 094	14 357	13 850	12 413	12 778	12 299
トルコ‥‥‥‥	2 023	3 113	4 535	6 492	6 964	7 012
ノルウェー‥‥	1 783	2 090	1 801	2 012	2 049	1 896
ハンガリー‥‥	1 164	1 011	1 000	973	1 022	957
フィンランド‥	1 164	1 293	1 337	1 127	1 151	1 176
フランス‥‥‥	9 568	11 186	10 792	8 836	9 400	8 388
ブルガリア‥‥	1 171	783	762	703	799	834
ベルギー‥‥‥	2 237	2 676	2 753	2 391	2 658	2 450
ポーランド‥‥	4 357	3 663	4 198	4 083	4 413	4 314
ポルトガル‥‥	714	1 056	1 098	956	959	928
リトアニア‥‥	727	281	237	253	253	229
ルーマニア‥‥	2 647	1 513	1 436	1 330	1 394	1 298
（参考）EU‥‥4)	62 971	64 797	65 885	57 249	60 280	58 180
CIS‥‥‥‥‥5)	45 891	31 867	35 406	37 723	40 704	38 359
アゼルバイジャン	938	475	464	659	704	699
ウズベキスタン	1 875	2 158	1 912	1 914	2 031	2 110
カザフスタン‥	3 094	1 331	2 212	2 705	2 933	3 122
トルクメニスタン	547	431	898	1 522	1 618	1 652
ベラルーシ‥‥	1 678	918	1 102	1 032	1 100	1 069
ロシア‥‥‥‥	36 274	25 971	28 132	29 071	31 484	28 893
北アメリカ‥‥6)	96 963	114 790	114 581	109 710	115 229	118 778
アメリカ合衆国	81 384	95 564	93 427	88 571	93 402	95 910
カナダ‥‥‥‥	10 831	13 131	13 509	13 708	13 837	14 143
メキシコ‥‥‥	4 749	6 096	7 645	7 431	7 989	8 725
中南アメリカ‥7)	14 397	20 937	26 831	26 814	28 935	30 108
アルゼンチン‥	1 847	2 516	3 182	3 131	3 476	3 604
エクアドル‥‥	292	375	559	657	764	787
コロンビア‥‥	909	1 131	1 529	1 845	2 067	2 194
チリ‥‥‥‥‥	560	1 107	1 310	1 593	1 717	1 789
トリニダード・トバゴ‥‥	251	428	842	595	610	591
ブラジル‥‥‥	5 638	8 484	11 466	12 220	12 854	13 410
ベネズエラ‥‥	2 173	2 946	3 407	1 818	2 100	2 209
ペルー‥‥‥‥	385	530	811	1 003	1 142	1 206
世界計‥‥‥	**344 176**	**397 284**	**508 772**	**566 488**	**597 406**	**604 036**

EI（Energy Institute）"Statistical Review of World Energy"（2023年）より作成。原資料では消費であるが、国連統計に合わせて国内供給とした。資料の違いで表5-22とは一致しない。原資料掲載国のみで地域区分は原資料に従った。1）オセアニアを含む。中東、旧ソ連構成国を除く。2）トルコを除く。3）トルコを含み、旧ソ連構成国を除く。ただしバルト3国とジョージア、ウクライナを含む。4）イギリスを除く27か国。5）バルト3国とジョージア、ウクライナを除く旧ソ連構成国。6）メキシコを含む。7）メキシコを除く。

表 5-24　エネルギー国内供給の内訳（Ⅰ）（2022年）（単位　PJ）

	石炭	石油	天然ガス	原子力	水力	再生可能エネルギー
アジア・太平洋 1)	130 499	69 615	32 655	6 646	17 940	20 241
インド・・・・・・・・	20 093	10 050	2 095	416	1 642	2 149
インドネシア・・	4 379	3 064	1 333	—	256	741
オーストラリア	1 551	2 067	1 499	—	161	704
韓国・・・・・・・・・・	2 875	5 470	2 229	1 586	33	515
シンガポール・・	17	2 659	470	—	—	18
スリランカ・・・・	61	199	—	—	67	15
タイ・・・・・・・・・・	711	2 386	1 595	—	62	309
（台湾）・・・・・・・・	1 581	1 766	1 010	214	55	156
中国・・・・・・・・・・	88 414	28 157	13 525	3 763	12 231	13 303
日本・・・・・・・・・・	4 916	6 609	3 618	466	703	1 530
ニュージーランド	46	301	130	—	247	115
パキスタン・・・・	638	991	1 382	201	329	62
バングラデシュ	180	550	1 051	—	7	6
フィリピン・・・・	839	894	111	—	95	169
ベトナム・・・・・・	2 049	1 031	281	—	901	327
（香港）・・・・・・・・	150	470	163	—	—	3
マレーシア・・・・	938	1 727	1 778	—	305	89
中東・・・・・・・・・・ 2)	370	17 967	20 180	240	116	256
アラブ首長国連邦	103	2 186	2 515	181	—	65
イスラエル・・・・	156	461	406	—	0	71
イラク・・・・・・・・	—	1 591	679	—	31	4
イラン・・・・・・・・	76	3 691	8 241	59	70	19
オマーン・・・・・・	4	450	1 027	—	—	15
カタール・・・・・・	0	558	1 321	—	—	5
クウェート・・・・	5	806	784	—	—	2
サウジアラビア	5	7 151	4 333	—	—	8
アフリカ・・・・・・	3 973	8 387	5 850	91	1 471	485
アルジェリア・・	5	859	1 594	—	1	6
エジプト・・・・・・	51	1 516	2 187	—	129	95
南アフリカ共和国	3 313	1 064	164	91	29	158
モロッコ・・・・・・	280	570	8	—	3	64
ヨーロッパ・・・ 3)	10 070	28 719	17 956	6 678	5 321	11 064
アイスランド・・	—	35	—	—	133	54
アイルランド・・	43	316	187	—	7	131
イギリス・・・・・・	211	2 668	2 591	430	50	1 365
イタリア・・・・・・	305	2 470	2 350	—	264	756
ウクライナ・・・・	519	386	694	559	104	69
エストニア・・・・	122	53	13	—	0	34
オーストリア・・	102	484	285	—	334	169
オランダ・・・・・・	232	1 785	977	37	0	509
北マケドニア・・	30	51	10	—	13	2
キプロス・・・・・・	1	103	—	—	—	9
ギリシャ・・・・・・	72	616	223	—	43	183
クロアチア・・・・	17	144	88	—	51	41
スイス・・・・・・・・	4	384	107	208	277	70

エネルギー国内供給の内訳（Ⅱ）（2022年）（単位　PJ）

	石炭	石油	天然ガス	原子力	水力	再生可能エネルギー
スウェーデン・・	73	499	26	464	655	559
スペイン・・・・・・	169	2 657	1 191	528	171	1 039
スロバキア・・・・	105	184	185	143	34	37
スロベニア・・・・	30	113	29	50	30	11
チェコ・・・・・・・・	589	413	266	279	20	104
デンマーク・・・・	43	284	61	—	0	293
ドイツ・・・・・・・・	2 330	4 259	2 782	313	164	2 450
トルコ・・・・・・・・	1 745	2 101	1 844	—	631	691
ノルウェー・・・・	34	361	144	—	1 198	161
ハンガリー・・・・	50	347	330	142	2	86
フィンランド・・	122	335	39	227	128	325
フランス・・・・・・	214	2 911	1 381	2 654	418	808
ブルガリア・・・・	262	222	97	148	35	70
ベルギー・・・・・・	115	1 156	524	394	3	259
ポーランド・・・・	1 805	1 459	645	—	18	386
ポルトガル・・・・	0	457	202	—	61	208
ラトビア・・・・・・	1	74	29	—	26	13
リトアニア・・・・	8	135	58	—	4	24
ルーマニア・・・・	165	447	352	100	130	105
ルクセンブルク	2	102	22	—	1	15
（参考）EU・・・[4]	6 979	22 134	12 361	5 481	2 599	8 627
CIS ・・・・・・・・・[5]	4 871	9 096	19 844	2 083	2 326	139
アゼルバイジャン	0	246	436	—	15	3
ウズベキスタン	103	216	1 739	—	50	2
カザフスタン・・	1 435	779	782	—	86	40
トルクメニスタン	—	301	1 351	—	0	0
ベラルーシ・・・・	39	313	665	42	3	7
ロシア・・・・・・・・	3 194	7 055	14 690	2 015	1 855	84
北アメリカ・・・[6]	10 506	44 535	39 579	8 193	6 502	9 464
アメリカ合衆国	9 868	36 150	31 724	7 315	2 427	8 427
カナダ・・・・・・・・	386	4 267	4 379	780	3 740	591
メキシコ・・・・・・	251	4 118	3 477	98	335	446
中南アメリカ・[7]	1 186	12 372	5 822	198	7 004	3 526
アルゼンチン・・	52	1 378	1 645	67	224	238
エクアドル・・・・	3	527	20	—	231	6
コロンビア・・・・	103	961	453	—	604	73
チリ・・・・・・・・・・	220	797	269	—	209	294
トリニダード・トバゴ・・・・	—	49	542	—	—	0
ブラジル・・・・・・	586	5 007	1 151	131	4 009	2 526
ベネズエラ・・・・	1	532	1 050	—	625	0
ペルー・・・・・・・・	29	497	346	—	279	54
世界計・・・・・・	**161 475**	**190 691**	**141 887**	**24 128**	**40 679**	**45 176**

資料、注記は表5-23に同じ。表5-23の内数。

表 5-25　1人あたりエネルギー国内供給（I）（単位　GJ）

	1990	2000	2010	2020	2021	2022
アジア・太平洋 [1]	25.6	32.7	50.8	60.5	63.4	64.4
インド	9.5	12.7	18.1	22.7	24.5	25.7
インドネシア	11.8	19.5	25.6	28.0	28.3	35.5
オーストラリア	218.1	247.1	246.7	222.6	221.2	228.5
韓国	87.0	172.8	224.0	231.5	242.4	245.3
シンガポール	325.3	393.4	539.1	555.3	551.9	529.5
スリランカ	6.3	10.3	12.1	17.5	17.6	15.7
タイ	23.1	42.4	62.3	69.5	69.9	70.6
(台湾)	102.2	165.3	203.7	197.5	208.8	200.2
中国	24.8	33.6	77.6	104.9	110.8	111.8
日本	151.9	177.2	166.0	136.9	144.0	143.9
ニュージーランド	197.6	214.4	194.8	170.6	165.3	161.8
パキスタン	9.5	11.3	13.7	15.5	16.9	15.3
バングラデシュ	2.5	3.8	6.1	9.8	10.2	10.5
フィリピン	11.0	14.2	13.0	16.4	17.3	18.2
ベトナム	4.1	9.8	22.2	44.9	44.6	46.7
(香港)	85.9	105.6	162.1	123.9	116.9	104.9
マレーシア	49.5	95.9	117.0	129.6	136.4	142.5
中東 [2]	79.4	98.5	131.2	133.5	136.5	140.4
アラブ首長国連邦	653.5	588.9	412.8	453.9	503.4	534.9
イスラエル	96.8	133.8	130.4	117.3	117.3	121.1
イラク	48.5	47.2	43.8	46.8	47.8	51.8
イラン	52.3	76.7	115.7	139.3	137.6	137.3
オマーン	92.9	170.3	296.0	284.5	313.8	326.7
カタール	642.6	747.9	701.4	662.7	717.9	699.2
クウェート	196.6	394.3	480.6	328.1	353.0	374.0
サウジアラビア	208.8	223.0	300.0	289.1	299.2	315.7
アフリカ	14.7	14.0	15.2	13.9	14.5	14.2
アルジェリア	44.4	35.1	44.1	53.8	57.3	54.9
エジプト	24.6	28.7	36.9	33.0	34.7	35.9
南アフリカ共和国	93.0	91.2	101.7	84.8	84.2	80.5
モロッコ	12.1	14.8	21.6	23.6	26.1	24.7
ヨーロッパ [3]	146.3	138.8	136.2	117.1	122.6	118.0
アイスランド	306.2	425.0	637.7	560.7	564.9	597.1
アイルランド	121.8	165.6	141.9	128.3	129.6	135.9
イギリス	157.7	162.8	142.3	105.9	107.0	108.4
イタリア	117.7	132.7	122.6	99.9	107.0	104.1
ウクライナ	222.9	116.8	112.4	75.3	77.3	58.7
エストニア	292.4	143.0	197.8	159.2	167.0	167.4
オーストリア	157.1	175.9	180.9	162.1	162.9	153.7
オランダ	219.4	228.0	253.6	204.1	208.8	201.6
北マケドニア	52.2	54.5	58.7	46.2	48.4	50.0
キプロス	88.0	114.9	108.5	82.3	86.3	91.3
ギリシャ	100.4	121.7	123.5	94.8	104.3	109.5
クロアチア	74.5	76.4	89.2	80.3	87.2	84.5
スイス	177.9	182.6	161.0	128.8	123.7	120.1

１人あたりエネルギー国内供給（Ⅱ）（単位　GJ）

	1990	2000	2010	2020	2021	2022
スウェーデン‥	287.3	259.5	239.3	213.8	216.7	215.7
スペイン‥‥‥	98.9	135.0	132.2	109.4	117.0	121.0
スロバキア‥‥	169.9	146.1	137.1	119.5	129.0	122.0
スロベニア‥‥	125.6	142.6	151.6	131.6	130.2	123.8
チェコ‥‥‥‥	191.1	166.9	176.7	151.3	159.8	159.3
デンマーク‥‥	141.3	159.4	147.8	105.8	115.7	115.9
ドイツ‥‥‥‥	190.2	176.1	170.3	149.0	153.2	147.5
トルコ‥‥‥‥	37.2	48.6	62.0	77.2	82.1	82.2
ノルウェー‥‥	420.5	465.3	368.4	374.0	379.2	348.9
ハンガリー‥‥	112.2	99.1	100.1	99.8	105.3	96.0
フィンランド‥	233.4	249.8	249.2	203.9	208.0	212.3
フランス‥‥‥	169.6	190.7	172.8	137.0	145.7	129.8
ブルガリア‥‥	133.5	96.7	100.3	100.8	116.0	123.0
ベルギー‥‥‥	224.6	260.7	253.1	206.8	228.9	210.2
ポーランド‥‥	114.5	95.1	108.8	106.3	115.2	108.2
ポルトガル‥‥	71.4	102.5	103.7	92.8	93.2	90.3
ラトビア‥‥‥	115.7	56.8	85.1	77.5	81.5	77.2
リトアニア‥‥	192.0	78.0	75.4	89.7	90.6	83.3
ルーマニア‥‥	115.9	69.0	70.6	68.4	72.1	66.0
ルクセンブルク	350.8	307.5	355.8	231.3	243.7	217.2
（参考）EU‥‥4)	150.5	151.9	149.8	128.6	135.4	130.1
CIS‥‥‥‥‥5)	204.1	139.4	152.3	153.3	165.0	154.9
アゼルバイジャン	126.3	58.0	50.3	64.1	68.3	67.5
ウズベキスタン	91.1	86.6	66.8	57.1	59.6	60.9
カザフスタン‥	183.4	87.4	133.0	142.5	152.8	160.9
トルクメニスタン	147.0	94.4	170.5	243.5	255.1	256.9
ベラルーシ‥‥	160.9	89.5	113.3	107.2	114.9	112.1
ロシア‥‥‥‥	245.1	176.9	196.4	199.6	217.0	199.7
北アメリカ‥‥6)	271.3	279.3	250.4	219.5	229.6	235.6
アメリカ合衆国	328.0	338.4	300.2	263.7	277.2	283.5
カナダ‥‥‥‥	391.6	428.0	397.7	361.8	362.7	367.8
メキシコ‥‥‥	58.1	62.3	67.9	59.0	63.1	68.4
中南アメリカ・7)	39.9	49.3	56.1	51.0	54.7	56.5
アルゼンチン‥	56.6	67.9	77.4	69.5	76.8	79.2
エクアドル‥‥	27.9	29.7	37.3	37.3	42.9	43.7
コロンビア‥‥	27.9	28.8	34.1	36.2	40.1	42.3
チリ‥‥‥‥‥	42.0	72.1	77.1	82.5	88.1	91.2
トリニダード・トバゴ‥‥	197.8	321.1	597.0	391.7	399.8	386.2
ブラジル‥‥‥	37.4	48.2	58.4	57.3	60.0	62.3
ベネズエラ‥‥	110.0	120.6	118.6	63.8	74.5	78.1
ペルー‥‥‥‥	17.4	19.9	27.7	30.1	33.9	35.4
世界全体‥‥	64.7	64.6	72.8	72.2	75.5	75.7

資料、注記は表5-23に同じ。GJはPJの百万分の１で１GJ=23.9万kcal。

表 5-26 エネルギー自給率（Ⅰ）（2020年）（%）

	アゼルバイジャン	アラブ首長国連邦	イラク	イラン	インド	インドネシア
石炭	—	—	—	104.7	66.2	380.7
石油	764.9	680.8	716.0	170.7	16.6	59.5
天然ガス	209.1	79.9	60.1	107.4	44.3	149.1
エネルギー全体	375.1	260.2	470.3	125.5	61.8	197.8
	ウズベキスタン	オマーン	カザフスタン	カタール	韓国	北朝鮮
石炭	50.1	—	135.3	—	0.6	99.3
石油	65.2	1 063.3	730.4	1 825.8	1.0	—
天然ガス	105.1	144.8	130.5	391.1	0.3	—
エネルギー全体	96.3	296.5	241.0	525.7	18.8	92.9
	クウェート	サウジアラビア	タイ	中国	トルクメニスタン	トルコ
石炭	—	—	21.4	94.9	—	37.5
石油	964.7	447.1	31.5	29.5	149.9	7.8
天然ガス	77.8	100.0	67.2	61.8	360.0	0.9
エネルギー全体	415.2	271.2	49.6	79.7	306.4	29.8
	日本	バーレーン	パキスタン	バングラデシュ	フィリピン	ブルネイ
石炭	0.4	—	26.6	17.7	38.6	—
石油	0.3	737.8	20.9	3.5	2.7	534.3
天然ガス	2.1	100.0	73.4	81.3	100.0	382.6
エネルギー全体	11.2	156.8	60.2	70.1	51.6	369.4
	ベトナム	マレーシア	ミャンマー	モンゴル	アルジェリア	アンゴラ
石炭	42.6	9.5	100.0	331.0	—	—
石油	38.2	90.3	7.5	29.2	324.9	1 895.3
天然ガス	100.0	157.9	374.0	—	187.0	567.7
エネルギー全体	55.6	98.9	119.9	272.8	230.6	644.3
	ウガンダ1)	エジプト	エチオピア1)	ガーナ	カメルーン	ケニア1)
石炭	—	—	0.5	—	—	—
石油	—	100.8	—	229.9	212.2	—
天然ガス	—	100.0	—	79.6	261.5	—
エネルギー全体	80.2	98.7	88.7	143.6	131.5	75.3

国連 “Energy Balances”（2020年）より作成。各国の国内供給量に対する生産量の割合でエネルギー量ベース。エネルギー全体での割合は、掲載した化石燃料のほか、水力や原子力（原子力はすべて自給とみなされる）、太陽光や風力などの合計。エネルギー国内供給量の多い国々を掲載。1）自給エネルギーの多くがバイオ燃料・廃棄物による。

エネルギー自給率（Ⅱ）（2020年）（％）

	コンゴ共和国	コンゴ民主共和国	タンザニア	ナイジェリア	南アフリカ共和国	モザンビーク
石炭	—	—	100.0	100.0	141.5	23 682.0
石油	2 447.2	121.8	—	352.1	0.3	0.5
天然ガス	100.0	—	100.0	246.0	21.8	549.0
エネルギー全体	569.8	100.6	88.2	149.6	114.6	164.6

	リビア	イギリス	イタリア2)	ウクライナ	オランダ	スウェーデン
石炭	—	19.8	—	56.5	—	3.8
石油	241.1	103.2	13.5	17.4	4.2	—
天然ガス	152.9	54.8	5.6	73.0	54.9	—
エネルギー全体	196.4	76.0	25.6	67.6	39.4	77.2

	スペイン	チェコ	ドイツ	ノルウェー3)	フィンランド	フランス
石炭	—	83.8	52.5	5.6	20.0	—
石油	0.1	1.1	3.3	1 112.5	—	1.3
天然ガス	0.1	2.2	5.4	2 158.0	—	0.0
エネルギー全体	31.1	58.7	34.6	766.3	57.5	54.6

	ベルギー	ポーランド	ルーマニア	ロシア	アメリカ合衆国	カナダ
石炭	2.2	97.1	75.0	197.6	115.7	266.9
石油	—	3.3	35.8	372.5	102.9	282.8
天然ガス	0.0	19.9	76.3	145.2	109.6	137.7
エネルギー全体	27.2	56.5	69.4	190.9	105.9	182.0

	トリニダード・トバゴ	メキシコ	アルゼンチン	エクアドル	コロンビア	ブラジル
石炭	—	49.8	1.1	—	773.3	14.9
石油	318.9	142.2	126.7	258.8	272.8	154.8
天然ガス	189.4	33.9	87.1	100.0	97.2	69.8
エネルギー全体	199.5	83.9	100.7	221.8	239.5	112.3

	ベネズエラ	ペルー	ボリビア	オーストラリア	ニュージーランド	パプアニューギニア
石炭	1 147.8	16.0	—	746.4	105.1	—
石油	443.8	57.5	75.6	46.7	19.0	44.0
天然ガス	100.0	182.0	453.1	335.7	100.3	1 340.3
エネルギー全体	204.4	100.9	220.6	343.7	77.8	297.2

資料、注記は（Ⅰ）に同じ。2）サンマリノを含む。3）スバールバル・ヤンマイエン島を含む。

図 5-3　エネルギー資源の主要生産・埋蔵国

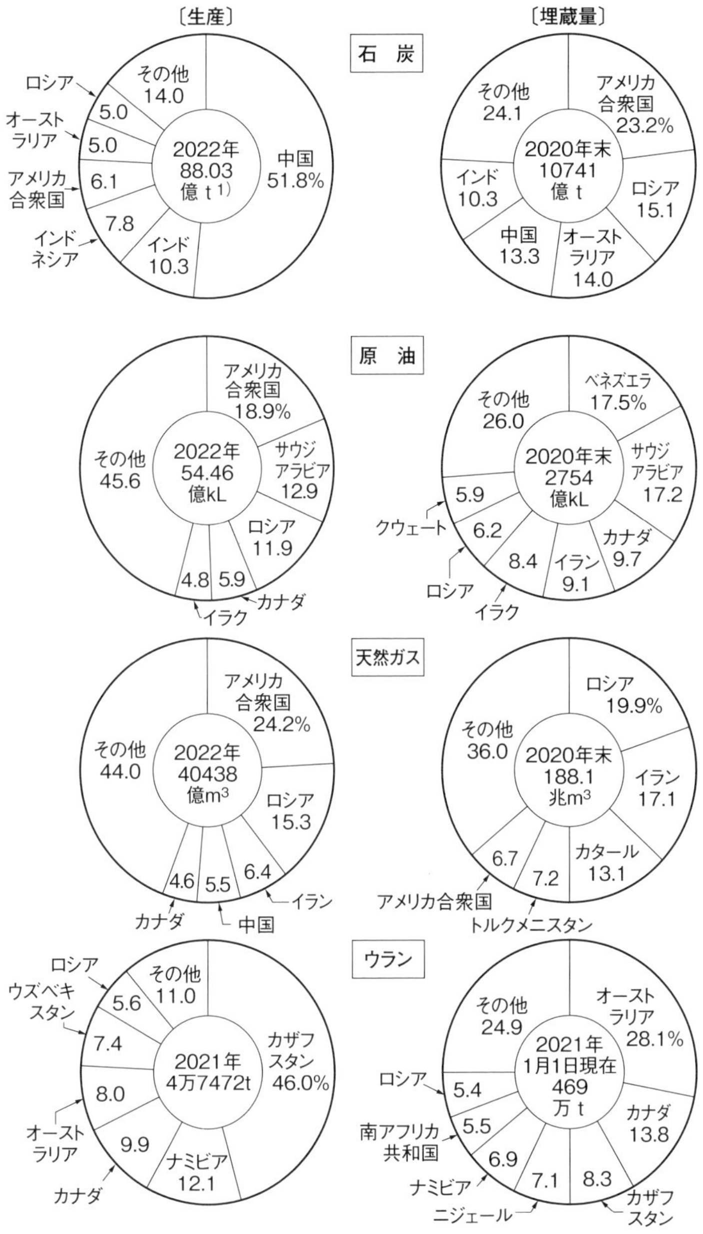

本章各表より作成。石炭には本年版より褐炭、亜炭を含む。1）褐炭、亜炭のほか、その他商用固体燃料を含む。

表 5-27　石炭の生産（褐炭、亜炭等を含む）（単位　万 t ）

	2000	2010	2020	2021	2022	〃 1) (PJ)
アジア・太平洋 2)	219 065	484 773	586 463	617 676	677 581	136 205
中国…………	138 418	342 845	390 158	412 583	456 000	92 221
インド………	33 480	57 274	76 024	81 230	91 087	15 021
インドネシア…	7 704	27 516	56 373	61 399	68 743	13 953
オーストラリア…	31 392	43 440	47 000	46 028	44 343	11 461
ベトナム………	1 161	4 484	4 460	4 831	4 983	1 168
モンゴル………	519	2 516	4 308	3 232	3 934	749
タイ…………	1 779	1 826	1 325	1 422	1 364	141
パキスタン……	323	337	949	1 024	993	187
ニュージーランド	346	534	282	287	264	66
北アメリカ… 3)	105 441	106 697	53 963	57 699	59 003	13 388
アメリカ合衆国…	97 396	98 372	48 574	52 384	53 940	12 071
カナダ………	6 910	6 797	4 615	4 761	4 509	1 179
メキシコ………	1 134	1 527	775	554	555	138
CIS………… 4)	34 203	44 062	52 351	56 192	57 075	11 361
ロシア………	26 221	32 294	39 975	43 407	43 903	9 352
カザフスタン…	7 487	11 093	11 340	11 622	11 798	1 808
ウズベキスタン…	250	363	413	506	536	64
ヨーロッパ… 5)	83 490	76 108	48 830	52 551	54 590	5 790
ドイツ………	20 157	18 230	10 740	12 626	13 250	1 210
ポーランド……	16 282	13 324	10 070	10 764	10 745	1 704
トルコ………	6 327	7 340	7 471	8 647	9 605	833
ブルガリア……	2 643	2 944	2 259	2 842	3 559	248
チェコ………	6 516	5 537	3 163	3 154	3 522	482
セルビア………	…	3 786	3 967	3 642	3 513	254
ルーマニア……	2 929	3 113	1 503	1 774	1 817	129
ウクライナ……	6 289	5 539	2 444	2 492	1 654	361
ギリシャ………	6 389	5 652	1 405	1 240	1 405	68
ハンガリー……	1 428	911	613	499	493	32
(参考) EU… 6)	62 281	54 643	31 885	34 894	36 856	4 070
アフリカ………	23 054	25 908	26 124	24 870	25 107	6 000
南アフリカ共和国	22 420	25 452	24 625	22 979	22 594	5 348
ジンバブエ……	441	267	271	324	394	106
中南アメリカ… 7)	5 360	8 546	6 140	6 740	6 540	1 773
コロンビア……	3 824	7 435	5 362	5 899	5 750	1 654
ブラジル………	670	771	706	799	745	108
中東………… 8)	154	152	206	223	441	47
世界計………	**470 767**	**746 246**	**774 078**	**815 951**	**880 337**	**174 564**

EI（Energy Institute）"Statistical Review of World Energy"（2023年）より作成。地域区分は原資料に従ったほか、国別は統計掲載国のうち数量の多い国。褐炭、亜炭、その他商用固体燃料を含む。1）熱量ベース。2）オセアニアを含む。中東、旧ソ連構成国を除く。3）メキシコを含む。4）バルト3国とジョージア、ウクライナを除く旧ソ連構成国。5）トルコを含み、旧ソ連構成国を除く。ただしバルト3国とジョージア、ウクライナを含む。6）イギリスを除く27か国。7）メキシコを除く。8）トルコを除く。

表 5-28　石炭の輸出入（褐炭、亜炭等を含む）（石炭換算）（単位　万 t ）

輸出	2019	2020	輸入	2019	2020
インドネシア‥	38 365	35 938	中国‥‥‥‥‥	18 614	19 119
オーストラリア	36 153	35 765	インド‥‥‥‥	22 925	18 903
ロシア‥‥‥‥	19 215	18 741	日本‥‥‥‥‥	16 574	14 843
コロンビア‥‥	7 235	6 887	韓国‥‥‥‥‥	11 438	10 415
南アフリカ共和国	6 341	5 898	その他のアジア1)	5 696	5 342
アメリカ合衆国	7 805	5 743	ベトナム‥‥‥	3 597	4 468
カナダ‥‥‥‥	3 057	2 724	トルコ‥‥‥‥	3 473	3 641
モンゴル‥‥‥	3 112	2 717	ドイツ‥‥‥‥	4 025	3 013
カザフスタン‥	1 563	1 793	マレーシア‥‥	2 976	2 804
ポーランド‥‥	983	1 013	フィリピン‥‥	2 108	2 251
モザンビーク‥	997	650	タイ‥‥‥‥‥	2 039	2 143
フィリピン‥‥	753	567	ロシア‥‥‥‥	2 052	2 082
中国‥‥‥‥‥	1 059	563	ブラジル‥‥‥	1 906	1 664
日本‥‥‥‥‥	159	321	ウクライナ‥‥	1 891	1 578
ドイツ‥‥‥‥	213	201	パキスタン‥‥	1 549	1 542
スペイン‥‥‥	140	179	ポーランド‥‥	1 438	1 105
世界計×‥‥	**128 645**	**121 054**	世界計×‥‥	**121 124**	**109 649**

国連“Energy Statistics Yearbook”（2020年）より作成。オイルシェール等も石炭換算。コークスなど石炭製品を含む。1）ほとんどが台湾と考えられる。×その他とも。

表 5-29　石炭の埋蔵量（2020年末現在）

	埋蔵量（百万 t ）	可採年数（年）		埋蔵量（百万 t ）	可採年数（年）
アジア・太平洋*	459 750	78	ウクライナ‥‥	34 375	1 429
オーストラリア	150 227	315	ポーランド‥‥	28 395	282
中国‥‥‥‥‥	143 197	37	トルコ‥‥‥‥	11 525	168
インド‥‥‥‥	111 052	147	セルビア‥‥‥	7 514	189
インドネシア‥	34 869	62	チェコ‥‥‥‥	3 595	113
ニュージーランド	7 575	2 687	ハンガリー‥‥	2 909	475
ベトナム‥‥‥	3 360	69	ギリシャ‥‥‥	2 876	205
パキスタン‥‥	3 064	396	ブルガリア‥‥	2 366	192
モンゴル‥‥‥	2 520	58	スペイン‥‥‥	1 187	282
タイ‥‥‥‥‥	1 063	80	（参考）EU‥‥*	78 590	266
北アメリカ‥‥*	256 734	484	**CIS**‥‥‥‥‥*	190 655	367
アメリカ合衆国	248 941	514	ロシア‥‥‥‥	162 166	407
カナダ‥‥‥‥	6 582	166	カザフスタン‥	25 605	226
メキシコ‥‥‥	1 211	185	ウズベキスタン	1 375	333
中南アメリカ‥*	13 689	240	**アフリカ**‥‥‥	14 837	55
ブラジル‥‥‥	6 596	1 396	南アフリカ共和国	9 893	40
コロンビア‥‥	4 554	90	**中東**‥‥‥‥‥*	1 203	703
ヨーロッパ‥‥*	137 240	299	世界計‥‥‥	**1 074 108**	139
ドイツ‥‥‥‥	35 900	334			

資料は表5-27に同じ。褐炭、亜炭を含む。＊地域区分は表5-27参照。

表 5-30　石炭の消費（褐炭、亜炭等を含む）（熱量ベース）（単位　PJ）

	2000	2010	2019	2020	2021	2022
アジア・太平洋*	48 069	102 128	121 748	121 727	127 779	130 499
中国	29 561	73 226	82 520	84 249	87 536	88 414
インド	6 880	12 055	17 960	16 973	19 296	20 093
日本	3 998	4 870	4 905	4 575	4 930	4 916
インドネシア	551	1 547	2 884	2 755	2 748	4 379
韓国	1 797	3 230	3 439	3 025	3 037	2 875
ベトナム	196	609	2 090	2 195	2 157	2 049
(台湾)	1 177	1 628	1 671	1 562	1 677	1 581
オーストラリア	2 130	2 187	1 751	1 685	1 629	1 551
マレーシア	104	618	881	1 037	945	938
フィリピン	194	294	732	735	792	839
タイ	330	646	714	764	782	711
パキスタン	85	194	564	654	723	638
バングラデシュ	14	31	173	188	152	180
北アメリカ *	24 184	22 448	12 496	9 976	11 269	10 506
アメリカ合衆国	22 632	20 882	11 342	9 202	10 573	9 868
カナダ	1 279	1 033	613	534	497	386
メキシコ	274	533	541	239	198	251
ヨーロッパ *	16 561	15 326	11 049	9 555	10 391	10 070
ドイツ	3 572	3 226	2 247	1 854	2 239	2 330
ポーランド	2 355	2 306	1 858	1 722	1 905	1 805
トルコ	940	1 316	1 755	1 701	1 736	1 745
チェコ	888	786	603	524	543	589
ウクライナ	1 614	1 601	1 092	957	954	519
イタリア	524	572	279	213	235	305
ブルガリア	263	288	213	174	219	262
オランダ	325	316	269	172	234	232
フランス	593	482	268	188	228	214
イギリス	1 538	1 277	249	228	237	211
スペイン	877	289	212	124	129	169
ルーマニア	308	295	208	150	170	165
(参考) EU *	11 858	10 452	7 298	6 017	6 843	6 979
CIS *	5 281	5 290	5 228	4 884	5 055	4 871
ロシア	4 428	3 791	3 567	3 291	3 426	3 194
カザフスタン	747	1 398	1 443	1 365	1 404	1 435
アフリカ	3 469	4 197	4 430	4 243	4 175	3 973
南アフリカ共和国	3 125	3 886	3 761	3 657	3 510	3 313
モロッコ	112	117	279	280	308	280
中南アメリカ *	877	1 171	1 394	1 287	1 409	1 186
ブラジル	544	606	646	587	712	586
チリ	135	188	314	263	292	220
中東 *	322	415	380	370	356	370
世界計	**98 765**	**150 975**	**156 725**	**152 040**	**160 433**	**161 475**

資料・注記は表5-27に同じ。*地域区分は表5-27参照。

表 5-31　原油の生産（Ⅰ）（単位　万kL）

	1990	2000	2010	2020	2021	2022
中東・・・・・・・・・ *	100 066	135 543	148 638	160 968	163 351	178 415
サウジアラビア	41 237	53 080	57 251	64 240	63 570	② 70 434
イラク・・・・・・・・	12 471	15 206	14 328	23 939	23 808	⑤ 26 230
アラブ首長国連邦	11 518	15 124	16 915	21 412	21 127	⑦ 23 330
イラン・・・・・・・・	18 978	22 407	25 655	18 157	21 200	⑧ 22 181
クウェート・・・・	5 595	13 061	14 881	15 836	15 690	⑩ 17 575
カタール・・・・・・	2 518	4 954	9 461	9 911	10 074	10 258
オマーン・・・・・・	4 033	5 556	5 018	5 532	5 637	6 176
シリア・・・・・・・・	2 360	3 335	2 234	250	557	542
北アメリカ・・ *	80 221	80 843	80 378	136 956	139 400	146 772
アメリカ合衆国	51 734	44 999	43 866	95 976	96 794	①103 129
カナダ・・・・・・・・	11 420	15 732	19 338	29 855	31 419	④ 32 358
メキシコ・・・・・・	17 067	20 112	17 175	11 124	11 187	11 285
CIS・・・・・・・・・ *	66 178	46 258	78 000	78 537	80 535	81 285
ロシア・・・・・・・・	60 022	38 308	60 232	62 068	63 837	③ 65 013
カザフスタン・・	3 312	4 308	9 724	10 454	10 477	10 265
アゼルバイジャン	1 476	1 636	6 017	4 156	4 212	3 978
トルクメニスタン	694	850	1 314	1 274	1 404	1 418
アジア・太平洋*	38 953	45 855	49 077	43 388	42 792	42 208
中国・・・・・・・・・・	16 120	18 953	23 661	22 700	23 179	⑥ 23 860
インド・・・・・・・・	4 147	4 222	5 231	4 623	4 446	4 278
インドネシア・・	8 932	8 471	5 821	4 318	4 013	3 736
マレーシア・・・・	3 610	4 211	4 252	3 622	3 348	3 290
オーストラリア	3 756	4 688	3 191	2 645	2 574	2 439
タイ・・・・・・・・・・	347	1 081	2 283	2 447	2 328	1 921
ベトナム・・・・・・	318	1 964	1 811	1 205	1 138	1 124
ブルネイ・・・・・・	882	1 123	999	640	618	533
アフリカ・・・・・・	38 690	45 293	59 331	40 367	42 355	40 875
アルジェリア・・	7 931	9 015	9 803	7 753	7 853	8 552
ナイジェリア・・	10 369	12 653	14 687	10 630	9 480	8 415
アンゴラ・・・・・・	2 755	4 342	10 518	7 711	6 832	6 908
リビア・・・・・・・・	8 264	8 581	10 440	2 475	7 367	6 316
エジプト・・・・・・	5 207	4 532	4 206	3 677	3 527	3 556
コンゴ共和国・・	904	1 542	1 822	1 785	1 588	1 561
ガボン・・・・・・・・	1 568	1 606	1 353	1 207	1 051	1 108
南スーダン・・・・	…	…	…	957	885	819
チャド・・・・・・・・	…	…	708	735	676	718
赤道ギニア・・・・	…	687	1 777	922	759	689
中南アメリカ *	26 157	38 931	43 057	34 603	34 430	36 916
ブラジル・・・・・・	3 775	7 427	12 401	17 634	17 350	⑨ 18 030
コロンビア・・・・	2 588	3 998	4 561	4 545	4 273	4 376
ベネズエラ・・・・	13 023	18 108	16 491	3 842	3 922	4 241
アルゼンチン・・	3 003	4 937	4 131	3 496	3 643	4 095
エクアドル・・・・	1 695	2 345	2 833	2 790	2 744	2 791
ペルー・・・・・・・・	754	581	959	765	741	746

原油の生産（Ⅱ）（単位　万kL）

	1990	2000	2010	2020	2021	2022
ヨーロッパ・・ *	27 089	41 028	24 863	20 957	19 891	18 173
ノルウェー・・・・	9 959	19 385	12 415	11 675	11 768	11 030
イギリス・・・・・・	11 217	15 769	7 882	6 103	5 073	4 513
イタリア・・・・・・	563	552	615	649	583	537
ルーマニア・・・・	981	767	520	421	405	380
デンマーク・・・・	702	2 112	1 448	419	385	379
（参考）EU・・ *	4 572	4 958	3 631	2 287	2 144	1 993
世界計・・・・・・	**377 354**	**433 750**	**483 344**	**515 776**	**522 753**	**544 644**
うちOPEC ・・・	134 613	175 412	195 921	179 909	184 249	197 540

資料は表5-27に同じ。＊地域区分は表5-27参照。本表はシェールオイルやオイルサンド、天然ガス液（天然ガス生産で分離された液体）等を含む。バイオ燃料や石炭などからの合成物を除く。円内数字は国別順位。原資料はバレルで、１バレル＝159リットルで換算。

表 5-32　原油埋蔵量と可採年数（2020年末現在）

	埋蔵量（百万kL）	可採年数（年）		埋蔵量（百万kL）	可採年数（年）
中東・・・・・・・・ *	132 915	83	**アフリカ**・・・・・・	19 893	50
サウジアラビア	47 307	74	リビア・・・・・・・・	7 690	339
イラン・・・・・・・・	25 090	140	ナイジェリア・・	5 866	56
イラク・・・・・・・・	23 058	96	アルジェリア・・	1 940	25
クウェート・・・・	16 139	103	アンゴラ・・・・・・	1 237	16
アラブ首長国連邦	15 550	73	南スーダン・・・・	557	56
カタール・・・・・・	4 014	38	エジプト・・・・・・	500	14
オマーン・・・・・・	854	15	コンゴ共和国・・	458	26
イエメン・・・・・・	477	87	ガボン・・・・・・・・	318	26
シリア・・・・・・・・	398	159	チャド・・・・・・・・	239	32
			スーダン・・・・・・	239	48
中南アメリカ *	51 415	151	赤道ギニア・・・・	175	19
ベネズエラ・・ 1)	48 305	1 538			
ブラジル・・・・・・	1 896	11	**アジア・太平洋**＊	7 180	17
アルゼンチン・・	395	11	中国・・・・・・・・・・	4 128	18
コロンビア・・・・	324	7	インド・・・・・・・・	722	16
エクアドル・・・・	207	7	ベトナム・・・・・・	700	58
			マレーシア・・・・	434	13
北アメリカ・・ *	38 623	28	インドネシア・・	388	9
カナダ・・・・・・ 2)	26 726	89	オーストラリア	380	14
アメリカ合衆国	10 932	11	ブルネイ・・・・・・	175	27
メキシコ・・・・・・	964	9			
CIS ・・・・・・・・ *	23 253	30	**ヨーロッパ**・・ *	2 167	10
ロシア・・・・・・・・	17 141	28	ノルウェー・・・・	1 256	11
カザフスタン・・	4 770	45	イギリス・・・・・・	398	7
アゼルバイジャン	1 113	27	世界計・・・・・・	**275 446**	54
			うちOPEC ・・・	193 132	108

資料は表5-27に同じ。＊地域区分は表5-27参照。1）うちオリノコベルトとよばれる重質油帯の埋蔵量が41624百万kL。2）うちオイルサンドの埋蔵量が25656百万kL。

表 5-33 **原油の消費**（単位 万kL）

	2000	2010	2019	2020	2021	2022
アジア・太平洋*	123 126	160 614	209 192	198 087	203 975	205 017
中国	27 092	54 014	83 115	83 845	86 433	82 959
インド	13 308	19 198	29 888	27 350	27 846	30 092
日本	33 145	25 667	21 427	19 064	19 376	19 369
韓国	12 855	13 700	16 186	15 306	16 344	16 585
インドネシア	6 467	8 243	9 182	8 148	8 477	9 199
タイ	4 384	5 947	7 507	6 736	6 806	7 413
シンガポール	4 050	6 455	7 612	7 356	7 240	6 958
オーストラリア	4 815	5 426	6 177	5 328	5 461	5 850
(台湾)	5 044	6 038	5 726	5 512	5 746	5 274
マレーシア	2 874	3 996	5 034	4 217	4 523	5 190
ベトナム	1 010	2 060	3 475	2 947	2 729	2 990
パキスタン	2 165	2 386	2 587	2 524	2 921	2 839
北アメリカ *	137 902	132 783	137 691	121 675	131 994	136 538
アメリカ合衆国	114 023	106 331	112 725	99 997	109 017	111 080
カナダ	12 003	13 823	14 436	12 361	12 828	13 281
メキシコ	11 876	12 630	10 530	9 317	10 149	12 177
ヨーロッパ *	94 192	89 216	86 424	75 497	78 958	81 611
ドイツ	15 950	13 771	13 173	11 926	11 850	12 044
フランス	11 558	9 885	8 862	7 600	8 289	8 242
イギリス	9 941	9 211	8 866	6 892	7 060	7 641
スペイン	8 264	8 100	7 468	6 145	6 710	7 357
イタリア	11 392	8 749	7 305	6 048	6 721	7 090
トルコ	3 879	4 025	5 800	5 451	5 824	6 047
オランダ	4 916	5 842	5 156	4 925	4 907	5 137
ポーランド	2 480	3 351	3 939	3 722	3 923	4 202
ベルギー	3 584	3 737	3 643	3 149	3 483	3 266
(参考) EU *	75 135	69 762	65 920	57 806	60 704	62 688
中東 *	29 230	45 275	51 934	47 984	50 375	54 843
サウジアラビア	9 467	18 394	21 137	20 048	20 950	22 492
イラン	7 841	9 778	10 328	9 892	10 068	11 096
アラブ首長国連邦	2 186	3 796	5 572	5 260	5 744	6 536
イラク	2 879	3 074	4 385	3 619	4 061	4 479
中南アメリカ *	28 595	34 182	34 206	29 974	33 653	35 709
ブラジル	11 299	13 612	13 702	12 910	13 895	14 580
アルゼンチン	2 720	3 383	3 292	2 935	3 668	3 934
コロンビア	1 404	1 645	2 288	1 929	2 483	2 774
CIS *	18 849	20 854	25 464	24 408	25 761	26 857
ロシア	14 781	16 710	19 953	19 167	20 212	20 720
アフリカ	14 217	19 964	23 593	21 110	22 970	24 159
エジプト	3 216	4 274	3 983	3 482	3 735	4 350
南アフリカ共和国	2 651	3 047	3 291	2 707	2 914	2 975
世界計	**446 112**	**502 890**	**568 504**	**518 735**	**547 687**	**564 735**

資料・注記は表5-31参照。*地域区分は表5-27参照。

第5章 資源とエネルギー

表 5-34　原油の輸出入（単位　万ｔ）

輸出	2019	2020	輸入	2019	2020
サウジアラビア	35 053	33 511	中国…………	50 568	54 201
ロシア………	26 920	23 920	アメリカ合衆国	33 545	29 114
イラク………	19 494	16 888	インド………	22 696	19 646
アメリカ合衆国	14 707	15 818	韓国…………	14 456	13 246
カナダ………	16 627	15 621	日本…………	14 519	11 508
アラブ首長国連邦	12 038	12 060	ドイツ………	8 599	8 272
クウェート……	10 050	9 614	スペイン……	6 630	5 486
ノルウェー……	6 086	7 511	イタリア……	6 314	5 036
ナイジェリア…	9 409	7 056	オランダ……	5 756	4 945
ブラジル……	6 287	7 017	シンガポール…	5 187	4 481
メキシコ……	5 943	5 952	タイ…………	4 361	4 390
アンゴラ……	6 386	5 923	その他のアジア[1]	4 640	3 862
カザフスタン…	5 965	5 794	カナダ………	4 240	3 808
オマーン……	4 154	3 842	イギリス……	4 396	3 506
イギリス……	4 083	3 629	フランス……	4 834	3 312
コロンビア……	2 955	2 864	トルコ………	3 108	2 937
カタール……	2 779	2 643	ベルギー……	3 451	2 732
ベネズエラ……	4 372	2 514	ポーランド……	2 662	2 491
アゼルバイジャン	2 770	2 483	ギリシャ……	2 283	2 277
世界計×……	**222 684**	**205 739**	世界計×……	**232 002**	**213 790**

資料は表5-28に同じ。1）ほとんどが台湾と考えられる。×その他とも。

表 5-35　バイオ燃料の生産（石油換算）（単位　万kL）

	1990	2000	2010	2020	2021	2022
アメリカ合衆国…	157	340	2 895	3 680	3 977	4 226
ブラジル………	641	608	1 777	2 390	2 272	2 376
インドネシア……	…	…	21	735	876	1 012
中国…………	…	…	166	328	337	386
ドイツ………	…	24	341	366	381	358
アルゼンチン……	…	0	186	157	231	258
インド………	…	9	20	134	202	252
オランダ………	…	…	42	217	225	226
タイ…………	…	…	91	259	229	210
フランス………	…	35	247	251	210	203
スペイン………	…	8	110	194	179	181
カナダ………	…	12	87	128	126	124
ポーランド……	…	…	47	106	112	116
イタリア………	…	0	85	101	120	109
（参考）EU…… [1]	1	76	1 148	1 648	1 651	1 641
世界計×……	**810**	**1 050**	**6 606**	**10 025**	**10 493**	**11 105**

資料は表5-27に同じ。バイオガソリン（エタノールなど）とバイオディーゼルの生産量。1バレル＝159リットルで換算。1）イギリスを除くEU27か国。×その他とも。

表 5-36　石油精製量（単位　万kL）

	2000	2010	2019	2020	2021	2022
アメリカ合衆国	87 681	85 451	96 123	82 705	87 911	92 432
中国	23 665	48 798	77 961	80 445	83 922	80 623
ロシア	20 259	29 120	33 799	32 027	33 216	32 113
インド	11 866	22 627	29 709	26 149	27 811	29 493
サウジアラビア	9 714	11 151	15 374	13 952	16 050	17 062
韓国	14 159	13 869	16 956	15 588	15 286	16 315
日本	24 121	21 001	17 680	14 503	14 441	15 636
イラン	9 334	10 619	12 191	12 764	13 604	13 909
ドイツ	12 448	11 116	10 231	11 580	11 589	12 250
ブラジル	9 244	10 372	10 161	10 292	10 553	11 231
カナダ	10 026	10 271	10 574	9 222	9 594	9 845
イタリア	10 197	9 707	7 863	6 431	7 101	7 638
スペイン	6 654	6 153	7 651	6 428	6 634	7 388
オランダ	6 830	6 707	7 064	6 419	6 679	6 550
タイ	4 244	5 533	5 744	5 713	5 665	5 925
イギリス	9 543	8 096	6 057	5 121	5 161	5 908
アラブ首長国連邦	1 833	3 314	6 018	5 446	5 452	5 707
シンガポール	5 121	5 680	5 804	5 008	5 058	5 154
インドネシア	5 743	4 953	5 326	4 807	4 785	4 901
フランス	9 929	7 625	5 676	3 868	3 964	4 807
（参考）EU 1)	67 074	62 918	61 180	55 218	56 308	59 615
世界計×	**394 848**	**436 501**	**480 572**	**441 812**	**461 407**	**475 527**

資料・注記は下表に同じ。1）イギリスを除くEU27か国。×その他とも。

表 5-37　石油製品の消費（2022年）（単位　万kL）

	ガソリン	ナフサ	軽油	灯油・ジェット燃料	重油	エタン・LPG
アジア・太平洋 *	39 691	27 822	55 034	10 369	14 952	27 754
中国	17 258	10 829	20 921	2 921	4 098	10 660
インド	3 941	1 160	10 088	949	723	6 368
日本	4 383	3 186	4 263	2 204	1 385	2 107
北アメリカ *	53 565	1 357	29 285	10 393	2 714	24 405
アメリカ合衆国	45 716	804	22 243	9 066	1 991	19 447
ヨーロッパ *	11 544	4 659	36 804	7 516	4 943	7 586
EU *	8 886	4 433	27 981	5 024	4 342	5 482
中東 *	10 973	2 246	10 968	3 354	12 480	12 382
中南アメリカ *	8 786	1 229	13 847	1 704	3 033	4 283
ブラジル	3 147	910	5 906	597	583	1 803
CIS *	6 449	901	8 028	1 592	1 831	5 400
アフリカ	7 637	41	9 763	1 208	1 904	2 671
世界計	**138 644**	**38 254**	**163 729**	**36 136**	**41 857**	**84 482**

資料は表5-27に同じ。＊地域区分は表5-27参照。１バレル＝159リットルで換算。

表 5-38　天然ガスの生産（単位　億m³）

	1990	2000	2010	2020	2021	2022
北アメリカ……　*	6 132	7 283	7 759	11 172	11 549	12 039
アメリカ合衆国‥	4 834	5 186	5 752	9 161	9 441	9 786
カナダ………	1 034	1 763	1 496	1 656	1 723	1 850
メキシコ………	264	334	512	355	384	404
CIS……………　*	7 310	6 442	7 395	8 084	8 912	8 059
ロシア………	5 996	5 371	5 984	6 384	7 021	6 184
トルクメニスタン	792	424	401	660	793	783
ウズベキスタン‥	368	509	571	471	509	489
アゼルバイジャン	97	52	163	259	318	341
カザフスタン……	50	82	272	306	267	260
中東……………　*	1 007	2 041	4 746	6 788	7 062	7 213
イラン………	247	563	1 439	2 495	2 567	2 594
カタール………	65	258	1 231	1 749	1 770	1 784
サウジアラビア‥	318	473	833	1 131	1 145	1 204
アラブ首長国連邦	196	374	500	506	583	580
オマーン………	24	103	257	369	402	421
バーレーン……	61	92	124	164	172	171
アジア・太平洋　*	1 493	2 775	4 881	6 504	6 738	6 813
中国………	154	274	965	1 940	2 092	2 218
オーストラリア‥	206	312	526	1 459	1 482	1 528
マレーシア……	180	497	651	722	780	824
インドネシア……	445	707	870	595	593	577
インド………	116	254	474	238	285	298
パキスタン……	102	180	353	306	327	287
タイ………	67	209	337	327	315	256
バングラデシュ‥	46	91	193	237	236	233
ミャンマー……	8	33	122	175	172	169
アフリカ………	722	1 351	2 015	2 314	2 590	2 490
アルジェリア……	517	919	774	814	1 011	982
エジプト………	78	202	590	585	678	645
ナイジェリア……	38	112	309	494	452	404
ヨーロッパ……　*	2 432	3 099	3 101	2 189	2 110	2 204
ノルウェー……	253	494	1 062	1 115	1 143	1 228
イギリス………	476	1 135	579	396	328	382
ウクライナ……	266	158	194	191	187	175
(参考) EU……　*	1 426	1 298	1 256	478	443	411
中南アメリカ‥　*	602	1 017	1 604	1 555	1 575	1 620
アルゼンチン……	173	364	390	383	386	416
ベネズエラ……	244	310	305	216	281	292
トリニダード・トバゴ……	55	138	403	295	247	260
ブラジル………	31	77	150	242	243	230
世界計………	**19 697**	**24 007**	**31 502**	**38 606**	**40 534**	**40 438**

資料は表5-27に同じ。＊地域区分は表5-27参照。

表 5-39 天然ガスの消費（単位 億m³）

	2000	2010	2019	2020	2021	2022
北アメリカ・・・・ *	7 535	8 058	10 613	10 410	10 501	10 994
アメリカ合衆国・・	6 284	6 482	8 510	8 329	8 358	8 812
カナダ・・・・・・・・・・	892	916	1 169	1 136	1 170	1 216
メキシコ・・・・・・・・	359	660	934	945	973	966
アジア・太平洋*	2 983	5 752	8 606	8 716	9 285	9 071
中国・・・・・・・・・・・・	247	1 089	3 084	3 366	3 803	3 757
日本・・・・・・・・・・・・	757	999	1 081	1 041	1 036	1 005
韓国・・・・・・・・・・・・	198	450	560	575	624	619
インド・・・・・・・・・・	254	590	592	604	621	582
マレーシア・・・・・・	288	380	452	436	494	494
タイ・・・・・・・・・・・・	212	432	509	469	470	443
オーストラリア・・	206	317	441	425	399	416
パキスタン・・・・・・	180	353	445	412	449	384
インドネシア・・・・	330	440	440	375	371	370
バングラデシュ・・	91	193	309	299	306	292
(台湾)・・・・・・・・・・	68	155	233	249	273	281
中東・・・・・・・・・・ *	1 833	3 805	5 379	5 499	5 621	5 606
イラン・・・・・・・・・・	594	1 444	2 184	2 368	2 365	2 289
サウジアラビア・・	473	833	1 112	1 131	1 145	1 204
アラブ首長国連邦	306	593	697	647	708	698
カタール・・・・・・・・	113	254	419	385	400	367
オマーン・・・・・・・・	77	164	250	259	280	285
CIS ・・・・・・・・・・ *	4 518	5 290	5 729	5 550	6 169	5 512
ロシア・・・・・・・・・・	3 662	4 239	4 443	4 235	4 746	4 080
ウズベキスタン・・	487	440	446	436	465	483
トルクメニスタン	72	183	277	343	368	375
ヨーロッパ・・・・ *	5 585	6 234	5 552	5 417	5 731	4 988
ドイツ・・・・・・・・・・	829	881	893	871	917	773
イギリス・・・・・・・・	1 013	985	777	731	778	720
イタリア・・・・・・・・	679	791	708	676	724	653
トルコ・・・・・・・・・・	139	358	434	462	573	512
フランス・・・・・・・・	416	496	437	406	430	384
スペイン・・・・・・・・	177	362	360	325	343	331
オランダ・・・・・・・・	410	468	371	361	349	271
(参考) EU・・・・ *	3 589	4 232	3 925	3 800	3 970	3 434
アフリカ・・・・・・・・	557	981	1 552	1 537	1 685	1 625
エジプト・・・・・・・・	193	434	590	583	622	607
アルジェリア・・・・	191	253	451	434	477	443
中南アメリカ・・ *	983	1 473	1 629	1 475	1 679	1 617
アルゼンチン・・・・	323	421	466	439	459	457
ブラジル・・・・・・・・	97	276	357	314	404	320
ベネズエラ・・・・・・	310	313	256	216	281	292
世界計・・・・・・・・	**23 994**	**31 594**	**39 058**	**38 603**	**40 671**	**39 413**

資料は表5-27に同じ。*地域区分は表5-27を参照。

表 5-40　天然ガスの輸出入（熱量ベース）（単位　PJ）

輸出	2019	2020	輸入	2019	2020
ロシア	9 934	9 129	中国	5 198	5 451
アメリカ合衆国	5 100	5 781	日本	4 185	4 179
カタール	5 162	5 138	ドイツ	3 520	3 092
ノルウェー	4 462	4 348	アメリカ合衆国	2 950	2 745
オーストラリア	4 096	4 339	イタリア	2 708	2 530
カナダ	2 992	2 769	メキシコ	1 908	2 457
トルクメニスタン	2 449	2 263	韓国	2 242	2 236
アルジェリア	1 669	1 561	オランダ	1 977	1 994
オランダ	1 589	1 333	フランス	2 275	1 918
マレーシア	1 336	1 288	トルコ	1 732	1 843
ナイジェリア	1 041	1 048	イギリス	1 840	1 721
カザフスタン	1 050	813	インド	1 401	1 363
インドネシア	587	811	スペイン	1 506	1 315
イラン	719	632	その他のアジア1)	924	991
世界計×	**49 657**	**48 382**	世界計×	**47 904**	**46 886**

資料は表5-28に同じ。LNG（液化天然ガス）やパイプラインによるものは186、187ページ参照。1）ほとんどが台湾と考えられる。×その他とも。

表 5-41　天然ガスの埋蔵量（2020年末現在）

	埋蔵量(億m³)	可採年数(年)		埋蔵量(億m³)	可採年数(年)
中東＊	758 069	110	ベトナム	6 459	74
イラン	321 014	128	ミャンマー	4 322	24
カタール	246 655	144	パキスタン	3 848	13
サウジアラビア	60 191	54			
アラブ首長国連邦	59 387	107	**北アメリカ**＊	151 507	14
イラク	35 285	336	アメリカ合衆国	126 187	14
クウェート	16 948	113	カナダ	23 540	14
オマーン	6 663	18			
イスラエル	5 886	40	**アフリカ**	128 886	56
			ナイジェリア	54 730	111
CIS＊	566 017	71	アルジェリア	22 792	28
ロシア	373 915	59	エジプト	21 377	37
トルクメニスタン	136 013	231	リビア	14 297	107
アゼルバイジャン	25 037	97			
カザフスタン	22 571	71	**中南アメリカ**＊	78 975	52
ウズベキスタン	8 453	18	ベネズエラ	62 602	334
			アルゼンチン	3 856	10
アジア・太平洋＊	165 600	25	ブラジル	3 485	15
中国	83 985	43			
オーストラリア	23 896	17	**ヨーロッパ**＊	31 688	14
インド	13 204	56	ノルウェー	14 292	13
インドネシア	12 523	20	ウクライナ	10 912	58
マレーシア	9 082	12	世界計	**1 880 742**	49

資料は表5-27に同じ。＊地域区分は表5-27参照。

図 5-4　原油・天然ガスの地域別埋蔵量（2020年末現在）

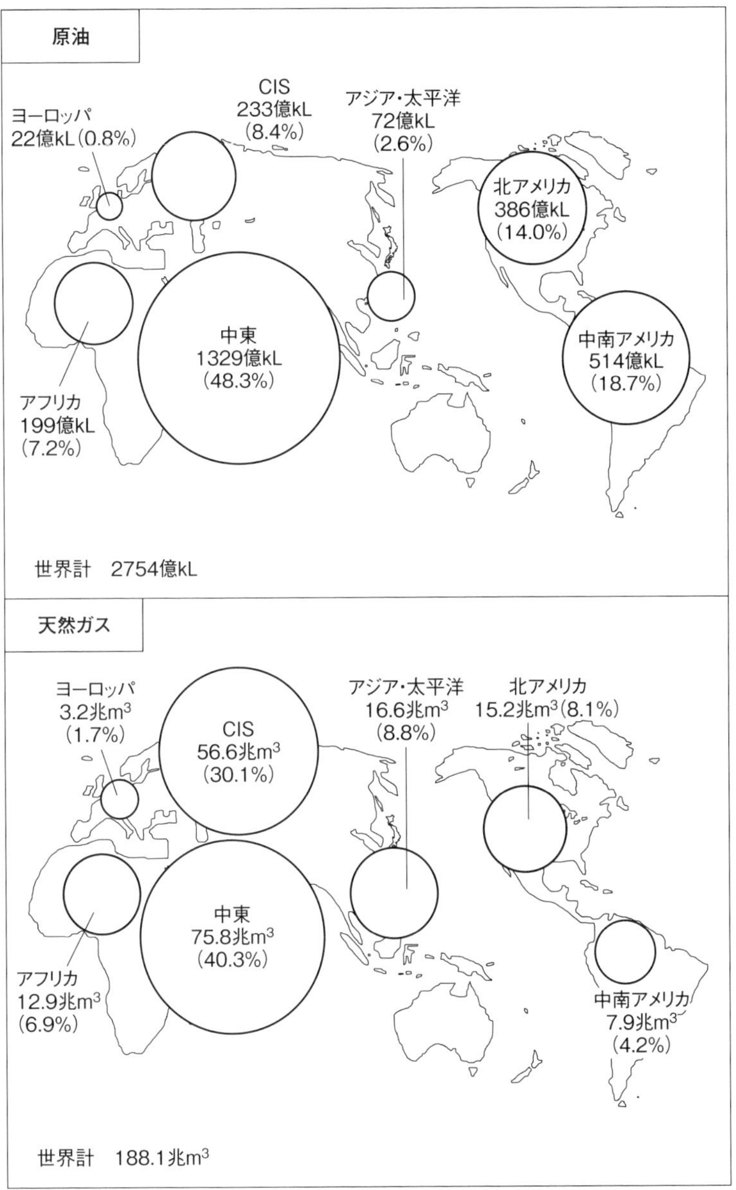

表5-32および表5-41より作成。地域区分は表5-27に同じ。（　）内の数値は世界全体の埋蔵量に対する割合。

表 5-42　LNG（液化天然ガス）の輸出入（単位　億m^3）

LNG輸出	2000	2010	2019	2020	2021	2022
カタール	145	778	1 058	1 065	1 069	1 141
オーストラリア	103	258	1 047	1 060	1 085	1 123
アメリカ合衆国	17	15	474	613	947	1 043
ロシア	—	135	391	418	395	402
マレーシア	215	310	352	325	335	374
ナイジェリア	61	241	288	284	234	196
インドネシア	366	324	165	168	146	155
オマーン	26	117	141	132	141	150
アルジェリア	260	195	168	146	156	144
パプアニューギニア	—	—	116	115	115	114
トリニダード・トバゴ	40	196	171	143	91	109
エジプト	—	100	47	18	90	89
アラブ首長国連邦	75	87	77	76	88	76
ブルネイ	89	90	88	84	75	64
ペルー	—	19	53	50	35	42
アンゴラ	—	—	58	61	47	41
ノルウェー	—	46	69	43	2	37
LNG輸出計×	**1 405**	**3 024**	**4 842**	**4 900**	**5 157**	**5 424**

LNG輸入	2000	2010	2019	2020	2021	2022
日本	740	964	1 055	1 017	1 013	983
中国	—	130	847	940	1 099	932
韓国	206	450	556	554	641	639
フランス	117	147	232	191	176	351
スペイン	89	282	220	209	204	288
インド	—	115	324	366	335	284
(台湾)	62	150	228	243	267	274
イギリス	—	188	171	186	149	253
トルコ	39	78	129	148	139	151
イタリア	37	93	135	125	95	143
ベルギー	44	65	73	64	55	124
タイ	—	—	67	75	92	114
パキスタン	—	—	118	106	122	97
クウェート	—	28	51	57	77	84
シンガポール	—	—	50	57	50	52
マレーシア	—	—	33	36	24	38
チリ	—	31	33	37	45	33
アルゼンチン	—	19	18	18	37	23
ブラジル	—	28	32	33	101	23
アラブ首長国連邦	—	2	16	15	17	9
アメリカ合衆国	65	121	15	13	6	7
LNG輸入計×	**1 405**	**3 024**	**4 842**	**4 900**	**5 157**	**5 424**

資料は表5-27に同じ。原資料掲載国のみ。×その他とも。

表 5-43 LNG（液化天然ガス）貿易の相手先（2022年）（単位 億m³）

	輸出国（From）					
	カタール	オーストラリア	アメリカ合衆国	ロシア	マレーシア	計×
日本	39	419	56	92	163	983
中国	248	350	26	61	102	932
韓国	134	159	78	27	75	639
フランス	22	—	155	74	—	351
スペイン	14	0	116	50	0	288
インド	147	6	33	6	1	284
(台湾)	72	101	29	15	8	274
イギリス	80	—	124	5	—	253
トルコ	1	—	53	3	—	151
計×	**1 141**	**1 123**	**1 043**	**402**	**374**	**5 424**

資料は表5-27に同じ。原資料掲載国のみ。×その他とも。

表 5-44 パイプラインによる天然ガスの輸出入（単位 億m³）

		2011	2015	2019	2020	2021	2022
輸出	ロシア	2 106	1 942	2 207	1 974	2 013	1 253
	アメリカ合衆国	391	472	774	789	843	827
	アフリカ	361	302	279	256	379	349
	中東	91	81	80	77	139	155
輸入	ヨーロッパ	2 344	2 150	2 369	2 110	2 317	1 508
	アメリカ合衆国	850	716	733	682	759	821
	中国	136	324	477	451	532	584
	ロシア	412	265	303	107	148	81
	ブラジル	93	112	64	62	71	61

資料は表5-27に同じ。域内貿易分を含まない。原資料掲載国・地域のみ。

表 5-45 パイプラインによる天然ガス貿易の相手先（2022年）（単位 億m³）

	輸出国（From）					
	ロシア	ノルウェー	アメリカ合衆国	カナダ	トルクメニスタン	計×
EU	615	863	—	—	—	2 986
アメリカ合衆国	—	—	—	821	—	821
中国	147	—	—	—	329	584
メキシコ	—	—	565	—	—	565
カナダ	—	—	262	—	—	262
ベラルーシ	185	—	—	—	—	185
計×	**1 253**	**1 168**	**827**	**821**	**407**	**7 184**

資料は表5-27に同じ。原資料掲載国・地域のみ。×その他とも。

表 5-46　アメリカ合衆国のガス生産とガス価格（単位　億m³）

	2000	2010	2019	2020	2021	2022
シェールガス	…	1 647	7 884	8 051	8 495	…
コールベットガス[1]	…	543	256	233	216	…
在来型ガス	6 845	5 403	3 408	3 217	3 087	…
ガス井	5 019	3 751	2 105	1 911	1 797	…
油井	1 826	1 652	1 304	1 306	1 290	…
計	**6 845**	**7 593**	**11 548**	**11 501**	**11 799**	**12 285**
シェールガスの割合（%）	…	*21.7*	*68.3*	*70.0*	*72.0*	…
ガス卸売平均価格（千m³あたりドル）	163	218	135	121	213	241

EIA（アメリカエネルギー情報局）ウェブサイト（2023年７月11日閲覧）より作成。ガスの回収量で、夾雑物等を含む。卸売価格はガス供給会社への販売価格。1）石炭層のガス。

表 5-47　ウランの生産と埋蔵量（単位　t）

	2000	2010	2020	2021	確認埋蔵量[1]（千t）	可採年数[2]（年）
カザフスタン	1 870	17 803	19 477	21 819	387.4	18
ナミビア	2 715	4 503	5 412	5 753	322.8	56
カナダ	10 683	9 775	3 878	4 692	649.0	138
オーストラリア	7 579	5 900	6 195	3 817	1 317.8	345
ウズベキスタン	2 028	2 874	3 512	3 520	49.2	14
ロシア	2 760	3 562	2 846	2 635	251.9	96
ニジェール	2 914	4 199	2 991	2 250	334.8	149
中国	700	1 350	1 600	1 600	111.1	69
インド	207	400	540	600	213.0	355
ウクライナ	1 005	837	711	455	120.6	265
南アフリカ共和国	798	582	62	192	255.7	1 332
パキスタン	23	45	45	45	…	…
チェコ	507	254	34	36	50.8	1 411
ブラジル	11	174	0	30	155.9	5 197
イラン	…	7	21	21	3.2	152
アメリカ合衆国	1 522	1 630	8	4	112.2	28 050
ハンガリー	10	6	3	3	…	…
モンゴル	…	…	0	0	66.2	…
（グリーンランド）	…	…	…	…	51.4	…
タンザニア	…	…	…	…	39.7	…
ボツワナ	…	…	…	…	20.4	…
アルジェリア	…	…	…	…	19.5	…
スペイン	255	…	0	0	19.1	…
世界計×	**36 011**	**54 680**	**47 342**	**47 472**	**4 688.3**	99

OECD、NEA“Uranium”（2022年）および国連“UN data”（2023年７月11日閲覧）より作成。1）2021年１月１日現在。ウラン１kgあたり260米ドル以下で回収可能な確認資源量。2）確認埋蔵量÷2021年の生産量。×その他とも。

表 5-48　原子力発電設備容量（2023年1月1日現在）

	運転中		建設・計画中		合計	
	容量（千kW）	基数	容量（千kW）	基数	容量（千kW）	基数
アメリカ合衆国	98 420	92	2 500	2	100 920	94
フランス	64 040	56	1 650	1	65 690	57
中国	55 596	53	50 596	47	106 192	100
日本 1)	33 083	33	15 723	11	48 806	44
ロシア	29 510	34	16 292	23	45 802	57
韓国	24 816	25	4 200	3	29 016	28
カナダ	14 512	19	300	1	14 812	20
ウクライナ	13 818	15	2 250	2	16 068	17
スペイン	7 397	7	—	—	7 397	7
スウェーデン	7 071	6	—	—	7 071	6
インド	6 780	22	19 100	23	25 880	45
イギリス	6 534	9	6 780	4	13 314	13
ベルギー	5 173	6	—	—	5 173	6
ドイツ	4 291	3	—	—	4 291	3
チェコ	4 212	6	—	—	4 212	6
パキスタン	3 530	6	1 100	1	4 630	7
スイス	3 105	4	—	—	3 105	4
(台湾)	2 992	3	—	—	2 992	3
フィンランド	2 902	4	1 720	1	4 622	5
アラブ首長国連邦	2 800	2	2 800	2	5 600	4
ブルガリア	2 080	2	1 200	1	3 280	3
ハンガリー	2 027	4	2 400	2	4 427	6
スロバキア	2 000	4	942	2	2 942	6
ブラジル	1 990	2	1 405	1	3 395	3
南アフリカ共和国	1 940	2	—	—	1 940	2
アルゼンチン	1 763	3	1 032	2	2 795	5
メキシコ	1 608	2	—	—	1 608	2
ルーマニア	1 410	2	1 412	2	2 822	4
ベラルーシ	1 194	1	1 194	1	2 388	2
イラン	1 000	1	2 499	3	3 499	4
スロベニア	727	1	—	—	727	1
オランダ	512	1	—	—	512	1
アルメニア	448	1	—	—	448	1
トルコ	—	—	9 280	8	9 280	8
バングラデシュ	—	—	2 400	2	2 400	2
エジプト	—	—	4 800	4	4 800	4
ポーランド	—	—	9 000	6	9 000	6
ウズベキスタン	—	—	2 400	2	2 400	2
カザフスタン	—	—	…	1	…	1
世界計 2)	**409 281**	**431**	**164 975**	**158**	**574 256**	**589**

日本原子力産業協会「世界の原子力発電開発の動向」(2023年版) より作成。1) 運転中の容量と基数には、定期点検や新規制基準審査などで停止中のものを含む。2) カザフスタンで計画中の1基が出力不明で、基数のみ足し合わせた。

表 5-49　発電電力量（Ⅰ）（単位　億kWh）

	1990	2000	2010	2020	2021	2022
アジア・太平洋 *	24 692	42 860	82 584	129 676	139 897	145 464
中国	6 212	13 556	42 072	77 791	85 343	88 487
インド	2 878	5 714	9 375	15 819	17 148	18 580
日本	8 815	10 997	11 560	9 970	10 197	10 336
韓国	1 185	2 904	4 950	5 771	6 019	6 203
インドネシア	331	933	1 698	2 918	3 094	3 334
(台湾)	902	1 848	2 471	2 800	2 910	2 881
オーストラリア	1 557	2 168	2 510	2 652	2 675	2 736
ベトナム	87	266	917	2 354	2 449	2 600
マレーシア	230	699	1 250	1 698	1 747	1 829
タイ	441	955	1 576	1 765	1 764	1 804
パキスタン	460	637	994	1 348	1 476	1 458
フィリピン	263	453	677	1 018	1 092	1 144
バングラデシュ	77	158	408	847	929	975
シンガポール	156	317	454	531	558	571
ニュージーランド	326	394	450	445	446	447
(香港)	290	313	383	352	371	362
スリランカ	31	70	108	167	175	169
北アメリカ *	38 310	48 597	52 768	52 667	53 777	55 480
アメリカ合衆国	32 328	40 523	43 943	42 876	44 009	45 477
カナダ	4 806	6 038	6 070	6 534	6 468	6 596
メキシコ	1 176	2 036	2 756	3 257	3 300	3 407
ヨーロッパ *	32 116	36 193	40 646	38 806	40 436	39 009
ドイツ	5 499	5 765	6 327	5 746	5 893	5 773
フランス	4 208	5 400	5 693	5 243	5 476	4 677
トルコ	575	1 249	2 112	3 067	3 347	3 262
イギリス	3 197	3 771	3 821	3 123	3 087	3 260
スペイン	1 519	2 245	3 004	2 634	2 743	2 937
イタリア	2 166	2 766	3 021	2 805	2 891	2 873
ポーランド	1 363	1 452	1 577	1 571	1 796	1 791
スウェーデン	1 465	1 456	1 483	1 638	1 718	1 727
ノルウェー	1 218	1 432	1 237	1 553	1 580	1 468
オランダ	719	902	1 181	1 233	1 221	1 220
ウクライナ	2 988	1 714	1 888	1 478	1 555	1 127
ベルギー	709	840	946	895	1 005	952
チェコ	626	735	859	814	849	845
フィンランド	544	700	807	693	721	730
オーストリア	493	612	711	726	708	685
スイス	560	673	680	702	646	644
ルーマニア	643	519	610	558	593	540
ギリシャ	350	538	574	483	547	508
ブルガリア	421	409	467	408	476	503
ポルトガル	285	438	541	531	510	487
ハンガリー	284	352	374	349	361	354
アイルランド	145	240	287	323	319	345

発電電力量（Ⅱ）（単位　億kWh）

	1990	2000	2010	2020	2021	2022
デンマーク……	260	360	389	287	330	343
スロバキア……	261	312	279	288	300	274
アイスランド……	44	77	171	191	196	201
クロアチア……	89	113	149	134	152	143
スロベニア……	124	136	164	172	159	135
エストニア……	172	85	130	60	74	84
北マケドニア……	58	68	73	53	55	58
キプロス……	20	34	53	48	51	53
ラトビア……	66	41	66	57	58	50
リトアニア……	284	114	57	55	51	47
ルクセンブルク‥	14	12	46	22	22	22
(参考) EU…… *	22 740	26 594	29 814	27 794	29 046	28 120
CIS…… *	13 637	10 717	12 840	14 000	14 909	15 016
ロシア……	10 822	8 778	10 380	10 854	11 571	11 669
カザフスタン……	874	516	826	1 086	1 151	1 140
ウズベキスタン‥	563	469	519	661	711	710
ベラルーシ……	395	261	349	387	412	396
トルクメニスタン	146	99	167	258	284	315
アゼルバイジャン	232	187	187	258	279	290
中南アメリカ‥ *	5 086	8 088	11 405	13 214	13 789	14 104
ブラジル……	2 228	3 489	5 158	6 288	6 561	6 772
アルゼンチン……	510	890	1 260	1 446	1 532	1 508
コロンビア……	382	468	647	794	860	895
チリ……	184	413	613	837	874	893
ベネズエラ……	593	852	1 167	816	839	828
ペルー……	138	199	359	528	575	597
エクアドル……	63	106	195	312	322	330
トリニダード・トバゴ……	36	55	85	92	96	102
中東…… *	2 582	4 783	8 926	12 979	13 424	13 651
サウジアラビア‥	799	1 387	2 488	3 809	3 929	4 016
イラン……	577	1 193	2 357	3 372	3 453	3 481
アラブ首長国連邦	171	399	939	1 373	1 490	1 547
イラク……	284	272	417	1 055	1 108	1 172
クウェート……	185	323	571	748	808	830
イスラエル……	209	430	585	728	738	765
カタール……	48	91	281	493	517	500
オマーン……	45	91	198	383	410	414
アフリカ……	3 188	4 402	6 727	8 523	8 969	8 927
南アフリカ共和国	1 672	2 107	2 596	2 395	2 443	2 348
エジプト……	420	733	1 444	1 986	2 097	2 008
アルジェリア……	161	254	457	792	854	916
モロッコ……	96	129	237	385	410	412
世界計……	**119 610**	**155 639**	**215 896**	**269 865**	**285 202**	**291 651**

資料は表5-27に同じ。*地域区分は表5-27参照。原資料掲載国のみ。

表 5-50　発電源別発電電力量（2022年）（単位　億kWh）

	水力	火力			原子力	再生可能エネルギー
		石炭	石油	天然ガス		
アジア・太平洋 *	19 115	81 201	1 422	14 739	7 379	20 026
中国…………	13 031	53 978	119	2 906	4 178	13 670
インド………	1 749	13 801	25	470	462	2 059
日本…………	749	3 090	406	3 197	518	1 521
韓国…………	35	2 087	69	1 733	1 761	477
インドネシア……	273	2 053	61	561	—	380
(台湾)………	58	1 212	45	1 118	238	162
オーストラリア…	171	1 309	50	463	—	737
ベトナム……	960	1 008	7	278	—	348
マレーシア……	325	764	18	684	—	39
タイ…………	66	355	17	1 146	—	219
北アメリカ…… *	6 927	9 602	620	20 894	9 096	8 178
アメリカ合衆国…	2 586	9 042	251	18 166	8 121	7 195
カナダ………	3 984	341	27	810	866	521
メキシコ……	357	219	342	1 918	108	462
ヨーロッパ…… *	5 669	6 500	526	7 680	7 415	10 401
ドイツ………	175	1 806	44	798	347	2 365
フランス……	446	31	23	469	2 947	680
トルコ………	672	1 128	31	718	—	714
イギリス……	53	56	21	1 253	477	1 295
スペイン……	182	94	101	893	586	1 033
イタリア……	282	176	97	1 563	—	720
ポーランド……	20	1 274	17	116	—	347
オランダ……	1	173	16	478	42	483
ウクライナ……	111	248	5	72	621	70
(参考) EU…… *	2 769	4 612	439	5 562	6 086	8 017
中東………… *	124	185	2 973	9 830	267	270
サウジアラビア…	—	—	1 314	2 694	—	8
イラン………	75	8	312	3 002	66	20
アラブ首長国連邦	—	—	0	1 277	201	70
中南アメリカ… *	7 462	566	931	2 365	220	2 528
ブラジル……	4 271	165	101	421	146	1 645
アルゼンチン……	239	21	167	804	75	194
CIS ………… *	2 478	2 754	107	7 173	2 312	133
ロシア………	1 977	1 923	67	5 339	2 237	74
カザフスタン……	92	768	1	237	—	42
アフリカ………	1 567	2 364	706	3 632	101	508
南アフリカ共和国	31	1 972	36	—	101	163
エジプト……	138	—	176	1 593	—	102
世界計……	**43 342**	**103 172**	**7 286**	**66 314**	**26 790**	**42 043**

表5-49の2022年発電電力量の内訳。本表データの合計と表5-49の差は、原資料で統計の不突合のほか、揚水発電や再生可能でない廃棄物による発電などによるとしている。

表 5-51　太陽光と風力の発電電力量（2022年）（単位　億kWh）

	太陽光	風力
アジア・太平洋 *	7 431.8	9 009.2
中国	4 277.2	7 627.0
インド	951.6	700.5
日本 1)	1 024.0	81.7
オーストラリア	388.4	316.5
ベトナム	263.7	80.4
韓国	269.7	33.6
(台湾)	106.8	35.4
タイ	48.8	34.2
パキスタン	8.9	46.5
ニュージーランド	2.8	28.7
フィリピン	18.3	10.7
マレーシア	27.2	—
スリランカ	10.1	4.9
シンガポール	6.7	—
バングラデシュ	6.6	0.1
インドネシア	3.0	3.6
ヨーロッパ *	2 464.4	5 545.2
ドイツ	607.9	1 252.9
スペイン	337.6	627.0
イギリス	139.2	801.6
フランス	201.3	380.1
トルコ	159.1	351.4
イタリア	275.2	206.6
オランダ	176.8	211.5
スウェーデン	26.3	326.2
ポーランド	81.4	194.4
デンマーク	19.4	190.0
ベルギー	67.7	119.1
ギリシャ	71.5	108.8
ポルトガル	30.8	133.3
ノルウェー	2.7	148.2
フィンランド	3.1	119.0
アイルランド	1.4	113.5
オーストリア	32.2	72.5
ルーマニア	17.7	70.1
ウクライナ	50.8	14.6
ハンガリー	46.5	6.0
スイス	37.3	1.5
ブルガリア	20.0	15.0
チェコ	23.0	6.4
クロアチア	1.6	23.0
リトアニア	2.1	15.1
エストニア	5.9	6.6
キプロス	6.4	2.2
スロバキア	6.5	0.1
ルクセンブルク	2.2	3.3
スロベニア	5.4	0.1
ラトビア	0.1	1.9
(参考) EU *	2 072.4	4 204.8
北アメリカ *	2 314.6	4 970.5
アメリカ合衆国	2 061.7	4 392.0
カナダ	60.1	375.3
メキシコ	192.7	203.2
中南アメリカ *	547.8	1 183.6
ブラジル	301.3	816.3
チリ	144.6	93.7
アルゼンチン	29.4	141.6
ペルー	9.0	19.3
コロンビア	5.0	0.7
アフリカ	181.8	238.9
南アフリカ共和国	62.0	97.0
エジプト	50.3	51.4
モロッコ	14.5	53.6
アルジェリア	6.8	0.1
中東 *	236.9	29.9
イスラエル	70.9	0.3
アラブ首長国連邦	69.6	0.0
イラン	7.3	12.5
オマーン	14.6	1.2
サウジアラビア	8.3	0.1
イラク	4.2	—
カタール	4.1	—
クウェート	2.1	0.0
CIS *	48.9	71.1
ロシア	24.0	42.0
カザフスタン	17.0	25.3
ベラルーシ	2.9	1.8
ウズベキスタン	1.8	0.0
アゼルバイジャン	0.6	0.8
世界計×	**13 226.2**	**21 048.4**

表5-50の再生可能エネルギーの内訳。*地域区分は表5-27参照。1）日本の太陽光発電電力量は、資源エネルギー庁「電力調査統計」では2021年度で279.7億kWh（電気事業者および大規模な自家用発電）。法律に基づき電気事業者が買い取る買取電力量（小規模を含む）は2021年度で776.8億kWh、2022年（暦年）で824.4億kWh（資源エネルギー庁）。

図 5-5　主要国の発電エネルギー源別割合（2022年）

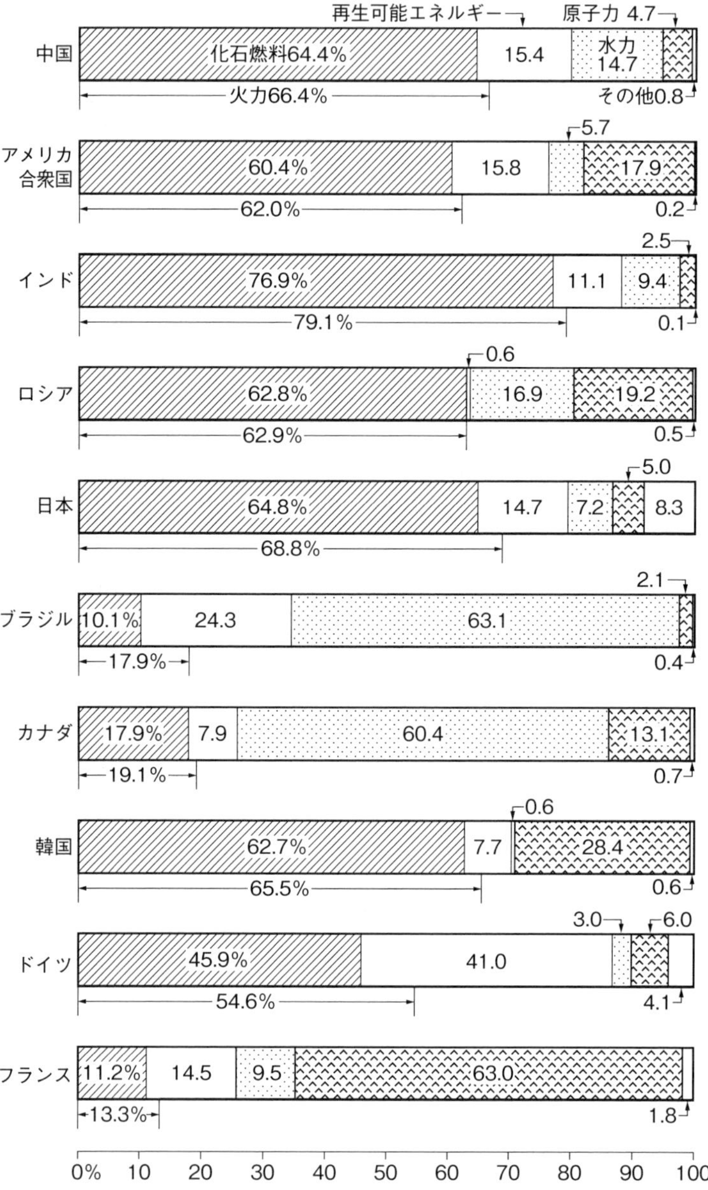

表5-50より作成。再生可能エネルギーのうち、バイオ燃料などは火力発電に含む（地熱発電も含めている）。水力を除く。その他は、原資料で統計の不突合のほか、揚水発電や再生可能でない廃棄物、化学物質を活用した熱源などを含むと説明している。

第６章　農林水産業

〔農業〕 2021年の世界の穀物生産量は30億7065万トンで、中国は６億3207万トン、アメリカ合衆国は４億5263万トン、インドは３億5635万トンの生産国上位３か国で、全体の47%を占める。品目別では、小麦が７億7088万トンで、中国１億3695万トン、インド１億959万トンの順である。米は７億8729万トンで、中国２億1284万トン、インド１億9543万トンの順であり、とうもろこしは12億1024万トンで、アメリカ３億8394万トン、中国２億7255万トンの順であった。

2021年の世界の穀物輸出量は５億837万トンであり、最も多いアメリカが全体の20%を占め、次いでアルゼンチン、ウクライナ、オーストラリアと続く。輸入量が最も多いのは中国で、穀物輸入量５億1444万トンの13%を占め、次いで日本、メキシコの順である。中国は世界最大の穀物生産国であるが、生活水準向上に伴う食料需要の増加に加えて、アフリカ豚熱で打撃を受けた養豚家が飼養頭数を回復させるために飼料需要が増加しており、国内で穀物需要を満たせていない。

FAO（国連食糧農業機関）が2023年６月に発表した「食料見通し」によると、2023/24年の世界の穀物生産は、前年比１%増加となる見通しで、需要増加の主な要因はトウモロコシを中心とする飼料用途である。2023年５月のFAO穀物価格指数は平均129.7ポイントで、昨年の過去最高値から43.9ポイント（25.3%）下落した。しかし、同月の過去５年間の平均値と比較すると8.8ポイント（7.1%）上回っている。2022年７月の国連、ウクライナ、ロシア、トルコによるウクライナ産穀物の黒海経由での輸出再開に関する合意を受け、同年８月以降、オデーサ港等からの輸出が再開された。本合意の期限は数回延長されたほか、2023年５月のG7広島サミットにおいて、継続と履行を求める首脳声明が採択されている。しかし、ロシアは欧米による金融制裁に対する緩和の希望が満たされないなどの理由から、2023年７月に合意の停止を通告したため、食料、飼料供給の落ち込みや価格高騰が懸念されている。

表 6-1　農林水産業の概況（Ⅰ）（2021年）

	農林水産業就業人口[1]（千人）	対総就業人口比（%）	農地面積[2]（千ha）（2020年）		国土に占める農地割合（%）	農林水産業の付加価値割合（%）
			耕地・樹園地	牧場・牧草地		
アジア	581 236	*29.3*	591 266	1 077 740	*52.2*	*7.5*
アゼルバイジャン	1 682	*34.2*	2 357	2 423	*55.2*	*6.4*
アフガニスタン	[3] 3 697	*46.0*	8 094	30 262	*58.8*	*35.0*
アラブ首長国連邦	107	*1.7*	90	300	*4.0*	*0.9*
アルメニア	367	*30.3*	504	1 172	*56.4*	*12.5*
イエメン	1 823	*28.1*	1 452	22 000	*44.4*	*19.5*
イスラエル	34	*0.9*	481	165	*29.3*	*1.2*
イラク	1 775	*19.8*	5 250	4 000	*21.3*	*4.0*
イラン	4 068	*16.3*	17 536	29 477	*26.9*	*13.0*
インド	205 972	*44.0*	168 669	10 376	*54.5*	*18.6*
インドネシア	37 462	*29.0*	51 300	11 000	*32.5*	*13.8*
ウズベキスタン	3 019	*23.9*	4 438	21 244	*57.2*	*26.1*
オマーン	87	*4.1*	108	1 351	*4.7*	*2.1*
カザフスタン	1 340	*15.0*	29 685	184 318	*78.5*	*5.4*
カタール	24	*1.2*	24	50	*6.4*	*0.3*
韓国	1 484	*5.3*	1 565	56	*16.1*	*2.0*
カンボジア	3 443	*38.9*	4 289	1 500	*32.0*	*24.5*
北朝鮮	6 600	*43.5*	2 540	50	*21.5*	*23.8*
キプロス	18	*2.8*	132	2	*14.5*	*1.9*
キルギス	400	*16.6*	1 364	9 004	*51.9*	*15.3*
クウェート	45	*2.0*	14	136	*8.4*	*0.4*
サウジアラビア	395	*2.7*	3 596	170 000	*80.8*	*2.4*
ジョージア	671	*40.4*	438	1 940	*34.1*	*7.0*
シリア	704	*12.5*	5 733	8 188	*75.2*	*20.6*
シンガポール	12	*0.3*	1	…	*0.9*	*0.0*
スリランカ	2 116	*25.7*	2 372	440	*42.9*	*9.6*
タイ	12 615	*31.6*	22 210	800	*44.8*	*8.5*
（台湾）	576	*4.8*	790	…	*22.0*	…
タジキスタン	1 003	*42.6*	1 041	3 875	*34.8*	*26.8*
中国	183 533	*24.4*	134 881	392 833	*55.2*	*7.6*
トルクメニスタン	429	*22.3*	2 000	31 838	*69.3*	*11.1*
トルコ	5 021	*17.1*	23 145	14 617	*48.1*	*6.2*
日本	2 104	*3.2*	3 777	595	*11.7*	*1.0*
ネパール	4 598	*62.3*	2 326	1 795	*28.0*	*24.9*
バーレーン	8	*1.0*	5	4	*11.0*	*0.3*
パキスタン	27 056	*37.5*	31 723	5 000	*46.1*	*24.2*
（パレスチナ）	66	*6.7*	168	277	*73.9*	*8.3*
バングラデシュ	25 537	*37.1*	9 301	600	*67.1*	*12.1*
東ティモール	224	*41.6*	191	150	*23.0*	*15.8*
フィリピン	10 600	*24.3*	11 175	1 500	*42.3*	*10.1*
ブータン	197	*56.0*	100	413	*13.4*	*17.8*
ブルネイ	3	*1.3*	10	3	*2.3*	*1.2*
ベトナム	15 604	*29.0*	11 718	642	*37.3*	*13.8*
（香港）	7	*0.2*	3	1	*3.6*	*0.1*

農林水産業の概況（Ⅱ）（2021年）

	農林水産業就業人口[1]（千人）	対総就業人口比（%）	農地面積[2]（千ha）（2020年） 耕地・樹園地	牧場・牧草地	国土に占める農地割合（%）	農林水産業の付加価値割合（%）
マレーシア	1 566	*9.6*	8 286	285	*26.0*	*9.7*
ミャンマー	[3] 11 015	*46.5*	12 528	480	*19.2*	*25.3*
モルディブ	25	*10.5*	5	1	*21.3*	*6.1*
モンゴル	297	*24.3*	1 345	111 354	*72.1*	*14.7*
ヨルダン	79	*3.2*	287	742	*11.5*	*5.8*
ラオス	1 691	*58.1*	1 354	675	*8.6*	*18.1*
レバノン	62	*3.8*	270	400	*64.1*	*4.1*
アフリカ	229 332	*48.0*	281 862	842 097	*37.0*	*16.7*
アルジェリア	1 117	*10.3*	8 517	32 842	*17.4*	*12.6*
アンゴラ	7 607	*58.7*	5 215	51 737	*45.7*	*11.5*
ウガンダ	10 517	*62.9*	9 100	5 315	*59.7*	*25.2*
エジプト	5 550	*19.8*	3 971	…	*4.0*	*12.0*
エスワティニ	37	*12.4*	190	1 032	*70.4*	*9.0*
エチオピア	35 508	*63.7*	18 476	20 000	*33.9*	*39.2*
エリトリア	977	*62.4*	692	6 900	*62.4*	*17.3*
ガーナ	5 366	*39.5*	5 221	7 383	*52.8*	*21.0*
カーボベルデ	23	*11.0*	54	25	*19.6*	*5.1*
ガボン	158	*29.0*	495	1 718	*8.3*	*6.5*
カメルーン	4 560	*42.6*	7 750	2 000	*20.5*	*18.6*
ガンビア	419	*48.5*	445	160	*53.5*	*24.1*
ギニア	2 293	*59.2*	3 800	10 700	*59.0*	*28.1*
ギニアビサウ	330	*50.3*	550	265	*22.6*	*32.4*
ケニア	7 517	*33.0*	6 330	21 300	*47.6*	*23.9*
コートジボワール	4 533	*45.0*	8 000	13 200	*65.7*	*21.9*
コモロ	71	*35.0*	116	15	*70.4*	*38.7*
コンゴ共和国	649	*36.3*	628	10 000	*31.1*	*8.7*
コンゴ民主共和国	17 692	*55.3*	15 372	18 200	*14.3*	*20.4*
サントメ・プリンシペ	11	*18.0*	43	1	*45.8*	*12.7*
ザンビア	3 687	*58.7*	3 836	20 000	*31.7*	*3.0*
シエラレオネ	1 116	*42.7*	1 749	2 200	*54.6*	*60.0*
ジブチ	2	*1.2*	2	1 700	*73.4*	*1.4*
ジンバブエ	3 512	*61.6*	4 100	12 100	*41.5*	*9.4*
スーダン	4 287	*40.6*	21 211	48 195	*37.0*	*19.7*
赤道ギニア	275	*55.5*	184	5	*6.7*	*2.6*
セネガル	1 042	*21.6*	3 278	5 600	*45.1*	*17.1*
ソマリア	642	*26.3*	1 125	43 000	*69.2*	*60.2*
タンザニア	18 341	*64.3*	15 521	24 000	*41.7*	*28.4*
チャド	3 621	*68.9*	5 238	45 000	*39.1*	*46.5*
中央アフリカ共和国	1 273	*68.5*	1 880	3 200	*8.2*	*33.3*
チュニジア	486	*13.9*	4 981	4 750	*59.5*	*10.9*
トーゴ	882	*30.9*	2 820	1 000	*67.3*	*21.1*
ナイジェリア	23 386	*35.2*	41 500	27 950	*75.2*	*23.7*
ナミビア	164	*22.1*	810	38 000	*47.1*	*10.1*
ニジェール	6 603	*70.7*	17 815	28 782	*36.8*	*38.7*

農林水産業の概況（Ⅲ）（2021年）

	農林水産業就業人口[1)]（千人）	対総就業人口比（%）	農地面積[2)]（千ha）（2020年） 耕地・樹園地	牧場・牧草地	国土に占める農地割合（%）	農林水産業の付加価値割合（%）
（西サハラ）・・・・・	45	*20.6*	4	5 000	*18.8*	…
ブルキナファソ・	5 607	*73.3*	6 143	6 000	*44.3*	*19.1*
ブルンジ・・・・・・・	4 526	*85.9*	1 550	483	*73.1*	*37.5*
ベナン・・・・・・・・	1 285	*28.1*	3 400	550	*34.4*	*31.4*
ボツワナ・・・・・・・	203	*23.1*	262	25 600	*44.5*	*1.8*
（マイヨット島）・	…	…	20	0	*53.5*	…
マダガスカル・・・	10 775	*73.9*	3 600	37 295	*69.6*	*25.4*
マラウイ・・・・・・・	4 467	*61.9*	3 800	1 850	*47.7*	*28.3*
マリ・・・・・・・・・・	5 083	*67.7*	6 561	34 640	*33.2*	*38.2*
南アフリカ共和国	3 583	*21.3*	12 413	83 928	*79.0*	*2.7*
南スーダン・・・・・	2 245	*62.1*	2 478	25 773	*43.7*	*4.0*
モーリシャス・・・	30	*5.1*	79	7	*42.2*	*3.7*
モーリタニア・・・	284	*29.5*	411	39 250	*38.5*	*20.2*
モザンビーク・・・	9 534	*70.3*	5 950	35 464	*51.8*	*30.7*
モロッコ・・・・・・・	3 799	*34.6*	9 382	21 000	*68.0*	*13.4*
リビア・・・・・・・・	291	*16.3*	2 050	13 300	*8.7*	*3.6*
リベリア・・・・・・・	915	*40.6*	700	1 254	*17.5*	*73.9*
ルワンダ・・・・・・・	2 174	*54.7*	1 402	410	*68.8*	*26.1*
レソト・・・・・・・・	236	*30.0*	600	2 000	*85.6*	*4.8*
（レユニオン）・・・	…	…	37	11	*18.9*	…
ヨーロッパ・・・・・	17 476	*5.1*	288 052	173 300	*19.7*	*2.0*
アイスランド・・・	8	*4.0*	121	1 751	*18.2*	*5.1*
アイルランド・・・	107	*4.5*	445	4 067	*64.2*	*1.1*
アルバニア・・・・・	425	*34.6*	688	478	*40.5*	*20.3*
アンドラ・・・・・・・	…	…	1	18	*39.8*	*0.6*
イギリス・・・・・・・	338	*1.0*	6 024	11 236	*70.8*	*0.8*
イタリア・・・・・・・	921	*4.1*	9 260	3 739	*43.0*	*2.2*
ウクライナ・・・・・	2 667	*14.7*	33 777	7 534	*68.4*	*12.4*
エストニア・・・・・	18	*2.7*	699	286	*21.7*	*2.3*
オーストリア・・・	164	*3.7*	1 388	1 259	*31.6*	*1.4*
オランダ・・・・・・・	208	*2.3*	1 042	772	*43.7*	*1.7*
北マケドニア・・・	87	*10.8*	457	805	*49.1*	*9.0*
ギリシャ・・・・・・・	438	*11.4*	3 220	2 647	*44.5*	*4.4*
クロアチア・・・・・	114	*6.8*	968	537	*17.1*	*3.5*
スイス・・・・・・・・	103	*2.2*	425	1 079	*36.4*	*0.6*
スウェーデン・・・	100	*2.0*	2 542	464	*5.7*	*1.5*
スペイン・・・・・・・	810	*4.1*	16 646	9 496	*51.7*	*2.9*
スロバキア・・・・・	64	*2.5*	1 364	519	*38.4*	*2.0*
スロベニア・・・・・	41	*4.1*	234	377	*29.8*	*1.9*
セルビア・・・・・・・	439	*13.9*	2 811	671	*41.0*	*7.8*
チェコ・・・・・・・・	131	*2.5*	2 534	990	*44.7*	*2.0*
デンマーク・・・・・	60	*2.0*	2 398	222	*61.0*	*1.0*
ドイツ・・・・・・・・	525	*1.3*	11 862	4 730	*46.4*	*0.9*
ノルウェー・・・・・	65	*2.3*	808	178	*1.6*	*1.8*

農林水産業の概況（Ⅳ）（2021年）

	農林水産業就業人口[1)]（千人）	対総就業人口比（%）	農地面積[2)]（千ha）（2020年）		国土に占める農地割合（%）	農林水産業の付加価値割合（%）
			耕地・樹園地	牧場・牧草地		
ハンガリー	208	*4.4*	4 170	733	*52.7*	*4.0*
フィンランド	105	*4.1*	2 248	22	*6.7*	*2.6*
(フェロー諸島)	…	…	0	96	*7.4*	…
フランス	709	*2.5*	18 971	9 583	*52.0*	*1.9*
ブルガリア	195	*6.3*	3 644	1 404	*45.5*	*5.0*
ベラルーシ	391	*8.1*	5 760	2 521	*39.9*	*7.8*
ベルギー	46	*0.9*	888	476	*44.7*	*0.7*
ポーランド	1 525	*8.4*	11 271	3 190	*46.2*	*2.6*
ボスニア・ヘルツェゴビナ	134	*11.3*	1 121	1 095	*43.3*	*6.0*
ポルトガル	248	*5.2*	1 818	2 055	*42.0*	*2.5*
マルタ	2	*0.9*	10	…	*32.4*	*1.0*
(マン島)	…	…	24	16	*69.8*	…
モルドバ	368	*37.6*	1 927	338	*66.9*	*12.1*
モンテネグロ	17	*7.4*	15	243	*18.7*	*7.8*
ラトビア	60	*6.8*	1 343	626	*30.5*	*4.7*
リトアニア	73	*5.3*	2 285	658	*45.1*	*3.7*
ルーマニア	1 456	*18.6*	9 331	4 260	*57.0*	*4.8*
ルクセンブルク	4	*1.1*	64	68	*50.9*	*0.2*
ロシア	4 103	*5.8*	123 442	92 052	*12.6*	*4.2*
北中アメリカ	18 039	*6.6*	235 965	354 232	*25.8*	*1.2*
アメリカ合衆国	2 654	*1.7*	160 437	245 374	*41.3*	*0.9*
エルサルバドル	394	*15.2*	881	315	*56.8*	*5.5*
カナダ	259	*1.3*	38 401	19 342	*5.8*	*1.9*
キューバ	881	*17.7*	3 562	2 839	*58.3*	*2.0*
グアテマラ	1 936	*29.2*	2 045	1 811	*35.4*	*10.0*
(グアドループ)	…	…	25	25	*30.6*	…
(グリーンランド)	…	…	…	243	*0.6*	*18.7*
グレナダ	…	…	7	1	*23.5*	*6.0*
コスタリカ	368	*17.1*	562	1 200	*34.5*	*4.8*
ジャマイカ	222	*15.5*	215	229	*40.4*	*9.5*
セントクリストファー・ネービス	…	…	5	1	*23.1*	*1.6*
セントビンセント・グレナディーン諸島	4	*10.3*	5	2	*17.9*	*7.7*
セントルシア	9	*10.5*	10	0	*16.0*	*2.2*
ドミニカ共和国	389	*8.3*	1 232	1 197	*49.9*	*6.1*
ドミニカ国	…	…	23	2	*33.3*	*20.3*
トリニダード・トバゴ	19	*3.0*	47	7	*10.5*	*1.0*
ニカラグア	846	*28.7*	1 790	3 275	*38.9*	*17.4*
ハイチ	1 959	*45.6*	1 350	490	*66.3*	*21.1*
パナマ	290	*15.7*	665	1 509	*28.9*	*2.7*
バハマ	7	*3.2*	12	2	*1.0*	*0.5*
バルバドス	4	*2.8*	8	2	*23.3*	*1.7*

農林水産業の概況（Ｖ）（2021年）

	農林水産業就業人口[1)]（千人）	対総就業人口比（%）	農地面積[2)]（千ha）（2020年） 耕地・樹園地	牧場・牧草地	国土に占める農地割合（%）	農林水産業の付加価値割合（%）
（プエルトリコ）·	13	*1.2*	65	103	*18.9*	*0.7*
ベリーズ·······	35	*21.2*	122	50	*7.5*	*8.9*
ホンジュラス···	1 010	*24.8*	1 596	1 915	*31.2*	*11.7*
（マルチニーク）·	…	…	17	14	*27.7*	…
メキシコ·······	6 741	*12.3*	22 869	74 269	*49.4*	*4.1*
南アメリカ·····	25 469	*13.6*	131 332	400 432	*29.9*	*7.6*
アルゼンチン···	1 463	*7.7*	33 701	74 681	*39.0*	*7.2*
ウルグアイ·····	133	*8.4*	2 063	12 000	*79.8*	*7.5*
エクアドル·····	2 659	*32.2*	2 481	2 939	*21.1*	*10.0*
ガイアナ·······	32	*13.1*	460	781	*5.8*	*14.2*
コロンビア·····	3 563	*15.9*	8 739	39 504	*42.3*	*8.2*
スリナム·······	18	*7.9*	67	16	*0.5*	*9.4*
チリ···········	542	*6.6*	1 695	14 015	*20.8*	*3.7*
パラグアイ·····	625	*19.7*	4 824	11 985	*41.3*	*11.2*
（フォークランド諸島）	…	…	…	1 136	*93.3*	…
ブラジル·······	8 853	*9.7*	63 518	173 361	*27.8*	*8.1*
（仏領ギアナ）···	…	…	19	14	*0.4*	…
ベネズエラ·····	1 286	*13.1*	3 300	18 200	*23.6*	*5.4*
ペルー·········	4 723	*27.9*	5 678	18 800	*19.0*	*7.6*
ボリビア·······	1 572	*29.2*	4 787	33 000	*34.4*	*14.4*
オセアニア·····	1 337	*6.6*	33 191	334 965	*43.0*	*4.0*
オーストラリア·	321	*2.4*	30 996	324 779	*46.0*	*3.4*
キリバス·······	…	…	34	…	*42.0*	*23.1*
（グアム）·······	0	*0.2*	8	8	*29.6*	…
サモア·········	16	*24.1*	43	6	*17.4*	*10.2*
ソロモン諸島···	136	*38.0*	109	8	*4.0*	*33.6*
ツバル·········	…	…	2	…	*60.0*	*9.1*
トンガ·········	11	*30.4*	31	4	*46.7*	*19.9*
ニウエ·········	…	…	4	1	*19.2*	…
（ニューカレドニア）	4	*3.6*	10	174	*9.9*	*2.1*
ニュージーランド	172	*6.1*	601	9 553	*37.9*	*6.2*
バヌアツ·······	62	*48.0*	145	42	*15.3*	*23.5*
パプアニューギニア	512	*17.2*	1 000	190	*2.6*	*20.2*
フィジー·······	102	*28.9*	139	173	*17.1*	*17.0*
（仏領ポリネシア）	2	*2.1*	28	20	*13.7*	*3.3*
マーシャル諸島·	…	…	9	0	*47.8*	*23.2*
ミクロネシア連邦	…	…	19	3	*31.4*	*23.9*
世界計·······	**872 888**	*26.6*	**1 561 668**	**3 182 766**	*35.1*	*4.5*

FAOSTAT、ILOSTAT、および国連“National Accounts Main Aggregates Database”より作成。2023年７月４日閲覧。日本の農地面積は農林水産統計「耕地面積」による。1）ILOのモデル推計値（2022年11月時点）。2）「牧場・牧草地」は、「砂漠」や「ステップ（温帯内陸部の半乾燥草原で乾季には枯れ野、降雨季には緑野に変化する）」との区別が不明瞭な国もあり、国によって定義が異なる場合がある。3）2020年。

表 6-2 化学肥料消費量 (2020年) (単位 千t)

窒素肥料 (N含有量)		リン酸肥料 (P_2O_5含有量)		カリ肥料 (K_2O含有量)	
中国	25 742	中国	9 804	中国	9 880
インド	20 404	インド	8 978	ブラジル	7 222
アメリカ合衆国	11 621	ブラジル	7 234	アメリカ合衆国	4 305
ブラジル	5 911	アメリカ合衆国	3 974	インド	3 154
インドネシア	3 541	インドネシア	1 211	インドネシア	1 775
パキスタン	3 534	パキスタン	1 204	マレーシア	1 053
カナダ	3 083	カナダ	1 194	カナダ	784
フランス	2 078	オーストラリア	958	ベトナム	619
トルコ	2 053	アルゼンチン	869	タイ	568
ロシア	1 916	トルコ	764	フランス	503
ベトナム	1 814	バングラデシュ	747	ポーランド	495
ウクライナ	1 716	ベトナム	740	ロシア	478
(参考) 日本	369	(参考) 日本	338	(参考) 日本	270
世界計×	**113 292**	世界計×	**48 121**	世界計×	**39 158**

FAOSTAT (2023年7月4日閲覧) より作成。×その他とも。

ウクライナ、ダム決壊による農業への影響

2023年6月6日、ウクライナ南部のヘルソン州にあるカホフカ水力発電所のダムが破壊され、大規模な洪水が発生した。多くの地域が冠水して、周辺地域の住民4万2000人が危険にさらされたほか、国連は約70万人分の飲料水が不足したと報告している。近隣に位置する欧州最大級のザポロジエ原子力発電所の安全性にも懸念が広がったものの、国際原子力機関(IAEA) は十分な冷却水の量を確保しており、差し迫ったリスクはないとしている。

ダム決壊による農業への打撃は深刻である。この地域ではダム湖から水をひいて農地に供給する大規模な灌漑 (かんがい) 農業を行ってきたが、農業用水の確保が今後困難になる見込みである。また多くの農地が水没して、汚泥などの除去に年単位の時間が必要とされる。ウクライナ農業省は、ダム決壊による被害額は農業分野だけで100億ドルを超えると試算するほか、ヘルソン州以外のザポロジェ州など少なくとも50万ヘクタールで農業用水の確保が断たれて、農地が今後「砂漠化」すると懸念している。

小麦は、2023/24年度の世界の生産量がロシアやインドなどの豊作で史上最高となる見込みに加え、ウクライナ産穀物の黒海経由の輸出を可能にする関係国合意の延長により、国際価格は5月末には2年半ぶりの安値をつけていた。しかし、今回のダム決壊で価格が急上昇した。その後、やや落ち着きをみせていたが、ロシア政府は、2023年7月に関係国合意の停止を通知したため、価格高騰への不安が強まっている。

図 6-1　穀物や肥料の価格の推移

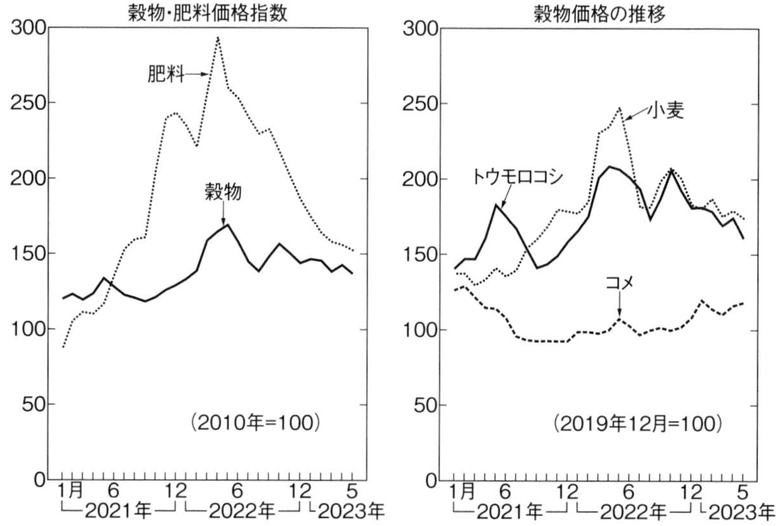

世界銀行“Commodity Price Data”より作成。2023年６月27日閲覧。小麦とトウモロコシはアメリカで、小麦は硬質赤色冬小麦、コメはタイの白米で５％砕米。

表 6-3　遺伝子組換え作物栽培面積（単位　百万ha）

国別	2018	2019
アメリカ合衆国・	75.0	71.5
ブラジル・・・・・・・	51.3	52.8
アルゼンチン・・・	23.9	24.0
カナダ・・・・・・・・・	12.7	12.5
インド・・・・・・・・・	11.6	11.9
パラグアイ・・・・・	3.8	4.1
中国・・・・・・・・・・・	2.9	3.2
南アフリカ共和国	2.7	2.7
パキスタン・・・・・	2.8	2.5
ボリビア・・・・・・・	1.3	1.4
ウルグアイ・・・・・	1.3	1.2
計×・・・・・・・・・	**191.7**	**190.4**
うち先進国・・・・	88.6	84.7
途上国・・・・	103.1	105.7

作物別	2018	2019
大豆・・・・・・・・・・・	95.9	91.9
とうもろこし・・・	58.9	60.9
綿・・・・・・・・・・・・・	24.9	25.7
なたね・・・・・・・・・	10.1	10.1
その他・・・・・・・・1)	1.9	1.8
計・・・・・・・・・・・	**191.7**	**190.4**

作物の形質別	2018	2019
除草剤耐性・・・・・	87.5	81.5
多重形質・・・・・・2)	80.5	85.1
防虫・・・・・・・・・・・	23.7	23.6
計×・・・・・・・・・	**191.7**	**190.4**

ISAAA（国際アグリバイオ事業団）“Global Status of Commercialized Biotech/GM Crops in 2019”より作成。2019年は継続的な遺伝子組換え作物の導入が始まって24年目となり、栽培または輸入を通じて導入している国は70か国にのぼる。このうち栽培をしている国は29か国（先進国5か国、途上国24か国）である。1）アルファルファ、てんさいなど。2）複数の有用な形質が付与されたもの。×その他とも。

表 6-4　各国の農作物の生産量（Ⅰ）(2021年)（単位　千t）

	穀物生産量	小麦	米	とうもろこし	大豆	いも類
アジア・・・・・・・・・	1 475 402	340 462	708 148	378 856	31 175	344 029
アゼルバイジャン	3 258	1 837	10	279	0	1 062
アフガニスタン・	4 664	3 900	459	180	…	865
アラブ首長国連邦	24	0	…	24	…	1
アルメニア・・・・・	155	97	0	6	…	464
イエメン・・・・・・・	390	125	…	35	…	229
イスラエル・・・・・	268	150	…	68	…	549
イラク・・・・・・・・・	5 302	4 234	422	374	0	466
イラン・・・・・・・・・	14 836	10 094	1 595	320	200	2 599
インド・・・・・・・・・	356 345	109 590	195 425	31 650	12 610	62 292
インドネシア・・・	74 425	…	54 415	20 010	348	21 140
ウズベキスタン・	7 196	5 985	334	590	29	3 286
オマーン・・・・・・・	130	4	…	16	…	12
カザフスタン・・・	16 567	11 814	504	1 130	238	4 032
カタール・・・・・・・	3	0	…	3	…	0
韓国・・・・・・・・・・・	5 432	30	5 211	78	111	904
カンボジア・・・・・	12 330	…	11 410	920	184	7 804
北朝鮮・・・・・・・・・	4 482	87	1 855	2 300	238	1 210
キプロス・・・・・・・	53	26	0	…	0	89
キルギス・・・・・・・	1 376	363	46	691	3	1 289
クウェート・・・・・	17	0	…	13	…	47
サウジアラビア・	1 187	613	1	59	…	578
ジョージア・・・・・	437	136	…	233	3	235
シリア・・・・・・・・・	2 515	1 952	0	310	4	595
シンガポール・・・	…	…	…	…	…	0
スリランカ・・・・・	5 623	…	5 150	472	4	434
タイ・・・・・・・・・・・	39 383	1	33 582	5 300	44	30 618
(台湾)・・・・・・・・・	1 780	6	1 561	210	4	322
タジキスタン・・・	1 358	852	67	240	0	903
中国・・・・・・・・・・・	632 067	136 946	212 843	272 552	16 400	148 802
トルクメニスタン	1 478	1 367	83	8	…	573
トルコ・・・・・・・・・	31 864	17 650	1 000	6 750	182	5 100
日本・・・・・・・・・・・	11 899	1 097	10 525	0	247	3 163
ネパール・・・・・・・	11 119	2 127	5 622	2 998	31	3 490
バーレーン・・・・・	…	…	…	…	…	0
パキスタン・・・・・	52 415	27 464	13 984	10 635	0	6 104
(パレスチナ)・・・	56	34	…	…	…	64
バングラデシュ・	62 156	1 085	56 945	4 116	91	10 167
東ティモール・・・	102	…	45	56	0	52
フィリピン・・・・・	28 261	…	19 960	8 300	0	3 340
ブータン・・・・・・・	78	1	41	31	0	73
ブルネイ・・・・・・・	3	…	3	…	…	4
ベトナム・・・・・・・	48 301	…	43 853	4 446	59	12 121
(香港)・・・・・・・・・	0	…	0	…	…	0

各国の農作物の生産量（Ⅱ）（2021年）（単位　千t）

	穀物生産量	小麦	米	とうもろこし	大豆	いも類
マレーシア……	2 493	…	2 418	75	0	88
ミャンマー……	27 813	100	24 910	2 300	130	923
モルディブ……	0	…	…	0	…	2
モンゴル………	614	566	…	…	…	183
ヨルダン………	93	30	…	25	0	178
ラオス…………	4 920	…	3 870	1 050	14	6 918
レバノン………	134	100	…	3	…	660
アフリカ………	216 017	29 219	37 189	96 637	4 679	346 483
アルジェリア…	2 784	2 168	0	18	…	4 361
アンゴラ………	3 053	3	11	2 970	37	12 140
ウガンダ………	3 407	25	303	2 800	106	4 194
エジプト………	22 301	9 000	4 841	7 500	42	7 549
エスワティニ…	103	1	1	100	…	75
エチオピア……	30 109	5 214	200	10 722	156	4 997
エリトリア……	305	25	…	20	…	55
ガーナ…………	5 301	…	1 231	3 500	190	32 241
カーボベルデ…	0	…	…	0	…	9
ガボン…………	47	…	2	45	4	633
カメルーン……	3 795	1	362	2 100	22	8 235
ガンビア………	105	…	42	20	…	12
ギニア…………	4 038	…	2 475	798	…	3 879
ギニアビサウ…	281	…	214	17	…	178
ケニア…………	3 969	245	186	3 303	2	3 623
コートジボワール	2 955	…	1 659	1 140	1	15 006
コモロ…………	37	…	31	6	…	90
コンゴ共和国…	31	…	1	13	…	1 718
コンゴ民主共和国	3 882	9	1 581	2 243	26	47 445
サントメ・プリンシペ…	1	…	…	1	…	13
ザンビア………	3 954	206	66	3 620	411	4 076
シエラレオネ…	2 095	…	1 979	23	…	3 315
ジブチ…………	0	…	…	0	…	…
ジンバブエ……	2 043	337	3	1 470	54	354
スーダン………	5 678	600	25	23	…	943
セーシェル……	…	…	…	…	…	0
赤道ギニア……	…	…	…	…	…	212
セネガル………	3 536	…	1 382	755	0	1 678
ソマリア………	178	1	2	75	…	105
タンザニア……	11 319	70	2 688	7 039	18	12 205
チャド…………	2 620	2	243	365	…	1 016
中央アフリカ共和国	143	…	13	90	…	1 444
チュニジア……	1 679	1 193	…	…	…	450
トーゴ…………	1 387	…	150	929	2	2 097
ナイジェリア…	29 911	90	8 342	12 745	980	121 785

各国の農作物の生産量（Ⅲ）（2021年）（単位　千 t ）

	穀物生産量	小麦	米	とうもろこし	大豆	いも類
ナミビア	199	18	…	92	…	385
ニジェール	3 392	5	22	6	…	1 242
ブルキナファソ	4 710	…	451	1 913	55	211
ブルンジ	458	9	120	280	2	3 709
ベナン	2 309	…	520	1 628	291	7 478
ボツワナ	122	1	…	67	…	107
マダガスカル	4 627	2	4 391	232	0	4 069
マラウイ	4 893	1	147	4 581	220	14 866
マリ	8 819	21	2 420	3 603	16	956
南アフリカ共和国	19 765	2 257	3	16 871	1 897	2 677
南スーダン	840	0	26	175	…	1 552
モーリシャス	1	…	0	1	…	17
モーリタニア	499	7	428	12	…	11
モザンビーク	2 489	15	189	2 100	115	6 412
モロッコ	10 448	7 544	51	49	1	1 651
リビア	209	130	…	3	…	329
リベリア	256	…	256	…	3	700
ルワンダ	812	14	132	483	27	3 852
レソト	122	6	…	90	…	127
ヨーロッパ	549 679	269 184	3 784	141 848	11 588	102 516
アイスランド	7	…	…	…	…	6
アイルランド	2 364	628	0	0	…	408
アルバニア	691	225	0	414	0	259
イギリス	22 369	13 988	…	…	…	5 307
イタリア	16 568	7 295	1 459	6 080	923	1 362
ウクライナ	85 339	32 183	49	42 110	3 493	21 356
エストニア	1 286	736	0	0	0	66
オーストリア	5 316	1 548	…	2 435	238	770
オランダ	1 336	947	0	171	…	6 676
北マケドニア	562	244	19	134	0	180
ギリシャ	3 093	1 058	242	1 323	1	382
クロアチア	3 645	987	0	2 242	228	128
スイス	726	401	…	98	6	373
スウェーデン	4 980	3 028	0	15	…	826
スペイン	25 511	8 565	617	4 598	5	2 081
スロバキア	4 289	2 002	0	1 579	165	151
スロベニア	701	154	0	389	5	64
セルビア	10 261	3 442	…	6 027	540	623
チェコ	8 227	4 961	0	988	51	672
デンマーク	8 640	4 047	0	45	0	2 375
ドイツ	42 359	21 459	0	4 462	107	11 312
ノルウェー	1 184	267	…	…	…	369
ハンガリー	13 981	5 290	10	6 425	157	240
フィンランド	2 649	687	0	0	0	559

各国の農作物の生産量（Ⅳ）（2021年）（単位　千t）

	穀物生産量	小麦	米	とうもろこし	大豆	いも類
(フェロー諸島)·	…	…	…	…	…	2
フランス·······	66 881	36 559	62	15 358	439	8 987
ブルガリア·····	11 639	7 343	58	3 427	3	196
ベラルーシ·····	7 596	2 441	…	1 148	…	4 808
ベルギー·······	2 453	1 629	0	450	…	3 871
ポーランド·····	33 996	11 894	0	7 322	21	7 081
ボスニア・ヘルツェゴビナ	1 401	314	…	893	25	340
ポルトガル·····	1 126	69	176	752	…	413
マルタ·········	0	0	0	0	0	7
モルドバ·······	4 648	1 565	0	2 793	51	218
モンテネグロ···	7	2	…	3	…	25
ラトビア·······	2 995	2 408	0	0	0	115
リトアニア·····	5 341	4 249	0	105	2	200
ルーマニア·····	27 791	10 434	15	14 821	368	1 398
ルクセンブルク·	147	76	0	0	0	16
ロシア·········	117 574	76 057	1 076	15 240	4 760	18 296
北中アメリカ···	543 420	70 372	11 519	430 074	127 345	32 967
アメリカ合衆国·	452 628	44 790	8 700	383 943	120 707	19 892
アンティグア・バーブーダ···	0	…	…	0	…	0
エルサルバドル·	1 015	…	24	881	5	80
カナダ·········	46 739	22 296	…	13 984	6 272	6 372
キューバ·······	468	…	226	239	1	1 252
グアテマラ·····	2 035	0	33	1 960	42	612
グレナダ·······	0	…	…	0	…	3
コスタリカ·····	157	…	151	6	0	237
ジャマイカ·····	2	…	0	2	…	311
セントクリストファー・ネービス	…	…	…	…	…	1
セントビンセント・グレナディーン諸島·······	1	…	0	1	…	14
セントルシア···	…	…	…	0	…	5
ドミニカ共和国·	1 061	…	1 006	55	…	385
ドミニカ国·····	0	…	…	0	…	38
トリニダード・トバゴ·····	5	…	0	5	…	13
ニカラグア·····	924	…	492	376	10	432
ハイチ·········	373	…	155	200	…	827
パナマ·········	547	…	406	135	0	53
バハマ·········	1	…	…	1	…	3
バルバドス·····	0	…	…	0	…	2
(プエルトリコ)·	0	…	0	0	…	6

各国の農作物の生産量（V）（2021年）（単位　千 t）

	穀物生産量	小麦	米	とうもろこし	大豆	いも類
ベリーズ	137	…	15	109	17	3
ホンジュラス	744	1	54	674	2	89
メキシコ	36 582	3 284	257	27 503	288	2 338
南アメリカ	234 013	29 294	26 216	162 283	196 867	45 731
アルゼンチン	87 692	17 644	1 453	60 526	46 218	3 274
ウルグアイ	4 049	936	1 309	770	1 707	173
エクアドル	3 245	11	1 504	1 699	20	371
ガイアナ	563	…	559	4	0	119
コロンビア	4 943	7	3 327	1 591	122	4 134
スリナム	264	…	264	0	0	7
チリ	3 036	1 354	146	794	0	1 010
パラグアイ	6 304	928	1 181	4 088	10 537	3 440
ブラジル	112 220	7 875	11 661	88 462	134 935	23 029
ベネズエラ	2 377	1	788	1 542	8	1 108
ペルー	5 616	203	3 474	1 582	2	7 524
ボリビア	3 704	336	550	1 225	3 318	1 541
オセアニア	52 115	32 345	437	537	40	4 279
オーストラリア	51 078	31 923	423	306	40	1 345
キリバス	…	…	…	…	…	2
クック諸島	…	…	…	…	…	0
サモア	…	…	…	…	…	29
ソロモン諸島	3	…	3	…	…	199
ツバル	…	…	…	…	…	0
(トケラウ)	…	…	…	…	…	0
トンガ	…	…	…	…	…	24
ニウエ	…	…	…	…	…	3
(ニューカレドニア)	8	0	…	7	…	6
ニュージーランド	996	423	0	209	0	565
バヌアツ	1	…	…	1	…	55
パプアニューギニア	18	…	1	13	…	1 867
フィジー	12	…	10	1	…	161
(仏領ポリネシア)	…	…	…	…	…	10
ミクロネシア連邦	0	…	0	0	…	12
世界計×	**3 070 645**	**770 877**	**787 294**	**1 210 235**	**371 694**	**876 006**

FAOSTATより作成（2023年7月5日閲覧）。穀物は小麦、米、とうもろこし、大麦やさまざまな雑穀類の合計。いも類はキャッサバやばれいしょ、かんしょ、タロイモなど。×その他とも。

表 6-5　主な国の主要食料需給（Ⅰ）（2020年）（単位　千t）

		生産と輸出入				主な用途	
		生産量	輸入量	輸出量	国内供給量	食料1)	飼料
日本	穀物	10 925	24 746	325	35 283	16 641	15 058
	米	9 706	887	54	10 214	9 178	476
	小麦	950	5 771	269	6 680	5 503	835
	いも類	3 254	641	26	3 886	3 012	32
	ばれいしょ	2 205	462	14	2 610	2 243	3
	かんしょ	688	13	5	754	441	2
	豆類	95	133	0	235	164	17
	野菜	10 681	2 455	60	12 942	11 927	6
	果実	2 514	2 490	47	5 018	4 197	—
	肉類	4 135	3 260	21	6 886	6 756	—
	豚肉	1 306	1 446	4	2 750	2 697	—
	家きん肉	2 348	1 022	10	2 868	2 818	—
	乳2)	7 441	369	10	7 800	5 919	80
	卵	2 633	32	18	2 646	2 511	—
	魚介類	3 819	4 306	722	7 403	5 843	1 534
中国	穀物	615 693	37 651	5 546	644 876	294 484	229 613
	米	211 860	4 331	3 369	212 822	184 641	9 707
	小麦	134 250	8 764	547	148 285	95 384	24 058
	とうもろこし	260 670	11 310	993	265 809	8 392	189 620
	いも類	148 679	25 244	722	175 223	103 131	41 720
	ばれいしょ	92 826	288	533	92 685	69 312	11 621
	かんしょ	48 949	0	23	50 980	29 571	18 388
	豆類	5 025	3 205	338	7 340	2 069	4 356
	野菜	667 971	332	14 757	639 456	547 527	35 995
	果実	168 872	6 202	5 102	169 562	142 876	0
	肉類	74 905	9 718	743	87 784	88 190	1
	牛肉	6 706	2 907	89	9 524	9 605	—
	豚肉	41 133	4 851	116	50 868	50 868	—
	家きん肉	21 278	1 554	525	21 231	21 555	—
	乳2)	38 769	1 437	29	40 176	35 651	141
	卵	34 680	1	104	34 551	31 301	—
	魚介類	62 242	13 323	7 447	68 117	57 475	8 743
インド	穀物	333 944	456	25 792	302 580	258 957	21 519
	米	178 305	7	21 693	153 471	140 617	4 526
	小麦	107 861	35	1 474	103 318	90 391	3 441
	いも類	57 534	50	461	56 787	40 278	748
	ばれいしょ	51 300	4	411	50 569	34 431	727
	豆類	23 355	2 519	389	25 085	20 144	3 081
	野菜	139 658	194	2 971	136 834	125 154	0
	果実	101 366	980	1 157	100 598	87 587	0
	肉類	7 285	1	958	6 328	6 330	—
	乳2)	183 958	5	70	183 893	92 516	1 860
	卵	6 292	0	46	6 241	5 418	—
	魚介類	13 250	132	1 709	11 673	11 017	335

主な国の主要食料需給（Ⅱ）（2020年）（単位　千t）

		生産と輸出入				主な用途	
		生産量	輸入量	輸出量	国内供給量	食料1)	飼料
アメリカ合衆国	穀物	435 155	11 822	91 702	377 276	37 652	149 463
	小麦	49 817	5 163	27 551	32 399	27 012	2 594
	とうもろこし	360 252	1 185	52 407	326 429	4 040	142 196
	いも類	20 349	4 087	3 481	20 081	17 383	311
	ばれいしょ	18 790	3 613	3 185	18 370	16 075	112
	豆類	3 255	514	1 461	2 737	1 703	548
	野菜	35 563	11 790	4 711	42 850	39 483	296
	果実	21 369	20 410	5 126	36 427	31 493	—
	肉類	48 712	2 410	8 598	42 619	42 576	20
	牛肉	12 358	1 611	1 398	12 535	12 535	—
	豚肉	12 845	523	3 308	10 141	10 141	—
	家きん肉	23 150	135	3 878	19 451	19 428	—
	乳2)	101 277	1 003	3 124	98 866	75 961	645
	卵	6 608	13	270	6 350	5 336	—
	魚介類	5 350	5 609	2 418	8 531	7 544	665
ブラジル	穀物	125 594	11 346	37 335	99 693	26 344	56 965
	米	11 091	1 253	1 777	10 609	7 891	0
	とうもろこし	103 964	1 381	34 755	70 573	5 932	53 766
	いも類	23 071	954	169	23 929	11 264	9 712
	キャッサバ	18 205	5	138	18 072	6 636	9 142
	豆類	3 055	181	177	3 058	2 817	1
	野菜	11 173	595	466	11 289	10 192	0
	果実	36 979	558	10 637	27 019	21 728	—
	肉類	29 346	62	8 269	21 077	21 076	—
	牛肉	10 100	51	2 616	7 527	7 527	—
	家きん肉	14 379	5	4 047	10 288	10 287	—
	乳2)	36 807	932	75	37 616	32 107	913
	卵	3 438	0	18	3 413	2 724	—
	魚介類	1 310	572	151	1 731	1 717	8
オーストラリア	穀物	26 643	1 390	16 504	12 743	2 396	7 853
	小麦	14 480	824	10 656	6 397	1 896	2 924
	大麦	10 127	10	5 140	4 179	0	3 616
	いも類	1 154	163	57	1 370	1 211	42
	ばれいしょ	1 077	143	56	1 274	1 140	35
	豆類	2 453	25	1 629	1 004	199	660
	野菜	1 960	426	203	2 183	2 065	—
	果実	3 171	563	516	3 210	1 812	—
	肉類	4 797	275	1 976	3 095	3 099	—
	牛肉	2 372	14	1 442	944	944	—
	乳2)	8 797	1 201	1 966	8 011	6 030	76
	卵	241	6	1	246	198	—
	魚介類	261	594	65	790	615	171

FAOSTAT（2023年7月6日閲覧）より作成。1）砂糖・油脂・アルコール類を除く。2）バターを除く。

第6章 農林水産業

表 6-6　主な国の食料自給率（カロリーベース）の推移（％）

	1970	1980	1990	2000	2010	2015	2019
カナダ…………	109	156	187	161	225	255	233
オーストラリア‥	206	212	233	280	182	214	169
フランス………	104	131	142	132	130	132	131
アメリカ合衆国‥	112	151	129	125	135	129	121
ドイツ………1)	68	76	93	96	93	93	84
スペイン………	93	102	96	96	92	83	82
スウェーデン……	81	94	113	89	72	77	81
イギリス………	46	65	75	74	69	71	70
オランダ………	65	72	78	70	68	64	61
イタリア………	79	80	72	73	62	62	58
スイス…………	…	…	…	59	53	52	50
日本…………2)	60	53	48	40	39	39	38
韓国……………	80	70	63	51	47	43	35

農林水産省ウェブサイトより作成。食料自給率（カロリーベース）は、総供給熱量に占める国産供給熱量の割合。畜産物、加工食品については、輸入飼料、輸入原料を考慮。1）統合前の東西ドイツを合わせた形で遡及。2）日本は会計年度。

表 6-7　主な国の農産物自給率（2020年）（％）

	穀類	米	小麦	とうもろこし	いも類	豆類	肉類
インド…………	110	116	104	108	101	93	115
インドネシア……	87	94	0	96	98	74	96
韓国……………	23	84	0	1	62	23	68
タイ……………	117	152	0	77	161	94	149
中国……………	95	100	91	98	85	68	85
日本……………	31	95	14	0	84	40	60
ナイジェリア……	81	90	1	96	100	100	100
南アフリカ共和国	109	0	61	137	110	86	98
イギリス………	73	0	63	0	87	100	77
イタリア………	63	222	63	53	57	33	82
ウクライナ……	405	27	322	759	98	357	115
オランダ………	11	0	20	3	172	1	295
スイス…………	50	0	48	58	93	52	84
スウェーデン……	141	0	135	14	87	114	77
スペイン………	71	106	74	36	60	68	157
ドイツ…………	103	0	134	54	129	89	117
フランス………	169	10	166	151	139	125	104
ロシア…………	160	89	194	119	90	150	99
アメリカ合衆国‥	115	164	154	110	101	119	114
カナダ…………	189	0	375	93	145	584	144
ブラジル………	126	105	51	147	96	100	139
オーストラリア‥	209	10	226	92	84	244	155

FAOSTATより作成（2023年７月６日閲覧）。生産量／国内供給量で編者算出。

図 6-2 穀物等の生産量の割合（2021年）

FAOSTATより作成（各表参照）。

表 6-8　小麦の主な生産国（単位　千 t）

	1989～1991 平均1)	1999～2001 平均1)	2009～2011 平均1)	2020	2021	収量2) (kg/ha)
中国	94 995	102 463	115 902	134 250	136 946	5 811
インド	53 031	72 446	82 786	107 861	109 590	3 467
ロシア	3)87 014	37 484	53 162	85 896	76 057	2 724
アメリカ合衆国	61 204	58 736	58 282	49 751	44 790	2 978
フランス	33 177	35 284	37 512	30 144	36 559	6 928
ウクライナ	…	15 043	20 020	24 912	32 183	4 533
オーストラリア	14 782	22 777	23 555	14 480	31 923	2 525
パキスタン	14 433	19 320	24 186	25 248	27 464	2 996
カナダ	29 613	24 709	25 179	35 437	22 296	2 411
ドイツ	15 454	21 358	23 919	22 172	21 459	7 302
トルコ	18 881	19 333	20 691	20 500	17 650	2 665
アルゼンチン	10 383	14 742	11 197	19 777	17 644	2 760
イギリス	14 143	14 383	14 737	9 658	13 988	7 815
ポーランド	8 919	8 946	9 512	12 515	11 894	4 975
カザフスタン	…	11 007	16 474	14 258	11 814	929
ルーマニア	6 868	5 610	6 049	6 392	10 434	4 797
世界計×	**560 622**	**585 788**	**673 780**	**756 950**	**770 877**	3 492

FAOSTAT（2023年7月6日閲覧）より作成。掲載国以外の生産量は表6-4を参照。1）3年平均で編者算出。2）収穫面積1haあたり収穫量。3）旧ソ連。×その他とも。

表 6-9　米の主な生産国（もみ量）（単位　千 t）

	1989～1991 平均1)	1999～2001 平均1)	2009～2011 平均1)	2020	2021	収量2) (kg/ha)
中国	184 425	187 992	197 288	211 860	212 843	7 114
インド	111 290	133 954	145 845	186 500	195 425	4 214
バングラデシュ	26 935	36 109	49 611	54 906	56 945	4 867
インドネシア	44 864	51 075	58 852	54 649	54 415	5 226
ベトナム	19 281	32 011	40 451	42 765	43 853	6 074
タイ	19 398	26 372	35 401	30 231	33 582	2 987
ミャンマー	13 590	20 894	30 928	25 983	24 910	3 811
フィリピン	9 672	12 377	16 241	19 295	19 960	4 154
パキスタン	4 862	6 920	8 933	12 630	13 984	3 953
ブラジル	9 313	11 009	12 455	11 091	11 661	6 903
カンボジア	2 524	4 055	8 203	11 248	11 410	3 508
日本	12 688	11 551	10 664	10 469	10 525	7 497
アメリカ合衆国	7 105	9 256	9 796	10 320	8 700	8 640
ナイジェリア	3 010	3 109	4 210	8 172	8 342	1 931
ネパール	3 371	4 072	4 336	5 551	5 622	3 815
韓国	7 705	7 223	5 976	4 713	5 211	7 114
世界計×	**517 168**	**603 364**	**698 069**	**769 228**	**787 294**	4 764

資料・注記は上表に同じ。掲載国以外の生産量は表6-4参照。×その他とも。

表 6-10　とうもろこしの主な生産国（単位　千 t）

	1989～1991平均1)	1999～2001平均1)	2009～2011平均1)	2020	2021	収量2) (kg/ha)
アメリカ合衆国‥	194 240	244 260	320 109	358 447	383 943	11 111
中国‥‥‥‥‥‥	91 507	116 059	178 060	260 670	272 552	6 291
ブラジル‥‥‥‥	23 854	35 508	53 915	103 964	88 462	4 650
アルゼンチン‥‥	5 995	15 215	19 861	58 396	60 526	7 430
ウクライナ‥‥‥	…	3 075	15 092	30 290	42 110	7 682
インド‥‥‥‥‥	8 892	12 238	20 068	28 766	31 650	3 210
メキシコ‥‥‥‥	13 280	18 466	20 360	27 425	27 503	3 852
インドネシア‥‥	6 394	9 409	17 867	24 687	20 010	5 724
南アフリカ共和国	10 092	9 050	11 742	15 844	16 871	5 410
フランス‥‥‥‥	11 848	15 931	15 134	13 419	15 358	9 912
ロシア‥‥‥‥‥	3) 11 659	1 110	4 670	13 879	15 240	5 252
ルーマニア‥‥‥	8 023	8 317	9 578	10 097	14 821	5 801
カナダ‥‥‥‥‥	7 017	8 168	10 988	13 563	13 984	10 057
ナイジェリア‥‥	5 529	4 726	7 971	12 400	12 745	2 124
エチオピア‥‥‥	4) 1 718	2 938	5 527	10 022	10 722	4 238
パキスタン‥‥‥	1 189	1 653	3 769	8 940	10 635	6 436
世界計×‥‥‥	**484 966**	**604 861**	**853 771**	**1 162 998**	**1 210 235**	5 879

資料は表6-8に同じ。掲載国以外の生産量は表6-4参照。1) 3年平均で編者算出。2) 収穫面積1haあたり収穫量。3) 旧ソ連。4) エリトリア独立前。×その他とも。

表 6-11　大麦の主な生産国（単位　千 t）

	1989～1991平均1)	1999～2001平均1)	2009～2011平均1)	2020	2021	収量2) (kg/ha)
ロシア‥‥‥‥‥	3) 46 301	14 697	14 390	20 939	17 996	2 297
オーストラリア‥	4 087	5 924	7 952	10 127	14 649	2 668
フランス‥‥‥‥	10 146	9 628	10 585	10 274	11 321	6 543
ドイツ‥‥‥‥‥	14 295	12 967	10 450	10 769	10 411	6 763
ウクライナ‥‥‥	…	7 827	9 805	7 636	9 437	3 817
スペイン‥‥‥‥	9 346	8 249	7 912	11 465	9 276	3 689
イギリス‥‥‥‥	7 865	6 578	5 805	8 117	6 961	6 053
カナダ‥‥‥‥‥	12 281	12 423	8 349	10 741	6 848	2 277
トルコ‥‥‥‥‥	6 533	7 733	7 383	8 300	5 750	1 865
アルゼンチン‥‥	422	557	2 802	4 483	4 036	4 010
デンマーク‥‥‥	4 996	3 874	3 208	4 157	3 462	5 570
ポーランド‥‥‥	4 128	3 172	3 569	2 948	2 962	4 107
イラン‥‥‥‥‥	3 166	2 036	2 732	2 941	2 814	1 335
モロッコ‥‥‥‥	2 796	1 032	2 885	645	2 780	1 867
アメリカ合衆国‥	9 367	6 083	4 076	3 719	2 562	3 250
カザフスタン‥‥	…	2 057	2 142	3 659	2 367	1 097
世界計×‥‥‥	**170 463**	**133 673**	**135 767**	**157 707**	**145 624**	2 976

資料・注記は上表に同じ。×その他とも。

表 6-12　キャッサバ（いも）の主な生産国（単位　千 t）

	1989～1991平均[1)]	1999～2001平均[1)]	2009～2011平均[1)]	2020	2021	収量[2)] (kg/ha)
ナイジェリア	20 817	32 258	41 849	59 063	63 031	6 937
コンゴ民主共和国	18 694	15 965	26 287	42 769	45 673	8 149
タイ	21 557	17 989	24 669	28 999	30 108	20 535
ガーナ	3 913	8 306	13 325	21 771	22 682	22 456
ブラジル	24 159	22 163	24 907	18 205	18 098	15 009
インドネシア	16 300	16 527	23 334	18 302	17 749	26 643
ベトナム	2 439	2 476	9 008	10 504	10 566	20 142
アンゴラ	1 613	4 319	13 673	9 593	9 867	9 703
カンボジア	60	173	5 260	7 577	7 722	27 405
コートジボワール	1 402	2 100	2 309	6 444	6 962	6 368
インド	5 070	6 204	8 586	6 060	6 941	37 929
タンザニア	7 383	5 022	5 037	6 919	6 126	6 208
マラウイ	156	2 354	4 028	5 859	5 988	24 650
モザンビーク	3 994	5 630	5 790	6 026	5 598	9 838
カメルーン	1 473	1 918	3 744	4 860	4 994	12 630
世界計×	**155 214**	**175 456**	**250 167**	**303 751**	**314 807**	10 617

資料は表6-8に同じ。1）３年平均で編者算出。2）収穫面積１haあたり収穫量。×その他とも。

表 6-13　ばれいしょの主な生産国（単位　千 t）

	1989～1991平均[1)]	1999～2001平均[1)]	2009～2011平均[1)]	2020	2021	収量[2)] (kg/ha)
中国	31 153	62 315	75 980	92 800	94 300	16 315
インド	14 944	23 246	37 769	48 562	54 230	24 124
ウクライナ	…	16 635	20 873	20 838	21 356	16 643
アメリカ合衆国	17 995	21 611	19 160	19 052	18 582	49 073
ロシア	[3)]66 883	28 987	28 319	19 607	18 296	16 019
ドイツ	13 929	12 088	11 221	11 715	11 312	43 794
バングラデシュ	1 131	2 970	7 175	9 606	9 887	21 095
フランス	5 193	6 341	7 061	8 692	8 987	42 475
ポーランド	33 247	21 179	9 171	7 860	7 081	30 028
エジプト	1 694	1 827	3 880	6 786	6 903	26 276
オランダ	6 947	7 891	7 119	7 020	6 676	41 974
カナダ	2 905	4 361	5 066	5 287	6 372	41 333
パキスタン	742	1 781	3 192	4 553	5 873	25 064
ペルー	1 433	3 010	3 884	5 515	5 661	17 125
イギリス	6 333	6 805	6 254	5 513	5 307	38 735
トルコ	4 320	5 457	4 541	5 200	5 100	36 820
世界計×	**266 801**	**308 109**	**342 809**	**371 143**	**376 120**	20 743

資料・注記は上表に同じ。3）旧ソ連。×その他とも。

表 6-14　かんしょの主な生産国（単位　千 t）

	1989～1991平均[1)]	1999～2001平均[1)]	2009～2011平均[1)]	2020	2021	収量[2)] (kg/ha)
中国	105 180	119 167	66 686	48 791	47 621	21 672
マラウイ	…	…	…	6 918	7 450	23 699
タンザニア	343	764	2 472	4 471	4 992	7 337
ナイジェリア	149	2 464	3 428	3 954	3 943	2 611
アンゴラ	167	253	1 005	1 750	1 788	9 516
エチオピア	3) 150	277	569	1 599	1 698	24 922
インドネシア	2 078	1 747	2 102	1 487	1 649	22 042
ルワンダ	863	1 017	829	1 276	1 329	6 903
アメリカ合衆国	532	613	1 063	1 367	1 309	21 178
ウガンダ	1 712	2 422	1 909	1 167	1 268	4 238
ベトナム	1 992	1 670	1 297	1 378	1 231	12 541
マダガスカル	486	519	978	1 128	1 143	8 319
インド	1 265	1 090	1 087	1 141	1 121	10 576
ブラジル	647	481	506	848	825	14 679
（参考）日本	1 346	1 048	925	688	672	20 738
世界計×	**123 396**	**141 017**	**94 797**	**88 740**	**88 868**	11 993

資料は表6-8に同じ。1） 3 年平均で編者算出。2） 収穫面積 1 haあたり収穫量。3） エリトリア独立前。×その他とも。

表 6-15　大豆の主な生産国（単位　千 t）

	1989～1991平均[1)]	1999～2001平均[1)]	2009～2011平均[1)]	2020	2021	収量[2)] (kg/ha)
ブラジル	19 629	33 905	66 972	121 798	134 935	3 445
アメリカ合衆国	52 944	75 317	88 808	114 749	120 707	3 455
アルゼンチン	9 354	22 339	44 186	48 797	46 218	2 807
中国	10 314	15 020	14 850	19 600	16 400	1 952
インド	2 300	6 107	11 638	11 226	12 610	1 042
パラグアイ	1 481	3 181	6 542	11 024	10 537	2 895
カナダ	1 314	2 373	4 164	6 359	6 272	2 940
ロシア	4) 882	342	1 269	4 308	4 760	1 592
ウクライナ	…	61	1 663	2 798	3 493	2 641
ボリビア	296	1 106	1 816	2 829	3 318	2 319
南アフリカ共和国	108	193	597	1 246	1 897	2 294
ウルグアイ	31	18	1 454	1 990	1 707	1 880
ナイジェリア	221	425	428	900	980	926
イタリア	1 592	890	528	1 006	923	3 235
セルビア	…	…	444	752	540	2 279
フランス	237	257	124	407	439	2 846
ザンビア	25	19	116	297	411	1 321
世界計×	**106 187**	**165 382**	**250 024**	**355 371**	**371 694**	2 870

資料・注記は上表に同じ。掲載国以外は表6-4参照。4） 旧ソ連。×その他とも。

表 6-16　さとうきびとてん菜の主な生産国（単位　千t）

さとうきび	2020	2021	てん菜	2020	2021
ブラジル	757 117	715 659	ロシア	33 915	41 202
インド	370 500	405 399	フランス	26 195	34 365
中国	108 121	106 664	アメリカ合衆国	30 490	33 340
パキスタン	81 009	88 651	ドイツ	28 618	31 945
タイ	74 968	66 279	トルコ	23 026	18 250
メキシコ	53 953	55 485	ポーランド	14 947	15 274
インドネシア	29 300	32 200	エジプト	15 336	14 827
オーストラリア	30 283	31 133	ウクライナ	9 150	10 854
アメリカ合衆国	32 749	29 964	中国	11 984	7 851
グアテマラ	27 669	27 755	イギリス	5 980	7 420
世界計×	**1 864 663**	**1 859 390**	世界計×	**255 526**	**270 156**

資料は表6-8に同じ。分みつ糖の生産は、表7-33参照。×その他とも。

表 6-17　主な野菜の生産国（Ⅰ）（単位　千t）

たまねぎ（成熟したもの）	2020	2021	きゅうり	2020	2021
インド	26 091	26 641	中国	72 868	75 548
中国	24 115	24 164	トルコ	1 886	1 890
エジプト	3 199	3 312	ロシア	1 687	1 649
アメリカ合衆国	3 354	3 102	ウクライナ	1 013	1 080
トルコ	2 280	2 500	メキシコ	1 160	1 039
パキスタン	2 122	2 306	ウズベキスタン	813	890
バングラデシュ	1 954	2 269	スペイン	795	746
スーダン	1 949	2 051	アメリカ合衆国	567	653
インドネシア	1 815	2 005	カザフスタン	538	582
イラン	2 366	1 925	日本	539	525
オランダ	1 701	1 916	イラン	571	483
アルジェリア	1 666	1 711	ポーランド	527	473
世界計×	**104 564**	**106 592**	世界計×	**90 755**	**93 529**

トマト	2020	2021	にんじん	2020	2021
中国	64 741	67 538	中国	18 063	18 089
インド	20 550	21 181	ウズベキスタン	2 876	3 156
トルコ	13 204	13 095	アメリカ合衆国	1 395	1 433
アメリカ合衆国	10 939	10 475	ロシア	1 369	1 303
イタリア	6 248	6 645	ドイツ	802	962
エジプト	6 494	6 246	イギリス	879	889
スペイン	4 313	4 754	ウクライナ	862	863
メキシコ	4 137	4 149	パキスタン	290	728
ブラジル	3 754	3 679	インドネシア	651	720
ナイジェリア	3 689	3 576	フランス	527	707
イラン	3 616	3 392	オランダ	574	643
ロシア	2 976	3 060	ポーランド	681	638
世界計×	**184 786**	**189 134**	世界計×	**40 242**	**41 667**

主な野菜の生産国（II）（単位　千t）

キャベツ類[1]	2020	2021	なす	2020	2021
中国	34 339	34 480	中国	36 562	37 425
インド	9 272	9 560	インド	12 682	12 874
韓国	2 556	2 473	エジプト	1 278	1 286
ロシア	2 630	2 353	トルコ	835	833
ウクライナ	1 759	1 723	インドネシア	618	676
インドネシア	1 407	1 435	イラン	595	598
日本	1 434	1 402	バングラデシュ	558	587
ケニア	944	1 100	イタリア	305	306
ベトナム	1 028	1 024	日本	297	282
アメリカ合衆国	1 069	960	スペイン	282	265
トルコ	852	860	シリア	227	253
ドイツ	725	733	フィリピン	243	244
世界計×	**71 447**	**71 707**	世界計×	**57 379**	**58 646**

唐辛子・ピーマン[2]	2020	2021	にんにく	2020	2021
中国	16 730	16 722	中国	20 356	20 457
トルコ	2 637	3 091	インド	2 925	3 190
インドネシア	2 773	2 747	バングラデシュ	485	502
メキシコ	2 818	2 584	エジプト	377	348
スペイン	1 473	1 512	スペイン	269	316
エジプト	867	862	韓国	363	309
ナイジェリア	758	759	ウクライナ	212	215
アメリカ合衆国	566	531	ミャンマー	210	211
オランダ	430	440	アルジェリア	171	196
チュニジア	420	430	ウズベキスタン	224	195
ポーランド	161	376	アメリカ合衆国	161	190
アルジェリア	718	352	ロシア	190	175
世界計×	**35 969**	**36 287**	世界計×	**27 781**	**28 205**

アボカド	2020	2021	カリフラワー・ブロッコリー	2020	2021
メキシコ	2 394	2 443	中国	9 545	9 538
コロンビア	829	980	インド	8 941	9 225
ペルー	672	777	アメリカ合衆国	1 131	998
インドネシア	609	669	スペイン	747	737
ドミニカ共和国	620	634	メキシコ	687	696
ケニア	323	417	イタリア	365	360
ブラジル	267	301	トルコ	311	339
ハイチ	179	248	パキスタン	185	314
ベトナム	159	213	バングラデシュ	283	295
チリ	161	169	アルジェリア	243	239
イスラエル	147	165	フランス	257	237
世界計×	**8 104**	**8 686**	世界計×	**25 559**	**25 844**

資料は表6-8に同じ。1）白菜やからし菜、パクチー等を含む。2）香辛料として生産されるものは除外されている。×その他とも。

表 6-18　主な果実の生産国（Ｉ）（単位　千 t）

オレンジ類*	2020	2021	りんご	2020	2021
中国	30 620	32 550	中国	44 066	45 983
ブラジル	17 735	17 300	トルコ	4 300	4 493
インド	10 176	10 270	アメリカ合衆国	4 665	4 467
スペイン	5 516	5 614	ポーランド	3 555	4 067
アメリカ合衆国	5 623	5 073	インド	2 814	2 276
メキシコ	5 179	5 047	イラン	2 241	2 241
エジプト	4 960	3 988	ロシア	2 041	2 216
トルコ	2 920	3 561	イタリア	2 462	2 212
イラン	2 786	2 667	フランス	1 620	1 633
イタリア	2 433	2 597	チリ	1 607	1 557
インドネシア	2 723	2 514	ブラジル	983	1 297
モロッコ	1 733	2 288	ウクライナ	1 115	1 279
パキスタン	2 217	2 232	ウズベキスタン	1 148	1 238
南アフリカ共和国	1 960	2 203	南アフリカ共和国	999	1 149
ベトナム	1 161	1 583	ドイツ	1 023	1 005
(参考) 日本	794	737	(参考) 日本	763	733
世界計×	**115 672**	**117 518**	世界計×	**90 490**	**93 144**

ぶどう	2020	2021	もも	2020	2021
中国	14 314	11 200	中国	15 000	16 000
イタリア	8 222	8 149	スペイン	1 306	1 198
スペイン	6 818	6 087	イタリア	1 015	997
アメリカ合衆国	5 479	5 488	トルコ	892	892
フランス	5 884	5 074	アメリカ合衆国	703	731
トルコ	4 209	3 670	イラン	650	687
インド	3 181	3 358	ギリシャ	891	591
チリ	2 435	2 581	チリ	309	309
アルゼンチン	2 056	2 241	エジプト	274	244
南アフリカ共和国	2 008	2 000	メキシコ	173	217
イラン	1 983	1 889	ブラジル	202	199
オーストラリア	1 475	1 886	ウズベキスタン	184	193
(参考) 日本	163	165	(参考) 日本	99	107
世界計×	**76 997**	**73 524**	世界計×	**24 267**	**24 994**

さくらんぼ	2020	2021	すもも	2020	2021
トルコ	725	690	中国	6 641	6 615
アメリカ合衆国	295	343	ルーマニア	758	807
チリ	276	325	チリ	418	427
ウズベキスタン	185	214	セルビア	583	413
イラン	162	156	イラン	374	388
スペイン	82	126	トルコ	329	333
イタリア	104	93	アメリカ合衆国	245	277
(参考) 日本	17	13	(参考) 日本	17	19
世界計×	**2 633**	**2 732**	世界計×	**12 105**	**12 014**

主な果実の生産国（Ⅱ）（単位　千t）

バナナ	2020	2021	パイナップル	2020	2021
インド	32 597	33 062	コスタリカ	2 648	2 938
中国	11 513	11 724	インドネシア	2 447	2 886
インドネシア	8 183	8 741	フィリピン	2 703	2 860
ブラジル	6 637	6 811	ブラジル	2 456	2 318
エクアドル	6 023	6 685	中国	1 847	1 899
フィリピン	5 955	5 942	タイ	1 533	1 801
アンゴラ	4 205	4 346	インド	1 732	1 799
グアテマラ	4 055	4 273	ナイジェリア	1 549	1 542
タンザニア	3 441	3 589	メキシコ	1 208	1 272
コスタリカ	2 623	2 557	コロンビア	835	927
コロンビア	2 400	2 414	ベトナム	712	726
メキシコ	2 464	2 406	ガーナ	670	668
ペルー	2 326	2 378	アンゴラ	638	663
ベトナム	2 268	2 347	ペルー	584	588
ルワンダ	2 032	2 144	ベネズエラ	473	479
世界計×	**121 398**	**124 979**	世界計×	**27 245**	**28 648**

すいか	2020	2021	なし	2020	2021
中国	60 672	60 862	中国	17 815	18 876
トルコ	3 492	3 469	アメリカ合衆国	595	636
インド	3 157	3 254	アルゼンチン	659	634
ブラジル	2 185	2 142	トルコ	546	530
アルジェリア	2 287	2 076	南アフリカ共和国	435	460
ロシア	1 584	1 897	ベルギー	393	356
セネガル	1 677	1 611	オランダ	400	340
アメリカ合衆国	1 562	1 542	スペイン	324	316
ベトナム	1 456	1 535	インド	290	276
カザフスタン	1 260	1 383	イタリア	619	273
（参考）日本	311	297	（参考）日本	198	206
世界計×	**101 917**	**101 635**	世界計×	**24 986**	**25 659**

オリーブ	2020	2021	なつめやし（デーツ）	2020	2021
スペイン	8 138	8 257	エジプト	1 711	1 748
イタリア	2 207	2 271	サウジアラビア	1 542	1 566
トルコ	1 317	1 739	イラン	1 282	1 304
モロッコ	1 409	1 591	アルジェリア	1 152	1 189
ポルトガル	735	1 376	イラク	735	750
エジプト	968	976	パキスタン	560	533
アルジェリア	1 080	705	スーダン	465	460
チュニジア	2 000	700	オマーン	369	374
シリア	781	566	アラブ首長国連邦	351	351
世界計×	**23 729**	**23 054**	世界計×	**9 517**	**9 656**

資料は表6-8に同じ。*みかん等を含む。×その他とも。

図 6-3　野菜・果実の生産量の割合（2021年）

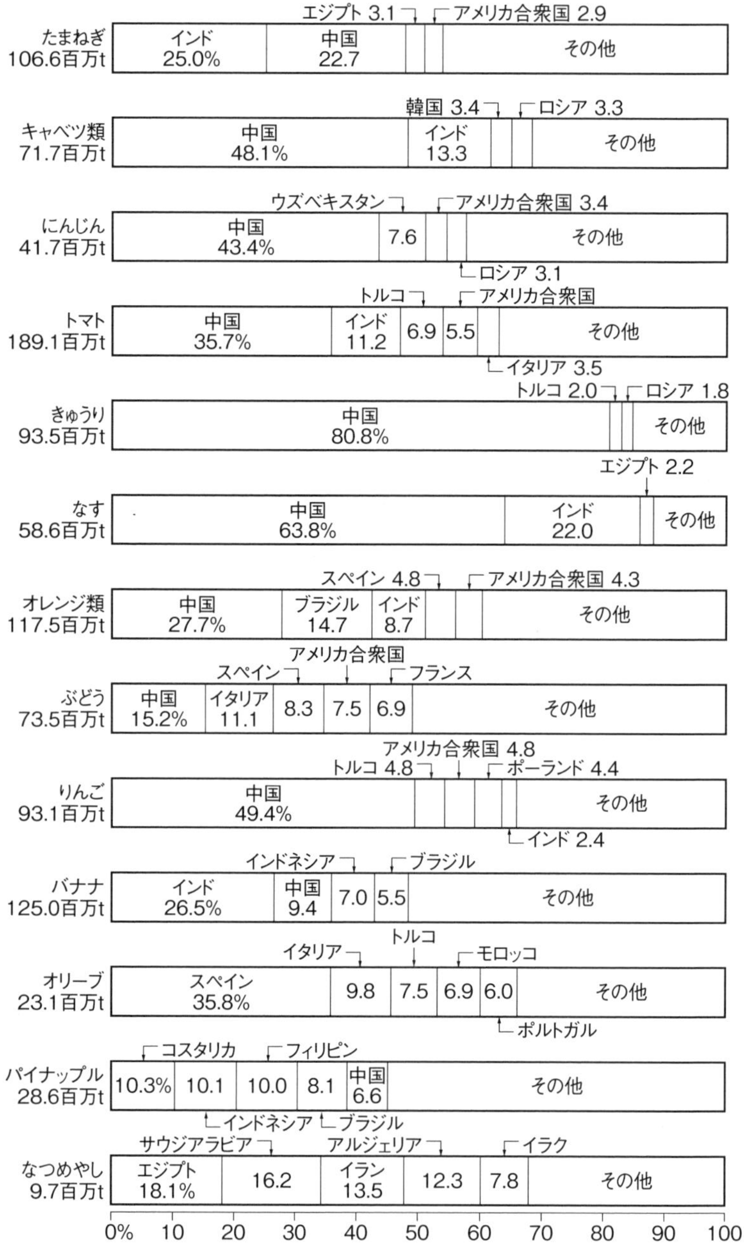

FAOSTATより作成。各表参照。

表 6-19　主な植物油脂原料と植物油脂の生産国（Ⅰ）（単位　千 t）

なたね	2020	2021	落花生(殻を除く)	2020	2021
中国	14 049	14 714	中国	17 993	18 308
カナダ	19 485	13 757	インド	9 952	10 244
インド	9 124	10 210	ナイジェリア	4 522	4 608
オーストラリア	2 299	4 756	アメリカ合衆国	2 793	2 898
ドイツ	3 527	3 505	スーダン	2 773	2 355
フランス	3 297	3 307	セネガル	1 797	1 678
ポーランド	2 983	3 051	ミャンマー	1 596	1 601
ウクライナ	2 557	2 939	アルゼンチン	1 285	1 267
ロシア	2 572	2 794	ギニア	801	907
ルーマニア	780	1 375	チャド	840	798
アメリカ合衆国	1 575	1 244	ブラジル	651	794
チェコ	1 245	1 025	インドネシア	715	759
イギリス	1 038	981	タンザニア	690	710
リトアニア	972	909	ニジェール	594	519
ハンガリー	877	734	カメルーン	500	500
世界計×	**72 328**	**71 333**	世界計×	**53 791**	**53 927**

ごま	2020	2021	オリーブ油	2019	2020
スーダン	1 525	1 119	スペイン	1 129	1 356
インド	658	817	チュニジア	240	373
タンザニア	710	700	イタリア	337	331
ミャンマー	658	642	ギリシャ	290	308
中国	457	455	トルコ	218	240
ナイジェリア	440	440	モロッコ	204	165
ブルキナファソ	385	270	シリア	154	138
チャド	202	197	アルジェリア	106	114
エチオピア	260	190	ポルトガル	154	107
南スーダン	184	182	エジプト	41	36
ウガンダ	146	146	アルゼンチン	30	30
世界計×	**6 833**	**6 354**	世界計×	**3 124**	**3 374**

ひまわりの種子	2020	2021	やし油	2019	2020
ウクライナ	13 110	16 392	フィリピン	1 194	965
ロシア	13 314	15 656	インドネシア	895	599
アルゼンチン	3 233	3 426	インド	352	339
中国	2 750	2 850	ベトナム	179	177
ルーマニア	2 123	2 844	メキシコ	130	132
トルコ	2 067	2 415	スリランカ	65	54
ブルガリア	1 734	2 002	マレーシア	47	50
フランス	1 607	1 913	パプアニューギニア	23	33
ハンガリー	1 698	1 758	モザンビーク	31	28
タンザニア	1 075	1 120	タイ	30	28
カザフスタン	844	1 032	バングラデシュ	23	24
世界計×	**50 489**	**58 186**	世界計×	**3 151**	**2 612**

主な植物油脂原料と植物油脂の生産国（Ⅱ）（単位　千t）

パーム油	2019	2020
インドネシア	47 120	44 759
マレーシア	19 858	19 141
タイ	3 040	2 690
コロンビア	1 528	1 558
ナイジェリア	1 220	1 280
グアテマラ	880	805
ホンジュラス	707	700
パプアニューギニア	578	630
ブラジル	401	577
コートジボワール	522	493
エクアドル	509	465
コンゴ民主共和国	294	300
世界計×	**79 068**	**75 876**

大豆油	2019	2020
中国	15 528	16 352
アメリカ合衆国	11 290	11 331
ブラジル	11 263	9 557
アルゼンチン	8 081	7 160
インド	1 438	1 378
メキシコ	875	882
ロシア	741	740
エジプト	665	697
パラグアイ	704	696
オランダ	635	671
ドイツ	624	666
スペイン	580	594
世界計×	**59 886**	**58 573**

ひまわり油（粗油）	2019	2020
ウクライナ	5 836	6 084
ロシア	5 418	6 024
トルコ	1 100	1 147
アルゼンチン	1 415	1 068
ハンガリー	687	653
ブルガリア	525	603
ルーマニア	533	497
フランス	533	472
スペイン	515	460
カザフスタン	320	351
タンザニア	277	289
南アフリカ共和国	219	285
世界計×	**20 055**	**20 577**

なたね油（粗油）	2019	2020
カナダ	4 187	4 495
ドイツ	3 852	3 781
中国	3 070	2 970
インド	2 543	2 520
フランス	1 665	1 716
ポーランド	1 039	1 153
日本	1 015	976
アメリカ合衆国	813	809
ロシア	564	627
ベルギー	585	615
イギリス	764	581
メキシコ	538	535
パキスタン	422	474
チェコ	478	466
世界計×	**24 802**	**25 182**

ごま油	2019	2020
中国	275	286
ミャンマー	155	157
インド	97	90
日本	53	54
トルコ	38	48
ナイジェリア	52	45
ウガンダ	33	33
世界計×	**1 011**	**1 038**

落花生油	2019	2020
中国	1 596	1 900
インド	352	542
ナイジェリア	375	364
ミャンマー	188	202
スーダン	172	157
世界計×	**4 141**	**4 607**

コーン油	2019	2020
アメリカ合衆国	1 015	996
中国	514	547
ブラジル	168	207
南アフリカ共和国	85	84
イタリア	72	74
世界計×	**2 775**	**2 826**

資料は表6-8に同じ。×その他とも。

表 6-20　主なし好品農作物の生産国（単位　千 t）

コーヒー豆	2020	2021	茶葉	2020	2021
ブラジル……	3 700	2 994	中国……	12 747	13 757
ベトナム……	1 763	1 845	インド……	5 482	5 482
インドネシア…	762	765	ケニア……	2 476	2 338
コロンビア……	833	560	トルコ……	1 418	1 450
エチオピア……	585	456	スリランカ……	1 211	1 302
ホンジュラス…	365	401	ベトナム……	1 046	1 073
ウガンダ……	360	375	インドネシア…	626	563
ペルー……	353	366	バングラデシュ·	391	393
インド……	298	334	アルゼンチン…	321	339
グアテマラ……	246	227	ウガンダ……	329	321
メキシコ……	176	174	マラウイ……	196	205
ニカラグア……	159	168	（参考）日本…	70	78
世界計×……	**10 795**	**9 917**	世界計×……	**27 198**	**28 192**
カカオ豆	2020	2021	葉たばこ（未加工のもの）	2020	2021
コートジボワール	2 200	2 200	中国……	2 134	2 128
ガーナ……	1 047	822	インド……	766	758
インドネシア…	721	728	ブラジル……	702	744
ブラジル……	270	302	インドネシア…	261	237
エクアドル……	328	302	アメリカ合衆国·	169	217
カメルーン……	280	290	パキスタン……	133	168
ナイジェリア…	290	280	ジンバブエ……	203	162
ペルー……	159	160	マラウイ……	102	105
ドミニカ共和国·	78	71	アルゼンチン…	106	102
世界計×……	**5 781**	**5 580**	世界計×……	**5 813**	**5 889**

資料は表6-8に同じ。×その他とも。

表 6-21　植物品種出願件数（2021年）（単位　件）

	出願件数1)	内国人	外国人	出願人居住地別出願件数2)	
中国……	11 195	10 539	656	中国……	10 574
欧州植物品種庁·	3 480	2 609	871	オランダ……	3 212
アメリカ合衆国·	1 902	1 250	652	アメリカ合衆国·	2 781
ウクライナ……	944	322	622	ドイツ……	1 101
オランダ……	836	701	135	フランス……	1 060
日本……	776	474	302	日本……	686
ロシア……	672	478	194	韓国……	575
韓国……	625	530	95	スイス……	544
世界計×……	**25 340**	**19 100**	**6 240**	世界計×……	**25 340**

WIPO "World Intellectual Property Indicators 2022" より作成。1）各国で受理した出願件数。ヨーロッパは各国のほか、欧州植物品種庁（EU全体に出願したのと同じ効力がある）への出願分もある。2）各受理件数を国籍別に集計したもの。×調査対象77省庁の計。

図 6-4　主な農産物の輸出国（2021年）

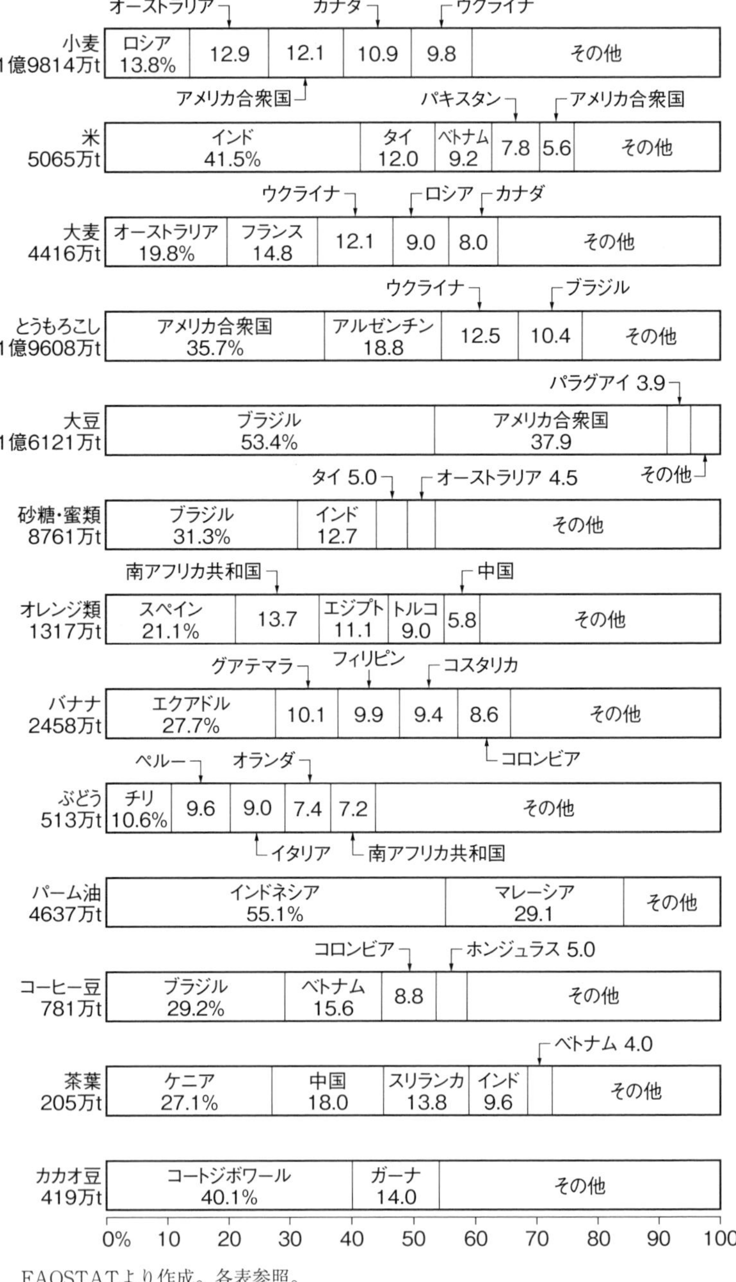

FAOSTATより作成。各表参照。

表 6-22 小麦の主な輸出入国（単位 千t）

輸出	2020	2021	輸出（つづき）	2020	2021
ロシア	37 267	27 366	インド	929	6 091
オーストラリア	10 400	25 563	ブルガリア	3 223	5 119
アメリカ合衆国	26 132	24 014	カザフスタン	5 199	3 815
カナダ	26 111	21 546	ポーランド	4 689	3 591
ウクライナ	18 056	19 395	リトアニア	3 979	3 061
フランス	19 793	16 091	ハンガリー	2 979	2 482
アルゼンチン	10 197	9 485	チェコ	2 498	2 271
ドイツ	9 259	7 100	ラトビア	3 012	2 268
ルーマニア	4 305	6 908	世界計×	**198 566**	**198 139**

輸入	2020	2021	輸入（つづき）	2020	2021
インドネシア	10 300	11 481	ドイツ	3 999	3 921
中国	8 152	9 711	イエメン	3 045	3 065
トルコ	9 659	8 877	オマーン	631	2 804
アルジェリア	7 054	8 025	タイ	3 097	2 675
イタリア	7 994	7 298	パキスタン	2 491	2 486
イラン	3 285	7 075	サウジアラビア	3 109	2 277
バングラデシュ	6 015	6 982	ウズベキスタン	2 800	2 173
ナイジェリア	5 903	6 370	イギリス	2 133	2 060
ブラジル	6 160	6 225	コロンビア	1 935	1 990
フィリピン	6 138	6 029	ペルー	2 271	1 983
エジプト	9 003	5 774	チュニジア	1 995	1 891
日本	5 374	5 126	ケニア	1 882	1 890
オランダ	4 297	4 963	スーダン	2 429	1 857
モロッコ	5 522	4 669	エチオピア	1 055	1 836
ベトナム	3 148	4 539	南アフリカ共和国	2 215	1 711
韓国	3 709	4 422	イスラエル	1 590	1 633
ベルギー	3 852	4 395	エクアドル	1 266	1 505
メキシコ	3 711	4 094	アメリカ合衆国	1 910	1 451
スペイン	4 152	4 018	世界計×	**194 621**	**201 010**

FAOSTAT（2023年7月7日閲覧）より作成。×その他とも。

表 6-23 米の主な輸出入国（Ｉ）（精米換算）（単位 千t）

輸出	2020	2021	輸出（つづき）	2020	2021
インド	14 463	21 035	ウルグアイ	962	709
タイ	5 665	6 065	イタリア	749	704
ベトナム	5 684	4 636	パラグアイ	795	644
パキスタン	3 944	3 933	カンボジア	653	636
アメリカ合衆国	2 792	2 838	タンザニア	343	631
中国	2 271	2 412	ベルギー	410	429
ミャンマー	1 845	1 598	ガイアナ	579	422
ブラジル	1 218	771	世界計×	**45 641**	**50 655**

米の主な輸出入国（Ⅱ）（精米換算）（単位　千t）

輸入	2020	2021	輸入（つづき）	2020	2021
中国	2 902	4 920	ガーナ	1 088	735
フィリピン	2 079	2 967	ブラジル	869	687
バングラデシュ	1 227	2 579	日本	676	662
モザンビーク	1 060	1 541	メキシコ	766	661
コートジボワール	1 110	1 420	イエメン	634	640
エチオピア	1 307	1 400	マダガスカル	478	632
ベナン	876	1 394	キューバ	618	631
イラク	1 004	1 255	イギリス	729	621
セネガル	1 127	1 194	ケニア	599	619
サウジアラビア	1 535	1 173	ベルギー	614	618
マレーシア	1 209	1 142	フランス	613	573
ネパール	889	1 098	アラブ首長国連邦	747	561
南アフリカ共和国	1 031	1 003	ベネズエラ	584	531
アメリカ合衆国	1 183	954	ニジェール	693	530
ギニア	663	938	ジブチ	353	523
イラン	1 112	883	ソマリア	524	497
カメルーン	605	867	世界計×	**47 573**	**50 919**

資料は表6-22に同じ。×その他とも。

表 6-24　大麦の主な輸出入国（単位　千t）

輸出	2020	2021	輸出（つづき）	2020	2021
オーストラリア	4 258	8 724	カザフスタン	980	1 460
フランス	6 778	6 547	デンマーク	718	961
ウクライナ	5 046	5 345	ハンガリー	832	808
ロシア	4 963	3 963	イギリス	1 575	772
カナダ	2 807	3 512	チェコ	354	504
ドイツ	2 405	3 075	ポーランド	301	454
アルゼンチン	2 233	2 296	ブルガリア	333	431
ルーマニア	1 309	2 098	世界計×	**37 984**	**44 160**

輸入	2020	2021	輸入（つづき）	2020	2021
中国	8 079	12 480	アルジェリア	840	763
サウジアラビア	2 898	5 384	タイ	794	756
イラン	1 865	3 337	ヨルダン	520	741
オランダ	2 630	2 681	イタリア	450	605
トルコ	889	2 384	スペイン	383	543
ベルギー	1 942	2 032	クウェート	446	517
ドイツ	1 489	1 538	イスラエル	388	486
日本	1 209	1 148	ブラジル	661	485
チュニジア	958	1 009	アラブ首長国連邦	414	465
リビア	791	948	世界計×	**33 930**	**44 119**

資料は表6-22に同じ。×その他とも。

表 6-25 とうもろこしの主な輸出入国（単位 千t）

輸出	2020	2021	輸出（つづき）	2020	2021
アメリカ合衆国	51 839	70 041	セルビア	3 608	2 301
アルゼンチン	36 882	36 912	ポーランド	1 490	2 286
ウクライナ	27 952	24 539	パラグアイ	2 107	1 903
ブラジル	34 432	20 430	ブルガリア	2 560	1 759
ルーマニア	5 651	6 904	カナダ	1 132	1 688
フランス	4 559	4 303	ミャンマー	1 191	1 268
インド	1 767	3 616	クロアチア	1 213	937
南アフリカ共和国	2 585	3 327	ドイツ	394	755
ハンガリー	4 041	3 270	スロベニア	841	659
ロシア	2 289	2 936	世界計×	**192 899**	**196 075**

輸入	2020	2021	輸入（つづき）	2020	2021
中国	11 294	28 348	イギリス	2 671	2 620
メキシコ	15 940	17 396	チリ	2 789	2 401
日本	15 770	15 240	トルコ	2 300	2 304
韓国	11 664	11 654	モロッコ	2 867	2 172
ベトナム	12 145	10 604	ポルトガル	1 900	2 115
イラン	9 882	9 779	ベルギー	1 923	1 919
スペイン	8 067	8 293	タイ	1 599	1 847
エジプト	7 860	6 982	バングラデシュ	2 219	1 775
コロンビア	6 162	6 040	グアテマラ	1 468	1 415
イタリア	5 995	5 210	ドミニカ共和国	1 280	1 363
オランダ	5 946	5 153	イスラエル	1 781	1 231
(台湾)	4 424	4 341	アイルランド	1 313	1 220
アルジェリア	5 010	3 670	オーストリア	967	1 085
ペルー	3 792	3 654	コスタリカ	954	1 065
マレーシア	3 849	3 556	イラク	772	1 063
ブラジル	1 372	3 206	インドネシア	866	996
ドイツ	3 803	2 977	チュニジア	1 005	994
サウジアラビア	3 071	2 935	ルーマニア	1 349	961
カナダ	1 793	2 844	世界計×	**189 443**	**199 321**

資料は表6-22に同じ。×その他とも。

表 6-26 大豆の主な輸出入国（I）（単位 千t）

輸出	2020	2021	輸出（つづき）	2020	2021
ブラジル	82 973	86 110	オランダ	1 055	988
アメリカ合衆国	64 571	53 051	ロシア	1 196	982
パラグアイ	6 619	6 330	クロアチア	265	186
カナダ	4 434	4 505	ベルギー	194	166
アルゼンチン	6 360	4 284	ルーマニア	164	158
ウルグアイ	2 152	1 768	タンザニア	2	108
ウクライナ	1 789	1 145	世界計×	**173 354**	**161 213**

大豆の主な輸出入国（Ⅱ）（単位　千t）

輸入	2020	2021	輸入（つづき）	2020	2021
中国	100 327	96 517	バングラデシュ	2 318	2 349
アルゼンチン	5 317	4 866	ロシア	2 072	2 007
メキシコ	3 900	4 597	ベトナム	1 872	1 947
オランダ	4 537	4 163	イラン	1 971	1 924
タイ	4 045	3 997	ポルトガル	1 392	1 409
エジプト	4 061	3 773	韓国	1 328	1 267
スペイン	3 336	3 657	アルジェリア	706	989
ドイツ	3 867	3 591	ブラジル	822	864
日本	3 163	3 271	マレーシア	732	736
(台湾)	2 595	2 585	サウジアラビア	652	726
トルコ	3 040	2 493	インド	505	615
インドネシア	2 475	2 490	イギリス	815	584
パキスタン	2 140	2 470	アメリカ合衆国	422	570
イタリア	2 212	2 411	世界計×	**167 561**	**163 361**

資料は表6-22に同じ。×その他とも。

表 6-27　砂糖・蜜類の主な輸出入国（単位　千t）

輸出	2020	2021	輸出（つづき）	2020	2021
ブラジル	30 805	27 455	メキシコ	1 147	1 410
インド	8 047	11 113	オランダ	1 503	1 356
タイ	6 448	4 363	ポーランド	1 148	1 175
オーストラリア	3 604	3 902	ロシア	2 046	1 165
フランス	2 546	3 285	ベルギー	1 073	1 131
ドイツ	2 644	3 111	インドネシア	591	1 052
アメリカ合衆国	2 225	2 188	トルコ	529	954
中国	2 064	1 756	エルサルバドル	921	874
グアテマラ	2 151	1 723	エジプト	614	757
アラブ首長国連邦	1 539	1 460	世界計×	**89 827**	**87 613**
輸入	**2020**	**2021**	**輸入（つづき）**	**2020**	**2021**
中国	6 535	6 523	スーダン	1 537	1 916
インドネシア	6 097	5 941	ドイツ	1 924	1 860
アメリカ合衆国	5 354	4 860	サウジアラビア	1 588	1 689
韓国	2 541	2 565	イギリス	1 783	1 655
バングラデシュ	2 561	2 555	スペイン	1 520	1 632
アルジェリア	2 480	2 401	アラブ首長国連邦	1 301	1 567
マレーシア	2 348	2 277	ベルギー	1 224	1 562
イタリア	2 003	2 090	モロッコ	1 316	1 519
ナイジェリア	1 743	2 007	エチオピア	1 070	1 398
ベトナム	1 631	1 989	日本	1 360	1 288
カナダ	2 013	1 982	世界計×	**86 038**	**84 663**

資料は表6-22に同じ。分みつ糖や各種糖類、蜂蜜などの合計。×その他とも。

表 6-28　その他の主な農作物の輸出国（I）（単位　千 t）

オレンジ類[1]	2020	2021	バナナ	2020	2021
スペイン……	2 996	2 776	エクアドル……	7 040	6 813
南アフリカ共和国	1 649	1 803	グアテマラ……	2 514	2 494
エジプト……	1 730	1 458	フィリピン……	3 725	2 430
トルコ……	1 152	1 184	コスタリカ……	2 624	2 312
中国……	776	766	コロンビア……	2 034	2 103
モロッコ……	557	585	オランダ……	879	906
アメリカ合衆国·	552	532	ベルギー……	1 007	837
オランダ……	493	496	アメリカ合衆国·	592	585
ギリシャ……	440	461	パナマ……	700	583
パキスタン……	478	403	メキシコ……	501	490
チリ……	273	298	ドミニカ共和国·	269	358
ペルー……	244	240	カンボジア……	278	356
オーストラリア·	243	238	コートジボワール	389	342
イタリア……	161	168	インド……	212	341
ポルトガル……	181	143	ドイツ……	301	340
世界計×……	**13 497**	**13 168**	世界計×……	**26 886**	**24 584**

りんご	2020	2021	ぶどう	2020	2021
中国……	1 058	1 078	チリ……	604	541
ポーランド……	657	922	ペルー……	415	490
イタリア……	935	920	イタリア……	455	463
アメリカ合衆国·	808	753	オランダ……	359	382
チリ……	660	644	南アフリカ共和国	325	368
南アフリカ共和国	508	589	中国……	425	351
ニュージーランド	401	449	アメリカ合衆国·	354	310
トルコ……	211	355	インド……	181	268
フランス……	408	308	トルコ……	212	264
モルドバ……	194	206	スペイン……	200	202
オランダ……	236	195	メキシコ……	193	197
イラン……	400	181	(香港)……	208	165
セルビア……	173	180	アフガニスタン·	98	143
世界計×……	**8 202**	**8 378**	世界計×……	**4 945**	**5 130**

レモン・ライム	2020	2021	なたね	2020	2021
メキシコ……	808	772	カナダ……	11 781	8 358
スペイン……	738	707	オーストラリア·	1 671	3 771
トルコ……	469	617	ウクライナ……	2 382	2 328
南アフリカ共和国	458	499	オランダ……	1 965	1 598
オランダ……	249	263	フランス……	1 060	1 287
アルゼンチン…	255	257	ルーマニア……	542	984
ブラジル……	119	145	リトアニア……	675	607
エジプト……	119	123	ベルギー……	949	605
アメリカ合衆国·	120	108	ハンガリー……	714	482
世界計×……	**4 029**	**4 176**	世界計×……	**25 081**	**23 046**

その他の主な農作物の輸出国（Ⅱ）（単位　千t）

なたね油（粗油）	2020	2021
カナダ	3 402	3 147
ドイツ	1 089	1 239
ロシア	686	803
フランス	368	498
オランダ	312	486
ベルギー	443	476
ベラルーシ	291	336
アラブ首長国連邦	343	335
チェコ	276	240
イギリス	153	189
オーストラリア	182	188
世界計×	**8 647**	**9 167**

大豆油	2020	2021
アルゼンチン	5 271	4 661
ブラジル	1 110	1 651
アメリカ合衆国	1 239	734
オランダ	615	579
パラグアイ	631	562
ボリビア	377	509
スペイン	394	482
ロシア	611	465
ネパール	171	332
トルコ	208	279
ウクライナ	302	240
エジプト	170	202
イタリア	83	195
世界計×	**13 006**	**12 707**

パーム油	2020	2021
インドネシア	25 937	25 532
マレーシア	14 575	13 512
オランダ	1 280	1 149
グアテマラ	740	760
パプアニューギニア	594	749
タイ	219	608
コロンビア	621	421
コートジボワール	228	308
ドイツ	310	302
コスタリカ	232	217
トルコ	180	197
ホンジュラス	487	190
ジブチ	59	146
世界計×	**47 482**	**46 366**

コーヒー豆	2020	2021
ブラジル	2 373	2 283
ベトナム	1 231	1 218
コロンビア	695	688
ホンジュラス	321	388
インドネシア	376	380
ドイツ	340	344
エチオピア	231	304
ウガンダ	329	301
ベルギー	241	265
インド	206	263
グアテマラ	189	226
ペルー	213	192
ニカラグア	149	152
メキシコ	101	95
コートジボワール	66	84
コスタリカ	70	69
世界計×	**7 697**	**7 810**

茶葉	2020	2021
ケニア	576	557
中国	349	369
スリランカ	285	283
インド	210	197
ベトナム	126	82
アルゼンチン	66	64
アラブ首長国連邦	58	60
インドネシア	45	43
ルワンダ	37	39
マラウイ	47	37
世界計×	**2 171**	**2 053**

カカオ豆	2020	2021
コートジボワール	1 486	1 681
ガーナ	521	586
ナイジェリア	217	345
エクアドル	323	330
カメルーン	175	251
オランダ	153	234
ベルギー	223	215
マレーシア	96	104
ドミニカ共和国	65	71
ペルー	54	58
ウガンダ	41	37
世界計×	**3 641**	**4 187**

その他の主な農作物の輸出国（Ⅲ）（単位　千 t）

葉たばこ	2020	2021	葉たばこ（つづき）	2020	2021
ブラジル……	485	434	ドイツ……	41	52
ベルギー……	220	205	トルコ……	48	52
中国……	186	192	フィリピン……	33	44
インド……	177	190	ギリシャ……	32	42
ジンバブエ……	178	177	バングラデシュ·	26	41
マラウイ……	112	108	タンザニア……	43	38
アメリカ合衆国·	98	105	オランダ……	35	34
イタリア……	59	60	アルゼンチン…	56	33
モザンビーク…	61	53	世界計×……	**2 246**	**2 224**

資料は表6-22に同じ。1）みかん、なつみかん類を含む。×その他とも。

表 6-29　綿花の主な生産国と輸出入国（単位　千 t）

生産	2019	2020	生産（つづき）	2019	2020
インド……	4 767	6 131	トルクメニスタン	158	168
中国……	5 889	5 911	カメルーン……	138	147
アメリカ合衆国·	4 335	3 180	スーダン……	150	120
ブラジル……	2 688	2 757	タンザニア……	111	116
パキスタン……	1 556	1 202	オーストラリア·	414	115
ウズベキスタン·	877	828	カザフスタン…	114	108
トルコ……	814	656	タジキスタン…	110	100
アルゼンチン…	308	367	ナイジェリア …	96	95
ギリシャ……	636	300	ミャンマー……	83	75
ベナン……	282	261	アゼルバイジャン	85	72
コートジボワール	245	250	スペイン……	70	71
ブルキナファソ·	292	241	マリ……	295	62
メキシコ……	368	229	世界計×……	**25 564**	**24 200**

輸出	2020	2021	輸入	2020	2021
アメリカ合衆国·	3 822	2 977	中国……	2 158	2 142
ブラジル……	2 125	2 017	ベトナム……	1 389	1 468
インド……	965	1 290	バングラデシュ·	1 249	1 430
オーストラリア·	170	717	トルコ……	1 065	1 191
ギリシャ……	289	382	パキスタン……	819	903
ベナン……	280	359	インドネシア…	486	562
ブルキナファソ·	167	258	インド……	174	193
トルコ……	87	136	エジプト……	190	173
コートジボワール	187	135	タイ……	134	156
アゼルバイジャン	98	123	韓国……	115	132
アルゼンチン…	117	117	メキシコ……	95	129
タジキスタン…	100	101	マレーシア……	122	114
世界計×……	**9 267**	**9 475**	世界計×……	**8 551**	**9 225**

FAOSTAT（2023年7月8日閲覧）より作成。×その他とも。

表 6-30　羊毛の主な生産国と輸出入国（洗上羊毛量）（単位　千t）

生産	2020	2021	生産（つづき）	2020	2021
中国	200.2	213.7	カザフスタン	24.1	24.7
オーストラリア	170.3	209.2	トルクメニスタン	24.8	24.5
ニュージーランド	80.3	75.5	インド	20.6	24.0
トルコ	47.9	51.5	アルゼンチン	24.4	23.8
イギリス	42.0	42.3	ウズベキスタン	21.3	21.8
モロッコ	36.8	37.6	アルジェリア	22.7	20.1
イラン	32.8	31.5	インドネシア	14.7	14.5
ロシア	31.0	28.7	ウルグアイ	14.8	14.0
パキスタン	26.1	26.0	アゼルバイジャン	9.7	9.7
南アフリカ共和国	25.9	25.4	世界計×	**1 011.7**	**1 058.0**

輸出	2020	2021	輸入	2020	2021
オーストラリア	155.2	200.9	中国	146.7	188.3
ニュージーランド	77.4	148.6	インド	64.9	82.6
南アフリカ共和国	30.2	31.3	イギリス	18.2	28.5
イギリス	18.3	18.4	イタリア	11.9	19.3
トルコ	11.1	17.4	チェコ	14.8	18.2
シリア	14.4	13.0	リトアニア	8.9	12.2
ウルグアイ	5.5	9.2	トルコ	5.3	7.7
スペイン	5.6	8.1	ウルグアイ	6.6	7.2
世界計×	**404.4**	**561.7**	世界計×	**348.7**	**443.5**

資料は表6-29に同じ。脂付き羊毛を60％で洗上換算。輸出入は脂付きと洗い上げの合計。×その他とも。

表 6-31　絹の主な生産国と輸出入国（生糸ベース）（単位　t）

生産	2019	2020	生産（つづき）	2019	2020
中国	68 600	53 359	ブラジル	469	377
インド	35 261	35 820	北朝鮮	370	370
ウズベキスタン	2 037	2 037	イラン	227	270
ベトナム	795	969	（参考）日本	16	16
タイ	700	520	世界計×	**108 796**	**94 070**

輸出	2020	2021	輸入	2020	2021
中国	2 354	1 863	インド	1 920	2 031
ベトナム	2 166	1 360	ルーマニア	959	625
ウズベキスタン	517	461	中国	94	542
イタリア	331	438	イタリア	495	520
北朝鮮	0	266	ベトナム	85	401
インド	21	129	イラン	221	219
世界計×	**5 798**	**5 003**	世界計×	**4 829**	**5 413**

資料は表6-29に同じ。輸出入も生糸のみで、繭などでの貿易を含まず。×その他とも。

〔畜産業・林業・水産業〕 2021年の世界の肉類生産量は3億5739万トンで、前年比で4.1％増加した。世界最大の生産国である中国は、2018年以降アフリカ豚熱の影響で豚肉生産が減少したが、国を挙げて豚肉の増産に取り組んだ結果、生産量は増加に転じている。アメリカ合衆国、ブラジル、ロシア、メキシコなども生産が増えた。

FAO（国連食糧農業機関）が2023年6月に発表した「食料見通し」によると、2023年の世界の肉類生産量は3億6400万トンとわずかな増加が予測されるが、これは主に鶏肉生産量の増加によるものである。鶏肉生産量は、高病原性鳥インフルエンザ・ウィルスの蔓延と飼料価格の高騰にもかかわらず、外食産業の需要回復と手ごろな食肉としての魅力により、最も数量が拡大することが予測されている。

2021年の世界の木材伐採高は、39億6669万m³であった。2010年以降、木材伐採高は消費量とともに増加傾向にある。一方、2021年には「ウッドショック」と呼ばれる木材価格の世界的な高騰が起きた。原因は、アメリカや中国で住宅需要が旺盛となったなか、コロナ禍で伐採や運搬の労働者が不足し十分な供給ができない状況が続いたためである。2022年以降は各国の木材価格は下落基調にあるものの、高止まりが続いており、住宅市場の需要動向への影響が危惧されている。

2021年の世界の漁業生産量は9234万トン、養殖業生産量は1億2604万トンであった。漁業生産量は、1980年代後半以降横ばいであるが、養殖業生産量は急速に伸びている（図6-7参照）。漁業生産を国別に見ると、先進国の漁獲量は、おおむね横ばいから減少しているのに対し、インドネシア、ベトナムなどアジアの新興国が増加している。中国の養殖業生産は2000年から2021年にかけて2.4倍に伸び、世界全体の58％（2021年）を占めている。FAOの「食料見通し」によると、2023年の世界の漁業・養殖業生産量は前年比0.6％増加する見込みである。一方、世界的に水産物需要が増加していることに加え、まぐろ、タコ、イカといった主要な天然捕獲種の漁獲量の減少により価格が高騰している。2023年8月以降はエルニーニョ現象の発生が予想されており、南米の主要魚種の漁獲量減少で魚粉と魚油の供給がひっ迫することが懸念されている。

図 6-5　家畜・畜産物の生産量の割合（2021年）

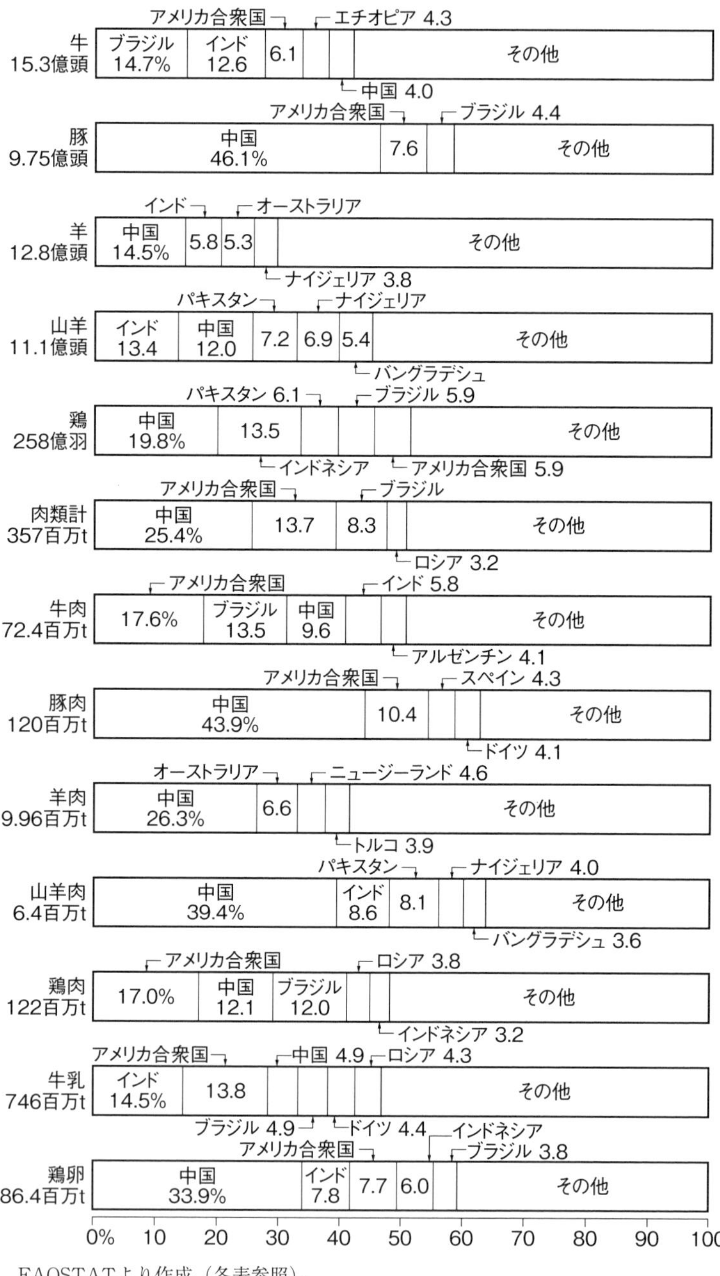

FAOSTATより作成（各表参照）。

表 6-32　各国の畜産業（Ⅰ）（2021年）

	家畜頭数（羽数）				肉類[1] 生産量 (千t)	生乳[2] 生産量 (千t)
	牛 (千頭)	豚 (千頭)	羊 (千頭)	鶏 (百万羽)		
アジア						
アゼルバイジャン	2 520	6	7 314	29.6	358	2 223
アフガニスタン	5 122	…	13 530	13.9	312	2 143
アラブ首長国連邦	105	…	2 082	25.9	182	239
アルメニア	581	196	631	4.3	96	673
イエメン	1 662	…	9 257	71.6	435	347
イスラエル	530	164	520	47.1	828	1 572
イラク	2 061	…	6 754	62.9	224	339
イラン	5 344	…	45 270	1 030.7	2 621	7 852
インド	193 166	8 828	74 285	807.7	10 888	208 984
インドネシア	18 054	8 012	17 903	3 478.1	4 791	1 593
ウズベキスタン	13 544	49	19 327	82.5	1 310	11 243
オマーン	422	…	642	4.9	90	358
カザフスタン	8 192	776	18 595	46.2	1 231	6 247
カタール	51	…	921	3.0	48	48
韓国	3 990	11 217	1	177.2	2 733	2 045
カンボジア	2 696	2 074	…	12.7	195	24
北朝鮮	581	2 263	168	17.3	320	85
キプロス	85	361	[3] 326	[4] 2.8	82	383
キルギス	1 750	30	5 536	4.6	241	1 700
クウェート	32	…	749	57.4	122	74
サウジアラビア	700	…	9 367	208.4	1 202	2 916
ジョージア	926	166	896	10.0	73	588
シリア	872	0	16 783	16.7	349	2 051
シンガポール	0	0	…	3.9	116	…
スリランカ	1 131	99	12	24.3	262	530
タイ	4 628	7 744	42	289.0	2 929	1 200
(台湾)	159	5 472	0	100.2	1 703	462
タジキスタン	2 363	0	4 052	20.9	327	1 098
中国	60 361	449 224	186 377	5 118.3	90 737	41 246
トルクメニスタン	2 545	5	14 071	15.7	528	1 959
トルコ	17 851	1	45 178	391.4	4 256	23 200
日本	3 961	9 290	15	323.0	4 238	7 592
ネパール	7 467	1 589	794	73.4	521	2 638
バーレーン	8	…	60	1.5	34	10
パキスタン	51 495	…	31 595	1 578.0	4 983	59 666
(パレスチナ)	68	…	771	6.5	72	142
バングラデシュ	24 545	…	2 127	304.1	734	3 578
東ティモール	223	247	39	0.9	24	7
フィリピン	2 605	9 943	30	176.8	2 788	16
ブータン	295	23	11	1.4	4	55
ベトナム	6 365	23 533	…	526.3	4 690	1 097
(香港)	2	111	0	4.3	166	0
マレーシア	701	1 858	124	302.8	1 889	49

各国の畜産業（Ⅱ）（2021年）

	家畜頭数（羽数）				肉類1) 生産量 (千t)	生乳2) 生産量 (千t)
	牛 (千頭)	豚 (千頭)	羊 (千頭)	鶏 (百万羽)		
ミャンマー	10 300	6 780	440	98.0	1 116	2 152
モンゴル	5 022	31	31 087	1.2	441	789
ヨルダン	78	…	3 085	30.6	289	417
ラオス	2 258	4 468	…	49.5	209	7
レバノン	87	7	431	67.8	168	385
アフリカ						
アルジェリア	1 734	5	31 126	137.3	782	3 264
アンゴラ	5 190	3 657	1 213	50.2	320	221
ウガンダ	14 624	2 600	2 168	35.8	460	1 672
エジプト	2 819	11	2 239	176.6	3 008	5 372
エスワティニ	614	36	37	3.8	26	40
エチオピア	65 719	37	38 610	59.3	933	4 308
エリトリア	2 128	…	2 436	1.1	42	147
ガーナ	1 929	882	5 652	97.0	306	46
ガボン	39	224	229	3.3	41	14
カメルーン	6 230	1 927	3 654	56.2	312	258
ガンビア	462	13	63	1.3	9	75
ギニア	8 827	162	3 288	36.0	159	279
ギニアビサウ	725	475	484	2.1	27	41
ケニア	22 853	675	24 802	59.0	560	6 029
コートジボワール	1 786	431	2 344	88.2	327	32
コンゴ共和国	337	103	125	3.0	64	4
コンゴ民主共和国	1 490	1 003	916	18.8	255	9
ザンビア	3 819	1 286	188	41.2	344	387
シエラレオネ	733	240	998	25.2	51	176
ジンバブエ	5 343	274	368	17.0	998	418
スーダン	32 028	…	41 010	51.5	1 004	4 634
セネガル	3 678	470	7 726	92.8	318	249
ソマリア	4 436	4	11 410	3.8	180	2 180
タンザニア	30 717	529	6 520	39.5	766	3 331
チャド	33 287	113	41 772	6.2	861	445
中央アフリカ共和国	4 761	1 060	433	7.2	191	82
チュニジア	630	5	6 243	99.2	370	1 442
トーゴ	456	1 140	1 657	28.1	64	12
ナイジェリア	21 163	8 092	48 637	168.6	1 473	532
ナミビア	2 951	100	1 440	4.3	73	112
ニジェール	17 107	44	14 133	20.8	200	1 271
ブルキナファソ	10 400	2 693	11 373	41.1	736	446
ブルンジ	951	894	657	2.8	43	118
ベナン	2 623	565	1 001	23.1	85	121
ボツワナ	1 027	1	183	0.9	74	292
マダガスカル	8 838	1 249	852	42.7	155	488
マラウイ	2 037	7 009	363	19.2	514	218
マリ	12 849	88	21 150	54.7	170	1 038

各国の畜産業（Ⅲ）（2021年）

	家畜頭数（羽数）				肉類[1] 生産量 （千 t）	生乳[2] 生産量 （千 t）
	牛 （千頭）	豚 （千頭）	羊 （千頭）	鶏 （百万羽）		
南アフリカ共和国	12 232	1 344	21 465	170.7	3 508	3 837
南スーダン……	13 613	…	13 993	15.0	254	3 660
モーリシャス…	5	20	5	16.5	52	1
モーリタニア…	1 944	…	11 010	4.8	119	362
モザンビーク…	2 220	1 682	230	21.0	287	2 763
モロッコ………	3 179	8	22 726	217.5	1 210	2 593
リビア…………	200	…	7 379	36.2	181	220
リベリア………	45	315	290	8.5	38	9
ルワンダ………	1 678	1 385	552	5.8	104	264
レソト…………	354	29	1 260	0.4	9	174
ヨーロッパ						
アイスランド…	81	26	385	0.2	34	153
アイルランド…	6 649	1 714	3 991	…	1 159	9 040
アルバニア……	337	159	1 480	7.7	79	1 013
イギリス………	9 603	5 323	32 957	180.0	4 182	15 221
イタリア………	6 280	8 408	6 728	…	[4] 3 690	13 998
ウクライナ……	2 874	5 876	621	183.5	2 439	8 714
エストニア……	251	308	[4] 73	2.0	78	839
オーストリア…	1 870	2 786	402	…	[3] 872	3 867
オランダ………	3 705	10 872	729	99.9	3 037	14 608
北マケドニア…	178	186	633	1.5	25	378
ギリシャ………	564	733	7 253	…	436	2 028
クロアチア……	428	972	654	11.6	242	570
スイス…………	1 514	1 368	349	12.6	492	3 840
スウェーデン…	1 390	1 373	349	10.3	581	2 782
スペイン………	6 576	34 454	15 081	…	7 649	8 703
スロバキア……	434	453	291	10.1	…	914
スロベニア……	483	216	119	4.7	142	643
セルビア………	860	2 868	1 695	15.1	524	1 519
チェコ…………	1 359	1 493	183	[4] 21.8	[4] 468	…
デンマーク……	1 480	13 152	[4] 138	[4] 22.5	2 012	5 644
ドイツ…………	11 040	23 762	1 508	…	7 632	[3] 33 189
ノルウェー……	901	773	2 265	16.3	371	1 595
ハンガリー……	910	2 726	887	28.9	1 057	2 085
フィンランド…	830	1 094	131	8.5	411	0
フランス………	17 330	12 941	6 995	239.8	5 358	25 835
ブルガリア……	611	695	1 200	[4] 20.8	[4] 222	953
ベラルーシ……	4 236	2 551	84	32.4	1 254	7 847
ベルギー………	2 310	6 042	[4] 117	36.9	1 844	4 477
ポーランド……	6 379	10 242	265	168.6	5 076	14 890
ボスニア・ ヘルツェゴビナ	342	556	1 030	8.7	86	546
ポルトガル……	1 641	2 221	2 238	10.1	859	2 100
マルタ…………	14	40	13	…	10	42

第6章 農林水産業

各国の畜産業 (Ⅳ) (2021年)

	家畜頭数 (羽数)				肉類1) 生産量 (千t)	生乳2) 生産量 (千t)
	牛 (千頭)	豚 (千頭)	羊 (千頭)	鶏 (百万羽)		
モルドバ	109	340	474	43.5	112	265
モンテネグロ	76	24	182	0.6	13	173
ラトビア	393	327	90	4) 2.3	91	992
リトアニア	629	574	137	8.1	213	1 477
ルーマニア	1 827	3 620	10 087	4) 74.0	983	4 300
ルクセンブルク	187	78	10	0.2	23	447
ロシア	18 027	25 850	19 785	472.7	11 346	32 333
北中アメリカ						
アメリカ合衆国	93 790	74 146	5 170	5) 1 522.0	48 877	102 655
エルサルバドル	739	250	6	17.9	157	394
カナダ	11 058	14 030	791	173.2	5 335	9 466
キューバ	3 657	1 937	1 377	36.9	235	384
グアテマラ	4 103	2 977	601	39.0	619	519
コスタリカ	1 307	400	3	25.9	307	1 217
ジャマイカ	158	218	1	14.1	139	206
ドミニカ共和国	3 059	549	261	181.5	487	862
トリニダード・トバゴ	36	29	13	39.0	51	2
ニカラグア	5 657	559	7	25.9	327	1 343
ハイチ	1 518	1 035	262	5.9	108	106
パナマ	1 510	404	…	27.8	353	182
ホンジュラス	2 911	470	17	49.2	305	697
メキシコ	35 999	18 929	8 767	604.7	7 692	13 075
南アメリカ						
アルゼンチン	53 416	5 477	13 348	115.5	6 153	11 553
ウルグアイ	11 915	129	6 233	40.7	702	2 182
エクアドル	4 067	1 054	529	169.8	910	1 873
コロンビア	29 301	5 804	1 806	222.1	2 932	6 789
チリ	3 038	2 881	1 719	114.5	1 575	2 277
パラグアイ	13 920	1 374	314	22.5	674	537
ブラジル	224 602	42 539	20 537	1 530.7	29 497	36 664
ベネズエラ	16 221	3 039	627	125.1	951	2 444
ペルー	5 854	3 343	10 942	189.4	2 198	2 209
ボリビア	10 385	3 261	7 634	217.7	967	604
オセアニア						
オーストラリア	24 431	2 578	68 047	111.2	4 383	8 858
ニュージーランド	10 150	249	25 733	25.7	1 503	21 886
パプアニューギニア	92	2 118	7	4.6	518	0
フィジー	60	155	32	5.6	35	11
世界計×	**1 529 296**	**975 410**	**1 284 851**	**25 856.1**	**357 392**	**918 163**

FAOSTAT (2023年7月8日閲覧) より作成。1) 牛肉、水牛肉、馬肉、羊肉、山羊肉、豚肉、家きん (鶏、あひるなど) 肉などの合計。2) 牛、ラクダ、山羊、羊、水牛の乳の合計。3) 2020年。4) 2019年。5) 数値が遡及して大幅修正された。×その他とも。

表 6-33　世界の家畜頭数・羽数（Ⅰ）（単位　千頭）

牛	2020	2021	豚	2020	2021
ブラジル	218 150	224 602	中国	406 504	449 224
インド	194 934	193 166	アメリカ合衆国	77 312	74 146
アメリカ合衆国	93 793	93 790	ブラジル	41 124	42 539
エチオピア	70 292	65 719	スペイン	32 796	34 454
中国	61 018	60 361	ロシア	25 163	25 850
アルゼンチン	54 461	53 416	ドイツ	26 070	23 762
パキスタン	49 624	51 495	ベトナム	22 028	23 533
メキシコ	35 654	35 999	メキシコ	18 788	18 929
チャド	32 237	33 287	カナダ	13 970	14 030
スーダン	31 757	32 028	デンマーク	13 391	13 152
タンザニア	29 972	30 717	フランス	13 393	12 941
コロンビア	27 973	29 301	韓国	11 078	11 217
バングラデシュ	24 391	24 545	オランダ	11 541	10 872
オーストラリア	23 503	24 431	ポーランド	11 727	10 242
ケニア	26 766	22 853	フィリピン	12 796	9 943
世界計×	**1 523 294**	**1 529 296**	世界計×	**937 513**	**975 410**

羊	2020	2021	山羊	2020	2021
中国	173 095	186 377	インド	150 629	148 747
インド	75 598	74 285	中国	133 453	133 316
オーストラリア	63 529	68 047	パキスタン	78 207	80 326
ナイジェリア	47 706	48 637	ナイジェリア	76 729	76 292
イラン	46 587	45 270	バングラデシュ	58 742	59 953
トルコ	42 127	45 178	エチオピア	52 464	47 310
チャド	38 705	41 772	チャド	41 190	43 736
スーダン	40 946	41 010	ケニア	36 021	32 570
エチオピア	42 915	38 610	スーダン	32 228	32 420
イギリス	32 697	32 957	マリ	27 811	29 201
パキスタン	31 225	31 595	モンゴル	27 720	26 456
アルジェリア	30 906	31 126	タンザニア	20 692	21 278
モンゴル	30 049	31 087	ニジェール	18 832	19 586
ニュージーランド	26 029	25 733	インドネシア	18 690	19 229
ケニア	25 346	24 802	ブルキナファソ	16 587	17 039
世界計×	**1 264 086**	**1 284 851**	世界計×	**1 115 287**	**1 111 284**

鶏（百万羽）	2020	2021	鶏(つづき)（百万羽）	2020	2021
中国	5 089.3	5 118.3	ベトナム	409.5	526.3
インドネシア	3 570.1	3 478.1	ロシア	497.0	472.7
パキスタン	1 443.0	1 578.0	トルコ	379.3	391.4
ブラジル	1 479.4	1 530.7	日本	320.2	323.0
アメリカ合衆国1)	1 537.0	1 522.0	バングラデシュ	296.6	304.1
イラン	1 017.6	1 030.7	マレーシア	293.5	302.8
インド	824.3	807.7	タイ	284.8	289.0
メキシコ	591.6	604.7	世界計×	**25 562.9**	**25 856.1**

世界の家畜頭数・羽数（Ⅱ）（単位　千頭）

水牛	2020	2021	馬	2020	2021
インド	109 736	111 786	アメリカ合衆国	10 610	10 667
パキスタン	41 191	42 416	メキシコ	6 399	6 404
中国	27 246	27 020	ブラジル	5 962	5 777
ネパール	5 258	5 160	モンゴル	4 094	4 324
フィリピン	2 866	2 849	中国	3 672	3 725
ベトナム	2 333	2 265	カザフスタン	3 140	3 490
ミャンマー	1 983	1 980	アルゼンチン	2 587	2 463
ブラジル	1 502	1 552	エチオピア	2 148	2 192
バングラデシュ	1 493	1 500	コロンビア	1 685	1 600
エジプト	1 348	1 263	チャド	1 323	1 379
ラオス	1 234	1 244	ロシア	1 311	1 303
インドネシア	1 154	1 189	キューバ	915	912
タイ	890	748	スーダン	793	794
カンボジア	677	675	ペルー	751	752
世界計×	**201 182**	**203 939**	世界計×	**59 901**	**60 194**

資料は表6-32に同じ。牛や豚、羊、鶏の飼養頭数（羽数）は、表6-32も参照のこと。1）数値が遡及して大幅修正された。×その他とも。

表 6-34　主な畜産物の生産国（Ⅰ）（単位　千ｔ）

牛肉	2020	2021	羊肉	2020	2021
アメリカ合衆国	12 389	12 734	中国	2 511	2 622
ブラジル	9 975	9 750	オーストラリア	690	657
中国	6 725	6 975	ニュージーランド	458	454
インド	3 760	4 195	トルコ	346	386
アルゼンチン	3 168	2 982	アルジェリア	335	342
メキシコ	2 081	2 131	インド	281	276
オーストラリア	2 372	1 933	スーダン	266	268
ロシア	1 634	1 674	イギリス	296	267
トルコ	1 341	1 461	パキスタン	244	247
フランス	1 435	1 424	イラン	152	238
カナダ	1 330	1 386	チャド	191	206
パキスタン	1 179	1 223	世界計×	**9 817**	**9 960**
ドイツ	1 092	1 080			
南アフリカ共和国	1 041	1 051	山羊肉	2020	2021
ウズベキスタン	962	1 003			
イギリス	932	888	中国	2 412	2 519
ジンバブエ	629	806	インド	556	548
コロンビア	744	759	パキスタン	504	518
ニュージーランド	701	751	ナイジェリア	259	258
イタリア	732	748	バングラデシュ	226	230
(参考)日本	477	478	エチオピア	147	154
世界計×	**71 597**	**72 446**	世界計×	**6 288**	**6 398**

主な畜産物の生産国（Ⅱ）（単位　千t）

豚肉	2020	2021	鶏肉	2020	2021
中国	41 133	52 959	アメリカ合衆国	20 515	20 653
アメリカ合衆国	12 845	12 560	中国	14 600	14 700
スペイン	5 003	5 180	ブラジル	13 787	14 636
ドイツ	5 118	4 971	ロシア	4 577	4 617
ブラジル	4 482	4 365	インドネシア	3 642	3 844
ロシア	4 282	4 304	インド	4 473	3 670
ベトナム	2 467	2 590	メキシコ	3 579	3 669
カナダ	2 299	2 405	日本	2 332	2 436
フランス	2 201	2 204	アルゼンチン	2 219	2 294
ポーランド	1 985	1 986	トルコ	2 138	2 246
デンマーク	1 596	1 724	エジプト	2 034	2 232
オランダ	1 662	1 719	ポーランド	2 200	2 097
メキシコ	1 652	1 693	イラン	2 430	1 983
韓国	1 403	1 407	南アフリカ共和国	1 880	1 915
イタリア	1 287	1 352	イギリス	1 794	1 843
日本	1 306	1 318	パキスタン	1 657	1 809
フィリピン	1 500	1 187	タイ	1 748	1 784
ベルギー	1 099	1 140	ペルー	1 723	1 752
イギリス	984	1 022	コロンビア	1 620	1 694
タイ	926	928	マレーシア	1 629	1 559
世界計×	**108 252**	**120 372**	世界計×	**120 461**	**121 588**

鶏卵	2020	2021	牛乳	2020	2021
中国	29 825	29 316	インド	108 307	108 300
インド	6 713	6 710	アメリカ合衆国	101 291	102 629
アメリカ合衆国	6 659	6 644	中国	34 400	36 827
インドネシア	5 142	5 156	ブラジル	36 508	36 364
ブラジル	3 261	3 317	ドイツ	33 165	32 507
メキシコ	3 016	3 047	ロシア	31 960	32 079
日本	2 633	2 574	フランス	25 235	24 779
ロシア	2 492	2 496	パキスタン	21 383	22 189
トルコ	1 237	1 206	ニュージーランド	21 871	21 886
コロンビア	983	1 022	トルコ	21 749	21 370
パキスタン	946	1 000	イギリス	15 229	15 221
ドイツ	967	977	ポーランド	14 822	14 881
アルゼンチン	873	885	オランダ	14 522	14 217
マレーシア	774	813	イタリア	12 712	13 202
イギリス	774	806	メキシコ	12 564	12 852
ウクライナ	924	804	アルゼンチン	11 113	11 553
イラン	756	783	ウズベキスタン	10 930	11 243
韓国	735	736	カナダ	9 331	9 466
タイ	713	722	(参考)日本	7 438	7 592
世界計×	**87 074**	**86 388**	世界計×	**742 426**	**746 057**

資料は表6-32に同じ。×その他とも。肉類の合計は表6-32を参照。

表 6-35　主な肉類の輸出入国（単位　千ｔ）

輸出	2020	2021	輸入	2020	2021
牛肉（世界計）‥	**9 143**	**9 680**	**牛肉**（世界計）‥	**9 504**	**9 795**
ブラジル‥‥‥‥	1 724	1 560	中国‥‥‥‥‥	2 118	2 333
アメリカ合衆国‥	943	1 108	アメリカ合衆国‥	1 072	1 060
オーストラリア‥	1 104	974	日本‥‥‥‥‥	600	585
ニュージーランド	472	794	韓国‥‥‥‥‥	443	469
アルゼンチン‥‥	616	560	オランダ‥‥‥‥	376	374
オランダ‥‥‥‥	448	463	ドイツ‥‥‥‥‥	342	333
カナダ‥‥‥‥‥	379	441	チリ‥‥‥‥‥	252	324
ウルグアイ‥‥‥	305	414	イタリア‥‥‥‥	306	299
ポーランド‥‥‥	374	372	(香港)‥‥‥‥‥	333	261
アイルランド‥‥	360	346	イギリス‥‥‥‥	249	254
パラグアイ‥‥‥	272	319	フランス‥‥‥‥	210	235
メキシコ‥‥‥‥	267	288	ロシア‥‥‥‥‥	261	214
ドイツ‥‥‥‥‥	236	252	インドネシア‥‥	167	211
豚肉（世界計）‥	**16 871**	**17 118**	**豚肉**（世界計）‥	**16 285**	**16 988**
アメリカ合衆国‥	2 855	2 717	中国‥‥‥‥‥	4 516	3 788
スペイン‥‥‥‥	2 451	2 552	メキシコ‥‥‥‥	815	1 140
ドイツ‥‥‥‥‥	2 116	2 052	日本‥‥‥‥‥	1 099	1 110
カナダ‥‥‥‥‥	1 432	1 375	イタリア‥‥‥‥	957	1 048
デンマーク‥‥‥	1 264	1 364	ドイツ‥‥‥‥‥	927	890
オランダ‥‥‥‥	1 284	1 361	ポーランド‥‥‥	696	758
ブラジル‥‥‥‥	1 173	1 342	イギリス‥‥‥‥	746	693
ベルギー‥‥‥‥	787	828	アメリカ合衆国‥	418	558
フランス‥‥‥‥	536	555	韓国‥‥‥‥‥	513	531
ポーランド‥‥‥	455	446	フランス‥‥‥‥	402	444
メキシコ‥‥‥‥	294	289	ルーマニア‥‥‥	323	371
イタリア‥‥‥‥	243	269	オランダ‥‥‥‥	334	337
オーストリア‥‥	209	228	チェコ‥‥‥‥‥	323	337
羊肉（世界計）‥	**1 148**	**1 428**	**羊肉**（世界計）‥	**1 128**	**1 153**
ニュージーランド	400	643	中国‥‥‥‥‥	365	410
オーストラリア‥	434	439	アメリカ合衆国‥	123	147
イギリス‥‥‥‥	88	70	フランス‥‥‥‥	79	104
アイルランド‥‥	57	50	イギリス‥‥‥‥	59	47
スペイン‥‥‥‥	38	50	アラブ首長国連邦	40	37
鶏肉（世界計）‥	**14 508**	**14 887**	**鶏肉**（世界計）‥	**13 259**	**14 478**
ブラジル‥‥‥‥	3 900	4 201	中国‥‥‥‥‥	1 527	1 462
アメリカ合衆国‥	3 547	3 617	メキシコ‥‥‥‥	881	1 024
オランダ‥‥‥‥	1 170	1 067	アラブ首長国連邦	475	835
ポーランド‥‥‥	941	934	サウジアラビア‥	617	598
トルコ‥‥‥‥‥	522	588	日本‥‥‥‥‥	535	596
ベルギー‥‥‥‥	459	473	オランダ‥‥‥‥	364	530
ウクライナ‥‥‥	433	456	ドイツ‥‥‥‥‥	471	475
タイ‥‥‥‥‥‥	344	383	フランス‥‥‥‥	367	441

資料は表6-32に同じ。牛肉には水牛肉を含まず。豚肉には調製品や加工品を含み、肉量換算。

表 6-36 木材の伐採（Ⅰ）(2021年)

	森林面積（千ha）(2020)	対国土面積比（%）	木材伐採高（千m³）	用材	薪炭材	うち針葉樹（千m³）
アジア	622 687	*19.5*	1 164 933	460 122	704 811	164 780
アフガニスタン	1 208	*1.9*	3 755	1 760	1 995	1 598
アルメニア	328	*11.0*	1 546	0	1 546	—
インド	72 160	*22.0*	349 576	49 517	300 059	15 172
インドネシア	92 133	*48.1*	125 453	88 576	36 878	7
韓国	6 287	*62.6*	4 410	4 026	384	2 526
カンボジア	8 068	*44.6*	7 320	322	6 998	13
北朝鮮	6 030	*50.0*	7 815	1 500	6 315	5 110
スリランカ	2 113	*32.2*	5 067	693	4 374	—
タイ	19 873	*38.7*	32 887	14 600	18 287	—
(台湾)	…	…	1 466	1 460	6	1 100
タジキスタン	424	*3.0*	3 674	—	3 674	1 837
中国	219 978	*23.0*	335 969	180 237	155 732	90 740
トルコ	22 220	*28.3*	30 646	24 790	5 856	18 681
日本	24 935	*66.0*	33 059	23 709	9 350	21 485
ネパール	5 962	*40.5*	12 836	1 300	11 536	55
パキスタン	3 726	*4.7*	33 593	4 060	29 533	2 675
バングラデシュ	1 883	*12.8*	25 429	405	25 024	—
フィリピン	7 189	*24.0*	15 019	3 853	11 167	40
ブータン	2 725	*71.0*	5 483	125	5 358	33
ベトナム	14 643	*44.2*	57 335	37 335	20 000	1 300
マレーシア	19 114	*57.9*	17 138	14 791	2 347	22
ミャンマー	28 544	*42.2*	43 501	4 360	39 141	1 215
ラオス	16 596	*70.1*	7 090	1 432	5 658	—
アフリカ	636 639	*21.0*	797 928	78 215	719 714	31 664
アルジェリア	1 949	*0.8*	8 982	139	8 844	6 153
アンゴラ	66 607	*53.4*	6 327	1 250	5 077	—
ウガンダ	2 338	*9.7*	50 406	5 330	45 076	935
エジプト	45	*0.0*	18 194	268	17 926	9
エスワティニ	498	*28.7*	2 264	934	1 330	984
エチオピア	17 069	*15.0*	118 575	2 935	115 640	8 018
ガーナ	7 986	*33.5*	53 490	2 037	51 453	50
ガボン	23 531	*87.9*	3 989	2 919	1 070	—
カメルーン	20 340	*42.8*	14 633	3 832	10 801	—
ギニア	6 189	*25.2*	13 115	651	12 464	—
ギニアビサウ	1 980	*54.8*	3 130	132	2 998	—
ケニア	3 611	*6.2*	25 917	969	24 948	3 025
コートジボワール	2 837	*8.8*	11 681	2 400	9 281	—
コンゴ共和国	21 946	*64.2*	3 507	1 933	1 573	—
コンゴ民主共和国	126 155	*53.8*	93 541	4 611	88 930	—
ザンビア	44 814	*59.5*	25 725	2 692	23 033	892
シエラレオネ	2 535	*35.1*	6 408	330	6 078	—
ジンバブエ	17 445	*44.6*	10 111	623	9 488	597
スーダン	18 360	*9.8*	16 740	1 157	15 583	—
赤道ギニア	2 448	*87.3*	1 747	1 300	447	—

木材の伐採（Ⅱ）（2021年）

	森林面積（千ha）(2020)	対国土面積比(%)	木材伐採高（千m³）	用材	薪炭材	うち針葉樹（千m³）
セネガル	8 068	*41.0*	6 459	816	5 643	—
ソマリア	5 980	*9.4*	16 979	110	16 869	—
タンザニア	45 745	*48.3*	28 178	2 838	25 340	1 107
チャド	4 313	*3.4*	9 080	761	8 319	—
中央アフリカ共和国	22 303	*35.8*	2 845	845	2 000	—
チュニジア	703	*4.3*	3 914	304	3 610	919
トーゴ	1 209	*21.3*	4 612	188	4 424	—
ナイジェリア	21 627	*23.4*	77 262	10 022	67 240	—
ナミビア	6 639	*8.1*	2 136	—	2 136	—
ニジェール	1 080	*0.9*	13 037	701	12 336	—
ブルキナファソ	6 216	*22.7*	15 871	1 171	14 700	—
ブルンジ	280	*10.0*	6 624	625	5 999	138
ベナン	3 135	*27.3*	7 053	385	6 668	—
マダガスカル	12 430	*21.2*	15 647	174	15 473	100
マラウイ	2 242	*18.9*	7 546	1 430	6 116	108
マリ	13 296	*10.7*	6 706	817	5 889	—
南アフリカ共和国	17 050	*14.0*	28 807	16 207	12 600	7 354
南スーダン	7 157	*11.1*	4 750	—	4 750	—
モーリタニア	313	*0.3*	2 325	32	2 293	—
モザンビーク	36 744	*46.0*	18 708	1 984	16 724	10
モロッコ	5 742	*12.9*	6 797	239	6 558	1 137
リビア	217	*0.1*	1 188	116	1 072	—
リベリア	7 617	*68.4*	10 554	463	10 091	—
ルワンダ	276	*10.5*	6 212	1 212	5 000	98
レソト	35	*1.1*	2 162	14	2 148	14
ヨーロッパ	1 017 461	*43.4*	817 189	642 995	174 194	579 942
アイルランド	782	*11.1*	3 912	3 627	285	3 887
イギリス	3 190	*13.1*	10 899	8 716	2 184	10 179
イタリア	9 566	*31.7*	15 841	5 002	10 839	5 305
ウクライナ	9 690	*16.1*	16 667	8 215	8 452	10 443
エストニア	2 438	*53.8*	10 667	6 520	4 148	5 878
オーストリア	3 899	*46.5*	18 420	13 521	4 900	15 663
オランダ	370	*8.9*	3 010	648	2 362	903
ギリシャ	3 902	*29.6*	1 359	412	947	267
クロアチア	1 939	*22.0*	4 986	2 856	2 130	791
スイス	1 269	*30.7*	4 806	2 947	1 859	3 404
スウェーデン	27 980	*52.9*	74 400	69 000	5 400	65 250
スペイン	18 572	*36.7*	15 786	13 786	2 000	7 703
スロバキア	1 926	*39.3*	7 665	7 170	495	3 901
スロベニア	1 238	*60.4*	3 710	2 656	1 054	1 901
セルビア	2 723	*32.0*	7 897	1 646	6 251	448
チェコ	2 677	*33.9*	33 347	26 621	6 726	32 042
デンマーク	628	*14.6*	3 842	1 781	2 061	2 913
ドイツ	11 419	*31.9*	82 411	59 187	23 224	64 534
ノルウェー	12 180	*19.5*	12 960	11 452	1 508	11 696

木材の伐採（Ⅲ）（2021年）

	森林面積（千ha）（2020）	対国土面積比（%）	木材伐採高（千m³）	用材	薪炭材	うち針葉樹（千m³）
ハンガリー・・・・・・	2 053	*22.1*	4 972	2 457	2 516	1 000
フィンランド・・・・	22 409	*66.2*	66 714	57 803	8 911	52 926
フランス・・・・・・・・	17 253	*31.4*	52 914	26 189	26 726	20 944
ブルガリア・・・・・・	3 893	*35.1*	5 529	3 172	2 357	2 836
ベラルーシ・・・・・・	8 768	*42.2*	27 050	16 992	10 058	20 360
ベルギー・・・・・・・・	689	*22.6*	5 212	4 319	893	3 377
ポーランド・・・・・・	9 483	*30.3*	43 010	38 498	4 512	33 179
ボスニア・ヘルツェゴビナ・・・・	2 188	*42.7*	4 225	2 737	1 488	2 019
ポルトガル・・・・・・	3 312	*35.9*	13 645	11 883	1 762	3 543
モルドバ・・・・・・・・	387	*11.4*	1 256	37	1 219	3
ラトビア・・・・・・・・	3 411	*52.8*	15 943	13 003	2 940	8 976
リトアニア・・・・・・	2 201	*33.7*	6 614	4 729	1 885	3 713
ルーマニア・・・・・・	6 929	*29.1*	17 411	12 247	5 164	7 146
ロシア・・・・・・・・・・	815 312	*47.7*	217 000	201 891	15 109	171 763
北中アメリカ・・・・	752 710	*32.9*	697 322	536 936	160 385	492 566
アメリカ合衆国・・	309 795	*31.5*	454 066	382 956	71 111	340 023
エルサルバドル・・	584	*27.8*	4 762	682	4 080	13
カナダ・・・・・・・・・・	346 928	*35.1*	142 452	141 068	1 384	116 160
キューバ・・・・・・・・	3 242	*29.5*	1 752	611	1 141	190
グアテマラ・・・・・・	3 528	*32.4*	22 635	654	21 982	13 817
コスタリカ・・・・・・	3 035	*59.4*	4 450	1 218	3 232	100
ニカラグア・・・・・・	3 408	*26.1*	6 285	113	6 173	768
ハイチ・・・・・・・・・・	347	*12.5*	2 390	239	2 151	272
パナマ・・・・・・・・・・	4 214	*55.9*	1 370	407	963	7
ホンジュラス・・・・	6 359	*56.5*	8 940	845	8 095	3 511
メキシコ・・・・・・・・	65 692	*33.4*	46 004	7 651	38 353	17 601
南アメリカ・・・・・・	844 186	*47.4*	408 301	229 029	179 273	92 779
アルゼンチン・・・・	28 573	*10.3*	16 977	12 898	4 079	7 375
ウルグアイ・・・・・・	2 031	*11.5*	18 079	15 747	2 333	3 931
エクアドル・・・・・・	12 498	*48.7*	7 500	2 440	5 060	1 648
コロンビア・・・・・・	59 142	*51.9*	8 075	1 868	6 207	2 118
チリ・・・・・・・・・・・・	18 211	*24.1*	59 795	43 871	15 924	32 134
パラグアイ・・・・・・	16 102	*39.6*	11 863	4 044	7 819	—
ブラジル・・・・・・・・	496 620	*58.3*	266 288	142 989	123 299	45 099
ベネズエラ・・・・・・	46 231	*50.7*	5 694	1 317	4 377	425
ペルー・・・・・・・・・・	72 330	*56.3*	7 908	1 327	6 581	7
ボリビア・・・・・・・・	50 834	*46.3*	4 042	1 526	2 516	40
オセアニア・・・・・・	185 248	*21.6*	81 013	71 205	9 808	53 084
オーストラリア・・	134 005	*17.3*	31 012	27 097	3 915	16 789
ソロモン諸島・・・・	2 523	*87.3*	3 336	3 200	136	—
ニュージーランド	9 893	*37.0*	35 969	35 969	—	35 669
パプアニューギニア	35 856	*77.5*	9 605	4 072	5 533	40
世界計・・・・・・・・	**4 058 931**	*30.1*	**3 966 686**	**2 018 502**	**1 948 185**	**1 414 815**

FAOSTAT（2023年7月9日閲覧）より作成。地域計にはその他の国々を含む。

第6章 農林水産業

表 6-37　木材の貿易（2021年）

丸太輸出	千m³	%	丸太輸入	千m³	%
ニュージーランド·	22 712	*15.1*	中国············	63 165	*42.7*
チェコ··········	18 269	*12.1*	オーストリア····	11 034	*7.5*
ロシア··········	16 451	*10.9*	フィンランド····	6 442	*4.4*
ドイツ··········	11 532	*7.7*	スウェーデン····	6 409	*4.3*
アメリカ合衆国···	9 415	*6.3*	ドイツ··········	6 335	*4.3*
カナダ··········	7 355	*4.9*	ベルギー········	5 867	*4.0*
ポーランド······	5 006	*3.3*	インド··········	4 816	*3.3*
フランス········	4 547	*3.0*	カナダ··········	4 373	*3.0*
ノルウェー······	3 964	*2.6*	イタリア········	3 857	*2.6*
ラトビア········	3 800	*2.5*	韓国············	3 261	*2.2*
ベルギー········	3 406	*2.3*	日本············	2 619	*1.8*
ウルグアイ······	3 385	*2.2*	ポルトガル······	2 615	*1.8*
ブラジル········	2 765	*1.8*	ルーマニア······	2 555	*1.7*
パプアニューギニア	2 500	*1.7*	ベトナム········	2 523	*1.7*
スペイン········	2 232	*1.5*	スロバキア······	2 454	*1.7*
スロバキア······	2 063	*1.4*	ポーランド······	2 348	*1.6*
エストニア······	1 954	*1.3*	ラトビア········	1 818	*1.2*
ソロモン諸島····	1 876	*1.2*	フランス········	1 183	*0.8*
リトアニア······	1 804	*1.2*	チェコ··········	1 081	*0.7*
オーストラリア···	1 613	*1.1*	南アフリカ共和国·	969	*0.7*
世界計×·······	**150 582**	*100.0*	世界計×·······	**147 908**	*100.0*

製材輸出	千m³	%	製材輸入	千m3	%
ロシア··········	31 377	*19.7*	中国············	32 659	*21.8*
カナダ··········	27 133	*17.0*	アメリカ合衆国···	27 679	*18.5*
スウェーデン····	12 599	*7.9*	イギリス········	8 159	*5.5*
ドイツ··········	11 266	*7.1*	ベルギー········	6 640	*4.4*
フィンランド····	8 736	*5.5*	ドイツ··········	5 686	*3.8*
アメリカ合衆国···	6 258	*3.9*	日本············	4 831	*3.2*
オーストリア····	6 158	*3.9*	イタリア········	4 793	*3.2*
タイ············	4 245	*2.7*	オランダ········	3 751	*2.5*
ベラルーシ······	4 096	*2.6*	フランス········	3 132	*2.1*
ブラジル········	3 881	*2.4*	デンマーク······	2 978	*2.0*
ラトビア········	3 792	*2.4*	メキシコ········	2 634	*1.8*
チェコ··········	3 623	*2.3*	ベトナム········	2 289	*1.5*
チリ············	3 300	*2.1*	ウズベキスタン···	2 239	*1.5*
ウクライナ······	3 042	*1.9*	エジプト········	2 149	*1.4*
ベルギー········	2 674	*1.7*	オーストリア····	2 108	*1.4*
ルーマニア······	2 106	*1.3*	エストニア······	1 876	*1.3*
ニュージーランド·	2 068	*1.3*	インド··········	1 650	*1.1*
フランス········	1 646	*1.0*	韓国············	1 573	*1.1*
ポーランド······	1 353	*0.8*	カナダ··········	1 546	*1.0*
クロアチア······	1 299	*0.8*	ラトビア········	1 545	*1.0*
世界計×·······	**159 576**	*100.0*	世界計×·······	**149 560**	*100.0*

資料は表6-36に同じ。×その他とも。

表 6-38　各国の漁業生産量（Ⅰ）（単位　千t）

	2000	2010	2020	2021	海面	内水面
アジア						
中国	14 824	15 054	13 446	① 13 143	11 944	1 199
インドネシア	4 159	5 390	6 941	② 7 207	6 741	466
インド	3 726	4 716	4 658	⑤ 5 025	3 178	1 847
ベトナム	1 630	2 250	3 506	⑦ 3 540	3 391	150
日本	5 192	4 188	3 242	⑧ 3 151	3 133	18
バングラデシュ	1 004	1 727	1 920	⑪ 1 982	681	1 301
フィリピン	1 920	2 503	1 915	⑫ 1 842	1 641	201
ミャンマー	1 093	1 961	1 977	⑬ 1 666	880	786
タイ	2 997	1 811	1 589	⑯ 1 412	1 300	113
マレーシア	1 293	1 437	1 391	⑰ 1 337	1 332	6
韓国	1 838	1 735	1 376	⑱ 1 315	1 309	6
オマーン	120	164	793	⑳ 922	922	—
イラン	384	444	791	779	672	108
(台湾)	1 094	853	624	701	701	0
カンボジア	282	490	536	508	125	383
パキスタン	599	456	493	496	346	150
スリランカ	297	390	387	380	318	62
トルコ	503	486	364	328	295	33
ジョージア	2	46	207	218	218	0
北朝鮮	213	218	202	208	203	5
モルディブ	119	123	149	145	145	—
イエメン	115	164	131	131	131	—
(香港)	157	168	119	115	115	—
アフリカ						
モロッコ	915	1 144	1 398	⑮ 1 432	1 417	16
モーリタニア	114	276	678	860	845	15
ナイジェリア	441	617	783	805	442	363
ウガンダ	219	414	566	622	—	622
アンゴラ	239	310	375	529	505	24
セネガル	436	410	458	514	488	26
南アフリカ共和国	664	641	603	491	490	1
タンザニア 1)	327	351	473	478	64	414
エジプト	384	385	419	426	96	330
ナミビア	591	382	330	411	408	3
ガーナ	454	351	371	393	312	81
モザンビーク	42	163	395	374	274	100
ギニア	92	114	310	325	283	42
カメルーン	112	181	282	290	259	32
コンゴ民主共和国	245	224	218	229	8	221
シエラレオネ	75	200	201	205	203	2
マラウイ	50	98	171	171	—	171
セーシェル	33	87	140	139	139	—
ケニア	216	141	125	131	28	103
チュニジア	95	93	122	124	124	1

各国の漁業生産量（Ⅱ）（単位　千t）

	2000	2010	2020	2021	海面	内水面
マダガスカル……	121	130	111	114	105	9
ヨーロッパ						
ロシア…………	4 027	4 076	5 081	④ 5 168	4 896	272
ノルウェー………	2 892	2 838	2 625	⑨ 2 556	2 555	0
アイスランド……	2 000	1 082	1 035	⑲ 1 056	1 056	0
スペイン…………	1 063	975	804	809	803	6
イギリス…………	754	613	626	634	634	1
(フェロー諸島)…	454	394	646	541	541	—
フランス…………	694	452	478	510	509	1
デンマーク………	1 534	828	733	467	466	0
オランダ…………	496	434	307	300	298	1
アイルランド……	312	348	209	234	234	0
ポーランド………	218	190	206	201	183	19
ドイツ……………	204	243	212	188	171	17
ポルトガル………	192	224	160	180	180	0
スウェーデン……	339	212	180	160	152	8
イタリア…………	304	235	142	150	147	4
フィンランド……	156	156	140	125	101	24
北中アメリカ						
アメリカ合衆国…	4 789	4 397	4 268	⑥ 4 282	4 268	14
メキシコ…………	1 350	1 528	1 512	⑭ 1 629	1 468	160
カナダ……………	1 033	976	740	755	733	22
(グリーンランド)	160	209	259	271	271	—
ベリーズ…………	30	400	187	192	192	—
パナマ……………	228	182	194	177	176	1
南アメリカ						
ペルー……………	10 659	4 306	5 677	③ 6 576	6 558	18
チリ………………	4 548	3 048	2 183	⑩ 2 390	2 390	—
エクアドル………	596	400	636	864	863	0
アルゼンチン……	922	812	838	853	835	17
ブラジル…………	667	785	725	761	535	226
ベネズエラ………	360	219	196	223	201	22
コロンビア………	137	81	92	129	108	21
オセアニア						
ニュージーランド	553	437	365	343	343	0
キリバス…………	35	43	213	191	191	—
パプアニューギニア	110	226	218	189	175	14
オーストラリア…	206	181	177	171	171	0
ミクロネシア連邦	23	32	194	166	166	0
ナウル……………	0	1	92	120	120	—
世界計×………	**94 778**	**88 274**	**90 726**	**92 343**	**80 977**	**11 365**

FAO Fisheries & Aquaculture（2023年7月9日閲覧）より作成。貝類、海藻類を含み、水生ほ乳類（鯨類、アシカなど）、ワニ類を除く。養殖業は含まず。円内の数字は世界順位。1）ザンジバル（2021年の生産量37千tですべて海面）を除く。×その他とも。

表 6-39　各国の養殖業生産量（単位　千 t）

	2000	2010	2020	2021	海面	内水面
中国	29 750	47 790	70 484	72 805	40 897	31 908
インドネシア	994	6 278	14 845	14 607	10 957	3 649
インド	1 943	3 790	8 641	9 408	1 197	8 212
ベトナム	514	2 701	4 681	4 749	2 085	2 664
バングラデシュ	657	1 309	2 584	2 639	240	2 399
韓国	668	1 377	2 334	2 428	2 394	34
フィリピン	1 101	2 546	2 323	2 273	1 974	299
ノルウェー	491	1 020	1 490	1 665	1 662	3
エジプト	340	920	1 592	1 576	138	1 439
チリ	425	713	1 505	1 444	1 441	3
タイ	738	1 286	1 013	990	539	451
日本	1 292	1 151	999	964	931	33
ミャンマー	99	853	1 145	929	10	919
エクアドル	61	273	775	896	891	6
北朝鮮	468	510	680	681	666	15
ブラジル	172	412	631	650	91	559
イラン	41	220	481	479	63	415
トルコ	79	168	421	472	336	136
アメリカ合衆国	457	497	449	449	205	244
マレーシア	168	581	400	417	311	106
カンボジア	14	60	400	348	18	330
ロシア	77	121	291	319	129	190
スペイン	311	257	277	280	258	22
ナイジェリア	26	201	262	276	0	276
(台湾)	256	315	279	275	158	117
メキシコ	54	126	279	247	200	47
イギリス	152	201	217	230	221	10
フランス	267	203	191	199	156	43
コロンビア	62	80	179	193	7	186
カナダ	128	162	171	191	181	10
パキスタン	12	140	162	165	0	164
ペルー	7	89	144	151	91	59
イタリア	217	153	126	146	102	44
ギリシャ	95	121	132	144	141	3
ウガンダ	1	95	124	139	—	139
ラオス	42	82	130	135	—	135
オーストラリア	32	76	103	126	125	1
ウズベキスタン	6	7	98	119	—	119
ニュージーランド	86	111	119	117	115	2
(フェロー諸島)	35	48	89	116	116	—
サウジアラビア	6	26	100	114	85	29
ネパール	15	28	77	101	—	101
ガーナ	5	10	64	89	0	89
世界計×	**43 017**	**77 997**	**122 712**	**126 035**	**69 727**	**56 308**

資料は表6-38に同じ。魚介類と海藻類の合計。×その他とも。

図 6-6　世界の漁業・養殖業生産量の推移

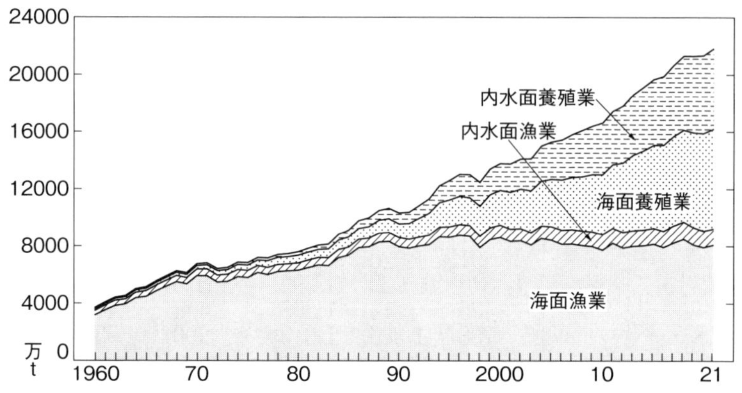

農林水産省ウェブサイトより作成。2021年はFAO "Fisheries & Aquaculture"（2023年7月9日閲覧）による。

表 6-40　水産物の輸出入（単位　百万ドル）

輸出額	2019	2020	輸入額	2019	2020
中国	20 256	18 651	アメリカ合衆国	23 521	22 973
ノルウェー	12 023	11 153	中国	18 341	15 220
ベトナム	8 695	8 515	日本	15 493	13 482
チリ	6 675	6 058	スペイン	8 139	7 342
インド	6 857	5 810	フランス	6 734	6 476
タイ	5 865	5 739	イタリア	6 619	6 150
オランダ	5 724	5 578	ドイツ	5 887	6 021
エクアドル	5 520	5 438	韓国	5 619	5 427
ロシア	5 468	5 426	スウェーデン	5 271	5 066
インドネシア	4 740	5 044	オランダ	4 520	4 613
カナダ	5 613	4 797	イギリス	4 601	4 261
デンマーク	4 861	4 785	デンマーク	4 017	3 836
スペイン	4 753	4 566	タイ	3 774	3 743
アメリカ合衆国	5 423	4 506	(香港)	3 467	2 994
スウェーデン	4 501	4 365	カナダ	3 235	2 968
ペルー	3 540	2 825	ポーランド	2 621	2 635
ポーランド	2 543	2 724	ポルトガル	2 434	2 181
ドイツ	2 768	2 704	ロシア	2 269	2 168
イギリス	3 014	2 545	ベルギー	2 144	2 111
モロッコ	2 288	2 370	ベトナム	1 889	1 947
アイスランド	2 371	2 256	(台湾)	1 737	1 801
世界計×	**163 242**	**152 153**	世界計×	**161 992**	**151 570**

資料は表6-38に同じ。輸出はf.o.b.（本船渡し）価格、輸入はc.i.f.（保険料・運賃込）価格。輸出には再輸出は含まず。×その他とも。

第7章　工業

2000～2010年代にかけて、製造業は物流のコスト低下や通信技術の発達により国際分業が可能になり、各国メーカーはコストを抑えるために国境を越えて､最適化したサプライチェーン（供給網）を整備してきた。この流れの中で、中国は多くの先進国メーカーの組み立て工程を請け負うことによって、工業国としての地位を高めた。

近年はコロナ禍やロシアによるウクライナ侵攻、米中対立などによって国際情勢は不安定になっており、製造業を取り巻く状況は大きく変わってきている。原料の高騰や物流の混乱といった要因が重なり、これまで最適だった、国境を越えたサプライチェーンのぜい弱性が浮き彫りになった。国内生産への回帰を含め、部品、素材の調達や組み立ての工程などで特定の国に過度な依存をしないようなサプライチェーンを構築して、リスク回避を重視する動きが各国で強まっている。2023年５月にはIPEF（インド太平洋経済枠組み）で、半導体などの重要物資の供給が感染症や紛争などで途絶えた場合に参加国同士で供給しあう、サプライチェーンの強靭化を目的とした協定を実質妥結した（295ページ参照）。

各国は年限付きの目標を掲げてカーボンニュートラル（温室効果ガス排出量の実質ゼロ）を目指しており、CO_2（二酸化炭素）排出量が多い製造業は、その対応を迫られている。エネルギー消費によるCO_2排出に加えて、鉄鋼業では鉄鉱石を石炭（コークス）で還元する際にCO_2を排出するため、特に排出量が多い。世界の粗鋼消費量は年々増えており、今後も新興国などで需要が増えていくことが予想されている（表7-5)。そこで、高炉から電炉への転換を進めるほか、石炭ではなく水素を用いる水素還元製鉄といった技術開発を進めており、カーボンニュートラルな「グリーンスチール」の製造を目指している。

近年、企業の排出したCO_2に価格をつけるカーボンプライシングの導入が各国で進んでいる。代表的なものには炭素税や排出量取引制度があり、企業の排出行動の変化が期待されている。しかし、企業が利益追求のために生産拠点を排出規制の緩い国に移転し、結果的にCO_2排出量が増加するリスクが懸念されている（カーボンリケージ）。EUが導入する国境炭素調整措置（国境炭素税）はこれを回避するために、CO_2排出規制の緩い地域で作られた安価な製品と、環境対策を行った付加価値の高い製品の価格差を是正することを目指している。

自動車市場でも、運転時に環境負荷の小さいEV（電気自動車）の売上が年々伸びている。中国は国が助成金を出してEVの製造に力を入れており、普及が進んでいる（表7-11）。自動車生産台数で中国は世界１位である（表7-8）。この中で、中国はEVを背景に輸出台数も年々大きく伸びており（表7-9）、2023年１～３月にはメーカーの海外生産が進む日本の自動車輸出台数を上回った。

半導体は、電子機器、自動車などの身近なものから、AIなどの先端技術に至るまで様々なところで使われており、昨今の情報化社会では欠かせない。2021年以降、コロナ禍に伴う都市のロックダウンや、自然災害による影響で半導体の生産能力が低下したことに加えて、テレワークの普及による電子機器の需要が増加したことで、世界規模の半導体不足が生じた。その結果、最終製品である自動車や家電など広範な産業で減産や出荷停止が波及した。2022年後半以降には需要のひっ迫は解消に向

半導体のサプライチェーン強靭化

新型コロナや米中対立、ロシアによるウクライナ侵攻などの影響で、2021年ごろより世界規模の半導体不足が生じた。半導体需要に対して供給が追いつかず、影響が長く続き、最終製品である自動車や家電などの減産や出荷停止が続いた。半導体の製造は、台湾や韓国といった限られた地域に集中しているが、半導体供給の依存リスクが浮き彫りになって、各国は安定供給のためにサプライチェーンの見直しに迫られた。

アメリカ合衆国やヨーロッパ、中国、台湾、韓国、日本ではそれぞれ半導体製造を国内誘致するための産業政策を展開しており、2022年の世界の半導体製造工場の着工数は2020年の約２倍に上った。アメリカ合衆国のCHIPS法は、製造拠点の囲い込みと中国を含む懸念国との分断が同時に企図されており、工場新設費を助成する代わりに懸念国に対して先端半導体製造のための設備投資を10年間禁止している。

かったが、各国は半導体の安定供給のために、半導体製造工場の誘致を積極的に行っている（252ページ解説欄参照）。一方、米中対立が進むなかで、アメリカは最先端半導体が中国に供給されることへの安全保障上のリスクを懸念するようになり、2022年10月に最先端半導体と製造装置の対中輸出規制をした。また、半導体製造装置について同様の措置をオランダと日本に行うよう強く働きかけ、オランダは2023年３月、日本は同年５月に輸出規制を行うことを発表した。この３か国だけで半導体製造装置の全世界シェアの80％以上を占めるほか、最先端半導体の製造に不可欠なEUV露光装置は、現状ではオランダメーカー以外には製造する技術がない（271ページ用語解説参照）。中国は、アメリカや日本などの輸出規制に強く反発している。

近年、環境意識や人権意識が高まる中で、サプライチェーン全体でのCO_2排出量や、新興国の工場での児童労働といった人権侵害の有無を把握し、開示する動きが広がっている。メーカーにとって透明度も高いサプライチェーンの確保は重要な課題となっている。

図 7-1　主要国の工業付加価値額（名目値）

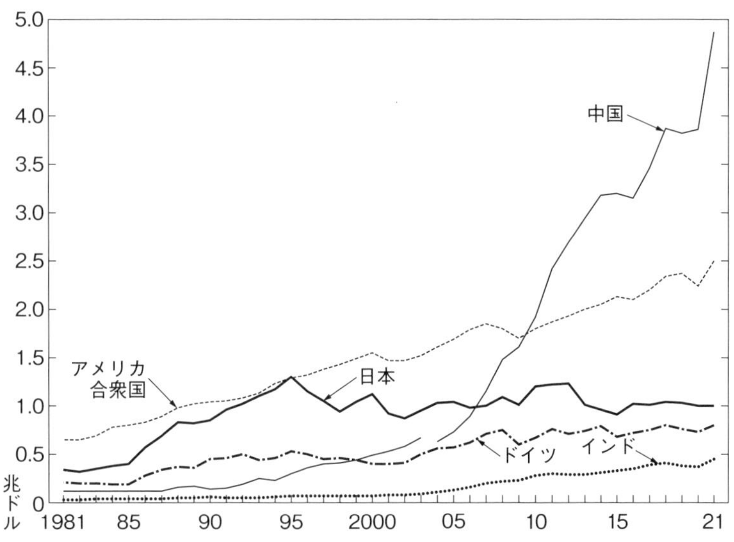

国連“National Accounts Main Aggregates Database”より作成。2022年12月更新データ。中国の2003年以前は鉱業・エネルギー等を含む。

図 7-2　主要国の工業生産指数（2015年平均＝100）

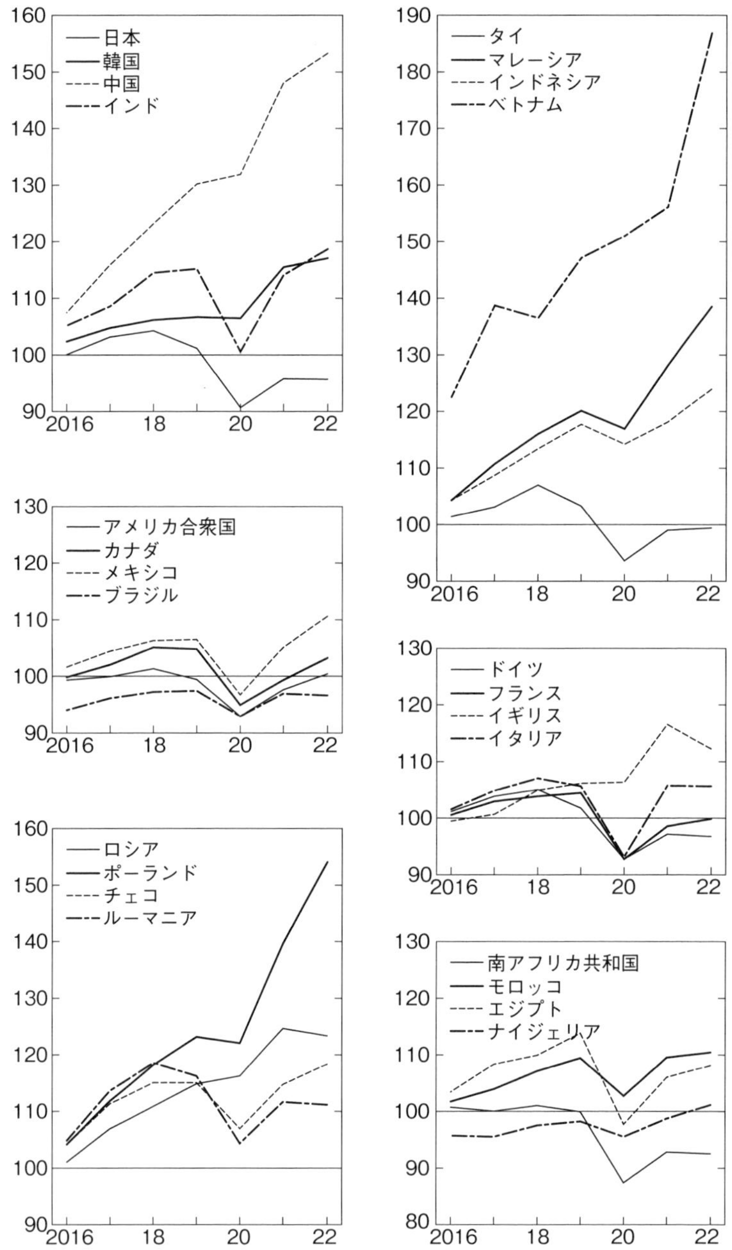

UNIDO Statistics Data Portal（2023年６月20日閲覧）より作成。

表 7-1 主要国の業種別工業出荷額（Ⅰ）（2020年）（単位 億ドル）

	アラブ首長国連邦 (2019)[5)6)]	イスラエル (2018)	イラン[6)8)] (2018)	インド (2018)	インドネシア[5)6)9)]	ウズベキスタン[5)]
食料品工業[1)]	100	164	246	1 944	1 412	53
繊維工業	29	18	43	864	431	47
石油製品[2)]	295	233	343	1 658	208	12
化学工業	169	（石油製品に含む）	336	1 701	433	25
金属工業	283	96	270	2 233	344	76
鉄鋼・非鉄	159	27	214	1 900	237	69
金属製品	124	69	56	334	107	7
機械工業	160	354	356	2 825	1 030	59
一般機械	100	62	45	620	142	7
電気機械[3)4)]	7) 36	7) 250	7) 78	7) 836	7) 410	7) 11
自動車	9	9	221	1 043	358	40
計×	**1 247**	**1 033**	**1 794**	**12 966**	**4 897**	**309**

	カザフスタン (2019)	カタール[5)6)]	韓国 (2019)	クウェート[5)] (2019)	サウジアラビア[5)6)]	シンガポール
食料品工業[1)]	77	10) 10	834	10) 19	177	86
繊維工業	3	3	319	5	43	4
石油製品[2)]	27	93	954	248	292	14) 299
化学工業	23	103	1 494	72	385	494
金属工業	184	50	1 935	15	131	72
鉄鋼・非鉄	177	30	1 256	6	67	10
金属製品	8	19	679	9	64	62
機械工業	41	11)12)13) 14	6 487	11)12) 20	109	1 496
一般機械	22	4	1 098	2	43	219
電気機械[3)4)]	7) 6	11)12) 9	7) 3 278	11)12) 8	7) 53	7) 1 128
自動車	10	0	1 663	0	9	11
計×	**391**	**310**	**13 509**	**413**	**1 363**	**2 628**

	タイ (2018)	（台湾）	中国[15)]	トルコ	日本 (2019)	バーレーン (2018)
食料品工業[1)]	826	322	15 122	629	3 521	10) 14
繊維工業	189	156	7 407	553	343	6
石油製品[2)]	101	231	7 838	125	1 213	138
化学工業	331	753	17 132	280	2 622	12
金属工業	423	893	25 167	710	3 881	59
鉄鋼・非鉄	210	542	19 544	447	2 494	50
金属製品	213	352	5 623	263	1 387	9
機械工業	1 596	3 571	56 453	997	13 454	11) 15
一般機械	220	351	11 342	270	2 949	1
電気機械[3)4)]	7) 640	7) 2 917	7) 29 533	7) 296	7) 4 274	11) 10
自動車	685	156	13 639	368	16) 6 231	0
計×	**4 270**	**6 621**	**151 663**	**4 051**	**29 123**	**276**

主要国の業種別工業出荷額（II）（2020年）（単位　億ドル）

	パキスタン[6)17)] (2018)	バングラデシュ[6)18)]	フィリピン[5)]	ベトナム	マレーシア[6)]	アルジェリア[5)] (2017)
食料品工業[1)]	274	238	192	860	461	123
繊維工業	304	876	12	316	42	9
石油製品[2)]	73	3	50	150	420	423
化学工業	136	56	42	228	306	18
金属工業	57	45	46	412	296	30
鉄鋼・非鉄	48	35	32	186	143	29
金属製品	9	10	14	226	153	0
機械工業	91	91	236	881	1 128	[20)21)] 7
一般機械	10	3	17	112	101	2
電気機械[3)4)]	[7)] 27	[7)] 41	[7)] 130	[7)] 531	[7)] 844	[7)] 3
自動車	42	2	68	99	135	[20)] 3
計×	**1 075**	[19)] **1 612**	**652**	**3 713**	**3 155**	**633**

	エジプト[8)22)] (2019)	南アフリカ共和国	モロッコ (2019)	アイルランド[5)]	イギリス[5)27)]	イタリア[5)]
食料品工業[1)]	274	[10)] 322	161	[10)26)] 258	[10)] 1 015	1 622
繊維工業	82	[23)] 36	52	3	102	498
石油製品[2)]	176	[24)] 398（石油製品・化学工業）	4	…	664	536
化学工業	140		109	…	600	1 041
金属工業	129	…	63	47	709	1 534
鉄鋼・非鉄	89	…	28	17	232	617
金属製品	40	…	35	30	477	917
機械工業	112	[11)25)] 310	178	[11)12)13)25)] 29	2 607	3 075
一般機械	15	…	26	…	758	1 512
電気機械[3)4)]	[7)] 77	[7)11)] 49	[7)] 42	[11)12)] 19	[7)] 423	[7)] 620
自動車	20	[16)] 261	89	9	874	621
計×	**1 111**	**1 325**	**665**	**2 659**	**6 853**	**10 411**

	ウクライナ[8)]	オーストリア[5)]	オランダ[5)]	ギリシャ[5)]	スイス[5)]	スウェーデン[5)]
食料品工業[1)]	225	270	[26)] 802	160	[10)] 398	205
繊維工業	10	21	38	14	26	11
石油製品[2)]	28	67	194	116	…	85
化学工業	44	198	625	54	…	248
金属工業	168	340	326	83	294	314
鉄鋼・非鉄	142	173	82	55	64	148
金属製品	26	167	243	28	230	166
機械工業	105	769	1 132	46	[28)] 1 344	799
一般機械	47	319	523	19	398	287
電気機械[3)4)]	[7)] 22	[7)] 224	[7)] 354	[7)] 23	[7)] 879	[7)] 114
自動車	12	176	154	1	…	349
計×	**693**	**2 114**	**3 527**	**552**	**3 855**	**2 146**

主要国の業種別工業出荷額（Ⅲ）（2020年）（単位　億ドル）

	スペイン[5]	スロバキア[5]	スロベニア[5]	セルビア	チェコ[5]	デンマーク[5]
食料品工業[1]	1 359	[10] 47	[10] 24	73	[10] 152	[10] 271
繊維工業	98	8	5	12	29	16
石油製品[2]	287	…	…	23	…	…
化学工業	588	18	[29] 15	22	119	…
金属工業	650	106	58	49	239	94
鉄鋼・非鉄	267	44	26	21	77	15
金属製品	383	61	33	28	162	79
機械工業	1 400	474	113	50	1 014	372
一般機械	327	68	31	15	200	255
電気機械[3][4]	[7] 224	[7] 81	[7] 43	[7] 15	[7] 277	[7] 80
自動車	678	319	38	18	508	28
計×	**5 230**	**801**	**310**	**292**	**1 884**	**1 318**

	ドイツ[5]	ノルウェー[5]	ハンガリー[5][30]	フィンランド[5]	フランス[5]	ブルガリア[5]
食料品工業[1]	2 295	[10] 260	139	122	[10] 1 992	67
繊維工業	182	11	9	10	[31] 155	21
石油製品[2]	551	…	64	83	270	…
化学工業	2 072	78	82	90	1 288	18
金属工業	2 439	112	88	166	778	79
鉄鋼・非鉄	950	64	32	80	236	55
金属製品	1 490	48	56	86	542	24
機械工業	9 154	233	602	465	3 603	77
一般機械	3 300	107	80	217	803	28
電気機械[3][4]	[7] 2 018	[7] 50	[7] 212	[7] 199	[7] 689	[7] 29
自動車	3 324	9	297	22	1 132	14
計×	**19 761**	**837**	**1 145**	**1 244**	**9 388**	**384**

	ベラルーシ	ベルギー[5]	ポーランド[5]	ポルトガル[5]	ルーマニア[8][32]	ロシア[5]
食料品工業[1]	118	567	765	169	143	1 127
繊維工業	15	43	66	76	38	85
石油製品[2]	72	225	183	54	47	[33] 1 632
化学工業	51	779	203	69	37	564
金属工業	35	357	437	107	100	1 546
鉄鋼・非鉄	16	224	127	30	48	1 144
金属製品	19	133	310	77	52	401
機械工業	83	436	998	215	387	[34][35] 1 131
一般機械	41	188	227	49	59	[34] 395
電気機械[3][4]	[7] 21	[7] 85	[7] 336	[7] 50	[7] 81	[7] 327
自動車	16	145	363	105	229	409
計×	**449**	**2 751**	**3 523**	**929**	[19] **950**	**7 440**

主要国の業種別工業出荷額（Ⅳ）（2020年）（単位　億ドル）

	アメリカ合衆国36)	カナダ37)	（プエルトリコ38)）(2017)	メキシコ5)	アルゼンチン	エクアドル6)39) (2019)
食料品工業‥ 1)	9 832	853	10) 56	798	737	138
繊維工業……	542	42	12	74	49	4
石油製品…… 2)	3 619	493	…	228	123	53
化学工業……	6 960	379	684	368	233	16
金属工業……	5 483	623	7	402	144	18
鉄鋼・非鉄‥	2 009	335	1	261	86	12
金属製品……	3 473	288	6	142	58	5
機械工業……	16 174	1 394	13	1 677	241	17
一般機械……	3 493	3)4)7) 376	0	98	77	2
電気機械・3)4)	7) 4 467	11)12) 75	7) 13	7) 218	50	7) 7
自動車……	5 726	680	0	1 309	100	5
計×………	**52 213**	**4 772**	**779**	**4 054**	**1 830**	**297**

	コロンビア17)	チリ40) (2019)	ブラジル6)	ペルー	オーストラリア6)	ニュージーランド
食料品工業‥ 1)	10) 218	10) 313	1 468	245	795	316
繊維工業……	34	8	193	46	44	23) 14
石油製品…… 2)	144	23	33) 587	14) 85	117	53
化学工業……	94	142	41) 928	41)42) 46	237	32
金属工業……	42	58	634	43) 83	685	67
鉄鋼・非鉄‥	28	16	441	43) 52	448	24
金属製品……	15	41	193	31	238	42
機械工業……	11)12)13) 44	37	1 350	51	465	82
一般機械……	7	27	326	16	131	7) 56
電気機械・3)4)	11)12) 14	7) 8	7) 368	7) 11	7) 143	
自動車……	17	1	596	6	102	16) 26
計×………	**699**	**759**	**6 049**	**727**	**2 855**	**688**

UNIDO Statistics Data Portal（2023年6月15日閲覧）より作成。国により定義が異なる場合があり、一部は修理やサービス等を含む。1）たばこを含む。2）石炭製品、核燃料を含む。3）事務用機器（パソコン等）を含む。4）テレビ、通信機器類を含む。5）生産者価格。6）工業以外の収益を含む。7）精密機器（医療、光学用等）を含む。8）要素費用価格。9）雇用者30人以上の事業所。10）たばこを除く。11）事務用機器を除く。12）テレビ、通信機器類を除く。13）精密機器を除く。14）石油製品のみ。15）売上高2000万元以上の企業。16）船舶など自動車以外の輸送用機械を含む。17）従業者10人以上の事業所。18）雇用者10人以上の事業所。19）数値を得られた業種のみ集計。20）自動車はトラック類のみ。21）飛行機などを除く。22）民間事業所は雇用者10人以上。23）皮革製品を含む。24）ゴム・プラスチック製品を含む。25）一般機械を除く。26）飲料を除く。27）付加価値税、源泉徴収税登録企業。28）自動車を除く。29）医薬品を除く。30）雇用者1人以上の企業。31）2019年。32）売上高。33）核燃料を除く。34）武器を除く。35）自動車以外の輸送用機械を除く。36）年間を通じて賃金雇用者1人以上を雇用する製造事業所。37）工業製品の収益のみ。38）製品の販売収益のみ。39）従業者50人以上または年間売上100万ドル以上の企業。40）単一事業所は従業者10人以上。41）核燃料を含む。42）化学繊維を除く。43）鋳造品を除く。×その他とも。

表 7-2　粗鋼の生産（単位　千 t）

	1990	2000	2010	2020	2021	2022
中国	66 350	128 500	638 743	1 064 767	1 035 243	1 017 959
インド	14 963	26 924	68 976	100 256	118 201	125 067
日本	110 339	106 444	109 599	83 186	96 336	89 238
アメリカ合衆国	89 726	101 824	80 495	72 732	85 791	80 535
ロシア	1) 67 029	59 136	66 942	71 621	77 020	71 469
韓国	23 125	43 107	58 914	67 079	70 418	65 856
ドイツ	2) 38 434	46 376	43 830	35 680	40 241	36 849
トルコ	9 443	14 325	29 143	35 810	40 360	35 134
ブラジル	20 567	27 865	32 948	31 415	36 071	33 964
イラン	1 425	6 600	11 995	28 990	28 320	30 593
イタリア	25 467	26 759	25 750	20 379	24 413	21 598
(台湾)	9 748	16 896	19 755	20 959	23 233	20 793
ベトナム	102	306	4 314	19 900	23 019	20 004
メキシコ	8 734	15 631	16 870	16 803	18 454	18 144
インドネシア	2 892	2 848	3 664	12 871	14 835	15 570
フランス	19 016	20 954	15 414	11 596	13 947	12 119
カナダ	12 281	16 595	13 009	10 986	12 976	12 098
スペイン	12 936	15 874	16 343	10 998	14 205	11 507
マレーシア	1 100	3 650	5 694	6 619	9 090	10 000
エジプト	2 247	2 838	6 676	8 229	10 294	9 819
サウジアラビア	1 790	2 981	5 015	7 775	8 735	9 074
オーストリア	4 291	5 707	7 206	6 765	7 884	7 512
ポーランド	13 633	10 498	7 993	7 856	8 454	7 407
ベルギー	11 453	11 636	7 973	6 119	6 909	6 974
ウクライナ	1) 41 759	31 767	33 432	20 616	21 366	6 263
オランダ	5 412	5 666	6 651	6 054	6 620	6 143
パキスタン	780	950	1 401	3 803	5 438	6 013
イギリス	17 841	15 019	9 708	7 086	7 222	5 963
オーストラリア	6 676	7 129	7 296	5 490	5 780	5 667
タイ	685	2 100	4 145	4 467	5 473	5 316
バングラデシュ	90	…	1 900	5 500	5 500	5 200
アルゼンチン	3 636	4 474	5 138	3 651	4 875	5 094
スウェーデン	4 455	5 227	4 846	4 409	4 678	4 404
南アフリカ共和国	8 619	8 481	7 617	3 877	5 020	4 403
チェコ	1) 7 286	6 216	5 180	4 465	4 817	4 289
カザフスタン	1) 5 675	4 769	4 220	3 892	4 499	4 139
スロバキア	1) 3 798	3 733	4 583	3 444	4 863	3 872
フィンランド	2 860	4 096	4 029	3 498	4 340	3 538
アルジェリア	836	842	662	3 000	3 491	3 500
アラブ首長国連邦	45	90	500	2 722	2 997	3 211
オマーン	…	…	3) 200	2 500	2 800	3 000
世界計×	**770 429**	**850 020**	**1 435 254**	**1 882 121**	**1 962 328**	**1 885 026**

WSA（世界鉄鋼協会）ウェブサイト（2023年 5 月11日閲覧）、同“Steel Statistical Yearbook”および日本鉄鋼連盟「鉄鋼統計要覧」より作成。粗鋼はすべての鋼を示す統計用語。1）1992年。2）旧西ドイツ。3）2011年。×その他とも。

図 7-3　主要国の粗鋼生産と国別割合（表7-2より作成）

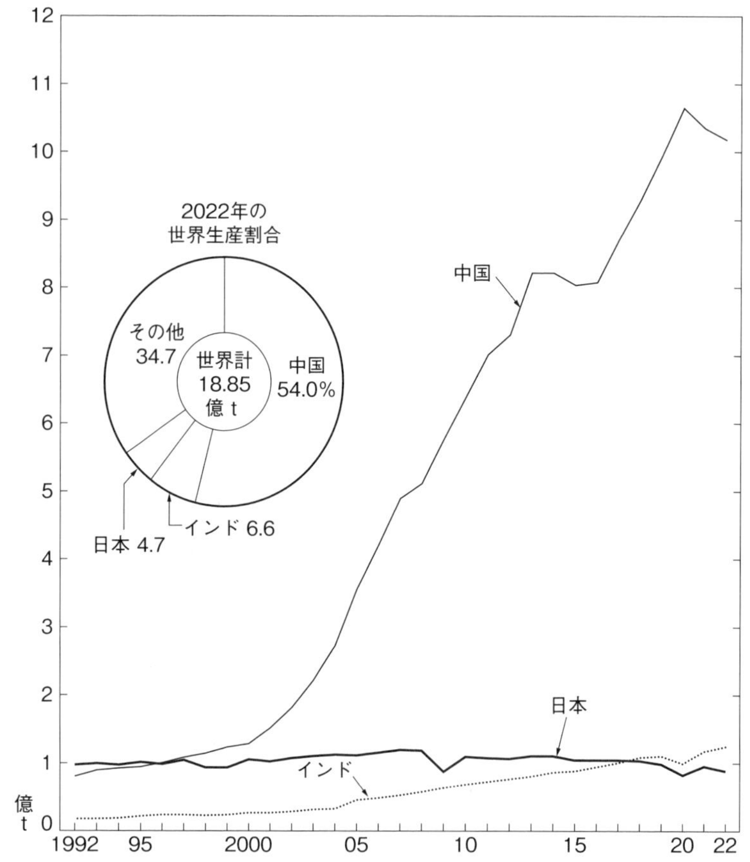

表 7-3　世界の鉄鋼メーカー別粗鋼生産量（2022年）（単位　千 t）

宝鋼集団（中）…………	131 840	山東鋼鉄集団（中）……	29 420
アルセロール・ミタル（ル）	68 890	徳龍鋼鉄（中）…………	27 900
鞍山鋼鉄集団（中）……	55 650	湖南鋼鉄集団（中）……	26 430
日本製鉄（日）…………	44 370	JFEスチール（日）……	26 200
江蘇沙鋼集団（中）……	41 450	JSW（印）………………	23 380
河北鋼鉄集団（中）……	41 000	ニューコア（米）………	20 600
ポスコ（韓）……………	38 640	方大鋼鉄集団（中）……	19 700
建龍集団（中）…………	36 560	現代製鉄（韓）…………	18 770
首鋼集団（中）…………	33 820	広西柳州鋼鉄集団（中）‥	18 210
タタ・スチール（印）……	30 180	IMIDRO（イ）……… *1)	18 000

WSA（世界鉄鋼協会）“WORLD STEEL IN FIGURES 2023” より作成。ル＝ルクセンブルク。イ＝イラン。原資料で万 t 単位で公表。子会社や合弁の持ち分を含む。*推定値。1）イラン鉱山鉱業開発機構。

表 7-4 鋼材および半鋼材の輸出入（単位 千t）

輸出	2020	2021	輸入	2020	2021
中国	53 087	66 208	アメリカ合衆国	20 140	29 692
日本	31 072	33 763	中国	38 710	27 824
ロシア	28 838	32 583	ドイツ	19 186	23 274
韓国	28 581	26 781	イタリア	16 146	20 760
ドイツ	21 565	23 950	トルコ	12 929	16 151
トルコ	18 538	22 057	タイ	13 408	15 711
インド	17 296	20 374	メキシコ	10 081	14 752
イタリア	15 391	17 186	韓国	11 978	14 067
ウクライナ	15 210	15 705	ポーランド	11 183	13 698
ベルギー	13 702	15 535	ベルギー	10 805	13 697
フランス	10 593	12 557	フランス	11 953	13 307
ブラジル	10 713	11 493	ベトナム	13 928	12 960
ベトナム	7 870	11 315	オランダ	8 450	10 466
(台湾)	10 579	10 823	インドネシア	9 720	10 248
オランダ	9 067	10 128	スペイン	8 884	10 066
インドネシア	5 818	9 856	カナダ	6 963	9 897
世界計×	**405 567**	**460 381**	世界計×	**398 684**	**445 112**

WSA（世界鉄鋼協会）ウェブサイト（2023年5月11日閲覧）より作成。×その他とも。

表 7-5 粗鋼消費量（見掛消費）(単位 千t、1人あたりはkg)

	1990	2000	2010	2020	2021	1人あたり消費(2021)
中国	68 279	138 086	612 063	1 006 340	952 042	667.7
インド	21 700	30 200	69 082	89 333	106 226	75.5
アメリカ合衆国	103 052	133 360	92 400	80 043	97 090	288.1
日本	99 032	79 600	67 400	52 630	57 410	460.7
韓国	21 478	40 000	54 573	49 195	56 041	1 081.2
ロシア	1) 59 057	29 412	41 444	42 314	43 924	302.7
ドイツ	2) 35 550	42 091	40 479	31 163	35 340	423.7
トルコ	6 593	13 370	25 131	29 481	33 377	393.7
イタリア	28 404	32 483	27 212	20 414	26 619	449.3
ブラジル	11 048	17 500	29 004	21 449	26 337	122.9
メキシコ	8 804	19 800	20 648	21 870	25 551	201.7
ベトナム	215	2 935	12 293	23 337	22 054	226.3
(台湾)	15 350	25 300	21 350	18 792	21 142	886.1
タイ	6 783	7 428	16 378	16 286	18 550	259.1
イラン	5 177	10 296	21 878	17 206	18 238	207.4
インドネシア	4 690	5 471	10 744	15 092	15 484	56.6
世界計×	**773 442**	**847 142**	**1 419 631**	**1 787 919**	**1 839 049**	232.6

WSA（世界鉄鋼協会）ウェブサイト（2023年5月11日閲覧）および同“Steel Statistical Yearbook”より作成。粗鋼換算による生産＋輸入－輸出。1）1992年。2）旧西ドイツ。×その他とも。

表 7-6　銅、アルミニウムの生産（単位　千 t）

銅（精製銅）	1980	1990	2000	2010	2018	2019
中国	295	560	1 370	4 670	9 291	9 785
チリ	* 811	* 1 190	* 2 670	* 3 240	* 2 461	* 2 269
日本	1 014	1 010	1 440	1 550	1 595	1 495
コンゴ民主共和国	…	* 141	—	* 262	* 953	* 1 081
ロシア	1) 855	1) 1 230	840	874	1 040	1 047
アメリカ合衆国	1 730	2 020	1 800	1 100	1 110	1 030
韓国	79	186	* 468	565	675	665
ドイツ	2) 374	533	709	704	672	632
ポーランド	*3) 357	* 346	518	547	502	566
カザフスタン	…	…	* 395	* 323	* 481	* 512
メキシコ	86	153	411	247	474	477
インド	26	* 42	243	664	551	426
オーストラリア	166	274	* 487	* 424	* 377	* 426
スペイン	154	166	316	347	424	386
ベルギー	374	332	423	381	390	357
ペルー	* 230	* 228	* 452	* 394	* 337	* 308
カナダ	549	516	551	319	291	281
世界計×	**8 869**	**10 800**	**14 900**	**19 100**	**24 400**	**24 500**
うち一次銅	…	8 860	12 900	15 900	20 300	20 300

アルミニウム（一次4) のみ）	1980 5)	1990	2000	2010	2019	2020
中国	360	850	2 800	16 200	35 044	37 080
ロシア	1) 1 760	1) 3 520	3 250	3 950	3 637	3 639
インド	185	433	644	1 610	3 640	3 558
カナダ	1 068	1 570	2 370	2 960	2 854	3 119
アラブ首長国連邦	25	174	470	1 400	2 570	2 520
オーストラリア	303	1 230	1 770	1 930	1 570	1 582
バーレーン	126	213	509	851	1 365	1 549
ノルウェー	653	845	1 030	1 110	1 300	1 330
アメリカ合衆国	4 654	4 050	3 670	1 730	1 093	1 012
アイスランド	73	87	224	806	844	860
マレーシア	…	—	—	60	760	760
サウジアラビア	…	—	—	—	790	740
南アフリカ共和国	87	159	673	807	717	717
ブラジル	261	931	1 280	1 540	650	684
カタール	…	—	—	126	627	632
モザンビーク	…	—	54	557	565	571
ドイツ	2) 731	740	644	402	540	550
世界計×	**15 383**	**19 300**	**24 300**	**41 200**	**62 900**	**65 200**

USGS（アメリカ地質調査所）"Minerals Yearbook" より作成。2023年7月4日閲覧。1990～2010年はUSGSの長期データ（2015年版）。推定値や暫定値を含む。銅は二次銅（再生銅）を含む。*一次銅（新製銅）のみ。1）旧ソ連。2）旧西ドイツ。3）おそらく二次銅を含む。4）新製アルミニウム。アルミ精錬は大量の電力を消費するため、日本は2015年以降新製アルミの生産は無く、再生アルミのみ。5）インゴットの数値。×その他とも。

表 7-7　その他の主な金属の生産（単位　千 t）

鉛	2018	2019	亜鉛	2020	2021
中国	4 943	4 959	中国	6 342	6 408
アメリカ合衆国#	1 170	1 180	韓国*	987	949
インド	883	922	インド*	688	759
韓国	800	794	カナダ*	682	641
メキシコ1)	434	447	日本	501	517
イギリス	318	318	スペイン*	511	510
ドイツ	315	315	オーストラリア*	447	463
日本	197	198	メキシコ*	363	357
ブラジル#	195	195	ペルー*	305	328
スペイン#	190	188	カザフスタン	311	327
ポーランド	160	162	フィンランド*	297	293
イタリア	168	159	ベルギー*	270	270
カナダ	130	147	オランダ*	250	260
ベルギー#	138	140	ブラジル*	257	245
ロシア	140	140	アメリカ合衆国	180	220
カザフスタン	153	133	ロシア	212	198
オーストラリア	188	125	イタリア	181	181
イラン	125	122	ノルウェー*	192	180
ブルガリア	103	102	ポーランド*5)	154	170
スウェーデン	76	78	フランス*	166	168
フランス#	70	70	ドイツ	161	160
南アフリカ共和国#	56	56	イラン*	140	140
トルコ#	58	56	ウズベキスタン*	73	75
世界計×	**11 600**	**11 600**	世界計×	**13 800**	**13 400**

ニッケル2)（含有量）	2018	2019	すず	2019	2020
中国	712	827	中国*	181.2	203.0
インドネシア	98	205	インドネシア*	76.4	58.8
日本	187	183	マレーシア*	25.7	22.6
ロシア	158	166	ペルー*	19.6	19.6
カナダ	137	125	ブラジル*	11.9	11.8
オーストラリア	115	106	タイ*	11.0	11.3
ノルウェー3)	91	92	ボリビア*	15.1	10.4
ニューカレドニア	108	88	アメリカ合衆国#	10.5	9.6
フィンランド	61	62	ベルギー#	9.3	9.0
ブラジル	65	54	ベトナム*	4.8	4.6
韓国4)	46	46	日本*	1.5	1.6
南アフリカ共和国	45	44	ルワンダ*	0.3	0.3
コロンビア4)	43	41	スペイン#	0.1	0.1
世界計×	**2 060**	**2 240**	世界計×	**367.0**	**363.0**

資料は表7-6に同じ。推定値や暫定値が一部含まれる。二次（再生）金属を含む。*一次（新製）金属のみ。#二次金属のみ。1）一次金属にアンチモン鉛を含む。2）金属ニッケルのほか、ニッケル酸化物やフェロニッケルなどに含まれるニッケル含有量。3）金属ニッケル。4）フェロニッケル。5）販売量。×その他とも。

表 7-8　自動車の生産台数（単位　千台）

	1990	2000	2010	2020	乗用車	トラック・バス
アジア	…	18 187	41 938	45 931	37 025	8 907
中国	470	2 069	18 265	25 225	19 994	5 231
日本	13 487	10 141	9 629	8 068	6 960	1 108
インド	364	801	3 557	1) 3 382	1) 2 837	1) 545
韓国	1 322	3 115	4 272	3 507	3 212	295
タイ	2) 305	412	1 645	1 427	538	889
インドネシア	2) 271	293	703	690	551	139
トルコ	209	431	1 095	1 298	855	443
イラン	2) 50	278	1 599	881	826	55
マレーシア	2) 205	283	568	485	458	27
ウズベキスタン	…	32	157	285	280	5
北中アメリカ	…	17 697	12 154	13 374	3 220	10 155
アメリカ合衆国	9 785	12 800	7 743	8 821	1 924	6 897
メキシコ	821	1 936	2 342	3 177	967	2 210
カナダ	1 947	2 962	2 068	1 376	328	1 048
ヨーロッパ	…	19 727	18 543	3) 15 245	13 333	3) 1 912
EU 4)	15 010	17 106	17 079	3) 13 782	12 045	3) 1 737
ドイツ	5) 4 977	5 527	5 906	6) 3 743	3 515	6) 227
スペイン	2 053	3 033	2 388	2 268	1 801	468
フランス	3 769	3 348	2 229	6) 1 316	927	6) 389
チェコ	…	455	1 076	1 159	1 153	6
スロバキア	…	182	562	991	991	—
イギリス	1 566	1 814	1 393	987	921	66
イタリア	2 121	1 738	838	777	452	325
ルーマニア	111	78	351	438	438	—
ポーランド	335	505	869	451	279	172
ハンガリー	10	137	211	406	406	—
ポルトガル	2) 138	247	159	264	211	53
ベルギー	386	1 033	555	267	237	30
ロシア	7) 1 974	1 206	1 403	1 436	1 261	175
南アメリカ	…	2 087	4 190	2 319	1 747	571
ブラジル	914	1 682	8) 3 382	2 014	1 607	407
アルゼンチン	100	340	717	6) 257	93	6) 164
アフリカ 9)	…	329	515	776	539	238
南アフリカ共和国	335	357	472	447	238	209
モロッコ	2) 22	19	42	328	300	29
オセアニア	…	347	244	5	—	5
世界計 9)	**48 554**	**58 374**	**77 584**	3) **77 650**	**55 864**	3) **21 787**

2000年以降はOICA（国際自動車工業連合会）ウェブサイト（2023年5月20日閲覧）、1990年は日本自動車工業会資料より作成。完成車の生産台数で、日本など一部で完成度の高いノックダウン車両（部品やモジュールで輸出し、現地で組み立て）を含む。他の国でも年次により含む場合がある。ノックダウンの扱い等のため、一部の国で他国との重複分を含むが、原資料で2000、10年は国別データをそのまま掲載する一方、世界計や地域計でダブルカウント分を除いている。乗用車とトラック・バスの分類は、国や年次により異なる場↗

2021	乗用車	トラック・バス	2022	乗用車	トラック・バス	
48 376	39 291	9 085	51 816	43 569	8 247	**アジア**
26 122	21 445	4 677	27 021	23 836	3 185	中国
7 837	6 619	1 218	7 836	6 566	1 269	日本
1) 4 399	1) 3 631	1) 768	1) 5 457	1) 4 439	1) 1 018	インド
3 462	3 163	300	3 757	3 438	319	韓国
1 686	595	1 091	1 884	594	1 289	タイ
1 122	890	232	1 470	1 214	256	インドネシア
1 276	783	493	1 353	811	542	トルコ
894	838	56	1 064	998	67	イラン
482	446	35	702	650	52	マレーシア
242	237	5	334	328	5	ウズベキスタン
13 467	2 559	10 908	14 798	2 699	12 099	**北中アメリカ**
9 157	1 563	7 594	10 060	1 752	8 309	アメリカ合衆国
3 195	708	2 487	3 509	658	2 851	メキシコ
1 115	288	827	1 229	289	939	カナダ
3) 14 725	12 720	3) 2 005	3) 14 416	12 481	3) 1 935	**ヨーロッパ**
3) 13 130	11 339	3) 1 791	3) 13 801	12 026	3) 1 775	EU[4]
6) 3 309	3 096	6) 213	6) 3 678	3 480	6) 197	ドイツ
2 098	1 662	436	2 219	1 785	434	スペイン
6) 1 352	919	6) 433	6) 1 383	1 010	6) 373	フランス
1 111	1 105	6	1 224	1 218	7	チェコ
1 030	1 030	—	1 000	1 000	—	スロバキア
932	860	73	877	775	102	イギリス
797	444	353	796	473	323	イタリア
421	421	—	509	509	—	ルーマニア
439	261	179	484	255	229	ポーランド
417	417	—	442	442	—	ハンガリー
290	229	61	322	256	66	ポルトガル
261	224	37	277	232	44	ベルギー
1 567	1 353	214	608	449	160	ロシア
2 724	1 933	791	2 958	2 134	824	**南アメリカ**
2 248	1 708	540	2 370	1 825	545	ブラジル
6) 435	184	6) 251	6) 537	258	6) 279	アルゼンチン
907	583	324	1 023	716	307	**アフリカ**[9]
499	239	260	556	309	246	南アフリカ共和国
403	338	65	465	405	60	モロッコ
5	—	5	6	—	6	**オセアニア**
3) 80 205	**57 086**	**3) 23 119**	**3) 85 017**	**61 599**	**3) 23 418**	世界計[9]

↘合がある。世界計や地域計は各国の合計で、トラック・バスを含まない国もそのまま計上。1）一部の欧州メーカーを含まず。2）原資料（日本自動車工業会「主要国自動車統計」）でノックダウンの組立とされ、生産に計上されていない。3）一部の国でトラック・バスを除く。4）1990年はEC7か国、2000年はEU15か国、2010年はイギリスを含む27か国、2020～22年はイギリスを含む28か国。5）旧西ドイツ。6）大型トラック・バスを除く。7）旧ソ連。8）第一四半期のみノックダウン車両を含まず。9）2020年以降エジプトを除く。

図 7-4　主要国の自動車生産

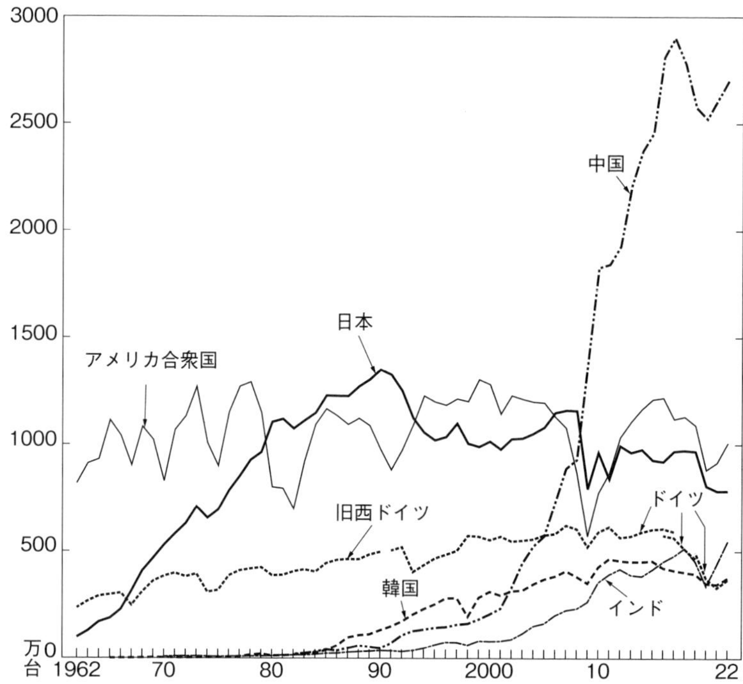

表7-8より作成。ドイツは2011年以降重トラック、バスを除く。2016〜18年は乗用車のみ。この他の国でも、年によって統計範囲が異なる場合がある。

表 7-9　主要国の自動車輸出台数（単位　千台）

	2010	2020	2021	2022	乗用車	トラック・バス
日本…………	5 606	4 769	4 968	4 954	4 332	622
ドイツ………	…	3 902	3 868	4 089	3 755	334
中国…………	551	1 064	2 095	3 289	2 671	618
アメリカ合衆国	2 486	2 459	2 840	2 771	2 277	494
韓国…………	1) 2 040	2 431	2 666	…	…	…
メキシコ……	2 544	1) 1 913	1) 1 561	1) 1 786	1 786	…
フランス……	1 756	1 385	1 575	1 781	1 416	365
チェコ………	1 086	1 158	1 135	1 296	1 233	63
カナダ………	1 832	1 451	…	1 287	1 179	108
ベルギー……	1 043	2) 1 479	1 440	1 280	1 067	213
インド………	1) 515	866	1) 1 050	1 162	1 067	96

国連“Comtrade Database”（2023年6月12日閲覧）より作成。特殊車両を除く。基本的に各国の貿易統計（通関統計）をまとめたもので、中古車の輸出を含んでいることに留意。データ掲載国のみで、このほかスペインなど輸出国がある。1）乗用車のみ。2）2019年。

表 7-10　自動車販売台数（単位　千台）

	2020	2021	2022	うち乗用車 2020	うち乗用車 2021	うち乗用車 2022
中国…………	25 311	26 314	26 864	20 178	21 518	23 563
アメリカ合衆国	14 881	15 409	14 230	3 402	3 350	2 859
インド………	2 939	3 759	4 725	2 433	3 082	3 792
日本…………	4 599	4 448	4 201	3 810	3 676	3 448
ドイツ………	3 267	2 973	2 964	2 918	2 622	2 651
ブラジル……	2 058	2 120	2 104	1 616	1 558	1 577
イギリス……	1 965	2 049	1 944	1 631	1 647	1 614
フランス……	2 100	2 142	1 930	1 650	1 659	1 532
韓国…………	1 906	1 735	1 684	1 618	1 469	1 420
カナダ………	1 586	1 705	1 563	319	321	258
イタリア……	1 565	1 670	1 506	1 382	1 458	1 317
メキシコ……	978	1 047	1 134	532	520	487
オーストラリア	917	1 050	1 081	677	753	778
インドネシア‥	532	887	1 048	389	660	784
スペイン……	1 031	1 034	959	851	859	813
タイ…………	792	749	849	343	312	343
トルコ………	796	773	827	610	562	593
ロシア………	1 631	1 742	809	1 434	1 483	630
サウジアラビア	453	557	616	388	476	519
マレーシア…	529	509	607	481	453	545
計×………	**78 788**	**82 755**	**81 629**	**53 916**	**56 438**	**57 485**

国際自動車工業連合会（OICA）ウェブサイト（2023年５月12日閲覧）より作成。販売または登録された台数。一部の国は大型トラック・バスを除く。×その他とも。

表 7-11　電気自動車（乗用車）の販売台数（単位　千台）

	2021	〃 %1)	2022	BEV	PHEV	〃 %1)
中国…………	3 250	*16.0*	5 900	4 400	1 500	*29.0*
アメリカ合衆国	630	*4.5*	990	800	190	*7.7*
ドイツ………	690	*26.0*	830	470	360	*31.0*
イギリス……	310	*19.0*	370	270	100	*23.0*
フランス……	300	*19.0*	340	210	130	*21.0*
ノルウェー…	148	*86.0*	166	150	16	*88.0*
スウェーデン‥	135	*43.0*	163	96	67	*54.0*
韓国…………	91	*6.2*	131	120	11	*9.4*
カナダ………	87	*6.5*	114	85	29	*9.4*
イタリア……	138	*9.5*	114	49	65	*9.0*
（参考）日本…	45	*1.2*	102	61	41	*3.0*
世界計×……	**6 500**	*8.7*	**10 200**	**7 300**	**2 900**	*14.0*

IEA “Global EV Outlook 2023” より作成。バッテリー式（BEV）とプラグインハイブリッド（PHEV）。1）各国の乗用車販売台数全体に占める割合。×その他とも。

表 7-12　二輪自動車の生産（単位　千台）

	2019	2020		2019	2020
インド	21 033	18 350	ブラジル	1 108	962
中国	17 367	17 875	フィリピン	1 162	631
タイ	1 948	1 615	マレーシア	553	491
パキスタン	1 677	1 511	日本	567	485
(台湾)	1 028	1 298	イタリア	329	293

日本自動車工業会「日本の自動車工業」(2022年) より作成。原資料掲載国のみ。

表 7-13　造船竣工量（100総トン以上の商船）（単位　千総トン）

	2017	2018	2019	2020	2021	2022
中国	23 682	23 260	23 074	23 257	26 863	25 894
韓国	22 617	14 633	21 670	18 174	19 687	16 254
日本	13 113	14 440	16 242	12 827	10 726	9 585
イタリア	470	477	527	518	499	731
フランス	173	360	353	132	177	594
ベトナム	345	481	555	545	372	444
フィリピン	1 980	1 988	802	608	643	396
ドイツ	470	479	487	288	383	321
ロシア	53	83	100	242	136	252
フィンランド	173	138	335	182	221	245
シンガポール	29	72	85	10	8	158
クロアチア	123	24	27	36	26	81
オランダ	106	58	43	109	118	79
トルコ	115	91	147	103	132	78
ノルウェー	68	84	198	77	147	77
アメリカ合衆国	226	202	131	71	32	73
スペイン	47	207	193	27	25	47
インドネシア	66	163	110	36	64	43
バングラデシュ	22	24	57	85	38	42
インド	97	26	21	21	72	40
マレーシア	36	23	23	22	21	28
ルーマニア	591	99	35	36	71	25
アゼルバイジャン	26	…	…	9	5	14
ポルトガル	…	…	10	8	10	10
ブラジル	377	228	143	3	…	9
オーストラリア	11	0	31	11	19	4
スリランカ	11	3	4	…	3	4
コロンビア	…	…	…	…	…	4
アラブ首長国連邦	6	3	3	4	5	3
ポーランド	46	6	3	14	17	3
世界計×	**65 712**	**58 045**	**65 911**	**57 765**	**60 780**	**55 580**

UNCTADstatより作成。2023年6月20日閲覧。トン数は船の容量を示す単位。内陸水路用船舶、漁船、軍用船、ヨット、はしけ、海洋固定構造物を除く。×その他とも。

表 7-14 産業用ロボットの稼動台数（各年末現在）（単位 台）

	2020	2021		2020	2021
アジア……[1]	1 924 537	2 259 880	ハンガリー……	10 081	11 196
中国…………	961 566	1224 236	ベルギー……	10 384	10 968
日本…………	374 038	393 326	スロバキア……	8 580	9 064
韓国…………	342 983	366 227	ロシア………	6 851	8 316
(台湾)………	75 839	84 009	デンマーク……	7 027	7 502
タイ…………	35 262	38 402	ポルトガル……	6 004	6 454
インド………	28 638	33 220	スロベニア……	4 520	5 302
シンガポール…	27 034	30 103	フィンランド…	4 827	5 083
ベトナム……	17 713	20 026	ルーマニア……	4 359	4 948
マレーシア……	14 156	15 876	イスラエル……	2 395	2 842
インドネシア…	9 559	10 229	ノルウェー……	1 417	1 703
(香港)………	2 837	2 861	**北アメリカ**…[3]	382 566	418 794
フィリピン……	1 781	1 990	アメリカ合衆国	314 215	340 785
ヨーロッパ…[2]	614 887	678 706	メキシコ……	40 555	45 956
ドイツ………	230 638	245 908	カナダ………	27 796	32 053
イタリア……	78 130	89 330	**中南アメリカ**[4]	19 669	21 346
フランス……	44 817	49 312	ブラジル……	16 071	17 278
スペイン……	37 997	40 072	アルゼンチン…	3 001	3 367
イギリス……	23 026	24 445			
チェコ………	20 569	22 521	**オセアニア**……	7 641	7 965
ポーランド……	17 010	20 036	オーストラリア	6 322	6 622
トルコ………	16 464	19 257	ニュージーランド	1 319	1 343
オランダ……	15 344	17 011	**アフリカ**……	6 649	7 508
スウェーデン…	1 447	15 663	南アフリカ共和国	5 051	5 712
オーストリア…	12 607	13 917			
スイス………	10 446	11 834	世界計……[5]	**3 034 887**	**3 477 127**

日本ロボット工業会資料より作成。地域は原資料の区分に従った。1）トルコ、イスラエルを除く。2）トルコ、イスラエルを含む。3）アメリカ合衆国、カナダ、メキシコのみ。4）メキシコを除く。5）国を特定できないものを含む。

表 7-15 世界の主なサービスロボット販売台数（単位 千台）

業務用ロボット	2020	2021	家庭用ロボット	2020	2021
輸送・物流……	34.2	49.5	家事ロボット…	16 846	18 877
ホスピタリティ	10.9	20.1	掃除(屋内)…	15 076	16 781
医療用ロボット	12.0	14.8	ガーデニング	1 079	1 193
手術	7.7	9.0	掃除(室外)…	690	902
掃除用(業務用)	9.7	12.6	社会交流、教育・	614	201
農業用………	7.6	8.0	接客等……	119	106
調査・管理……	4.5	5.5	教育………	495	96
建設・解体……	2.2	2.4	ケア(家庭内)…	3	4
計×………	**88.1**	**121.0**	計×………	**17 463**	**19 082**

資料は上表に同じ。サービスロボットは産業用ロボットを除く。×その他とも。

表 7-16　半導体製造装置の貿易額（単位　百万ドル）

輸出額	2021	2022	輸入額	2021	2022
日本…………	30 549	30 930	中国…………	41 000	34 722
アメリカ合衆国	26 280	26 822	(台湾)………	25 476	…
オランダ………	20 056	21 368	韓国…………	22 214	…
シンガポール…	17 700	21 236	アメリカ合衆国	9 043	11 836
韓国…………	9 275	…	シンガポール…	7 982	10 887
(台湾)………	4 848	…	オランダ………	5 517	5 692
中国…………	3 660	4 124	日本…………	4 669	5 561
(香港)………	2 948	3 107	アイルランド…	516	3 569
ドイツ………	2 923	3 005	ドイツ………	2 046	2 171

国連“Comtrade Database”(2023年7月6日閲覧）より作成。部品および付属品を含む。

表 7-17　世界の半導体市場（単位　百万ドル）

	1990	2000	2010	2020	2021	2022
日本…………	19 563	46 749	46 561	36 471	43 687	48 158
南北アメリカ…	14 445	64 071	53 675	95 366	121 481	141 136
ヨーロッパ……	9 599	42 309	38 054	37 520	47 757	53 853
アジア・太平洋地域	6 912	51 264	160 025	271 032	342 967	330 937
うち中国……	…	…	…	151 488	192 487	180 477
世界計………	**50 519**	**204 394**	**298 315**	**440 389**	**555 893**	**574 084**

世界半導体市場統計(WSTS)資料より作成。WSTSに加盟する各半導体メーカーによる、各地域への出荷額の合計。WSTSは、世界の主要半導体メーカーの大多数が加盟している。

表 7-18　集積回路の貿易額（単位　百万ドル）

輸出額	2020	2021	輸入額	2020	2021
(香港)………	150 087	207 651	中国…………	349 964	432 537
(台湾)………	123 060	155 814	(香港)………	165 738	218 042
中国…………	116 496	153 775	(台湾)………	62 300	81 193
韓国…………	82 604	108 896	韓国…………	40 233	50 259
マレーシア……	45 029	54 853	マレーシア……	25 444	33 415
日本…………	26 506	30 487	日本…………	18 643	25 006
フィリピン……	23 660	23 963	メキシコ………	18 734	21 807
ドイツ………	12 713	15 932	ドイツ………	13 223	17 111
オランダ………	11 495	13 413	オランダ………	13 628	14 893
アイルランド…	8 203	11 168	フィリピン……	10 950	12 268
フランス………	6 303	7 258	アイルランド…	783	5 764
イスラエル……	2 743	3 570	ブラジル………	4 050	5 162
メキシコ………	2 724	3 466	フランス………	3 612	4 690
ベルギー………	1 699	2 070	ポーランド……	3 150	3 704

国連“Comtrade Database”(2023年6月28日閲覧）より作成。

表 7-19　半導体メーカーの売上高（単位　百万ドル）

	2021	2022	〃 %	21/22伸 び率(%)
サムスン電子（韓）…………	73 197	63 823	*10.6*	*-12.8*
インテル（米）………………	72 701	58 436	*9.7*	*-19.6*
クアルコム（米）……………	27 293	34 780	*5.8*	*27.4*
SKハイニックス（韓）………	37 192	33 505	*5.6*	*-9.9*
マイクロン・テクノロジー（米）	28 624	26 849	*4.5*	*-6.2*
ブロードコム（米）…………	18 793	23 868	*4.0*	*27.0*
AMD（米）………………	16 299	23 620	*3.9*	*44.9*
テキサス・インスツルメンツ（米）	17 298	18 844	*3.1*	*8.9*
アップル（米）………………	14 580	18 099	*3.0*	*24.1*
メディアテック（台）………	17 617	18 043	*3.0*	*2.4*
その他…………………………	274 771	279 695	*46.6*	*1.8*
計………………………	**598 365**	**599 562**	*100.0*	*0.2*

Gartner（2023年4月）による。

表 7-20　半導体のメーカー別支出額（単位　百万ドル）

	2021	2022	〃 %	21/22伸 び率(%)
アップル（米）………………	68 984	68 062	*11.4*	*-1.3*
サムスン電子（韓）…………	46 135	45 524	*7.6*	*-1.3*
レノボ（中）…………………	25 251	21 566	*3.6*	*-14.6*
デル（米）……………………	20 546	19 154	*3.2*	*-6.8*
BBKエレクトロニクス（中）・1)	21 857	18 521	*3.1*	*-15.3*
シャオミ（中）………………	16 531	14 275	*2.4*	*-13.6*
ファーウェイ（中）…………	14 870	12 577	*2.1*	*-15.4*
HP（米）…………………2)	13 299	11 149	*1.9*	*-16.2*
ソニー（日）…………………	7 320	7 519	*1.3*	*2.7*
シスコシステムズ（米）……	6 386	7 461	*1.2*	*16.8*
その他…………………………	357 186	373 753	*62.3*	*4.6*
計………………………	**598 365**	**599 562**	*100.0*	*0.2*

Gartner（2023年4月）による。自家消費分を含む。1）VivoやOppoを含む。2）ヒューレット・パッカード。

半導体製造装置　サプライチェーンの強靭化が求められ、半導体製造装置の需要が高まっている。最先端半導体の軍事転用を恐れるアメリカは、安全保障の観点から2022年10月に中国向けの最先端半導体製造装置に対して輸出規制を行った。さらに、アメリカの強い要請により、オランダは2023年3月、日本は同年5月に輸出規制を行うことを発表した。オランダ以外の国では、最先端半導体の製造に不可欠なEUV露光装置を製造することができない。中国は2022年12月にアメリカを世界貿易機関に提訴しており、強い反発を示している。2022年の中国の半導体製造装置の輸入額は、前年から約60億ドル減少した。

表 7-21　メーカー別パソコン出荷台数（単位　千台）

	2021	%	2022	%
レノボ（中）	83 449	*24.4*	69 047	*24.3*
HP（米）	74 181	*21.7*	55 366	*19.5*
デル（米）	59 560	*17.4*	50 008	*17.6*
アップル（米）	26 944	*7.9*	26 825	*9.4*
エイスース（台）	21 634	*6.3*	20 651	*7.3*
エイサー（台）	24 256	*7.1*	18 708	*6.6*
その他	51 703	*15.1*	43 448	*15.3*
計	**341 727**	*100.0*	**284 052**	*100.0*

Gartner（2023年6月）による。Windows、macOS、Chrome OSを搭載したパソコン。

表 7-22　主な電子機器の輸出入（I）（単位　千台）

	2021	2022		2021	2022
電話機輸出1)			**電話機輸入**1)		
中国	1 016 723	882 760	アメリカ合衆国	231 264	212 275
ベトナム	144 205	…	(香港)	423 304	136 210
(香港)	293 306	99 846	アラブ首長国連邦	99 576	…
アメリカ合衆国	55 981	56 697	インド	6 450	98 047
インド	39 663	41 194	ドイツ	36 825	49 306
オランダ	14 719	28 816	ロシア	48 186	…
チェコ	13 019	18 878	パキスタン	37 471	…
シンガポール	18 783	18 694	日本	36 774	36 638
ドイツ	18 926	18 457	フランス	38 685	32 557
ノートPC輸出2)			**ノートPC輸入**2)		
中国	364 460	296 572	アメリカ合衆国	138 111	113 577
(香港)	33 067	20 711	(香港)	43 680	34 995
アメリカ合衆国	15 712	15 373	ドイツ	30 733	23 913
ドイツ	13 868	9 930	イギリス	20 785	19 959
チェコ	8 914	8 112	日本	19 744	16 351
ベトナム	7 847	…	インド	25 618	12 751
アラブ首長国連邦	7 831	…	フランス	13 488	10 888
オランダ	7 269	7 186	オランダ	11 795	10 825
シンガポール	6 008	4 280	ポーランド	32 563	10 701
テレビ輸出3)			**テレビ輸入**3)		
中国	206 943	193 810	アメリカ合衆国	56 539	49 244
韓国	124 428	…	ドイツ	16 668	…
メキシコ	40 854	34 144	ポーランド	12 078	16 104
ポーランド	19 984	18 894	イギリス	12 732	15 760
スロバキア	11 162	9 681	フィリピン	11 922	15 489
タイ	9 270	…	フランス	14 951	13 518
ハンガリー	10 963	8 489	イタリア	16 134	12 801
トルコ	…	6 120	ロシア	11 566	…

主な電子機器の輸出入（Ⅱ）（単位　千台）

	2021	2022		2021	2022
録画再生機輸出[4]			**録画再生機輸入**[4]		
中国…………	53 387	42 600	アメリカ合衆国·	8 220	6 050
マレーシア……	2 094	…	チリ…………	2 689	2 374
オランダ………	762	1 884	イギリス………	1 579	1 403
(香港)…………	2 241	1 324	フィリピン……	1 577	1 242
韓国…………	743	…	ロシア………	1 045	…
アメリカ合衆国·	654	722	チェコ………	228	1 024
タイ…………	664	…	ドイツ………	1 379	984
フランス………	327	390	マレーシア……	971	…
フィリピン……	412	388	スペイン………	983	952
チェコ………	407	365	カナダ………	…	908
デジタルカメラ等輸出[5]			**デジタルカメラ等輸入**[5]		
中国…………	583 431	425 204	インド………	…	254 421
韓国…………	180 141	…	アメリカ合衆国·	104 758	103 657
(香港)…………	58 957	…	(香港)………	34 065	…
タイ…………	19 353	…	中国…………	79 494	30 321
ドイツ………	17 862	…	韓国…………	28 377	…
マレーシア……	13 174	…	トルコ………	…	27 376
オランダ………	10 019	12 248	ドイツ………	26 877	…
アメリカ合衆国·	7 033	9 606	イギリス………	15 306	17 027
ハンガリー……	9 121	9 604	オランダ………	14 986	14 799
日本…………	7 879	…	カナダ………	…	12 768
シンガポール…	9 153	6 653	タイ…………	12 706	…

国連"Comtrade Database"（2023年6月20日閲覧）より作成。1）携帯電話以外を含む。2）重量10kg以下の携帯型自動処理機で、CPUやディスプレイ、キーボードを有するもの。3）テレビチューナーを含む。4）テレビチューナーを内蔵しているものを含む。5）ビデオカメラ等を含む。

表 7-23　電子情報産業の世界生産額（単位　兆円）

	世界生産		日系企業生産		日本国内生産	
	2020	2021	2020	2021	2020	2021
民生用電子機器………	13.5	14.8	3.4	3.2	0.4	0.4
通信機器……………	53.0	58.6	2.0	2.0	0.9	0.9
コンピュータ、情報端末	50.2	57.7	5.5	5.4	1.0	1.0
その他電子機器………	13.8	14.9	2.2	2.5	1.3	1.5
電子部品……………	23.6	27.8	8.3	9.6	2.8	3.3
ディスプレイデバイス‥	15.4	19.4	1.3	1.3	1.1	1.1
半導体………………	47.1	60.9	4.6	5.2	2.5	2.8
電子工業計…………	216.7	254.1	27.4	29.2	9.9	11.0
ソリューションサービス	108.2	119.9	7.1	7.4	…	…
電子情報産業計……	**324.9**	**374.0**	**34.5**	**36.6**	…	…

電子情報技術産業協会「電子情報産業の世界生産見通し」(2022年12月）より作成。

第7章 工業

表 7-24　世界のエチレン生産能力（各年末現在）（単位　千t／年）

	2000[1]	2005[2]	2010	2015	2020	2021
アジア…………	25 338	31 583	48 310	56 948	86 137	87 729
中国…………	4 475	6 925	15 375	21 430	43 314	43 114
韓国…………	5 000	5 700	7 820	8 550	10 410	12 395
インド………	2 395	2 401	3 915	4 595	8 223	7 701
日本…………	7 842	7 600	7 610	6 953	6 499	6 499
タイ…………	1701	2282	4425	4 425	5 036	5 365
(台湾)………	1465	2715	4045	4 135	4 105	4 105
シンガポール‥	990	1890	2800	3 960	4 100	4 100
北中アメリカ……	31 588	35 749	33 553	35 630	49 030	48 107
アメリカ合衆国	26 317	28 844	27 022	28 229	41 406	40 483
カナダ………	3 853	5 332	5 051	5 051	5 374	5 374
中東……………	6 656	10 696	27 018	31 381	34 987	36 629
サウジアラビア	4 200	6 970	14 450	15 915	18 515	18 515
イラン………	686	716	5 296	6 296	7 754	8 056
アラブ首長国連邦[3]	600	600	2100	3 600	3 550	3 550
西ヨーロッパ……	20 890	23 656	24 238	22 905	22 345	22 598
ドイツ………	5 005	5 475	5 753	5 553	5 553	5 553
オランダ……	2 975	3 875	3 980	3 980	3 995	3 995
東ヨーロッパ……	6 233	6 823	7 060	7 352	6 728	8 488
ロシア………	[4] 4 203	[4] 4 283	[4] 4 095	3 480	3 267	4 877
アフリカ………	1 255	1 565	1 950	1 998	6 839	6 839
エジプト……	…	300	300	300	3 580	3 580
南アメリカ……	3 978	4 435	5 365	5 415	5 395	5 395
ブラジル……	2 885	2 885	3 835	3 945	3 945	3 945
オセアニア……	505	505	565	485	500	500
世界計………	**96 443**	**115 012**	**148 059**	**162 114**	**211 961**	**216 285**

石油化学工業協会「石油化学工業の現状」より作成。1）４月時点の生産能力。2）５月時点の生産能力。3）2002年。4）CIS（独立国家共同体）の数値。構成国はアゼルバイジャン、アルメニア、ウクライナ、ウズベキスタン、カザフスタン、キルギス、ジョージア、タジキスタン、トルクメニスタン、ベラルーシ、モルドバ、ロシア連邦。

表 7-25　主要国のエチレン生産（単位　千t）

	1981	1990	2000	2010	2020	2021
中国…………	…	1 572	4 700	14 189	30 207	36 340
アメリカ合衆国‥	13 103	17 063	25 107	23 971	34 440	33 946
西ヨーロッパ……	9 039	14 106	19 443	20 281	18 876	18 729
サウジアラビア[1]	…	2 080	5 700	10 973	16 140	16 079
韓国…………	[2] 376	1 065	5 537	7 393	8 738	10 349
日本…………	3 655	5 810	7 614	7 018	5 943	6 349
(台湾)………	[2] 464	779	1 592	3 929	4 213	4 252

資料は表7-24に同じ。1）2002年までは各年末現在の生産能力。2）1982年。

図 7-5　主要国のエチレン生産

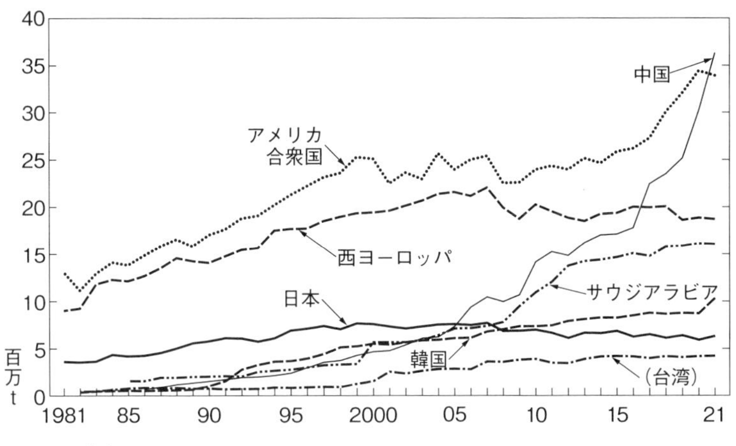

表7-25より作成。

図 7-6　主要国のプラスチック生産

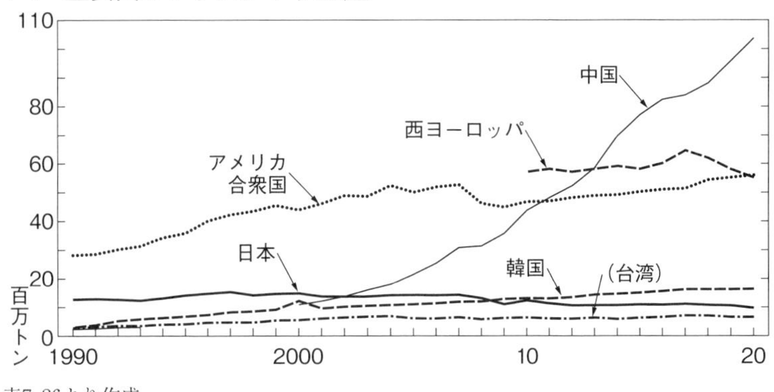

表7-26より作成。

表 7-26　世界のプラスチック生産（単位　千t）

	1990	2000	2010	2018	2019	2020
中国	2 300	10 795	43 607	87 894	95 741	103 550
アメリカ合衆国	28 113	43 822	46 633	54 232	55 092	55 859
西ヨーロッパ 1)	…	…	57 000	61 800	57 900	55 000
韓国	2 935	12 100	13 028	16 116	16 131	16 244
日本	12 630	14 736	12 242	10 673	10 505	9 639
(台湾)	2 752	5 445	6 331	6 956	6 504	6 476
世界計×	**98 916**	**178 000**	**265 000**	**359 000**	**368 000**	**367 000**

資料は表7-24に同じ。1）EU27か国、ノルウェー、スイス、イギリス。×その他とも。

表 7-27　化学肥料の生産（2020年）（単位　千ｔ）

	国	生産	国	生産	国	生産
窒素肥料	中国	31 942	オマーン	1 604	マレーシア	748
	インド	13 745	オランダ	1 553	トリニダード・トバゴ	747
	アメリカ合衆国	13 262	トルコ	1 469	ナイジェリア	724
	ロシア	11 190	ドイツ	1 408	ブルガリア	640
	エジプト	4 500	ルーマニア	1 205	ノルウェー	630
	インドネシア	4 293	モロッコ	1 135	トルクメニスタン	611
	パキスタン	3 370	アルジェリア	1 043	アルゼンチン	560
	カタール	2 937	ウクライナ	983	日本	525
	サウジアラビア	2 761	ベラルーシ	959	オーストラリア	423
	カナダ	2 726	アラブ首長国連邦	933	ブラジル	416
	ポーランド	2 098	リトアニア	843	バーレーン	390
	イラン	1 827	ベルギー	788		
	ベトナム	1 648	スペイン	755	世界計×	**123 145**
りん酸肥料	中国	13 238	オーストラリア	483	南アフリカ共和国	234
	インド	4 737	エジプト	463	ベラルーシ	215
	アメリカ合衆国	4 600	ポーランド	450	メキシコ	206
	ロシア	4 247	ヨルダン	365	スペイン	204
	モロッコ	3 715	ノルウェー	359	カザフスタン	196
	ブラジル	3 545	イスラエル	347	ニュージーランド	195
	サウジアラビア	1 477	リトアニア	342	日本	183
	トルコ	762	ベルギー	320	フィンランド	130
	インドネシア	661	チュニジア	277	ギリシャ	125
	パキスタン	572	韓国	261	レバノン	110
	ベトナム	528	カナダ	242	世界計×	**44 867**
カリ肥料	カナダ	12 179	ヨルダン	1 486	韓国	166
	ロシア	9 477	チリ	900	ウズベキスタン	138
	ベラルーシ	7 562	スペイン	677	トルコ	113
	中国	6 146	ポーランド	381	コロンビア	100
	ドイツ	2 530	アメリカ合衆国	370	フィリピン	54
	イスラエル	2 162	ブラジル	250	世界計×	**44 913**

FAOSTATより作成。2023年５月12日閲覧。窒素肥料はN含有量、りん酸肥料はP_2O_5含有量、カリ肥料はK_2O含有量。日本のカリ肥料生産は無し。×その他とも。

表 7-28　主要国の化学繊維生産（2022年）（単位　千ｔ）

	合成繊維				再生・半合成繊維	化学繊維計
	ポリエステル	ナイロン	アクリル	計1)		
中国	53 430	4 100	566	61 549	2) 3 853	66 978
(台湾)	887	3) 155	—	…	…	1 062
韓国	937	3) 37	4) 45	1 020	…	…
日本 5)	167	3) 72	4) 94	585	152	737

日本化学繊維協会「内外の化繊工業の動向」(2022年年間回顧）より作成。原資料掲載国・地域のみ。短繊維と長繊維の合計。1）その他とも。2）レーヨンの数値。3）長繊維。4）短繊維。5）経済産業省「生産動態統計」より作成。

表 7-29　製薬会社の売上高と研究開発費（2021年度）（単位　百万ドル）

	総売上高	医薬品売上高	研究開発費	従業者数（千人）
ファイザー（米）……	81 288	79 557	13 829	79.0
アッヴィ（米）……	56 197	56 197	7 084	50.0
ジョンソン&ジョンソン（米）…	93 775	52 080	14 714	141.7
ノバルティス（スイス）……	51 626	51 626	9 540	104.3
ロシュ（スイス）……	68 722	49 287	16 194	100.9
ブリストル・マイヤーズスクイブ（米）	46 385	46 385	11 354	32.2
メルク（米）……	48 704	42 754	12 245	68.0
サノフィ（仏）……	44 661	39 377	6 732	95.4
アストラゼネカ（英）……	37 417	37 417	9 736	83.1
グラクソ・スミスクライン（英）	46 920	33 707	7 259	90.1
武田薬品工業（日）……	32 518	32 518	4 793	47.3
イーライリリー（米）……	28 318	28 318	7 026	35.0
ギリアド・サイエンシズ（米）…	27 305	27 305	5 363	14.4

日本製薬工業協会「DATA BOOK 2023」より作成。原資料はSPEEDA（株式会社ユーザベース）、アニュアルレポート、有価証券報告書。出典元のデータで通貨単位がドル以外のものは、編者が2021年のIMF為替年平均レートで換算。

表 7-30　セメントの生産（単位　百万 t）

	1980	1990	2000	2010	2019	2020
中国……	79.9	210.0	597.0	1 822.0	2 350.0	2 380.0
インド……	17.7	49.0	95.0	220.0	334.0	295.0
ベトナム……	0.6	2.5	13.3	55.8	96.9	98.2
アメリカ合衆国[1]	69.6	71.4	[2] 89.5	[2] 67.2	[2] 87.7	[2] 89.0
トルコ……	12.9	24.5	35.8	62.7	57.0	72.3
イラン……	8.0	13.0	23.9	61.0	60.4	68.3
インドネシア…	5.8	13.8	27.8	39.5	71.9	64.8
ブラジル……	27.2	25.8	39.2	59.1	56.6	61.1
ロシア……	[3] 125.0	[3] 137.0	32.4	50.4	57.7	56.0
サウジアラビア・	2.9	12.0	18.1	42.8	44.3	53.4
日本……	88.0	84.4	81.1	51.5	53.5	50.9
韓国……	15.6	33.6	51.3	47.4	50.0	48.0
メキシコ……	16.2	23.8	33.2	34.5	39.8	47.8
エジプト……	3.0	14.1	24.1	44.6	43.8	41.7
パキスタン……	3.3	7.5	9.9	30.0	40.5	40.1
タイ……	5.3	18.1	25.5	28.8	34.5	35.7
ドイツ……	[4] 34.2	37.7	35.4	29.2	34.2	33.6
バングラデシュ・	0.3	0.3	3.6	13.8	33.8	31.4
イラク……	5.5	10.0	6.0	8.0	27.0	28.0
世界計×……	**883.1**	**1 160.0**	**1 660.0**	**3 280.0**	**4 190.0**	**4 190.0**

USGS（アメリカ地質調査所）"Minerals Yearbook" より作成。2023年5月16日閲覧。推定値や暫定値が含まれる。1）2010年までプエルトリコを含む。2）ポルトランドセメントとメーソンリーセメントのみ。3）旧ソ連。4）旧西ドイツ。×その他とも。

表 7-31　パルプと紙・板紙の生産（単位　千 t）

		1980	1990	2000	2010	2020	2021
製紙パルプ	アメリカ合衆国	45 569	56 397	57 178	50 251	49 903	48 565
	ブラジル	3 404	4 364	7 341	14 164	21 016	22 568
	中国	4 128	12 515	14 470	20 050	17 905	18 171
	カナダ	19 672	22 839	26 495	18 576	13 960	14 306
	スウェーデン	8 577	9 919	11 903	11 702	11 567	11 234
	フィンランド	7 037	8 765	11 919	10 508	10 120	10 960
	インドネシア	77	786	4 189	5 820	8 974	8 980
	ロシア	1) 8 418	1) 10 081	5 752	7 346	8 865	8 865
	日本	9 488	11 151	11 319	9 426	7 071	7 630
	インド	840	1 750	2 601	4 131	6 127	6 127
	チリ	763	892	2 592	4 102	5 156	4 965
	世界計×	**128 174**	**165 610**	**183 496**	**184 937**	**189 541**	**191 573**
紙・板紙	中国	5 346	13 989	30 500	92 700	113 100	121 100
	アメリカ合衆国	56 839	71 965	86 252	75 773	66 239	67 476
	日本	18 089	28 088	31 828	27 364	22 702	23 751
	ドイツ	7 868	12 194	18 182	23 072	21 348	23 125
	インド	962	2 185	3 794	10 111	17 284	17 284
	インドネシア	231	1 438	6 977	9 908	11 953	11 953
	韓国	1 680	4 524	9 308	11 022	10 818	10 818
	ブラジル	3 361	4 844	7 116	9 978	10 184	10 666
	イタリア	4 934	5 732	9 129	9 087	8 514	9 889
	ロシア	1) 8 733	1) 10 718	5 310	5 606	9 527	9 527
	カナダ	13 390	16 466	20 921	12 755	8 665	9 180
	スウェーデン	6 182	8 419	10 786	11 410	9 280	8 924
	世界計×	**169 317**	**239 353**	**324 586**	**392 442**	**400 378**	**417 301**

FAOSTATより作成。2023年7月21日閲覧。1）旧ソ連。×その他とも。

表 7-32　天然ゴムの生産（単位　千 t）

	2020	2021		2020	2021
アジア	12 211	12 396	**アフリカ**	1 327	1 130
タイ	4 703	4 644	コートジボワール	936	730
インドネシア	3 037	3 121	ナイジェリア	150	150
ベトナム	1 226	1 272	**北中アメリカ**	201	215
インド	685	751	グアテマラ	109	120
中国	688	749	**南アメリカ**	262	277
マレーシア	515	470	ブラジル	226	240
フィリピン	422	431	**オセアニア**	6	6
カンボジア	359	374			
ミャンマー	274	260			
ラオス	202	226	世界計×	**14 010**	**14 022**

資料は表7-31に同じ。×その他とも。

表 7-33 **分みつ糖の生産**（単位 千t）

	2019	2020		2019	2020
アジア･････････	76 375	65 063	ロシア･････････	7 310	5 794
インド･････････	34 300	28 900	ドイツ･････････	4 615	4 489
中国･･････････	10 760	10 400	フランス･･････	4 897	3 800
タイ･･････････	14 867	8 294	ポーランド･････	2 295	2 342
パキスタン･････	4 881	5 631	オランダ･･････	1 248	1 265
トルコ････････	2 494	2 797	ウクライナ････	1 490	1 170
フィリピン･････	2 037	2 126	**北中アメリカ**･･･	21 906	21 204
インドネシア･･･	2 227	2 123	アメリカ合衆国･	7 374	7 683
ベトナム･･････	1 854	1 711	メキシコ･･････	6 710	6 189
イラン････････	1 250	1 567	グアテマラ････	2 963	2 655
(参考) 日本････	777	772	**アフリカ**･･･････	11 495	11 485
南アメリカ･････	34 954	45 583	エジプト･･････	2 600	2 900
ブラジル･･････	27 732	38 440	南アフリカ共和国	2 295	2 106
コロンビア･････	2 204	2 217	**オセアニア**･････	4 494	4 519
アルゼンチン･･･	1 922	1 805	オーストラリア･	4 283	4 335
ペルー････････	1 196	1 197			
ヨーロッパ･････	28 645	24 958	世界計×･････	**177 868**	**172 812**

資料は表7-31に同じ。×その他とも。

表 7-34 **バターとチーズの生産量**（単位 千t）

バター（ギーを含む）	2019	2020	チーズ	2019	2020
インド･････････	4 795	4 884	アメリカ合衆国･	6 161	6 220
パキスタン･････	1 187	1 223	ドイツ･････････	3 121	3 171
アメリカ合衆国･	915	984	フランス･･････	2 282	2 233
ドイツ･････････	491	497	イタリア･･････	1 292	1 313
ニュージーランド	500	484	オランダ･･････	946	997
フランス･･････	419	418	ポーランド･････	868	893
アイルランド･･･	285	294	トルコ････････	792	832
トルコ････････	269	270	ロシア････････	437	748
ロシア････････	269	269	カナダ････････	593	607
ポーランド･････	224	243	エジプト･･････	645	593
オランダ･･････	230	221	イギリス･･････	471	490
イラン････････	190	210	デンマーク････	457	468
イギリス･･････	194	200	アルゼンチン･･･	429	421
ベルギー･･････	112	123	オーストラリア･	381	371
ベラルーシ････	116	120	イラン････････	315	353
カナダ････････	112	118	ニュージーランド	365	350
ブラジル･･････	111	113	スペイン･･････	309	328
(参考)日本････	62	72	(参考)日本････	142	160
世界計×･････	**12 184**	**12 510**	世界計×･････	**25 209**	**25 947**

資料は表7-31に同じ。×その他とも。

表 7-35　ビールの生産量（単位　千 t）

	2019	2020		2019	2020
アジア	59 305	53 113	ルーマニア	1 669	1 675
中国	37 653	34 111	イタリア	1 727	1 583
ベトナム	4 600	4 000	**北中アメリカ**	37 634	36 318
日本	2 584	2 500	アメリカ合衆国	21 088	20 381
タイ	2 172	2 008	メキシコ	12 450	11 868
韓国	1 799	1 900	カナダ	2 160	2 267
インド	2 400	1 423	**南アメリカ**	25 543	20 902
ヨーロッパ	50 807	49 302	ブラジル	17 144	13 280
ドイツ	8 041	8 703	コロンビア	2 394	2 126
ロシア	7 692	7 945	アルゼンチン	1 956	1 782
ポーランド	3 974	3 907	**アフリカ**	14 031	13 125
スペイン	3 951	3 474	南アフリカ共和国	3 250	2 600
イギリス	3 925	3 222	ナイジェリア	1 800	1 880
ベルギー	2 521	2 340	**オセアニア**	2 060	2 098
オランダ	2 406	2 214	オーストラリア	1 610	1 658
フランス	2 230	2 160	世界計×	**189 379**	**174 858**
チェコ	2 161	2 012			
ウクライナ	1 816	1 808			

資料は表7-31に同じ。×その他とも。主に大麦でつくられたビールで、FAOの定義によりノンアルコールビールも含まれる。

表 7-36　ワインの生産（単位　千 t）

	2019	2020		2019	2020
ヨーロッパ	16 093	17 139	チリ	1 194	1 034
イタリア	4 986	5 192	ブラジル	379	327
フランス	4 166	4 390	ペルー	82	81
スペイン	3 370	4 070	ウルグアイ	60	69
ポルトガル	635	627	**アジア**	2 495	2 366
ドイツ	438	473	中国	2 066	2 000
ロシア	460	441	ジョージア	140	94
ルーマニア	381	381	日本	86	80
ハンガリー	306	307	**北中アメリカ**	2 748	2 006
ギリシャ	280	290	アメリカ合衆国	2 631	1 887
オーストリア	232	240	カナダ	70	66
モルドバ	183	179	**オセアニア**	1 494	1 436
ブルガリア	108	92	オーストラリア	1 197	1 107
スイス	98	83	ニュージーランド	297	329
北マケドニア	91	74	**アフリカ**	1 068	1 125
ウクライナ	81	67	南アフリカ共和国	974	1 040
南アメリカ	3 030	2 603	世界計×	**26 929**	**26 675**
アルゼンチン	1 302	1 080			

資料は表7-31に同じ。×その他とも。

第8章　貿易と国際収支

〔貿易〕 WTO（世界貿易機関）が2023年4月に公表した見通しによると、2022年の世界の貿易量は、推定で2021年から2.7％の増加となった。特に中東は、輸出量が前年から9.9%、輸入量も同9.4％の大幅な増加となった。コロナ禍からの経済回復による影響がみられる一方、インフレや世界的な一次産品の高騰などで、当初の予測を下回っている。

近年、欧米や日本のメーカーは、中国に部品を輸出し、中国の拠点で製造して輸出するサプライチェーンを構築してきた。しかし、地政学リスクなどの懸念により、中国依存の構造に変化が現れてきている。2018年、アメリカが対中貿易の不均衡を是正するために追加関税を適用したが、中国も報復措置として対米貿易に関税を追加し、米中貿易摩擦に発展した。さらに、安全保障上の懸念から、アメリカは最先端半導体や製造装置等の対中輸出を禁止しており、日本や半導体製造装置の重要技術を持つオランダも同調している。コロナ禍もサプライチェーンに影響を与えており、2022年の中国の新型コロナ感染再拡大では、上海などの都市封鎖により、生産活動が停滞した。各国は、生産拠点を中国からASEAN諸国やインドなどへ移転を進めるほか、国民生活や安定した工業生産等に必要な重要物資については国内生産への回帰を強めている。

ロシアによるウクライナ侵攻の長期化で、世界の貿易に変化が起きている。欧米などはロシアに経済制裁を行い、工業製品などの輸出や石油などの輸入を規制した。ロシアは欧州諸国への対抗措置として、パイプラインから供給される天然ガスの輸出を制限したため、各国は深刻なエネルギー危機に陥っている。他方で、ロシアとの関係を強める国もあり、中国は、天然ガスなどの輸入、半導体や自動車などの輸出を増やしている。インドは、ロシアから安価な原油を大量に輸入して、インフレや貿易収支等の改善を図っている。制裁の影響から利益を得る国が現れる中、EUは半導体など軍事転用できる製品のロシアへの輸出について、第3国も規制する対ロシア追加制裁を採択した。

図 8-1　主要国の貿易量の推移（2010年平均＝100）

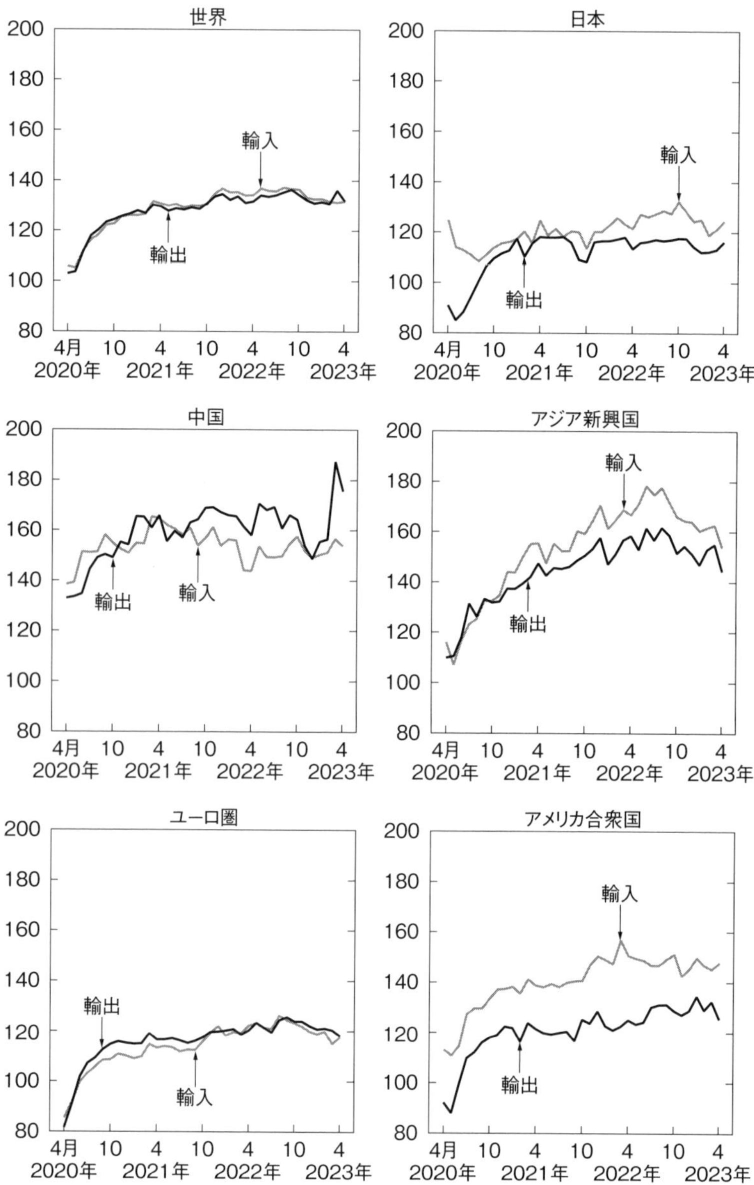

CPB（オランダ経済政策分析局）「世界貿易モニター」より作成。

図 8-2 主要国の貿易量（2015年＝100）

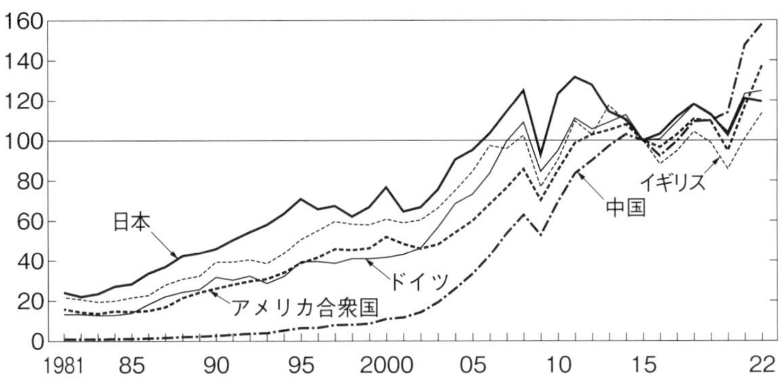

WTO Stats "International Trade Statistics"（2023年６月26日更新データ）より作成。

表 8-1 地域別の貿易（単位 百万ドル）

	2019	2020	2021	2022	対前年増加率（％）
輸出額（世界計）	**19 014 182**	**17 648 303**	**22 343 840**	**24 904 489**	*11.5*
EU・・・・・・・・1)	5 825 391	5 475 129	6 647 139	7 147 789	*7.5*
ユーロ圏・・・2)	4 836 828	4 504 914	5 472 228	5 893 157	*7.7*
USMCA・・・3)	2 552 581	2 232 868	2 756 680	3 240 460	*17.5*
ASEAN・・・4)	1 423 179	1 385 880	1 724 054	1 961 546	*13.8*
MERCOSUR5)	319 101	284 456	382 403	448 945	*17.4*
BRICs・・・・・6)	3 554 660	3 494 750	4 651 795	5 036 006	*8.3*
輸入額（世界計）	**19 338 838**	**17 881 471**	**22 620 211**	**25 621 162**	*13.3*
EU・・・・・・・・1)	5 544 411	5 156 031	6 508 262	7 462 582	*14.7*
ユーロ圏・・・2)	4 559 979	4 204 985	5 306 976	6 118 470	*15.3*
USMCA・・・3)	3 497 555	3 220 788	3 961 753	4 584 193	*15.7*
ASEAN・・・4)	1 388 343	1 269 695	1 621 246	1 878 174	*15.8*
MERCOSUR5)	268 946	233 062	329 476	412 818	*25.3*
BRICs・・・・・6)	3 119 022	2 929 205	3 912 512	4 108 189	*5.0*

WTO Stats "International Trade Statistics"（2023年６月26日更新データ）より作成。本表は原則一般貿易方式（保税倉庫からの外国商品の移動に伴う貿易を含む）の数値。輸出額はf.o.b.（本船渡し）価格、輸入額はc.i.f.（保険料・運賃込み）価格。1）欧州連合。27か国、32ページ参照。2）共通通貨ユーロ導入19か国。ドイツ、フランス、イタリア、スペイン、オランダ、ベルギー、ルクセンブルク、オーストリア、ポルトガル、アイルランド、フィンランド、ギリシャ、スロベニア、キプロス、マルタ、スロバキア、エストニア、ラトビア、リトアニア。3）米国・メキシコ・カナダ協定。参加国はアメリカ合衆国、カナダ、メキシコの３か国で、NAFTAに代わる新たな協定として2020年７月に発効。数値は編者算出。4）東南アジア諸国連合。32ページ参照。5）南米南部共同市場。加盟国は、ブラジル、アルゼンチン、ウルグアイ、パラグアイ、ベネズエラ、ボリビアの６か国。6）ブラジル、ロシア、インド、中国。経済組織ではないが参考に掲載。

図 8-3　輸出と輸入のランキング（2022年）

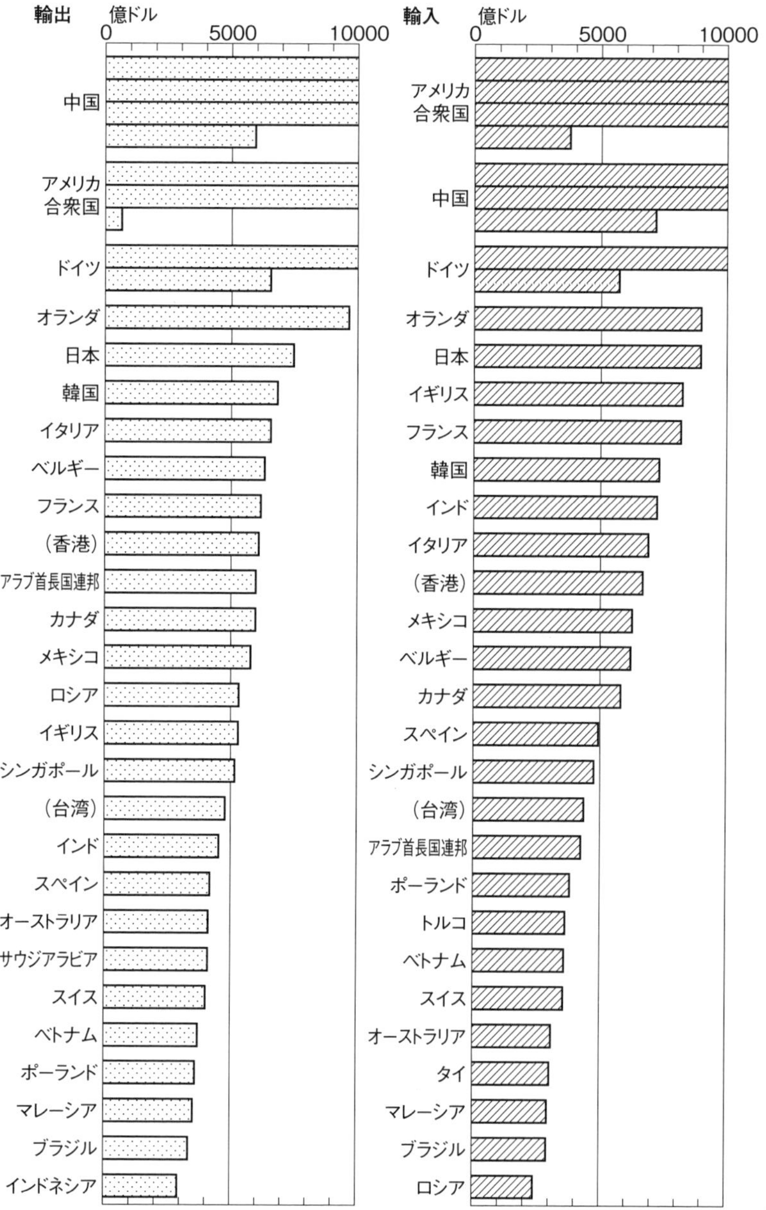

表8-2より作成。

表 8-2 各国の貿易額の推移（I／アジア）（単位 百万ドル）

		2018	2019	2020	2021	2022
アゼルバイジャン	輸出････	20 317	19 635	13 733	22 207	41 794
	輸入････	11 466	13 668	10 732	11 706	14 399
	入出超･･	8 851	5 967	3 001	10 501	27 395
アラブ首長国連邦	輸出････	387 964	389 428	335 297	425 160	598 509
	輸入････	244 688	288 447	246 961	347 529	424 525
	入出超･･	143 276	100 981	88 336	77 631	173 984
アルメニア	輸出････	2 412	2 640	2 544	3 023	5 360
	輸入････	4 963	5 514	4 559	5 357	8 769
	入出超･･	-2 551	-2 874	-2 015	-2 334	-3 409
イスラエル	輸出････	61 952	58 507	50 152	60 159	73 585
	輸入････	76 598	76 591	69 260	92 155	107 269
	入出超･･	-14 646	-18 084	-19 108	-31 996	-33 684
イラク	輸出････	92 831	88 903	50 613	86 298	131 766
	輸入････	56 876	72 283	54 725	66 217	78 227
	入出超･･	35 955	16 620	-4 112	20 081	53 539
イラン	輸出････	103 422	65 718	46 916	71 646	73 000
	輸入････	49 353	41 828	38 757	48 978	55 446
	入出超･･	54 069	23 890	8 159	22 668	17 554
インド	輸出････	324 778	324 340	276 410	395 426	453 481
	輸入････	514 464	486 059	373 202	573 092	723 348
	入出超･･	-189 686	-161 719	-96 792	-177 666	-269 867
インドネシア	輸出････	180 124	167 683	163 306	231 506	291 979
	輸入････	188 708	171 276	141 622	196 190	237 447
	入出超･･	-8 584	-3 593	21 684	35 316	54 532
ウズベキスタン	輸出････	10 921	14 024	13 097	14 081	15 350
	輸入････	17 312	21 866	19 932	23 740	28 173
	入出超･･	-6 391	-7 842	-6 835	-9 659	-12 823
オマーン	輸出････	41 761	38 724	33 479	44 591	62 904
	輸入････	25 770	23 507	28 507	30 995	36 888
	入出超･･	15 991	15 217	4 972	13 596	26 016
カザフスタン	輸出････	60 956	57 309	46 447	60 625	84 663
	輸入････	32 534	37 757	37 222	41 171	49 586
	入出超･･	28 422	19 552	9 225	19 454	35 077
カタール	輸出････	84 905	72 935	51 504	87 203	129 810
	輸入････	31 696	29 178	25 835	27 985	33 199
	入出超･･	53 209	43 757	25 669	59 218	96 611
韓国	輸出････	604 860	542 233	512 498	644 400	683 585
	輸入････	535 202	503 343	467 633	615 093	731 370
	入出超･･	69 658	38 890	44 865	29 307	-47 785
カンボジア	輸出････	12 700	14 825	17 716	19 307	22 472
	輸入････	17 489	20 279	19 114	28 583	29 795
	入出超･･	-4 789	-5 454	-1 398	-9 276	-7 323

各国の貿易額の推移（Ⅱ／アジア）（単位　百万ドル）

		2018	2019	2020	2021	2022
キプロス	輸出	5 052	3 453	3 063	3 888	4 330
	輸入	10 815	9 127	8 761	10 309	11 924
	入出超	-5 763	-5 674	-5 698	-6 421	-7 594
クウェート	輸出	71 938	64 483	40 116	63 128	104 118
	輸入	35 864	33 574	27 738	31 889	34 652
	入出超	36 074	30 909	12 378	31 239	69 466
サウジアラビア	輸出	294 373	261 603	173 854	276 179	410 460
	輸入	137 065	153 163	137 998	152 849	188 336
	入出超	157 308	108 440	35 856	123 330	222 124
ジョージア	輸出	3 380	3 798	3 345	4 243	5 593
	輸入	9 362	9 520	8 054	10 100	13 450
	入出超	-5 982	-5 722	-4 709	-5 857	-7 857
シンガポール	輸出	412 955	390 763	362 534	457 357	515 802
	輸入	370 881	359 266	329 830	406 226	475 578
	入出超	42 074	31 497	32 704	51 131	40 224
スリランカ	輸出	11 890	11 940	10 047	12 499	13 107
	輸入	22 233	19 937	16 055	20 637	18 291
	入出超	-10 343	-7 997	-6 008	-8 138	-5 184
タイ	輸出	252 957	246 269	231 634	272 006	287 068
	輸入	248 201	236 260	206 156	266 882	303 191
	入出超	4 756	10 009	25 478	5 124	-16 123
（台湾）	輸出	335 909	330 622	347 193	447 693	477 778
	輸入	286 333	287 164	288 053	382 101	435 835
	入出超	49 576	43 458	59 140	65 592	41 943
中国	輸出	2 486 695	2 499 457	2 589 952	3 358 163	3 593 601
	輸入	2 135 748	2 078 386	2 065 964	2 686 747	2 715 999
	入出超	350 947	421 071	523 988	671 416	877 602
トルクメニスタン	輸出	9 760	10 545	6 544	9 349	11 703
	輸入	2 390	2 994	3 242	4 037	2 912
	入出超	7 370	7 551	3 302	5 312	8 791
トルコ	輸出	177 169	180 833	169 638	225 214	254 172
	輸入	231 152	210 345	219 517	271 426	363 711
	入出超	-53 983	-29 512	-49 879	-46 212	-109 539
日本	輸出	738 143	705 564	641 319	756 032	746 920
	輸入	748 488	720 957	635 460	768 976	897 242
	入出超	-10 345	-15 393	5 859	-12 944	-150 322
ネパール	輸出	786	968	856	1 684	1 291
	輸入	12 712	12 340	9 856	15 893	13 353
	入出超	-11 926	-11 372	-9 000	-14 209	-12 062
バーレーン	輸出	18 044	18 120	14 066	22 369	29 788
	輸入	14 871	13 256	12 683	14 188	15 537
	入出超	3 173	4 864	1 383	8 181	14 251

各国の貿易額の推移（Ⅲ／アジア、アフリカ）（単位　百万ドル）

		2018	2019	2020	2021	2022
パキスタン	輸出	23 425	23 329	21 979	28 319	30 936
	輸入	60 078	50 332	45 837	72 489	71 072
	入出超	-36 653	-27 003	-23 858	-44 170	-40 136
バングラデシュ	輸出	39 252	39 337	33 605	44 223	54 695
	輸入	60 495	59 094	52 804	80 448	88 234
	入出超	-21 243	-19 757	-19 199	-36 225	-33 539
フィリピン	輸出	67 488	70 334	63 879	74 618	78 798
	輸入	115 119	112 909	90 751	124 367	144 493
	入出超	-47 631	-42 575	-26 872	-49 749	-65 695
ブルネイ	輸出	6 574	7 039	6 608	11 058	14 039
	輸入	4 164	5 103	5 343	8 575	9 651
	入出超	2 410	1 936	1 265	2 483	4 388
ベトナム	輸出	243 699	264 268	282 629	335 929	371 374
	輸入	236 862	253 393	262 701	331 582	359 280
	入出超	6 837	10 875	19 928	4 347	12 094
（香港）	輸出	568 456	534 887	548 773	669 903	609 925
	輸入	626 616	577 834	569 769	712 358	667 554
	入出超	-58 160	-42 947	-20 996	-42 455	-57 629
（マカオ）	輸出	1 510	1 586	1 353	1 620	1 677
	輸入	11 162	11 167	11 588	19 219	17 338
	入出超	-9 652	-9 581	-10 235	-17 599	-15 661
マレーシア	輸出	247 455	238 195	234 766	299 425	352 501
	輸入	217 602	204 998	190 860	238 240	294 430
	入出超	29 853	33 197	43 906	61 185	58 071
ミャンマー	輸出	16 614	17 997	16 692	15 154	19 607
	輸入	19 334	18 588	17 947	14 327	16 941
	入出超	-2 720	-591	-1 255	827	2 666
モンゴル	輸出	7 012	7 620	7 576	9 241	12 540
	輸入	5 875	6 128	5 299	6 846	8 704
	入出超	1 137	1 492	2 277	2 395	3 836
ヨルダン	輸出	7 750	8 317	7 943	9 358	12 289
	輸入	20 310	19 170	17 233	21 542	27 191
	入出超	-12 560	-10 853	-9 290	-12 184	-14 902
ラオス	輸出	5 408	5 806	6 115	7 695	7 906
	輸入	6 315	6 272	5 370	6 275	7 369
	入出超	-907	-466	745	1 420	537
レバノン	輸出	3 830	4 829	4 085	4 590	4 370
	輸入	20 396	19 641	11 355	13 857	19 503
	入出超	-16 566	-14 812	-7 270	-9 267	-15 133
アルジェリア	輸出	41 797	35 312	21 925	38 558	61 089
	輸入	46 330	44 632	35 547	37 464	39 173
	入出超	-4 533	-9 320	-13 622	1 094	21 916

各国の貿易額の推移（Ⅳ／アフリカ）（単位　百万ドル）

		2018	2019	2020	2021	2022
アンゴラ	輸出	40 758	34 726	20 937	33 581	47 560
	輸入	15 798	14 127	9 543	11 795	16 932
	入出超	24 960	20 599	11 394	21 786	30 628
エジプト	輸出	27 624	29 000	27 078	40 798	49 277
	輸入	72 000	70 991	59 949	73 400	85 758
	入出超	-44 376	-41 991	-32 871	-32 602	-36 481
エチオピア	輸出	2 704	2 741	3 258	3 949	3 941
	輸入	15 305	14 554	13 115	15 973	18 809
	入出超	-12 601	-11 813	-9 857	-12 024	-14 868
ガーナ	輸出	14 943	15 668	14 472	14 727	17 267
	輸入	13 134	13 411	12 429	13 629	14 654
	入出超	1 809	2 257	2 043	1 098	2 613
ガボン	輸出	6 231	6 722	6 222	7 598	9 200
	輸入	3 816	2 538	3 432	3 607	4 569
	入出超	2 415	4 184	2 790	3 991	4 631
カメルーン	輸出	3 803	4 084	3 132	4 317	5 900
	輸入	5 656	6 583	5 521	6 981	7 800
	入出超	-1 853	-2 499	-2 389	-2 664	-1 900
ギニア	輸出	3 978	3 945	8 931	10 239	11 150
	輸入	3 386	3 470	3 727	4 187	5 378
	入出超	592	475	5 204	6 052	5 772
ケニア	輸出	6 052	5 839	6 034	6 739	7 545
	輸入	17 378	17 655	15 435	19 559	21 571
	入出超	-11 326	-11 816	-9 401	-12 820	-14 026
コートジボワール	輸出	11 912	12 718	12 454	15 333	16 436
	輸入	10 970	10 483	10 527	14 007	17 948
	入出超	942	2 235	1 927	1 326	-1 512
コンゴ民主共和国	輸出	20 004	13 382	14 122	23 300	26 200
	輸入	7 930	8 825	6 663	10 200	12 200
	入出超	12 074	4 557	7 459	13 100	14 000
ザンビア	輸出	9 034	7 039	7 924	10 101	11 651
	輸入	9 466	7 173	5 285	6 435	9 047
	入出超	-432	-134	2 639	3 666	2 604
ジンバブエ	輸出	4 057	4 269	4 396	6 036	6 586
	輸入	6 391	4 817	5 002	7 536	8 683
	入出超	-2 334	-548	-606	-1 500	-2 097
スーダン	輸出	3 478	3 735	3 803	4 279	4 191
	輸入	7 850	9 291	9 838	8 993	10 064
	入出超	-4 372	-5 556	-6 035	-4 714	-5 873
セネガル	輸出	3 623	4 179	3 929	5 202	5 851
	輸入	8 071	8 144	7 812	9 699	12 923
	入出超	-4 448	-3 965	-3 883	-4 497	-7 072

各国の貿易額の推移（V／アフリカ、ヨーロッパ）（単位　百万ドル）

		2018	2019	2020	2021	2022
タンザニア	輸出・・・・	4 041	5 005	6 061	6 391	6 825
	輸入・・・・	9 120	9 452	8 439	10 024	14 255
	入出超・・	-5 079	-4 447	-2 378	-3 633	-7 430
チュニジア	輸出・・・・	15 535	14 933	13 799	16 689	18 561
	輸入・・・・	22 698	21 564	18 360	22 486	26 656
	入出超・・	-7 163	-6 631	-4 561	-5 797	-8 095
ナイジェリア	輸出・・・・	60 547	62 531	35 634	46 932	62 675
	輸入・・・・	43 007	55 257	35 740	51 941	53 614
	入出超・・	17 540	7 274	-106	-5 009	9 061
ナミビア	輸出・・・・	7 488	6 256	5 600	6 696	7 100
	輸入・・・・	8 289	8 086	6 823	9 122	9 800
	入出超・・	-801	-1 830	-1 223	-2 426	-2 700
ボツワナ	輸出・・・・	6 575	5 237	4 262	7 395	8 295
	輸入・・・・	6 306	6 564	6 516	8 382	7 840
	入出超・・	269	-1 327	-2 254	-987	455
南アフリカ共和国	輸出・・・・	93 970	90 016	85 834	123 572	122 901
	輸入・・・・	113 971	107 539	84 063	113 988	136 208
	入出超・・	-20 001	-17 523	1 771	9 584	-13 307
モザンビーク	輸出・・・・	5 012	4 669	3 588	5 583	8 333
	輸入・・・・	6 944	7 428	6 471	8 618	8 840
	入出超・・	-1 932	-2 759	-2 883	-3 035	-507
モロッコ	輸出・・・・	28 609	29 132	27 159	35 843	41 146
	輸入・・・・	51 038	50 734	43 831	58 034	71 511
	入出超・・	-22 429	-21 602	-16 672	-22 191	-30 365
リビア	輸出・・・・	29 830	27 733	7 354	28 986	35 697
	輸入・・・・	13 786	17 184	13 748	18 972	21 588
	入出超・・	16 044	10 549	-6 394	10 014	14 109
アイスランド	輸出・・・・	5 556	5 223	4 582	5 987	7 390
	輸入・・・・	7 679	6 567	5 697	7 817	9 690
	入出超・・	-2 123	-1 344	-1 115	-1 830	-2 300
アイルランド	輸出・・・・	164 794	169 625	180 104	190 658	213 991
	輸入・・・・	107 669	101 104	99 823	120 315	145 856
	入出超・・	57 125	68 521	80 281	70 343	68 135
イギリス	輸出・・・・	486 439	460 026	399 529	470 508	529 435
	輸入・・・・	672 450	696 208	638 251	694 635	823 866
	入出超・・	-186 011	-236 182	-238 722	-224 127	-294 431
イタリア	輸出・・・・	549 526	537 718	499 792	615 635	656 925
	輸入・・・・	503 240	475 006	426 867	567 421	689 452
	入出超・・	46 286	62 712	72 925	48 214	-32 527
ウクライナ	輸出・・・・	47 336	50 054	49 192	68 073	45 830
	輸入・・・・	57 188	60 800	54 337	72 843	56 092
	入出超・・	-9 852	-10 746	-5 145	-4 770	-10 262

各国の貿易額の推移（Ⅵ／ヨーロッパ）（単位　百万ドル）

		2018	2019	2020	2021	2022
エストニア	輸出	17 017	16 101	16 340	21 520	22 360
	輸入	19 140	18 025	17 323	23 600	25 801
	入出超	-2 123	-1 924	-983	-2 080	-3 441
オーストリア	輸出	184 815	178 670	169 418	202 806	211 647
	輸入	193 722	184 758	172 449	219 520	232 433
	入出超	-8 907	-6 088	-3 031	-16 714	-20 786
オランダ	輸出	726 697	708 596	674 602	840 032	965 518
	輸入	645 502	635 678	595 122	757 380	898 536
	入出超	81 195	72 918	79 480	82 652	66 982
北マケドニア	輸出	6 911	7 189	6 638	8 186	8 727
	輸入	9 050	9 471	8 715	11 386	12 755
	入出超	-2 139	-2 282	-2 077	-3 200	-4 028
ギリシャ	輸出	39 502	37 907	35 215	47 218	57 392
	輸入	63 877	62 384	55 947	77 105	97 696
	入出超	-24 375	-24 477	-20 732	-29 887	-40 304
クロアチア	輸出	17 402	17 180	17 193	21 878	25 294
	輸入	28 203	28 160	26 830	34 527	44 307
	入出超	-10 801	-10 980	-9 637	-12 649	-19 013
スイス	輸出	310 749	313 934	319 318	380 194	401 731
	輸入	279 528	277 830	291 981	324 069	356 473
	入出超	31 221	36 104	27 337	56 125	45 258
スウェーデン	輸出	165 968	160 576	155 496	189 516	197 792
	輸入	170 605	158 971	149 985	187 033	202 018
	入出超	-4 637	1 605	5 511	2 483	-4 226
スペイン	輸出	346 754	334 018	308 317	379 969	418 364
	輸入	390 562	372 750	326 192	419 700	493 354
	入出超	-43 808	-38 732	-17 875	-39 731	-74 990
スロバキア	輸出	93 425	89 509	86 640	103 891	108 037
	輸入	92 902	90 001	84 393	103 891	112 756
	入出超	523	-492	2 247	0	-4 719
スロベニア	輸出	44 200	44 943	44 832	57 352	69 624
	輸入	42 267	44 007	42 225	57 560	69 696
	入出超	1 933	936	2 607	-208	-72
セルビア	輸出	19 227	19 630	19 498	25 564	29 058
	輸入	25 882	26 730	26 233	33 797	41 148
	入出超	-6 655	-7 100	-6 735	-8 233	-12 090
チェコ	輸出	202 238	199 128	191 911	226 564	241 228
	輸入	184 659	179 039	171 100	211 972	235 978
	入出超	17 579	20 089	20 811	14 592	5 250
デンマーク	輸出	109 696	111 076	108 454	125 945	131 048
	輸入	102 754	98 184	98 298	120 307	126 832
	入出超	6 942	12 892	10 156	5 638	4 216

各国の貿易額の推移（Ⅶ／ヨーロッパ）（単位　百万ドル）

		2018	2019	2020	2021	2022
ドイツ	輸出	1 560 539	1 489 412	1 382 533	1 636 742	1 655 480
	輸入	1 284 353	1 233 978	1 171 782	1 421 512	1 571 455
	入出超	276 186	255 434	210 751	215 230	84 025
ノルウェー	輸出	121 791	102 799	84 459	160 106	249 805
	輸入	86 600	85 319	80 447	97 764	105 545
	入出超	35 191	17 480	4 012	62 342	144 260
ハンガリー	輸出	124 705	123 796	120 654	141 830	151 303
	輸入	120 741	120 590	116 020	142 917	163 141
	入出超	3 964	3 206	4 634	-1 087	-11 838
フィンランド	輸出	75 869	73 468	66 220	81 996	85 614
	輸入	78 624	73 716	68 268	86 013	97 064
	入出超	-2 755	-248	-2 048	-4 017	-11 450
フランス	輸出	582 222	570 951	488 637	585 021	617 817
	輸入	676 441	654 658	581 297	715 082	817 994
	入出超	-94 219	-83 707	-92 660	-130 061	-200 177
ブルガリア	輸出	33 617	33 340	31 954	41 157	50 718
	輸入	37 856	37 663	35 056	46 210	58 167
	入出超	-4 239	-4 323	-3 102	-5 053	-7 449
ベラルーシ	輸出	33 726	32 955	29 179	39 762	23 323
	輸入	38 409	39 477	32 767	41 387	39 682
	入出超	-4 683	-6 522	-3 588	-1 625	-16 359
ベルギー	輸出	468 213	446 910	421 842	548 869	632 852
	輸入	455 188	428 878	397 957	527 128	620 616
	入出超	13 025	18 032	23 885	21 741	12 236
ポーランド	輸出	263 569	266 595	273 835	340 634	360 542
	輸入	268 959	265 282	261 626	342 118	381 187
	入出超	-5 390	1 313	12 209	-1 484	-20 645
ボスニア・ヘルツェゴビナ	輸出	7 182	6 578	6 155	8 614	9 674
	輸入	11 630	11 159	9 873	13 029	15 377
	入出超	-4 448	-4 581	-3 718	-4 415	-5 703
ポルトガル	輸出	68 361	67 063	61 496	75 229	82 382
	輸入	89 060	89 538	77 895	98 200	114 691
	入出超	-20 699	-22 475	-16 399	-22 971	-32 309
ラトビア	輸出	16 166	15 705	16 337	20 833	23 885
	輸入	19 681	18 959	18 441	24 446	29 466
	入出超	-3 515	-3 254	-2 104	-3 613	-5 581
リトアニア	輸出	33 337	33 151	32 852	40 706	46 340
	輸入	36 502	35 759	33 359	44 488	54 938
	入出超	-3 165	-2 608	-507	-3 782	-8 598
ルーマニア	輸出	79 660	76 871	70 718	87 388	96 706
	輸入	97 747	96 544	92 132	116 203	132 483
	入出超	-18 087	-19 673	-21 414	-28 815	-35 777

各国の貿易額の推移（Ⅷ／ヨーロッパ、北中・南アメリカ）（単位　百万ドル）

		2018	2019	2020	2021	2022
ルクセンブルク	輸出	16 412	16 451	13 839	16 800	17 420
	輸入	24 175	24 264	21 165	26 170	26 416
	入出超	-7 763	-7 813	-7 326	-9 370	-8 996
ロシア	輸出	443 914	419 721	333 374	493 820	531 887
	輸入	248 856	253 876	239 641	303 994	240 391
	入出超	195 058	165 845	93 733	189 826	291 496
アメリカ合衆国	輸出	1 663 982	1 643 161	1 424 935	1 754 300	2 064 787
	輸入	2 614 221	2 567 445	2 406 932	2 935 314	3 376 200
	入出超	-950 239	-924 284	-981 997	-1 181 014	-1 311 413
エルサルバドル	輸出	5 905	5 905	4 805	6 395	7 115
	輸入	11 464	11 602	9 888	14 617	17 108
	入出超	-5 559	-5 697	-5 083	-8 222	-9 993
カナダ	輸出	452 313	448 817	390 763	507 615	597 480
	輸入	469 106	462 993	420 578	503 985	581 669
	入出超	-16 793	-14 176	-29 815	3 630	15 811
グアテマラ	輸出	10 769	11 175	11 521	13 753	15 695
	輸入	19 699	19 882	18 205	26 607	32 116
	入出超	-8 930	-8 707	-6 684	-12 854	-16 421
コスタリカ	輸出	11 495	11 864	12 319	15 494	20 329
	輸入	18 289	17 573	14 942	20 728	26 431
	入出超	-6 794	-5 709	-2 623	-5 234	-6 102
ドミニカ共和国	輸出	10 638	11 193	10 302	12 350	13 602
	輸入	20 197	20 268	17 105	24 143	30 718
	入出超	-9 559	-9 075	-6 803	-11 793	-17 116
トリニダード・トバゴ	輸出	10 532	7 192	5 519	8 619	12 312
	輸入	7 719	6 340	4 877	5 763	6 202
	入出超	2 813	852	642	2 856	6 110
ニカラグア	輸出	5 014	5 272	5 087	6 495	7 360
	輸入	7 351	6 837	6 377	10 166	11 247
	入出超	-2 337	-1 565	-1 290	-3 671	-3 887
パナマ	輸出	11 480	11 318	9 483	13 161	14 414
	輸入	23 006	21 492	14 740	20 596	31 617
	入出超	-11 526	-10 174	-5 257	-7 435	-17 203
ホンジュラス	輸出	8 644	8 788	7 683	10 216	12 222
	輸入	12 462	12 149	10 241	15 034	17 573
	入出超	-3 818	-3 361	-2 558	-4 818	-5 351
メキシコ	輸出	450 713	460 604	417 171	494 765	578 193
	輸入	476 835	467 118	393 278	522 455	626 324
	入出超	-26 122	-6 514	23 893	-27 690	-48 131
アルゼンチン	輸出	61 781	65 116	54 884	77 935	88 445
	輸入	65 482	49 124	42 354	63 185	81 522
	入出超	-3 701	15 992	12 530	14 750	6 923

各国の貿易額の推移（Ⅸ／南アメリカ、オセアニア）（単位　百万ドル）

		2018	2019	2020	2021	2022
ウルグアイ	輸出	7 498	7 680	6 864	9 541	11 237
	輸入	8 893	8 246	7 564	10 320	12 973
	入出超	-1 395	- 566	- 700	- 779	-1 736
エクアドル	輸出	21 628	22 329	20 355	26 699	32 658
	輸入	23 177	22 564	17 918	25 690	33 049
	入出超	-1 549	- 235	2 437	1 009	- 391
ガイアナ	輸出	1 339	1 567	2 590	4 356	10 998
	輸入	2 410	4 040	2 250	4 376	4 204
	入出超	-1 071	-2 473	340	- 20	6 794
コロンビア	輸出	41 774	39 489	31 008	40 287	56 999
	輸入	51 233	52 703	43 489	61 101	77 413
	入出超	-9 459	-13 214	-12 481	-20 814	-20 414
チリ	輸出	74 839	68 794	74 085	94 677	97 492
	輸入	74 612	69 855	59 212	92 197	104 407
	入出超	227	-1 061	14 873	2 480	-6 915
パラグアイ	輸出	9 042	7 968	8 518	10 547	9 957
	輸入	13 334	12 544	10 217	13 560	15 853
	入出超	-4 292	-4 576	-1 699	-3 013	-5 896
ブラジル	輸出	231 890	221 127	209 180	280 815	334 136
	輸入	192 840	193 162	166 336	234 690	292 245
	入出超	39 050	27 965	42 844	46 125	41 891
ベネズエラ	輸出	34 440	17 210	5 010	3 565	5 170
	輸入	11 710	5 870	6 590	7 720	10 225
	入出超	22 730	11 340	-1 580	-4 155	-5 055
ペルー	輸出	48 019	46 444	39 600	59 648	58 675
	輸入	43 262	42 284	36 140	50 891	60 919
	入出超	4 757	4 160	3 460	8 757	-2 244
ボリビア	輸出	8 965	8 757	7 015	11 030	13 653
	輸入	9 996	9 784	7 080	9 559	13 049
	入出超	-1 031	-1 027	- 65	1 471	604
オーストラリア	輸出	257 098	271 005	250 823	344 864	412 184
	輸入	235 386	221 564	211 824	261 165	309 188
	入出超	21 712	49 441	38 999	83 699	102 996
ニュージーランド	輸出	39 673	39 517	38 377	44 777	45 652
	輸入	43 793	42 363	37 152	49 855	54 256
	入出超	-4 120	-2 846	1 225	-5 078	-8 604
パプアニューギニア	輸出	10 524	11 399	9 288	10 885	15 193
	輸入	3 519	3 934	3 289	3 383	3 189
	入出超	7 005	7 465	5 999	7 502	12 004

WTO Stats "International Trade Statistics"（2023年6月26日更新データ）より作成。一般貿易方式による貿易額。輸出はf.o.b.（本船渡し）価格、輸入はc.i.f.（保険料・運賃込）価格。

図 8-4　主な国の入出超額の推移

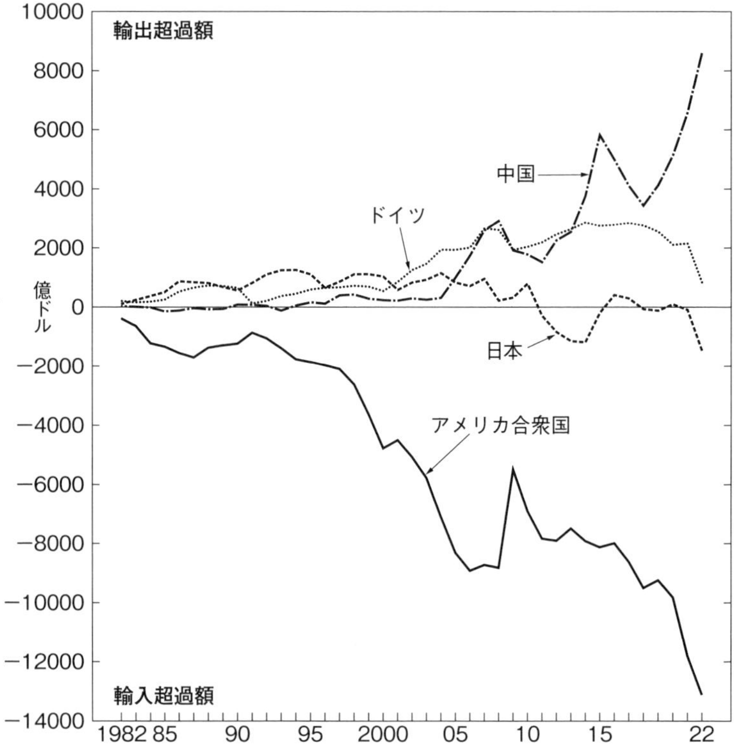

表8-2より作成。

図 8-5　主要国・地域のFTAカバー率（2022年3月末）

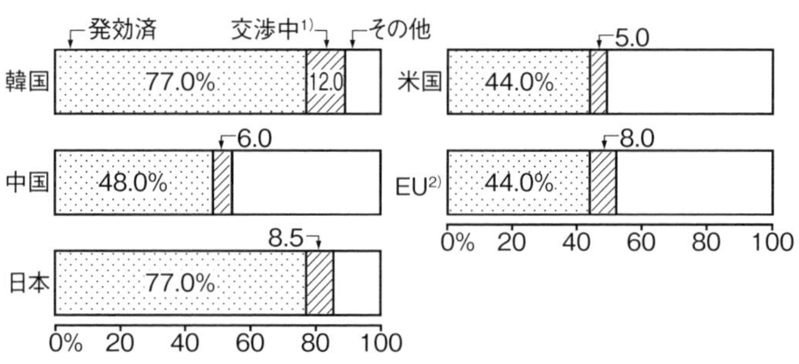

経済産業省「通商白書」（2023年版）より作成。原資料はジェトロ「世界のFTAデータベース」から引用して作成されている。1）交渉妥結済、中断中を含む。2）イギリスを含まない27か国。域外貿易のみ。

各国で進む経済連携

〔TPP協定〕 TPP（環太平洋経済連携）協定は、自由な貿易による経済発展のため、日本やアメリカを含む太平洋地域の各国間で立ち上げられた。TPPでは、関税の撤廃・削減、モノやサービス投資の規制緩和などが定められている。2015年10月には12か国間で大筋合意していたが、2017年に入り、米国第一主義を掲げるトランプ前大統領によって、アメリカが離脱した。2018年12月にアメリカを除く11か国間（日本、シンガポール、メキシコ、カナダ、オーストラリア、ニュージーランド、ベトナム、マレーシア、ペルー、チリ、ブルネイ）で署名された。2023年7月には、イギリスの参加が決定し、当初の参加国以外では初となった。離脱したアメリカが復帰する見通しは立っていないが、中国、台湾なども加盟申請している。

主要国のFTA交渉国数（2022年6月末）

	交渉中1)	発効・署名済み
アラブ首長国連邦	13	9
インド…………	12	18
韓国…………	12	24
中国…………	10	21
トルコ…………	17	32
日本…………	6	21
バーレーン……	9	7
EU…………	11	41
イギリス………	9	40
カナダ…………	12	16

ジェトロ「世界貿易投資報告」(2022年版)より作成。上位9か国・地域と日本。1）既存FTAへの加入・見直し交渉は含まず、交渉中断中や交渉開始合意を含む。

〔RCEP協定〕 RCEP（地域的な包括的経済連携）協定は、関税の減免、輸出入手続きの簡素化により、参加国間の貿易やサービスの動きを自由化する。2022年1月にASEAN 6か国、日本、中国、オーストラリア、ニュージーランドの10か国で発効し、2023年1月までに韓国、マレーシア、ミャンマー（相手国によっては未発効）、インドネシア、同年6月にはフィリピンで発効した。当初はインドが参加を表明していたが、国内製造業への影響や貿易赤字の拡大を警戒し離脱している。RCEPは、91%の品目で段階的に関税が撤廃されるが、当初の撤廃率が低く、TPPと比較すると貿易自由化の効果は少ない。ただし、RCEPは参加国全体の経済規模が大きく、世界のGDPの約3割を占める。

〔IPEF〕 2022年5月、アメリカのバイデン大統領の呼びかけで、日本、アメリカ、インド太平洋地域の13か国が参加するIPEF（インド太平洋経済枠組み）が発足した。IPEFに関税交渉は含まれていないが、TPPから離脱したアメリカとアジア太平洋地域の経済連携の強化のため、貿易（デジタル貿易を含む）、サプライチェーン、脱炭素社会実現などにおいて相互協力を目指す。2023年5月の閣僚級会合では、半導体などの重要物資の供給が感染症や紛争等で途絶えた際に、参加国同士で供給しあうなど、サプライチェーン強化に関する協定を実質妥結した。

表 8-3　１人あたり貿易額、貿易依存度、輸出比率（2022年）（Ⅰ）

	１人あたり貿易額（ドル）		貿易依存度（%）		輸出比率（%）
	輸出	輸入	輸出	輸入	
アジア					
アラブ首長国連邦	63 394	44 965	*117.9*	*83.6*	*58.5*
イスラエル	8 141	11 868	*14.1*	*20.5*	*40.7*
イラク	2 961	1 758	*48.7*	*28.9*	*62.7*
イラン	824	626	*20.7*	*15.7*	*56.8*
インド	320	510	*13.4*	*21.4*	*38.5*
インドネシア	1 060	862	*22.1*	*18.0*	*55.2*
オマーン	13 746	8 061	*54.9*	*32.2*	*63.0*
カザフスタン	4 365	2 556	*37.5*	*22.0*	*63.1*
カタール	48 165	12 318	*57.6*	*14.7*	*79.6*
韓国	13 193	14 115	*41.1*	*43.9*	*48.3*
クウェート	24 390	8 117	*56.4*	*18.8*	*75.0*
サウジアラビア	11 274	5 173	*37.0*	*17.0*	*68.5*
シンガポール	86 317	79 585	*110.5*	*101.9*	*52.0*
タイ	4 004	4 229	*53.5*	*56.5*	*48.6*
(台湾)	19 996	18 241	*62.7*	*57.2*	*52.3*
中国	2 520	1 905	*19.9*	*15.0*	*57.0*
トルコ	2 978	4 262	*28.1*	*40.2*	*41.1*
日本	6 026	7 239	*17.6*	*21.2*	*45.4*
パキスタン	131	301	*8.2*	*18.9*	*30.3*
バングラデシュ	320	515	*11.9*	*19.2*	*38.3*
フィリピン	682	1 250	*19.5*	*35.7*	*35.3*
ベトナム	3 782	3 659	*91.4*	*88.4*	*50.8*
(香港)	81 444	89 140	*169.0*	*184.9*	*47.7*
マレーシア	10 387	8 675	*86.4*	*72.2*	*54.5*
アフリカ					
アルジェリア	1 360	872	*31.3*	*20.0*	*60.9*
アンゴラ	1 336	476	*39.2*	*13.9*	*73.7*
エジプト	444	773	*10.4*	*18.0*	*36.5*
コンゴ民主共和国	265	123	*41.7*	*19.4*	*68.2*
チュニジア	1 502	2 157	*39.8*	*57.2*	*41.0*
ナイジェリア	287	245	*13.1*	*11.2*	*53.9*
南アフリカ共和国	2 052	2 274	*30.3*	*33.6*	*47.4*
モロッコ	1 098	1 909	*29.8*	*51.8*	*36.5*
リビア	5 240	3 169	*81.0*	*49.0*	*62.3*
ヨーロッパ					
アイルランド	42 601	29 037	*40.4*	*27.5*	*59.5*
イギリス	7 842	12 204	*17.2*	*26.8*	*39.1*
イタリア	11 127	11 678	*32.7*	*34.3*	*48.8*
ウクライナ	1 154	1 413	*30.3*	*37.0*	*45.0*
オーストリア	23 675	26 000	*44.9*	*49.3*	*47.7*
オランダ	54 971	51 158	*97.2*	*90.4*	*51.8*
ギリシャ	5 526	9 407	*26.2*	*44.6*	*37.0*

1人あたり貿易額、貿易依存度、輸出比率（2022年）（Ⅱ）

	1人あたり貿易額（ドル）		貿易依存度（%）		輸出比率（%）
	輸出	輸入	輸出	輸入	
スイス	45 962	40 784	*49.8*	*44.2*	*53.0*
スウェーデン	18 749	19 150	*33.8*	*34.5*	*49.5*
スペイン	8 797	10 374	*29.9*	*35.2*	*45.9*
スロバキア	19 144	19 980	*95.2*	*99.3*	*48.9*
スロベニア	32 844	32 878	*112.0*	*112.1*	*50.0*
チェコ	22 987	22 487	*83.1*	*81.3*	*50.6*
デンマーク	22 279	21 562	*33.5*	*32.5*	*50.8*
ドイツ	19 857	18 849	*40.6*	*38.6*	*51.3*
ノルウェー	45 968	19 422	*43.1*	*18.2*	*70.3*
ハンガリー	15 180	16 368	*89.9*	*96.9*	*48.1*
フィンランド	15 452	17 518	*30.5*	*34.5*	*46.9*
フランス	9 560	12 657	*22.2*	*29.4*	*43.0*
ブルガリア	7 478	8 577	*56.9*	*65.3*	*46.6*
ベルギー	54 294	53 245	*108.7*	*106.6*	*50.5*
ポーランド	9 046	9 564	*52.4*	*55.4*	*48.6*
ポルトガル	8 021	11 167	*32.6*	*45.4*	*41.8*
リトアニア	16 851	19 977	*65.7*	*77.9*	*45.8*
ルーマニア	4 919	6 739	*32.0*	*43.9*	*42.2*
ロシア	3 675	1 661	*24.0*	*10.9*	*68.9*
北中アメリカ					
アメリカ合衆国	6 104	9 980	*8.1*	*13.3*	*37.9*
カナダ	15 537	15 126	*27.9*	*27.2*	*50.7*
グアテマラ	880	1 800	*16.8*	*34.3*	*32.8*
コスタリカ	3 924	5 102	*29.7*	*38.7*	*43.5*
メキシコ	4 535	4 912	*40.9*	*44.3*	*48.0*
南アメリカ					
アルゼンチン	1 943	1 791	*14.0*	*12.9*	*52.0*
ウルグアイ	3 283	3 790	*15.6*	*18.0*	*46.4*
エクアドル	1 814	1 836	*28.1*	*28.4*	*49.7*
コロンビア	1 099	1 492	*16.6*	*22.5*	*42.4*
チリ	4 973	5 326	*32.4*	*34.7*	*48.3*
パラグアイ	1 468	2 338	*24.1*	*38.4*	*38.6*
ブラジル	1 552	1 357	*17.4*	*15.2*	*53.3*
ペルー	1 723	1 789	*24.2*	*25.1*	*49.1*
ボリビア	1 117	1 067	*31.6*	*30.2*	*51.1*
オセアニア					
オーストラリア	15 746	11 811	*24.2*	*18.2*	*57.1*
ニュージーランド	8 804	10 463	*18.9*	*22.4*	*45.7*

貿易額はWTO Stats "International Trade Statistics"、人口は国連 "World Population Prospects, 2022 Revision"（2022年の中位推計値を参照）、GDPはIMF "World Economic Outlook"（2023年4月データ、2022年の推計値）より作成。貿易依存度はGDPに対する輸出額および輸入額の割合。輸出比率は輸出入額合計に対する輸出の割合。

図 8-6　主な貿易国の１人あたり貿易額と貿易依存度（2022年）

	1人あたり貿易額(ドル) 輸出	1人あたり貿易額(ドル) 輸入	貿易依存度(%) 輸出	貿易依存度(%) 輸入
シンガポール	86317	79585	110.5	101.9
アラブ首長国連邦	63394	44965	117.9	83.6
ベルギー	54294	53245	108.7	106.6
オランダ	54971	51158	97.2	90.4
スイス	45962	40784	49.8	44.2
アイルランド	42601	29037	40.4	27.5
ドイツ	19857	18849	40.6	38.6
(台湾)	19996	18241	62.7	57.2
カナダ	15537	15126	27.9	27.2
オーストラリア	15746	11811	24.2	18.2
韓国	13193	14115	41.1	43.9
イタリア	11127	11678	32.7	34.3
フランス	9560	12657	22.2	29.4
イギリス	7842	12204	17.2	26.8
スペイン	8797	10374	29.9	35.2
マレーシア	10387	8675	86.4	72.2
ポーランド	9046	9564	52.4	55.4
サウジアラビア	11274	5173	37.0	17.0
アメリカ合衆国	6104	9980	8.1	13.3
日本	6026	7239	17.6	21.2
メキシコ	4535	4912	40.9	44.3
タイ	4004	4229	53.5	56.5
ロシア	3675	1661	24.0	10.9
中国	2520	1905	19.9	15.0
インド	320	510	13.4	21.4

表8-3より作成。

表 8-4 主要国の相手先別貿易（Ｉ）（2022年）

	輸出			輸入	
	百万ドル	%		百万ドル	%
インド					
アメリカ合衆国	80 327	*17.7*	中国	102 297	*14.0*
アラブ首長国連邦	31 351	*6.9*	アラブ首長国連邦	53 802	*7.4*
オランダ	18 464	*4.1*	アメリカ合衆国	51 707	*7.1*
中国	15 145	*3.3*	サウジアラビア	46 227	*6.3*
バングラデシュ	13 989	*3.1*	ロシア	40 054	*5.5*
シンガポール	11 856	*2.6*	イラク	39 206	*5.4*
計×	**453 197**	*100.0*	計×	**731 908**	*100.0*
EU	73 561	*16.2*	EU	54 620	*7.5*
インドネシア					
中国	60 281	*20.7*	中国	59 561	*25.3*
アメリカ合衆国	31 838	*10.9*	シンガポール	20 254	*8.6*
日本	23 332	*8.0*	日本	18 199	*7.7*
インド	22 017	*7.6*	タイ	13 009	*5.5*
マレーシア	15 531	*5.3*	インド	12 513	*5.3*
計×	**291 007**	*100.0*	計×	**235 671**	*100.0*
EU	21 003	*7.2*	EU	11 388	*4.8*
韓国					
中国	155 789	*22.8*	中国	154 576	*21.1*
アメリカ合衆国	110 178	*16.1*	アメリカ合衆国	82 135	*11.2*
ベトナム	60 964	*8.9*	日本	54 712	*7.5*
日本	30 606	*4.5*	オーストラリア	44 929	*6.1*
(香港)	27 651	*4.0*	サウジアラビア	41 640	*5.7*
(台湾)	26 198	*3.8*	(台湾)	28 275	*3.9*
計×	**683 584**	*100.0*	計×	**731 370**	*100.0*
EU	68 164	*10.0*	EU	68 193	*9.3*
シンガポール					
中国	64 113	*12.4*	中国	62 934	*13.2*
(香港)	58 056	*11.3*	マレーシア	59 377	*12.5*
マレーシア	51 550	*10.0*	(台湾)	57 572	*12.1*
アメリカ合衆国	45 591	*8.8*	アメリカ合衆国	51 721	*10.9*
インドネシア	37 310	*7.2*	韓国	30 652	*6.4*
計×	**516 016**	*100.0*	計×	**475 832**	*100.0*
EU	39 877	*7.7*	EU	43 018	*9.0*
タイ					
アメリカ合衆国	47 026	*16.6*	中国	71 202	*23.5*
中国	34 012	*12.0*	日本	34 650	*11.4*
日本	24 415	*8.6*	アメリカ合衆国	18 057	*5.9*
ベトナム	13 097	*4.6*	アラブ首長国連邦	17 425	*5.7*
マレーシア	12 548	*4.4*	マレーシア	14 546	*4.8*
計×	**283 504**	*100.0*	計×	**303 590**	*100.0*
EU	22 193	*7.8*	EU	18 119	*6.0*

IMF Data "Direction of Trade Statistics"（2023年6月30日更新データ）より作成。第三国経由の貿易を含み、二国間で輸出入の数値に開きがある場合がある。×その他とも。

主要国の相手先別貿易（Ⅱ）（2022年）

		輸出 百万ドル	輸出 %		輸入 百万ドル	輸入 %
日本	中国	144 618	*19.4*	中国	188 660	*21.0*
	アメリカ合衆国	139 433	*18.7*	アメリカ合衆国	90 641	*10.1*
	韓国	54 224	*7.3*	オーストラリア	87 576	*9.8*
	(台湾)	52 256	*7.0*	アラブ首長国連邦	45 331	*5.1*
	(香港)	33 227	*4.4*	サウジアラビア	42 177	*4.7*
	タイ	32 475	*4.3*	(台湾)	38 510	*4.3*
	計×	**746 720**	*100.0*	計×	**897 017**	*100.0*
	EU	71 259	*9.5*	EU	86 711	*9.7*
中国	アメリカ合衆国	582 539	*16.2*	(台湾)	240 239	*8.8*
	(香港)	302 338	*8.4*	韓国	200 163	*7.4*
	日本	173 096	*4.8*	日本	184 831	*6.8*
	韓国	164 078	*4.6*	アメリカ合衆国	178 966	*6.6*
	ベトナム	147 635	*4.1*	オーストラリア	140 707	*5.2*
	インド	118 769	*3.3*	ロシア	112 225	*4.1*
	計×	**3 604 481**	*100.0*	計×	**2 715 370**	*100.0*
	EU	562 080	*15.6*	EU	285 712	*10.5*
トルコ	ドイツ	21 142	*8.3*	ロシア	58 849	*16.2*
	アメリカ合衆国	16 885	*6.6*	中国	41 355	*11.4*
	イラク	13 750	*5.4*	ドイツ	24 033	*6.6*
	イギリス	13 005	*5.1*	スイス	15 343	*4.2*
	イタリア	12 386	*4.9*	アメリカ合衆国	15 228	*4.2*
	計×	**254 171**	*100.0*	計×	**363 710**	*100.0*
	EU	103 050	*40.5*	EU	93 287	*25.6*
フィリピン	アメリカ合衆国	12 787	*15.8*	中国	29 047	*20.3*
	日本	11 198	*13.9*	インドネシア	13 238	*9.3*
	中国	11 142	*13.8*	日本	12 785	*8.9*
	(香港)	10 635	*13.2*	韓国	12 322	*8.6*
	シンガポール	5 299	*6.6*	アメリカ合衆国	9 218	*6.5*
	タイ	3 800	*4.7*	シンガポール	8 430	*5.9*
	計×	**80 772**	*100.0*	計×	**142 892**	*100.0*
	EU	9 292	*11.5*	EU	8 397	*5.9*
ベトナム	アメリカ合衆国	108 789	*29.9*	中国	118 482	*33.8*
	中国	58 859	*16.2*	韓国	61 977	*17.7*
	日本	24 070	*6.6*	日本	23 164	*6.6*
	韓国	24 044	*6.6*	(台湾)	22 546	*6.4*
	(香港)	10 753	*3.0*	アメリカ合衆国	14 487	*4.1*
	計×	**364 217**	*100.0*	計×	**350 811**	*100.0*
	EU	46 923	*12.9*	EU	15 106	*4.3*

資料・脚注は（Ⅰ）に同じ。×その他とも。

主要国の相手先別貿易（Ⅲ）（2022年）

		輸出 百万ドル	輸出 %		輸入 百万ドル	輸入 %
（香港）	中国	350 978	*57.4*	中国	268 270	*40.1*
	アメリカ合衆国	38 202	*6.2*	（台湾）	75 827	*11.3*
	インド	22 530	*3.7*	シンガポール	51 399	*7.7*
	（台湾）	20 138	*3.3*	韓国	37 402	*5.6*
	ベトナム	14 446	*2.4*	日本	35 363	*5.3*
	日本	13 109	*2.1*	アメリカ合衆国	28 291	*4.2*
	計×	**611 366**	*100.0*	計×	**668 945**	*100.0*
	EU	40 056	*6.6*	EU	27 035	*4.0*
マレーシア	シンガポール	52 744	*15.0*	中国	62 955	*21.3*
	中国	47 844	*13.6*	シンガポール	30 884	*10.5*
	アメリカ合衆国	37 982	*10.8*	（台湾）	24 034	*8.1*
	日本	22 298	*6.3*	アメリカ合衆国	22 893	*7.8*
	（香港）	21 676	*6.2*	日本	18 969	*6.4*
	計×	**352 338**	*100.0*	計×	**295 276**	*100.0*
	EU	29 329	*8.3*	EU	20 562	*7.0*
南アフリカ共和国	中国	11 599	*9.4*	中国	23 768	*20.3*
	アメリカ合衆国	10 906	*8.8*	ドイツ	8 706	*7.4*
	ドイツ	10 081	*8.2*	アメリカ合衆国	8 690	*7.4*
	日本	8 575	*6.9*	インド	8 431	*7.2*
	イギリス	6 314	*5.1*	サウジアラビア	4 813	*4.1*
	計×	**123 387**	*100.0*	計×	**117 268**	*100.0*
	EU	26 791	*21.7*	EU	25 931	*22.1*
イギリス	アメリカ合衆国	64 181	*12.1*	中国	110 473	*13.6*
	オランダ	44 162	*8.3*	アメリカ合衆国	97 874	*12.0*
	ドイツ	41 338	*7.8*	ドイツ	71 284	*8.8*
	中国	34 646	*6.5*	ノルウェー	54 162	*6.7*
	スイス	34 533	*6.5*	フランス	34 827	*4.3*
	アイルランド	31 626	*6.0*	イタリア	30 535	*3.8*
	計×	**529 130**	*100.0*	計×	**814 245**	*100.0*
	EU	229 393	*43.4*	EU	308 468	*37.9*
イタリア	ドイツ	81 677	*12.5*	ドイツ	95 844	*14.1*
	アメリカ合衆国	68 011	*10.4*	中国	59 930	*8.8*
	フランス	65 951	*10.1*	フランス	51 113	*7.5*
	スペイン	33 818	*5.2*	オランダ	38 489	*5.7*
	スイス	31 621	*4.8*	スペイン	32 206	*4.7*
	イギリス	28 601	*4.4*	ロシア	28 015	*4.1*
	計×	**654 552**	*100.0*	計×	**678 323**	*100.0*
	EU	344 121	*52.6*	EU	351 481	*51.8*

資料・脚注は（Ⅰ）に同じ。×その他とも。

主要国の相手先別貿易（IV）（2022年）

	輸出			輸入	
	百万ドル	%		百万ドル	%
オランダ					
ドイツ	252 060	*26.1*	中国	145 554	*16.2*
ベルギー	114 585	*11.9*	ドイツ	117 496	*13.1*
フランス	83 974	*8.7*	ベルギー	71 625	*8.0*
イギリス	51 518	*5.3*	アメリカ合衆国	71 189	*7.9*
イタリア	42 479	*4.4*	イギリス	46 802	*5.2*
アメリカ合衆国	38 997	*4.0*	ロシア	32 697	*3.6*
計×	**964 634**	*100.0*	計×	**897 440**	*100.0*
EU	675 921	*70.1*	EU	345 226	*38.5*
ドイツ					
アメリカ合衆国	159 261	*9.7*	オランダ	225 078	*14.4*
フランス	121 891	*7.4*	中国	136 122	*8.7*
オランダ	116 268	*7.1*	ベルギー	96 297	*6.2*
中国	110 949	*6.8*	ポーランド	95 477	*6.1*
ポーランド	94 861	*5.8*	イタリア	78 342	*5.0*
オーストリア	93 089	*5.7*	フランス	77 823	*5.0*
計×	**1 642 471**	*100.0*	計×	**1 564 272**	*100.0*
EU	902 476	*54.9*	EU	954 463	*61.0*
フランス					
ドイツ	84 478	*13.7*	ドイツ	119 764	*14.7*
イタリア	56 301	*9.1*	ベルギー	91 841	*11.3*
ベルギー	48 724	*7.9*	オランダ	66 887	*8.2*
アメリカ合衆国	48 666	*7.9*	スペイン	63 230	*7.8*
スペイン	46 631	*7.6*	イタリア	60 293	*7.4*
イギリス	35 020	*5.7*	アメリカ合衆国	54 766	*6.7*
計×	**615 603**	*100.0*	計×	**813 846**	*100.0*
EU	342 232	*55.6*	EU	499 839	*61.4*
ベルギー					
ドイツ	134 384	*21.4*	オランダ	113 999	*18.2*
オランダ	87 248	*13.9*	ドイツ	76 324	*12.2*
フランス	82 839	*13.2*	フランス	57 067	*9.1*
アメリカ合衆国	36 548	*5.8*	アメリカ合衆国	36 723	*5.8*
イギリス	32 372	*5.1*	中国	36 598	*5.8*
計×	**628 768**	*100.0*	計×	**628 081**	*100.0*
EU	429 695	*68.3*	EU	371 938	*59.2*
ポーランド					
ドイツ	100 094	*27.9*	ドイツ	96 785	*25.5*
チェコ	23 710	*6.6*	中国	39 149	*10.3*
フランス	20 502	*5.7*	オランダ	23 983	*6.3*
イギリス	17 518	*4.9*	イタリア	17 840	*4.7*
オランダ	16 578	*4.6*	ロシア	16 277	*4.3*
計×	**358 785**	*100.0*	計×	**379 775**	*100.0*
EU	271 548	*75.7*	EU	243 018	*64.0*

資料・脚注は（I）に同じ。×その他とも。

主要国の相手先別貿易（V）（2022年）

	輸出				輸入	
		百万ドル	%		百万ドル	%
ロシア	中国	68 292	11.9	中国	56 951	27.9
	オランダ	42 858	7.5	ドイツ	17 784	8.7
	トルコ	35 355	6.1	アメリカ合衆国	12 272	6.0
	ドイツ	30 025	5.2	ベラルーシ	10 908	5.3
	イタリア	26 579	4.6	イタリア	7 898	3.9
	韓国	23 196	4.0	フランス	7 800	3.8
	計×	**574 962**	100.0	計×	**204 247**	100.0
	EU	221 488	38.5	EU	61 117	29.9
EU 1)	アメリカ合衆国	526 870	7.4	中国	654 202	8.8
	イギリス	341 890	4.8	アメリカ合衆国	369 567	5.0
	中国	239 646	3.4	イギリス	228 246	3.1
	スイス	195 646	2.8	ロシア	214 471	2.9
	トルコ	104 371	1.5	ノルウェー	165 967	2.2
	日本	74 406	1.0	スイス	151 629	2.0
	ノルウェー	69 841	1.0	トルコ	103 517	1.4
	計×	**7 112 131**	100.0	計×	**7 438 420**	100.0
	EU	4 411 057	62.0	EU	4 304 568	57.9
アメリカ合衆国	カナダ	356 113	17.3	中国	536 754	16.5
	メキシコ	324 378	15.7	メキシコ	454 930	14.0
	中国	153 837	7.5	カナダ	437 729	13.5
	日本	80 317	3.9	日本	148 330	4.6
	イギリス	77 301	3.7	ドイツ	146 608	4.5
	計×	**2 064 056**	100.0	計×	**3 246 432**	100.0
	EU	350 445	17.0	EU	553 528	17.1
カナダ	アメリカ合衆国	459 929	77.0	アメリカ合衆国	295 265	49.1
	中国	21 909	3.7	中国	81 437	13.5
	イギリス	14 010	2.3	メキシコ	33 002	5.5
	日本	13 824	2.3	ドイツ	18 257	3.0
	メキシコ	6 929	1.2	日本	13 928	2.3
	計×	**596 958**	100.0	計×	**601 422**	100.0
	EU	27 602	4.6	EU	64 768	10.8
メキシコ	アメリカ合衆国	472 584	81.8	アメリカ合衆国	280 928	43.8
	カナダ	15 586	2.7	中国	125 818	19.6
	中国	10 917	1.9	韓国	23 838	3.7
	ドイツ	8 339	1.4	ドイツ	19 562	3.1
	韓国	7 376	1.3	日本	19 395	3.0
	計×	**577 730**	100.0	計×	**640 840**	100.0
	EU	22 832	4.0	EU	62 378	9.7

資料・脚注は（I）に同じ。1）27か国。EU以外（域外）との貿易。×その他とも。

主要国の相手先別貿易（Ⅵ）（2022年）

	輸出			輸入	
	百万ドル	%		百万ドル	%
アルゼンチン					
ブラジル	12 638	*14.4*	中国	17 502	*21.5*
中国	7 929	*9.0*	ブラジル	16 030	*19.7*
アメリカ合衆国	6 616	*7.5*	アメリカ合衆国	10 264	*12.6*
チリ	5 022	*5.7*	ドイツ	2 719	*3.3*
インド	4 543	*5.2*	ボリビア	2 220	*2.7*
計×	**88 057**	*100.0*	計×	**81 475**	*100.0*
EU	10 839	*12.3*	EU	11 118	*13.6*
チリ					
中国	38 447	*39.4*	中国	26 413	*25.3*
アメリカ合衆国	13 587	*13.9*	アメリカ合衆国	21 789	*20.9*
日本	7 419	*7.6*	ブラジル	10 165	*9.7*
韓国	6 054	*6.2*	アルゼンチン	6 041	*5.8*
ブラジル	4 514	*4.6*	ドイツ	2 783	*2.7*
計×	**97 489**	*100.0*	計×	**104 407**	*100.0*
EU	7 558	*7.8*	EU	11 616	*11.1*
ブラジル					
中国	89 719	*26.8*	中国	64 389	*22.3*
アメリカ合衆国	38 148	*11.4*	アメリカ合衆国	54 808	*19.0*
アルゼンチン	15 349	*4.6*	アルゼンチン	13 886	*4.8*
オランダ	11 988	*3.6*	ドイツ	13 575	*4.7*
スペイン	9 761	*2.9*	インド	9 396	*3.3*
チリ	9 115	*2.7*	ロシア	8 323	*2.9*
計×	**334 463**	*100.0*	計×	**289 064**	*100.0*
EU	50 916	*15.2*	EU	46 927	*16.2*
オーストラリア					
中国	121 151	*29.4*	中国	81 926	*26.7*
日本	79 392	*19.2*	アメリカ合衆国	31 295	*10.2*
韓国	35 707	*8.7*	韓国	19 751	*6.4*
(台湾)	19 969	*4.8*	日本	18 049	*5.9*
インド	19 916	*4.8*	シンガポール	14 349	*4.7*
アメリカ合衆国	13 902	*3.4*	タイ	12 763	*4.2*
計×	**412 540**	*100.0*	計×	**306 555**	*100.0*
EU	18 041	*4.4*	EU	42 835	*14.0*
ニュージーランド					
中国	12 973	*28.0*	中国	12 655	*23.2*
オーストラリア	5 586	*12.1*	オーストラリア	6 078	*11.1*
アメリカ合衆国	5 042	*10.9*	アメリカ合衆国	4 922	*9.0*
日本	2 692	*5.8*	韓国	3 458	*6.3*
韓国	1 696	*3.7*	日本	3 425	*6.3*
インドネシア	1 332	*2.9*	シンガポール	2 669	*4.9*
シンガポール	1 140	*2.5*	ドイツ	2 269	*4.2*
計×	**46 320**	*100.0*	計×	**54 665**	*100.0*
EU	2 578	*5.6*	EU	7 772	*14.2*

資料・脚注は（Ⅰ）に同じ。×その他とも。

図 8-7　主要国の貿易相手先（2022年）（表8-4より作成）

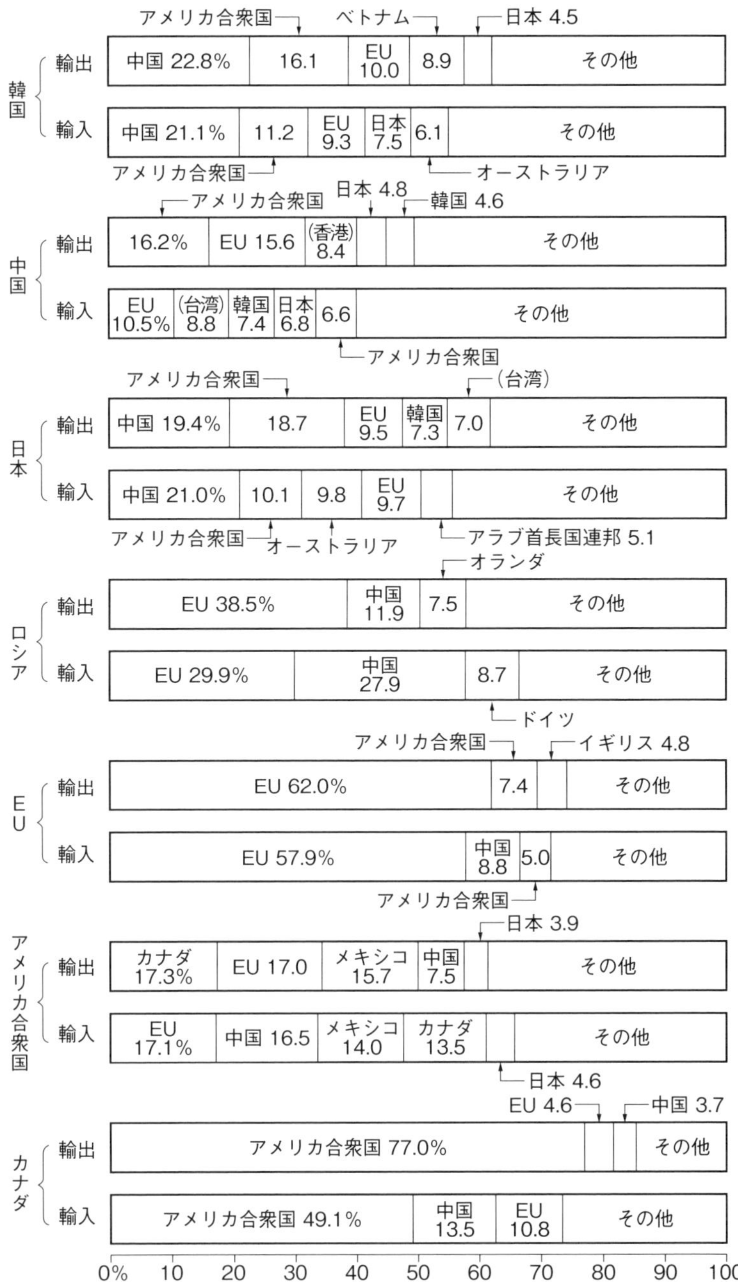

〔主な国の商品別貿易〕　表8-5～73の表は国連“Comtrade Database”より作成。商品の分類は標準国際貿易分類（SITC）Rev.4を採用した。この商品分類は、財務省が定めた貿易品目分類や世界税関機構（WCO）が定めた輸出入統計品目番号（HSコード）とは異なる。輸出額はf.o.b（本船渡し）価格、輸入額はc.i.f（保険料・運賃込み）価格。ただし、「f.o.b」がついた輸入はf.o.b価格。繊維品には衣類を含まない。有機化合物とは石油化学工業などでつくられる薬品類の総称。機械類は一般機械と電気機械の合計で、自動車や航空機などの輸送用機械および精密機械を含まないので注意が必要。自動車は部品、二輪自動車およびその他の道路走行車両を含む。×その他とも。

表 8-5　中国（単位　億ドル）

輸出	2020	2021	輸入	2020	2021
機械類………	11 501	14 470	機械類………	7 421	9 021
通信機器……	2 708	3 149	集積回路……	3 500	4 325
コンピュータ	1 702	2 045	通信機器……	654	816
集積回路……	1 165	1 538	コンピュータ	339	414
衣類…………	1 415	1 760	半導体等製造装置	316	410
繊維品………	1 541	1 456	原油…………	1 785	2 581
金属製品……	1 070	1 440	鉄鉱石………	1 237	1 826
自動車………	817	1 411	精密機器……	933	1 035
精密機器……	786	957	自動車………	739	863
家具…………	691	869	乗用車……	449	529
鉄鋼…………	465	845	プラスチック…	657	765
有機化合物……	488	731	有機化合物……	455	615
プラスチック…	334	533	銅鉱…………	366	570
はきもの……	381	517	大豆…………	395	535
照明器具……	389	508	銅……………	435	525
医薬品………	221	486	金（非貨幣用）…	114	473
自動車部品……	333	465	鉄鋼…………	392	457
がん具………	335	461	医薬品………	370	444
石油製品……	270	351	液化天然ガス…	232	441
旅行用品類……	208	280	石油製品……	284	377
計×………	**25 891**	**33 623**	計×………	**20 696**	**26 844**

特殊取扱品　ロシアの天然ガスなど、一部の国で資源や一部の工業製品を特殊取扱品に含めるようになった。特殊取扱品になると、個別の輸出額や輸出量が公表されなくなるため、本書では別資料で金額が判明したものについては脚注で記載している。なお、特殊取扱品とは、SITCの商品分類の１つで狭義は再輸出品などが該当し、広義には郵便小包、貨幣、非貨幣用の金が含まれている。

表 8-6 日本（単位 億ドル）

輸出	2020	2021	輸入	2020	2021
機械類・・・・・・・・	2 287	2 717	機械類・・・・・・・・	1 648	1 861
半導体等製造装置	236	305	通信機器・・・・	344	384
集積回路・・・・	265	305	集積回路・・・・	186	250
自動車・・・・・・・・	1 210	1 357	原油・・・・・・・・・・	435	631
乗用車・・・・・・	810	855	液化天然ガス・・	301	390
精密機器・・・・・・	340	394	医薬品・・・・・・・・	295	381
鉄鋼・・・・・・・・・・	241	348	衣類・・・・・・・・・・	263	265
自動車部品・・・・	275	330	石炭・・・・・・・・・・	161	263
プラスチック・・	227	271	精密機器・・・・・・	231	253
有機化合物・・・・	149	184	自動車・・・・・・・・	196	229
計×・・・・・・・・	**6 413**	**7 571**	計×・・・・・・・・	**6 354**	**7 723**

表 8-7 イスラエル（単位 億ドル）

輸出	2020	2021	輸入	2020	2021
機械類・・・・・・・・	136.1	163.0	機械類・・・・・・・・	182.1	224.3
集積回路・・・・	27.4	35.7	通信機器・・・・	29.0	35.7
通信機器・・・・	29.8	33.6	自動車・・・・・・・・	58.1	75.6
ダイヤモンド・・	54.2	87.6	乗用車・・・・・・	41.7	51.0
精密機器・・・・・・	45.4	61.4	原油・・・・・・・・・・	37.6	64.3
航空機・・・・・・・・	22.2	23.7	ダイヤモンド・・	28.3	61.8
医薬品・・・・・・・・	17.1	21.7	医薬品・・・・・・・・	33.8	37.3
プラスチック・・	16.7	20.7	鉄鋼・・・・・・・・・・	18.7	29.4
化学肥料・・・・・・	12.0	16.0	精密機器・・・・・・	24.5	28.2
金属製品・・・・・・	13.3	14.7	衣類・・・・・・・・・・	19.1	26.2
計×・・・・・・・・	**501.5**	**601.6**	計×・・・・・・・・	**692.6**	**921.6**

表 8-8 インド（単位 億ドル）

輸出	2020	2021	輸入	2020	2021
石油製品・・・・・・	268	548	原油・・・・・・・・・・	646	1 064
機械類・・・・・・・・	325	446	機械類・・・・・・・・	785	1 057
ダイヤモンド・・	152	247	通信機器・・・・	177	196
鉄鋼・・・・・・・・・・	126	236	集積回路・・・・	76	123
繊維品・・・・・・・・	150	222	金（非貨幣用）・・	219	558
医薬品・・・・・・・・	201	211	石炭・・・・・・・・・・	165	266
有機化合物・・・・	161	200	有機化合物・・・・	171	264
自動車・・・・・・・・	123	177	ダイヤモンド・・	158	262
衣類・・・・・・・・・・	130	162	プラスチック・・	106	174
貴金属製品・・・・	77	106	植物性油脂・・・・	105	173
計×・・・・・・・・	**2 755**	**3 948**	計×・・・・・・・・	**3 680**	**5 704**

表 8-9　インドネシア（単位　億ドル）

輸出	2020	2021	輸入	2020	2021
石炭……………	165	316	機械類………	411	485
パーム油……	174	267	通信機器……	78	85
鉄鋼……………	112	214	石油製品……	86	150
機械類………	145	182	鉄鋼…………	78	124
有機化合物……	55	95	プラスチック…	60	88
衣類…………	75	94	繊維品………	53	71
自動車………	65	85	有機化合物……	48	71
はきもの……	48	62	原油…………	34	70
銅鉱…………	24	54	自動車………	39	65
魚介類………	48	53	医薬品………	15	48
計×………	**1 632**	**2 315**	計×………	**1 416**	**1 962**

表 8-10　カザフスタン（単位　億ドル）

輸出	2020	2021	輸入	2020	2021
原油…………	237.0	310.9	機械類………	129.2	114.5
鉄鋼…………	32.0	48.3	コンピュータ	7.0	16.7
銅……………	27.9	33.7	通信機器……	12.0	13.3
放射性元素……	17.2	17.7	自動車………	22.3	31.3
銅鉱…………	14.6	16.1	乗用車……	7.7	13.4
鉄鉱石………	6.6	16.0	鉄鋼…………	18.7	24.0
小麦…………	11.4	14.3	医薬品………	15.8	17.3
機械類………	5.1	13.2	金属製品……	19.4	15.8
天然ガス……	18.8	12.9	プラスチック…	8.1	11.7
石油製品……	7.3	10.5	自動車部品……	9.2	11.1
計×………	**469.5**	**603.2**	計×………	**380.8**	**414.2**

表 8-11　カタール（単位　億ドル）

輸出	2020	2021	輸入	2020	2021
天然ガス及び製造ガス…	348.8	533.8	機械類………	70.7	76.6
			通信機器……	8.3	9.9
原油…………	72.5	123.6	自動車………	11.2	18.5
石油製品……	…	78.6	乗用車……	7.9	11.2
プラスチック…	20.5	31.6	鉄鋼…………	11.6	11.5
アルミニウム…	12.1	16.8	医薬品………	7.4	8.7
有機化合物……	6.6	12.7	精密機器……	7.3	8.4
船舶…………	7.8	10.7	衣類…………	7.2	8.1
無機化合物……	7.3	9.1	金属製品……	7.4	8.0
計×………	**515.0**	**872.0**	計×………	**258.3**	**279.9**

「天然ガス及び製造ガス」は液化天然ガス（数値不詳）と液化石油ガスを含む。

表 8-12　**韓国**（単位　億ドル）

輸出	2020	2021	輸入	2020	2021
機械類········	2 189	2 657	機械類········	1 504	1 823
集積回路····	826	1 089	集積回路····	402	503
通信機器····	274	341	半導体等製造装置	155	222
自動車········	535	661	通信機器····	182	197
乗用車······	356	443	原油··········	445	670
石油製品······	249	393	液化天然ガス··	157	255
プラスチック··	277	388	石油製品······	136	250
鉄鋼··········	222	309	精密機器······	184	215
有機化合物····	151	233	自動車········	181	200
船舶··········	187	220	鉄鋼··········	108	172
計×········	**5 127**	**6 444**	計×········	**4 675**	**6 150**

表 8-13　**サウジアラビア**（単位　億ドル）

輸出	2020	2021	輸入	2020	2021
原油··········	…	1 508	機械類········	285	307
石油製品······	…	536	通信機器····	69	75
プラスチック··	160	234	自動車········	140	153
有機化合物····	97	144	乗用車······	106	119
液化石油ガス··	…	66	石油製品······	40	73
機械類········	30	41	医薬品········	57	70
船舶··········	36	38	鉄鋼··········	60	69
計×········	**1 857**	**2 865**	計×········	**1 313**	**1 527**

原資料では2020年の原油、石油製品、液化石油ガスの輸出は特殊取扱品に含まれており不詳。サウジアラビア統計局資料（2023年 7 月 5 日閲覧）では、原油・石油製品類の輸出額について、2020年は4480億ドル、2021年は7581億ドル。

表 8-14　**シンガポール**（単位　億ドル）

輸出	2020	2021	輸入	2020	2021
機械類········	1 861	3 116	機械類········	1 604	2 637
集積回路····	847	1 482	集積回路····	692	1 228
半導体等製造装置	112	238	通信機器····	137	199
通信機器····	141	228	コンピュータ	81	117
石油製品······	299	604	半導体等製造装置	52	107
精密機器······	188	277	石油製品······	315	631
金（非貨幣用）··	166	208	原油··········	144	304
プラスチック··	119	196	精密機器······	130	201
有機化合物····	107	180	金（非貨幣用）··	179	194
医薬品········	98	145	有機化合物····	72	127
計×········	**3 737**	**6 141**	計×········	**3 286**	**5 459**

表 8-15　スリランカ（単位　億ドル）

輸出	2020	2021	輸入	2020	2021
衣類…………	45.5	57.5	機械類………	25.5	36.6
茶……………	13.3	13.9	通信機器……	4.4	6.9
ゴム製品……	5.7	7.4	繊維品………	22.6	32.3
機械類………	4.1	5.8	石油製品……	12.0	22.4
野菜・果実……	4.3	5.2	鉄鋼…………	6.3	11.5
繊維品………	4.7	5.0	医薬品………	5.5	8.9
香辛料………	3.1	4.4	プラスチック…	5.1	7.9
魚介類………	2.3	3.4	金属製品……	3.9	5.0
石油製品……	2.8	2.1	野菜・果実……	4.3	5.0
貴石・半貴石…	0.7	1.7	原油…………	4.0	4.9
計×………	**107.1**	**133.3**	計×………	**156.1**	**215.0**

表 8-16　タイ（単位　億ドル）

輸出	2020	2021	輸入	2020	2021
機械類………	725	846	機械類………	665	800
コンピュータ	118	142	集積回路……	88	109
通信機器……	79	86	通信機器……	86	103
自動車………	229	313	原油…………	176	254
乗用車……	83	106	鉄鋼…………	100	158
プラスチック…	94	127	自動車………	78	99
野菜・果実……	72	99	金属製品……	74	92
石油製品……	54	88	金（非貨幣用）…	50	84
ゴム製品……	73	88	プラスチック…	57	75
自動車部品……	67	87	自動車部品……	52	67
計×………	**2 314**	**2 667**	計×………	**2 077**	**2 682**

表 8-17　（台湾）（単位　億ドル）

輸出	2020	2021	輸入	2020	2021
機械類………	2 102	2 665	機械類………	1 345	1 765
集積回路……	1 231	1 558	集積回路……	623	812
通信機器……	166	199	半導体等製造装置	182	255
コンピュータ	106	120	原油…………	126	199
プラスチック…	150	224	精密機器……	137	164
精密機器……	169	199	鉄鋼…………	66	120
金属製品……	120	154	液化天然ガス…	55	110
鉄鋼…………	83	138	有機化合物……	72	107
自動車………	101	136	自動車………	95	106
計×………	**3 472**	**4 477**	計×………	**2 874**	**3 826**

表 8-18 トルコ（単位 億ドル）

輸出	2019	2020	輸入	2019	2020
機械類	275	261	機械類	377	427
自動車	259	213	金（非貨幣用）	113	252
乗用車	121	96	自動車	99	151
衣類	164	154	乗用車	35	79
繊維品	118	117	プラスチック	106	105
鉄鋼	115	101	鉄鋼	102	96
野菜・果実	80	87	石油製品	100	68
金属製品	73	72	鉄くず	56	62
自動車部品	50	45	有機化合物	56	57
プラスチック	44	44	医薬品	53	54
計×	**1 808**	**1 697**	計×	**2 103**	**2 195**

表 8-19 パキスタン（単位 億ドル）

輸出	2020	2021	輸入	2020	2021
繊維品	71.1	91.9	機械類	86.3	119.2
衣類	61.8	84.6	通信機器	21.4	28.3
米	21.0	21.5	石油製品	43.0	81.3
野菜・果実	7.5	8.9	原油	22.7	42.0
銅	4.2	7.8	医薬品	10.2	40.7
精密機器	3.8	4.3	液化天然ガス	20.8	40.0
医療用機器	3.6	4.2	パーム油	21.1	34.1
有機化合物	3.6	4.3	自動車	14.3	32.9
魚介類	3.8	4.2	プラスチック	20.8	28.8
プラスチック	3.1	3.5	有機化合物	19.4	27.8
計×	**222.4**	**288.0**	計×	**457.8**	**728.9**

表 8-20 フィリピン（単位 億ドル）

輸出	2020	2021	輸入	2020	2021
機械類	422.8	475.0	機械類	366.1	427.9
集積回路	236.6	239.6	集積回路	109.5	122.7
コンピュータ	34.5	37.4	通信機器	39.7	40.6
通信機器	11.2	18.8	石油製品	45.9	93.8
野菜・果実	30.9	28.4	自動車	53.1	69.1
銅	16.7	23.7	鉄鋼	40.1	56.2
精密機器	18.0	21.9	医薬品	19.2	38.3
ニッケル鉱	14.7	19.6	プラスチック	24.4	32.8
やし油	8.2	13.8	石炭	15.8	29.0
自動車	9.5	11.7	金属製品	20.6	25.8
計×	**652.1**	**746.2**	計×	**950.7**	**1 243.9**

表 8-21　ベトナム（単位　億ドル）

輸出	2020	2021	輸入	2020	2021
機械類	1 296	1 556	機械類	1 172	1 424
通信機器	722	849	集積回路	380	461
集積回路	138	141	通信機器	251	328
衣類	281	306	繊維品	155	186
はきもの	173	182	プラスチック	123	161
家具	113	130	鉄鋼	91	129
鉄鋼	61	129	金属製品	67	80
繊維品	98	116	精密機器	80	76
魚介類	83	88	自動車	53	74
野菜・果実	65	73	野菜・果実	31	58
計×	**2 814**	**3 358**	計×	**2 613**	**3 308**

表 8-22　（香港）（単位　億ドル）

輸出	2020	2021	輸入	2020	2021
機械類	3 819	4 847	機械類	3 836	4 803
集積回路	1 501	2 077	集積回路	1 657	2 180
通信機器	849	954	通信機器	820	957
コンピュータ	242	317	コンピュータ	208	271
金（非貨幣用）	452	328	金（非貨幣用）	226	303
精密機器	233	265	精密機器	230	278
時計	60	77	時計	62	84
ダイヤモンド	105	140	貴金属製品	115	180
貴金属製品	65	95	ダイヤモンド	114	154
衣類	82	86	衣類	77	84
計×	**5 515**	**6 709**	計×	**5 731**	**7 132**

表 8-23　マレーシア（単位　億ドル）

輸出	2020	2021	輸入	2020	2021
機械類	1 101	1 220	機械類	745	924
集積回路	450	549	集積回路	254	334
通信機器	82	100	通信機器	60	68
石油製品	142	220	石油製品	139	211
衣類	99	145	プラスチック	67	80
パーム油	98	142	鉄鋼	49	69
精密機器	99	112	精密機器	54	64
有機化合物	52	90	自動車	44	58
液化天然ガス	71	88	有機化合物	35	55
プラスチック	64	82	金（非貨幣用）	24	44
計×	**2 341**	**2 992**	計×	**1 904**	**2 382**

表 8-24 モンゴル（単位 億ドル）

輸出	2020	2021	輸入	2020	2021
銅鉱	17.8	29.0	機械類	10.5	12.3
石炭	21.3	27.8	通信機器	1.1	1.5
金（非貨幣用）	17.9	10.0	石油製品	8.3	11.4
鉄鉱石	6.4	9.5	自動車	7.8	11.1
羊毛・獣毛	2.3	3.2	貨物車	3.0	4.3
原油	1.5	2.7	乗用車	3.0	3.9
亜鉛鉱	1.7	1.8	鉄鋼	3.1	3.3
蛍石	1.6	1.4	医薬品	1.2	2.9
銀鉱	1.2	1.3	金属製品	2.1	2.1
銅	0.6	0.9	電力	1.4	1.6
計×	**75.8**	**92.4**	計×	**53.0**	**68.4**

表 8-25 エジプト（単位 億ドル）

輸出	2020	2021	輸入	2020	2021
石油製品	29.6	61.3	機械類	94.0	112.4
液化天然ガス	4.4	39.2	通信機器	16.8	25.8
野菜・果実	28.6	31.7	自動車	45.4	49.3
原油	12.0	29.2	乗用車	27.5	34.3
機械類	17.6	27.7	石油製品	17.5	39.2
プラスチック	14.9	23.6	プラスチック	26.6	37.8
衣類	13.6	19.7	医薬品	25.4	37.7
鉄鋼	7.0	17.3	原油	38.1	37.3
繊維品	12.5	16.1	繊維品	25.4	28.4
化学肥料	11.6	14.7	小麦	26.9	24.7
計×	**268.2**	**407.0**	計×	**602.8**	**737.8**

表 8-26 エチオピア（単位 億ドル）

輸出	2020	2021	輸入	2020	2021
コーヒー豆	8.0	11.9	機械類	29.6	28.2
野菜・果実	5.8	6.7	自動車	9.9	11.3
ごま	3.6	2.9	石油製品	16.3	10.0
装飾用切花	1.9	2.5	小麦	4.3	9.4
衣類	1.4	1.5	パーム油	4.2	8.8
肉類	0.7	0.9	医薬品	5.9	8.2
羊・山羊肉	0.6	0.9	米	3.2	6.9
大豆	0.4	0.4	鉄鋼	8.3	6.3
生きた動物	0.4	0.3	化学肥料	5.1	5.9
繊維品	0.2	0.3	砂糖	3.4	5.8
計×	**25.3**	**30.6**	計×	**140.9**	**152.8**

表 8-27　**ガーナ**（単位　億ドル）

輸出	2018	2019	輸入	2018	2019
金（非貨幣用）・・	60.9	62.0	機械類・・・・・・・・	23.5	20.8
原油・・・・・・・・・・	51.9	52.5	自動車・・・・・・・・	17.7	16.4
カカオ豆・・・・・・	24.4	18.5	乗用車・・・・・・	9.6	8.8
ココアペースト	4.0	4.1	貨物車・・・・・・	4.9	4.6
野菜・果実・・・・	6.3	4.0	鉄鋼・・・・・・・・・	5.9	4.8
マンガン鉱・・・・	2.9	3.5	金属製品・・・・・・	4.7	4.4
ココアバター・・	2.9	3.4	プラスチック・・	5.0	4.3
カシューナッツ	4.6	2.4	米・・・・・・・・・・・	4.5	3.7
魚介類・・・・・・・・	2.3	2.0	セメント・・・・・・	3.2	3.2
植物性油脂・・・・	1.7	1.8	石油製品・・・・・・	2.1	2.7
計×・・・・・・・・	**171.0**	**167.7**	計×・・・・・・・・	**118.8**	**104.4**

表 8-28　**コートジボワール**（単位　億ドル）

輸出	2019	2020	輸入	2019	2020
カカオ豆・・・・・・	35.8	36.3	機械類・・・・・・・・	16.5	16.7
金（非貨幣用）・・	10.8	14.7	原油・・・・・・・・・・	14.9	14.4
野菜・果実・・・・	10.3	11.4	自動車・・・・・・・・	6.2	6.9
天然ゴム・・・・・・	9.1	10.4	魚介類・・・・・・・・	5.3	5.8
カシューナッツ	8.0	9.1	米・・・・・・・・・・・	6.0	5.5
ココアペースト	6.2	7.1	プラスチック・・	4.1	4.4
石油製品・・・・・・	11.2	7.0	石油製品・・・・・・	5.4	4.1
原油・・・・・・・・・・	9.0	4.5	医薬品・・・・・・・・	3.7	4.0
ココアバター・・	3.7	4.0	鉄鋼・・・・・・・・・	3.3	3.5
綿花・・・・・・・・・・	3.6	2.9	金属製品・・・・・・	3.6	2.8
計×・・・・・・・・	**127.2**	**124.5**	計×・・・・・・・・	**104.8**	**105.3**

表 8-29　**コンゴ民主共和国**（単位　億ドル）

輸出	2020	2021	輸入	2020	2021
銅・・・・・・・・・・・・	91.7	155.9	機械類・・・・・・・・	13.9	18.6
無機化合物・・・・	31.4	57.1	自動車・・・・・・・・	3.7	5.8
銅鉱・・・・・・・・・・	8.3	15.9	貨物車・・・・・・	1.6	2.5
金属製品・・・・・・	1.5	1.4	印刷物・・・・・・・・	12.0	4.4
カカオ豆・・・・・・	0.9	1.0	石油製品・・・・・・	2.9	3.8
石油製品・・・・・・	0.7	0.7	金属製品・・・・・・	3.2	3.6
ダイヤモンド・・	0.5	0.7	無機化合物・・・・	2.9	3.1
木材・・・・・・・・・・	0.6	0.7	医薬品・・・・・・・・	1.7	2.7
すず鉱・・・・・・・・	0.4	0.5	プラスチック・・	1.9	2.6
亜鉛・・・・・・・・・・	0.3	0.4	鉄鋼・・・・・・・・・	1.9	2.5
計×・・・・・・・・	**141.2**	**241.2**	計×・・・・・・・・	**66.6**	**76.6**

表 8-30 ザンビア（単位 億ドル）

輸出	2020	2021	輸入	2020	2021
銅･･････････････	58.2	76.7	機械類･････････	10.5	12.1
鉄鋼･････････････	1.0	2.2	自動車･････････	4.3	6.2
機械類･･････････	1.2	1.4	石油製品･･････	2.5	5.7
電力････････････	1.2	1.3	化学肥料･･････	4.1	3.9
セメント･･････	1.3	1.3	医薬品････････	2.7	3.4
葉たばこ･･････	1.1	1.1	プラスチック･･	2.4	3.2
貴石・半貴石･･	0.7	1.0	金属製品･･････	1.8	2.4
植物性油かす･･	0.4	0.8	鉄鋼･･････････	1.9	2.4
ニッケル鉱････	0.5	0.8	銅鉱･･････････	0.6	2.0
砂糖･･････････	0.9	0.7	ゴム製品･･････	1.6	1.3
計×･････････	**79.2**	**101.0**	計×･････････	**52.8**	**64.4**

表 8-31 タンザニア（単位 億ドル）

輸出	2020	2021	輸入	2020	2021
金（非貨幣用）･･	29.6	29.3	石油製品･･････	12.7	21.6
野菜・果実････	6.3	5.1	機械類････････	16.6	18.8
米････････････	1.4	3.0	自動車････････	7.3	9.3
魚介類････････	1.4	1.6	鉄鋼･･････････	5.4	7.6
カシューナッツ	3.7	1.6	プラスチック･･	4.2	6.1
コーヒー豆････	1.5	1.6	医薬品････････	4.4	4.7
ごま･･････････	1.5	1.5	金属製品･･････	3.3	3.5
葉たばこ･･････	1.5	1.3	小麦･･････････	1.7	2.2
繊維品････････	0.8	1.2	パーム油･･････	1.6	2.1
貴金属鉱･･････	3.6	1.0	化学肥料･･････	2.0	2.1
計×･････････	**60.8**	**63.9**	計×･････････	**85.2**	**108.7**

表 8-32 ナイジェリア（単位 億ドル）

輸出	2020	2021	輸入	2020	2021
原油･･････････	263.2	360.0	石油製品･･････	83.3	160.4
液化天然ガス･･	39.2	49.3	機械類････････	142.7	105.5
船舶･･････････	21.7	14.4	自動車････････	54.0	33.1
化学肥料･･････	1.9	9.4	乗用車･･････	30.5	17.4
石油ガス･･････	4.7	6.7	小麦･･････････	21.5	27.2
カカオ豆･･････	2.9	5.6	プラスチック･･	23.9	24.3
ごま･･････････	3.0	2.8	医薬品････････	30.8	14.3
野菜・果実････	1.4	2.6	鉄鋼･･････････	16.1	13.4
電力･･････････	0.5	2.2	精密機器･･････	11.4	10.1
液化石油ガス･･	1.0	2.1	有機化合物････	12.4	9.5
計×･････････	**349.0**	**472.3**	計×･････････	**554.6**	**520.7**

表 8-33　ボツワナ（単位　億ドル）

輸出	2020	2021	輸入	2020	2021
ダイヤモンド・・	37.7	67.1	ダイヤモンド・・	20.1	29.6
機械類・・・・・・・・	1.4	1.8	機械類・・・・・・・・	7.4	9.4
銅鉱・・・・・・・・・・	0.3	1.1	石油製品・・・・・・	6.3	8.3
生きた動物・・・・	0.4	0.8	自動車・・・・・・・・	3.8	4.5
ソーダ灰・・・・・・	0.4	0.4	乗用車・・・・・・	1.5	1.7
金（非貨幣用）・・	0.5	0.4	貨物車・・・・・・	1.3	1.5
自動車・・・・・・・・	0.2	0.3	医薬品・・・・・・・・	1.3	1.9
塩・・・・・・・・・・・・	0.2	0.3	金属製品・・・・・・	1.4	1.9
石炭・・・・・・・・・・	0.2	0.3	鉄鋼・・・・・・・・・・	1.0	1.7
プラスチック・・	0.2	0.2	野菜・果実・・・・	1.3	1.4
計×・・・・・・・・	**42.9**	**74.7**	計×・・・・・・・・	**65.1**	**84.6**

表 8-34　南アフリカ共和国（単位　億ドル）

輸出	2020	2021	輸入（f.o.b）	2020	2021
白金族・・・・・・・・	107.4	231.2	機械類・・・・・・・・	163.2	201.8
自動車・・・・・・・・	83.9	106.3	通信機器・・・・	30.8	39.1
乗用車・・・・・・	46.1	53.3	石油製品・・・・・・	36.9	86.2
貨物車・・・・・・	28.0	40.3	自動車・・・・・・・・	42.2	60.0
鉄鉱石・・・・・・・・	61.2	98.6	乗用車・・・・・・	21.1	31.1
機械類・・・・・・・・	65.1	83.9	原油・・・・・・・・・・	50.9	54.2
金（非貨幣用）・・	67.3	73.2	医薬品・・・・・・・・	25.3	31.9
鉄鋼・・・・・・・・・・	40.9	64.1	プラスチック・・	15.4	23.0
石炭・・・・・・・・・・	39.4	60.6	衣類・・・・・・・・・・	16.5	21.1
野菜・果実・・・・	46.6	53.4	鉄鋼・・・・・・・・・・	10.9	21.0
計×・・・・・・・・	**852.3**	**1213.2**	計×・・・・・・・・	**689.4**	**934.4**

表 8-35　モロッコ（単位　億ドル）

輸出	2020	2021	輸入	2020	2021
機械類・・・・・・・・	50.8	57.4	機械類・・・・・・・・	97.1	111.9
化学肥料・・・・・・	33.8	57.2	自動車・・・・・・・・	39.6	54.8
自動車・・・・・・・・	36.1	50.4	乗用車・・・・・・	14.3	22.2
乗用車・・・・・・	29.7	42.1	石油製品・・・・・・	32.9	54.3
野菜・果実・・・・	32.2	37.8	繊維品・・・・・・・・	26.1	36.4
衣類・・・・・・・・・・	25.5	33.9	自動車部品・・・・	17.0	22.2
魚介類・・・・・・・・	20.8	25.7	プラスチック・・	15.2	19.8
りん酸類・・・・・・	12.0	22.0	液化石油ガス・・	11.2	17.8
航空機・・・・・・・・	9.6	11.2	鉄鋼・・・・・・・・・・	13.9	16.2
天然肥料・・・・・・	7.7	9.9	小麦・・・・・・・・・・	14.2	15.9
計×・・・・・・・・	**277.0**	**365.9**	計×・・・・・・・・	**445.3**	**586.8**

表 8-36 イギリス（単位　億ドル）

輸出	2020	2021	輸入	2020	2021
機械類	874	975	機械類	1 271	1 416
金（非貨幣用）	220	418	通信機器	231	216
自動車	349	390	自動車	569	607
乗用車	266	302	乗用車	347	341
医薬品	262	277	金（非貨幣用）	898	554
原油	161	197	医薬品	270	276
精密機器	150	178	原油	156	239
白金族	116	136	衣類	263	232
航空機	123	128	天然ガス	35	207
石油製品	80	122	精密機器	172	167
計×	**3 957**	**4 705**	計×	**6 342**	**6 882**

表 8-37 イタリア（単位　億ドル）

輸出	2020	2021	輸入	2020	2021
機械類	1 224	1 468	機械類	787	997
自動車	362	430	自動車	364	428
乗用車	146	162	乗用車	227	250
医薬品	378	383	医薬品	320	340
衣類	225	275	原油	162	299
鉄鋼	167	264	鉄鋼	146	268
金属製品	182	229	プラスチック	144	221
プラスチック	139	185	天然ガス	81	199
石油製品	89	164	衣類	157	181
自動車部品	129	152	有機化合物	139	167
計×	**4 960**	**6 017**	計×	**4 226**	**5 572**

表 8-38 ウクライナ（単位　億ドル）

輸出	2020	2021	輸入	2020	2021
鉄鋼	82.2	136.8	機械類	121.7	148.0
鉄鉱石	42.4	68.1	通信機器	15.7	16.8
ひまわり油	53.2	63.1	自動車	51.5	64.5
とうもろこし	48.9	58.5	乗用車	35.0	43.9
機械類	45.3	52.8	石油製品	36.6	59.9
小麦	35.9	47.2	医薬品	26.1	30.7
植物性油かす	14.0	15.4	石炭	17.8	27.2
なたね	10.2	13.7	プラスチック	19.0	26.9
大麦	8.8	11.7	天然ガス	8.9	20.3
家具	6.9	9.5	金属製品	13.1	17.1
計×	**492.3**	**658.7**	計×	**536.7**	**699.6**

表 8-39　オーストリア（単位　億ドル）

輸出	2020	2021	輸入	2020	2021
機械類	421	487	機械類	388	475
自動車	162	189	自動車	171	201
乗用車	71	85	乗用車	81	94
医薬品	135	147	医薬品	107	140
金属製品	83	107	金属製品	72	93
鉄鋼	69	96	衣類	67	75
プラスチック	42	57	鉄鋼	40	68
自動車部品	41	49	プラスチック	43	62
精密機器	38	43	自動車部品	52	60
紙類	27	34	金（非貨幣用）	26	52
計×	**1 621**	**1 947**	計×	**1 646**	**2 109**

表 8-40　オランダ（単位　億ドル）

輸出	2020	2021	輸入	2020	2021
機械類	1 402	1 639	機械類	1 334	1 536
通信機器	238	249	通信機器	267	274
半導体等製造装置	150	201	コンピュータ	164	182
石油製品	390	591	原油	220	355
医薬品	347	379	石油製品	216	349
精密機器	218	262	自動車	259	306
自動車	217	256	医薬品	220	263
プラスチック	179	252	精密機器	182	222
有機化合物	156	243	有機化合物	130	195
野菜・果実	218	237	衣類	144	181
計×	**5 514**	**6 969**	計×	**4 841**	**6 234**

表 8-41　ギリシャ（単位　億ドル）

輸出	2020	2021	輸入	2020	2021
石油製品	73.6	126.1	原油	70.1	117.4
機械類	32.1	39.8	機械類	80.7	105.8
医薬品	32.9	34.2	石油製品	28.3	47.3
野菜・果実	27.7	29.9	医薬品	36.8	44.0
アルミニウム	16.9	23.1	自動車	23.2	31.4
プラスチック	9.3	14.1	乗用車	14.1	19.0
鉄鋼	9.4	11.4	有機化合物	32.4	28.5
酪農品	9.2	10.9	衣類	18.7	22.9
衣類	8.1	10.6	プラスチック	14.6	21.4
銅	6.4	9.7	天然ガス	4.6	20.4
計×	**350.7**	**472.4**	計×	**555.3**	**772.9**

表 8-42 **スイス**（単位　億ドル）

輸出	2020	2021	輸入	2020	2021
医薬品	933	1 062	金（非貨幣用）	886	936
金（非貨幣用）	719	870	医薬品	395	428
機械類	336	382	機械類	342	386
精密機器	283	361	自動車	148	156
時計	181	244	乗用車	101	104
有機化合物	199	244	精密機器	88	102
貴金属製品	82	115	衣類	80	89
整形外科用機器	60	70	貴金属製品	92	85
金属製品	51	60	有機化合物	71	77
プラスチック	33	41	金属製品	58	70
計×	**3 186**	**3 798**	計×	**2 904**	**3 234**

表 8-43 **スウェーデン**（単位　億ドル）

輸出	2020	2021	輸入	2020	2021
機械類	383	443	機械類	388	480
通信機器	63	68	通信機器	80	90
自動車	199	233	自動車	161	193
乗用車	113	126	乗用車	84	101
医薬品	125	117	原油	57	95
石油製品	59	99	鉄鋼	40	66
紙類	75	83	石油製品	47	61
鉄鋼	59	81	自動車部品	52	61
自動車部品	53	63	医薬品	55	61
木材	36	56	衣類	48	59
計×	**1 549**	**1 896**	計×	**1 494**	**1 873**

表 8-44 **スペイン**（単位　億ドル）

輸出	2020	2021	輸入	2020	2021
自動車	482	537	機械類	609	721
乗用車	315	339	自動車	337	380
機械類	389	450	乗用車	138	153
野菜・果実	225	249	原油	182	296
医薬品	144	209	医薬品	179	256
石油製品	108	180	衣類	175	199
衣類	121	161	自動車部品	146	163
鉄鋼	78	123	有機化合物	109	140
プラスチック	85	122	鉄鋼	77	124
肉類	103	111	プラスチック	81	116
計×	**3 121**	**3 916**	計×	**3 297**	**4 261**

表 8-45　チェコ（単位　億ドル）

輸出	2020	2021	輸入	2020	2021
機械類	751	844	機械類	691	793
コンピュータ	144	150	通信機器	143	134
通信機器	137	134	コンピュータ	95	111
自動車	363	408	自動車	157	187
乗用車	207	234	乗用車	38	50
自動車部品	135	148	自動車部品	97	109
金属製品	86	107	鉄鋼	58	94
鉄鋼	41	62	金属製品	65	79
精密機器	41	49	医薬品	61	74
プラスチック	35	49	プラスチック	53	72
計×	**1 923**	**2 272**	計×	**1 714**	**2 125**

表 8-46　デンマーク（単位　億ドル）

輸出	2020	2021	輸入	2020	2021
機械類	228.5	263.6	機械類	231.8	265.2
医薬品	208.3	216.9	通信機器	33.7	36.8
衣類	45.3	55.2	自動車	75.0	95.1
肉類	48.5	50.4	乗用車	46.8	57.1
魚介類	35.3	41.7	医薬品	55.9	67.7
金属製品	33.4	40.5	衣類	49.7	60.2
石油製品	17.8	40.2	金属製品	32.9	43.9
自動車	29.7	37.1	原油	15.1	43.2
精密機器	32.2	37.0	鉄鋼	25.4	37.0
家具	26.7	32.9	プラスチック	22.7	33.9
計×	**1 068.7**	**1 250.1**	計×	**957.8**	**1 217.8**

表 8-47　ドイツ（単位　億ドル）

輸出	2020	2021	輸入	2020	2021
機械類	3 976	4 568	機械類	2 949	3 508
自動車	2 051	2 377	自動車	1 198	1 296
乗用車	1 228	1 403	乗用車	660	677
医薬品	1 008	1 206	医薬品	698	836
精密機器	616	692	衣類	401	466
自動車部品	556	660	天然ガス	228	460
金属製品	434	520	原油	275	403
プラスチック	390	510	精密機器	347	397
鉄鋼	244	342	有機化合物	367	392
有機化合物	247	315	自動車部品	348	391
計×	**13 859**	**16 356**	計×	**11 732**	**14 247**

表 8-48 ノルウェー（単位 億ドル）

輸出	2020	2021	輸入	2020	2021
天然ガス……	120.9	671.7	機械類………	196.4	219.7
原油…………	225.6	419.0	通信機器…	26.1	29.4
魚介類………	107.3	134.8	自動車………	91.3	124.2
機械類………	66.2	76.3	乗用車……	56.6	84.2
石油製品……	37.7	64.0	金属製品……	36.8	46.1
アルミニウム‥	31.7	50.9	石油製品……	22.9	33.6
電力…………	3.1	23.5	衣類…………	24.2	30.0
液化石油ガス‥	15.1	23.4	医薬品………	24.0	29.7
船舶…………	8.7	21.7	精密機器……	22.6	25.8
ニッケル……	12.4	16.6	ニッケル鉱…	19.2	24.9
計×………	**827.5**	**1 745.1**	計×………	**816.2**	**992.5**

表 8-49 ハンガリー（単位 億ドル）

輸出	2020	2021	輸入	2020	2021
機械類………	482	551	機械類………	427	505
通信機器…	62	77	通信機器…	67	82
コンピュータ	35	36	集積回路…	30	35
自動車………	195	218	自動車………	106	122
乗用車……	113	120	自動車部品…	57	66
自動車部品…	67	78	医薬品………	62	60
医薬品………	71	73	金属製品……	39	48
プラスチック‥	26	42	プラスチック‥	32	46
精密機器……	34	39	鉄鋼…………	26	43
金属製品……	26	33	電力…………	13	36
計×………	**1 200**	**1 412**	計×………	**1 134**	**1 391**

表 8-50 フィンランド（単位 億ドル）

輸出	2020	2021	輸入	2020	2021
機械類………	158.3	179.9	機械類………	159.7	195.0
紙類…………	62.9	73.4	通信機器…	20.9	22.7
自動車………	41.7	49.6	自動車………	61.6	75.1
乗用車……	27.3	33.4	乗用車……	30.7	37.6
鉄鋼…………	33.6	49.1	原油…………	34.3	42.8
石油製品……	42.7	48.9	石油製品……	21.8	33.0
木材…………	19.5	32.6	金属製品……	19.8	27.4
パルプ・古紙‥	21.6	30.8	医薬品………	24.1	27.1
精密機器……	26.8	29.3	自動車部品…	17.3	21.4
プラスチック‥	17.5	24.6	鉄鋼…………	15.3	20.9
計×………	**656.1**	**815.0**	計×………	**682.7**	**862.6**

表 8-51　フランス（単位　億ドル）

輸出	2020	2021	輸入	2020	2021
機械類	940	1 091	機械類	1 258	1 504
自動車	426	488	自動車	633	732
乗用車	186	208	乗用車	365	402
医薬品	388	401	医薬品	332	369
航空機	291	310	衣類	237	271
化粧品類	150	187	石油製品	176	265
プラスチック	116	177	金属製品	160	207
鉄鋼	102	164	精密機器	170	202
精密機器	141	158	原油	124	192
自動車部品	129	142	プラスチック	136	186
計×	**4 886**	**5 851**	計×	**5 828**	**7 148**

表 8-52　ブルガリア（単位　億ドル）

輸出	2020	2021	輸入	2020	2021
機械類	61.4	76.8	機械類	71.1	92.1
銅	27.6	36.1	自動車	17.7	24.2
衣類	13.9	14.3	医薬品	17.6	21.5
石油製品	11.7	13.5	鉄鋼	14.6	21.0
小麦	7.0	13.4	銅鉱	16.9	20.5
鉄鋼	7.5	13.2	原油	14.7	20.3
自動車	10.5	12.6	プラスチック	11.7	17.4
医薬品	12.1	12.2	天然ガス	4.2	15.7
金属製品	7.3	9.6	繊維品	10.1	12.0
精密機器	5.6	9.5	金属製品	8.8	11.7
計×	**319.1**	**413.7**	計×	**350.3**	**464.0**

表 8-53　ベルギー（単位　億ドル）

輸出	2020	2021	輸入	2020	2021
医薬品	481	757	機械類	450	519
機械類	327	381	医薬品	385	498
自動車	340	380	自動車	360	395
乗用車	220	233	乗用車	223	242
プラスチック	146	200	有機化合物	168	299
石油製品	119	197	原油	89	175
有機化合物	188	164	天然ガス	31	163
鉄鋼	104	147	石油製品	87	148
ダイヤモンド	82	124	ダイヤモンド	79	114
天然ガス	19	108	プラスチック	76	105
計×	**2 951**	**3 864**	計×	**2 942**	**3 937**

表 8-54 ポーランド（単位 億ドル）

輸出	2020	2021	輸入	2020	2021
機械類	632	795	機械類	679	848
コンピュータ	62	68	通信機器	92	120
自動車	247	274	自動車	205	265
金属製品	126	160	乗用車	88	103
家具	128	157	鉄鋼	98	170
自動車部品	126	146	プラスチック	108	163
衣類	90	118	衣類	110	136
肉類	70	81	金属製品	90	119
鉄鋼	49	78	原油	79	113
プラスチック	56	78	自動車部品	73	91
計×	**2 542**	**3 178**	計×	**2 547**	**3 355**

表 8-55 ポルトガル（単位 億ドル）

輸出	2020	2021	輸入	2020	2021
機械類	90.0	107.4	機械類	246.1	184.9
自動車	85.5	95.1	自動車	81.8	91.4
乗用車	35.8	40.9	乗用車	38.6	40.7
衣類	30.3	38.0	原油	38.7	47.8
石油製品	25.2	36.2	鉄鋼	22.8	40.0
自動車部品	32.6	33.5	医薬品	34.7	39.8
金属製品	25.3	31.7	プラスチック	18.2	39.1
プラスチック	21.6	30.2	自動車部品	29.0	32.4
繊維品	22.6	25.6	石油製品	10.1	28.3
計×	**614.0**	**752.4**	計×	**778.3**	**983.4**

表 8-56 ロシア（単位 億ドル）

輸出	2020	2021	輸入	2020	2021
原油	726	1 110	機械類	745	923
石油製品	477	717	通信機器	122	148
鉄鋼	168	293	コンピュータ	63	78
石炭	134	196	自動車	180	262
金（非貨幣用）	185	174	医薬品	115	145
機械類	125	168	自動車部品	92	127
化学肥料	70	125	金属製品	82	99
白金族	78	85	プラスチック	67	94
アルミニウム	52	83	衣類	77	91
計×	**3 371**	**4 923**	計×	**2 317**	**2 935**

原資料ではロシアの天然ガスの輸出は特殊取扱品に含められ不詳（306ページ参照）。

表 8-57　アメリカ合衆国（単位　億ドル）

輸出	2020	2021	輸入	2020	2021
機械類	3 514	4 005	機械類	7 025	8 432
集積回路	432	516	通信機器	1 201	1 418
通信機器	382	422	コンピュータ	1 049	1 182
コンピュータ	248	268	集積回路	316	409
自動車	1 019	1 181	自動車	2 502	2 777
乗用車	456	547	乗用車	1 457	1 481
石油製品	648	919	医薬品	1 474	1 585
医薬品	579	818	原油	816	1 384
精密機器	666	732	衣類	824	1 063
医療用機器	256	283	精密機器	751	887
原油	503	694	金属製品	592	751
プラスチック	466	585	自動車部品	608	748
有機化合物	337	436	家具	540	677
自動車部品	340	360	石油製品	382	673
金（非貨幣用）	234	307	有機化合物	504	580
金属製品	257	300	野菜・果実	422	476
液化石油ガス	145	276	鉄鋼	236	456
大豆	259	275	繊維品	452	396
液化天然ガス	132	269	プラスチック	265	384
計×	**14 303**	**17 531**	計×	**24 054**	**29 330**

原資料では2021年の航空機輸出額は95億ドルだが、米商務省資料では895億ドル。

表 8-58　カナダ（単位　億ドル）

輸出	2020	2021	輸入（f.o.b）	2020	2021
原油	476	819	機械類	1 018	1 185
機械類	401	460	通信機器	136	159
自動車	447	437	自動車	546	650
乗用車	320	291	乗用車	220	278
金（非貨幣用）	166	156	貨物車	130	155
木材	82	142	医薬品	153	195
石油製品	84	134	金属製品	119	148
プラスチック	84	120	石油製品	89	143
自動車部品	92	111	自動車部品	145	143
天然ガス	51	106	鉄鋼	77	135
計×	**3 882**	**5 015**	計×	**4 052**	**4 894**

FTAとEPA　自由貿易協定（FTA：Free Trade Agreement）とは、特定の国・地域との間で、モノにかかる関税およびサービス貿易の障壁の撤廃を目的とした協定のこと。経済連携協定（EPA：Economic Partnership Agreement）は、FTAの内容に加え、投資規制の撤廃、紛争解決手続きの整備、人的交流の拡大、知的財産権の保護など、より幅広い経済関係の強化を目的とする協定。

表 8-59 グアテマラ（単位 億ドル）

輸出	2020	2021	輸入	2020	2021
野菜・果実・・・・	18.2	18.4	機械類・・・・・・・・	29.5	40.3
バナナ・・・・・・	9.6	9.3	通信機器・・・・	7.8	9.3
衣類・・・・・・・・・・	12.7	16.7	石油製品・・・・・・	16.9	32.0
コーヒー豆・・・・	6.5	9.3	自動車・・・・・・・・	12.3	19.7
鉄鋼・・・・・・・・・・	5.4	7.9	乗用車・・・・・・	4.1	6.6
パーム油・・・・・・	4.7	7.0	鉄鋼・・・・・・・・・・	6.9	13.1
ナツメグ·カルダモン	11.4	6.6	プラスチック・・	7.7	12.9
繊維品・・・・・・・・	4.0	5.2	繊維品・・・・・・・・	8.9	12.1
砂糖・・・・・・・・・・	5.8	5.1	医薬品・・・・・・・・	7.5	9.9
医薬品・・・・・・・・	2.7	3.3	金属製品・・・・・・	4.2	6.3
計×・・・・・・・・	**116.6**	**137.4**	計×・・・・・・・・	**182.0**	**265.9**

表 8-60 コスタリカ（単位 億ドル）

輸出	2020	2021	輸入	2020	2021
精密機器・・・・・・	30.9	40.6	機械類・・・・・・・・	28.4	33.6
医療用機器・・	29.3	39.3	通信機器・・・・	5.0	5.4
野菜・果実・・・・	26.7	28.9	石油製品・・・・・・	8.5	15.5
バナナ・・・・・・	10.8	10.8	プラスチック・・	7.3	10.5
パイナップル	9.2	10.4	鉄鋼・・・・・・・・・・	5.4	10.4
機械類・・・・・・・・	7.8	10.2	自動車・・・・・・・・	6.9	9.7
整形外科用機器	6.0	8.5	乗用車・・・・・・	3.6	5.1
調製食料品・・・・	5.0	6.6	医薬品・・・・・・・・	8.7	9.3
コーヒー豆・・・・	3.3	3.3	精密機器・・・・・・	8.3	8.7
鉄鋼・・・・・・・・・・	1.4	3.2	金属製品・・・・・・	5.4	6.5
計×・・・・・・・・	**116.2**	**143.5**	計×・・・・・・・・	**144.6**	**184.3**

表 8-61 メキシコ（単位 億ドル）

輸出	2020	2021	輸入（f.o.b）	2020	2021
機械類・・・・・・・・	1 504	1 711	機械類・・・・・・・・	1 469	1 764
コンピュータ	320	333	集積回路・・・・	187	218
通信機器・・・・	152	155	通信機器・・・・	180	213
自動車・・・・・・・・	997	1 117	自動車・・・・・・・・	314	373
乗用車・・・・・・	402	399	自動車部品・・・・	220	260
貨物車・・・・・・	247	307	石油製品・・・・・・	178	260
自動車部品・・・・	269	307	プラスチック・・	145	207
原油・・・・・・・・・・	147	240	精密機器・・・・・・	148	192
野菜・果実・・・・	170	186	金属製品・・・・・・	125	160
精密機器・・・・・・	164	175	鉄鋼・・・・・・・・・・	93	140
計×・・・・・・・・	**4 170**	**4 946**	計×・・・・・・・・	**3 830**	**5 066**

表 8-62　アルゼンチン（単位　億ドル）

輸出	2020	2021	輸入	2020	2021
とうもろこし・・	60.5	83.8	機械類・・・・・・・・	113.0	163.8
植物性油かす・・	75.8	73.5	通信機器・・・・	20.5	30.4
大豆油・・・・・・・・	37.4	54.0	自動車・・・・・・・・	45.3	63.7
自動車・・・・・・・・	27.7	46.3	医薬品・・・・・・・・	23.3	35.1
貨物車・・・・・・	20.3	32.0	有機化合物・・・・	24.3	32.1
肉類・・・・・・・・・・	33.0	33.0	自動車部品・・・・	17.6	31.1
小麦・・・・・・・・・・	20.3	24.5	石油製品・・・・・・	9.4	29.7
大豆・・・・・・・・・・	21.9	22.3	大豆・・・・・・・・・・	19.8	26.2
野菜・果実・・・・	21.5	19.5	プラスチック・・	17.1	24.7
魚介類・・・・・・・・	17.0	19.2	化学肥料・・・・・・	11.1	22.8
計×・・・・・・・・	**548.8**	**779.3**	計×・・・・・・・・	**423.6**	**631.8**

表 8-63　ウルグアイ（単位　億ドル）

輸出	2020	2021	輸入	2020	2021
肉類・・・・・・・・・・	18.3	28.6	機械類・・・・・・・・	20.5	18.1
牛肉・・・・・・・・	15.5	24.1	通信機器・・・・	2.8	3.1
大豆・・・・・・・・・・	7.6	8.9	原油・・・・・・・・・・	6.8	11.1
木材・・・・・・・・・・	7.8	8.6	自動車・・・・・・・・	6.5	10.3
酪農品・・・・・・・・	6.4	7.3	乗用車・・・・・・	2.5	3.9
ミルク・クリーム	4.9	5.8	貨物車・・・・・・	1.6	2.9
電力・・・・・・・・・・	0.8	5.3	化学肥料・・・・・・	2.3	4.4
米・・・・・・・・・・・・	4.6	3.8	プラスチック・・	2.1	4.2
麦芽・・・・・・・・・・	1.9	2.2	医薬品・・・・・・・・	2.9	3.1
生きた動物・・・・	1.1	2.2	鉄鋼・・・・・・・・・・	2.0	2.9
計×・・・・・・・・	**68.6**	**95.4**	計×・・・・・・・・	**75.6**	**103.2**

表 8-64　エクアドル（単位　億ドル）

輸出	2020	2021	輸入	2020	2021
原油・・・・・・・・・・	46.8	72.8	機械類・・・・・・・・	35.9	45.5
魚介類・・・・・・・・	53.6	70.4	通信機器・・・・	6.5	7.1
野菜・果実・・・・	43.6	42.5	石油製品・・・・・・	24.0	41.2
バナナ・・・・・・	36.8	35.0	自動車・・・・・・・・	12.9	20.2
石油製品・・・・・・	5.6	13.3	乗用車・・・・・・	5.5	8.8
装飾用切花・・・・	8.4	9.4	医薬品・・・・・・・・	11.1	15.3
銅鉱・・・・・・・・・・	3.1	9.2	プラスチック・・	6.9	11.8
カカオ豆・・・・・・	8.2	8.2	鉄鋼・・・・・・・・・・	5.7	10.9
金（非貨幣用）・・	4.0	5.9	植物性油かす・・	4.8	7.3
貴金属鉱・・・・・・	3.6	5.9	液化石油ガス・・	3.6	7.1
計×・・・・・・・・	**203.6**	**267.0**	計×・・・・・・・・	**179.2**	**256.9**

表 8-65　コロンビア（単位　億ドル）

輸出	2020	2021	輸入	2020	2021
原油	71.3	112.0	機械類	102.9	127.5
石炭	41.7	56.5	通信機器	25.9	32.2
コーヒー豆	25.2	31.9	自動車	34.3	47.6
金（非貨幣用）	29.1	31.4	乗用車	15.3	23.4
石油製品	16.0	23.0	医薬品	26.8	41.2
装飾用切花	14.2	17.5	石油製品	20.2	35.5
プラスチック	10.9	17.1	鉄鋼	14.1	30.9
野菜・果実	14.4	15.9	有機化合物	19.4	30.4
バナナ	9.9	10.2	プラスチック	17.2	27.5
機械類	7.8	9.6	繊維品	15.4	18.7
計×	**310.6**	**413.9**	計×	**434.9**	**611.0**

表 8-66　チリ（単位　億ドル）

輸出	2020	2021	輸入	2020	2021
銅鉱	217.6	297.9	機械類	160.6	216.8
銅	167.5	237.8	通信機器	27.7	39.8
野菜・果実	72.2	75.9	自動車	47.5	99.0
魚介類	53.5	62.4	乗用車	18.0	44.5
パルプ・古紙	21.0	27.7	貨物車	14.9	32.4
鉄鉱石	16.9	25.2	石油製品	32.1	57.4
無機化合物	19.3	24.1	原油	23.2	42.8
ワイン	18.3	19.7	衣類	20.9	30.7
肉類	13.6	14.3	金属製品	16.6	27.1
木材	10.1	13.2	鉄鋼	13.2	26.2
計×	**740.8**	**946.8**	計×	**592.0**	**921.9**

表 8-67　ドミニカ共和国（単位　億ドル）

輸出	2020	2021	輸入	2020	2021
金（非貨幣用）	18.0	19.0	機械類	29.5	35.2
機械類	14.7	15.6	石油製品	13.0	21.3
製造たばこ	8.5	10.9	自動車	11.6	17.2
精密機器	8.7	9.5	乗用車	7.3	11.0
医療用機器	8.6	9.4	医薬品	6.9	12.4
鉄鋼	4.5	6.1	プラスチック	6.6	10.3
貴金属製品	3.7	6.0	鉄鋼	5.1	10.2
野菜・果実	5.0	5.7	繊維品	7.1	8.1
衣類	4.1	5.5	金属製品	5.4	7.9
医薬品	4.7	4.6	原油	1.8	6.6
計×	**98.4**	**117.3**	計×	**171.0**	**244.8**

表 8-68　パラグアイ（単位　億ドル）

輸出	2020	2021	輸入	2020	2021
大豆・・・・・・・・・・	21.5	29.8	機械類・・・・・・・・	38.1	39.3
電力・・・・・・・・・・	17.4	16.3	通信機器・・・・	12.4	13.1
牛肉・・・・・・・・・・	11.2	15.6	石油製品・・・・・・	11.4	17.1
植物性油かす・・	6.8	7.6	自動車・・・・・・・・	8.0	10.8
大豆油・・・・・・・・	4.2	6.2	乗用車・・・・・・	4.1	4.7
とうもろこし・・	3.2	4.1	化学肥料・・・・・・	4.0	6.0
米・・・・・・・・・・・・	3.0	2.7	鉄鋼・・・・・・・・・・	2.6	4.6
機械類・・・・・・・・	2.1	2.6	プラスチック・・	2.2	4.3
繊維品・・・・・・・・	1.7	1.9	医薬品・・・・・・・・	2.9	4.1
金属製品・・・・・・	0.7	1.3	殺虫剤・殺菌剤類	3.6	3.6
計×・・・・・・・・	**85.2**	**105.7**	計×・・・・・・・・	**102.2**	**135.6**

表 8-69　ブラジル（単位　億ドル）

輸出	2020	2021	輸入	2020	2021
鉄鉱石・・・・・・・・	258	447	機械類・・・・・・・・	475	616
大豆・・・・・・・・・・	286	386	通信機器・・・・	71	81
原油・・・・・・・・・・	196	306	化学肥料・・・・・・	87	166
肉類・・・・・・・・・・	169	195	自動車・・・・・・・・	100	150
機械類・・・・・・・・	115	147	石油製品・・・・・・	84	149
鉄鋼・・・・・・・・・・	91	145	有機化合物・・・・	106	136
砂糖・・・・・・・・・・	87	92	医薬品・・・・・・・・	83	124
自動車・・・・・・・・	66	86	プラスチック・・	58	90
石油製品・・・・・・	52	77	自動車部品・・・・	53	77
植物性油かす・・	59	73	鉄鋼・・・・・・・・・・	26	59
計×・・・・・・・・	**2 092**	**2 808**	計×・・・・・・・・	**1 663**	**2 347**

表 8-70　ペルー（単位　億ドル）

輸出	2020	2021	輸入	2020	2021
銅鉱・・・・・・・・・・	91.9	152.4	機械類・・・・・・・・	87.2	115.1
金（非貨幣用）・・	64.4	77.2	通信機器・・・・	14.3	20.7
野菜・果実・・・・	51.9	61.0	自動車・・・・・・・・	26.8	43.4
銅・・・・・・・・・・・・	22.0	29.6	貨物車・・・・・・	8.4	14.6
石油製品・・・・・・	7.6	18.7	乗用車・・・・・・	9.7	14.5
魚粉・・・・・・・・・・	11.7	18.0	石油製品・・・・・・	23.0	42.1
鉄鉱石・・・・・・・・	10.8	17.7	鉄鋼・・・・・・・・・・	15.2	26.5
液化天然ガス・・	5.2	17.0	プラスチック・・	15.4	25.3
亜鉛鉱・・・・・・・・	9.9	16.5	原油・・・・・・・・・・	7.7	18.2
魚介類・・・・・・・・	12.7	14.4	金属製品・・・・・・	11.6	15.6
計×・・・・・・・・	**387.6**	**562.6**	計×・・・・・・・・	**360.6**	**511.8**

表 8-71 ボリビア（単位 億ドル）

輸出	2020	2021	輸入	2020	2021
金（非貨幣用）・・	12.3	25.5	石油製品・・・・・・	9.4	22.7
天然ガス・・・・・・	19.9	22.5	機械類・・・・・・・・	14.1	16.6
亜鉛鉱・・・・・・・・	8.2	13.8	自動車・・・・・・・・	6.5	8.7
銀鉱・・・・・・・・・・	4.8	8.7	乗用車・・・・・・	2.7	3.7
植物性油かす・・	5.1	7.4	鉄鋼・・・・・・・・・・	4.0	6.5
大豆油・・・・・・・・	2.6	5.7	プラスチック・・	2.8	4.1
すず・・・・・・・・・・	1.8	5.1	金属製品・・・・・・	2.6	3.2
野菜・果実・・・・	2.0	2.3	医薬品・・・・・・・・	2.6	2.7
計×・・・・・・・・	**70.3**	**110.8**	計×・・・・・・・・	**71.2**	**96.2**

表 8-72 オーストラリア（単位 億ドル）

輸出	2020	2021	輸入	2020	2021
鉄鉱石・・・・・・・・	799	1 158	機械類・・・・・・・・	569	681
石炭・・・・・・・・・・	302	466	通信機器・・・・	103	112
液化天然ガス・・	174	372	コンピュータ	73	84
金（非貨幣用）・・	175	175	自動車・・・・・・・・	238	335
肉類・・・・・・・・・・	101	112	乗用車・・・・・・	132	181
機械類・・・・・・・・	74	82	石油製品・・・・・・	122	208
原油・・・・・・・・・・	30	76	医薬品・・・・・・・・	97	114
小麦・・・・・・・・・・	27	71	衣類・・・・・・・・・・	73	87
銅鉱・・・・・・・・・・	37	58	金属製品・・・・・・	64	86
アルミナ・・・・・・	27	57	精密機器・・・・・・	68	79
計×・・・・・・・・	**2 472**	**3 420**	計×・・・・・・・・	**2 102**	**2 616**

オーストラリアの液化天然ガスの2021年の輸出額は、国際貿易センター（ITC）資料によると366億ドル。

表 8-73 ニュージーランド（単位 億ドル）

輸出	2020	2021	輸入	2020	2021
酪農品・・・・・・・・	102.1	121.1	機械類・・・・・・・・	89.2	117.1
ミルク・クリーム	70.2	85.6	通信機器・・・・	14.1	17.3
バター・・・・・・	18.7	20.4	自動車・・・・・・・・	40.3	70.0
肉類・・・・・・・・・・	54.0	64.1	乗用車・・・・・・	24.3	42.7
羊・山羊肉・・	25.0	29.2	石油製品・・・・・・	15.8	19.9
牛肉・・・・・・・・	23.8	28.7	原油・・・・・・・・・・	15.3	19.5
木材・・・・・・・・・・	25.3	35.4	金属製品・・・・・・	10.8	15.7
野菜・果実・・・・	31.2	33.4	衣類・・・・・・・・・・	11.4	15.1
機械類・・・・・・・・	17.5	21.7	医薬品・・・・・・・・	10.5	14.7
調製食料品・・・・	21.4	19.7	精密機器・・・・・・	13.4	10.8
計×・・・・・・・・	**382.9**	**443.3**	計×・・・・・・・・	**365.5**	**492.2**

図 8-8　途上国の輸出品目割合（2021年）

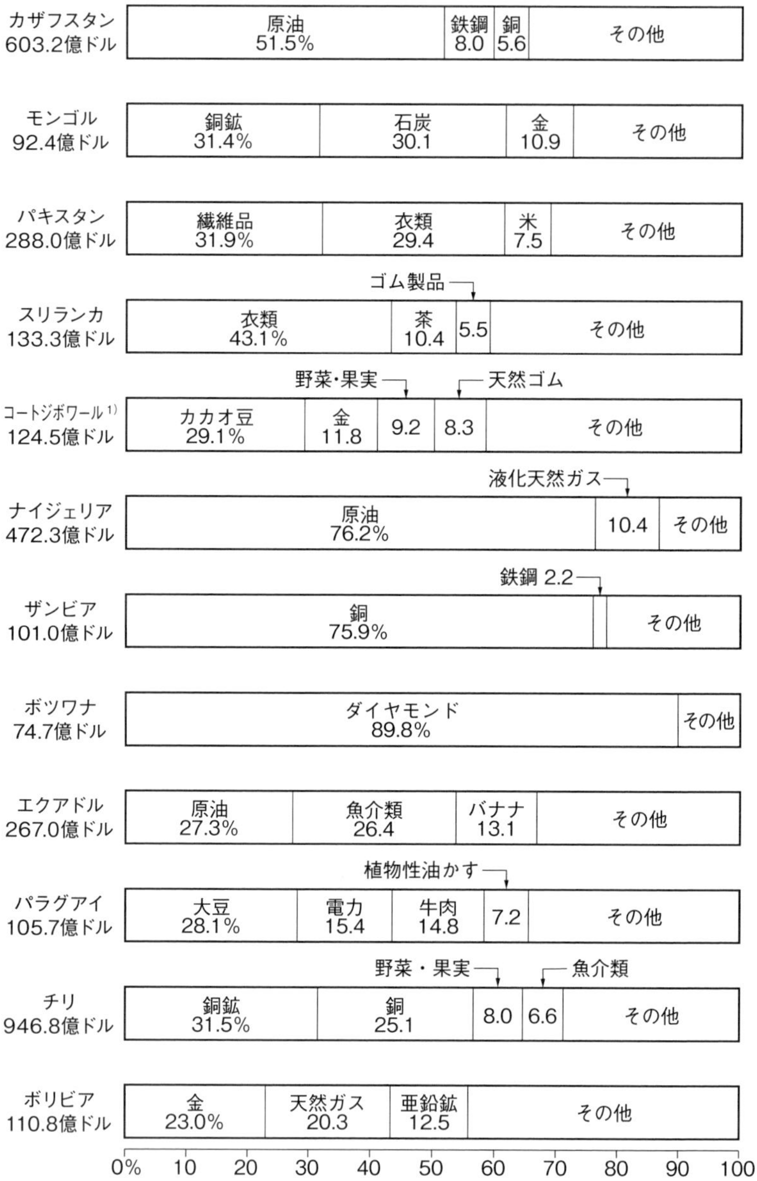

カザフスタン 603.2億ドル
原油 51.5%　鉄鋼 8.0　銅 5.6　その他

モンゴル 92.4億ドル
銅鉱 31.4%　石炭 30.1　金 10.9　その他

パキスタン 288.0億ドル
繊維品 31.9%　衣類 29.4　米 7.5　その他

スリランカ 133.3億ドル
衣類 43.1%　茶 10.4　ゴム製品 5.5　その他

コートジボワール 1) 124.5億ドル
カカオ豆 29.1%　金 11.8　野菜・果実 9.2　天然ゴム 8.3　その他

ナイジェリア 472.3億ドル
原油 76.2%　液化天然ガス 10.4　その他

ザンビア 101.0億ドル
銅 75.9%　鉄鋼 2.2　その他

ボツワナ 74.7億ドル
ダイヤモンド 89.8%　その他

エクアドル 267.0億ドル
原油 27.3%　魚介類 26.4　バナナ 13.1　その他

パラグアイ 105.7億ドル
大豆 28.1%　電力 15.4　牛肉 14.8　植物性油かす 7.2　その他

チリ 946.8億ドル
銅鉱 31.5%　銅 25.1　野菜・果実 8.0　魚介類 6.6　その他

ボリビア 110.8億ドル
金 23.0%　天然ガス 20.3　亜鉛鉱 12.5　その他

0%　10　20　30　40　50　60　70　80　90　100

国連“Comtrade Database”より作成。途上国のなかでも比較的、特定の品目の割合が高い国を取り上げた。1）2020年。

表 8-74 主要国のサービス貿易（Ｉ）（単位 百万ドル）

インド	2021 輸出(受取)	2021 輸入(支払)	2021 輸出－輸入	2022 輸出(受取)	2022 輸入(支払)	2022 輸出－輸入
輸送…………	29 341	30 467	-1 126	37 536	43 528	-5 993
旅行…………	8 650	14 280	-5 630	21 360	25 881	-4 521
維持修理サービス	253	1 150	-897	196	1 669	-1 473
建設…………	2 801	2 913	-112	3 323	2 856	466
保険・年金サービス	3 060	2 214	846	3 358	2 320	1 038
金融サービス‥	5 115	5 518	-403	7 337	5 909	1 427
知的財産権等使用料	870	8 632	-7 761	1 168	10 428	-9 260
情報等サービス1)	119 524	14 390	105 135	144 798	17 176	127 622
その他業務サービス	55 456	50 660	4 796	74 925	57 259	17 667
個人向けサービス2)	2 921	4 130	-1 208	3 831	5 285	-1 454
公的サービス等	802	939	-137	698	979	-280
計×………	**240 655**	**137 974**	**102 681**	**309 374**	**176 838**	**132 536**

韓国	2021 輸出(受取)	2021 輸入(支払)	2021 輸出－輸入	2022 輸出(受取)	2022 輸入(支払)	2022 輸出－輸入
輸送…………	42 382	29 507	12 875	48 336	35 215	13 121
旅行…………	10 804	17 829	-7 026	11 996	19 925	-7 929
維持修理サービス	541	1 492	-951	579	2 199	-1 621
建設…………	6 159	1 890	4 270	7 551	2 298	5 253
保険・年金サービス	931	1 293	-362	265	225	40
金融サービス‥	4 375	2 697	1 678	3 533	3 224	310
知的財産権等使用料	8 071	11 116	-3 046	7 926	11 677	-3 751
情報等サービス1)	14 669	11 827	2 842	11 795	9 808	1 987
その他業務サービス	27 105	36 678	-9 573	32 369	39 954	-7 585
個人向けサービス2)	1 518	736	783	2 013	831	1 182
公的サービス等	771	1 425	-654	705	1 211	-506
計×………	**119 949**	**125 235**	**-5 287**	**130 181**	**135 729**	**-5 548**

シンガポール	2021 輸出(受取)	2021 輸入(支払)	2021 輸出－輸入	2022 輸出(受取)	2022 輸入(支払)	2022 輸出－輸入
輸送…………	92 211	88 282	3 929	101 552	92 128	9 423
旅行…………	4 109	4 139	-30	11 793	15 288	-3 494
維持修理サービス	6 783	728	6 055	7 756	720	7 036
建設…………	836	582	254	837	591	246
保険・年金サービス	6 900	5 881	1 019	7 406	5 959	1 447
金融サービス‥	39 147	11 565	27 582	39 793	11 248	28 544
知的財産権等使用料	11 080	16 325	-5 245	12 342	15 807	-3 465
情報等サービス1)	23 249	26 940	-3 691	23 188	26 855	-3 667
その他業務サービス	79 122	79 826	-704	83 471	80 861	2 610
個人向けサービス2)	2 560	965	1 595	2 571	991	1 581
公的サービス等	314	223	91	321	236	86
計×………	**266 532**	**242 826**	**23 705**	**291 256**	**258 615**	**32 641**

主要国のサービス貿易（Ⅱ）（単位　百万ドル）

中国	2021			2022		
	輸出（受取）	輸入（支払）	輸出－輸入	輸出（受取）	輸入（支払）	輸出－輸入
輸送	128 607	146 652	-18 045	146 519	168 878	-22 359
旅行	11 330	109 389	-98 059	9 583	114 795	-105 213
維持修理サービス	7 874	3 822	4 052	8 292	4 346	3 946
建設	15 415	9 737	5 678	14 279	7 577	6 702
保険・年金サービス	5 004	19 346	-14 343	4 527	19 835	-15 308
金融サービス	4 579	4 424	155	4 971	3 889	1 082
知的財産権等使用料	11 756	46 895	-35 139	13 305	44 474	-31 169
情報等サービス1)	50 718	40 007	10 710	55 692	37 874	17 818
その他業務サービス	86 931	53 028	33 903	94 415	52 508	41 907
個人向けサービス2)	1 440	3 282	-1 843	1 367	2 614	-1 248
公的サービス等	1 553	3 310	-1 757	1 695	3 633	-1 939
計×	**339 393**	**440 605**	**-101 212**	**368 953**	**461 256**	**-92 303**

日本	2021			2022		
	輸出（受取）	輸入（支払）	輸出－輸入	輸出（受取）	輸入（支払）	輸出－輸入
輸送	25 310	32 259	-6 949	29 269	36 470	-7 201
旅行	4 859	2 831	2 028	8 931	3 625	5 306
維持修理サービス	1 170	5 721	-4 552	1 304	5 784	-4 480
建設	8 340	5 518	2 822	7 186	5 515	1 671
保険・年金サービス	2 184	11 595	-9 411	2 120	12 978	-10 858
金融サービス	13 584	10 057	3 527	11 912	9 437	2 476
知的財産権等使用料	48 310	29 653	18 657	46 598	27 798	18 801
情報等サービス1)	10 495	25 960	-15 465	10 340	22 476	-12 136
その他業務サービス	49 035	75 680	-26 645	44 950	78 097	-33 147
個人向けサービス2)	1 919	2 170	-250	1 910	1 375	535
公的サービス等	3 924	2 132	1 792	3 431	2 290	1 141
計×	**170 886**	**209 402**	**-38 517**	**169 466**	**210 702**	**-41 236**

イギリス	2021			2022		
	輸出（受取）	輸入（支払）	輸出－輸入	輸出（受取）	輸入（支払）	輸出－輸入
輸送	25 636	20 328	5 308	32 420	34 387	-1 967
旅行	32 959	29 953	3 006	67 587	81 671	-14 084
維持修理サービス	4 555	1 504	3 051	4 565	2 500	2 066
建設	3 347	5 654	-2 308	3 401	5 055	-1 654
保険・年金サービス	26 312	8 552	17 760	27 371	7 419	19 952
金融サービス	94 131	20 932	73 199	89 592	20 951	68 641
知的財産権等使用料	24 651	17 200	7 451	27 616	17 245	10 371
情報等サービス1)	42 653	17 843	24 811	42 545	17 449	25 097
その他業務サービス	186 013	117 380	68 634	183 460	112 093	71 367
個人向けサービス2)	6 200	11 600	-5 400	6 779	9 745	-2 966
公的サービス等	2 474	4 443	-1 969	2 333	4 554	-2 221
計×	**454 412**	**260 427**	**193 985**	**493 055**	**315 862**	**177 193**

主要国のサービス貿易（Ⅲ）（単位　百万ドル）

ドイツ	2021			2022		
	輸出（受取）	輸入（支払）	輸出－輸入	輸出（受取）	輸入（支払）	輸出－輸入
輸送	93 428	101 210	-7 782	111 795	120 861	-9 066
旅行	22 137	50 564	-28 427	31 257	88 252	-56 995
維持修理サービス	12 025	12 385	-360	12 183	13 204	-1 021
建設	2 501	2 428	73	2 457	2 528	-72
保険・年金サービス	16 307	10 219	6 088	15 173	9 966	5 207
金融サービス	35 346	25 521	9 825	33 331	23 400	9 931
知的財産権等使用料	60 321	21 574	38 747	53 303	19 844	33 459
情報等サービス[1]	41 993	52 035	-10 043	42 096	53 993	-11 897
その他業務サービス	100 068	111 050	-10 983	102 993	113 508	-10 516
個人向けサービス[2]	3 316	5 962	-2 646	3 219	5 636	-2 417
公的サービス等	5 901	1 718	4 182	6 048	1 747	4 301
計×	**407 226**	**401 183**	**6 043**	**428 704**	**459 739**	**-31 034**

フランス	2021			2022		
	輸出（受取）	輸入（支払）	輸出－輸入	輸出（受取）	輸入（支払）	輸出－輸入
輸送	69 302	52 657	16 645	86 792	64 032	22 759
旅行	40 582	35 898	4 684	59 185	40 875	18 310
維持修理サービス	10 938	7 652	3 286	13 169	8 979	4 190
建設	1 528	2 288	-760	1 313	2 608	-1 295
保険・年金サービス	12 154	15 540	-3 386	9 850	13 326	-3 476
金融サービス	18 245	7 789	10 456	19 788	8 874	10 913
知的財産権等使用料	15 480	13 704	1 776	14 126	13 408	719
情報等サービス[1]	24 214	30 239	-6 025	25 558	32 047	-6 490
その他業務サービス	92 733	82 215	10 518	95 260	88 619	6 641
個人向けサービス[2]	3 868	3 377	491	3 644	3 608	35
公的サービス等	869	19	850	1 023	18	1 005
計×	**303 452**	**262 453**	**40 999**	**343 419**	**288 781**	**54 638**

ロシア	2021			2022		
	輸出（受取）	輸入（支払）	輸出－輸入	輸出（受取）	輸入（支払）	輸出－輸入
輸送	18 091	16 186	1 904	14 917	14 330	587
旅行	3 986	11 407	-7 420	5 543	20 269	-14 725
維持修理サービス	1 701	1 961	-260	1 081	1 146	-65
建設	5 765	6 785	-1 021	6 403	7 466	-1 063
保険・年金サービス	563	1 196	-633	348	525	-178
金融サービス	1 425	2 464	-1 039	1 264	1 881	-617
知的財産権等使用料	1 435	7 023	-5 588	744	4 478	-3 734
情報等サービス[1]	7 232	6 653	580	5 831	4 423	1 409
その他業務サービス	13 341	19 060	-5 719	10 117	13 360	-3 243
個人向けサービス[2]	504	1 232	-728	311	665	-354
公的サービス等	935	1 194	-259	812	1 081	-269
計×	**55 700**	**75 934**	**-20 234**	**48 514**	**70 714**	**-22 200**

主要国のサービス貿易（IV）（単位　百万ドル）

アメリカ合衆国	2021			2022		
	輸出（受取）	輸入（支払）	輸出－輸入	輸出（受取）	輸入（支払）	輸出－輸入
輸送	65 776	105 258	-39 482	90 817	154 937	-64 120
旅行	70 215	56 850	13 365	135 214	114 915	20 299
維持修理サービス	12 526	7 982	4 544	14 395	8 360	6 035
建設	3 128	1 496	1 632	1 772	1 468	304
保険・年金サービス	22 741	59 376	-36 635	21 832	59 055	-37 223
金融サービス	171 741	49 530	122 211	170 416	54 655	115 761
知的財産権等使用料	124 614	43 342	81 272	125 672	48 483	77 189
情報等サービス1)	59 796	43 142	16 654	67 617	46 718	20 899
その他業務サービス	217 426	129 603	87 823	240 646	137 008	103 638
個人向けサービス2)	23 916	28 302	-4 386	25 963	29 360	-3 397
公的サービス等	23 394	25 147	-1 753	31 668	25 346	6 322
計×	**795 273**	**550 028**	**245 245**	**926 012**	**680 305**	**245 707**

ブラジル	2021			2022		
	輸出（受取）	輸入（支払）	輸出－輸入	輸出（受取）	輸入（支払）	輸出－輸入
輸送	5 238	18 847	-13 609	6 467	25 903	-19 437
旅行	2 947	5 250	-2 302	4 952	12 185	-7 233
維持修理サービス	772	234	538	783	273	510
建設	18	7	11	27	1	26
保険・年金サービス	784	2 011	-1 227	1 322	2 302	-980
金融サービス	1 051	637	413	997	659	338
知的財産権等使用料	705	5 222	-4 517	745	7 163	-6 418
情報等サービス1)	3 301	6 428	-3 128	4 642	8 856	-4 215
その他業務サービス	15 325	17 958	-2 633	17 939	19 740	-1 802
個人向けサービス2)	669	258	411	846	479	367
公的サービス等	669	1 586	-917	732	1 910	-1 178
計×	**31 482**	**58 439**	**-26 957**	**39 455**	**79 473**	**-40 018**

IMF（国際通貨基金）Data "Balance of Payment Statistics"（2023年7月6日閲覧）より作成。本表は表8-75の国際収支の表中にあるサービス収支の内訳である。**輸送**は旅客や貨物の輸送および輸送に付随するサービスの取引を計上したもの。**旅行**は旅行者が滞在先で取得した財貨やサービスの取引を計上したもの。**維持修理サービス**は各種の修理、点検、アフターサービスなどを計上したもの。**建設**は自国外で行った建設・据え付け工事にかかる取引を計上したもの。**保険・年金サービス**は様々な形態の保険や年金を提供するサービスを計上したもの。**金融サービス**は、金融仲介およびこれに付随するサービスの取引を計上したもの。**知的財産権等使用料**は、研究開発やマーケティングによって生じた財産権の使用料のほか、著作物の複製・頒布権料、上映・放映権料などを計上したもの。**情報等サービス**は、ITや情報に関連した取引を計上したもの。**その他業務サービス**は上記以外の幅広い事業者向けサービスの取引を計上したもので、特許権など産業財産権の売買なども含まれる。**個人向けサービス**は、個人向けサービスや文化・娯楽に関連したサービスの取引を計上したもの。**公的サービス等**は、在外公館や駐留軍の経費のほか、政府や国際機関が行うサービス取引のうち他の項目に該当しないものを計上し、自衛隊による海外での支援活動などを含む。1）原資料では、通信・コンピュータ・情報サービス。2）原資料では個人・文化・娯楽サービス。×その他とも。

〔国際収支〕 国際収支は、国の1年間における国内居住者と非居住者間のお金の出入り（経済取引）をすべて記録した指標である。モノ・サービスの貿易や海外で行う直接投資から生じる受取・支払などを表す「経常収支」、対価の受領を伴わない「資本移転等収支」、金融資産にかかる債権・債務の移動を伴う「金融収支」の大項目で構成される。

世界では、経常収支の長期的な不均衡が問題となっており、特に、大幅な貿易赤字を抱えるアメリカ合衆国は、サービス収支と対外直接投資などの黒字では経常赤字を補いきれない状況が続いている。米トランプ前大統領は貿易収支の不均衡是正を訴え、日本や中国に対し、一方的な高関税を課す事態となっていた。新型コロナがまん延した2020～21年は、世界全体で人やモノの流れが停滞し、各国の生産活動は縮小した。貿易量は大幅に低下し、金融市場ではリスク回避が強まって多くの新興国から資金が流出した。2022年は、ロシアが2月に開始したウクライナ侵攻により、農産物や原油など一次産品価格が高騰して、多くの国が食料とエネルギーの新しい貿易相手先を求めて資金の流れを変更していった。

2022年の経常収支をみると、最も黒字が大きかったのは中国で、次いでロシアとなっている。ロシアの経常収支は前年比91％増の2330億ドル、貿易収支は前年比62％増の3080億ドルであった。ロシアは、ウクライナ侵攻で欧米諸国から厳しい経済制裁を受けており、輸入は大きく縮小した。その一方で、原油やガスの単価を下げて中国やインドなどへの輸出を拡大した結果、輸出総額は増加している。

ドイツやフランスを始めとするEU加盟国は、対ロ制裁を発動し、ロシア産化石燃料の使用削減を進めた。しかし、各国の2022年の経常収支の動きは一様ではなく、ドイツが1727億ドルの黒字であった一方で、フランスは567億ドルの赤字となった。ドイツは、石炭火力発電所を再開させ、ロシアに代わるエネルギー供給源として、ノルウェーやアメリカ合衆国など、複数の国から天然ガスの輸入を進めた。一方、フランスは原子力発電の割合が高いが、多くの原発が保守点検作業のため稼働停止となり、ロシアからの資源輸入を急に停止することができなかった。2022年のフランスの貿易収支は1443億ドルの赤字となっている。

表 8-75　各国の国際収支（I）（単位　百万ドル）

		経常収支	貿易・サービス収支	貿易収支	サービス収支	第一次所得収支	第二次所得収支
インド	2019	-29 763	-73 452	-157 678	84 226	-29 378	73 067
	2020	32 730	-8 342	-95 450	87 108	-32 045	73 117
	2021	-33 422	-74 039	-176 721	102 681	-37 620	78 237
	2022	-80 433	-135 965	-268 501	132 536	-41 787	97 319
インドネシア	2019	-30 279	-4 133	3 508	-7 641	-33 775	7 629
	2020	-4 433	18 546	28 301	-9 755	-28 911	5 932
	2021	3 511	29 208	43 806	-14 599	-31 961	6 264
	2022	13 126	42 366	62 672	-20 307	-35 597	6 357
カタール	2019	4 260	25 276	41 581	-16 305	-4 410	-16 607
	2020	-2 986	11 869	27 137	-15 268	-3 045	-11 810
	2021	26 319	44 345	60 339	-15 994	-2 763	-15 263
	2022	63 118	87 173	97 445	-10 272	-8 289	-15 766
韓国	2019	59 676	52 967	79 812	-26 845	12 856	-6 147
	2020	75 902	65 935	80 605	-14 670	13 487	-3 519
	2021	85 228	70 444	75 731	-5 287	19 445	-4 661
	2022	29 831	9 513	15 061	-5 548	22 884	-2 567
サウジアラビア	2019	38 230	66 919	121 336	-54 417	7 899	-36 589
	2020	-22 814	664	47 944	-47 280	13 948	-37 427
	2021	44 324	73 486	136 464	-62 978	15 209	-44 371
	2022	150 753	183 780	234 688	-50 908	11 093	-44 120
シンガポール	2019	60 877	111 112	97 828	13 284	-43 088	-7 148
	2020	57 316	108 710	106 416	2 295	-47 232	-4 163
	2021	76 374	149 453	125 748	23 705	-69 391	-3 688
	2022	90 239	169 176	136 535	32 641	-75 138	-3 799
タイ	2019	38 256	51 047	26 725	24 323	-19 973	7 182
	2020	20 933	25 933	40 402	-14 469	-11 056	6 057
	2021	-10 646	-79	32 354	-32 433	-18 009	7 442
	2022	-17 230	-11 318	10 814	-22 132	-14 771	8 859
中国	2019	102 910	131 844	392 993	-261 149	-39 184	10 250
	2020	248 836	358 573	511 103	-152 530	-118 192	8 455
	2021	352 886	461 494	562 706	-101 212	-124 476	15 868
	2022	401 855	576 330	668 633	-92 303	-193 607	19 132
トルコ	2019	10 796	21 779	-16 781	38 560	-11 846	863
	2020	-31 888	-23 515	-37 874	14 359	-8 568	195
	2021	-7 232	2 499	-29 313	31 812	-10 679	948
	2022	-48 751	-39 812	-89 684	49 872	-8 565	-374
日本	2019	176 610	-8 615	1 361	-9 977	197 824	-12 599
	2020	150 029	-7 598	26 647	-34 245	181 767	-24 141
	2021	197 154	-21 811	16 706	-38 517	240 530	-21 565
	2022	90 963	-158 671	-117 435	-41 236	268 701	-19 067

資本移転等収支	金融収支	直接投資	証券投資	金融派生商品	その他投資	外貨準備	誤差脱漏
-1 156	-30 360	-37 470	-24 584	-2 652	-21 422	55 768	558
-1 056	34 086	-53 240	-15 112	348	-1 764	103 853	2 412
-308	-32 947	-27 489	-5 718	5 905	-72 708	67 064	783
-60	-82 387	-35 454	18 703	5 466	-40 490	-30 610	-1 894
39	-31 889	-20 531	-21 990	-186	6 144	4 674	-1 649
37	-5 288	-14 142	-3 369	-18	9 645	2 596	-892
80	975	-17 286	-5 086	-333	10 188	13 492	-2 616
451	12 874	-14 441	8 477	-48	14 889	3 998	-703
-143	3 267	7 263	-2 179	13	-11 210	9 380	-851
-168	-4 452	5 164	12 549	-207	-22 471	512	-1 298
-145	24 519	1 253	12 161	-345	10 338	1 111	-1 656
-222	60 928	2 308	12 149	-215	39 793	6 893	-1 968
-169	59 027	25 605	42 377	6 233	-16 654	1 466	-480
-386	81 383	26 068	41 745	4 871	-8 692	17 392	5 867
-155	78 445	43 940	19 361	-59	354	14 849	-6 628
1	38 833	48 412	25 384	7 568	-14 653	-27 877	9 001
-1 733	36 223	8 984	-11 519	…	35 711	3 047	-273
-1 845	-24 538	-488	23 690	…	-1 332	-46 408	121
-1 318	42 198	4 574	38 534	…	-3 246	2 336	-808
-2 461	140 780	10 940	36 939	…	87 227	5 674	-7 512
…	63 596	-39 192	108 604	6 690	-4 154	-8 352	2 719
…	57 305	-40 055	60 514	-2 855	-35 130	74 831	-11
…	74 754	-87 742	60 335	-1 216	37 121	66 256	-1 621
…	88 865	-90 056	69 207	2 266	221 228	-113 780	-1 374
4	28 345	4 645	8 798	-822	2 141	13 584	-9 915
43	30 053	23 544	11 997	410	-24 253	18 356	9 077
0	-1 117	4 511	11 894	1 156	-11 582	-7 096	9 529
35	-12 469	-1 815	-5 761	-203	5 572	-10 261	4 726
-327	-26 596	-50 260	-57 948	2 355	98 545	-19 288	-129 178
-76	89 130	-99 375	-95 539	10 821	245 239	27 984	-159 629
94	219 873	-165 277	-51 366	-10 237	257 240	189 513	-133 106
-310	314 175	-30 475	281 113	5 812	-45 422	103 147	-87 370
34	5 151	-6 577	2 763	—	2 641	6 324	-5 679
-36	-39 414	-4 454	9 556	—	-12 670	-31 846	-7 490
-64	-5 557	-6 874	-751	—	-21 367	23 435	1 739
-35	-21 337	-8 166	13 528	—	-39 010	12 311	27 449
-3 809	227 073	218 324	86 643	3 397	-105 992	24 701	54 272
-1 933	129 876	87 533	35 927	7 892	-10 078	8 603	-18 220
-3 856	153 977	175 294	-195 682	20 046	91 552	62 767	-39 321
-865	54 055	127 879	-138 296	38 739	75 517	-49 784	-36 043

各国の国際収支（Ⅱ）（単位　百万ドル）

		経常収支	貿易・サービス収支	貿易収支	サービス収支	第一次所得収支	第二次所得収支
パキスタン	2019	-8 558	-27 306	-22 881	-4 425	-6 114	24 862
	2020	-651	-24 765	-22 172	-2 593	-4 914	29 028
	2021	-12 283	-40 902	-36 859	-4 043	-4 388	33 007
	2022	-12 129	-37 416	-34 266	-3 150	-5 381	30 668
バングラデシュ	2019	-2 949	-19 273	-15 929	-3 344	-2 548	18 872
	2020	1 193	-18 300	-16 394	-1 907	-2 841	22 334
	2021	-15 775	-36 008	-32 617	-3 391	-2 437	22 669
	2022	-14 370	-33 677	-29 792	-3 885	-2 650	21 957
フィリピン	2019	-3 047	-36 272	-49 312	13 039	5 276	27 949
	2020	11 578	-19 909	-33 775	13 866	4 101	27 386
	2021	-5 943	-38 767	-52 806	14 039	3 323	29 501
	2022	-17 832	-53 761	-69 393	15 631	5 403	30 526
ベトナム	2019	13 101	19 143	21 494	-2 351	-15 283	9 241
	2020	15 060	20 421	30 708	-10 287	-14 817	9 456
	2021	-3 812	1 963	17 697	-15 734	-16 097	10 322
	2022	…	…	…	…	…	…
（香港）	2019	21 253	5 668	-15 362	21 029	18 341	-2 755
	2020	24 126	6 664	-5 315	11 979	20 129	-2 667
	2021	43 659	20 535	3 160	17 375	25 571	-2 447
	2022	37 909	14 171	-5 702	19 873	25 454	-1 716
マレーシア	2019	12 795	27 501	30 123	-2 622	-9 527	-5 179
	2020	14 138	21 603	32 829	-11 225	-6 811	-655
	2021	14 493	26 980	42 814	-15 834	-10 154	-2 333
	2022	12 271	29 256	42 162	-12 907	-13 577	-3 408
ナイジェリア	2019	-13 685	-30 893	2 868	-33 761	-9 161	26 369
	2020	-15 986	-32 241	-16 402	-15 840	-4 767	21 022
	2021	-3 254	-16 622	-4 562	-12 061	-8 583	21 951
	2022	1 019	-7 958	5 998	-13 956	-12 873	21 849
南アフリカ共和国	2019	-10 037	2 068	2 650	-582	-9 711	-2 394
	2020	6 788	15 102	17 753	-2 652	-5 729	-2 585
	2021	15 569	26 079	30 552	-4 473	-8 082	-2 428
	2022	-1 789	8 395	13 898	-5 503	-8 605	-1 579
イギリス	2019	-80 779	-46 207	-189 482	143 275	-985	-33 586
	2020	-87 814	8 295	-172 739	181 034	-60 643	-35 466
	2021	-47 054	-38 564	-232 548	193 985	16 119	-24 609
	2022	-121 382	-111 286	-288 479	177 193	16 615	-26 711
イタリア	2019	66 339	67 358	67 887	-528	16 474	-17 494
	2020	74 502	69 266	78 588	-9 322	24 075	-18 839
	2021	65 315	48 460	59 268	-10 806	40 250	-23 394
	2022	-26 658	-31 117	-20 809	-10 307	23 478	-19 021

資本移転等収支	金融収支	直接投資	証券投資	金融派生商品	その他投資	外貨準備	誤差脱漏
294	-8 058	-2 319	382	-4	-10 411	4 294	206
214	-1 192	-2 102	1 435	-1	-1 779	1 256	-755
213	-12 523	-1 905	-2 842	-4	-11 788	4 016	-453
406	-11 190	-8	714	-7	72	-11 961	533
228	-4 714	-1 885	386	—	-3 737	522	-1 994
213	542	-1 521	190	—	-8 013	9 885	-864
273	-15 548	-1 641	313	—	-17 603	3 383	-46
227	-17 016	-1 540	387	—	-4 192	-11 671	-2 874
127	-189	-5 320	-2 474	-173	-66	7 845	2 731
63	9 118	-3 260	-1 680	-199	-1 765	16 022	-2 523
80	-5 089	-9 732	10 237	49	-6 998	1 355	774
14	-19 841	-5 300	-1 178	-48	-6 055	-7 259	-2 022
…	3 884	-15 635	-2 997	…	-742	23 258	-9 217
…	8 150	-15 420	1 256	…	5 680	16 634	-6 910
…	-15 012	-15 360	-281	…	-15 234	15 863	-11 200
…	…	…	…	…	…	…	…
-87	30 224	-20 531	27 505	-157	24 553	-1 146	9 058
-12	31 465	-34 029	68 137	-2 426	-34 138	33 921	7 351
-1 334	46 724	-43 745	79 799	-5 799	17 647	-1 179	4 400
164	37 139	-14 088	52 904	-17 712	62 868	-46 833	-934
89	7 540	-1 627	7 758	116	2 957	-1 663	-5 344
-100	13 724	-763	12 034	-99	7 171	-4 619	-314
-113	7 146	-7 460	-4 560	541	7 492	11 134	-7 235
-103	8 762	-3 967	11 398	484	-11 163	12 009	-3 406
…	-21 436	-2 020	-3 091	…	-11 835	-4 490	-7 751
…	-2 407	-912	3 691	—	-3 486	-1 701	13 579
…	-3 087	-1 495	-5 343	—	143	3 609	167
…	-6 553	120	-3 865	—	573	-3 382	-7 572
17	-7 191	-1 975	-8 918	378	1 712	1 613	2 829
14	7 792	-5 089	6 749	655	8 883	-3 405	990
15	16 771	-41 303	54 777	-210	-1 108	4 614	1 187
-1 901	-4 152	-6 384	3 703	1 674	-7 396	4 251	-462
-1 689	-102 049	-41 289	34 756	1 210	-95 565	-1 162	-19 581
-3 924	-110 207	-136 921	31 996	32 967	-34 025	-4 224	-18 469
-3 071	-26 669	155 010	-262 347	-37 700	95 005	23 364	23 455
-3 609	-82 836	114 799	-113 790	-55 451	-26 663	-1 730	42 155
-1 355	58 899	1 682	-56 854	3 039	107 392	3 637	-6 084
1 123	84 128	21 789	129 859	-2 673	-69 478	4 631	8 503
1 210	66 304	37 515	143 893	-38	-139 441	24 375	-223
10 701	-19 839	-22 184	176 647	10 940	-187 245	2 001	-3 883

各国の国際収支（Ⅲ）（単位　百万ドル）

		経常収支	貿易・サービス収支	貿易収支	サービス収支	第一次所得収支	第二次所得収支
オーストリア	2019	10 636	15 746	4 893	10 853	-1 276	-3 833
	2020	12 897	12 998	3 902	9 096	3 855	-3 960
	2021	1 627	2 508	-336	2 845	2 105	-2 987
	2022	…	…	…	…	…	…
オランダ	2019	62 998	89 252	67 305	21 947	-18 495	-7 759
	2020	46 794	91 726	70 659	21 067	-29 888	-15 045
	2021	73 956	103 898	74 078	29 820	-22 246	-7 695
	2022	43 588	93 640	61 294	32 346	-40 304	-9 748
ギリシャ	2019	-3 112	-2 008	-25 572	23 564	-1 757	653
	2020	-12 413	-12 737	-21 135	8 398	-347	671
	2021	-13 858	-16 011	-31 224	15 213	718	1 436
	2022	-21 424	-20 975	-41 017	20 042	-132	-316
スイス	2019	30 806	65 101	71 388	-6 287	-22 223	-12 072
	2020	2 247	43 945	63 482	-19 536	-25 448	-16 250
	2021	70 554	96 786	116 618	-19 832	-12 867	-13 365
	2022	81 459	108 372	117 913	-9 541	-14 246	-12 667
スウェーデン	2019	28 509	23 585	20 710	2 875	15 236	-10 312
	2020	32 355	24 775	21 663	3 111	19 073	-11 492
	2021	41 551	29 131	24 931	4 200	24 221	-11 802
	2022	25 015	14 191	17 732	-3 540	21 268	-10 444
スペイン	2019	29 247	40 911	-29 801	70 713	2 441	-14 107
	2020	8 045	18 687	-9 750	28 436	3 315	-13 956
	2021	13 445	21 190	-22 925	44 116	7 391	-15 137
	2022	7 575	19 058	-61 355	80 413	3 884	-15 369
チェコ	2019	898	15 116	10 482	4 634	-12 707	-1 511
	2020	4 967	16 709	12 266	4 442	-10 531	-1 210
	2021	-7 686	8 111	3 258	4 853	-14 414	-1 383
	2022	-17 366	-271	-4 140	3 869	-15 714	-1 381
デンマーク	2019	30 550	25 663	18 440	7 223	10 003	-5 116
	2020	27 987	22 463	18 727	3 736	11 562	-6 039
	2021	35 872	28 406	16 104	12 302	13 705	-6 239
	2022	51 461	41 879	12 796	29 083	14 726	-5 144
ドイツ	2019	317 892	230 802	245 868	-15 069	143 940	-56 848
	2020	275 870	227 764	219 238	8 527	110 300	-62 193
	2021	329 969	236 609	230 563	6 043	163 083	-69 720
	2022	172 724	87 555	118 588	-31 036	157 625	-72 456
ノルウェー	2019	11 919	6 069	15 789	-9 720	12 545	-6 695
	2020	4 212	-3 348	2 065	-5 413	15 344	-7 785
	2021	66 254	62 897	63 675	-778	11 848	-8 491
	2022	175 372	164 152	166 982	-2 830	17 867	-6 648

資本移転等収支	金融収支	直接投資	証券投資	金融派生商品	その他投資	外貨準備	誤差脱漏
-76	16 467	5 228	-3 835	1 552	13 733	-206	5 908
-477	5 044	12 427	-14 110	1 312	3 673	1 740	-7 376
117	-4 537	8 611	11 199	695	-29 906	4 861	-6 283
…	…	…	…	…	…	…	…
-454	64 741	-6 912	37 914	-8 006	41 214	532	2 197
-63	41 469	-99 882	211 394	-24 228	-45 584	-231	-5 262
627	71 177	100 911	-93 770	5 704	45 866	12 465	-3 406
105 550	151 062	85 882	-238 314	60 718	242 523	255	1 925
759	-688	-4 373	25 707	1 131	-23 239	85	1 665
3 189	-8 640	-2 655	53 376	1 413	-62 546	1 772	583
4 707	-7 859	-4 905	26 810	1 210	-33 960	2 986	1 292
3 220	-16 644	-4 897	8 353	1 163	-19 247	-2 016	1 559
-4 586	49 201	49 927	5 629	2 299	-24 832	16 177	22 982
588	42 699	131 990	32 624	-10 125	-234 206	122 415	39 864
-4 866	78 500	35 062	37 134	1 308	-43 261	48 256	12 811
-82	34 746	-19 288	22 722	-2 021	54 480	-21 146	-46 631
73	23 190	6 380	12 253	3 968	7 339	-6 748	-5 391
295	-4 122	3 729	-7 790	-10 262	10 787	-585	-36 772
120	52 466	6 299	65 112	-9 249	-15 938	6 241	10 795
459	19 719	15 124	-12 029	9 138	-461	7 946	-5 756
4 705	28 924	8 921	-56 073	-7 895	83 210	764	-5 027
5 970	10 853	20 313	87 402	-8 079	-88 520	-262	-3 162
12 759	27 365	-19 990	41 977	3 727	-10 505	12 152	1 161
12 406	24 850	5 480	46 323	3 072	-34 422	4 396	4 867
1 062	411	-5 976	-4 679	45	6 237	4 783	-1 549
2 865	7 107	-6 428	-5 873	434	16 932	2 042	-726
4 771	-1 763	-1 346	3 688	-2 672	-14 977	13 543	1 152
305	-17 360	-7 283	14 646	-1 644	-10 872	-12 207	-300
128	23 151	10 135	4 025	-3 245	15 446	-3 209	-7 527
-126	21 257	8 233	-4 036	-2 912	20 732	-760	-6 604
396	47 966	22 727	11 771	-5 182	4 069	14 581	11 699
768	37 780	232	4 769	12 704	12 853	7 222	-14 449
-4 124	224 105	98 813	81 950	23 160	20 777	-594	-89 662
-10 594	223 099	-5 889	27 102	106 482	95 469	-67	-42 177
-1 474	294 688	118 808	238 150	71 167	-170 906	37 470	-33 806
-19 465	243 715	131 495	25 392	45 647	36 439	4 745	90 458
-140	-2 900	-8 642	7 398	…	-1 740	85	-14 679
-104	-1 004	-7 126	5 433	…	-3 161	3 850	-5 111
-130	67 773	13 830	40 041	…	3 780	10 123	1 649
-457	148 904	10 342	146 054	…	-5 122	-2 370	-26 010

各国の国際収支（Ⅳ）（単位　百万ドル）

		経常収支	貿易・サービス収支	貿易収支	サービス収支	第一次所得収支	第二次所得収支
ハンガリー	2019	-1 230	3 836	-4 099	7 935	-4 106	-960
	2020	-1 617	3 095	-1 477	4 573	-3 875	-838
	2021	-6 961	687	-5 117	5 803	-5 653	-1 994
	2022	-14 243	-7 125	-15 570	8 445	-5 497	-1 621
フィンランド	2019	-879	420	2 579	-2 160	1 337	-2 637
	2020	1 798	380	3 226	-2 847	4 703	-3 283
	2021	1 452	219	2 707	-2 489	4 680	-3 448
	2022	-11 059	-7 822	-1 421	-6 400	-449	-2 789
フランス	2019	13 699	-24 198	-52 800	28 602	86 556	-48 659
	2020	-41 381	-46 837	-65 669	18 832	55 434	-49 978
	2021	9 868	-38 447	-79 447	40 999	97 076	-48 761
	2022	-56 672	-89 630	-144 267	54 638	81 078	-48 121
ベルギー	2019	507	3 344	4 176	-833	5 200	-8 036
	2020	5 702	8 876	7 037	1 841	5 357	-8 532
	2021	2 917	6 605	5 014	1 594	5 519	-9 207
	2022	-20 252	-21 996	-18 064	-3 930	8 805	-7 063
ポーランド	2019	-1 445	22 065	-4 878	26 943	-24 909	1 399
	2020	14 764	34 319	8 111	26 208	-22 797	3 242
	2021	-9 562	22 955	-8 727	31 682	-32 080	-437
	2022	-20 651	12 807	-25 545	38 352	-31 268	-2 190
ポルトガル	2019	1 013	1 836	-18 226	20 064	-5 732	4 908
	2020	-2 292	-4 388	-14 236	9 849	-3 113	5 211
	2021	-2 987	-6 766	-18 745	11 979	-3 083	6 861
	2022	…	…	…	…	…	…
ロシア	2019	65 627	129 328	165 845	-36 517	-53 521	-10 180
	2020	35 373	76 653	93 441	-16 788	-35 005	-6 276
	2021	122 263	170 104	190 337	-20 234	-43 016	-4 825
	2022	233 019	285 778	307 978	-22 200	-44 373	-8 386
アメリカ合衆国	2019	-445 955	-559 675	-857 259	297 584	243 556	-129 836
	2020	-619 702	-653 990	-913 886	259 896	163 088	-128 800
	2021	-846 354	-845 050	-1 090 295	245 245	139 496	-140 800
	2022	-943 800	-945 323	-1 191 030	245 707	177 374	-175 851
カナダ	2019	-34 032	-25 538	-14 168	-11 370	-6 251	-2 243
	2020	-35 373	-36 830	-29 980	-6 850	6 063	-4 607
	2021	-5 448	-878	3 711	-4 589	-262	-4 308
	2022	-6 654	3 492	17 183	-13 690	-7 250	-2 897
メキシコ	2019	-5 578	-5 129	5 168	-10 296	-36 583	36 133
	2020	22 787	18 679	34 151	-15 472	-36 688	40 796
	2021	-8 209	-25 935	-10 915	-15 020	-33 619	51 345
	2022	-13 423	-41 460	-26 620	-14 839	-30 032	58 068

資本移転等収支	金融収支	直接投資	証券投資	金融派生商品	その他投資	外貨準備	誤差脱漏
2 990	476	-299	1 747	19	-1 326	334	-1 283
3 162	-2 590	-2 989	-2 991	-519	-3 045	6 955	-4 135
4 567	-7 176	-3 434	617	-2 193	-6 512	4 346	-4 782
3 715	-16 413	-3 187	-4 553	-2 838	-6 707	872	-5 884
210	-9 694	-8 568	-28 373	524	26 109	616	-9 023
228	-390	7 447	-139	-1 718	-6 969	991	-2 416
178	-1 578	-4 560	23 737	2 256	-26 447	3 439	-3 205
155	-2 419	6 033	-5 693	-6 192	3 042	390	8 483
2 264	-558	30 864	-69 492	3 933	30 974	3 163	-16 521
2 303	-55 747	9 117	-26 306	-27 351	-15 744	4 538	-16 668
11 334	5 336	13 027	21 857	20 724	-77 280	27 009	-15 866
11 314	-60 019	13 334	-120 411	-42 981	88 362	1 677	-14 661
762	-3 210	-4 230	-7 681	964	7 682	55	-4 480
-291	3 186	5 463	23 074	-132	-26 249	1 029	-2 226
1 045	5 819	21 540	9 484	-933	-33 964	9 686	1 856
540	-19 844	27 375	-260	-647	-46 458	144	-131
9 163	5 810	-12 253	12 098	-1 397	-2 820	10 182	-1 908
8 438	20 526	-14 144	6 811	-1 067	10 189	18 737	-2 676
4 720	-4 569	-27 691	11 469	-3 522	-3 726	18 901	273
1 951	-17 469	-27 791	-2 819	-33	383	12 791	1 231
2 126	3 478	-8 688	8 974	91	5 614	-2 512	340
2 249	325	-5 735	5 898	541	166	-545	367
4 370	1 941	-9 417	15 338	22	-8 261	4 257	556
…	…	…	…	…	…	…	…
-264	63 410	-10 052	-12 686	2 620	17 043	66 484	-1 953
-94	39 080	-3 632	25 296	1 950	29 220	-13 754	3 801
125	122 492	25 433	32 084	-696	2 103	63 567	104
-4 580	…	29 088	23 205	-3 215	…	…	…
-6 455	-565 521	-209 067	-244 920	-41 670	-74 524	4 660	-113 111
-5 532	-696 987	122 885	-540 198	-5 107	-283 535	8 968	-71 753
-2 475	-740 587	-26 574	42 982	-41 902	-829 350	114 258	108 242
-4 641	-677 067	84 270	-318 978	-81 038	-367 135	5 814	271 374
-67	-37 807	26 965	-1 565	…	-63 355	148	-3 708
-36	-36 232	15 817	-66 246	…	12 915	1 282	-823
-30	-1 548	31 349	-41 716	…	-11 689	20 509	3 930
-42	-5 213	29 408	-117 331	…	71 641	11 069	1 483
-56	-15 975	-23 927	-7 076	1 672	10 716	2 641	-10 340
-13	21 356	-25 930	10 309	-1 800	26 780	11 997	-1 418
-48	-888	-33 137	41 579	2 113	-21 746	10 303	7 369
-72	-12 472	-22 443	5 635	2 888	2 828	-1 380	1 024

各国の国際収支（V）（単位　百万ドル）

		経常収支	貿易・サービス収支			第一次所得収支	第二次所得収支
				貿易収支	サービス収支		
アルゼンチン	2019	-3 492	13 391	18 234	-4 843	-17 732	849
	2020	3 121	12 092	14 631	-2 538	-10 119	1 147
	2021	6 708	15 053	18 696	-3 643	-9 826	1 481
	2022	-3 788	5 520	12 353	-6 833	-11 321	2 013
エクアドル	2019	-153	136	1 027	-891	-3 028	2 739
	2020	2 870	2 523	3 499	-977	-2 645	2 993
	2021	3 377	1 184	3 261	-2 077	-1 665	3 858
	2022	2 711	311	2 962	-2 651	-1 709	4 110
コロンビア	2019	-14 810	-14 148	-9 863	-4 285	-9 717	9 055
	2020	-9 267	-13 105	-8 870	-4 235	-4 950	8 788
	2021	-17 951	-20 002	-13 984	-6 019	-8 723	10 775
	2022	-21 252	-16 309	-11 814	-4 495	-17 251	12 308
チリ	2019	-14 505	-5 069	3 016	-8 085	-10 411	974
	2020	-4 952	11 444	18 917	-7 472	-15 865	-532
	2021	-23 193	-1 848	10 470	-12 318	-18 518	-2 827
	2022	-27 102	-11 017	3 807	-14 824	-16 520	434
ブラジル	2019	-68 022	-11 934	26 547	-38 481	-57 272	1 184
	2020	-28 208	7 713	32 370	-24 657	-38 264	2 344
	2021	-46 358	9 406	36 363	-26 957	-58 971	3 207
	2022	-56 997	4 135	44 153	-40 018	-64 930	3 798
ペルー	2019	-1 282	2 895	6 879	-3 984	-9 568	5 391
	2020	2 235	3 241	8 102	-4 860	-6 186	5 179
	2021	-5 064	7 206	14 977	-7 771	-18 067	5 797
	2022	-9 908	1 691	10 333	-8 642	-17 373	5 773
オーストラリア	2019	6 178	47 467	48 095	-628	-40 827	-463
	2020	32 517	50 453	40 510	9 943	-16 562	-1 374
	2021	50 798	90 808	87 478	3 330	-37 636	-2 374
	2022	19 548	97 202	112 397	-15 195	-76 101	-1 552
ニュージーランド	2019	-5 945	193	-2 437	2 631	-5 801	-339
	2020	-2 401	2 054	1 478	576	-4 004	-451
	2021	-14 804	-8 061	-4 133	-3 930	-6 499	-244
	2022	-21 262	-13 481	-7 743	-5 737	-7 558	-247

IMF Data "Balance of Payments Statistics"（2023年6月28日更新データ）より作成。本表はIMFの国際収支マニュアル第6版による統計である。**貿易・サービス収支**はモノの輸出と輸入のバランスを示す貿易収支と、サービス取引（輸送、旅行、知的財産権等使用料など）の受取・支払を計上するサービス収支の合計である。**第一次所得収支**は、雇用者報酬、投資収益およびその他第一次所得収支で構成される。雇用者報酬とは非居住者労働者に対する賃金、給与等の報酬の支払と、居住者が海外で得た報酬の受取の差額である。投資収益は居住者（非居住者）が所有する対外（内）金融資産から生じる所得（利子、配当金など）の収支。**第二次所得収支**は資本移転（後述）以外のすべての移転を計上する↗

資本移転等収支	金融収支	直接投資	証券投資	金融派生商品	その他投資	外貨準備	誤差脱漏
284	-5 087	-5 126	7 109	-24	14 322	-21 367	-1 879
163	4 711	-3 430	2 506	10	12 538	-6 913	1 427
239	3 916	-5 420	4 811	-16	5 253	-712	-3 030
177	-6 428	-12 764	6 878	2	-7 425	6 881	-2 818
84	46	-979	-2 060	—	2 372	713	116
1 847	4 823	-1 095	1 304	—	468	4 146	106
151	3 427	-647	-84	—	3 210	948	-102
-35	3 167	-788	1 181	—	2 206	568	491
…	-13 298	-10 836	24	84	-5 888	3 318	1 512
…	-8 133	-5 725	-1 768	-513	-4 437	4 311	1 134
…	-16 686	-6 381	-4 595	365	-6 706	630	1 265
…	-20 648	-13 467	411	823	-8 969	554	605
1 025	-10 823	-3 234	-10 608	1 501	1 659	-141	2 657
1	-7 693	-5 049	-13 579	2 536	11 269	-2 870	-2 742
2	-24 745	-1 987	-33 809	-17	-1 150	12 218	-1 554
2	-25 389	-8 089	-8 397	644	-328	-9 218	1 711
369	-67 347	-46 355	19 216	1 673	-15 827	-26 055	305
4 141	-16 244	-41 254	12 882	5 397	20 946	-14 215	7 823
225	-50 156	-30 200	-7 881	-960	-25 128	14 013	-4 023
245	-58 291	-60 808	4 091	-2 031	7 753	-7 296	-1 538
5	-436	-5 195	-3 658	115	1 505	6 797	841
4	-1 235	840	-9 569	195	1 848	5 451	-3 473
3	-11 171	-5 691	-23 526	630	13 159	4 258	-6 111
—	-14 336	-11 296	591	-612	1 764	-4 783	-4 427
-554	8 029	-28 970	31 672	4 770	-2 469	3 026	2 405
-727	30 740	-7 015	14 602	16 114	23 788	-16 750	-1 050
-491	46 018	-17 697	61 796	244	-15 763	17 438	-4 288
-576	15 376	56 237	-86 486	6 409	36 511	2 704	-3 598
-24	-4 488	-4 474	3 816	-1 282	-2 217	-330	1 482
-29	-5 349	-3 413	9 232	-5 266	-1 308	-4 593	-2 919
-61	-11 362	-5 609	-9 432	-111	670	3 119	3 503
-294	-14 002	-6 968	-4 644	-542	-1 033	-815	7 527

↘項目である。食料、医療品など消費財に関する無償資金協力、国際機関分担金等、労働者送金がこれに該当する。以上、貿易・サービス収支、第一次所得収支、第二次所得収支の合計が**経常収支**である。**資本移転等収支**は、資本移転（資本形成のための無償資金援助や対価の受領を伴わない固定資産の所有権移転など）および非生産非金融資産の取得・処分に関する取引を計上したものである。**金融収支**は、金融資産にかかる居住者と非居住者間で行われた債権・債務の移動を伴う取引の収支状況を示す。直接投資、証券投資、金融派生商品、その他投資から構成される。資産・負債の増減に着目し、資産・負債の増加をプラス、減少をマイナスとする。

表 8-76　主要国の対外資産負債残高（Ⅰ）（2022年末現在）（単位　億ドル）

	日本		ドイツ		中国	
	資産	負債	資産	負債	資産	負債
直接投資……1)	20 712	3 480	31 035	20 151	27 950	34 956
株式資本……	19 091	2 381	23 522	8 069	24 307	31 686
負債性資本‥	1 622	1 099	7 513	12 082	3 643	3 270
証券投資……2)	40 052	34 544	37 343	30 698	10 335	17 810
株式·投資ファンド持分	18 387	17 063	17 910	11 328	5 902	11 243
債券………	21 665	17 481	19 433	19 370	4 433	6 567
金融派生商品·3)	5 787	5 835	14 848	14 266	304	183
その他投資……	22 110	25 469	41 339	33 067	20 925	14 318
外貨準備……	12 226	—	2 947	—	33 065	—
貨幣用金……	491	—	1 963	—	1 172	—
特別引出権(SDR)4)	593	—	516	—	512	—
IMFリザーブポジション5)	108	—	101	—	108	—
その他外貨準備	11 034	—	367	—	31 273	—
合計………	**100 887**	**69 328**	**127 511**	**98 182**	**92 580**	**67 267**
対外純資産(負債)6)		31 559		29 329		25 313

	(香港)		ノルウェー		シンガポール	
	資産	負債	資産	負債	資産	負債
直接投資……1)	21 799	22 159	2 725	2 186	15 954	23 684
株式資本……	17 958	19 149	1 779	1 406	11 914	20 731
負債性資本‥	3 842	3 010	946	780	4 040	2 953
証券投資……2)	18 222	5 008	15 780	4 340	16 709	4 480
株式·投資ファンド持分	11 570	4 276	10 371	1 345	9 653	2 829
債券………	6 652	733	5 409	2 995	7 056	1 651
金融派生商品·3)	1 610	1 537	—	—	2 273	2 297
その他投資……	14 885	14 439	3 006	3 881	14 713	13 854
外貨準備……	4 239	—	721	—	2 888	—
貨幣用金……	1	—	…	—	…	—
特別引出権(SDR)4)	—	—	73	—	63	—
IMFリザーブポジション5)	0	—	15	—	15	—
その他外貨準備	4 237	—	633	—	2 809	—
合計………	**60 755**	**43 143**	**22 231**	**10 407**	**52 536**	**44 315**
対外純資産(負債)6)		17 613		11 825		8 221

主要国の対外資産負債残高（II）（2022年末現在）（単位　億ドル）

	スイス		韓国		オランダ	
	資産	負債	資産	負債	資産	負債
直接投資……1)	20 826	17 952	6 476	2 723	61 672	52 552
株式資本……	14 403	11 247	5 591	2 197	42 687	40 796
負債性資本…	6 423	6 705	885	526	18 985	11 756
証券投資……2)	15 715	15 359	7 399	8 125	18 832	23 342
株式·投資ファンド持分	9 085	13 049	5 194	4 454	10 109	10 260
債券………	6 630	2 309	2 205	3 671	8 723	13 082
金融派生商品·3)	1 704	1 761	641	670	7 841	8 281
その他投資……	9 364	13 978	2 940	2 455	15 712	12 969
外貨準備……	9 229	—	4 232	—	626	—
貨幣用金……	608	—	48	—	360	—
特別引出権(SDR)4)	122	—	148	—	182	—
IMFリザーブポジション5)	23	—	34	—	33	—
その他外貨準備	8 476	—	4 001	—	51	—
合計………	**56 839**	**49 050**	**21 687**	**13 974**	**104 684**	**97 145**
対外純資産(負債)6)		7 789		7 713		7 539

	サウジアラビア		カナダ		ベルギー	
	資産	負債	資産	負債	資産	負債
直接投資……1)	1 675	2 689	21 901	15 537	10 644	9 086
株式資本……	…	…	20 282	13 598	6 688	5 327
負債性資本…	…	…	1 619	1 939	3 956	3 758
証券投資……2)	3 815	2 194	21 458	20 857	8 448	6 317
株式·投資ファンド持分	3 258	1 021	15 726	7 028	4 744	1 998
債券………	557	1 173	5 732	13 829	3 704	4 319
金融派生商品·3)	…	…	…	…	101	119
その他投資……	3 137	1 526	10 464	11 942	5 063	5 989
外貨準備……	4 598	—	1 069	—	413	—
貨幣用金……	4	—	0	—	133	—
特別引出権(SDR)4)	206	—	229	—	142	—
IMFリザーブポジション5)	39	—	43	—	24	—
その他外貨準備	4 349	—	797	—	114	—
合計………	**13 225**	**6 410**	**54 891**	**48 335**	**24 670**	**21 510**
対外純資産(負債)6)		6 816		6 556		3 159

編集時点で、2022年のロシアのデータは未発表。

主要国の対外資産負債残高（Ⅲ）（2022年末現在）（単位　億ドル）

	アメリカ合衆国		スペイン		ブラジル	
	資産	負債	資産	負債	資産	負債
直接投資……1)	93 242	121 872	8 065	10 469	4 856	10 280
株式資本……	81 086	104 153	6 188	7 694	4 504	7 712
負債性資本‥	12 155	17 718	1 878	2 775	352	2 568
証券投資……2)	140 687	248 167	9 474	11 572	585	4 445
株式・投資ファンド持分	102 714	120 565	4 287	2 984	435	2 709
債券………	37 973	127 602	5 187	8 588	150	1 736
金融派生商品・3)	25 433	24 738	1 165	1 155	14	3
その他投資……	50 370	83 195	8 515	13 512	823	2 507
外貨準備……	7 069	—	930	—	3 247	—
貨幣用金……	4 743	—	165	—	76	—
特別引出権(SDR)4)	1 605	—	160	—	189	—
IMFリザーブポジション5)	350	—	36	—	44	—
その他外貨準備	371	—	569	—	2 939	—
合計………	**316 801**	**477 972**	**28 149**	**36 707**	**9 525**	**17 234**
対外純資産(負債)6)		-161 171		-8 558		-7 709

	フランス		アイルランド		オーストラリア	
	資産	負債	資産	負債	資産	負債
直接投資……1)	20 447	14 517	18 156	20 400	7 034	8 060
株式資本……	14 307	8 753	12 807	13 207	6 549	6 268
負債性資本‥	6 140	5 765	5 349	7 193	485	1 792
証券投資……2)	27 495	38 360	42 021	49 291	9 999	14 755
株式・投資ファンド持分	9 266	11 180	19 146	42 815	7 315	5 656
債券………	18 229	27 180	22 875	6 476	2 684	9 099
金融派生商品・3)	11 619	12 665	1 847	1 660	4 059	4 268
その他投資……	33 071	36 235	19 066	16 343	3 482	4 099
外貨準備……	2 430	—	130	—	636	—
貨幣用金……	1 426	—	7	—	37	—
特別引出権(SDR)4)	379	—	56	—	123	—
IMFリザーブポジション5)	76	—	12	—	26	—
その他外貨準備	549	—	56	—	450	—
合計………	**95 062**	**101 777**	**81 222**	**87 694**	**25 210**	**31 182**
対外純資産(負債)6)		-6 715		-6 473		-5 972

IMF Data "Balance of Payments Statistics"（2023年６月28日更新データ）より作成。（Ⅰ)、（Ⅱ）は対外純資産残高の多い国で、（Ⅲ)、（Ⅳ）は対外負債残高の多い国。1）議決権の割合が10％以上となる投資先法人に対する出資、貸付・借入等。2）株式や債券と↗

主要国の対外資産負債残高（Ⅳ）（2022年末現在）（単位　億ドル）

	メキシコ		インド		イギリス	
	資産	負債	資産	負債	資産	負債
直接投資……1)	2 488	7 020	2 226	5 107	26 118	31 072
株式資本……	1 947	5 679	1 400	4 821	21 200	24 847
負債性資本…	541	1 342	826	286	4 918	6 226
証券投資……2)	852	4 791	96	2 457	36 554	39 714
株式·投資ファンド持分	637	1 472	75	1 405	22 723	20 004
債券………	215	3 319	20	1 052	13 831	19 710
金融派生商品·3)	365	308	…	…	38 596	39 722
その他投資……	1 700	1 225	772	5 160	66 369	62 140
外貨準備……	2 011	—	5 623	—	1 769	—
貨幣用金……	70	—	413	—	182	—
特別引出権(SDR)4)	158	—	182	—	407	—
IMFリザーブポジション5)	35	—	52	—	73	—
その他外貨準備	1 747	—	4 976	—	1 107	—
合計………	**7 415**	**13 344**	**8 716**	**12 724**	**169 406**	**172 648**
対外純資産(負債)6)		-5 930		-4 009		-3 243

	ギリシャ		トルコ		インドネシア	
	資産	負債	資産	負債	資産	負債
直接投資……1)	206	540	579	1 660	1 112	2 699
株式資本……	163	466	511	1 545	734	2 281
負債性資本…	43	74	69	115	378	418
証券投資……2)	2 108	465	28	932	309	2 645
株式·投資ファンド持分	125	209	12	288	120	771
債券………	1 984	256	16	644	189	1 874
金融派生商品·3)	147	13	…	…	4	3
その他投資……	803	5 501	1 197	3 278	1 701	1 678
外貨準備……	121	—	1 287	—	1 372	—
貨幣用金……	67	—	458	—	46	—
特別引出権(SDR)4)	11	—	73	—	74	—
IMFリザーブポジション5)	8	—	2	—	11	—
その他外貨準備	36	—	754	—	1 242	—
合計………	**3 385**	**6 520**	**3 092**	**5 870**	**4 499**	**7 026**
対外純資産(負債)6)		-3 135		-2 778		-2 527

↘いった証券の取引。3）金融派生商品の受払未済残高額。4）IMFが創設した金や外貨を補う国際的準備資産。5）リザーブトランシュと、対IMF貸付債権。6）対外資産残高計－対外負債残高計がプラスの場合は対外純資産、マイナスの場合は対外純負債となる。

図 8-9　主要国の国際収支

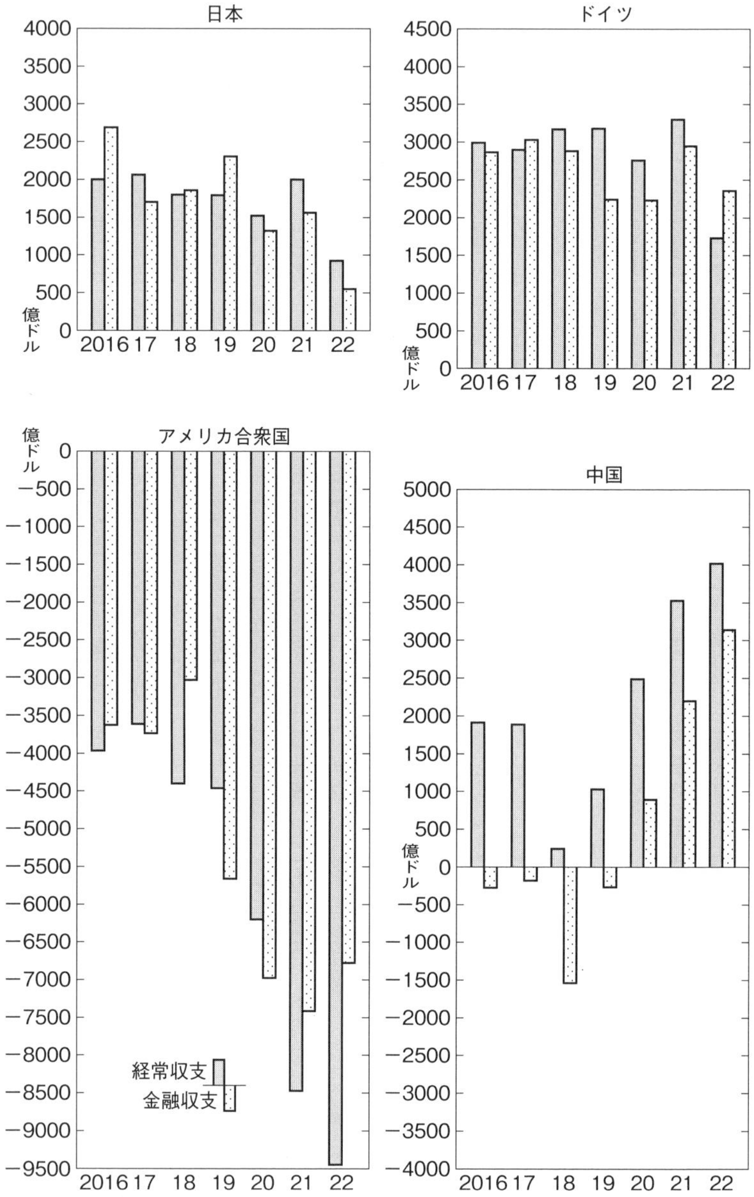

IMF Data "Balance of Payments Statistics"（2023年6月28日更新データ）より作成。

表 8-77 外貨準備高（I）（各年末）（単位 百万ドル）

	2010	2019	2020	2021	2022
アジア					
アラブ首長国連邦	32 785	107 293	103 293	127 960	134 177
イスラエル……	70 907	126 008	173 292	212 934	194 231
イラク…………	50 367	63 453	48 718	58 741	89 611
インド…………	276 243	433 366	550 184	595 544	522 599
インドネシア…	93 035	125 462	131 266	140 434	132 762
オマーン………	13 024	16 661	15 006	19 730	17 499
カザフスタン…	25 339	10 682	12 685	11 465	15 112
カタール………	30 642	37 717	37 616	38 982	42 179
韓国……………	291 516	403 867	437 282	457 334	417 437
カンボジア……	3 277	17 088	18 638	17 397	14 817
クウェート……	21 373	39 924	48 245	45 028	47 978
サウジアラビア·	445 281	499 646	453 732	455 493	459 891
シンガポール…	225 724	279 438	362 295	416 343	287 901
タイ……………	167 703	217 056	248 993	232 122	202 639
(台湾)…………	382 739	478 783	530 598	549 075	555 566
中国……………	2 867 906	3 130 526	3 241 940	3 316 989	3 192 700
トルコ…………	80 914	79 393	51 119	72 082	79 067
日本……………	1 071 311	1 286 164	1 345 523	1 357 577	1 179 546
パキスタン……	14 457	13 522	14 696	19 130	6 256
バングラデシュ·	10 588	32 035	42 345	45 370	32 951
フィリピン……	55 630	80 132	98 818	99 712	87 086
(香港)…………	268 653	441 220	491 631	496 737	423 907
マレーシア……	104 947	101 786	105 343	114 702	112 452
レバノン………	32 011	38 615	25 466	18 906	16 229
アフリカ					
アルジェリア…	162 915	63 568	49 163	46 328	61 999
アンゴラ………	19 679	16 335	13 782	14 468	13 655
エジプト………	33 743	40 809	34 225	35 217	25 012
ケニア…………	4 320	9 115	8 296	9 490	7 968
ガーナ…………	4 778	7 149	7 367	9 419	…
チュニジア……	9 471	7 599	9 406	8 456	7 706
ナイジェリア…	32 377	38 336	36 730	40 476	35 564
ボツワナ………	7 885	6 170	4 941	4 802	4 279
南アフリカ共和国	38 392	49 115	47 591	50 460	53 435
モロッコ………	22 752	25 364	34 689	34 389	31 059
リビア…………	99 894	79 134	72 754	75 620	80 062
ヨーロッパ					
イギリス………	84 543	158 859	161 691	176 513	158 795
イタリア* ……	51 933	59 157	65 588	87 863	85 387
ウクライナ……	33 375	24 123	27 591	29 426	26 970
オーストリア* ·	10 075	10 342	13 870	18 013	17 182
オランダ* ……	19 533	14 284	17 726	29 594	28 583
ギリシャ* ……	1 503	3 127	5 191	7 953	5 576
クロアチア……	14 133	20 771	23 254	28 309	29 617

外貨準備高（II）（各年末）（単位　百万ドル）

	2010	2019	2020	2021	2022
ヨーロッパ(続き)					
スイス………	225 283	805 623	1 021 857	1 050 601	864 585
スウェーデン…	42 783	49 549	50 820	54 894	57 152
スペイン*……	19 634	61 382	64 624	76 167	76 920
チェコ………	41 931	149 477	165 564	173 015	139 302
デンマーク……	73 618	63 680	68 885	78 446	92 295
ドイツ*……	68 189	64 423	69 419	104 459	103 438
ノルウェー……	53 215	66 946	75 259	84 271	72 077
ハンガリー……	44 855	30 337	39 485	38 103	35 854
フィンランド*・	7 412	9 097	10 572	13 953	13 254
フランス*……	60 021	73 516	80 062	105 540	104 078
ブルガリア……	15 490	25 983	35 444	36 863	38 670
ベルギー*……	16 893	18 189	19 839	28 924	28 364
ポーランド……	89 000	117 552	140 687	152 885	153 682
ポルトガル*…	4 315	6 867	6 819	10 750	10 513
ルーマニア……	43 541	37 093	46 057	45 984	49 927
ロシア………	444 953	447 504	460 743	501 179	449 277
(参考)ユーロ圏1)	318 944	403 339	440 348	582 738	573 350
北中アメリカ					
アメリカ合衆国・	135 487	131 094	147 031	253 007	244 897
カナダ………	57 004	85 297	90 428	106 615	106 952
グアテマラ……	5 649	14 457	18 056	20 542	20 024
コスタリカ……	4 627	8 937	7 232	6 921	8 554
メキシコ……	120 277	177 363	191 964	200 964	194 305
南アメリカ					
アルゼンチン…	49 829	42 278	35 750	36 535	41 290
ウルグアイ……	7 644	14 499	16 244	16 957	15 121
エクアドル……	1 480	1 899	5 286	6 132	6 541
コロンビア……	27 778	51 995	58 254	57 752	56 439
チリ…………	27 817	40 644	39 152	51 238	39 088
パラグアイ……	4 138	7 329	8 718	9 195	9 054
ブラジル……	287 114	353 693	351 628	354 827	317 313
ペルー………	42 708	66 068	72 727	…	…
ボリビア……	8 195	4 440	2 731	2 309	1 339
オセアニア					
オーストラリア・	38 798	55 680	39 242	53 900	53 471
ニュージーランド	16 723	17 814	13 733	16 114	14 400
世界計……2)	**9 714 992**	**12 244 183**	**13 173 842**	**13 993 568**	**12 956 270**

IMF Data, "International Financial Statistics"より作成（2023年6月26日更新データ）。外貨準備高とは、一国の通貨当局が、国際収支不均衡是正のための直接的ファイナンスや為介入による間接的な調整等を目的として保有する準備資産。金、SDR、IMFリザーブポジションおよび外貨から成る。1）欧州中央銀行（ECB）を含む。2）IMF加盟国の合計(2023年6月末現在は190か国・地域)。*ユーロ圏（クロアチアは2023年参加)。

表 8-78 通貨別の公的外貨準備高 (単位 億ドル)

	2010	2019	2020	2021	2022
USドル	32 086	67 257	69 922	70 850	64 669
ユーロ	13 279	22 795	25 264	24 813	22 484
日本円	1 888	6 498	7 153	6 651	6 073
英ポンド	2 032	5 135	5 614	5 794	5 413
中国人民元	…	2 145	2 716	3 373	2 877
カナダドル	…	2 060	2 466	2 869	2 627
豪ドル	…	1 879	2 169	2 213	2 166
スイスフラン	66	166	207	208	253
その他通貨	2 195	2 782	3 161	3 725	3 825
計[1]	**92 634**	**118 223**	**127 005**	**129 185**	**119 143**

IMF Data "Currency Composition of Official Foreign Exchange Reserves (COFER)" (2023年6月30日更新データ) より作成。1) 未分類の外貨準備を含む。

表 8-79 開発途上国への経済協力費の流れ (2021年) (単位 百万ドル)

	政府開発援助[1] (ODA)	その他政府資金 (OOF)	民間資金 (PF)	直接投資	経済協力費計[2]	対GNI (%)
アメリカ合衆国	47 528	2 216	165 567	25 403	238 682	*1.00*
ドイツ	32 456	1 272	34 855	18 724	68 835	*1.58*
日本	15 765	712	22 072	26 702	38 494	*0.73*
フランス	16 722	37	2 276	2 276	19 036	*0.63*
イギリス	16 278	-132	…	…	16 146	*0.52*
韓国	2 998	-423	12 252	12 252	14 814	*0.81*
イタリア	6 272	-68	4 180	-2	11 963	*0.56*
スウェーデン	5 934	-84	5 291	5 291	10 480	*1.60*
カナダ	6 258	112	1 074	1 025	10 009	*0.51*
スペイン	3 358	…	4 005	4 005	7 401	*0.52*
ハンガリー	435	…	5 899	5 899	6 334	*4.09*
ノルウェー	4 673	-1 033	2 743	2 743	6 138	*1.22*
ベルギー	2 649	-24	2 828	2 828	5 536	*0.92*
スイス	3 911	-18	-704	…	3 903	*0.50*
デンマーク	2 914	186	…	…	3 858	*0.94*
オーストラリア	3 546	…	…	…	3 546	*0.22*
DAC計×	**184 886**	**2 722**	**253 256**	**103 892**	**467 066**	*0.84*
(DAC以外)						
トルコ	7 711	…	323	323	8 318	*1.04*
サウジアラビア	7 108	36	…	…	7 108	*0.99*

OECD.Stat (2023年4月12日更新データ) より作成。2021年の経済協力費の多い順に掲載。編集時、2022年データは未公表。支出純額ベースで、マイナスは返済額が受取額を上回っていることを示す。DAC (開発援助委員会) はOECDの下部組織で、開発途上国への援助を行う。GNIは国民総所得。1) 表8-80の2021年データはGE方式で、本表とは異なる。2) 民間非営利団体による贈与を含む。×その他とも。

図 8-10　主要援助国のODA実績の推移（支出純額ベース）

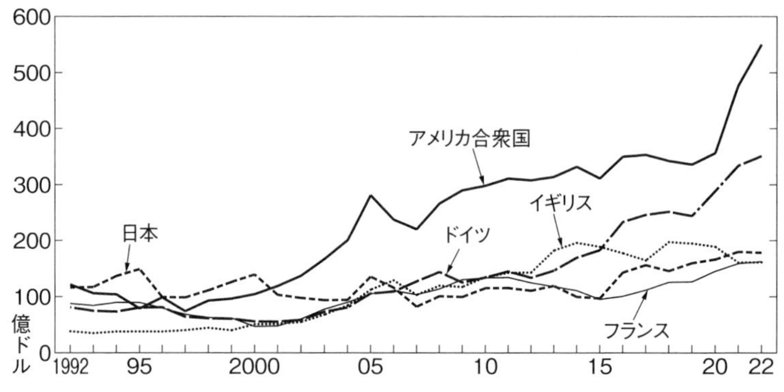

資料・注記は表8-80に同じ。2016年以降はGE方式ベース。

表 8-80　DAC加盟国の政府開発援助（ODA）の実績（単位　百万ドル）

	2018	2019	2020	2021	2022	GNI比（%）
アメリカ合衆国	34 152	33 492	35 576	47 805	55 277	*0.22*
ドイツ・・・・・・	24 977	24 198	28 708	33 272	35 025	*0.83*
日本・・・・・・・・	14 164	15 588	16 260	17 634	17 475	*0.39*
フランス・・・・	12 136	12 211	14 125	15 506	15 876	*0.56*
イギリス・・・・	19 397	19 154	18 568	15 712	15 748	*0.51*
カナダ・・・・・・	4 679	4 725	5 052	6 303	7 832	*0.37*
オランダ・・・・	5 659	5 292	5 359	5 288	6 471	*0.67*
DAC計×・	**153 547**	**151 566**	**162 273**	**186 022**	**203 995**	*0.36*
EU・・・・・・・	16 385	14 937	19 568	19 054	23 088	…

2022年	二国間ODA	贈与	政府貸付	債務免除	その他	国際機関向けODA
アメリカ合衆国	46 956	46 955	…	1	…	8 321
ドイツ・・・・・・	25 364	23 551	1 633	…	180	9 660
日本・・・・・・・・	14 870	5 613	8 968	…	289	2 605
フランス・・・・	9 566	6 795	2 115	12	644	6 310
イギリス・・・・	11 646	11 268	…	…	377	4 102
カナダ・・・・・・	5 821	4 893	563	…	365	2 011
オランダ・・・・	4 139	4 139	…	…	…	2 332
DAC計×・	**152 116**	**135 206**	**14 220**	**116**	**2 574**	**51 879**
EU・・・・・・・	23 071	17 486	5 439	…	147	17

OECD.Stat（2023年4月12日更新データ）より作成。ODAは、贈与相当額計上方式（GE方式：有償資金協力のうち、贈与に相当する額をODA実績に計上する）による金額。卒業国向けは含まない。GNIは国民総所得。×その他とも。

図 8-11　ODAの対GNI比と国民１人あたり負担額（2022年）

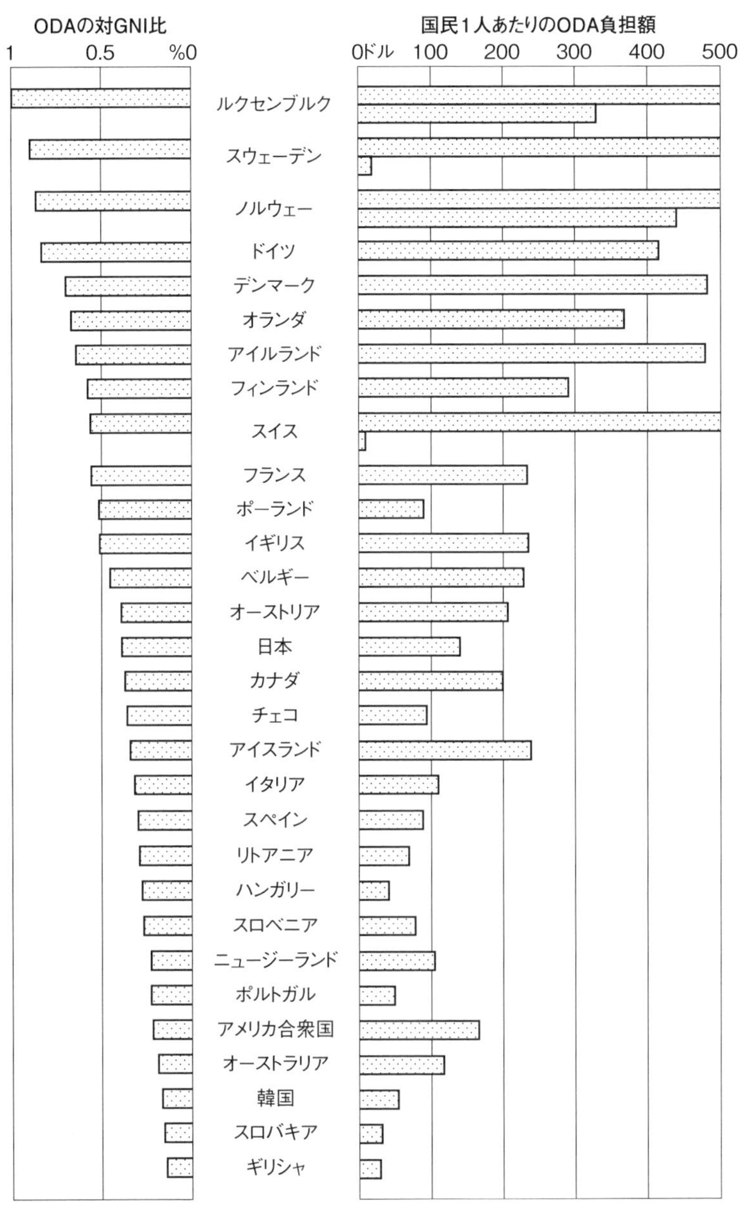

OECD.Stat（2023年４月12日更新データ）より作成。GE方式。2022年のODAの対GNI比の多い順に掲載。

表 8-81　DAC加盟国の二国間ODA分野別配分（2021年）（%）

	社会・行政基盤1)	教育	保健	経済基盤2)	生産3)	人道支援4)	その他
アメリカ合衆国	39.5	2.3	11.5	3.1	2.5	36.6	18.3
ドイツ……	43.0	12.9	10.5	15.7	7.7	9.6	23.9
日本……	27.8	3.2	11.4	35.8	8.4	6.2	21.8
フランス……	34.6	10.9	6.2	23.1	7.2	0.5	34.5
イギリス……	34.3	6.3	10.9	11.7	6.9	10.3	36.9
カナダ……	54.4	10.6	21.8	5.0	6.3	15.7	18.6
ノルウェー…	52.3	9.7	24.7	7.2	5.8	12.5	22.1
韓国……	45.8	7.2	14.9	31.5	9.0	3.7	10.0
オランダ……	46.4	3.9	4.6	5.9	6.7	3.5	37.5
スウェーデン	44.2	9.4	5.1	7.3	4.9	19.0	24.6
スイス……	46.6	7.2	14.0	7.8	7.6	12.7	25.3
オーストラリア	54.7	6.8	21.9	8.0	6.5	10.9	19.9
イタリア……	28.5	7.0	13.3	4.4	3.4	10.2	53.5
デンマーク…	49.1	4.4	7.2	10.2	3.1	19.2	18.4
ベルギー……	27.8	7.9	8.8	3.2	6.7	14.5	47.8
スペイン……	50.5	5.1	29.2	1.6	5.8	10.1	32.0
フィンランド	56.4	15.9	5.1	12.2	3.6	7.2	20.5
オーストリア	51.0	26.3	9.3	8.2	3.7	16.3	20.8
ニュージーランド	34.6	8.7	13.6	9.3	11.8	4.6	39.7
アイルランド	39.3	7.1	15.1	0.2	5.0	24.5	31.1
ルクセンブルク	44.3	13.8	13.6	11.2	7.5	18.3	18.6
ポーランド…	78.1	44.9	18.6	5.3	1.3	7.9	7.4
ハンガリー…	80.2	50.4	24.5	4.4	9.4	1.9	4.1
ポルトガル…	79.1	41.0	22.4	1.8	0.7	2.4	16.0
チェコ……	52.8	7.8	23.2	4.5	5.6	17.1	20.1
ギリシャ……	43.5	2.5	40.8	…	…	1.0	…
アイスランド	48.9	11.2	20.6	7.5	5.9	13.8	23.9
スロベニア…	79.2	37.0	32.3	1.6	0.9	6.2	12.2
スロバキア…	68.9	6.8	34.7	4.2	3.3	1.5	22.0
リトアニア…	65.3	28.8	20.3	5.9	0.8	8.5	20.4
DAC加盟国計	40.3	7.4	11.7	13.0	5.8	16.4	24.4

OECD.Stat（2023年4月11日更新データ）より作成。編集時、本表の2022年データは未公表。契約額ベース。1）被援助国の人的資源を開発し、生活環境を改善するための支援。教育、保健関連のほか、家族計画などの人口関連支援、水供給や下水道、河川開発などがある。ただし、農業用灌漑システムは除く。2）経済活動を促進するための支援で、原子力の使用を含むエネルギーの生産と分配、道路、鉄道、水上及び航空輸送、テレビ、ラジオならびに情報ネットワーク用機器などのインフラ整備など。3）農林水産業における作物や家畜の開発・生産に関する支援のほか、埋立地の土壌調査、鉱業における探鉱、地質調査、石油及び鉱石の開発・精製、食品や農作物の加工を含むあらゆる製造業への支援、輸出促進などの貿易、流通、銀行（産業開発銀行を含む）、ホテルなどの観光施設に関する支援。4）被援助国の難民への援助は除く。

表 8-82 **経済協力費の主な受取国**（純額）（2021年）（単位 百万ドル）

	経済協力費計	政府開発援助（ODA）	贈与	技術協力	民間資金（PF）	直接投資	ポートフォリオ投資
アジア							
中国……………	18 369	-410	562	473	18 131	17 727	404
インド…………	15 404	3 483	898	503	12 154	10 254	1 900
インドネシア	7 684	541	1 028	277	6 780	6 660	121
バングラデシュ	3 993	3 435	1 239	201	-4	14	-18
ベトナム……	3 914	489	701	242	2 676	2 188	488
アフガニスタン	3 388	3 383	3 396	208	1	1	0
カザフスタン	3 340	6	57	33	3 561	3 357	205
タイ……………	2 814	84	176	58	3 384	4 207	-823
マレーシア…	2 469	-12	78	40	2 416	3 252	-836
ヨルダン……	2 312	2 191	1 928	184	127	-92	219
シリア………	2 249	2 264	2 272	269	-14	-14	0
フィリピン…	2 138	1 537	510	130	168	627	-458
トルコ………	1 914	378	634	225	1 184	3 724	-2 540
イラク………	1 758	1 499	1 213	176	573	92	481
イエメン……	1 710	1 817	1 819	73	-118	-118	0
レバノン……	1 271	1 108	1 144	154	140	198	-58
カンボジア…	1 237	990	480	107	234	230	4
アフリカ							
ナイジェリア	4 199	1 573	1 499	173	2 089	1 075	1 014
エジプト……	3 421	601	609	187	2 603	1 212	1 390
南アフリカ共和国	2 953	1 113	943	129	2 145	1 903	242
エチオピア…	2 260	2 499	2 433	170	-252	24	-276
コンゴ民主共和国	1 992	1 719	1 706	110	292	255	37
タンザニア…	1 982	1 135	1 059	111	370	59	311
ケニア………	1 897	1 474	1 220	143	154	172	-18
コートジボワール	1 831	745	475	87	537	348	189
モザンビーク	1 663	1 299	1 251	103	-9	27	-36
ソマリア……	1 537	1 699	1 811	70	2	2	—
南スーダン…	1 491	1 499	1 504	66	-6	-6	—
モーリシャス	1 452	281	38	17	1 180	994	186
スーダン……	1 381	1 386	1 388	66	-5	-2	-3
ヨーロッパ							
セルビア……	2 198	302	192	71	1 973	1 603	371
アメリカ							
ブラジル……	15 501	906	361	174	10 711	7 672	3 039
メキシコ……	10 632	527	317	107	9 809	11 515	-1 706
パナマ………	5 248	92	46	8	-570	253	-823
グアテマラ…	3 620	417	423	46	-61	89	-150
ベネズエラ…	2 203	212	214	21	1 992	1 721	271
ペルー………	1 721	246	389	101	2 473	1 549	925

OECD.Stat（2023年4月19日更新データ）より作成。編集時、2022年データは未公表。経済協力費には、ODA、PFのほかに、その他の政府資金と民間非営利団体による贈与を含む。受取額は純額ベースで、マイナスは返済額が受取額を上回っていることを示す。

第9章　財政・金融・物価

コロナ禍による需給バランスの崩れで、2021年には物価は各国で上昇傾向にあった。2022年2月のロシアのウクライナ侵攻で、世界的なエネルギー・資源価格の高騰が加わった。インフレ対策で、財政政策と金融政策は、ともに緩和から引締めへと急転換し、主要国の中央銀行が利上げを加速したことで、市場金利は急上昇し、債券価格は下落した。

就業者数や賃金の伸びが高まったアメリカ合衆国では、FRB（連邦準備制度理事会）が2022年3月にゼロ金利政策を解除し、フェデラル・ファンド・レートの誘導目標を0.25%引き上げた。その後、2022年には合わせて4.25%の政策金利の引上げが実施された。2023年は1回あたりの引き上げ幅は0.25%に縮小されたが、5月の公開市場委員会で誘導目標は5.25%に達した。ECB（欧州中央銀行）も2022年7月に11年ぶりに利上げを実施した後、主要リファイナンシング・オペ・レートは、2022年12月には2.5%に、2023年5月には3.75%まで引き上げられた。

IMFによると、2022年の世界の消費者物価上昇率は8.7%と記録的な水準であった。2023年は7.0%と予測しており、エネルギー・資源価格上昇の一巡から、先進国は4.7%（2022年7.3%）と比較的落ち着き、ユーロ圏は5.3%（同8.4%）、アメリカ合衆国は4.5%（同8.0%）を見込む。一方、新興市場国・発展途上国全体では8.6%（同9.8%）で、アジア新興地域は3.4%（同3.8%）であるが、ヨーロッパの新興地域（ロシア、ウクライナなど東欧やトルコ）は19.7%（同27.9%）、中東・中央アジアは15.9%（同14.3%）と高いインフレが続く。世界景気の減速を先読みして、原油・銅などの商品市況は前年から下落しているが、エネルギーと食品を除く消費者物価の鎮静化には時間を要するとみられる。

これまでの金融引締め策による急激な金利上昇の結果、アメリカ合衆国では、米国債の価格急落に対応できず、地方銀行が経営破綻した。これは他の銀行にも波及し、信用不安の懸念が広がった。資産内容の悪化で銀行が融資に慎重になると、個人消費の低迷や、企業の設備投資減少につながるおそれがある。IMFは各国の金融・経済政策の舵取りが非常に困難な状況にあることに警鐘を鳴らしている。

ユーロ圏内では物価上昇と金融引締めが続くとみられることから、ユーロは米ドルに対して底堅く推移した。高金利を背景に資金が流入したブラジル、メキシコ、インドネシアなどの通貨は上昇したが、トルコ、南アフリカ共和国、アルゼンチンなどの通貨は下落した。資本流出や安全資産への逃避は、通貨安によりドル建て債務のコストを高め、当事国は金融引締めを余儀なくされる。コロナ禍に続き、金利の上昇は、経済力の弱い国の家計や企業に打撃を与え、債務危機に陥る国も出ている。

2022年の初めに高値圏にあった主要株価指数は、ロシアのウクライナ侵攻を受けて下落し、その後はインフレの高止まりと金融引締めを警戒して不安定に推移した。2023年は先進国株式市場で信用不安が高まった一方、経済成長への期待からインド株式の上昇が目立った。

日本銀行はデフレ脱却を目指す従来の金融緩和策を続けたことから、急激な円安が生じ、2022年10月には一時１ドル＝151円台と32年ぶりの水準を記録した。円安の影響で輸入物価が上がり、これが消費者物価に波及した。また日銀による国債の買入れが続いたことで、市場の価格形成にはゆがみが目立ってきた。日銀は2022年12月、長期金利の変動許容幅を0.25％から0.5％程度に広げ、10年続いた金融緩和策を修正した。株安と円高は終息したが、政府の成長政策による明らかな成果は見られない。財政は歳入の４割ほどを国債の発行に依存する状態が続き、歳出では、社会保障費のほか国債費（国債の利払い費）が増加し、構造が硬直化している。国債費はこれまで低金利によって抑えられてきたが、今後の金利上昇によって増加するおそれがある。

2023年に入り、金融政策と景気の先行きが読みにくい欧米市場から、企業業績向上や企業改革を期待した資金が日本の株式市場に流入し、TOPIX（東証株価指数）は33年ぶりの高値水準を回復した。

アメリカ合衆国では、財政拡大で政府債務が膨張し、2023年１月に法定上限に達した。債務上限の引き上げに関し、バイデン政権と野党共和党の調整は難航したが、６月の期限間際になって債務不履行を回避した。

表 9-1　一般政府総債務の対GDP比（%）

	2010	2015	2020	2021	2022	十億ドル（推計値）
イスラエル	69.3	63.1	*70.7	*68.0	*60.9	318
インド	66.4	69.0	88.5	*84.7	*83.1	2 879
インドネシア	26.4	27.0	39.7	41.1	*39.9	527
韓国	29.5	40.8	48.7	*51.3	*54.3	905
サウジアラビア	8.4	5.7	31.0	*28.8	*22.6	250
シンガポール	98.7	102.2	149.0	147.7	*134.2	634
タイ	39.8	42.6	49.4	*58.4	*60.5	296
(台湾)	36.9	35.9	32.1	*30.1	*27.5	209
中国	33.9	41.5	70.1	71.8	*77.1	13 954
トルコ	39.7	27.3	39.7	41.8	*31.2	283
日本	205.9	228.3	258.7	*255.4	*261.3	11 062
パキスタン	54.5	57.0	79.6	*73.6	*75.8	248
バングラデシュ	29.6	28.2	34.5	*35.6	*39.1	169
フィリピン	47.6	39.6	51.6	57.0	*57.5	233
マレーシア	51.2	57.0	67.7	*69.3	*66.3	269
エジプト	69.6	83.8	86.2	89.9	*88.5	362
ナイジェリア	9.4	20.3	34.5	36.5	*38.0	181
南アフリカ共和国	31.2	45.2	69.0	69.0	*71.0	288
アイルランド	86.2	76.7	58.4	*55.4	*45.2	239
イギリス	74.0	86.7	105.6	108.1	*102.6	3 140
イタリア	119.2	135.3	154.9	149.8	*144.7	2 909
オーストリア	82.4	84.4	82.9	*82.3	*77.8	367
オランダ	59.3	64.6	54.7	*52.4	*48.5	482
ギリシャ	147.5	179.1	212.4	*200.7	*177.4	389
スイス	41.5	42.2	43.3	*41.5	*39.1	316
スウェーデン	38.1	43.7	39.5	*36.3	*31.7	186
スペイン	60.5	103.3	120.4	*118.4	*112.0	1 567
ドイツ	82.0	71.9	68.0	68.6	*66.5	2 709
ノルウェー	43.0	34.3	46.1	*42.7	*39.6	229
フィンランド	50.1	68.3	74.8	*72.6	*74.8	210
フランス	81.8	95.4	114.7	*112.6	*111.1	3 090
ベルギー	100.3	105.2	112.0	*109.2	*105.3	612
ポーランド	54.0	51.3	57.2	*53.8	*49.6	341
ポルトガル	100.2	131.2	134.9	125.4	*116.0	293
ロシア	10.1	15.3	19.2	*16.5	*19.6	433
アメリカ合衆国	95.1	105.1	133.5	*126.4	*121.7	30 986
カナダ	84.0	92.0	118.9	115.1	*106.6	2 281
メキシコ	42.0	52.8	60.1	58.7	*56.0	792
アルゼンチン	43.5	52.6	102.8	*80.9	*84.5	534
コロンビア	36.5	50.4	65.7	*64.0	*63.6	219
ブラジル	63.0	72.6	96.8	90.7	*85.9	1 649
オーストラリア	20.4	37.8	57.1	*57.6	*55.7	946

IMF "World Economic Outlook Database, April 2023" より作成（2023年7月5日閲覧）。一般政府は中央政府（国）、地方政府のほか、社会保障基金を含む。*推計値。

図 9-1　主な国の財政収支の対GDP比（下表より作成）

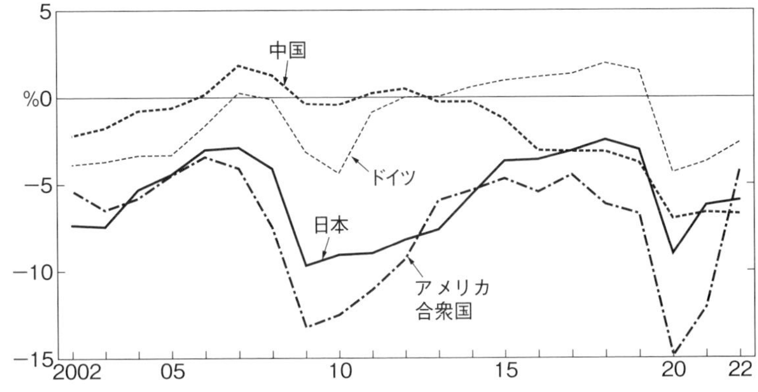

表 9-2　主要国の財政収支（一般政府）（対GDP比、%）

	2017	2018	2019	2020	2021	2022
インド	-5.8	-5.8	-7.2	-13.1	-10.4	-8.9
インドネシア	-2.4	-1.3	-1.6	-5.7	-4.8	-3.4
韓国	2.7	3.0	1.0	-2.7	-0.8	-0.6
中国	-3.1	-3.1	-3.8	-7.0	-6.6	-6.7
日本	-3.1	-2.5	-3.0	-9.0	-6.2	-5.9
南アフリカ共和国	-4.3	-3.7	-5.3	-11.3	-6.6	-5.4
アイルランド	-0.3	0.1	0.5	-5.0	-1.6	1.6
イギリス	-2.4	-2.2	-2.5	-13.1	-8.0	-5.2
イタリア	-2.4	-2.2	-1.5	-9.7	-9.0	-8.0
オーストリア	-0.8	0.2	0.6	-8.0	-5.8	-3.2
オランダ	1.4	1.5	1.8	-3.7	-2.4	0.0
ギリシャ	0.6	0.9	0.9	-9.7	-7.1	-2.3
スイス	1.1	1.3	1.3	-3.1	-0.5	1.0
スウェーデン	1.4	0.8	0.6	-2.8	0.0	0.7
スペイン	-3.1	-2.6	-3.1	-10.1	-6.9	-4.8
チェコ	1.5	0.9	0.3	-5.8	-5.1	-3.6
ドイツ	1.3	1.9	1.5	-4.3	-3.7	-2.6
ノルウェー	5.0	7.8	6.5	-2.6	10.6	26.0
フランス	-3.0	-2.3	-3.1	-9.0	-6.5	-4.7
ベルギー	-0.7	-0.9	-2.0	-9.0	-5.5	-3.9
ポーランド	-1.5	-0.2	-0.7	-6.9	-1.8	-3.7
ポルトガル	-3.0	-0.3	0.1	-5.8	-2.9	-0.4
アメリカ合衆国	-4.5	-6.2	-6.7	-14.9	-12.1	-4.2
カナダ	-0.1	0.4	-0.0	-10.9	-4.4	-0.8
コロンビア	-3.8	-5.2	-4.1	-8.8	-7.8	-5.3
ブラジル	-7.8	-7.0	-5.8	-13.3	-4.6	-4.7
オーストラリア	-0.6	-0.6	-1.2	-12.2	-4.8	-1.8

OECD "Economic Outlook"（2023年6月）より作成。国、地方、社会保障基金を含む。

表 9-3　一般政府歳出と経費別構成（Ⅰ）

	年次	歳出額（十億ドル）	対GDP比（%）		
				公務・公益事業	防衛
アジア					
アゼルバイジャン	2021	17.5	*32.0*	*18.7*	*14.4*
アフガニスタン‥	2017	9.1	*44.9*	*25.4*	*36.3*
イスラエル‥‥‥	2021	196.6	*40.2*	*13.8*	*12.6*
インド‥‥‥‥‥ [1]	2018	440.3	*15.9*	…	*9.3*
インドネシア‥‥	2021	225.0	*19.0*	*34.5*	*3.9*
ウズベキスタン‥	2021	20.9	*30.0*	*8.0*	…
カザフスタン‥‥	2021	42.3	*21.5*	*10.8*	*6.6*
韓国‥‥‥‥‥‥	2015	455.4	*31.1*	…	…
キプロス‥‥‥‥	2021	12.2	*44.1*	*19.9*	*4.2*
クウェート‥‥‥ [2]	2015	68.3	*59.6*	*20.2*	*8.5*
サウジアラビア・ [1]	2016	221.5	*34.3*	…	…
シンガポール‥‥	2021	77.2	*19.4*	*12.6*	*15.4*
スリランカ‥‥‥ [1]	2021	17.8	*20.0*	*38.2*	*7.3*
タイ‥‥‥‥‥‥	2021	134.0	*26.5*	*38.0*	*4.8*
中国‥‥‥‥‥‥	2020	5 041.6	*33.9*	*13.1*	*3.7*
トルコ‥‥‥‥‥	2021	264.5	*32.3*	*23.2*	*4.7*
日本‥‥‥‥‥‥	2021	[3] 2 202.9	*44.7*	*11.1*	*2.2*
ネパール‥‥‥‥	2021	10.5	*28.9*	*30.1*	*4.2*
バーレーン‥‥‥ [1]	2020	10.0	*29.4*	*38.7*	*15.5*
パキスタン‥‥‥ [1]	2015	56.2	*21.0*	*82.9*	*12.1*
バングラデシュ・ [1]	2016	26.1	*11.8*	*30.6*	*10.0*
フィリピン‥‥‥ [1]	2021	93.4	*23.7*	*45.0*	*4.5*
(香港)‥‥‥‥‥	2020	111.2	*32.2*	*15.2*	*0.0*
(マカオ)‥‥‥‥	2021	11.6	*38.7*	*20.6*	*0.0*
マレーシア‥‥‥ [1]	2021	80.3	*21.5*	*36.5*	*4.7*
ミャンマー‥‥‥	2019	14.1	*20.4*	*16.8*	*16.3*
ヨルダン‥‥‥‥ [1]	2020	13.0	*29.7*	*34.7*	*12.9*
レバノン‥‥‥‥ [1]	2021	11.9	[4] *30.7*	*34.2*	*13.8*
アフリカ					
アンゴラ‥‥‥‥ [1]	2019	16.7	*18.7*	*48.3*	*11.4*
エジプト‥‥‥‥	2015	104.1	*32.8*	*35.0*	*6.0*
エチオピア‥‥‥ [1]	2020	10.4	*10.8*	*58.1*	*4.2*
ケニア‥‥‥‥‥	2020	26.0	*25.8*	*37.3*	*5.0*
スーダン‥‥‥‥ [1]	2016	11.1	*10.8*	…	…
タンザニア‥‥‥ [1]	2018	11.4	*19.6*	*43.5*	*6.3*
南アフリカ共和国	2021	168.3	*40.2*	*28.4*	*2.2*
モロッコ‥‥‥‥ [1]	2017	29.7	*25.0*	…	…
ヨーロッパ					
アイスランド‥‥	2021	12.6	*49.5*	*17.6*	*0.2*
アイルランド‥‥	2021	125.2	*24.8*	*12.6*	*0.8*
イギリス‥‥‥‥	2021	1 511.5	*47.4*	*14.0*	*4.5*
イタリア‥‥‥‥	2021	1 166.4	*55.5*	*18.1*	*2.5*
ウクライナ‥‥‥	2021	80.5	*40.2*	*19.5*	*5.8*

歳出額の内訳（%）						
経済産業	環境保護	住宅・住居環境	保健	教育	社会保障・福祉	その他
20.6	1.6	0.8	4.7	10.8	27.1	1.3
19.1	0.4	1.3	4.5	8.2	4.1	0.7
12.1	1.3	-2.0	14.2	18.4	26.5	3.1
14.0	…	7.7	1.7	2.7	…	…
17.3	1.8	4.3	12.4	16.1	9.1	0.7
17.0	0.1	3.3	10.3	21.4	23.1	2.5
16.1	1.7	8.2	13.6	24.1	16.1	3.0
…	…	…	…	…	…	…
12.1	0.9	4.5	14.9	12.7	29.1	1.7
11.6	0.1	6.4	7.8	13.8	16.3	2.7
…	…	…	…	…	…	…
20.7	1.6	6.6	17.3	13.1	10.1	2.6
21.6	0.0	13.2	10.9	8.8	0.0	0.0
15.9	0.3	1.3	6.8	11.9	19.7	1.4
28.6	2.2	6.5	8.4	10.5	25.8	1.2
15.2	0.8	1.8	16.2	8.8	27.3	1.9
12.6	2.6	1.4	20.9	7.4	40.7	1.0
28.5	1.1	7.6	7.1	12.8	7.6	0.9
8.7	0.2	2.2	12.7	8.4	11.9	1.7
2.6	0.0	0.1	0.7	1.5	0.0	0.1
19.1	0.1	8.0	6.1	18.6	6.3	1.1
16.1	0.6	0.2	6.9	16.7	10.0	0.1
35.1	3.3	5.4	12.2	12.8	13.0	2.9
17.5	2.5	1.8	13.2	12.9	28.8	2.7
17.7	0.4	10.2	10.9	19.7	…	…
42.7	0.2	4.3	4.3	9.8	4.6	1.0
4.7	0.1	2.0	9.4	12.4	21.9	2.0
9.4	0.1	0.2	5.3	9.4	27.2	0.5
11.3	0.0	4.3	5.7	10.8	7.7	0.6
6.0	0.3	3.0	5.0	12.0	29.0	4.0
14.2	0.3	0.8	5.8	14.3	2.0	0.3
20.6	0.8	4.6	7.6	17.9	5.5	0.8
…	…	…	…	…	…	…
18.9	0.0	4.7	6.1	19.6	0.8	0.1
15.7	0.6	4.0	12.8	18.5	15.9	1.9
…	…	…	…	…	…	…
12.2	1.5	1.3	18.2	15.6	26.9	6.6
12.6	1.4	2.3	21.2	12.0	35.2	1.8
12.0	1.5	1.7	20.5	11.2	33.3	1.3
11.8	1.7	0.9	13.7	7.4	42.2	1.5
12.7	0.5	2.6	9.3	14.3	33.3	2.0

一般政府歳出と経費別構成（Ⅱ）

	年次	歳出額（十億ドル）	対GDP比（%）	公務・公益事業	防衛
エストニア……	2021	15.4	41.5	13.7	4.9
オーストリア……	2021	268.7	56.4	12.8	1.1
オランダ……	2021	472.0	46.6	12.6	2.8
ギリシャ……	2021	123.3	57.0	17.4	4.8
スイス……	2021	281.7	34.7	16.6	2.2
スウェーデン……	2021	314.6	49.5	16.1	2.6
スペイン……	2021	712.0	50.0	15.3	1.9
スロバキア……	2021	54.0	47.0	17.7	2.9
スロベニア……	2021	30.4	49.3	14.1	2.4
チェコ……	2021	130.9	46.5	14.1	2.1
デンマーク……	2021	202.4	50.8	13.8	2.4
ドイツ……	2021	2 181.7	51.2	15.3	2.2
ノルウェー……	2021	236.8	49.1	10.8	3.6
ハンガリー……	2021	88.0	48.3	20.3	2.3
フィンランド……	2021	165.5	55.7	16.6	2.1
フランス……	2021	1 746.6	59.1	12.7	3.0
ブルガリア……	2021	34.1	42.5	15.3	4.0
ベラルーシ……	2020	25.6	42.4	19.3	2.8
ベルギー……	2021	329.7	55.1	15.7	1.6
ポーランド……	2021	300.4	44.2	14.3	3.6
ポルトガル……	2021	121.3	48.5	17.9	1.7
ラトビア……	2021	17.5	45.1	13.4	5.3
リトアニア……	2021	24.9	38.0	11.5	4.9
ルーマニア……	2021	113.5	39.9	18.4	4.8
ルクセンブルク…	2021	36.6	42.2	13.6	1.0
ロシア……	2020	617.0	41.4	29.6	4.7
北中アメリカ					
アメリカ合衆国…	2020	9 984.4	47.4	16.4	7.5
エルサルバドル…	2021	9.5	33.0	31.1	2.8
カナダ……	2021	831.8	41.8	17.9	1.8
グアテマラ……	2021	14.5	16.8	31.8	1.6
コスタリカ……	2021	20.5	31.9	25.1	—
ドミニカ共和国・[1]	2021	17.6	18.6	31.9	3.0
パナマ……[1]	2020	13.0	24.1	46.4	0.4
南アメリカ					
アルゼンチン…[5]	2021	114.0	23.4	15.5	1.4
チリ……[5]	2021	100.6	31.8	10.1	1.7
ブラジル……	2021	712.8	44.3	[5] 39.4	[5] 1.8
オセアニア					
オーストラリア…	2021	691.4	42.3	12.4	5.0
ニュージーランド	2021	96.0	38.8	15.8	2.7

IMF "Government Financial Statistics"（2023年7月5日閲覧）より作成。一般政府とは政府や政府の代行的性格を持つものの総体で、中央政府と地方政府、社会保障基金を含↗

歳出額の内訳（%）						
経済産業	環境保護	住宅・住居環境	保健	教育	社会保障・福祉	その他
11.6	1.3	1.1	15.7	14.3	32.5	4.9
16.6	0.8	0.5	18.0	8.8	39.2	2.1
12.6	3.0	1.0	18.6	11.0	35.7	2.7
18.6	2.1	0.5	11.6	7.1	35.9	1.9
13.8	1.6	0.6	8.0	14.6	39.5	3.1
9.7	1.1	1.3	15.2	13.5	37.6	2.8
12.6	1.9	1.0	14.5	9.2	41.3	2.4
14.7	2.0	1.0	15.1	9.4	35.0	2.3
13.9	1.3	1.1	16.5	11.5	36.3	2.9
16.2	2.0	1.3	21.2	10.9	29.4	2.9
8.0	0.7	0.2	18.2	11.9	41.6	3.2
11.8	1.1	0.9	16.9	8.8	40.8	2.2
12.1	1.9	1.5	17.8	10.3	38.5	3.5
19.0	1.5	1.6	11.6	10.4	27.1	6.2
9.1	0.4	0.7	13.8	10.2	44.3	2.7
11.6	1.8	2.1	15.6	8.9	41.9	2.4
16.5	1.9	2.4	14.4	10.6	32.9	2.2
11.6	0.2	5.3	12.7	12.9	32.7	2.6
12.7	2.4	0.6	15.5	11.3	37.9	2.2
13.7	1.3	1.1	13.1	11.2	39.2	2.7
11.5	1.7	1.3	15.9	9.7	38.2	2.0
16.3	1.3	2.3	14.2	12.7	31.3	3.3
10.6	1.4	1.6	15.7	12.7	38.3	3.2
14.6	1.8	2.8	13.8	8.1	33.4	2.3
12.7	2.2	1.4	12.7	11.0	42.8	2.7
11.3	0.6	3.1	5.3	8.9	34.1	2.3
14.4	0.0	1.1	22.0	12.7	25.4	0.6
12.1	0.5	2.5	16.2	12.0	22.3	0.5
10.6	1.6	1.1	21.9	11.1	32.1	1.9
10.3	2.1	3.5	14.6	19.6	14.9	1.6
5.8	0.4	4.3	20.7	20.1	23.2	0.4
17.4	0.7	2.2	12.9	19.2	12.0	0.7
6.2	1.2	2.5	14.2	17.6	10.6	0.9
18.9	0.2	2.7	8.7	5.3	46.8	0.3
9.9	0.3	1.0	18.1	15.1	43.3	0.5
5) 2.5	5) 0.1	5) 0.9	5) 7.4	5) 6.6	5) 41.2	5) 0.1
19.7	2.0	1.4	17.8	13.1	26.5	2.0
10.5	2.3	3.1	19.0	14.3	29.8	2.4

↘む。1）中央政府の一般予算のみ。2）中央政府のみ。3）日本の財務省によると2599.9十億ドル。4）2019年。5）中央政府と社会保障基金の合計で、地方政府を除く。

第9章 財政・金融・物価

表 9-4　一般政府の歳入構成（I）

	年次	歳入額（十億ドル）	対歳出比（%）	税収	所得・利潤等課税
アジア					
アゼルバイジャン	2021	20.1	115.1	37.0	12.2
アラブ首長国連邦	2021	126.3	…	42.8	33.4
イスラエル……	2021	178.7	90.9	74.2	33.1
イラク………[1]	2019	90.2	…	3.5	2.0
インド………[1]	2018	364.9	82.9	91.0	45.6
インドネシア……	2021	173.1	76.9	73.5	28.1
ウズベキスタン…	2021	18.4	87.8	71.4	30.3
カザフスタン……	2021	35.2	83.2	77.1	33.1
韓国…………	2021	669.1	…	60.5	27.7
キプロス………	2021	11.6	94.8	59.9	24.5
クウェート……[2]	2015	44.3	64.8	3.6	0.0
サウジアラビア…	2020	252.2	…	24.0	1.9
シンガポール……	2021	74.8	96.9	74.4	36.9
タイ…………	2021	100.2	74.8	78.5	28.8
中国…………	2020	3 647.3	72.3	66.3	19.1
トルコ………	2021	254.9	96.4	58.4	20.2
日本…………	2021	1 906.1	86.5	55.5	28.8
パキスタン……[1]	2015	40.8	72.6	74.7	28.2
バングラデシュ・[1]	2021	39.8	…	79.6	25.8
フィリピン……[1]	2021	61.0	65.3	91.3	35.2
ベトナム……[1]	2019	64.9	…	83.1	25.9
(香港)………	2020	80.5	72.4	60.2	33.9
マレーシア……[1]	2021	56.4	70.3	74.3	50.7
ミャンマー……	2019	11.3	80.5	40.2	12.8
レバノン……[1]	2021	12.7	107.4	80.6	25.1
アフリカ					
アンゴラ……[1]	2019	18.1	108.4	46.3	34.8
エジプト………	2015	70.0	67.3	56.8	24.1
ケニア………	2021	21.1	[3] 70.5	69.7	30.7
南アフリカ共和国	2021	148.4	88.2	77.6	41.6
モロッコ……[1]	2021	34.5	…	80.8	30.1
ヨーロッパ					
アイルランド……	2021	116.8	93.3	76.6	45.3
イギリス………	2021	1 182.2	78.2	74.0	34.5
イタリア………	2021	1 001.3	85.8	62.3	30.4
ウクライナ……	2021	73.8	91.7	67.4	25.5
エストニア……	2021	14.2	92.3	56.6	21.8
オーストリア……	2021	240.3	89.4	55.5	26.1
オランダ………	2021	437.6	92.7	60.4	29.0
ギリシャ………	2021	105.7	85.7	53.4	16.5
クロアチア……	2021	31.7	…	53.4	11.1
スイス………	2021	277.4	98.5	62.0	39.0

歳入額の内訳（%）						
うち個人	うち法人	財貨・サービスの国内課税	貿易・国際取引課税	その他税	社会保障保険料	税外収入
3.6	8.7	19.9	4.0	0.8	11.2	51.8
0.0	33.4	7.5	1.7	0.1	2.9	54.3
19.6	9.8	32.7	0.6	7.8	15.3	10.5
0.8	1.2	0.4	0.9	0.2	0.0	96.5
20.8	24.9	40.9	4.5	0.0	0.1	8.9
6.6	21.6	39.5	2.9	2.9	0.0	26.5
9.7	20.5	35.0	2.8	3.4	13.7	14.9
7.6	25.6	23.5	12.6	7.9	4.9	18.0
18.0	9.6	23.1	1.1	8.6	22.1	17.4
8.5	15.8	31.2	0.2	4.1	27.8	…
0.0	0.0	1.2	2.4	0.0	0.0	96.4
0.0	1.9	17.3	1.9	2.9	9.4	66.6
14.2	22.8	20.8	0.0	16.6	0.0	25.6
9.2	19.6	46.1	2.9	0.7	3.3	18.1
4.6	14.5	39.8	1.0	6.4	19.6	14.1
10.3	9.9	34.5	1.6	2.1	21.7	19.8
14.9	13.9	19.5	0.4	6.9	36.3	8.2
…	…	32.2	6.7	7.6	0.0	25.3
8.5	17.3	43.2	9.3	1.3	0.0	20.4
17.0	15.7	28.3	21.4	6.3	0.0	8.7
7.3	18.6	40.2	6.5	…	0.0	16.9
11.4	22.5	20.6	0.1	5.6	0.0	39.8
11.6	39.1	19.3	2.0	2.3	0.0	25.7
0.0	0.4	24.1	2.7	0.6	0.8	59.1
…	…	34.9	2.5	18.0	1.3	18.1
7.2	27.6	5.4	2.9	3.2	4.7	49.0
7.1	17.0	26.1	4.1	2.5	0.0	43.2
15.7	15.0	31.3	7.6	0.1	1.7	28.6
25.3	16.3	28.5	2.7	4.8	1.0	21.4
15.0	15.1	45.1	4.0	1.7	0.0	19.2
29.6	15.7	27.8	0.0	3.5	17.2	…
26.6	7.9	30.4	0.6	8.6	18.3	7.7
26.4	4.0	25.5	0.0	6.4	28.9	8.7
17.4	8.1	36.7	1.9	3.4	17.6	14.9
17.8	4.0	34.3	0.0	0.5	31.1	12.3
19.9	5.6	23.9	0.0	5.5	31.5	12.9
20.0	9.0	26.3	0.0	5.1	31.5	8.1
12.1	3.6	31.4	0.0	5.4	30.5	…
6.6	4.5	40.8	0.0	1.5	24.2	22.3
25.1	8.8	16.4	0.5	6.2	20.1	17.8

一般政府の歳入構成（Ⅱ）

	年次	歳入額（十億ドル）	対歳出比（%）	税収	所得・利潤等課税
スウェーデン	2021	307.7	*97.8*	*82.5*	*37.2*
スペイン	2021	613.9	*86.2*	*57.1*	*26.8*
スロバキア	2021	47.0	*87.0*	*50.1*	*19.4*
スロベニア	2021	27.6	*90.5*	*48.4*	*17.8*
セルビア	2021	29.5	…	*55.0*	*14.2*
チェコ	2021	114.3	*87.3*	*47.3*	*18.4*
デンマーク	2021	216.8	*107.2*	*87.9*	*57.5*
ドイツ	2021	1 999.2	*91.6*	*52.5*	*27.8*
ノルウェー	2021	281.9	*119.1*	*56.3*	*35.5*
ハンガリー	2021	74.0	*84.1*	*57.1*	*13.4*
フィンランド	2021	154.6	*93.4*	*59.3*	*29.9*
フランス	2021	1 534.2	*87.8*	*58.2*	*23.8*
ブルガリア	2021	30.9	*90.4*	*58.7*	*16.9*
ベラルーシ	2020	24.6	*96.1*	*54.6*	*16.4*
ベルギー	2021	292.4	*88.7*	*61.0*	*31.1*
ポーランド	2021	287.9	*95.8*	*55.6*	*18.8*
ポルトガル	2021	112.4	*92.7*	*55.8*	*21.2*
ラトビア	2021	14.6	*83.4*	*55.9*	*18.6*
リトアニア	2021	24.0	*96.5*	*60.1*	*26.7*
ルーマニア	2021	92.9	*81.9*	*48.6*	*14.8*
ルクセンブルク	2021	36.9	*100.8*	*64.2*	*34.0*
ロシア	2021	691.1	*106.7*	*55.6*	*22.3*
北中アメリカ					
アメリカ合衆国	2021	7 292.1	3) *64.7*	*65.3*	*41.5*
カナダ	2021	831.2	*99.9*	*70.7*	*42.1*
グアテマラ	2021	13.9	*96.3*	*75.1*	*26.4*
コスタリカ	2021	17.2	*83.9*	*55.4*	*17.5*
ドミニカ共和国 4)	2021	15.5	…	*87.5*	*29.7*
メキシコ	2021	278.0	…	*68.1*	*33.8*
南アメリカ					
アルゼンチン 4)	2021	92.7	*81.3*	*60.3*	*8.7*
ウルグアイ 4)	2020	16.5	…	*60.1*	*22.5*
エクアドル	2021	33.5	…	*42.7*	*11.4*
コロンビア	2021	91.9	…	*62.1*	*21.7*
チリ	2021	82.2	…	*81.6*	*29.9*
ブラジル	2021	675.5	*94.8*	*60.4*	*19.2*
ペルー	2021	48.6	…	*75.9*	*29.1*
オセアニア					
オーストラリア	2021	549.0	*79.4*	*81.2*	*48.1*
ニュージーランド	2021	91.6	*95.4*	*86.2*	*50.3*

資料は表9-2に同じ。中央政府と地方政府、社会保障基金を含む一般政府。1）中央政府の当初予算のみ。2）中央政府のみ。3）2020年。4）中央政府と社会保障基金の合計で、↗

歳入額の内訳（%）						
うち個人	うち法人	財貨・サービスの国内課税	貿易・国際取引課税	その他税	社会保障保険料	税外収入
30.2	7.0	25.4	0.0	19.9	7.0	10.4
20.5	6.2	26.0	0.0	4.3	33.1	9.9
9.6	9.1	29.6	0.0	1.2	39.4	…
12.2	5.5	29.4	0.0	1.3	37.5	…
8.7	5.4	37.0	2.1	1.7	29.2	15.8
9.2	9.2	28.3	0.0	0.6	40.9	11.8
50.7	6.9	24.7	0.0	5.7	1.5	…
20.5	6.5	21.7	0.0	3.0	37.5	10.0
18.3	16.9	19.1	0.2	1.4	16.8	…
10.1	3.4	39.9	0.0	3.8	25.9	17.0
24.7	5.2	27.3	0.0	2.1	23.3	17.4
18.1	5.7	24.2	0.1	10.1	31.9	9.9
9.1	7.7	39.6	0.0	2.2	24.1	…
11.1	5.3	28.8	6.9	2.6	26.9	18.5
22.9	7.7	25.4	0.0	4.5	31.0	8.0
12.7	6.2	32.8	0.0	4.1	32.7	…
15.8	5.4	30.8	0.0	3.9	28.7	15.5
16.3	2.3	35.3	0.0	2.0	27.5	16.6
20.9	5.8	32.5	0.0	0.9	29.1	10.8
8.0	6.8	32.1	0.0	1.7	34.6	16.7
23.5	10.5	26.9	0.0	3.3	27.6	…
9.2	11.8	24.1	6.8	2.4	17.3	27.2
36.3	5.1	13.0	1.2	9.6	21.2	13.5
…	…	17.3	0.5	10.8	11.3	18.0
4.4	22.0	42.8	3.4	2.4	17.1	7.8
6.0	11.5	29.4	4.3	4.2	34.0	10.6
7.8	17.0	50.7	5.5	1.6	0.6	12.0
16.7	15.9	27.9	1.4	5.1	11.3	20.7
2.6	6.1	29.5	15.0	7.0	26.9	12.8
14.3	8.2	29.3	3.3	5.1	31.8	8.0
0.4	11.0	21.2	6.7	3.5	15.8	41.5
8.9	12.9	32.9	1.4	6.0	15.5	22.4
0.3	22.1	46.5	0.8	4.4	4.5	13.9
7.2	8.9	34.9	1.7	4.7	24.5	15.0
8.9	20.2	35.9	0.8	10.1	9.6	14.6
32.5	15.5	22.4	2.5	8.2	0.0	18.8
34.9	15.4	28.2	2.6	5.2	1.8	11.9

↘地方政府を除く。

図 9-2　主な国の付加価値税の標準税率（2023年1月現在）

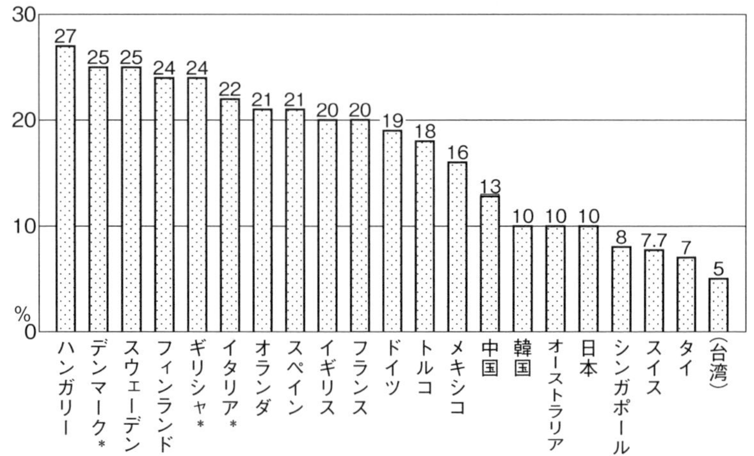

財務省資料より作成。アメリカ合衆国は州、郡、市により小売売上税がある（ニューヨーク州およびニューヨーク市は合計8.875％）。*2022年7月現在。

表 9-5　OECD加盟国の国民負担率（2020年）（％）

	国民負担率	うち租税負担率		国民負担率	うち租税負担率
ルクセンブルク	84.6	57.7	ポーランド	49.0	29.6
フランス	69.9	45.0	ニュージーランド	48.9	47.9
デンマーク	65.9	64.8	アイルランド	48.7	39.0
ベルギー	61.8	39.9	日本	47.9	28.2
イタリア	60.8	41.2	エストニア	47.3	29.8
フィンランド	59.7	43.2	ラトビア	47.0	31.8
オーストリア	58.9	36.8	イギリス	46.0	34.3
ギリシャ	57.3	36.0	カナダ	46.0	39.5
オランダ	57.0	37.1	韓国	41.7	28.4
ポルトガル	56.3	37.1	リトアニア 1)	40.7	23.7
ハンガリー	56.0	38.7	イスラエル	40.3	32.6
スウェーデン	54.5	49.5	スイス	39.7	29.6
ドイツ	54.0	30.3	オーストラリア	37.6	37.6
ノルウェー	53.4	37.8	トルコ 1)	34.5	24.2
チェコ	53.1	28.8	アメリカ合衆国	32.3	23.8
スロベニア	52.6	28.6	コスタリカ 2)	30.8	19.5
スペイン	51.0	31.3	メキシコ	24.3	21.6
スロバキア	49.2	27.4	チリ	23.9	21.6

財務省資料より作成。国民負担率は、国民所得に占める国民負担（租税負担と社会保障負担）の合計。負担の一方で給付による還元があるが、本表では考慮されていないことに留意。また、国民負担率には財政赤字が含まれていないが、これを含む潜在的国民負担率は、アメリカ合衆国50.8％、ドイツ59.7％、フランス83.0％に対して日本は62.9％（2020年、日本は2020年度）。1）2017年。2）2019年。

表 9-6 **対外債務の構成**（I）（2021年末現在）（単位　百万ドル）

	短期債務	長期債務	IMFクレジット	計	うち公的債務・保証付債務
アジア					
アゼルバイジャン	—	13 904	740	14 645	13 020
アフガニスタン	420	1 926	1 185	3 531	1 908
アルメニア	1 524	11 560	735	13 818	6 263
イエメン	459	6 108	1 021	7 587	6 108
イラク	620	20 516	4 126	25 263	20 516
イラン	2 508	1 060	6 781	10 349	332
インド	114 629	475 076	23 160	612 866	205 105
インドネシア	48 617	358 846	9 007	416 471	242 719
ウズベキスタン	3 544	33 958	1 493	38 995	20 148
カザフスタン	12 704	145 016	2 035	159 755	26 490
カンボジア	4 437	15 231	352	20 020	9 452
キルギス	541	7 826	697	9 064	3 960
ジョージア	2 372	18 524	1 158	22 053	9 081
シリア	612	3 632	785	5 029	3 632
スリランカ	8 622	45 377	2 593	56 592	36 520
タイ	74 214	131 101	5 667	210 982	36 136
タジキスタン	889	5 612	545	7 046	3 186
中国	1 446 225	1 205 606	50 674	2 702 505	475 424
トルクメニスタン	—	4 433	418	4 851	4 386
トルコ	121 170	306 532	7 749	435 451	140 645
ネパール	335	7 961	560	8 856	7 794
パキスタン	8 983	110 610	10 841	130 433	94 670
バングラデシュ	18 088	70 040	3 301	91 429	62 425
東ティモール	1	232	45	279	232
フィリピン	15 090	87 425	3 913	106 428	59 284
ブータン	3	3 031	36	3 069	2 987
ベトナム	33 233	100 993	1 987	136 213	48 536
ミャンマー	32	12 135	1 761	13 927	11 822
モルディブ	549	3 229	69	3 847	3 092
モンゴル	1 174	32 283	483	33 940	11 625
ヨルダン	15 606	23 999	2 215	41 821	19 968
ラオス	907	16 068	213	17 188	10 271
レバノン	12 857	52 916	1 120	66 893	33 277
アフリカ					
アルジェリア	1 597	1 476	4 306	7 379	1 240
アンゴラ	6 124	55 281	5 872	67 277	46 740
ウガンダ	1 772	15 961	1 484	19 217	11 974
エジプト	12 842	106 723	23 681	143 246	105 939
エスワティニ	40	808	283	1 130	620
エチオピア	530	28 171	1 317	30 017	28 171
エリトリア	39	663	43	745	663
ガーナ	5 147	27 623	3 411	36 182	27 370
カーボベルデ	—	1 982	78	2 060	1 982

対外債務の構成（Ⅱ）（2021年末現在）（単位　百万ドル）

	短期債務	長期債務	IMFクレジット	計	うち公的債務・保証付債務
ガボン	17	6 278	1 427	7 722	6 278
カメルーン	658	13 568	1 777	16 003	12 427
ガンビア	38	808	228	1 074	808
ギニア	226	3 591	886	4 702	3 591
ギニアビサウ	60	950	103	1 112	950
ケニア	2 427	35 861	2 913	41 201	35 218
コートジボワール	2 188	23 918	3 647	29 752	23 169
コモロ	1	273	63	337	273
コンゴ共和国	290	6 302	374	6 966	6 291
コンゴ民主共和国	454	6 517	3 317	10 288	6 517
サントメ・プリンシペ	11	234	61	306	234
ザンビア	1 266	20 811	1 969	24 046	12 498
シエラレオネ	181	1 313	959	2 453	1 313
ジブチ	670	2 412	109	3 191	2 412
ジンバブエ	3 736	8 581	1 422	13 739	4 627
スーダン	4 355	15 305	2 505	22 165	15 305
セネガル	2 791	24 856	1 285	28 931	14 437
ソマリア	1 220	2 966	650	4 836	2 966
タンザニア	3 565	23 568	1 357	28 490	18 917
チャド	21	2 999	914	3 934	2 999
中央アフリカ共和国	162	435	518	1 115	435
チュニジア	13 489	24 723	3 396	41 608	23 064
トーゴ	410	2 415	642	3 467	1 765
ナイジェリア	—	67 142	9 073	76 215	34 385
ニジェール	44	4 253	687	4 984	4 253
ブルキナファソ	—	9 711	586	10 297	4 329
ブルンジ	0	566	400	966	566
ベナン	336	5 828	699	6 864	5 828
ボツワナ	156	1 481	345	1 982	1 466
マダガスカル	232	3 811	1 304	5 347	3 715
マラウイ	146	2 366	673	3 185	2 366
マリ	85	5 428	946	6 460	5 428
南アフリカ共和国	36 292	122 861	10 862	170 015	95 176
モーリシャス	7 414	6 176	326	13 916	2 322
モーリタニア	193	4 031	594	4 819	4 031
モザンビーク	1 778	60 094	947	62 819	10 577
モロッコ	9 079	52 251	4 085	65 414	42 149
リベリア	—	1 048	798	1 846	1 015
ルワンダ	418	7 897	678	8 994	5 586
レソト	3	1 617	198	1 818	962
ヨーロッパ					
アルバニア	957	9 395	734	11 086	5 292
ウクライナ	22 268	98 870	14 505	135 643	44 628
北マケドニア	1 642	8 721	476	10 840	5 099

対外債務の構成（Ⅲ）（2021年末現在）（単位　百万ドル）

	短期債務	長期債務	IMFクレジット	計	うち公的債務・保証付債務
コソボ…………	1 102	1 990	260	3 352	596
セルビア………	1 993	37 649	1 501	41 144	20 596
ブルガリア……	8 468	34 417	2 057	44 943	15 519
ベラルーシ……	10 365	29 859	1 430	41 654	19 979
ボスニア・ヘルツェゴビナ……	2 707	9 164	1 115	12 986	5 058
モルドバ………	2 604	5 772	912	9 288	1 819
モンテネグロ……	386	9 964	202	10 552	4 288
ロシア…………	86 218	369 952	25 248	481 418	176 769
北中アメリカ					
エルサルバドル……	2 258	16 897	1 016	20 171	11 463
グアテマラ……	1 376	24 732	856	26 965	11 710
グレナダ………	120	529	77	726	529
コスタリカ……	4 683	27 584	1 520	33 788	12 386
ジャマイカ……	2 259	13 650	1 792	17 701	8 985
セントビンセント・グレナディーン諸島	—	470	56	526	470
セントルシア……	92	717	79	888	717
ドミニカ共和国……	2 311	39 800	1 601	43 712	32 507
ドミニカ国………	18	312	48	378	312
ニカラグア……	1 074	12 575	705	14 354	6 407
ハイチ…………	0	2 102	502	2 604	2 098
ベリーズ………	10	1 380	61	1 450	1 276
ホンジュラス……	1 013	9 734	1 103	11 850	8 627
メキシコ………	50 487	539 266	15 946	605 700	290 868
南アメリカ					
アルゼンチン……	43 974	154 278	48 055	246 307	114 750
エクアドル……	1 442	48 634	8 183	58 259	38 707
ガイアナ………	57	1 467	366	1 890	1 342
コロンビア……	15 774	147 195	9 024	171 993	93 901
パラグアイ……	4 654	16 295	403	21 353	11 347
ブラジル………	78 753	508 879	18 853	606 485	200 522
ペルー…………	10 285	74 536	2 644	87 464	39 854
ボリビア………	759	14 653	552	15 964	12 281
オセアニア					
サモア…………	0	381	62	443	381
ソロモン諸島……	52	360	72	483	141
トンガ…………	—	186	37	224	186
バヌアツ………	40	412	63	515	412
パプアニューギニア	263	15 823	897	16 983	6 041
フィジー………	44	1 758	226	2 028	1 213

世界銀行“International Debt Statistics”（2023年7月6日閲覧）より作成。新興・開発途上国による対外債務統計。長期債務は当初の償還期間が1年を超えるもの。昨年まで掲載していたベネズエラは、原資料に記載がない。

表 9-7　資金の純流入額と対外債務比率（Ⅰ）（2021年）

	資金の純流入額（百万ドル）		対外債務比率（%）		対外債務に対する外貨準備（%）
	計	うち長期	対GNI	財・サービス輸出	
アジア					
アゼルバイジャン	-1 404	-952	*27.5*	*53.6*	*56.7*
アフガニスタン	111	-14	…	…	…
アルメニア	1 179	1 324	*102.6*	*255.0*	*23.4*
イエメン	-126	-67	…	…	…
イラク	-2 625	-1 693	*12.3*	…	*231.9*
イラン	201	-233	…	*13.1*	…
インド	34 291	23 195	*19.6*	*91.9*	*97.0*
インドネシア	-3 129	-7 258	*36.1*	*164.2*	*33.7*
ウズベキスタン	7 436	6 284	*56.2*	*207.7*	*36.4*
カザフスタン	-2 945	-5 601	*95.9*	*233.8*	*6.8*
カンボジア	2 392	1 736	*78.4*	*97.4*	*86.5*
キルギス	152	161	*115.8*	*269.8*	*26.3*
ジョージア	1 941	1 790	*124.8*	*241.4*	*19.4*
シリア	-2	0	…	…	…
スリランカ	109	-56	*68.6*	*375.0*	*5.2*
タイ	7 047	7 646	*43.2*	*68.4*	*109.8*
タジキスタン	-107	135	*66.7*	*167.1*	*33.8*
中国	344 405	134 412	*15.4*	*70.6*	*122.6*
トルクメニスタン	-1 036	-895	…	…	…
トルコ	-7 632	9 636	*54.2*	*150.7*	*16.3*
ネパール	946	982	*24.3*	*297.3*	*103.8*
パキスタン	10 906	9 697	*38.2*	*360.0*	*14.6*
バングラデシュ	16 488	9 569	*20.9*	*183.5*	*49.6*
東ティモール	17	16	*11.7*	*58.0*	*335.5*
フィリピン	8 398	7 517	*26.1*	*106.7*	*93.5*
ブータン	67	66	…	*401.9*	*33.0*
ベトナム	11 887	5 257	*39.3*	*39.9*	*80.3*
ミャンマー	513	145	*22.0*	*106.0*	…
モルディブ	339	263	*86.8*	*97.1*	*20.9*
モンゴル	1 654	1 761	*260.7*	*339.0*	*11.2*
ヨルダン	3 684	1 632	*92.9*	*286.1*	…
ラオス	-155	-78	*97.2*	*217.1*	*8.6*
レバノン	-4 843	-5 493	*381.7*	*603.5*	*27.6*
アフリカ					
アルジェリア	-263	-76	*4.5*	*17.4*	*624.2*
アンゴラ	-1 035	-2 790	*100.7*	*197.7*	*21.5*
ウガンダ	1 887	1 049	*48.3*	*311.7*	…
エジプト	11 890	9 824	*36.6*	*241.6*	*24.5*
エスワティニ	85	72	*25.3*	*50.4*	*50.6*
エチオピア	-315	-436	*27.1*	*315.9*	…
エリトリア	-19	-19	…	…	…
ガーナ	4 212	3 932	*47.8*	*245.5*	*26.0*
カーボベルデ	72	72	*108.5*	*427.4*	*34.5*

資金の純流入額と対外債務比率（Ⅱ）（2021年）

	資金の純流入額（百万ドル）		対外債務比率（%）		対外債務に対する外貨準備（%）
	計	うち長期	対GNI	財・サービス輸出	
ガボン	37	-9	*45.3*	…	…
カメルーン	1 223	767	*36.1*	*210.9*	…
ガンビア	92	37	*53.0*	*763.7*	*60.8*
ギニア	328	304	*33.6*	*45.8*	…
ギニアビサウ	189	159	*67.8*	*917.7*	…
ケニア	3 025	2 062	*37.9*	*346.6*	*23.0*
コートジボワール	5 113	4 171	*44.0*	*187.6*	…
コモロ	13	15	*25.5*	*222.2*	*97.6*
コンゴ共和国	-222	-188	*70.5*	…	*49.8*
コンゴ民主共和国	749	287	*19.8*	…	*33.7*
サントメ・プリンシペ	3	1	*55.4*	*373.5*	…
ザンビア	-414	-964	*124.7*	*204.9*	*11.5*
シエラレオネ	80	47	*60.5*	…	*38.6*
ジブチ	458	63	*97.7*	*60.9*	*18.4*
ジンバブエ	158	282	*53.7*	*209.0*	*6.1*
スーダン	-65	-1 174	*68.1*	*367.6*	…
セネガル	5 836	4 482	*107.0*	*466.1*	…
ソマリア	-15	-15	*66.7*	…	…
タンザニア	2 508	1 784	*42.2*	*284.6*	…
チャド	151	82	*34.6*	…	…
中央アフリカ共和国	82	32	*41.5*	…	…
チュニジア	1 162	-1 614	*91.4*	*203.7*	*20.3*
トーゴ	810	721	*41.1*	*176.8*	…
ナイジェリア	3 039	3 039	*18.0*	*144.4*	…
ニジェール	455	431	*32.8*	*330.3*	…
ブルキナファソ	605	634	*55.0*	*168.3*	…
ブルンジ	113	47	*33.2*	…	*27.4*
ベナン	1 708	1 668	*39.0*	*171.7*	…
ボツワナ	130	192	*11.9*	*24.6*	*242.3*
マダガスカル	315	308	*37.3*	*158.0*	*43.7*
マラウイ	112	172	*25.7*	*204.3*	…
マリ	579	527	*34.8*	*116.9*	…
南アフリカ共和国	-8 949	-8 164	*41.3*	*119.5*	*29.6*
モーリシャス	1 210	63	*108.7*	*144.3*	*56.3*
モーリタニア	-170	-211	*59.2*	*145.9*	*42.3*
モザンビーク	3 647	3 744	*398.6*	*948.4*	*5.7*
モロッコ	1 057	1 052	*50.1*	*136.6*	*52.5*
リベリア	75	82	*56.4*	*203.4*	…
ルワンダ	742	744	*82.9*	*422.6*	*21.1*
レソト	10	24	*63.9*	*111.2*	…
ヨーロッパ					
アルバニア	1 051	827	*61.6*	*182.3*	*49.3*
ウクライナ	2 855	3 806	*69.5*	*142.0*	*21.7*
北マケドニア	675	511	*82.0*	*116.6*	*34.4*

資金の純流入額と対外債務比率（III）（2021年）

	資金の純流入額（百万ドル）		対外債務比率（%）		対外債務に対する外貨準備（%）
	計	うち長期	対GNI	財・サービス輸出	
コソボ	399	320	*36.4*	*94.7*	*37.1*
セルビア	3 507	3 317	*67.8*	*119.7*	*39.9*
ブルガリア	-1 954	1 478	*57.5*	*82.9*	*81.9*
ベラルーシ	-994	-1 277	*63.5*	*82.7*	*12.7*
ボスニア・ヘルツェゴビナ	-404	-107	*58.1*	*123.0*	*71.6*
モルドバ	1 000	683	*66.1*	*182.8*	*42.0*
モンテネグロ	-160	-231	*177.9*	*361.4*	*18.8*
ロシア	3 882	-20 482	*27.8*	*76.2*	*103.4*
北中アメリカ					
エルサルバドル	1 499	1 113	*74.4*	*233.9*	*16.6*
グアテマラ	1 604	1 615	*32.0*	*167.1*	*76.1*
グレナダ	50	35	*67.9*	*175.9*	*48.0*
コスタリカ	2 073	1 038	*56.4*	*140.6*	*20.5*
ジャマイカ	185	-157	*133.9*	*371.4*	*27.3*
セントビンセント・グレナディーン諸島	99	89	*59.5*	*400.3*	*59.3*
セントルシア	138	124	*51.2*	*95.7*	*48.8*
ドミニカ共和国	2 933	2 795	*48.8*	*207.3*	*29.9*
ドミニカ国	34	37	*69.1*	*322.2*	*50.5*
ニカラグア	553	657	*108.8*	*216.2*	*28.2*
ハイチ	65	75	*12.4*	*202.9*	*101.9*
ベリーズ	-117	-117	*85.0*	*138.1*	*29.0*
ホンジュラス	466	-42	*45.3*	*147.2*	…
メキシコ	1 726	643	*48.0*	*113.8*	*33.1*
南アメリカ					
アルゼンチン	-4 443	-2 099	*51.1*	*274.0*	*14.8*
エクアドル	1 197	137	*55.7*	*198.2*	*10.4*
ガイアナ	135	133	*26.6*	*113.8*	*41.8*
コロンビア	14 587	12 713	*56.2*	*303.6*	*33.6*
パラグアイ	1 351	1 311	*56.2*	*148.9*	*43.0*
ブラジル	39 889	30 119	*38.9*	*174.8*	*58.5*
ペルー	12 819	12 818	*42.2*	*129.7*	…
ボリビア	294	454	*40.6*	*138.7*	*14.0*
オセアニア					
サモア	-13	-11	*57.3*	*402.9*	*66.5*
ソロモン諸島	44	20	*29.2*	*103.2*	*141.7*
トンガ	8	-2	…	*230.2*	*161.8*
バヌアツ	20	21	*50.6*	*197.5*	*129.0*
パプアニューギニア	-1 307	-1 164	*65.5*	*159.3*	…
フィジー	382	360	*46.5*	*164.5*	*74.7*

資料は前表に同じ。資金の純流入額は公的債務（IMF、世界銀行を含む）および民間債務（長短含む）の実行額より元本返済額を控除したもの。長期の定義は前表に同じ。対外債務比率は、GNI、財・サービス輸出に対する割合。

図 9-3 各国の対外債務残高と対GNI比（2021年末現在）

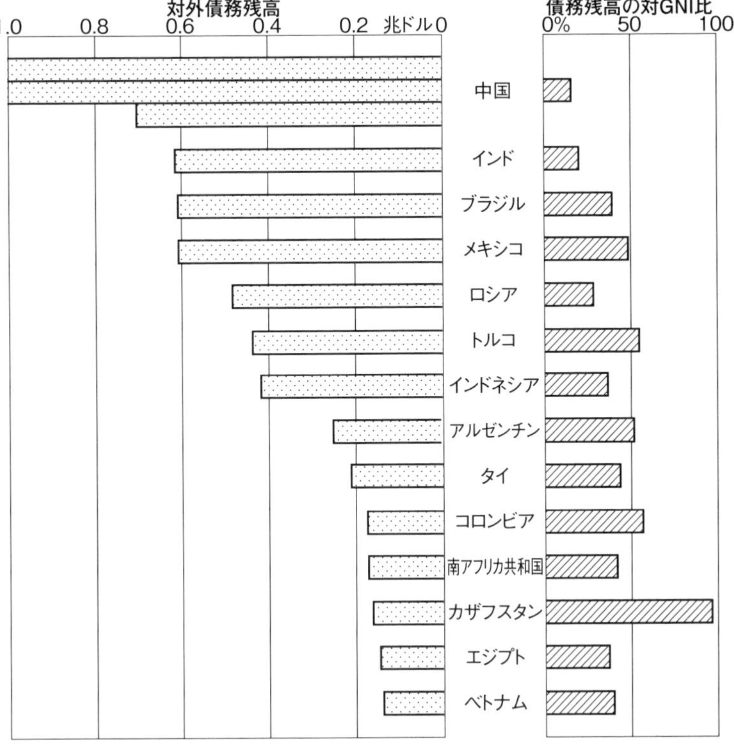

表9-6、9-7より作成。中国は表8-76に示すように対外純資産保有国であるほか、下表に示すように多くの国の対外債務債権国であることに留意。

表 9-8 対外債務の公的債務・保証付債務に占める対中債務割合

（2021年末現在）（%）

トンガ	*60.4*	ジンバブエ	*39.2*	モンゴル	*26.8*
ジブチ	*55.6*	コンゴ民主共和国	*38.4*	エチオピア	*26.4*
ラオス	*50.9*	コンゴ共和国	*38.1*	ミャンマー	*25.6*
バヌアツ	*47.6*	タジキスタン	*34.5*	ウガンダ	*21.5*
アンゴラ	*47.1*	コモロ	*34.4*	ベラルーシ	*21.3*
キルギス	*45.4*	ザンビア	*30.8*	ケニア	*20.9*
モルディブ	*44.4*	トーゴ	*30.5*	モンテネグロ	*20.2*
ギニア	*42.9*	カメルーン	*30.1*	スリランカ	*19.7*
カンボジア	*42.9*	エスワティニ	*30.0*	パプアニューギニア	*18.3*
サモア	*42.3*	パキスタン	*28.9*	ガボン	*18.1*

資料は表9-6に同じ。公的債務・保証付債務は、国や公社、国有企業などによって返済が保証される債務。貸し手には本表に示した中国などの国やIMFなど多国間のほか、非公的な債券保有者（中低所得国の公的保証・保証付債務の49.0%を占める）などがある。

表 9-9　主な国の政策金利（Ｉ）（各年末現在）（年利、％）

	2018	2019	2020	2021	2022	2023（3月末）
アジア						
アゼルバイジャン#	9.75	7.50	6.25	7.25	8.25	8.75
イスラエル	0.25	0.25	0.10	0.10	3.30	4.34
インド	6.75	5.40	4.25	4.25	…	…
インドネシア#	6.00	5.00	3.75	3.50	5.50	5.75
ウズベキスタン#	16.00	16.00	14.00	14.00	15.00	14.00
カザフスタン#	9.25	9.25	9.00	9.75	16.75	16.75
カタール#	5.00	4.25	2.50	2.50	5.50	5.75
韓国	0.50	0.50	0.25	0.25	1.75	2.00
(参考)韓国# 1)	1.75	1.25	0.50	1.00	3.25	3.50
クウェート	3.00	2.75	1.50	1.50	3.50	4.00
ジョージア#	7.00	9.00	8.00	…	11.00	11.00
シンガポール#	1.86	2.51	1.06	0.76	…	…
スリランカ	15.00	15.00	…	…	…	…
タイ	2.25	1.75	1.00	1.00	1.75	2.25
(台湾) 1)	1.38	1.38	1.13	1.13	1.75	1.88
中国	2.90	2.90	2.90	2.90	2.90	2.90
トルコ	18.50	12.75	15.75	15.75	9.75	9.75
日本 1)	0.30	0.30	0.30	0.30	0.30	0.30
(参考)日本#	-0.10	-0.10	-0.10	-0.10	-0.10	-0.10
ネパール	1.00	1.00	1.00	1.00	5.50	5.50
パキスタン	10.50	13.75	8.00	10.75	…	…
バングラデシュ#	5.00	5.00	4.00	4.00	4.00	4.00
フィリピン#	4.75	4.00	2.00	2.00	…	…
ベトナム#	6.25	6.00	4.00	4.00	6.00	* 6.00
(香港)#	2.75	2.49	0.50	0.50	…	…
マレーシア#	3.25	3.00	1.75	1.75	…	…
ミャンマー	10.00	10.00	7.00	…	…	…
モンゴル#	11.00	11.00	6.00	6.00	…	…
ヨルダン	5.75	5.00	3.50	3.50	7.50	8.00
レバノン	10.00	…	…	…	…	…
アフリカ						
アルジェリア	3.75	3.75	3.75	3.75	3.75	3.75
アンゴラ	20.00	20.00	20.00	20.00	19.50	17.00
エジプト	17.25	12.75	8.75	8.75	16.75	18.75
ガーナ#	17.00	16.00	14.50	14.50	27.00	29.50
カメルーン	3.50	3.50	3.25	…	…	…
ケニア#	9.00	8.50	7.00	7.00	…	…
コンゴ民主共和国#	14.00	14.00	18.50	7.50	…	…
ザンビア	16.28	19.36	16.35	…	…	…
タンザニア	7.00	7.00	5.00	…	…	…
ナイジェリア#	14.00	13.50	11.50	11.50	16.50	18.00
ブルキナファソ#	2.50	2.50	2.00	…	…	…
ベナン#	2.50	2.50	2.00	…	…	…
ボツワナ	5.00	4.75	3.75	3.75	2.65	2.65
南アフリカ共和国#	6.75	6.50	3.50	3.75	…	…

主な国の政策金利（Ⅱ）（各年末現在）（年利、％）

	2018	2019	2020	2021	2022	2023（3月末）
モロッコ	*2.25*	*2.25*	*1.50*	*1.50*	*2.50*	*3.00*
ヨーロッパ						
イギリス# 1)	*0.75*	*0.75*	*0.10*	*0.25*	*3.50*	*4.25*
スイス#	*−0.25*	*−0.75*	*−0.75*	*−0.75*	*1.00*	*1.50*
チェコ#	*1.75*	*2.00*	*0.25*	*3.75*	…	…
デンマーク#	*0.00*	*0.00*	*0.00*	*−0.60*	*1.75*	*2.60*
ノルウェー#	*0.75*	*1.50*	*0.00*	*0.50*	…	…
ハンガリー#	*0.90*	*0.90*	*0.60*	*2.40*	…	…
ブルガリア#	*0.00*	*0.00*	*0.00*	*0.00*	*1.30*	*2.17*
ベラルーシ#	*10.00*	*9.00*	*7.75*	*9.25*	*12.00*	*11.00*
ポーランド#	*1.50*	*1.50*	*0.10*	*1.75*	…	…
ユーロ圏 1)	*0.00*	*0.00*	*0.00*	*0.00*	*2.50*	*3.50*
ルーマニア#	*2.50*	*2.50*	*1.50*	*1.75*	…	…
ロシア#	*7.75*	*6.25*	*4.25*	*8.50*	…	…
北中アメリカ						
アメリカ合衆国1)	*3.00*	*2.25*	*0.25*	*0.25*	*4.50*	*5.00*
(参考)アメリカ合衆国# 1)2)	*2.25〜2.5*	*1.5〜1.75*	*0.0〜0.25*	*0.0〜0.25*	*4.25〜4.50*	*4.75〜5.00*
カナダ# 1)	*1.75*	*1.75*	*0.25*	*0.25*	*4.25*	*4.50*
グアテマラ#	*2.75*	*2.75*	*1.75*	*1.75*	*3.75*	*4.75*
コスタリカ#	*5.25*	*2.75*	*0.75*	*1.25*	*9.00*	** *9.00*
ドミニカ共和国#	*5.50*	*4.50*	*3.00*	*3.50*	*8.50*	*8.50*
メキシコ#	*8.25*	*7.25*	*4.25*	*5.50*	…	…
南アメリカ						
アルゼンチン#	*59.25*	*55.00*	*38.00*	*38.00*	…	…
ウルグアイ	*30.00*	*30.00*	*15.00*	*15.00*	*15.00*	*15.00*
エクアドル	*8.69*	*8.78*	*8.50*	*7.44*	*8.48*	*8.96*
コロンビア	*6.25*	*6.25*	*3.75*	*5.00*	*14.00*	*15.00*
チリ#	*2.75*	*1.75*	*0.50*	*4.00*	…	…
パラグアイ	*20.00*	*20.00*	*20.00*	…	…	…
ブラジル	*12.78*	*10.87*	*8.01*	*15.29*	*20.47*	*20.47*
ペルー	*3.30*	*2.80*	*0.50*	*3.00*	*8.00*	*8.25*
ボリビア	*2.50*	*3.00*	*2.00*	*6.00*	*6.00*	…
オセアニア						
オーストラリア#	*1.50*	*0.75*	*0.10*	*0.10*	…	…
ニュージーランド#	*1.75*	*1.00*	*0.25*	*0.75*	…	…
パプアニューギニア	*5.25*	*5.00*	…	…	*2.25*	*2.25*

IMF "International Financial Statistics"（2023年6月28日閲覧）より作成。中央銀行が金融政策を行う際に使用する目標金利。金融政策の手段は国によって異なり、本表で単純比較を行うことは難しい。本表は基準割引率（中央銀行が金融機関に貸し出す基準金利で、日本では金利自由化まで「公定歩合」と呼ばれていた）のほか、#は中央銀行による政策金利で金融機関間の短期貸出金利（貸出期間の満期は国によって異なる）を掲載。*2023年2月末。**2023年1月末。1）日本銀行「金融経済統計月報」などより作成。2）フェデラルファンド誘導目標。

表 9-10　外国為替の取引高推移（取引形態別）（単位　十億ドル）

	2007	2010	2013	2016	2019	2022
スポット	1 004.9	1 489.1	2 046.7	1 652.3	1 978.8	2 104.0
フォワード	361.7	474.7	679.0	699.6	997.8	1 163.5
為替スワップ	1 714.4	1 759.2	2 240.1	2 377.8	3 197.9	3 810.2
通貨スワップ	31.5	42.8	54.0	82.2	108.5	123.9
オプション及びその他	211.8	207.0	336.8	254.4	298.0	304.3
外国為替取引計	**3 324.2**	**3 972.8**	**5 356.6**	**5 066.4**	**6 581.0**	**7 506.0**

国際決済銀行（BIS）"Triennial Central Bank Survey of Foreign Exchange and Over-the-counter (OTC) Derivatives Markets in 2022" より作成。３年ごとの調査。各年４月の１日あたり平均取引高で、国内及びクロスボーダー取引の二重計上を調整した値。

表 9-11　外国為替の通貨別取引高（2022年）（単位　十億ドル）

	スポット	フォワード	為替スワップ	通貨スワップ	FXオプション	計
米ドル(USD)	1 806.8	993.6	3 457.2	115.9	265.2	6 638.8
ユーロ(EUR)	616.1	285.9	1 262.9	36.2	91.4	2 292.4
日本円(JPY)	439.0	182.9	557.3	14.4	59.7	1 253.2
英ポンド(GBP)	231.0	136.1	560.2	17.8	23.1	968.1
中国人民元(CNY)	175.0	65.2	230.6	2.7	52.7	526.2
豪ドル(AUD)	155.9	65.8	213.5	23.4	19.9	478.6
カナダドル(CAD)	128.2	61.8	252.3	6.9	16.6	465.8
スイスフラン(CHF)	88.3	45.3	244.6	2.2	9.3	389.7
香港ドル(HKD)	45.0	21.2	123.7	1.4	2.3	193.6
シンガポールドル(SGD)	56.3	19.6	99.5	2.5	4.5	182.4
スウェーデンクローネ(SEK)	41.0	25.1	94.6	3.0	3.7	167.5
韓国ウォン(KRW)	35.1	71.2	27.7	2.0	6.1	142.1
ノルウェークローネ(NOK)	35.7	14.0	70.4	1.7	3.6	125.3
ニュージーランドドル(NZD)	41.8	15.8	56.3	5.0	5.6	124.6
インドルピー(INR)	38.5	59.6	18.8	0.6	4.7	122.3
メキシコペソ(MXN)	47.8	14.6	45.0	0.6	6.2	114.2
新台湾ドル(TWD)	19.0	50.1	9.9	0.2	3.6	82.9
南アフリカランド(ZAR)	22.3	12.5	32.5	1.1	4.4	72.7
ブラジルレアル(BRL)	10.8	45.2	2.1	0.4	7.2	65.7
デンマーククローネ(DKK)	10.2	6.2	38.3	0.2	0.1	54.9
ポーランドズウォティ(PLN)	15.5	6.9	30.0	0.2	1.7	54.3
タイバーツ(THB)	11.7	5.8	12.8	0.2	0.6	31.1
イスラエルシェケル(ILS)	8.4	3.4	18.3	0.2	0.7	31.0
その他	128.6	119.2	161.7	9.1	15.7	434.5
計	**2 104.0**	**1 163.5**	**3 810.2**	**123.9**	**304.3**	**7 506.0**

資料は表9-10と同じ。国内及びクロスボーダー取引の二重計上分を調整した値。外国為替取引は２通貨間で行われるため、通貨別取引高合計は外国為替取引高合計の２倍となる。

表 9-12 外国為替取引の通貨別取引高の推移（単位 十億ドル）

	2016	%	2019	%	2022	%
USD	4 437.1	*87.6*	5 810.8	*88.3*	6 638.8	*88.4*
EUR	1 590.4	*31.4*	2 126.3	*32.3*	2 292.4	*30.5*
JPY	1 095.6	*21.6*	1 107.6	*16.8*	1 253.2	*16.7*
GBP	648.6	*12.8*	842.8	*12.8*	968.1	*12.9*
CNY	202.1	*4.0*	285.0	*4.3*	526.2	*7.0*
AUD	348.6	*6.9*	446.3	*6.8*	478.6	*6.4*
CAD	260.4	*5.1*	331.8	*5.0*	465.8	*6.2*
CHF	243.4	*4.8*	325.7	*4.9*	389.7	*5.2*
HKD	87.7	*1.7*	232.9	*3.5*	193.6	*2.6*
SGD	91.5	*1.8*	119.4	*1.8*	182.4	*2.4*
SEK	112.3	*2.2*	134.2	*2.0*	167.5	*2.2*
KRW	83.8	*1.7*	131.8	*2.0*	142.1	*1.9*
NOK	84.7	*1.7*	118.6	*1.8*	125.3	*1.7*
NZD	104.0	*2.1*	136.8	*2.1*	124.6	*1.7*
計×	**5 066.4**	*200.0*	**6 581.0**	*200.0*	**7 506.0**	*200.0*

資料は表9-10と同じ。国内及びクロスボーダー取引の二重計上分を調整した値。外国為替取引は２通貨間で行われるため、通貨の割合の合計値は200%になる。×その他とも。

表 9-13 外国為替取引の通貨ペア別取引高の推移（単位 十億ドル）

	2010	2013	2016	2019	2022	%
USD / EUR	1 098.6	1 291.8	1 171.8	1 581.5	1 704.8	*22.7*
USD / JPY	567.0	979.9	900.8	871.2	1 013.4	*13.5*
USD / GBP	359.9	472.6	469.7	630.0	713.5	*9.5*
USD / CNY	31.3	112.7	192.2	270.2	494.4	*6.6*
USD / CAD	181.8	199.9	218.3	287.1	410.1	*5.5*
USD / AUD	248.4	364.3	262.0	358.6	380.8	*5.1*
EUR / GBP	108.9	101.8	99.8	130.2	153.5	*2.0*
EUR / JPY	110.5	148.1	79.2	113.5	102.7	*1.4*
EUR / CHF	70.8	71.2	44.0	72.6	67.5	*0.9*
EUR / SEK	34.9	27.7	35.8	36.3	37.6	*0.5*
EUR / NOK	0.0	19.8	28.0	33.5	35.7	*0.5*
EUR / AUD	12.1	20.8	16.1	18.4	24.1	*0.3*
JPY / AUD	24.0	45.6	31.3	35.0	36.8	*0.5*
JPY / GBP	17.6	19.5	24.7	29.6	21.9	*0.3*
JPY / CAD	…	5.6	6.6	7.2	9.9	*0.1*
JPY / NZD	4.1	5.2	4.9	6.3	5.2	*0.1*
JPY / ZAR	…	4.4	3.2	4.8	4.6	*0.1*
JPY / CHF	…	1.2	1.2	1.9	3.3	*0.0*
計×	**3 972.8**	**5 356.6**	**5 066.4**	**6 581.0**	**7 506.0**	*100.0*

資料は表9-10と同じ。国内およびクロスボーダー取引の二重計上分調整後。×その他とも。

図 9-4　主要株価指数の推移（1989年～2022年）（月末値）

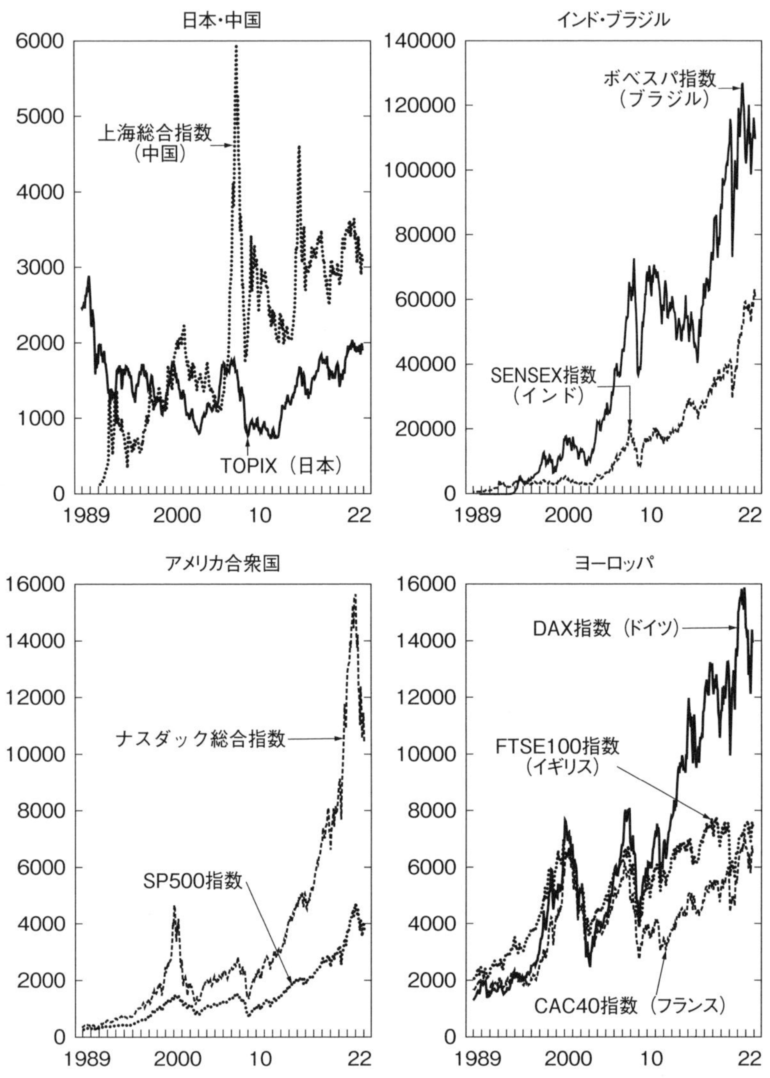

Refinitivのデータにより当財団にて作成。「株価平均型」の株価指数は、「株価指数の値 ＝ 構成銘柄の株価の合計 ÷ 一定の数」で計算される。これに対し、「時価総額加重型」の株価指数は、全銘柄の時価総額を指数化して株式市場全体の動きを表す。日経平均、NYダウなどは「株価平均型」。S&P500、ナスダック、FTSE100、DAX、CAC 40、上海総合、SENSEXなどは「時価総額型」。各指数で指数化の方法や基準日が異なり、値の大小は単純比較できない。

図 9-5　最近の主要株価指数の動向（2019年末＝100）

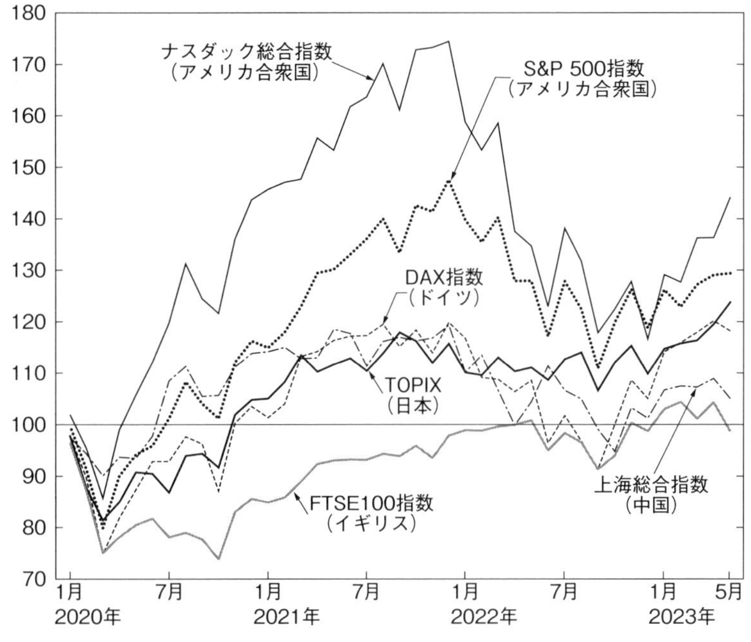

資料は図9-4と同じ。

図 9-6　デリバティブ取引の取引所別出来高ランキング（2022年）

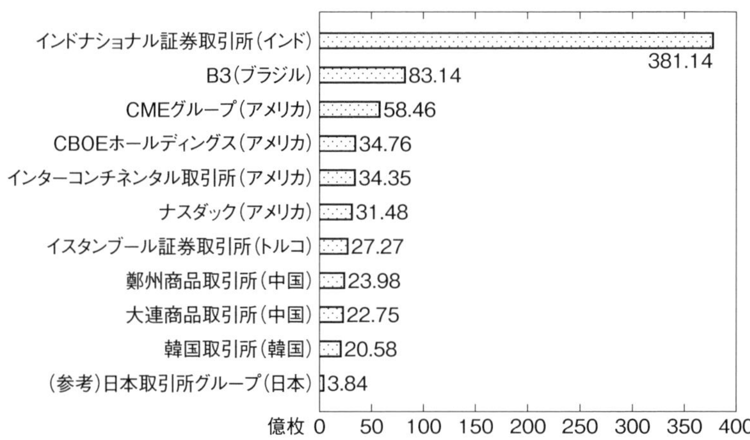

FIA（Futures Industry Association）資料より作成（2023年５月22日閲覧）。枚は取引の注文単位。

表 9-14　国際商品価格指数と主な国際商品の価格（年平均）

	国際商品価格指数（2016年＝100）						金（ドル/トロイオンス）
	全商品（100.0）	食料（27.8）	飲料（2.3）	農産原料（4.3）	金属（22.7）	エネルギー（40.9）	
2006	114.1	82.4	69.2	97.8	130.1	153.2	604.3
2007	129.1	93.9	80.2	103.0	160.7	168.0	696.7
2008	162.6	110.4	97.7	109.1	144.3	232.6	871.7
2009	116.0	92.9	91.9	95.1	121.4	142.8	973.0
2010	145.4	105.4	105.9	128.3	185.8	178.5	1224.7
2011	181.6	125.0	130.9	161.0	209.4	231.5	1568.6
2012	173.4	120.9	106.8	127.9	172.1	228.1	1668.8
2013	168.2	120.5	92.3	122.3	165.4	225.9	1411.0
2014	158.3	118.6	111.3	112.9	145.3	212.3	1266.2
2015	107.9	98.5	103.0	100.2	105.6	119.0	1160.1
2016	100.0	100.0	100.0	100.0	100.0	100.0	1248.3
2017	113.3	103.8	96.2	105.4	122.2	123.3	1257.1
2018	127.7	102.5	87.3	107.5	130.3	156.5	1269.1
2019	117.0	99.4	82.4	101.7	135.3	129.3	1392.2
2020	105.9	101.1	84.4	98.2	140.0	91.7	1769.5
2021	161.5	128.4	103.3	113.4	205.4	183.1	1799.8
2022	215.9	147.4	117.9	119.9	193.9	299.5	1801.5

	綿花（セント/ポンド）	アルミニウム（ドル/t）	とうもろこし（ドル/t）	原油（ドル/バレル）	大豆（ドル/t）	砂糖（セント/ポンド）	小麦（ドル/t）
2006	58.1	2 573.1	121.6	66.1	217.5	14.8	169.1
2007	63.3	2 639.9	163.6	72.3	317.3	10.0	231.2
2008	71.4	2 577.9	223.4	99.6	452.9	12.5	293.0
2009	62.8	1 668.5	165.6	61.7	378.5	18.2	192.1
2010	103.5	2 173.0	186.0	79.4	384.9	20.9	195.2
2011	155.0	2 400.6	291.9	95.1	484.2	26.2	280.3
2012	89.2	2 022.8	298.4	94.2	537.8	21.4	276.3
2013	90.4	1 846.7	259.0	97.9	517.2	17.7	265.7
2014	83.1	1 867.4	192.9	93.1	457.8	17.1	242.9
2015	70.4	1 664.7	169.8	48.8	347.4	13.2	185.9
2016	74.2	1 604.2	159.2	43.2	362.7	18.1	143.2
2017	83.6	1 967.7	154.6	50.9	358.8	15.8	145.3
2018	91.4	2 108.5	164.5	64.8	342.5	12.3	186.1
2019	77.9	1 794.5	170.2	56.9	327.0	12.4	163.3
2020	71.9	1 704.1	165.6	39.4	349.9	12.9	185.5
2021	101.2	2 473.0	259.4	68.0	505.1	17.9	265.8
2022	130.1	2 707.0	318.4	94.8	569.7	18.8	360.2

IMF "Primary Commodity Prices" より作成。2023年6月13日閲覧。国際商品価格指数のかっこ内数値は、全商品に占める割合。金とアルミニウムはロンドン金属取引所。綿花はコットルックA指数。とうもろこしはアメリカ・メキシコ湾。原油はWTI。大豆はアメリカのシカゴ取引所。砂糖はアメリカでの期近物。小麦はアメリカ産硬質赤色冬小麦。

表 9-15　主な国の消費者物価（Ⅰ）

	消費者物価指数（2010＝100）			消費者物価対前年変動率（％）		
	2020	2021	2022	2020	2021	2022
アジア						
アゼルバイジャン	161.2	171.9	195.8	*2.8*	*6.7*	*13.9*
アラブ首長国連邦	112.1	112.1	117.5	*-2.1*	*0.0*	*4.8*
アルメニア‥‥	130.7	140.1	152.2	*1.2*	*7.2*	*8.6*
イスラエル‥‥	107.5	109.1	113.9	*-0.6*	*1.5*	*4.4*
イラク‥‥‥‥	120.3	127.6	133.9	*0.6*	*6.0*	*5.0*
イラン‥‥‥‥	719.5	1 031.7	…	*30.6*	*43.4*	…
インド‥‥‥‥	183.0	192.4	205.3	*6.6*	*5.1*	*6.7*
インドネシア‥	154.1	156.5	163.1	*1.9*	*1.6*	*4.2*
ウズベキスタン	320.3	355.0	395.7	*12.9*	*10.8*	*11.4*
オマーン‥‥‥	112.5	114.2	117.5	*-0.9*	*1.5*	*2.8*
カザフスタン‥	201.3	217.5	…	*6.8*	*8.0*	…
カタール‥‥‥	112.4	115.0	120.8	*-2.5*	*2.3*	*5.0*
韓国‥‥‥‥‥	115.8	118.7	124.7	*0.5*	*2.5*	*5.1*
カンボジア‥‥	133.9	137.9	145.2	*2.9*	*2.9*	*5.3*
キプロス‥‥‥	101.9	104.3	113.1	*-0.6*	*2.4*	*8.4*
キルギス‥‥‥	165.5	185.2	211.0	*6.3*	*11.9*	*13.9*
クウェート‥‥	129.3	133.7	…	*2.1*	*3.4*	…
サウジアラビア	122.5	126.2	129.4	*3.4*	*3.1*	*2.5*
ジョージア‥‥	140.6	154.0	172.3	*5.2*	*9.6*	*11.9*
シンガポール‥	114.2	116.8	124.0	*-0.2*	*2.3*	*6.1*
スリランカ‥‥	165.1	176.7	264.5	*6.2*	*7.0*	*49.7*
タイ‥‥‥‥‥	112.3	113.7	120.6	*-0.8*	*1.2*	*6.1*
（台湾）‥‥‥ 1)	98.1	100.0	103.0	*-0.2*	*2.0*	*3.0*
中国‥‥‥‥‥	128.1	129.4	131.9	*2.4*	*1.0*	*2.0*
トルコ‥‥‥‥	263.2	314.8	542.4	*12.3*	*19.6*	*72.3*
日本‥‥‥‥‥	105.5	105.2	107.8	*0.0*	*-0.2*	*2.5*
ネパール‥‥‥	198.3	206.4	…	*5.1*	*4.1*	…
バーレーン‥‥	116.0	115.3	119.5	*-2.3*	*-0.6*	*3.6*
パキスタン‥‥	200.1	219.1	262.6	*9.7*	*9.5*	*19.9*
（パレスチナ）‥	111.7	113.1	117.3	*-0.7*	*1.2*	*3.7*
バングラデシュ	189.9	200.4	215.9	*5.7*	*5.5*	*7.7*
フィリピン‥‥	132.7	137.9	146.0	*2.4*	*3.9*	*5.8*
ブータン‥‥‥	176.6	189.6	200.3	*5.6*	*7.3*	*5.6*
ブルネイ‥‥‥	100.9	102.7	106.5	*1.9*	*1.7*	*3.7*
ベトナム‥‥‥	168.8	171.9	177.3	*3.2*	*1.8*	*3.2*
（香港）‥‥‥‥	135.0	137.1	139.7	*0.3*	*1.6*	*1.9*
（マカオ）‥‥‥	145.2	145.3	146.8	*0.8*	*0.0*	*1.0*
マレーシア‥‥	120.1	123.1	127.2	*-1.1*	*2.5*	*3.4*
モルディブ‥‥	134.7	135.4	138.6	*-1.4*	*0.5*	*2.3*
モンゴル‥‥‥	203.2	218.1	251.2	*3.8*	*7.4*	*15.1*
ヨルダン‥‥‥	126.0	127.7	133.1	*0.3*	*1.3*	*4.2*
ラオス‥‥‥‥	142.8	148.2	182.2	*5.1*	*3.8*	*23.0*
レバノン‥‥‥	240.4	612.4	…	*84.9*	*154.8*	…

主な国の消費者物価（Ⅱ）

	消費者物価指数（2010＝100）			消費者物価対前年変動率（%）		
	2020	2021	2022	2020	2021	2022
アフリカ						
アルジェリア	155.0	166.2	181.6	*2.4*	*7.2*	*9.3*
アンゴラ	464.1	583.7	…	*22.3*	*25.8*	…
ウガンダ	181.9	185.9	199.3	*3.3*	*2.2*	*7.2*
エジプト	303.1	318.9	363.3	*5.0*	*5.2*	*13.9*
エチオピア	388.2	492.4	…	*20.4*	*26.8*	…
ガーナ	306.0	336.5	441.7	*9.9*	*10.0*	*31.3*
カーボベルデ	111.2	113.2	…	*0.6*	*1.9*	…
ガボン	124.3	125.6	131.0	*1.4*	*1.1*	*4.2*
カメルーン	121.5	124.3	132.1	*2.4*	*2.3*	*6.2*
ガンビア	183.0	196.5	219.1	*5.9*	*7.4*	*11.5*
ギニア	290.7	327.4	361.7	*10.6*	*12.6*	*10.5*
ギニアビサウ	114.0	116.6	127.5	*1.1*	*2.2*	*9.4*
ケニア	200.2	212.5	228.7	*5.4*	*6.1*	*7.7*
コートジボワール	114.3	119.0	125.3	*2.4*	*4.1*	*5.3*
コンゴ共和国	127.0	129.2	133.1	*1.8*	*1.7*	*3.0*
ザンビア	245.7	299.8	332.8	*15.7*	*22.0*	*11.0*
シエラレオネ	265.6	297.2	378.1	*13.4*	*11.9*	*27.2*
ジブチ	122.4	123.8	130.2	*1.8*	*1.2*	*5.2*
ジンバブエ	2 725.3	5 411.0	11 076.6	*557.2*	*98.5*	*104.7*
スーダン	3 538.7	16 245.9	38 796.6	*163.3*	*359.1*	*138.8*
赤道ギニア	130.3	130.1	136.4	*4.8*	*-0.1*	*4.8*
セネガル	112.0	114.5	125.6	*2.5*	*2.2*	*9.7*
タンザニア	193.6	200.7	209.5	*3.3*	*3.7*	*4.4*
チャド	123.0	122.0	129.1	*4.5*	*-0.8*	*5.8*
中央アフリカ共和国	154.4	161.0	169.9	*1.7*	*4.3*	*5.6*
チュニジア	164.1	173.4	187.8	*5.6*	*5.7*	*8.3*
トーゴ	115.2	120.0	129.6	*1.7*	*4.2*	*8.0*
ナイジェリア	302.9	354.3	421.1	*13.2*	*17.0*	*18.8*
ナミビア	161.5	167.3	177.5	*2.2*	*3.6*	*6.1*
ニジェール	112.5	116.8	121.7	*2.9*	*3.8*	*4.2*
ブルキナファソ	110.4	114.4	130.8	*1.9*	*3.7*	*14.3*
ブルンジ	195.4	211.9	251.7	*7.3*	*8.4*	*18.8*
ベナン	114.1	116.0	117.6	*3.0*	*1.7*	*1.4*
ボツワナ	152.6	163.6	182.7	*1.9*	*7.2*	*11.7*
マダガスカル	192.1	203.2	219.8	*4.2*	*5.8*	*8.2*
マラウイ	454.4	496.8	600.9	*8.6*	*9.3*	*21.0*
マリ	109.2	113.5	…	*0.4*	*3.9*	…
南アフリカ共和国	164.0	171.6	183.7	*3.2*	*4.6*	*7.0*
南スーダン	20 422.9	22 570.7	21 061.3	*29.7*	*10.5*	*-6.7*
モーリシャス	133.3	138.6	153.6	*2.6*	*4.0*	*10.8*
モーリタニア	138.2	143.2	156.8	*2.4*	*3.6*	*9.5*
モザンビーク	188.7	200.8	221.4	*3.5*	*6.4*	*10.3*
モロッコ	111.9	113.4	121.0	*0.7*	*1.4*	*6.7*

主な国の消費者物価（Ⅲ）

	消費者物価指数（2010＝100）			消費者物価対前年変動率（％）		
	2020	2021	2022	2020	2021	2022
ルワンダ……	165.9	165.3	194.5	*9.9*	*-0.4*	*17.7*
レソト……	163.6	173.5	187.9	*5.0*	*6.0*	*8.3*
ヨーロッパ						
アイスランド‥	132.7	138.6	150.1	*2.8*	*4.4*	*8.3*
アイルランド‥	106.2	108.7	117.2	*-0.3*	*2.4*	*7.8*
アルバニア……	121.0	123.4	131.8	*1.6*	*2.0*	*6.7*
イギリス……	120.8	123.8	133.7	*1.0*	*2.5*	*7.9*
イタリア……	110.5	112.5	121.8	*-0.1*	*1.9*	*8.2*
ウクライナ……	289.4	316.4	380.3	*2.7*	*9.4*	*20.2*
エストニア……	121.6	127.3	151.9	*-0.4*	*4.7*	*19.4*
オーストリア‥	119.7	123.0	133.5	*1.4*	*2.8*	*8.5*
オランダ……	117.4	120.5	132.6	*1.3*	*2.7*	*10.0*
北マケドニア‥	114.8	118.5	135.3	*1.2*	*3.2*	*14.2*
ギリシャ……	100.7	101.9	111.7	*-1.2*	*1.2*	*9.6*
クロアチア……	110.0	112.8	125.0	*0.2*	*2.6*	*10.8*
コソボ……	118.3	122.3	136.4	*0.2*	*3.4*	*11.6*
スイス……	98.8	99.4	102.2	*-0.7*	*0.6*	*2.8*
スウェーデン‥	111.1	113.5	123.0	*0.5*	*2.2*	*8.4*
スペイン……	110.6	114.0	123.6	*-0.3*	*3.1*	*8.4*
スロバキア……	117.6	121.3	136.8	*1.9*	*3.1*	*12.8*
スロベニア……	111.0	113.1	123.1	*-0.1*	*1.9*	*8.8*
セルビア……	146.3	152.2	170.5	*1.6*	*4.1*	*12.0*
チェコ……	120.2	124.8	143.6	*3.2*	*3.8*	*15.1*
デンマーク……	110.8	112.9	121.6	*0.4*	*1.9*	*7.7*
ドイツ……	113.0	116.5	124.5	*0.1*	*3.1*	*6.9*
ノルウェー……	121.8	126.1	133.3	*1.3*	*3.5*	*5.8*
ハンガリー……	125.7	132.1	151.4	*3.3*	*5.1*	*14.6*
フィンランド‥	112.7	115.1	123.3	*0.3*	*2.2*	*7.1*
フランス……	110.6	112.4	118.3	*0.5*	*1.6*	*5.2*
ブルガリア……	116.3	120.2	138.6	*1.7*	*3.3*	*15.3*
ベラルーシ……	536.5	587.3	676.6	*5.5*	*9.5*	*15.2*
ベルギー……	118.0	120.9	132.5	*0.7*	*2.4*	*9.6*
ポーランド……	118.0	123.9	141.8	*3.4*	*5.1*	*14.4*
ボスニア・ヘルツェゴビナ	103.8	105.9	120.7	*-1.1*	*2.0*	*14.0*
ポルトガル……	110.6	112.0	120.8	*0.0*	*1.3*	*7.8*
マルタ……	114.2	115.9	123.0	*0.6*	*1.5*	*6.2*
モルドバ……	172.5	181.3	233.4	*3.8*	*5.1*	*28.7*
モンテネグロ‥	116.4	119.2	134.8	*-0.3*	*2.4*	*13.0*
ラトビア……	117.1	120.9	141.9	*0.2*	*3.3*	*17.3*
リトアニア……	119.8	125.4	150.1	*1.2*	*4.7*	*19.7*
ルーマニア……	127.0	133.5	151.9	*2.6*	*5.1*	*13.8*
ルクセンブルク	116.0	119.0	126.5	*0.8*	*2.5*	*6.3*
ロシア……	186.9	199.4	…	*3.4*	*6.7*	…

主な国の消費者物価（Ⅳ）

	消費者物価指数（2010＝100）			消費者物価対前年変動率（%）		
	2020	2021	2022	2020	2021	2022
北中アメリカ						
アメリカ合衆国	118.7	124.3	134.2	*1.2*	*4.7*	*8.0*
エルサルバドル	110.8	114.7	122.9	*-0.4*	*3.5*	*7.2*
カナダ・・・・・・・・	117.6	121.6	129.9	*0.7*	*3.4*	*6.8*
グアテマラ・・・・	147.5	153.8	164.4	*3.2*	*4.3*	*6.9*
グレナダ・・・・・・	107.3	108.6	…	*-0.7*	*1.2*	…
コスタリカ・・・・	129.8	132.0	142.9	*0.7*	*1.7*	*8.3*
ジャマイカ・・・・	171.0	181.0	199.7	*5.2*	*5.9*	*10.3*
セントルシア・・	108.8	111.4	118.5	*-1.8*	*2.4*	*6.4*
ドミニカ共和国	137.2	148.5	161.6	*3.8*	*8.2*	*8.8*
トリニダード・トバゴ・・・・・・	144.0	147.0	…	*0.6*	*2.1*	…
ニカラグア・・・・	168.7	177.0	195.6	*3.7*	*4.9*	*10.5*
ハイチ・・・・・・・・	261.3	305.4	409.1	*22.8*	*16.8*	*34.0*
パナマ・・・・・・・・	120.2	122.1	125.6	*-1.6*	*1.6*	*2.9*
バハマ・・・・・・・・	116.3	119.6	126.3	*0.0*	*2.9*	*5.6*
ベリーズ・・・・・・	106.3	109.7	…	*0.1*	*3.2*	…
ホンジュラス・・	155.6	162.5	177.3	*3.5*	*4.5*	*9.1*
メキシコ・・・・・・	146.4	154.7	166.9	*3.4*	*5.7*	*7.9*
南アメリカ						
ウルグアイ・・・・	222.7	240.0	261.8	*9.8*	*7.7*	*9.1*
エクアドル・・・・	123.7	123.9	128.2	*-0.3*	*0.1*	*3.5*
ガイアナ・・・・・・	117.3	123.3	…	*1.0*	*5.0*	…
コロンビア・・・・	144.5	149.6	164.8	*2.5*	*3.5*	*10.2*
スリナム・・・・・・	397.5	632.5	964.2	*34.9*	*59.1*	*52.4*
チリ・・・・・・・・・・	135.9	142.1	158.6	*3.0*	*4.5*	*11.6*
パラグアイ・・・・	146.4	153.4	168.3	*1.8*	*4.8*	*9.8*
ブラジル・・・・・・	172.8	187.1	204.5	*3.2*	*8.3*	*9.3*
ペルー・・・・・・・・	132.9	138.6	150.1	*2.0*	*4.3*	*8.3*
ボリビア・・・・・・	149.7	150.8	153.5	*0.9*	*0.7*	*1.7*
オセアニア						
オーストラリア	120.8	124.3	132.5	*0.8*	*2.9*	*6.6*
サモア・・・・・・・・	115.7	119.3	132.4	*-1.6*	*3.1*	*11.0*
ソロモン諸島・・	137.0	136.8	144.4	*3.0*	*-0.1*	*5.5*
トンガ・・・・・・・・	128.3	135.6	150.4	*-0.3*	*5.6*	*11.0*
ニュージーランド	116.2	120.8	129.4	*1.7*	*3.9*	*7.2*
バヌアツ・・・・・・	123.4	126.3	…	*5.3*	*2.3*	…
パプアニューギニア	163.5	170.8	…	*4.9*	*4.5*	…
パラオ・・・・・・・・	121.4	124.6	140.0	*0.2*	*2.6*	*12.4*
フィジー・・・・・・	128.9	129.1	134.9	*-2.6*	*0.2*	*4.5*
ミクロネシア連邦	116.7	120.4	126.9	*0.6*	*3.2*	*5.4*

IMF Data, "International Financial Statistics" および台湾 "National Statistics"（いずれも2023年7月11日閲覧）より作成。1）消費者物価指数は2021年を100とする。

第10章　運輸・観光

2020年より、コロナ禍に伴う移動制限で、世界的に物流や人流が滞った。2021年にはワクチン接種に伴い社会活動の正常化が進んだが、海上貨物輸送は各国の経済刺激策を受けた巣ごもり需要が拡大する一方で、港湾機能が停滞し、アメリカを中心に貨物船の深刻な入港待ちが相次いだ。

世界の船社は2017年に３つの企業連合体に再編された。輸送コスト低減のため、コンテナ船の大型化が進んで寄港地が減り、中国やシンガポール、韓国・釜山などに集中している。アメリカの港湾の混雑で日本への寄港がさらに絞り込まれたうえに、釜山などでもコンテナが滞留し、日本から釜山経由でアメリカに送るコンテナは輸送が大幅に遅れた。

2021年から22年前半にかけて、輸送運賃も高止まりしていたが、急速なインフレに伴う個人消費の減速で、荷動きが急減して、物流の混乱は正常化に向かい運賃も低下した。各国が新型コロナ感染症の水際対策として実施していた入国規制は、2022年になって欧米で先行して緩和が進んだ。東アジアでは緩和が遅れ、特に中国では2022年12月になって「ゼロコロナ政策」を転換し、23年１月に入出国規制などを撤廃している。

運輸業はCO_2（二酸化炭素）排出量が多く、業界全体で対策を進めている。特に輸送量あたりの排出量が多い航空分野では、2024年以降の排出量を2019年の85％以下に抑える厳しい目標を設定し、SAF（持続可能な航空燃料）として廃食油やバイオエタノールなどの導入を進めている。海運でも燃料の転換などを進めているが、荷主の企業が自社製品のサプライチェーン全体のCO_2排出量抑制を目指すなかで、脱炭素化への積極的な取り組みは競争力向上につながると期待されている。

自動車は、運転時にCO_2を排出しない電気自動車（EV）への移行が進み、バッテリー式とプラグインハイブリッドは世界の乗用車保有台数全体の２％を超えた（2022年）。特に、中国は保有台数が世界全体の56％を占める。世界最大の自動車生産国である中国は、自動車強国を目指してEVへの集中投資を強めている。各国はEVの普及を目指し、EU

はガソリンなどで走るエンジン車の新車販売を2035年に全面禁止する方針であった。しかし、2023年にCO_2と水素から製造するe-fuel（合成燃料）で走るエンジン車は、2035年以降も認めると方針転換している。日本は、2035年にハイブリッド車を含む電動車100%を目指すとしている。

自動車では部分的な自動運転の導入が進み、完全自動運転を目指したバスやタクシーでは実証実験が続いている。貨物輸送を行うトラックは、高速道路を中心に実験が進んでいる。船舶でも自動運行船の実用化への期待が高まっており、日本政府は2025年の実用化を目指している。

表 10-1　電気自動車の保有台数（単位　千台）

	2010	2020	2021	2022	乗用車	EV率[1]（%）
中国	4.3	5 548	9 000	15 643	14 100	*4.9*
アメリカ合衆国	3.8	1 740	2 220	2 960	2 960	*1.3*
ドイツ	0.5	656	1 364	1 947	1 890	*4.0*
フランス	2.1	473	782	1 066	990	*2.7*
イギリス	6.2	428	742	995	950	*2.8*
ノルウェー	2.7	500	642	813	790	*27.0*
オランダ	0.4	298	401	546	530	*5.6*
スウェーデン	0.0	183	309	454	440	*8.8*
日本	3.5	310	351	449	410	*0.6*
韓国	0.1	162	282	443	357	*1.7*
カナダ	0.0	186	269	400	380	*1.6*
イタリア	1.5	106	241	365	350	*0.9*
ベルギー	0.1	107	175	275	270	*4.5*
（参考）EU[2]	6.1	2 313	4 086	5 931	5 700	*2.3*
世界計×	**28.0**	**11 479**	**17 755**	**27 970**	**25 900**	*2.1*

IEA "Global EV Outlook"（2023年）より作成。バッテリー式およびプラグインハイブリッドの合計。1）全乗用車に占める割合。2）イギリスを除く27か国。×その他とも。

完全無人タクシーの実用化

自動運転タクシーの実証実験が各国で進んでいる。これらは、完全に自動運転のものでもトラブル対応のためドライバーが同乗するものや、無料運転でのみ許可を得たものが多い。しかし、最近は完全無人の有償サービスが登場している。アメリカのサンフランシスコでは、GMの自動運転車開発部門であるクルーズが、2022年6月に深夜のみサービスを開始した。中国ではIT大手の百度（バイドゥ）が、2022年8月に武漢と重慶でサービスを開始し、その後北京や深圳へと地域を拡大している。

表 10-2 自動車の保有台数（Ⅰ）（単位 千台）

	2015	2020	乗用車	トラック・バス	千人あたり（台）(2020)	2015/20年平均増減率（%）
アジア						
アラブ首長国連邦	2 140	3 181	2 969	213	342.6	*8.3*
イスラエル……	2 959	3 541	3 194	347	404.3	*3.7*
イラク………	3 900	4 715	1 868	2 847	110.8	*3.9*
イラン………	14 130	15 963	13 958	2 005	182.9	*2.5*
インド………	28 860	45 687	34 338	11 349	32.7	*9.6*
インドネシア…	16 646	21 114	15 798	5 317	77.7	*4.9*
カザフスタン…	4 397	4 283	3 768	515	225.7	*-0.5*
韓国…………	20 990	23 730	19 224	4 506	457.7	*2.5*
シリア………	6 900	9 810	6 804	3 006	472.2	*7.3*
タイ…………	15 491	19 773	10 539	9 235	276.6	*5.0*
(台湾)………	7 677	8 193	6 985	1 208	343.9	*1.3*
中国…………	162 845	318 034	273 409	44 625	223.2	*14.3*
トルコ………	15 361	18 513	13 099	5 414	220.0	*3.8*
日本…………	77 403	76 703	62 194	14 509	612.4	*-0.2*
パキスタン……	3 220	4 554	4 005	549	20.0	*7.2*
フィリピン……	3 785	4 317	1 528	2 789	38.5	*2.7*
ベトナム……	2 170	4 785	4 512	273	49.5	*17.1*
マレーシア……	13 309	17 749	15 751	1 998	534.6	*5.9*
アフリカ						
アルジェリア…	5 370	6 240	4 245	1 995	143.6	*3.0*
エジプト……	5 734	6 918	5 301	1 617	64.4	*3.8*
ナイジェリア…	9 093	11 605	4 819	6 786	55.7	*5.0*
南アフリカ共和国	9 600	10 339	6 890	3 449	175.8	*1.5*
モロッコ……	3 440	4 120	2 950	1 170	112.3	*3.7*
リビア………	2 630	3 260	2 564	696	489.9	*4.4*
ヨーロッパ						
アイルランド…	2 316	2 672	2 215	457	540.2	*2.9*
イギリス……	38 220	42 404	36 455	5 949	632.3	*2.1*
イタリア……	42 242	45 000	39 718	5 282	756.3	*1.3*
ウクライナ……	9 100	8 450	6 900	1 550	192.4	*-1.5*
オーストリア…	5 202	5 634	5 092	542	632.4	*1.6*
オランダ……	9 395	10 248	9 050	1 198	587.8	*1.8*
ギリシャ……	6 205	6 491	5 316	1 175	617.5	*0.9*
クロアチア……	1 663	1 940	1 734	206	473.6	*3.1*
スイス………	4 924	5 216	4 728	487	603.8	*1.2*
スウェーデン…	5 279	5 637	4 944	693	543.7	*1.3*
スペイン……	27 463	29 708	25 169	4 538	627.2	*1.6*
スロバキア……	2 379	2 799	2 444	355	513.0	*3.3*
セルビア……	2 042	2 431	2 165	266	330.3	*3.5*
チェコ………	5 890	6 932	6 130	802	658.2	*3.3*
デンマーク……	2 838	3 147	2 720	427	540.3	*2.1*
ドイツ………	48 427	52 276	48 249	4 027	627.3	*1.5*
ノルウェー……	3 183	3 416	2 794	622	635.0	*1.4*

自動車保有台数（Ⅱ）（単位　千台）

	2015	2020	乗用車	トラック・バス	千人あたり(台)(2020)	2015/20年平均増減率(%)
ハンガリー……	3 711	4 516	3 919	597	463.1	*4.0*
フィンランド…	3 028	3 191	2 748	443	577.2	*1.1*
フランス………	43 482	45 421	38 458	6 963	704.4	*0.9*
ブルガリア……	3 630	3 386	2 867	519	485.1	*-1.4*
ベラルーシ……	3 502	3 724	3 271	453	386.6	*1.2*
ベルギー………	6 426	6 820	5 827	993	589.9	*1.2*
ポーランド……	24 250	29 238	25 114	4 124	760.8	*3.8*
ポルトガル……	5 872	6 591	5 300	1 291	640.0	*2.3*
ルーマニア……	6 036	8 518	7 275	1 243	438.1	*7.1*
ロシア…………	51 355	56 674	49 259	7 414	389.2	*2.0*
北中アメリカ						
アメリカ合衆国・	264 194	289 037	116 261	172 776	860.4	*1.8*
カナダ…………	23 215	26 788	25 423	1 366	707.0	*2.9*
メキシコ………	37 354	45 087	33 988	11 099	357.8	*3.8*
南アフリカ						
アルゼンチン…	13 736	14 025	10 617	3 408	311.4	*0.4*
エクアドル……	2 267	2 678	1 708	970	152.3	*3.4*
コロンビア……	5 332	5 660	3 360	2 299	111.1	*1.2*
チリ……………	4 445	4 751	3 395	1 355	246.1	*1.3*
ブラジル………	42 743	45 722	37 862	7 860	214.5	*1.4*
ベネズエラ……	4 510	4 235	3 300	934	148.6	*-1.3*
ペルー…………	2 444	2 945	1 835	1 110	88.4	*3.8*
オセアニア						
オーストラリア・	17 201	18 924	14 679	4 245	737.2	*1.9*
ニュージーランド	3 708	4 399	3 016	1 383	869.2	*3.5*
世界計×……	**1 287 034**	**1 590 276**	**1 180 677**	**409 599**	209.2	*4.3*

OICA（国際自動車工業連合会）ウェブサイトより作成（2023年7月7日閲覧）。路上を走行する車の登録台数。一部の国で大型トラック・バスを除く。乗用車は座席10席未満のもので、タクシーやハイヤーなどを含む。×その他とも。

表 10-3　二輪自動車の保有台数（2020年）（単位　千台）

インドネシア	115 189	マレーシア 2)	14 322	スイス…… 3)	853
タイ…… 1)	21 080	イギリス… 3)	1 328	スペイン… 3)	5 033
(台湾)……	14 104	イタリア… 1)	8 721	チェコ……	1 196
中国………	71 471	オーストリア3)	755	ドイツ……	6 350
日本………	10 348	オランダ……	1 919	フランス… 3)	3 015
フィリピン 1)	7 101	ギリシャ……	1 638	ポーランド 3)	1 311

日本自動車工業会「日本の自動車工業」(2022年版) より作成。原資料掲載国のみ。1) 2018年。2) 2019年。3) 2014年。

表 10-4 鉄道の利用状況（Ⅰ）

	旅客（百万人キロ）			貨物（百万トンキロ）		
	2019	2020	2021	2019	2020	2021
アジア						
アゼルバイジャン	544	172	104	5 152	4 861	5 316
アラブ首長国連邦	…	…	…	1 488	1 426	1 380
アルメニア……	1) 55	…	…	860	840	…
イスラエル……	3 580	1 253	1 956	1 242	1 250	1 085
イラン…………	14 875	5 170	11 231	33 646	35 963	32 920
インド…………	1 157 174	1 050 738	231 126	738 523	707 665	719 762
インドネシア……	29 066	…	…	15 573	…	…
ウズベキスタン…	4 385	1 795	3 130	22 860	23 632	24 619
カザフスタン……	17 700	8 649	…	289 174	302 156	…
韓国…………	100 381	…	…	7 357	6 652	6 757
キルギス………	37	7	21	870	937	1 003
サウジアラビア…	2) 135	…	…	…	…	…
ジョージア……	677	247	273	2 935	2 925	3 322
スリランカ……	3) 7 407	…	…	3) 127	…	…
タイ…………	1) 6 020	…	…	…	…	…
タジキスタン……	28	22	…	232	274	…
中国…………	1 438 606	328 251	946 499	3 018 200	…	…
トルクメニスタン	1) 2 340	…	…	1) 13 327	…	…
トルコ…………	14 259	8 297	10 683	14 707	15 428	15 900
日本…………	435 063	263 211	…	19 993	18 340	…
パキスタン……	2) 24 903	…	…	2) 8 080	…	…
バングラデシュ…	4) 10 040	…	…	4) 1 053	…	…
フィリピン……	4) 384	…	…	…	…	…
ベトナム………	3 185	1 516	…	3 742	3 759	…
マレーシア……	2 200	929	…	1 142	818	…
モンゴル………	1 112	580	91	17 384	18 972	18 345
アフリカ						
アルジェリア……	1 454	348	…	908	…	…
ガボン…………	171	87	…	406	409	…
カメルーン……	255	225	…	974	956	874
コンゴ民主共和国	27	5	7	158	171	192
ジンバブエ……	206	17	…	897	703	…
チュニジア……	1 023	581	633	545	335	413
南アフリカ共和国	5 504	3 502	…	…	…	…
モロッコ………	4 803	2 409	4 464	3 125	3 111	3 148
ヨーロッパ						
アイルランド……	2 399	834	870	72	74	70
イギリス………	82 550	24 188	…	16 884	15 212	…
イタリア………	56 586	22 269	27 693	21 309	20 750	24 262
ウクライナ……	28 413	10 696	…	181 845	175 587	…
エストニア……	392	263	290	2 155	1 729	2 128
オーストリア……	13 350	7 417	8 433	21 736	20 498	21 781
オランダ………	19 400	9 200	10 900	7 080	6 665	7 188

鉄道の利用状況（Ⅱ）

	旅客（百万人キロ）			貨物（百万トンキロ）		
	2019	2020	2021	2019	2020	2021
北マケドニア	62	25	25	350	342	375
ギリシャ	1 252	640	653	491	555	579
クロアチア	734	449	540	2 911	3 279	3 172
スイス	21 737	13 334	14 308	11 666	11 063	12 024
スウェーデン	14 617	8 129	8 008	22 222	22 094	23 246
スペイン	28 835	11 999	17 002	10 459	8 970	10 299
スロバキア	4 093	2 180	2 052	8 480	7 268	8 580
スロベニア	698	397	542	5 292	4 726	4 937
セルビア	285	157	191	2 865	2 747	2 925
チェコ	10 931	6 665	6 820	16 180	15 251	16 326
デンマーク	2) 6 560	…	…	2) 2 592	…	…
ドイツ	102 026	58 822	…	129 161	108 406	123 067
ノルウェー	3 715	1 804	1 780	3 903	4 110	4 305
ハンガリー	7 752	4 854	5 435	10 625	11 595	11 346
フィンランド	4 924	2 820	2 903	10 270	10 138	10 749
フランス	112 384	64 859	86 853	33 893	31 282	35 751
ブルガリア	1 524	1 119	1 205	3 902	4 503	4 658
ベラルーシ	6 274	3 741	4 486	48 205	42 420	44 478
ベルギー	10 849	7 397	6 970	…	…	…
ポーランド	22 056	12 487	15 844	54 584	51 096	54 387
ボスニア・ヘルツェゴビナ	56	15	…	1 275	1 040	…
ポルトガル	4 964	2 552	2 912	2 476	2 402	2 699
モルドバ	74	29	23	940	599	665
ラトビア	643	413	361	15 019	7 979	7 367
リトアニア	479	260	329	16 181	15 865	14 566
ルーマニア	5 906	…	…	13 312	…	…
ルクセンブルク	463	269	304	191	162	176
ロシア	133 381	78 135	103 447	2 601 928	2 544 828	2 638 562
北中アメリカ						
アメリカ合衆国	32 483	12 460	…	2 357 117	2 102 084	2 239 401
カナダ	1 731	229	536	446 081	444 032	430 170
メキシコ	1 571	523	466	89 049	86 224	92 437
南アメリカ						
アルゼンチン	1) 8 361	…	…	1) 8 377	…	…
チリ	1 063	517	738	3 080	3 585	…
ブラジル	16 486	…	…	…	…	…
オセアニア						
オーストラリア	18 842	15 053	9 328	443 005	447 435	453 091
ニュージーランド	777	802	…	4 545	4 131	4 444

世界銀行 “World Development Indicators”（2023年7月7日閲覧）より作成。旅客の人キロは旅客数に移動距離キロメートルをかけたもの。貨物のトンキロは、輸送重量トンに移動距離キロメートルをかけたもの。1）2017年。2）2018年。3）2015年。4）2016年。

表 10-5　鉄道営業キロ数（2021年）（単位　km）

アメリカ合衆国	148 553	ウクライナ 3)	21 626	トルコ……	10 546
中国………	109 767	南アフリカ共和国	20 953	スウェーデン	9 714
ロシア……	85 544	ポーランド…	18 620	イラン……	9 455
インド……	68 103	アルゼンチン4)	17 866	チェコ……	9 357
カナダ……	48 150	イタリア…	17 305	ハンガリー…	8 037
ドイツ……	33 401	イギリス…	16 179	パキスタン 4)	7 791
ブラジル… 1)	32 622	カザフスタン	16 006	トルクメニスタン5)	7 680
フランス…	27 716	スペイン…	15 963	フィンランド	5 918
日本…… 2)	27 517	ルーマニア…	10 769	インドネシア4)	5 483

資料は表10-4に同じ。原資料でデータが掲載されていたもののうち、営業キロ数の多い国。1）2007年。2）国土交通省「鉄道輸送統計」による。2021年度末の旅客営業キロ数で、JR（1万9676km）と民鉄（7841km）の合計。3）2020年。4）2019年。5）2018年。

表 10-6　世界の海上荷動き量（単位　百万トン）

	2000	2010	2019	2020	2021
ドライバルク………	2 374	3 903	5 368	5 281	5 464
鉄鉱石…………	447	990	1 454	1 502	1 517
石炭…………	509	926	1 296	1 178	1 233
穀物…………	230	319	479	518	528
コンテナ…………	605	1 231	1 777	1 763	1 868
石油…………	2 332	2 829	3 097	2 830	2 859
原油…………	1 745	1 917	2 017	1 871	1 854
石油製品………	586	913	1 080	959	1 005
LPG…………	45	55	106	105	112
LNG …………	103	222	356	360	380
化学薬品…………	169	252	372	367	368
計×…………	**6 465**	**9 238**	**12 020**	**11 624**	**12 008**

Clarksons Research "SHIPPING REVIEW DATABASE"（2022年9月）より作成。×その他とも。

表 10-7　世界の商船船腹量の推移（各年の年初時点）

	載貨重量トン数（万トン）				総トン数（万トン）	
	2000	2010	2020	2023	2020	2023
石油タンカー…	28 307	45 005	60 167	65 135	33 038	35 724
バラ積み船……	27 445	45 662	87 983	97 374	48 631	53 823
貨物船………	10 152	10 823	7 793	8 181	6 247	6 601
コンテナ船……	6 358	16 916	27 504	30 531	24 602	27 354
その他………	7 116	9 207	23 884	26 055	27 494	30 184
計………	**79 377**	**127 614**	**207 331**	**227 277**	**140 013**	**153 686**

UNCTADstatより作成。2023年7月7日閲覧。100総トン以上で内水面航行船や漁船などを除く。**載貨重量トン**は安全に積載できる最大重量トン（積荷のほか燃料や水などを含む）。**総トン**は船の容積に係数をかけたもので、原資料で2011年以降の数値が公表。

表10-8　船籍別商船船腹量（2023年の年初時点）（単位　万総トン）

	石油タンカー	バラ積み船	貨物船	コンテナ船	その他	計
パナマ	4 405	11 115	684	3 949	3 723	23 876
リベリア	6 590	9 446	193	5 296	1 810	23 335
マーシャル諸島	5 880	8 170	87	1 138	3 126	18 401
(香港)	2 337	5 805	187	3 681	679	12 688
シンガポール	1 519	3 135	113	2 987	1 450	9 203
マルタ	1 776	2 041	262	2 474	1 603	8 155
中国	1 168	4 327	565	905	1 166	8 131
バハマ	1 264	1 242	22	135	3 478	6 141
ギリシャ	1 989	841	15	41	640	3 525
日本	518	1 148	200	319	896	3 082
イギリス 1)	220	928	60	433	602	2 243
うち（マン島）	209	735	24	19	235	1 222
デンマーク	386	48	74	1 487	246	2 241
インドネシア	505	439	347	167	724	2 181
キプロス	203	1 043	114	343	420	2 123
ポルトガル	147	455	127	1 148	124	2 002
ノルウェー	430	380	86	0	1 101	1 997
韓国	143	353	95	354	538	1 483
イタリア	180	90	328	31	745	1 374
イラン	837	114	54	140	35	1 181
インド	496	256	90	56	224	1 122
アメリカ合衆国 2)	246	12	139	287	408	1 091
(バミューダ)	39	—	—	67	883	990
ロシア	231	29	340	12	344	956
フランス	151	—	16	395	275	838
マレーシア	116	45	16	37	587	801
ベトナム	215	209	168	43	126	762
サウジアラビア	545	39	34	0	139	757
ドイツ	25	2	20	593	62	702
オランダ	12	17	325	29	264	647
ベルギー	282	111	8	4	156	561
トルコ	100	108	105	74	128	515
アンティグア・バーブーダ	18	54	257	132	20	480
(台湾)	18	158	10	247	31	464
フィリピン	28	154	137	23	84	425
カメルーン	317	3	21	—	62	403
(ケイマン諸島)	134	97	0	23	126	381
ブラジル	132	48	7	67	126	380
ナイジェリア	127	—	3	—	250	379
パラオ	142	85	69	4	35	335
バングラデシュ	39	205	29	12	20	305
世界計×	**35 724**	**53 823**	**6 601**	**27 354**	**30 184**	**153 686**

資料・注記は表10-7に同じ。1）マン島、チャネル諸島を含む。2）プエルトリコを含む。×その他とも。

表 10-9 船主の国籍別商船保有量（各年年初時点）（単位 万載貨重量トン）

	2020	2021	2022	2023	自国籍船	他国籍船
ギリシャ	36 588	37 433	38 784	39 303	5 198	34 104
中国	23 161	24 912	27 993	30 200	12 181	17 907
日本	23 176	24 104	23 658	23 767	3 744	20 022
シンガポール	14 079	14 229	13 782	14 082	6 849	7 224
(香港)	10 126	10 429	11 188	11 729	7 234	4 454
韓国	8 057	8 621	9 239	9 714	1 759	7 952
ドイツ	8 882	8 505	7 943	7 698	683	7 014
(台湾)	5 119	5 338	5 520	5 855	628	5 220
イギリス 1)	5 507	5 573	5 832	5 802	928	4 860
ノルウェー	6 305	6 380	6 036	5 552	1 808	3 731
アメリカ合衆国 2)	5 687	5 442	5 471	5 120	1 011	4 039
(バミューダ)	5 928	5 285	5 221	5 022	—	5 022
アラブ首長国連邦	2 076	2 653	2 872	3 973	58	3 913
デンマーク	4 219	4 223	4 078	3 939	1 973	1 966
スイス	2 626	2 722	3 185	3 766	84	3 683
トルコ	2 813	2 802	3 134	3 735	606	3 124
モナコ	4 229	4 163	3 766	3 677	—	3 677
インド	2 586	2 648	2 680	3 073	1 736	1 320
インドネシア	2 454	2 714	2 915	2 866	2 557	281
キプロス	1 212	2 354	2 577	2 734	483	2 246
ベルギー	3 126	3 057	2 921	2 670	845	1 824
ロシア	2 302	2 382	2 385	2 164	981	1 178
イラン	1 864	1 957	1 952	1 931	1 845	85
オランダ	1 900	1 838	1 798	1 769	540	1 229
フランス 3)	1 274	1 363	1 544	1 728	407	1 321
サウジアラビア	1 748	1 691	1 741	1 664	1 314	350
ベトナム	1 081	1 269	1 517	1 606	1 163	436
世界計×	**205 464**	**211 993**	**218 385**	**225 354**	**63 270**	**158 929**

資料は表10-7に同じ。ただし本表は1000総トン以上の商船で、表10-7と統計範囲が異なる。商船を所有する会社等の所在地ベースで、船舶の登録国と異なる。最も商船保有量の多いギリシャは、各国の海運業者に貸し出す船主業が盛ん。1）マン島、チャネル諸島を含む。2）プエルトリコを含む。3）モナコを含んでいないことに留意。×その他とも。

表 10-10 港湾別コンテナ取扱量（2021年速報値）（単位 千TEU）

上海（中）	47 025	天津（中）	20 260
シンガポール	37 468	ロサンゼルス1)（米）	20 062
寧波舟山（中）	31 080	香港	17 788
深圳（中）	28 760	ロッテルダム（オランダ）	15 300
広州（中）	24 180	ポートケラン（マレーシア）	13 724
青島（中）	23 700	ドバイ（アラブ首長国連邦）	13 700
釜山（韓）	22 690	（参考）東京（日）	4 326

国土交通省「海事レポート」（2022年）より作成。TEU（Twenty foot Equivalent Unit）は20フィートコンテナ１つを単位とした貨物取扱量。1）ロサンゼルス／ロング・ビーチ。

表 10-11　国別港湾コンテナ取扱量（単位　千TEU）

	2000	2010	2015	2019	2020	2021
中国	41 000	140 552	199 840	243 560	246 040	262 606
アメリカ合衆国	28 300	40 254	46 397	54 260	52 932	60 554
シンガポール	17 100	28 431	30 922	37 195	36 871	37 470
韓国	9 030	19 377	25 477	28 960	28 834	29 787
マレーシア	4 642	18 133	24 013	26 215	26 669	28 262
日本	13 100	19 940	21 095	23 276	21 557	22 204
インド	2 451	9 236	12 319	17 488	17 577	19 937
アラブ首長国連邦	5 056	15 141	21 238	18 802	18 721	19 182
ベトナム	1 190	6 431	10 615	15 297	16 395	18 360
(香港)	…	23 699	20 114	18 360	17 953	17 772
スペイン	5 790	12 500	14 288	17 465	16 746	17 712
オランダ	6 407	11 335	12 401	15 198	14 757	15 782
(台湾)	…	12 737	14 492	15 298	14 594	15 453
ドイツ	7 696	13 056	15 029	15 030	13 951	14 716
ベルギー	5 058	9 988	10 060	12 390	12 697	13 076
トルコ	1 592	5 743	8 144	11 591	11 627	12 591
インドネシア	3 798	7 840	9 576	12 111	11 170	11 805
ブラジル	2 413	7 223	9 263	10 705	10 451	11 802
イタリア	6 919	9 762	10 211	10 789	10 697	11 303
タイ	3 179	7 179	8 884	10 130	9 568	10 437
サウジアラビア	1 503	5 313	7 794	8 906	9 330	9 876
イギリス	6 435	8 225	9 760	10 508	9 273	9 845
パナマ	2 370	5 591	6 894	7 347	7 772	8 624
フィリピン	3 032	5 045	7 069	9 172	7 865	8 491
モロッコ	329	2 946	3 987	6 069	7 001	8 457
オーストラリア	3 543	6 438	7 723	8 776	8 467	8 154
メキシコ	1 316	3 705	5 421	7 114	6 487	7 852
エジプト	1 626	6 075	5 844	6 699	6 810	7 322
スリランカ	1 733	4 120	5 185	7 230	6 850	7 250
カナダ	2 928	4 671	5 829	7 000	6 298	7 170
ギリシャ	1 391	1 182	3 736	6 154	6 184	6 069
フランス	2 923	3 916	4 463	4 993	4 436	5 523
ロシア	316	3 318	3 663	4 967	4 921	5 261
オマーン	1 162	3 893	3 105	4 890	5 142	5 226
コロンビア	792	2 447	3 843	4 317	4 273	4 902
チリ	1 253	3 144	3 957	4 647	4 217	4 583
南アフリカ共和国	1 847	3 986	4 662	4 529	4 076	4 415
パキスタン	1) 879	2 224	2 706	3 150	3 161	3 548
ポルトガル	670	1 634	2 739	2 904	2 982	3 277
バングラデシュ	456	1 364	2 066	3 146	2 898	3 272
ニュージーランド	1 067	2 318	2 931	3 431	3 446	3 251
ポーランド	1) 261	1 050	1 861	3 046	2 916	3 188
世界計×	**224 775**	**547 855**	**684 105**	**805 335**	**795 534**	**851 112**

UNCTADstatおよび世界銀行“World Development Indicators”より作成。2023年7月7日閲覧。1）2001年。×その他とも。

表 10-12　**航空旅客輸送**（定期輸送）（単位　億人キロ）

航空会社所属国別	航空旅客輸送（国内＋国際）			うち国際航空旅客輸送		
	2019	2020	2021	2019	2020	2021
アメリカ合衆国	16 988	6 087	11 071	4 874	1 201	1 868
中国	11 697	6 297	6 523	3 178	434	88
ロシア	2 596	1 319	2 049	1 282	295	418
トルコ	2 025	737	1 193	1 695	560	952
アラブ首長国連邦	4 144	1 114	1 069	4 144	1 114	1 069
アイルランド	2 325	754	950	2 323	752	949
インド	2 202	856	885	813	239	78
フランス	2 109	694	855	1 629	450	564
メキシコ	1 091	509	785	514	177	259
ブラジル	1 351	581	734	427	112	56
カタール	1 726	572	723	1 726	572	723
ドイツ	2 505	533	702	2 419	509	682
スペイン	1 455	399	645	1 210	295	487
イギリス	3 446	749	605	3 355	726	573
オランダ	1 312	416	522	1 311	405	522
カナダ	2 320	628	519	1 723	430	273
日本	2 042	662	514	1 051	225	101
サウジアラビア	834	301	380	611	158	206
インドネシア	1 019	378	354	328	61	6
ハンガリー	650	238	311	650	238	311
オーストラリア	1 616	417	290	911	195	18
オーストリア	500	170	234	499	169	234
韓国	1 898	411	226	1 772	331	99
エチオピア	453	164	219	444	160	213
コロンビア	391	116	198	252	69	74
スイス	630	167	196	629	167	195
スカンジナビア 1)	827	160	181	730	119	114
ポルトガル	482	137	177	450	126	159
パナマ	306	73	177	305	73	176
チリ	405	139	149	236	66	51
ベトナム	740	336	131	428	79	3
イラン	236	110	126	101	20	31
カザフスタン	131	74	124	76	22	34
シンガポール	1 554	300	116	1 554	300	116
エジプト	264	93	112	254	89	105
ベルギー	264	71	108	264	71	108
ペルー	278	67	105	184	33	50
フィリピン	770	187	102	591	144	65
アルゼンチン	321	68	98	150	36	23
定期輸送計×	**86 767**	**29 623**	**36 260**	**54 792**	**13 284**	**13 420**
（参考）不定期輸送	…	1 211	1 619	2 360	1 034	1 500

ICAO“ANNUAL REPORT OF THE COUNCIL”（各年版）より作成。旅客者数に移動距離キロメートルをかけたもの。総輸送量（旅客、貨物、郵便）1億トンキロ以上の航空会社でICAOメンバーのみ。1）デンマーク、ノルウェー、スウェーデンの計。×その他とも。

表 10-13　航空貨物輸送（定期輸送）（単位　百万トンキロ）

航空会社所属国別	航空貨物輸送（国内＋国際）			うち国際航空貨物輸送		
	2019	2020	2021	2019	2020	2021
アメリカ合衆国	42 498	40 793	46 005	25 367	22 548	26 939
中国	25 395	19 264	20 961	17 904	12 884	14 340
カタール	12 740	13 544	15 862	12 740	13 544	15 862
韓国	10 664	12 457	15 370	10 623	12 427	15 340
アラブ首長国連邦	14 766	12 172	15 301	14 766	12 172	15 301
ドイツ	7 764	9 166	11 533	7 727	9 135	11 501
日本	8 919	7 842	10 947	8 071	7 272	10 408
トルコ	6 816	6 870	9 338	6 784	6 849	9 311
(香港)	11 739	8 085	9 028	11 739	8 085	9 028
ルクセンブルク	7 188	7 345	8 589	7 188	7 345	8 589
ロシア	6 481	4 315	5 888	5 805	3 608	4 996
オランダ	5 656	4 145	4 346	5 656	4 132	4 346
フランス	4 523	2 468	4 107	3 976	2 161	3 599
イギリス	5 851	3 667	4 097	5 851	3 667	4 097
エチオピア	2 450	2 897	3 717	2 450	2 897	3 716
シンガポール	6 412	3 020	3 667	6 412	3 020	3 667
カナダ	3 109	2 306	3 240	2 267	1 681	2 381
アゼルバイジャン	1 620	2 030	3 174	1 619	2 030	3 172
ベルギー	1 353	1 265	1 827	1 353	1 256	1 822
コロンビア	1 548	1 497	1 605	1 479	1 455	1 549
ブラジル	1 521	1 210	1 294	1 048	754	751
チリ	1 232	1 458	1 284	1 164	1 399	1 211
オーストラリア	1 931	1 317	1 245	1 795	1 110	1 033
スイス	1 641	843	1 231	1 640	843	1 231
イタリア	1 345	979	1 151	1 343	977	1 116
マレーシア	1 379	817	1 119	1 315	789	1 087
メキシコ	1 073	733	963	946	644	851
インド	1 938	875	908	1 138	374	225
スペイン	1 191	494	851	1 173	482	840
インドネシア	982	675	773	463	280	302
フィンランド	1 067	480	750	1 067	480	750
イスラエル	889	817	716	889	817	716
サウジアラビア	2 043	582	679	1 984	542	626
ベトナム	1 023	572	677	771	381	526
タイ	2 328	684	604	2 306	674	587
エジプト	483	439	589	483	439	589
フィリピン	927	360	530	722	282	425
バーレーン	311	192	523	311	192	523
ポルトガル	537	280	500	528	272	492
スリランカ	394	226	412	394	226	412
定期輸送計×	**228 371**	**192 824**	**231 635**	**197 627**	**163 596**	**200 277**

資料は表10-12に同じ。輸送重量トンに移動距離キロメートルをかけたもの。航空貨物輸送が25百万トンキロ以上の航空会社。ICAOメンバーのみの統計で、台湾などを含まず。×その他とも。

表 10-14 空港の国際線乗客乗降数（単位 千人）

	2019	2020	2021
ドバイ国際空港（アラブ首長国連邦）……	86 329	25 831	29 111
イスタンブール空港（トルコ）…………	39 581	15 945	26 466
アムステルダム・スキポール空港（蘭）…	71 680	20 878	25 489
フランクフルト国際空港（独）…………	63 068	16 837	22 697
シャルル・ド・ゴール国際空港（仏）……	69 841	19 058	22 617
ドーハ・ハマド国際空港（カタール）……	38 787	12 522	17 702
ヒースロー空港（英）…………………	76 044	20 651	17 625
アンタルヤ国際空港（トルコ）…………	…	6 585	17 248
（参考）仁川国際空港（韓国）…………	70 578	11 956	…
シンガポール・チャンギ空港………	67 601	11 635	…
スワンナプーム国際空港[1]（タイ）…	52 933	9 710	…
香港国際空港………………………	71 288	8 814	…
成田国際空港（日本）……………	36 645	7 207	…
ジョン・F・ケネディ国際空港[2]（米）	34 317	8 363	12 751
上海浦東国際空港（中国）…………	32 337	…	…

資料は表10-12に同じ。不定期便を含む。原資料では乗降数の多い25空港を掲載しているが、アジア各国はコロナ禍に伴う入国制限の解除が遅れたことが影響し、最新年版ではデータが掲載されていない。1）バンコク。2）ニューヨーク。

表 10-15 航空機の出発回数（航空会社所属国別）（単位 千回）

	1990	2000	2010	2019	2020	2021
アメリカ合衆国‥	6 849	8 821	10 095	10 099	6 176	8 006
中国…………	196	573	2 378	4 964	3 668	3 906
ロシア………	…	315	524	940	623	826
インド………	126	198	623	1 210	583	739
日本…………	476	645	934	1 018	660	657
カナダ………	347	963	1 235	1 216	512	571
トルコ………	44	120	369	743	365	534
ブラジル……	416	628	842	814	394	529
アイルランド…	80	145	601	967	369	494
メキシコ……	177	290	446	606	322	445
オーストラリア‥	256	383	573	684	311	383
スペイン……	245	486	546	678	262	381
ドイツ………	344	738	972	897	312	368
インドネシア…	205	159	521	808	425	348
フランス……	442	812	738	598	269	332
スウェーデン…	208	248	584	560	168	294
イギリス……	671	876	985	1 061	303	290
韓国…………	120	227	280	549	254	287
世界計×……	**14 584**	**22 009**	**30 222**	**38 083**	**20 099**	**24 055**

世界銀行 "World Development Indicators"（2023年7月7日閲覧）より作成。×その他とも。統計上、出発回数と着陸回数は同じ。

第10章 運輸・観光

表 10-16　海外旅行の概況（単位　千人）

インバウンド（外国からの入国）	2019	宿泊を伴う	2020	宿泊を伴う	2021	宿泊を伴う
フランス	217 877	90 914	117 109	41 684	141 297	48 395
アメリカ合衆国	165 478	79 442	44 792	19 212	66 594	22 100
中国	1) 162 538	65 725	1) 30 402	7 967	…	…
スペイン	126 170	83 509	36 410	18 933	51 631	31 181
メキシコ	97 406	2) 45 024	51 128	2) 24 824	55 301	2) 31 860
イタリア 3)	95 399	64 513	38 419	25 190	40 186	26 888
ポーランド	88 515	21 158	51 076	8 418	51 026	9 722
ハンガリー	61 397	16 937	31 641	7 417	36 688	7 929
クロアチア	60 021	17 353	21 608	5 545	34 123	10 641
(香港)	55 913	23 752	3 569	1 359	91	89
トルコ 2)	51 747	51 192	15 971	15 894	30 039	29 925
イギリス	40 857	39 418	11 101	10 714	6 384	6 287
タイ	…	39 916	…	6 702	…	428
ドイツ	…	39 563	…	12 449	…	11 688
(マカオ)	39 406	18 633	5 897	2 822	7 706	3 697
チェコ	37 202	14 651	10 267	3 919	…	…
マレーシア	35 046	26 101	6 102	4 333	399	135
ギリシャ	34 005	31 348	7 406	7 374	15 246	14 705
カナダ	32 430	22 145	5 068	2 960	4 282	3 062
デンマーク	32 101	14 761	16 066	6 264	18 405	7 588
オーストリア 4)	…	31 884	…	15 091	…	12 728
日本 5)	31 881	…	4 116	…	246	…

アウトバウンド（国内からの出国）	2019	宿泊を伴う	2020	宿泊を伴う	2021	宿泊を伴う
アメリカ合衆国	170 930	99 744	60 550	33 499	…	…
中国 6)	…	154 632	…	20 334	…	…
ドイツ	…	99 533	…	…	…	…
(香港)	94 715	…	8 261	…	905	…
イギリス	93 086	…	23 827	…	19 142	…
メキシコ	82 752	19 810	36 056	7 345	32 836	11 544
イタリア	62 207	7) 34 703	21 448	7) 11 960	17 588	7) 12 354
ポーランド	50 600	13 500	26 906	6 200	24 220	6 813
フランス	49 276	30 407	21 287	11 937	22 007	13 681
ロシア	45 330	…	12 361	…	…	…
カナダ	37 845	26 613	6 804	5 047	6 954	5 684
ウクライナ	29 346	28 880	11 251	11 018	14 726	14 352
韓国	28 714	…	4 276	…	1 223	…
サウジアラビア	27 196	19 010	6 657	4 839	10 678	8 415
インド	26 915	7) 26 689	7 295	7) 7 117	8 551	7) 8 397
(参考) 日本	20 081	…	3 174	…	512	…

UNWTO(国連世界観光機構)“TOURISM STATISTICS DATABASE”より作成。2023年7月7日閲覧。1) 香港、マカオ、台湾の中国人、華僑の入国者を含む。2) 国外在住の自国民を含む。3) 季節労働者（越境労働者）を除く。4) 有償の宿泊者のみ。5) 国外在住の自国民を除く。6) 飛行機の乗務員などを含む。7) 自国民のみ。

第11章　情報通信・科学技術

ITU（国際電気通信連合）によると、世界の2021年の固定電話契約数は8億7760万件（推定値、以下同じ）で、近年減少が続いている。移動電話契約数は83億9080万件で、前年からの増加幅は縮小しており、コロナ禍で経済活動が停滞した影響がみられる。

2021年の世界全体のインターネット利用者数は49億4450万人（利用者率62.6%）で、2020年の46億6360万人（同59.6%）と比べて利用者数は6.0%増加した。途上国を中心にインターネット利用者数は大幅に増加しており、アフリカでは、前年から13.8%増加している。

アメリカの巨大テック企業であるGAFA（グーグル、アップル、メター旧フェイスブック、アマゾン）はデジタルプラットフォームとよばれ、検索や広告、SNSの提供などを行っている。GAFAは、情報の囲い込みによりデジタル市場で独占的な立ち位置にあり、自社サービスの使用を求めるなど競争を優位に進めている。各国は、近年GAFAの市場寡占等に対して、本格的な規制を始めている。アメリカでは、反トラスト（独占禁止）法の適用で、M&AによるGAFAの事業領域の拡大など公平な競争を妨げる動きを規制している。欧州では、2023年にEU圏内でデジタル市場の独占を制限するデジタル市場法（DMA）を施行した。日本でも、2023年6月にスマートフォンのアプリをアップルやグーグル以外のストアから入手できるよう義務付ける方針を固めている。

情報通信白書によると、2022年の世界のAIに関連するソフトウェアの市場規模は、前年から55.7%増の売上高5957億円と推定されている。近年は、入力されたテキストを元にイラストを自動生成する画像生成AIや、LLM（大規模言語モデル）を用いて質問の回答を生成するアメリカのオープンAI「ChatGPT」が世界で注目されている。各国でAIの開発が進む中、アメリカは政府が巨額の投資を行い、官民が連携した先端技術開発を行っている。中国では、「ChatGPT」に追随する生成AIの誕生を目指して、新興企業での開発が活発化している。

表 11-1　固定電話契約数（Ⅰ）

	契約数（千件）			100人あたり契約数（件）		
	2000	2010	2021	2000	2010	2021
アジア						
アゼルバイジャン	801	1 507	1 644	9.8	16.3	15.9
アラブ首長国連邦	1 020	1 479	2 243	31.1	17.4	24.0
イエメン……	347	1 046	1 240	1.9	4.2	3.8
イスラエル……	2 974	3 408	3 500	48.6	46.5	39.3
イラク……	675	1 721	2 541	2.7	5.5	5.8
イラン……	9 486	25 815	29 307	14.5	34.2	33.3
インド……	32 436	35 090	23 774	3.1	2.8	1.7
インドネシア…	6 663	40 931	9 019	3.1	16.8	3.3
ウズベキスタン	1 655	1 892	5 767	6.6	6.6	16.9
カザフスタン…	1 834	4 058	2 981	12.0	24.4	15.5
韓国……	25 863	28 543	23 213	55.3	58.5	44.8
北朝鮮……	500	1 180	1 180	2.1	4.8	4.5
サウジアラビア	2 965	4 166	6 595	13.8	14.2	18.3
シリア……	1 675	4 069	2 821	10.3	18.2	13.2
シンガポール…	1 946	1 996	[1] 1 901	48.0	38.7	[1] 32.0
スリランカ……	767	3 578	2 869	4.1	17.3	13.2
タイ……	5 591	6 835	4 634	8.9	10.0	6.5
(台湾)……	12 642	16 433	12 535	57.0	71.2	52.5
中国……	144 829	294 383	180 701	11.5	21.8	12.7
トルコ……	18 395	16 201	12 310	28.7	22.1	14.5
日本……	61 957	65 619	[1] 61 430	48.9	51.2	[1] 49.3
パキスタン……	3 053	6 079	2 989	2.0	3.1	1.3
バングラデシュ	491	1 281	1 531	0.4	0.9	0.9
フィリピン……	3 061	3 335	4 584	3.9	3.5	4.0
ベトナム……	2 543	14 374	3 122	3.2	16.4	3.2
(香港)……	3 926	4 362	3 804	58.3	61.2	50.8
マレーシア……	4 628	4 610	8 247	20.2	16.1	24.6
ラオス……	41	103	1 300	0.8	1.6	17.5
レバノン……	576	838	875	13.3	16.8	15.7
アフリカ						
アルジェリア…	1 761	2 923	5 097	5.7	8.2	11.5
エジプト……	5 484	9 618	11 031	7.7	11.0	10.1
エチオピア……	232	909	885	0.3	1.0	0.7
チュニジア……	955	1 290	1 659	9.7	11.8	13.5
南アフリカ共和国	4 962	4 861	1 472	10.6	9.4	2.5
モロッコ……	1 425	3 749	2 511	4.9	11.6	6.7
リビア……	605	1 228	1 576	11.7	18.9	23.4
ヨーロッパ						
アイルランド…	1 832	2 078	1 595	48.6	45.9	32.0
イギリス……	35 228	33 409	32 597	59.9	53.2	48.4
イタリア……	27 153	22 536	19 995	47.7	37.7	33.8
ウクライナ……	10 417	12 941	2 283	21.3	28.3	5.5
オーストリア…	3 997	3 398	3 809	49.9	40.6	42.7

固定電話契約数（Ⅱ）

	契約数（千件）			100人あたり契約数（件）		
	2000	2010	2021	2000	2010	2021
オランダ······	9 889	7 232	5 024	62.2	43.5	28.7
ギリシャ······	5 659	5 898	4 912	51.3	53.5	47.0
クロアチア····	1 721	1 866	1 269	37.8	42.7	31.3
スイス········	5 236	4 908	2 975	72.9	62.7	34.2
スウェーデン··	6 056	4 734	1 261	68.3	50.5	12.0
スペイン······	17 104	20 181	19 061	42.0	43.3	40.1
セルビア······	…	3 110	2 540	…	42.7	37.0
チェコ········	3 872	2 367	1 302	37.8	22.6	12.4
ドイツ········	2) 50 220	52 900	3) 38 620	2) 61.6	65.0	3) 46.3
ハンガリー····	3 798	2 977	2 956	37.2	29.8	30.4
フランス······	33 987	40 622	37 759	57.9	65.1	58.5
ベラルーシ····	2 752	4 139	4 333	26.8	42.5	45.2
ベルギー······	5 036	4 640	3 293	49.1	42.7	28.4
ポーランド····	10 946	7 667	5 312	28.4	19.9	13.9
ポルトガル····	4 321	4 486	5 319	41.9	42.4	51.7
モルドバ······	584	1 161	1 000	13.7	31.6	32.7
ルーマニア····	3 899	4 500	2 606	17.8	22.1	13.5
ロシア········	32 070	44 916	23 864	21.9	31.3	16.4
北中アメリカ						
アメリカ合衆国	4) 192 513	149 652	97 819	4) 68.2	48.1	29.0
カナダ········	20 840	18 394	11 541	67.9	54.2	30.2
キューバ······	489	1 164	1 539	4.4	10.3	13.7
グアテマラ····	677	1 499	2 320	5.8	10.3	13.2
ドミニカ共和国	894	1 013	1 155	10.5	10.4	10.4
メキシコ······	12 332	19 919	24 972	12.6	17.7	19.7
南アメリカ						
アルゼンチン··	5) 7 894	9 914	7 626	5) 21.3	24.1	16.8
ウルグアイ····	929	962	1 237	28.2	28.7	36.1
エクアドル····	1 224	2 086	1 847	9.7	13.9	10.4
コロンビア····	7 193	7 186	7 567	18.3	16.0	14.7
チリ··········	3 302	3 459	2 511	21.5	20.3	12.9
ブラジル······	30 926	42 141	28 722	17.6	21.5	13.4
ベネズエラ····	2 536	7 083	3 222	10.4	24.7	11.4
ペルー········	1 717	3 160	2 135	6.4	10.8	6.3
オセアニア						
オーストラリア	6) 10 050	7) 10 625	3 748	6) 52.8	7) 48.3	14.5
世界計×····	**976 008**	**1 229 000**	**877 600**	…	17.8	11.1

ITUウェブサイト（2023年7月7日閲覧）より作成。推定値や暫定値を含む。アナログ回線のほか、VoIPやWLL（無線で回線を直接つなぐ）、ISDN音声回線、固定公衆電話を含む。ISDNは2回線分とする場合がある。1）2022年3月末。2）公衆電話を除く。3）ISDN音声回線相当分を除く。4）ローカルループ（加入者線）5）主要2事業者のみ。6）ISDNを除く。7）VoIPを除く。×ITUによる推定値。2000年の契約数は原資料掲載国の合計。

表 11-2　移動電話契約数（Ⅰ）

	契約数（千件）			100人あたり契約数（件）		
	2000	2010	2021	2000	2010	2021
アジア						
アフガニスタン	—	10 216	22 678	—	36.2	56.6
アラブ首長国連邦	1 428	10 926	18 237	43.6	128.8	194.7
イエメン……	32	11 085	15 178	0.2	44.8	46.0
イラク………	—	23 264	40 749	—	74.4	93.6
イラン………	963	54 052	135 889	1.5	71.7	154.6
インド………	3 577	752 190	1 154 047	0.3	60.6	82.0
インドネシア…	3 669	211 290	365 873	1.7	86.6	133.7
ウズベキスタン	53	20 952	35 069	0.2	73.2	102.9
カザフスタン…	197	19 403	24 471	1.3	116.7	127.5
韓国…………	26 816	50 767	72 855	57.3	104.0	140.6
カンボジア……	131	8 151	19 900	1.1	56.7	120.0
サウジアラビア	1 376	51 564	45 427	6.4	175.3	126.4
シリア………	30	11 696	16 991	0.2	52.4	79.7
スリランカ……	430	17 359	30 764	2.3	84.0	141.3
タイ…………	3 056	71 726	120 850	4.8	105.1	168.8
(台湾)………	17 874	27 840	29 674	80.5	120.6	124.4
中国…………	85 260	859 003	1733 006	6.7	63.7	121.5
トルコ………	16 133	61 770	86 289	25.2	84.4	101.8
日本………[1]	66 784	[2]123 287	[2]203 335	52.7	[2]96.2	[2]163.2
ネパール……	10	9 196	38 213	0.0	33.9	127.2
パキスタン……	306	99 186	188 711	0.2	51.0	81.6
バングラデシュ	279	67 924	[3]184 445	0.2	45.8	[3]108.9
フィリピン……	6 454	83 150	163 345	8.3	87.9	143.4
ベトナム……	789	111 570	135 349	1.0	127.6	138.9
(香港)………	5 447	13 794	23 940	80.9	193.4	319.4
マレーシア……	5 122	33 859	47 202	22.3	117.9	140.6
ミャンマー……	13	594	67 930	0.0	1.2	126.3
アフリカ						
アルジェリア…	86	32 780	47 016	0.3	91.4	106.4
アンゴラ……	26	9 403	15 328	0.2	40.2	44.4
ウガンダ……	127	12 828	30 128	0.5	39.7	65.7
エジプト……	1 360	70 661	103 450	1.9	81.0	94.7
エチオピア……	18	6 854	64 500	0.0	7.7	53.6
ガーナ………	130	17 437	40 454	0.7	68.2	123.2
カメルーン……	103	8 637	21 750	0.7	43.4	80.0
ケニア………	127	24 969	65 086	0.4	60.1	122.8
コートジボワール	473	15 599	44 562	2.8	73.9	162.2
コンゴ民主共和国	[4]15	11 820	46 886	[4]0.0	17.8	48.9
ザンビア……	99	5 447	20 247	1.0	39.5	104.0
ジンバブエ……	266	7 700	14 258	2.3	60.0	89.1
スーダン……	[5]23	18 093	34 496	[5]0.1	53.6	75.6
セネガル……	250	8 344	19 860	2.6	66.6	117.7
タンザニア……	111	20 984	54 044	0.3	46.5	85.0

移動電話契約数（Ⅱ）

	契約数（千件）			100人あたり契約数（件）		
	2000	2010	2021	2000	2010	2021
チュニジア‥‥	119	11 114	15 645	1.2	102.0	127.6
ナイジェリア‥	30	87 298	195 128	0.0	54.2	91.4
ニジェール‥‥	2	3 669	14 239	0.0	22.0	56.4
ブルキナファソ	25	5 708	24 678	0.2	35.4	111.7
マダガスカル‥	63	7 712	16 280	0.4	35.5	56.3
マリ‥‥‥‥‥	10	7 440	24 335	0.1	47.9	111.1
南アフリカ共和国	8 339	50 372	100 328	17.8	97.3	168.9
モロッコ‥‥‥	2 342	31 982	51 334	8.1	98.9	137.5
ヨーロッパ						
イギリス‥‥‥	43 452	76 730	79 773	73.8	122.3	118.6
イタリア‥‥‥	42 246	93 666	78 115	74.2	156.6	131.9
ウクライナ‥‥	819	53 929	55 926	1.7	117.8	135.0
オランダ‥‥‥	10 755	19 179	21 888	67.6	115.4	125.1
スペイン‥‥‥	24 265	51 389	56 897	59.6	110.3	119.8
ドイツ‥‥‥‥	4) 48 202	88 400	106 400	4) 59.1	108.7	127.6
フランス‥‥‥	29 052	57 785	72 751	49.5	92.5	112.7
ポーランド‥‥	6 747	6) 46 952	50 589	17.5	6) 121.6	132.1
ルーマニア‥‥	2 499	7) 24 360	7) 22 929	11.4	7) 119.8	7) 118.6
ロシア‥‥‥‥	3 263	8) 237 689	246 569	2.2	8) 165.7	169.0
北中アメリカ						
アメリカ合衆国	109 478	285 118	361 664	38.8	91.6	107.3
カナダ‥‥‥‥	8 727	25 825	9) 33 611	28.4	76.0	9) 88.1
グアテマラ‥‥	857	18 068	22 125	7.3	124.2	125.6
メキシコ‥‥‥	14 078	91 383	125 825	14.4	81.2	99.3
南アメリカ						
アルゼンチン‥	6 488	57 082	59 066	17.5	138.9	130.5
エクアドル‥‥	482	10) 14 781	10) 16 790	3.8	10) 98.6	10) 94.3
コロンビア‥‥	2 257	44 478	75 056	5.8	99.2	145.7
チリ‥‥‥‥‥	3 402	19 852	26 572	22.2	116.7	136.3
ブラジル‥‥‥	23 188	196 930	219 661	13.2	100.3	102.5
ベネズエラ‥‥	5 447	27 880	17 009	22.3	97.1	60.3
ペルー‥‥‥‥	1 274	29 115	43 129	4.8	99.6	127.9
オセアニア						
オーストラリア	8 562	22 500	27 285	45.0	102.2	105.3
世界計×‥‥	**738 876**	**5 290 100**	**8 390 800**	…	76.6	106.5

資料は表11-1に同じ。一般の電話網の技術を用いた通常の移動電話。国や年次によって集計範囲が異なる場合があるが、基本的にはデータ通信カードやUSBモデム、公衆データサービス等を含まない。また、利用中（プリペイドは基本的に過去３か月以内に使用）の回線数で推定値を含む。1）PHSを含む。2）データ通信カードを含む。3）2022年6月時点。4）未利用の回線を含む。5）カナール社は固定回線として計上。6）M2Mを含む。7）過去６か月以内に使用したプリペイドを含む。8）発行SIMカード数で未使用を含む。9）2020年よりモバイルブロードバンド等を除外。10）公衆無線電話を含む。×ITUによる推定値。2000年は原資料掲載国の合計。

表 11-3　固定ブロードバンド契約数（Ⅰ）

	契約数（千件）			100人あたり契約数（件）		
	2000	2010	2021	2000	2010	2021
アジア						
アゼルバイジャン	[1] 1	475	2 056	[1] 0.0	5.1	19.9
アラブ首長国連邦	2	787	3 573	0.1	9.3	38.2
イスラエル・・・・	[2] 44	1 762	2 657	[2] 0.7	24.0	29.9
イラク・・・・・・・・	—	3	6 386	—	0.0	14.7
イラン・・・・・・・・	0	988	10 675	0.0	1.3	12.1
インド・・・・・・・・	[2] 50	10 990	27 560	[2] 0.0	0.9	2.0
インドネシア・・	4	2 280	12 419	0.0	0.9	4.5
ウズベキスタン	[3] 3	118	7 497	[3] 0.0	0.4	22.0
カザフスタン・・	[3] 1	870	2 754	[3] 0.0	5.2	14.3
韓国・・・・・・・・・・	3870	17 194	22 944	8.3	35.2	44.3
サウジアラビア	[2] 14	1 712	10 588	[2] 0.1	5.8	29.5
シリア・・・・・・・・	[4] 1	70	1 576	[4] 0.0	0.3	7.4
シンガポール・・	69	1 338	[5] 1 526	1.7	25.9	[5] 25.7
スリランカ・・・・	[2] 0	228	2 393	[2] 0.0	1.1	11.0
タイ・・・・・・・・・・	[2] 2	3 252	12 421	[2] 0.0	4.8	17.3
(台湾)・・・・・・・・	229	5 312	6 343	1.0	23.0	26.6
中国・・・・・・・・・・	23	126 337	535 787	0.0	9.4	37.6
トルコ・・・・・・・・	[2] 11	7 098	18 136	[2] 0.0	9.7	21.4
日本・・・・・・・・・・	855	34 102	[6] 45 168	0.7	26.6	[6] 36.2
ネパール・・・・・・	—	60	1 270	—	0.2	4.2
パキスタン・・・・	—	789	[7] 2 949	—	0.4	[7] 1.3
バングラデシュ	—	415	[8] 11 137	—	0.3	[8] 6.6
フィリピン・・・・	[2] 10	[9] 1 791	9 624	[2] 0.0	[9] 1.9	8.5
ベトナム・・・・・・	[1] 1	3 669	19 328	[1] 0.0	4.2	19.8
(香港)・・・・・・・・	444	2 168	2 935	6.6	30.4	39.2
マレーシア・・・・	[2] 4	2 098	3 734	[2] 0.0	7.3	11.1
アフリカ						
アルジェリア・・	[3] 18	900	4 177	[3] 0.1	2.5	9.5
エジプト・・・・・・	[1] 51	1 452	10 836	[1] 0.1	1.7	9.9
タンザニア・・・・	—	8	1 243	—	0.0	2.0
チュニジア・・・・	[1] 0	482	1 497	[1] 0.0	4.4	12.2
南アフリカ共和国	[1] 3	743	1 695	[1] 0.0	1.4	2.9
モロッコ・・・・・・	[1] 2	[10] 504	2 271	[1] 0.0	[10] 1.6	6.1
ヨーロッパ						
アイルランド・・	[1][11] 11	1 020	1 577	[1][11] 0.3	22.5	31.6
イギリス・・・・・・	53	[12] 19 152	27 739	0.1	[12] 30.5	41.2
イタリア・・・・・・	115	13 098	18 687	0.2	21.9	31.5
ウクライナ・・・・	—	2 956	7 566	—	6.5	18.3
オーストリア・・	191	2 050	2 592	2.4	24.5	29.1
オランダ・・・・・・	260	6 329	7 615	1.6	38.1	43.5
ギリシャ・・・・・・	[3] 10	2 253	4 435	[3] 0.1	20.4	42.5
スイス・・・・・・・・	56	2 914	4 171	0.8	37.2	48.0
スウェーデン・・	249	3 000	4 253	2.8	32.0	40.6

固定ブロードバンド契約数（Ⅱ）

	契約数（千件）			100人あたり契約数（件）		
	2000	2010	2021	2000	2010	2021
スペイン……	76	10 652	16 710	0.2	22.9	35.2
スロバキア……	1) 4	877	1 775	1) 0.1	16.3	32.6
セルビア……	—	860	1 800	—	11.8	26.2
チェコ……	3	2 261	3 949	0.0	21.6	37.6
デンマーク……	67	2 112	2 614	1.3	38.1	44.6
ドイツ……	265	26 162	36 881	0.3	32.2	44.2
ノルウェー……	23	1 723	2 388	0.5	35.2	44.2
ハンガリー……	3	2 159	3 382	0.0	21.6	34.8
フィンランド……	35	13) 1 559	1 864	0.7	13) 29.1	33.7
フランス……	197	21 337	31 463	0.3	34.2	48.8
ブルガリア……	4) 7	14) 1 125	15) 2 254	4) 0.1	14) 14.8	15) 32.7
ベラルーシ……	1) 0	16) 1 667	3 239	1) 0.0	16) 17.1	33.8
ベルギー……	144	3 373	4 921	1.4	31.0	42.4
ポーランド……	2) 12	14) 5 858	14) 8 679	2) 0.0	14) 15.2	14) 22.7
ポルトガル……	25	2 127	4 314	0.2	20.1	41.9
ルーマニア……	2) 6	17) 3 001	18) 6 099	2) 0.0	17) 14.8	18) 31.6
ロシア……	1) 11	15 700	34 623	1) 0.0	10.9	23.7
北中アメリカ						
アメリカ合衆国	19) 7 070	19) 84 522	125 885	19) 2.5	19) 27.2	37.4
カナダ……	1 411	10 817	16 052	4.6	31.8	42.1
メキシコ……	15	10 583	24 200	0.0	9.4	19.1
南アメリカ						
アルゼンチン……	2) 94	4 028	10 490	2) 0.3	9.8	23.2
エクアドル……	2) 3	20) 221	2 440	2) 0.0	20) 1.5	13.7
コロンビア……	9	2 643	8 434	0.0	5.9	16.4
チリ……	8	1 789	4 283	0.1	10.5	22.0
ブラジル……	100	21) 14 101	22) 41 657	0.1	21) 7.2	22) 19.4
ベネズエラ……	23) 4	1 673	2 476	23) 0.0	5.8	8.8
ペルー……	24) 1	933	3 013	24) 0.0	3.2	8.9
ボリビア……	1) 3	25) 96	1 128	1) 0.0	25) 0.9	9.3
オセアニア						
オーストラリア	2) 123	5 510	9 145	2) 0.6	25.0	35.3
ニュージーランド	5	1 092	1 801	0.1	25.1	35.1
世界計×……	**15 891**	**526 300**	**1 322 000**	…	7.6	16.8

資料は表11-1に同じ。推定値を含む。FTTHやDSL、ケーブルなど下り速度が256kbps以上の固定インターネット回線で、定義上比較的低速なものを含む。1）2002年。2）2001年。3）2003年。4）2004年。5）2022年3月末。6）速度不明の契約を含む。7）WIMAX、EV-DOを含む。8）2022年6月。9）2011年。10）1Mbit/s以上のADSL。11）通信速度で集計されていない。12）企業の接続分を除く。13）2012年9月。14）144kbps以上。15）専用線を含む。16）固定無線回線を含む。17）下り144kbps以上を含む。18）SIMの固定回線を含む。19）一方向が200kbps以上。20）2010年より256kbps以上。21）少なくとも一方が64kbps以上。22）256kbps未満を含む。23）56kbps以上。24）128/64kbpsのADSLを含む。25）256kbps以下を含む。×ITU推定値。2000年の契約数は原資料掲載国の合計。

表 11-4　移動ブロードバンド契約数（Ｉ）

	契約数（千件）			100人あたり契約数（件）		
	2010	2015	2021	2010	2015	2021
アジア						
アラブ首長国連邦	[1] 1 127	12 537	22 586	[1] 13.3	140.6	241.2
イスラエル・・・・	2 400	6 700	11 000	32.7	83.7	123.6
イラク・・・・・・・・	—	1 271	20 679	—	3.4	47.5
イラン・・・・・・・・	—	15 913	91 844	—	19.5	104.5
インド・・・・・・・・	—	[2] 120 030	765 992	—	[2] 9.1	54.4
インドネシア・・	44 822	107 518	314 284	18.4	41.5	114.8
ウズベキスタン	4 119	13 070	35 951	14.4	42.2	105.5
カザフスタン・・	3 700	12 251	18 009	22.3	68.7	93.8
韓国・・・・・・・・・・	47 323	54 562	60 721	96.9	107.0	117.2
カンボジア・・・・	150	6 711	17 536	1.0	43.5	105.7
サウジアラビア	7 000	33 388	42 975	23.8	101.9	119.5
スリランカ・・・・	294	3 408	18 943	1.4	16.0	87.0
タイ・・・・・・・・・・	—	59 688	80 145	—	84.9	111.9
(台湾)・・・・・・・・	8 549	18 698	27 893	37.0	79.5	116.9
中国・・・・・・・・・・	47 051	777 992	1449 271	3.5	55.8	101.6
トルコ・・・・・・・・	7 219	39 068	70 029	9.9	49.1	82.6
日本・・・・・・・・・・[3]	[4] 111 612	162 761	283 002	[4] 87.1	127.9	227.1
ネパール・・・・・・	[5] 19	7 500	17 890	[5] 0.1	27.2	59.6
パキスタン・・・・	[6] 111	[7] 24 522	107 681	[6] 0.1	[7] 11.6	46.5
バングラデシュ	46	25 189	[8] 92 660	0.0	16.0	[8] 54.7
フィリピン・・・・	2 175	42 330	71 000	2.3	41.1	62.3
ベトナム・・・・・・	7 029	35 782	85 621	8.0	38.8	87.8
(香港)・・・・・・・・	2 741	7 841	12 011	38.4	106.0	160.3
マレーシア・・・・	2 578	27 759	42 016	9.0	89.3	125.1
ミャンマー・・・・	—	[9] 18 156	58 937	—	[9] 35.3	109.6
アフリカ						
アルジェリア・・	—	16 319	42 913	—	41.3	97.1
ウガンダ・・・・・・	541	7 350	23 914	1.7	19.6	52.2
エジプト・・・・・・	13 267	42 913	67 064	15.2	43.9	61.4
エチオピア・・・・	116	3 630	26 100	0.1	3.5	21.7
ガーナ・・・・・・・・	1 673	18 031	23 465	6.5	62.5	71.5
カメルーン・・・・	—	1 000	10 378	—	4.3	38.2
ケニア・・・・・・・・	83	7 113	28 361	0.2	15.2	53.5
コートジボワール	—	8 602	21 784	—	36.5	79.3
コンゴ民主共和国	—	6 037	23 127	—	7.7	24.1
ザンビア・・・・・・	34	2 140	10 357	0.2	13.2	53.2
ジンバブエ・・・・	609	5 872	9 331	4.7	41.5	58.3
スーダン・・・・・・	1 342	11 649	19 174	4.0	30.5	42.0
セネガル・・・・・・	24	3 954	15 879	0.2	27.5	94.1
タンザニア・・・・	463	4 700	11 628	1.0	8.9	18.3
チュニジア・・・・	93	6 951	9 965	0.9	60.1	81.3
ナイジェリア・・	950	38 449	78 042	0.6	20.9	36.6
ブルキナファソ	—	2 739	13 461	—	14.6	60.9

移動ブロードバンド契約数（Ⅱ）

	契約数（千件）			100人あたり契約数（件）		
	2010	2015	2021	2010	2015	2021
マリ	63	3 063	[10] 8 769	0.4	16.9	[10] 40.0
南アフリカ共和国	8 700	31 809	68 702	16.8	56.9	115.7
モロッコ	1 566	13 337	30 621	4.8	38.5	82.0
ヨーロッパ						
イギリス	26 790	[11] 55 871	76 230	42.7	[11] 85.7	113.3
イタリア	22 861	50 221	57 359	38.2	83.4	96.8
ウクライナ	1 900	3 413	33 184	4.1	8.0	80.1
オーストリア	2 760	6 032	9 397	33.0	69.8	105.3
オランダ	6 314	19 313	24 279	38.0	113.3	138.7
ギリシャ	2 787	5 079	9 875	25.3	47.0	94.5
スウェーデン	7 860	11 835	13 254	83.8	120.2	126.6
スペイン	10 997	39 031	50 954	23.6	84.1	107.3
チェコ	3 580	7 759	10 707	34.2	73.7	101.9
ドイツ	21 200	58 471	78 728	26.1	71.2	94.4
フランス	[12] 22 905	48 512	64 793	[12] 36.7	76.0	100.4
ベラルーシ	1 200	5 725	9 055	12.3	59.0	94.5
ベルギー	1 041	6 940	10 822	9.6	61.7	93.2
ポーランド	19 157	21 931	78 838	49.6	56.9	205.8
ポルトガル	2 566	5 522	9 114	24.2	53.3	88.6
ルーマニア	2 030	[13] 13 739	[13] 18 537	10.0	[13] 69.0	[13] 95.9
ロシア	49 584	101 180	157 069	34.6	69.8	107.6
北中アメリカ						
アメリカ合衆国	187 517	375 504	558 700	60.3	115.7	165.8
カナダ	10 025	22 034	28 648	29.5	61.7	75.1
メキシコ	4 821	63 920	108 836	4.3	53.2	85.9
南アメリカ						
アルゼンチン	2 022	33 052	33 000	4.9	76.4	72.9
エクアドル	1 323	5 693	10 082	8.8	35.2	56.7
コロンビア	1 110	20 293	36 767	2.5	43.1	71.4
チリ	1 444	10 057	21 600	8.5	56.3	110.8
ブラジル	[14] 20 628	180 486	205 539	[14] 10.5	88.0	95.9
ベネズエラ	6 223	13 450	13 590	21.7	44.1	48.2
ペルー	[15] 267	[16] 17 146	27 089	[15] 0.9	[16] 55.8	80.3
ボリビア	105	3 731	10 471	1.0	33.6	86.7
オセアニア						
オーストラリア	12 426	30 260	31 795	56.4	127.0	122.7
世界計×	**806 900**	**3 281 600**	**6 459 400**	11.5	44.6	82.0

資料は表11-1に同じ。推定値を含む。実際の加入者が対象。1）2011年1月。2）下り256kbps以上。3）2016年まで同一事業者の3G、LTE、BWAは1契約。4）WCDMA、EVDO、LTE契約者。5）EVDO、3G。6）EVDO。7）携帯電話事業者からの数値。8）2022年6月。9）MPTとTelenor社。10）3Gと4G。11）M2Mを除く。12）利用中の3G契約。13）SIMベースの固定回線を除く。14）GPR、WCDMA、CDMA2000を含む。15）モデムUSB、タブレット、その他データ専用端末。16）携帯端末ベース。×ITUによる推定値。

図 11-1　世界の電話、インターネットブロードバンド契約数

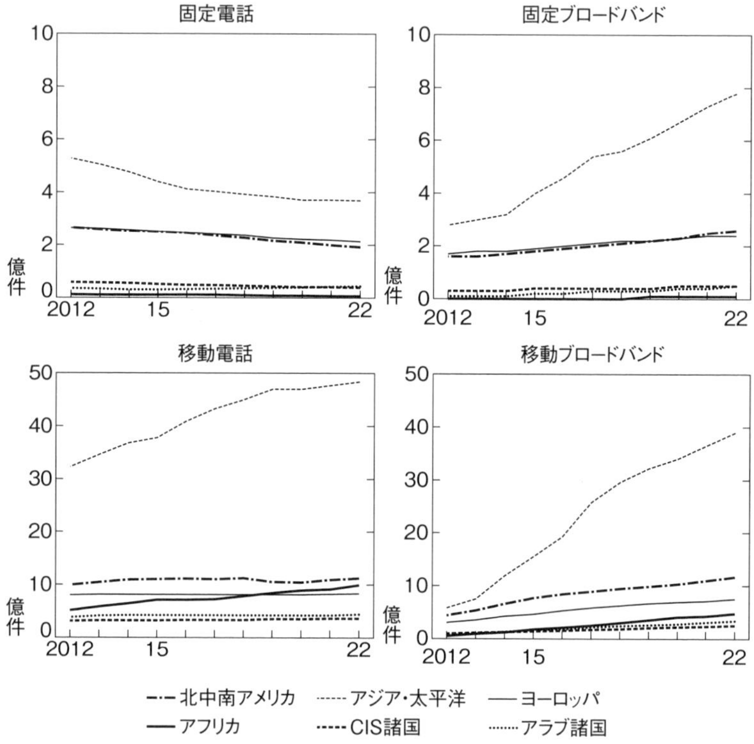

ITUウェブサイトより作成。表11-1、2、3、4の注記参照。

対話型AI「ChatGPT」の期待と懸念

アメリカの非営利法人によるオープンAI「ChatGPT」が世界中で注目されている。ChatGPTは、入力された質問に対して回答を生成する対話型AIで、資料作成やプログラミングにも対応しており、様々な業種で導入が始まっている。ChatGPTは2022年11月の提供開始から２か月でアクティブユーザーが１億人を突破した。一方で、個人情報や企業の機密情報の漏洩リスク、引用元の著作権侵害などの懸念から、一部の国では規制を進めている。EUでは、2023年６月に世界初の包括的なAI規制法案を採択した。本法案では、生成AIを提供する企業に透明性の担保を求め、コンテンツがAI製である旨の明示や、AIの学習に使用した著作権保護データの公表を義務化する。アメリカでは、2023年７月に政府と米国内のAI開発主要７社の元で、各社が自主的な安全性を確保する取り組みを行うことを合意した。

表 11-5 100人あたりブロードバンド契約数（2022年6月）（単位 件）

	固定ブロードバンド通信				移動ブロードバンド通信		
	FTTH 1)	DSL	ケーブル	計2)	携帯電話等	通信専用3)	計
イスラエル……	6.4	14.4	7.5	28.3	…	…	142.5
韓国…………	39.3	0.8	4.9	45.0	113.1	6.0	166.6
トルコ………	6.2	13.4	1.6	22.0	83.7	0.7	84.4
日本…………	29.5	0.5	5.1	35.1	64.0	88.1	193.1
アイスランド…	30.0	8.4	…	38.5	99.2	16.6	124.1
アイルランド…	8.6	14.0	7.4	31.8	90.9	7.1	111.3
イギリス……	3.6	29.7	8.0	41.3	105.3	7.8	113.1
イタリア……	5.2	5.9	…	31.6	73.1	11.4	95.6
エストニア……	16.9	6.9	6.5	37.0	114.9	80.4	195.3
オーストリア…	1.8	15.7	11.0	28.7	90.9	24.5	115.5
オランダ……	12.1	12.6	19.6	44.3	116.7	5.1	121.8
ギリシャ……	0.2	41.6	…	41.8	88.5	4.1	92.6
スイス………	13.2	23.4	12.3	49.9	91.6	8.7	100.3
スウェーデン…	32.6	1.7	6.6	40.9	98.3	14.2	130.0
スペイン……	28.6	2.2	3.8	35.2	95.0	2.7	109.9
スロバキア……	13.7	7.8	3.2	33.5	84.4	6.3	90.7
スロベニア……	16.2	6.8	8.6	31.9	78.3	7.8	94.7
チェコ………	7.4	9.4	5.8	37.4	97.6	3.1	100.7
デンマーク……	21.2	7.8	15.4	45.1	64.7	21.2	145.6
ドイツ………	3.6	30.1	10.6	44.4	90.9	3.9	94.8
ノルウェー……	30.8	1.2	9.7	45.3	99.8	5.2	105.0
ハンガリー……	12.8	5.2	16.0	35.4	77.8	6.7	84.5
フィンランド…	20.9	3.2	9.2	33.9	119.6	38.6	158.3
フランス……	23.9	16.3	4) 5.5	46.5	87.2	5.5	100.3
ベルギー……	1.7	18.0	22.7	43.3	92.0	3.3	95.2
ポーランド……	8.4	3.6	7.5	22.6	107.5	21.3	137.9
ポルトガル……	26.4	2.1	11.6	42.6	73.3	6.9	92.4
ラトビア……	19.1	4.9	0.7	26.0	99.5	22.3	121.9
リトアニア……	22.6	4.1	0.6	28.7	97.7	28.8	126.7
ルクセンブルク・	22.0	12.4	4.1	39.0	117.0	2.9	119.9
アメリカ合衆国・	7.6	4.7	24.1	38.3	…	…	171.6
カナダ………	11.0	7.2	21.2	42.4	76.9	6.1	83.0
コスタリカ……	6.9	2.2	11.7	20.9	82.6	2.4	85.0
メキシコ……	7.2	3.7	7.3	19.5	87.7	1.1	88.8
コロンビア……	3.9	1.9	10.2	17.1	73.1	0.9	74.1
チリ…………	13.8	0.5	7.5	22.4	100.0	3.8	108.0
オーストラリア・	8.6	17.2	8.0	35.8	108.9	17.0	125.9
ニュージーランド	24.6	4.7	0.7	36.3	96.3	5.9	102.3

OECD "Broadband Portal" より作成。下りが256kbps以上の回線。1）FTTH（家庭への光ファイバーの引き込み）のほか、FTTB（ビルへの引き込み）などを含む。2）衛星通信や固定無線回線を含む。3）データカードやUSBモデムなどを用いて、音声通話契約とは別に契約されるもの。モバイルWiMAXを含む。4）VDSL2や固定4G回線を含む。

表 11-6　インターネット利用者率（%）

	2010	2021
アジア		
アフガニスタン	4.0	[1] 18.4
イラク	2.5	48.9
イラン	[2] 15.9	[2] 78.6
インド	7.5	46.3
インドネシア	10.9	[3] 62.1
ウズベキスタン	15.9	76.6
カザフスタン	[4] 31.6	90.9
韓国	[5] 83.7	97.6
カンボジア	1.3	60.2
サウジアラビア	41.0	100.0
シリア	20.7	[1] 35.8
スリランカ	[7] 10.5	66.7
タイ	22.4	85.3
(台湾)	71.5	90.1
中国	34.3	73.1
トルコ	[4] 39.8	[4] 81.4
日本	[2] 78.2	82.9
ネパール	7.9	51.6
パキスタン	8.0	21.0
バングラデシュ	3.7	38.9
フィリピン	25.0	52.7
ベトナム	30.7	74.2
マレーシア	56.3	96.8
ミャンマー	0.3	44.0
ヨルダン	[3] 27.2	82.8
アフリカ		
アルジェリア	12.5	70.8
アンゴラ	2.8	32.6
ウガンダ	4.3	10.3
エジプト	[2] 21.6	72.1
エチオピア	0.8	[9] 16.7
ガーナ	[12] 7.8	68.2
カメルーン	4.3	45.6
ケニア	7.2	28.8
コートジボワール	2.7	45.4
コンゴ民主共和国	0.7	22.9
ザンビア	3.0	21.2
タンザニア	2.9	31.6
チャド	1.7	17.9
ナイジェリア	11.5	55.4
ニジェール	0.8	22.4
ブルキナファソ	2.4	21.6
マダガスカル	1.7	19.7
マラウイ	2.3	24.4
マリ	2.0	34.5
南アフリカ共和国	24.0	72.3
モザンビーク	4.2	17.4
モロッコ	[6] 52.0	88.1
ヨーロッパ		
イギリス	[4] 85.0	96.7
イタリア	[4] 53.7	74.9
ウクライナ	23.3	79.2
オランダ	[4] 90.7	92.1
スウェーデン	[8] 90.0	88.3
スペイン	[9] 65.8	93.9
チェコ	[4] 68.8	82.7
ドイツ	[4] 82.0	91.4
フランス	[4] 77.3	86.1
ベルギー	75.0	92.8
ポーランド	[4] 62.3	[4] 85.4
ルーマニア	[4] 39.9	[4] 83.6
ロシア	[4] 49.0	88.2
北中アメリカ		
アメリカ合衆国	[5] 71.7	91.8
カナダ	[10] 80.3	92.8
グアテマラ	10.5	[11] 50.8
ハイチ	8.4	38.9
メキシコ	31.1	75.6
南アメリカ		
アルゼンチン	45.0	87.2
エクアドル	[3] 29.0	76.2
コロンビア	[3] 36.5	73.0
チリ	[3] 45.0	90.2
ブラジル	[9] 40.7	80.7
ペルー	[2] 34.8	[13] 71.1
ボリビア	22.4	66.0
オセアニア		
オーストラリア	76.0	96.2
世界全体	28.5	62.6

資料は表11-1に同じ。国により調査対象などが異なる。1）2020年。2）6歳以上。3）5歳以上。4）16～74歳。5）3歳以上。6）電化された地域の6～74歳。7）2014年。8）16～75歳。9）10歳以上。10）16歳以上。11）7歳以上。12）12歳以上。13）14歳以上。

表 11-7 BtoC電子商取引（EC）の市場規模シェア（%）

	2020	2021		2020	2021
中国	53.7	52.1	ドイツ	2.3	2.1
アメリカ合衆国	18.6	19.0	フランス	1.7	1.6
イギリス	4.2	4.8	インド	1.3	1.4
日本	3.3	3.0	カナダ	0.9	1.3
韓国	2.6	2.5	ブラジル	0.9	0.8

経済産業省「電子商取引に関する市場調査報告書」より作成。原資料はeMarketer。世界全体のBtoC電子商取引に占める各国のシェア。2020年は各国の市場規模の合計から編者算出。BtoCは企業から消費者向け。旅行、チケット、税金等を除く。世界のBtoCのEC推定市場規模は、2021年で4兆9200億ドル、2020年で4兆2800億ドル。

参考 CtoC（個人間）電子商取引の市場規模は、日本は2021年で2兆2121億円（IMF年平均レートによる編者換算で202億ドル。中国は中古品取引（中古車市場を除く、大半がCtoC-EC）が1兆2540億元（2020年見通し、編者換算で1817億ドル）。アメリカはオンラインの中古市場規模は560億ドル（2020年）で、そのうちファッションのデジタル中古品市場は106億ドル（2021年）。

表 11-8 越境EC（電子商取引）市場規模（推計値）（2021年）（単位 億円）

	日本から購入	対前年増加率（%）	アメリカから購入	対前年増加率（%）	中国から購入	対前年増加率（%）
日本	—	—	3 362	9.3	365	7.6
アメリカ合衆国	12 224	25.7	—	—	8 185	10.9
中国	21 382	9.7	25 783	11.5	—	—

資料は上表に同じ。世界の越境EC市場規模は2019年で7800億米ドルと推定（IMF年平均レートによる編者換算で85兆円、2020、2021年データは未公表）。

（参考）主要国のキャッシュレス決済比率（2020年）（%）

韓国	93.6	イギリス	63.9	アメリカ合衆国	55.8
シンガポール	60.4	スウェーデン	46.3	カナダ	56.1
中国	83.0	ドイツ	21.3	オーストラリア	67.7
日本	29.8	フランス	47.8		

キャッシュレス推進協議会「キャッシュレス・ロードマップ」(2022年）より作成。原資料は世界銀行“Household final consumption expenditure”(2020年）(2021年12月16日版）および国際決済銀行“Redbook”の非現金手段による年間支払金額から算出したもの。韓国、中国に関しては、Euromonitor Internationalのデータを参考値として記載している。なお、本表におけるキャッシュレス決済比率は、国の民間最終消費支出に対するキャッシュレス支払手段による年間支払金額の比率で、これはクレジットカード、デビットカード、電子マネーの利用額により算出されている。経済産業省によると、日本のキャッシュレス決済比率は、2022年は36.0%に上昇している。

表 11-9　出版統計（データが得られた主要国のみ）（2021年）

出版タイトル数

	タイトル数(点)	うち一般書		タイトル数(点)	うち一般書
イギリス	167 267	101 812	チェコ 1)	16 474	6 174
ブラジル	140 187	84 253	タイ	16 031	13 805
イタリア	135 126	131 818	コロンビア	15 168	8 938
フランス 2)	109 480	82 258	ノルウェー	13 584	11 272
トルコ	95 112	74 895	ギリシャ	12 139	10 442
スペイン	79 373	…	デンマーク	11 859	…
韓国 1)2)	76 724	31 057	カナダ 1)	10 433	8 164
ドイツ 2)	71 640	…	フィンランド	9 651	8 058
日本 2)	70 551	69 052	ベラルーシ 2)	9 055	4 058
ポルトガル	21 379	…	オーストリア	8 686	…
セルビア	19 856	17 121	ハンガリー	8 424	8 424
オーストラリア 1)	19 241	…	スウェーデン	8 118	8 118
メキシコ 2)	18 830	8 048	クロアチア	7 538	6 776
ウクライナ	16 786	10 213	チリ 1)	7 058	6 085

（参考）ISBN（国際標準図書番号）年間登録数

アメリカ合衆国	2 884 609	イギリス	168 960	イラン	89 888
韓国	340 506	インドネシア 3)	159 330	トルコ	87 231
ドイツ 3)	284 000	イタリア	142 267	オランダ	62 251
中国 1)	263 066	ロシア 1)	124 454	デンマーク	39 183
ポーランド	220 042	ブラジル 1)	114 114	スウェーデン 3)	34 984
日本 3)	184 985	スペイン	95 985	オーストラリア	34 299

WIPO "World Intellectual Property Indicators 2022" より作成。一般書と教育部門の出版物。ただし、アメリカや中国の出版タイトル数など、国によってデータがないものがある。ISBN（国際標準図書番号）は書籍を出版する際に付与する固有の番号。1）2020年。2）印刷物のみ。3）データ不足で数値が過少である可能性がある。

表 11-10　主要国の検索サービスシェア（2023年 3 月）（%）

	Google	Yahoo!	bing	バイドゥ(百度)	ヤンデックス	その他
アラブ首長国連邦	*96.2*	*0.4*	*2.6*	*0.0*	*0.2*	*0.6*
インド	*98.5*	*0.3*	*1.0*	…	*0.0*	*0.2*
韓国	*58.4*	*0.4*	*2.7*	*0.1*	*0.3*	*38.1*
(台湾)	*91.8*	*5.4*	*2.5*	*0.1*	*0.0*	*0.2*
中国	*7.4*	*0.1*	*15.5*	*52.4*	*2.4*	*22.2*
日本	*77.0*	*14.4*	*7.6*	*0.1*	*0.1*	*0.8*
イギリス	*93.4*	*1.5*	*4.0*	*0.0*	*0.1*	*1.0*
ドイツ	*90.0*	*1.2*	*5.5*	*0.0*	*0.8*	*2.5*
フランス	*91.3*	*2.0*	*4.3*	…	*0.5*	*1.9*
ロシア	*41.2*	*0.2*	*0.8*	*0.0*	*57.2*	*0.6*
アメリカ合衆国	*88.7*	*2.4*	*6.6*	*0.0*	*0.1*	*2.2*

StatCounterより作成。StatCounterを利用する各国ウェブサイトのアクセス集計。

表 11-11 日刊新聞発行部数（単位 千部）

	2020	2021		2020	2021
中国	140 563	142 739	ポーランド	1 349	1 371
インド	127 346	131 336	イタリア	1 466	1 250
アメリカ合衆国	28 144	28 703	スウェーデン	1 158	1 191
ドイツ	15 407	15 701	スペイン	1 133	1 190
イギリス	6 620	6 780	ノルウェー	1 095	1 122
タイ	6 657	6 757	ベルギー	1 007	1 026
ブラジル	6 177	6 373	コロンビア	851	868
メキシコ	6 155	6 267	チェコ	768	782
韓国	5 782	5 913	ハンガリー	759	774
パキスタン	5 767	5 864	アルゼンチン	766	768
ロシア	4 987	5 465	アラブ首長国連邦	748	761
インドネシア	4 549	4 629	南アフリカ共和国	735	752
フランス	4 127	4 471	オーストラリア	695	716
エジプト	4 225	4 296	フィンランド	680	702
トルコ	3 968	4 107	イスラエル	551	565
ベトナム	3 658	3 811	ギリシャ	501	512
カナダ	3 094	3 186	デンマーク	482	492
(香港)	3 051	3 109	シンガポール	463	476
フィリピン	2 881	2 944	ナイジェリア	446	450
(台湾)	2 779	2 832	チリ	385	394
サウジアラビア	1 886	1 916	アイルランド	299	306
オランダ	2 007	1 911	ニュージーランド	200	206
マレーシア	1 779	1 818	ケニア	191	193
オーストリア	1 705	1 748	ポルトガル	141	145
ペルー	1 698	1 725	ルーマニア	129	133
スイス	1 663	1 704			

日本新聞協会ウェブサイトより作成。世界ニュース発行者協会（WAN-IFRA）が外部委託した部数調査に基づく。電子版は含まない。日本新聞協会の調査による日本の新聞発行部数は39512千部（2021年）。

表 11-12 主要国のモバイル端末別シェア（2023年３月）（%）

	アップル	サムスン電子	シャオミ	ファーウェイ	OPPO	その他
インド	*3.9*	*15.5*	*24.7*	*0.7*	*12.1*	*43.1*
韓国	*31.6*	*61.4*	*0.6*	*0.1*	*0.1*	*6.2*
中国	*23.6*	*2.1*	*8.1*	*24.4*	*5.2*	*36.6*
日本	*68.8*	*6.2*	*1.7*	*2.0*	*1.4*	*19.9*
イギリス	*51.6*	*30.5*	*2.3*	*3.2*	*1.7*	*10.7*
ドイツ	*38.6*	*35.4*	*9.4*	*5.9*	*1.1*	*9.6*
フランス	*35.7*	*31.5*	*13.3*	*6.1*	*3.5*	*9.9*
ロシア	*30.7*	*21.5*	*23.4*	*8.0*	*1.2*	*15.2*
アメリカ合衆国	*56.8*	*29.5*	*0.7*	*0.3*	*0.2*	*12.5*

StatCounterより作成。StatCounterを利用する各国のウェブサイトにアクセスしたモバイル端末の販売元別の集計。タブレットは含まない。

第11章 情報通信・科学技術

表 11-13　主要国のゲーム市場規模（単位　億円）

	2017	2018	2019	2020	2021	ハードウェア	ソフトウェア
アメリカ合衆国	10 189	10 192	8 273	9 410	10 142	6 477	3 666
日本[1]	3 867	3 506	3 330	3 759	3 719	2 028	1 691
イギリス	2 138	2 157	1 542	2 190	1 950	1 259	691
ドイツ	2 154	2 024	1 762	1 829	1 880	1 122	758
中国	437	798	852	2 754	1 470	…	…
フランス	1 954	2 055	1 633	1 640	1 386	817	570
カナダ	821	841	689	858	1 171	804	367
韓国	219	663	710	1 243	924	…	…
イタリア	748	870	1 024	778	867	482	385
スペイン	910	936	725	781	733	403	329
ポーランド	276	522	544	702	581	…	…
ロシア	621	792	785	863	522	…	…
トルコ	149	190	145	182	217	…	…
インド	92	137	158	164	155	…	…
（参考）							
中南アメリカ	2 324	2 672	2 392	1 510	4 403	…	…
東南アジア	449	656	571	2 764	2 037	…	…
オセアニア[2]	1 370	1 402	1 315	1 491	1 287	…	…
中東・北アフリカ	921	1 015	597	770	1 132	…	…

CESA（コンピュータエンターテインメント協会）「CESAゲーム白書」より作成。原資料はIDG CONSULTING調査。家庭用ゲーム機およびゲームソフトウェア、パソコン用ゲームソフトウェアで、ダウンロードソフトウェアを除く。原資料でデータが現地通貨のものは、IMF年平均レートで編者換算。1）CESAによる推計値。家庭用ゲームの小売店等でのパッケージ販売ベース。2）オーストラリアとニュージーランドのみ。

表 11-14　スマートデバイスゲームアプリ市場規模（単位　億円）

	2019	2020	2021	Android	iOS	1人あたり（円）（2021）
アメリカ合衆国	16 343	19 396	24 157	13 294	10 863	7 270
中国	17 805	20 767	21 781	10 680	11 101	1 540
日本	13 431	12 113	13 060	6 647	6 413	10 410
韓国	5 051	5 442	7 211	6 419	792	13 950
ドイツ	1 727	2 270	3 275	2 525	749	3 940
イギリス	2 333	2 300	2 363	1 316	1 047	3 500
（台湾）	1 637	1 692	2 170	1 255	916	9 290
フランス	959	1 312	1 721	1 201	520	2 630
カナダ	1 200	1 387	1 630	887	742	4 260
オーストラリア	934	1 105	1 276	623	652	4 960
ロシア	746	914	1 145	808	337	790
計×	**71 805**	**77 255**	**91 697**	**53 733**	**37 964**	…

資料は表11-13に同じ。（株）インターアローズから提供されたPRIORI DATAのデータを元に、CESAが算出した推計値。×その他とも。調査対象の55の国や地域の計。

表 11-15　主要国の研究費と研究者数

	研究費（百万ドル）		研究費対GDP比（%）		研究者数[1]（千人）	
	2010	2021	2010	2021	2010	2021
イスラエル	2) 8 629	2) 22 934	2) *3.86*	2) *5.56*	…	…
韓国	52 147	119 617	*3.32*	*4.93*	264.1	470.7
シンガポール	7 384	3) 12 370	*1.93*	3) *2.22*	32.0	3) 42.6
(台湾)	25 045	55 396	*2.82*	*3.78*	128.1	167.8
中国	212 162	4) 465 287	*1.71*	4) *2.14*	1 210.8	4) 1 866.1
トルコ	10 070	29 168	*0.79*	*1.13*	64.3	168.9
日本	140 512	176 961	*3.10*	*3.30*	656.0	2) 704.5
南アフリカ共和国	4 384	5) 5 148	*0.74*	5) *0.68*	18.7	5) 28.4
アイルランド	3 142	5 663	*1.59*	*1.06*	14.2	3) 23.9
イギリス	37 539	3) 90 094	*1.63*	3) *2.93*	256.6	6) 295.8
イタリア	25 383	40 940	*1.22*	*1.48*	103.4	172.7
オーストリア	9 578	17 121	*2.73*	*3.19*	36.6	55.1
オランダ	12 753	25 081	*1.70*	*2.26*	53.7	106.1
ギリシャ	1 873	4 829	*0.60*	*1.45*	2)7) 24.7	44.3
スイス	8) 13 664	5) 19 892	8) *2.87*	5) *3.19*	8) 35.8	3) 47.7
スウェーデン	12 544	20 974	*3.17*	*3.35*	49.3	84.7
スペイン	20 068	27 550	*1.36*	*1.43*	134.7	154.1
スロベニア	1 169	1 983	*2.05*	*2.14*	7.7	11.1
チェコ	3 875	9 566	*1.33*	*2.00*	29.2	48.1
デンマーク	6 959	10 685	*2.92*	*2.81*	37.4	45.0
ドイツ	86 969	153 232	*2.73*	*3.13*	328.0	459.5
ノルウェー	4 672	8 579	*1.64*	*1.94*	26.5	38.6
ハンガリー	2 454	5 863	*1.13*	*1.65*	21.3	43.3
フィンランド	7 742	9 059	*3.71*	*2.99*	41.4	43.6
フランス	50 862	76 952	*2.18*	*2.21*	243.5	340.0
ベルギー	8 950	21 919	*2.06*	*3.22*	40.8	76.3
ポーランド	5 771	20 663	*0.73*	*1.44*	64.5	135.6
ポルトガル	4 425	6 278	*1.54*	*1.66*	41.5	56.2
ルーマニア	1 570	3 280	*0.46*	*0.48*	19.8	19.1
ロシア	33 081	3) 47 954	*1.05*	3) *1.10*	442.1	3) 397.2
(参考)EU 9)	270 183	470 730	*1.86*	*2.15*	1 344.9	1 991.4
アメリカ合衆国	2) 408 496	2) 806 013	2) *2.71*	2) *3.46*	1 099.9	3) 1 493.1
カナダ	24 889	34 453	*1.83*	*1.70*	158.7	5) 182.8
メキシコ	8 613	3) 6 917	*0.49*	3) *0.30*	38.5	3) 45.0
アルゼンチン	4 156	3) 4 898	*0.56*	3) *0.52*	46.2	3) 55.9
コロンビア	930	3) 2 231	*0.19*	3) *0.29*	…	…
オーストラリア	20 560	5) 24 057	*2.18*	5) *1.80*	100.4	…
ニュージーランド	7) 1 767	5) 3 211	7) *1.23*	5) *1.40*	7) 16.3	5) 28.0

OECD "OECD.Stat"（2023年7月11日閲覧）より作成。推定値や暫定値を含む。研究費は各年の購買力平価換算。1）フルタイム換算。2）研究費や研究者数の定義が異なる。3）2020年。4）2018年。OECDでデータの一貫性に対して調査中で、2019年以降のデータ公表が抑制されている。5）2019年。6）2017年。7）2011年。8）2012年。9）27か国。

表 11-16　研究費の多い企業 (2021年) (単位　百万ユーロ)

	研究費	売上高比(%)		研究費	売上高比(%)
アルファベット(米)[1]	27 867	*12.3*	ブリストル・マイヤーズ・スクイブ(米)	9 283	*22.7*
メタ(米)[2]	21 768	*20.9*	メルク(米)	9 134	*21.2*
マイクロソフト(米)	21 642	*12.4*	メルセデス・ベンツ(独)	8 973	*5.3*
ファーウェイ(中)	19 534	*16.0*	トヨタ(日)	8 691	*3.6*
アップル(米)	19 348	*6.0*	ノバルティス(スイス)	7 983	*17.1*
サムスン電子(韓)	16 813	*8.1*	アリババ(中)	7 687	*6.5*
フォルクスワーゲン(独)	15 583	*6.2*	テンセント(中)	7 190	*9.3*
インテル(米)	13 412	*19.2*	アストラゼネカ(英)	7 110	*21.5*
ロシュ(スイス)	13 261	*21.8*	ゼネラルモーターズ(米)	6 975	*6.2*
ジョンソン&ジョンソン(米)	12 991	*15.7*	BMW(独)	6 870	*6.2*
ファイザー(米)	10 239	*14.3*			

EU "EU Industrial R&D Investment Scoreboard" (2022年) より作成。アマゾン (米) は決算書で技術投資とコンテンツ投資を合算しており、研究費は不明。EUはアマゾンの研究費をアルファベットより少し大きいと推定している。1) グーグルの持ち株会社。2) 2021年10月に、フェイスブックから社名変更。

表 11-17　各国特許庁別特許出願・登録件数 (2021年) (単位　件)

特許出願	出願数	うち内国人	特許登録	登録数	うち内国人
中国	1 585 663	1 426 644	中国	695 946	584 891
アメリカ合衆国	591 473	262 244	アメリカ合衆国	327 307	149 538
日本	289 200	222 452	日本	184 372	141 853
韓国	237 998	186 245	韓国	145 882	110 351
欧州特許庁	188 778	83 825	欧州特許庁	108 799	47 714
インド	61 573	26 267	インド	30 721	6 384
ドイツ	58 569	39 822	ブラジル	26 872	2 552
カナダ	37 155	4 710	ロシア	23 662	15 012
オーストラリア	32 409	2 966	カナダ	22 687	2 272
ロシア	30 977	19 569	ドイツ	21 113	12 840
ブラジル	24 232	4 666	オーストラリア	17 155	1 070
(香港)	21 943	401	フランス	15 493	13 584
イギリス	18 855	11 592	(香港)	14 662	283
メキシコ	16 161	1 117	イギリス	10 895	4 894
フランス	14 759	13 386	メキシコ	10 369	618
シンガポール	14 590	2 024	イタリア	7 254	6 564

WIPO "IP Statistics Data Center" (2023年7月更新データ) より作成。各国特許庁のほか、ヨーロッパ各国へは欧州特許庁、旧ソ連構成国のうち8か国へはユーラシア特許庁でも出願できる (日本特許庁は2022年5月よりユーラシア特許庁との特許審査ハイウェイを一時停止)。なお、ロシアは2022年3月より、国家安全保障等のため権利者の同意なく特許権等を行使する際に、非友好国企業等に対する対価を0%にしている。

表 11-18 各国出願人の国内外別特許出願件数（2021年）（単位 件）

	国内	国外		国内	国外
中国…………	1 426 644	111 960	デンマーク……	3 710	10 390
アメリカ合衆国	262 244	247 718	ベルギー………	3 285	10 681
日本…………	222 452	190 433	オーストリア…	4 192	9 280
韓国…………	186 245	81 282	フィンランド…	3 665	9 161
ドイツ………	65 757	100 069	オーストラリア	2 966	9 859
フランス……	24 036	42 101	スペイン………	3 258	7 622
イギリス……	17 215	36 431	トルコ………	8 971	1 898
スイス………	9 732	38 604	イラン………	10 210	140
インド………	26 267	16 896	シンガポール…	2 024	7 742
イタリア……	15 205	19 001	アイルランド…	1 022	6 039
オランダ……	8 648	24 131	ブラジル……	4 666	2 243
スウェーデン…	6 721	21 081	ポーランド……	3 914	2 002
カナダ………	4 710	21 815	ノルウェー……	1 585	4 256
ロシア………	20 001	5 903	サウジアラビア	1 477	3 391
イスラエル……	1 592	15 749	(香港)………	401	2 860

資料は表11-17に同じ。各特許庁の国籍別出願数を合算したもの。

表 11-19 国際出願特許件数（単位 件）

出願人の国籍別	2021	2022	メーカー別	2021	2022
中国…………	69 601	70 013	ファーウェイ(中)	6 952	7 689
アメリカ合衆国	59 379	58 722	サムスン電子(韓)	3 041	4 387
日本…………	50 278	50 353	クアルコム(米)	3 931	3 855
韓国…………	20 731	22 028	三菱電機(日)…	2 673	2 320
ドイツ………	17 270	17 508	エリクソン(ス)	1 877	2 158
フランス……	7 326	7 763	OPPO(中)……	2 208	1 963
イギリス……	5 853	5 736	BOE(中)……	1 980	1 884
スイス………	5 463	5 386	NTT(日)……	1 508	1 884
スウェーデン…	4 443	4 474	LGエレクトロニクス(韓)…		
オランダ……	4 112	4 077		2 885	1 793
イタリア……	3 564	3 322	パナソニック(日)	1 741	1 776
インド………	2 082	2 618	VIVO(中)……	1 336	1 515
カナダ………	2 595	2 581	ソニー(日)……	1 789	1 513
イスラエル……	2 121	1 974	ZTE(中)……	1 493	1 479
シンガポール…	1 668	1 775	NEC(日)……	1 350	1 428
トルコ………	1 740	1 771	ロベルト・ボッシュ(米)……		
フィンランド…	1 898	1 770		1 213	1 290
オーストラリア	1 768	1 742	マイクロソフト(米)	1 303	1 271
デンマーク……	1 557	1 497	LGエネルギーソリューション(韓)		
スペイン……	1 562	1 457		548	1 186
計×………	**277 181**	**277 481**	富士フィルム(日)	1 095	1 181

WIPO "IP Statistics Data Center"（2023年7月更新データ）および同 "PCT Yearly Riview"（2023年版）より作成。**国際出願特許**は、特許協力条約により同条約加盟国すべてに同時に出願したことと同じ効果を与えるもの。ス＝スウェーデン。×その他とも。

表 11-20　主要分野別国際出願特許件数（2022年）（単位　件）

	韓国	中国	日本	ドイツ	フランス	アメリカ合衆国
電気機器……1)	2 209	4 780	5 332	1 901	488	2 155
電気通信……	876	2 109	1 050	112	89	1 345
デジタル通信‥	2 327	10 587	2 736	358	196	6 150
コンピュータ技術	2 308	10 651	3 342	812	427	7 637
半導体………	773	3 044	2 641	325	123	1 514
光学機器……	440	2 182	2 024	440	157	1 342
計測系………	734	2 868	2 751	1 165	366	2 348
制御系………	254	1 141	1 556	481	97	833
医療技術……	1 399	2 654	2 521	833	507	6 265
有機化学、農薬2)	506	1 303	825	470	481	1 595
バイオ技術…．	796	1 539	847	366	260	3 576
医薬品………	884	2 241	730	387	329	4 770
基礎材料化学‥	289	622	1 286	498	182	1 165
エンジン類…3)	185	719	863	533	341	575
機械要素……	268	951	972	954	224	632
輸送…………	413	1 767	1 995	1 663	781	1 192

WIPO "IP Statistics Data Center"（2023年7月更新データ）より作成。1）電気エネルギーを含む。2）原資料では有機ファイン化学。3）エンジン、ポンプ、タービン。

表 11-21　知的財産使用料の貿易額（単位　百万ドル）

輸出(受取)額	2020	2021	輸入(支払)額	2020	2021
アメリカ合衆国	115 557	124 614	アイルランド‥	96 825	133 014
ドイツ………	36 883	58 520	中国…………	37 871	46 849
日本…………	43 316	48 174	アメリカ合衆国	47 708	43 342
スイス………	23 476	30 709	スイス………	32 211	33 570
イギリス……	23 017	24 651	日本…………	28 550	29 537
オランダ……	40 103	23 212	ドイツ………	16 880	20 895
アイルランド‥	14 615	18 207	オランダ……	35 987	17 731
フランス……	13 972	15 317	イギリス……	15 743	17 200
中国…………	8 583	11 740	カナダ………	13 881	16 562
シンガポール‥	8 778	11 080	シンガポール‥	14 883	16 325
スウェーデン‥	8 377	8 666	フランス……	12 506	13 128
カナダ………	7 129	8 484	韓国…………	9 888	11 116
韓国…………	6 895	8 071	スウェーデン‥	9 281	10 851
イタリア……	4 146	4 920	ルクセンブルク	9 178	8 839
デンマーク…．	5 149	4 461	インド………	7 241	8 632

国際貿易投資研究所ウェブサイトより作成。原資料はIMFの国際収支統計。

参考　アイルランドでは多国籍企業の法人税を極端に優遇する措置があり、アメリカ企業を中心に欧州本部機能が集中した。知的財産使用料がアイルランドから本国などに還流するため、本表の輸入（支払）額が大きくなっている。また、アイルランドやオランダ、タックスヘイブンを介した複雑な会計処理などによる極端な租税回避（BEPS、税源浸食と利益移転）が横行した。近年は、BEPS防止に向けた国際的な取り組みが進んでいる。

第12章　諸国民の生活

2015年9月、国連サミットで「持続可能な開発のための2030アジェンダ」が採択された。世界が2030年までに達成すべき目標としてSDGs（Sustainable Development Goals）が定められ、各国はSDGsを念頭に置いた取り組みを進めてきた。しかし、国連の報告によると、期限までの中間地点を迎える2023年現在、目標の達成は困難な状況にある。新型コロナウイルス感染症の流行による不況、ロシアのウクライナ侵攻による食料価格の高騰、気候変動など、世界的な危機が重なったことが大きく影響している。国連"Global Sustainable Development Report 2023"によると、深刻な貧困状態にある人の数は、これらの危機により7500～9500万人増加し、特にアフリカの国々が強く影響を受けている。

世界保健機関（WHO）によると、サハラ砂漠南部のサヘル地域や南スーダンなど、アフリカの多くの国は、最低限の生活が保障されない人道危機の状態にある。紛争により人々が避難を強いられ、食料やインフラ、医療機関へのアクセスが困難になっていた状況に、新型コロナやウクライナ侵攻がさらなる打撃を与えた。世界銀行"World Development Indicators"（2023年7月閲覧）によると、電気にアクセスできる人の割合は、2021年の世界平均で約91%だが、サハラ以南アフリカでは約51%にとどまる。また、アフリカだけでなく、アフガニスタン、シリア、イエメンといった中東の国々も、紛争や不安定な政治・経済状況によって人道危機の状態にあるとWHOは警告している。

貧困や資源不足の原因は紛争や政治情勢だけではない。エチオピア、ソマリアなど「アフリカの角」と呼ばれる地域では、過去数十年間で最悪の干ばつに直面しており、数百万人の人々が深刻な飢餓状態に陥っている。食料や水を求めて強制移住せざるを得ない人も多く、衛生状態の悪化が懸念されている。パキスタンでは、2022年6月以降に発生した大洪水の影響で、医療インフラや水道が大打撃を受けた。国連児童基金（UNICEF）によると、洪水の影響は2023年になっても続いており、

1000万人以上の人々が、安全な水が手に入らない状況にある。

食料や水の不足、衛生状態の悪化は、感染症のリスクを高める。2022年には、数年間減少していたコレラの患者数や死亡者数がアジアやアフリカで急増した。コレラは下痢や脱水症状を引き起こす感染症で、コレラ菌に汚染された食物や水を摂取することで感染する。コレラが発生した多くの国では、自然災害からの避難により水へのアクセス不足や不衛生な環境が生じ、感染拡大に至ったとみられる。

世界が直面する危機は、子どもたちにも大きな影響を与えている。UNICEF、WHO、世界銀行による報告書“Levels and trends in child malnutrition 2023”は、昨今の食料危機により、子どもたちの栄養状態の改善が妨げられていると指摘する。WHOのデータによると、世界の子どものうち22.3%が発育阻害（年齢に対して身長が低すぎる状態）に陥っている（2022年の推計値）。また、コロナ禍により、以前から問題となっていた教育格差がさらに悪化した。2022年にアメリカ合衆国で行われた学力調査によると、13歳の学力がコロナ流行前に比べて大幅に低下し、特に低所得層が多い先住民や黒人、ヒスパニック（中南米）系の低下が目立ったという。

人々の生活面だけでなく、地球環境の改善という面においても、SDGsの達成は厳しい状況にある。世界の年平均気温は、変動しながら上昇し続けている。2022年は、基準値（1991～2020年の平均値）からの偏差が＋0.24℃で、統計開始以降６番目に高い値となった。国際エネルギー機関（IEA）によると、2020年の世界の温室効果ガスの排出量は、CO_2換算で355億トンであった。新型コロナの影響で経済が縮小したため、2019年の376億トンからは減少したが、長期的には右肩上がりに増加し続けている。

2023年２月６日、トルコ南東部のシリア国境付近を震源とするマグニチュード7.7の大地震が発生し、トルコとシリアは甚大な被害を受けた。武力衝突や新型コロナ、コレラの感染拡大など、立て続けに起きた危機により医療システムがひっ迫していたところに追い打ちがかかった。両国の死者数は５月時点で５万9000人以上にのぼり、地震から数か月たってもなお、被災地の人々は避難所や物資の深刻なニーズを抱えている。

表 12-1 貧困率（1日2.15ドルの国際貧困ライン）（%）

	2000	2021
アジア		
アルメニア	[1] 14.0	0.5
イラン	[2] 4.5	[3] 1.0
インド	[4] 39.9	[3] 10.0
インドネシア	43.6	[5] 2.5
カザフスタン	[1] 12.8	[6] 0.0
キルギス	38.2	[7] 1.3
ジョージア	22.9	5.5
スリランカ	[8] 11.0	[3] 1.0
タイ	4.0	0.0
中国	[9] 46.0	[3] 0.1
パキスタン	[1] 33.3	[6] 4.9
バングラデシュ	33.3	[10] 13.5
フィリピン	14.5	3.0
ブータン	[11] 13.4	[12] 0.9
ベトナム	[8] 29.9	[7] 0.7
ミャンマー	…	[12] 2.0
モルディブ	[8] 6.6	[3] 0.0
モンゴル	[8] 11.6	[6] 0.7
ラオス	[8] 25.4	[6] 7.1
アフリカ		
アンゴラ	21.4	[6] 31.1
ウガンダ	[9] 68.7	[3] 42.2
エジプト	[9] 1.4	[3] 1.5
エスワティニ	56.1	[10] 36.1
ガーナ	[2] 55.0	[10] 25.2
ガボン	[13] 5.5	[12] 2.5
ガンビア	[2] 74.1	[7] 17.2
ギニア	[8] 53.2	[6] 13.8
ギニアビサウ	[8] 53.2	[6] 21.7
コートジボワール	[8] 29.1	[6] 11.4
サントメ・プリンシペ	20.4	[12] 15.6
シエラレオネ	[11] 61.3	[6] 26.1
ジブチ	[8] 22.5	[12] 19.1
ジンバブエ	…	[3] 39.8
セネガル	[1] 52.4	[6] 9.3
タンザニア	84.0	[6] 44.9
チャド	[11] 57.8	[6] 30.9
トーゴ	…	[6] 28.1
ナイジェリア	[11] 47.9	[6] 30.9
ニジェール	[13] 80.5	[6] 50.6
ブルキナファソ	[2] 79.9	[6] 30.5
ベナン	[11] 53.1	[6] 19.9
マラウイ	[14] 58.5	[3] 70.1
マリ	[1] 57.2	[6] 14.8
南スーダン	…	[10] 67.3
リベリア	…	[10] 27.6
ルワンダ	75.2	[10] 52.0
レソト	[8] 66.3	[12] 32.4
ヨーロッパ		
北マケドニア	…	[3] 2.7
スペイン	0.5	[7] 0.9
セルビア	…	[7] 1.6
ベラルーシ	13.6	[7] 0.0
モルドバ	31.1	0.0
モンテネグロ	…	[6] 2.8
ルーマニア	…	[7] 1.4
中南アメリカ		
アルゼンチン	5.0	1.0
ウルグアイ	…	0.1
エクアドル	28.4	3.6
エルサルバドル	12.9	3.6
コスタリカ	6.9	1.2
コロンビア	17.5	6.6
セントルシア	[15] 38.1	[10] 5.1
チリ	5.8	[7] 0.7
ドミニカ共和国	6.7	0.9
パナマ	11.1	1.1
パラグアイ	[1] 8.9	0.7
ブラジル	[1] 13.0	5.8
ペルー	19.3	2.9
ボリビア	24.2	2.0
ホンジュラス	[1] 19.8	[3] 12.7
メキシコ	8.9	[7] 3.1
オセアニア		
キリバス	…	[3] 1.7
バヌアツ	…	[3] 10.0
フィジー	[8] 1.7	[3] 1.3
世界平均	29.3	[3] 8.5

世界銀行“World Development Indicators”より作成（2023年7月閲覧）。世界銀行が設定した国際貧困ライン（2017年の購買力平価で1日2.15ドル）に基づく絶対的貧困を表す。絶対的貧困とは、生きるうえで必要最低限の生活水準が満たされていない状態のこと。貧困率は1日あたり2.15ドル未満で生活する人の割合。1）2001年。2）1998年。3）2019年。4）2004年。5）2022年。6）2018年。7）2020年。8）2002年。9）1999年。10）2016年。11）2003年。12）2017年。13）2005年。14）1997年。15）1995年。

表 12-2　栄養不足まん延率（%）

	2001	2020		2001	2020
アジア			スーダン········	21.5	12.8
アゼルバイジャン	17.0	2.5	セネガル········	24.1	7.5
アフガニスタン··	47.8	29.8	ソマリア·······	70.6	53.1
アルメニア······	26.1	3.5	タンザニア······	33.1	22.6
イエメン········	26.7	41.4	チャド·········	38.8	32.7
イラク·········	22.1	15.9	中央アフリカ共和国	39.2	52.2
イラン·········	4.8	4.1	チュニジア······	4.4	3.1
インド·········	18.4	16.3	トーゴ·········	31.3	18.8
インドネシア····	19.2	6.5	ナイジェリア····	8.9	12.7
ウズベキスタン··	17.9	2.5	ブルキナファソ··	22.6	18.0
オマーン········	12.3	9.8	ベナン·········	17.2	7.4
カンボジア······	23.6	6.3	ボツワナ········	23.7	21.9
北朝鮮··········	35.7	41.6	マダガスカル····	33.8	48.5
キルギス········	15.0	5.3	マラウイ········	23.6	17.8
サウジアラビア··	4.9	3.7	マリ···········	16.2	9.8
ジョージア······	7.7	7.6	南アフリカ共和国	3.9	6.9
スリランカ······	16.7	3.4	モーリタニア····	8.3	10.1
タイ···········	17.3	8.8	モザンビーク····	36.5	32.7
中国···········	10.0	2.5	モロッコ········	6.3	5.6
トルクメニスタン	6.8	3.5	リベリア·······	36.6	38.3
ネパール········	23.5	5.5	ルワンダ·······	38.5	35.8
パキスタン······	21.1	16.9	**中南アメリカ**		
バングラデシュ··	15.9	11.4	アルゼンチン····	3.0	3.7
東ティモール····	41.5	26.2	エクアドル······	21.0	15.4
フィリピン······	18.7	5.2	エルサルバドル··	7.2	7.7
ベトナム········	19.7	5.7	グアテマラ······	22.2	16.0
ミャンマー······	37.6	3.1	コスタリカ······	4.7	3.4
モンゴル········	31.1	3.6	コロンビア······	8.7	8.2
ヨルダン········	9.7	16.9	チリ···········	3.4	2.6
ラオス·········	31.2	5.1	ドミニカ共和国··	20.4	6.7
レバノン········	7.8	10.9	ニカラグア······	27.5	18.6
アフリカ			ハイチ·········	50.7	47.2
アルジェリア····	8.0	2.5	パナマ·········	24.5	5.8
アンゴラ········	67.5	20.8	ブラジル········	10.7	4.1
エジプト········	5.2	5.1	ベネズエラ······	14.9	22.9
エチオピア······	47.0	24.9	ペルー·········	21.5	8.3
ガーナ·········	14.9	4.1	ボリビア········	27.9	13.9
カメルーン······	22.9	6.7	ホンジュラス····	21.9	15.3
ガンビア········	17.8	21.6	メキシコ········	3.3	6.1
ケニア·········	32.2	26.9	**オセアニア**		
コートジボワール	20.4	4.4	パプアニューギニア	26.3	21.6
コンゴ共和国····	27.0	31.6	世界平均······	13.1	9.3
コンゴ民主共和国	32.2	39.8			
シエラレオネ····	50.7	27.4			

世界銀行“World Development Indicators”より作成（2023年 7 月閲覧）。原資料はFAO。栄養摂取量が生活に必要な最低レベルを下回る人口の割合。

表 12-3　5歳未満児の発育阻害の割合（モデル推計値）（2022年）（%）

ブルンジ……	56.5	スーダン……	36.0	インドネシア‥	31.0
リビア………	52.2	イエメン……	35.1	タンザニア‥‥	30.6
パプアニューギニア	51.2	エチオピア‥‥	34.4	マーシャル諸島	30.5
エリトリア‥‥	50.2	ナイジェリア‥	34.2	ベナン………	30.4
ニジェール‥‥	47.4	パキスタン‥‥	34.0	ルワンダ……	29.8
東ティモール‥	45.1	マラウイ……	34.0	ソロモン諸島‥	29.8
アンゴラ……	43.6	アフガニスタン	33.1	フィリピン‥‥	28.8
グアテマラ‥‥	43.5	チャド………	32.3	ギニア………	27.9
コンゴ民主共和国	40.3	レソト………	31.8	南スーダン‥‥	27.9
中央アフリカ共和国	39.8	インド………	31.7	ラオス………	27.7
マダガスカル‥	38.6	ザンビア……	31.4	ギニアビサウ‥	27.7
モザンビーク‥	36.4	バヌアツ……	31.4	カメルーン‥‥	26.9

WHO（世界保健機関）"The Global Health Observatory" より作成（2023年7月閲覧）。年齢に対して身長が低すぎる子どもの割合。WHO基準の中央値から標準偏差-2以下の場合を指す。世界平均は22.3%。

表 12-4　1歳児の各種ワクチン接種率（2021年）（%）

	BCG[1]	三種混合 DTP*[2]	ポリオ*	B型肝炎*	PCV*[3]	RotaC[4]
アフガニスタン	84	66	71	66	65	59
イエメン……	70	72	66	72	72	73
インド………	84	85	85	85	25	83
インドネシア‥	81	67	68	67	1	…
フィリピン‥‥	47	57	56	57	51	…
ミャンマー‥‥	48	37	43	37	40	33
アンゴラ……	56	45	43	45	34	34
エチオピア‥‥	68	65	68	65	61	65
カメルーン‥‥	77	69	70	69	67	65
コンゴ民主共和国	67	65	65	65	63	52
中央アフリカ共和国	61	42	46	42	40	…
ナイジェリア‥	74	62	62	62	60	…
マダガスカル‥	52	57	55	57	57	53
モーリタニア‥	79	68	66	68	65	53
モザンビーク‥	79	61	67	61	70	73
リビア………	74	73	73	73	73	73
アルゼンチン‥	80	81	79	81	79	78
エクアドル‥‥	75	72	62	68	62	60
ハイチ………	73	51	51	51	51	48
パラグアイ‥‥	79	70	66	70	62	68
ブラジル……	69	68	68	68	69	69
ベネズエラ‥‥	68	56	50	56	0	0
ボリビア……	78	70	70	70	70	71
パプアニューギニア	42	31	32	31	32	…

WHO（世界保健機関）"The Global Health Observatory" より作成（2023年7月閲覧）。1歳児においてワクチン接種した比率（*3回接種）。1）結核。2）ジフテリア、破傷風、百日咳の三種混合。3）肺炎球菌。4）ロタウイルス。2回または3回接種。

表 12-5　死因別年齢調整死亡率（I）（2019年）（人口10万人あたり　人）

	感染症・寄生虫症		悪性新生物（がん）		循環器系疾患	
	男	女	男	女	男	女
アジア						
アルメニア	11.3	4.4	172.7	96.1	373.3	238.7
イスラエル	23.1	16.3	117.3	88.8	87.4	53.8
イラク 1)	11.7	9.8	84.6	65.3	453.6	334.5
イラン 1)	11.7	6.9	102.6	72.5	258.7	225.8
カザフスタン	9.4	4.2	159.6	90.9	427.3	288.7
韓国	12.2	8.3	137.8	63.5	78.0	50.8
キルギス	19.6	7.4	120.9	80.1	463.0	299.4
クウェート	2.1	1.2	79.2	102.5	197.8	85.4
シンガポール	4.7	3.1	108.5	77.0	125.4	68.4
タイ 1)	48.2	29.8	143.2	94.8	130.4	84.6
中国 1)	8.2	4.7	183.0	91.0	299.7	184.1
トルコ 1)	3.7	2.7	201.8	89.3	182.9	162.4
日本	6.7	4.3	127.5	72.7	88.1	50.0
フィリピン	65.7	38.2	100.3	81.7	446.7	294.3
ブルネイ 1)	44.9	39.1	122.5	146.7	252.4	195.3
モンゴル 1)	23.3	10.9	255.5	148.2	715.2	408.1
アフリカ						
エジプト 1)	11.9	8.0	142.5	102.7	449.7	330.2
南アフリカ共和国 1)	233.3	195.9	171.4	113.5	253.4	202.1
モーリシャス	28.5	13.2	92.5	76.0	259.0	160.1
ヨーロッパ						
アイスランド	3.1	4.0	115.4	96.7	120.3	71.1
アイルランド	4.5	3.5	130.7	100.7	114.2	73.4
イギリス	5.5	4.5	131.0	99.1	107.5	64.7
イタリア	9.1	6.9	133.1	84.9	115.8	77.5
ウクライナ 1)	27.4	15.6	182.8	94.5	579.5	324.8
エストニア	9.3	4.6	192.3	96.8	277.0	154.5
オーストリア	5.9	4.1	132.4	90.2	149.6	100.0
オランダ	8.8	7.1	146.7	109.0	94.4	65.2
北マケドニア 1)	3.7	1.8	192.5	113.1	527.0	421.6
ギリシャ 1)	16.9	17.6	157.9	85.8	152.3	91.2
クロアチア	7.6	4.7	203.2	109.7	240.4	147.8
スイス	5.1	3.6	118.0	80.4	97.8	66.3
スウェーデン	9.2	6.7	110.0	88.3	122.0	78.1
スペイン	7.9	5.0	138.8	73.1	98.4	58.4
スロバキア	5.0	3.4	228.0	112.6	221.5	118.6
スロベニア	2.2	1.6	177.5	101.9	149.2	103.3
セルビア	7.1	4.3	199.4	126.4	351.7	265.4
チェコ	9.5	6.4	165.8	101.4	228.8	143.9
デンマーク	9.5	6.4	144.3	111.3	106.6	65.0
ドイツ	9.3	5.3	141.9	93.0	149.8	74.1
ノルウェー	9.0	6.8	123.0	92.3	93.2	61.8
ハンガリー	4.8	3.2	216.4	125.8	342.0	208.3

不慮の外傷		自殺		全死因		（参考）粗死亡率（全死因）	
男	女	男	女	男	女	男	女
46.7	13.8	4.9	1.0	785.5	469.7	930.0	795.8
17.0	7.0	8.3	2.1	402.4	278.0	532.3	532.4
87.6	29.9	7.3	2.4	889.2	619.7	454.0	360.4
56.8	20.5	7.5	2.7	593.6	462.3	517.9	359.9
53.0	16.5	30.9	6.9	940.2	543.4	738.7	633.6
23.1	7.5	29.7	13.4	422.7	225.4	625.3	527.3
42.2	13.9	13.5	3.5	867.5	526.9	508.6	423.4
38.4	8.7	3.8	0.7	454.5	287.1	242.5	123.1
10.0	3.2	12.7	6.4	395.0	247.5	503.6	417.0
79.9	19.9	13.9	2.3	631.6	380.6	811.5	620.4
48.5	19.6	8.6	4.8	722.0	416.3	807.7	588.4
22.1	10.0	3.6	1.2	581.0	404.6	532.4	502.6
17.5	7.3	17.5	6.9	378.8	205.5	1 124.5	1 009.2
41.6	15.2	3.9	1.3	1 258.8	794.0	734.2	622.5
36.8	15.5	4.2	0.8	762.4	702.9	535.1	494.9
95.4	22.6	31.1	5.6	1 420.6	782.8	889.8	564.6
31.2	13.7	4.6	2.2	957.5	688.6	619.4	525.7
78.5	28.3	37.9	9.8	1 261.0	883.0	934.8	762.5
37.4	9.5	15.0	2.5	842.4	527.8	994.8	801.3
16.7	11.3	18.7	3.5	403.8	295.7	697.0	683.9
14.8	6.1	14.3	3.6	432.5	308.4	657.4	606.6
16.3	8.4	10.4	3.4	442.7	322.6	916.1	904.0
18.3	7.9	6.7	2.1	403.0	261.0	1 062.1	1 089.0
56.0	11.2	32.7	4.6	1 048.6	524.4	1 442.6	1 271.8
31.7	10.0	20.2	4.5	684.7	337.7	1 136.9	1 153.4
25.4	10.8	16.6	4.6	459.7	297.0	943.5	954.1
18.4	12.7	12.5	6.1	422.7	318.3	877.6	912.8
23.0	8.4	11.0	3.5	908.5	654.0	1 242.1	1 161.1
28.2	10.9	5.9	1.5	490.2	304.3	1 233.3	1 166.3
32.7	12.8	17.7	5.1	654.4	376.1	1 264.7	1 243.9
17.2	8.7	14.2	5.6	367.6	254.4	787.6	820.1
18.6	8.1	16.9	7.7	407.6	292.0	904.7	933.1
16.3	6.6	7.9	2.8	410.6	238.0	941.1	886.1
45.5	15.7	16.7	2.6	685.7	380.1	987.5	864.8
30.8	13.8	22.7	5.5	497.6	289.7	968.5	1 000.2
21.2	6.0	12.2	3.9	777.9	530.6	1 356.1	1 278.6
33.5	12.2	15.4	3.8	614.8	365.5	1 104.3	1 020.6
14.2	6.8	11.1	4.2	460.7	324.4	948.9	920.7
20.2	8.4	12.8	3.9	491.0	274.8	1 152.3	875.5
19.2	9.6	13.4	6.3	397.9	286.8	739.0	782.7
31.3	12.3	19.1	5.5	793.6	461.2	1 332.4	1 298.4

死因別年齢調整死亡率（Ⅱ）（2019年）（人口10万人あたり　人）

	感染症・寄生虫症		悪性新生物（がん）		循環器系疾患	
	男	女	男	女	男	女
フィンランド	2.8	1.7	114.4	80.6	154.1	81.9
フランス	7.6	4.8	161.9	93.3	89.5	51.6
ブルガリア 1)	8.8	4.4	156.1	94.3	496.5	310.3
ベラルーシ	7.7	3.9	179.1	82.5	575.0	283.3
ベルギー	9.7	7.3	142.7	91.6	108.1	71.9
ポーランド 1)	5.0	2.3	197.3	114.2	243.8	144.2
ポルトガル	11.7	5.8	163.8	79.8	122.4	75.4
モルドバ	16.2	5.3	170.6	84.0	490.1	335.9
ラトビア	16.8	7.5	214.3	106.3	435.3	229.3
リトアニア	17.7	8.7	209.2	102.7	392.6	211.3
ルーマニア	15.9	7.7	189.9	104.3	386.1	249.0
ルクセンブルク	7.6	5.4	131.0	90.7	113.7	76.6
ロシア 1)	27.1	12.6	184.3	97.4	501.4	280.2
北アメリカ						
アメリカ合衆国	14.5	10.9	117.5	91.0	158.0	101.6
カナダ	6.2	4.4	121.3	95.1	98.3	60.5
中南アメリカ						
アルゼンチン 1)	31.7	20.6	143.3	100.2	203.1	115.9
ウルグアイ 1)	21.3	10.9	200.4	122.1	177.9	98.0
エクアドル 1)	16.3	8.7	94.8	87.2	135.3	98.7
キューバ	10.9	5.3	160.5	103.0	217.0	149.4
グアテマラ 1)	40.7	32.1	84.1	81.7	157.5	129.7
グレナダ	23.1	19.0	188.7	131.9	281.4	204.1
コスタリカ	12.8	5.5	96.7	73.6	113.1	74.2
コロンビア	18.8	8.9	92.9	78.0	152.8	112.5
ジャマイカ	45.2	13.6	152.5	129.7	158.3	152.1
スリナム 1)	53.9	26.6	154.7	98.5	356.7	236.9
チリ	13.0	7.1	126.4	88.7	121.3	74.9
ニカラグア	14.2	8.8	98.0	75.0	248.4	177.6
パナマ	38.5	21.8	86.6	68.8	146.9	94.2
パラグアイ 1)	30.7	17.6	110.7	81.1	194.1	130.9
ブラジル	33.1	20.8	123.8	88.0	195.1	125.8
ベネズエラ	51.7	39.8	104.3	88.2	217.0	139.8
ベリーズ	49.0	33.1	105.9	78.9	181.1	140.2
メキシコ	15.5	8.6	76.6	67.1	179.8	125.0
オセアニア						
オーストラリア	6.4	4.6	121.3	83.9	88.1	58.4
ニュージーランド	4.6	3.6	130.1	101.6	114.7	76.7

WHO（世界保健機関）“Global Health Estimates 2019”より作成。2019年の推計値。年齢調整死亡率（age-standardized death rates）は、年齢構成の異なる地域間の死亡状況が比較できるように年齢構成の違いを補正した死亡率。（参考）粗死亡率は人口に対する通常の死亡率で、若年者の多い地域では低く、高齢者が多い国では高くなる傾向がある。感染症・寄生虫症は、結核、エイズ/ヒト免疫不全ウイルス（HIV）病、破傷風、髄膜炎、↗

不慮の外傷		自殺		全死因		（参考）粗死亡率（全死因）	
男	女	男	女	男	女	男	女
28.0	9.5	20.1	6.8	472.2	289.2	1 006.0	991.6
26.9	11.6	15.2	4.5	439.3	254.8	941.5	895.6
31.3	9.3	10.6	2.9	869.5	501.2	1 624.2	1 415.5
60.2	13.5	30.1	5.3	1 012.6	458.9	1 319.9	1 151.5
24.7	13.2	19.6	8.4	466.8	306.2	970.4	992.3
35.1	10.0	16.5	2.4	684.0	361.1	1 118.6	1 001.0
27.6	9.5	11.6	3.5	498.0	276.4	1 167.8	1 018.7
58.6	14.7	22.1	3.3	961.5	551.9	1 108.2	929.6
58.7	15.1	29.0	4.6	923.1	447.1	1 538.2	1 582.3
53.9	13.0	36.1	6.2	878.0	420.1	1 516.5	1 525.9
43.5	11.7	12.6	2.4	834.6	468.1	1 428.3	1 247.2
22.3	11.2	11.8	5.4	415.5	284.9	679.6	700.2
68.3	18.5	38.2	7.2	1 027.7	514.8	1 307.1	1 157.4
34.2	16.3	22.4	6.8	572.5	398.0	926.2	866.9
19.5	10.4	15.3	5.4	411.4	286.7	764.5	723.0
40.9	14.4	13.5	3.3	740.5	445.6	815.5	744.6
48.6	16.7	31.1	7.7	736.0	405.5	1 042.5	970.8
60.5	18.3	11.9	3.6	555.9	396.5	501.4	421.6
38.6	21.9	16.7	4.1	641.3	422.6	1 076.6	880.4
108.7	25.7	10.3	2.5	880.0	605.7	617.2	467.2
63.6	19.2	0.5	0.7	896.2	621.8	966.8	842.8
42.1	12.4	13.3	1.9	475.3	301.2	536.3	410.2
37.3	9.6	6.0	1.7	535.4	348.1	532.6	420.5
31.4	13.7	3.6	1.0	660.1	506.1	721.4	589.2
64.3	25.8	41.3	11.8	1 051.4	657.3	858.7	684.7
41.0	12.5	13.4	3.0	500.3	310.2	617.3	540.2
57.0	15.0	7.8	1.9	811.2	508.3	547.6	437.2
36.1	7.5	4.8	1.0	533.7	338.8	543.5	408.6
64.7	19.8	9.0	3.3	698.6	452.4	564.9	409.3
50.0	15.6	10.3	2.8	732.7	440.1	737.2	566.3
86.0	20.3	3.6	0.7	810.4	461.8	718.8	491.6
81.5	20.0	13.6	1.8	773.2	502.0	597.0	369.6
44.2	13.3	8.7	2.2	699.8	460.3	634.6	484.7
18.8	9.4	17.0	5.6	382.4	262.8	682.0	623.9
26.9	13.3	15.4	5.4	414.3	303.3	719.2	672.7

↘生物媒介の疾患（マラリアなど）など。循環器系疾患は心臓と血管に係る病気で、リウマチ性心疾患、高血圧性疾患、虚血性心疾患など。不慮の外傷による死亡は、交通事故、中毒死、落下事故、火事、溺死、自然災害による事故などが含まれており、意図的な争いや集団的紛争被害は含まない。1）データの信ぴょう性がかなり低いことから、比較には注意を要する。

表 12-6　医師数と看護師・助産師数（2021年）（人口1万人あたり　人）

	医師数	看護師・助産師数
アジア		
アルメニア	1) 45.5	2) 50.3
イスラエル	36.5	56.3
インドネシア	7.0	11.2
キプロス	53.8	46.3
サウジアラビア	27.9	56.1
ジョージア	54.1	58.8
スリランカ	11.9	24.4
日本	3) 26.1	3) 124.5
ネパール	8.7	34.9
バングラデシュ	6.7	6.1
フィリピン	7.9	47.6
ブータン	5.6	22.1
ブルネイ	19.1	67.1
ラオス	3.3	3) 11.8
アフリカ		
アンゴラ	4) 2.1	4) 4.0
カメルーン	1.2	1.9
ガンビア	3) 0.8	3) 8.9
ギニアビサウ	2.2	10.5
ケニア	2.3	4) 12.0
ザンビア	3.0	18.6
シエラレオネ	3) 0.7	3) 2.0
赤道ギニア	1) 3.5	4) 2.7
セネガル	3) 0.8	3) 3.6
ソマリア	5) 0.2	5) 1.1
タンザニア	4) 0.5	4) 5.5
チャド	0.6	2.0
中央アフリカ共和国	4) 0.7	4) 2.4
トーゴ	0.6	4.0
ナイジェリア	4.0	15.6
ニジェール	3) 0.3	4) 2.2
ブルンジ	0.7	7.6
ベナン	6) 0.6	6) 2.9
マダガスカル	4) 2.0	4) 2.9
マラウイ	3) 0.5	3) 7.0
南アフリカ共和国	8.1	4) 50.1
南スーダン	4) 0.4	4) 3.6
モザンビーク	0.8	5.7
リベリア	4) 0.5	4) 19.3
ヨーロッパ		
アイルランド	40.6	149.0
イギリス	31.7	91.7
イタリア	41.3	65.5
エストニア	3) 38.6	111.8
オーストリア	54.6	3) 107.7
オランダ	3) 38.4	3) 113.3
ギリシャ	3) 63.1	6) 37.0
スイス	44.4	3) 187.1
スウェーデン	3) 70.6	3) 215.9
スペイン	3) 45.8	3) 63.1
スロバキア	46.3	78.5
スロベニア	3) 32.8	3) 105.4
チェコ	54.7	3) 92.0
デンマーク	6) 42.6	6) 105.4
ドイツ	45.2	3) 123.5
ノルウェー	51.7	188.9
ハンガリー	32.9	66.0
フィンランド	3) 43.3	3) 223.2
フランス	3) 33.2	3) 122.2
ブルガリア	4) 41.7	4) 47.4
ベラルーシ	6) 44.3	2) 107.1
ベルギー	62.6	205.3
ポルトガル	3) 56.2	3) 75.6
マルタ	54.9	3) 144.0
モンテネグロ	27.7	56.8
リトアニア	49.5	96.6
北アメリカ		
アメリカ合衆国	3) 35.6	3) 124.7
カナダ	24.6	102.7
中南アメリカ		
ウルグアイ	62.0	115.5
エルサルバドル	29.1	26.4
キューバ	4) 84.3	4) 75.7
コスタリカ	27.7	30.6
コロンビア	23.6	14.5
チリ	29.7	46.0
トリニダード・トバゴ	34.1	6) 37.4
パラグアイ	32.4	90.3
ブラジル	21.4	55.1
ペルー	16.5	26.1
オセアニア		
オーストラリア	3) 41.0	148.2
トンガ	10.1	41.8
ニュージーランド	35.2	114.3
パプアニューギニア	0.6	5.1

WHO（世界保健機関）“The Global Health Observatory” より作成（2023年7月閲覧）。
1）2017年。2）2015年。3）2020年。4）2018年。5）2014年。6）2019年。

図 12-1　保健医療支出の対GDP比の推移

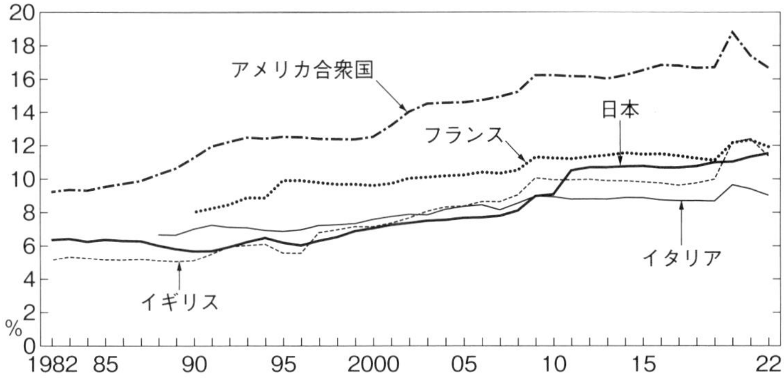

資料・注記は下表に同じ。2019年以前の数値の大幅な上昇は推計方法変更による。

表 12-7　保健医療支出

	保健医療支出対GDP比（%）		財源割合（%）(2022)		1人あたり(ドル)[1] (2022)	
	2021	2022	一般政府財源	自己負担等	計	うち自己負担等
イスラエル	[2] *7.9*	*7.4*	*68.5*	*31.5*	3 444	1 084
韓国	*9.3*	[2] *9.7*	[2] *62.7*	[2] *37.3*	[2] 4 570	[2] 1 705
日本	[2] *11.3*	*11.5*	*85.5*	*14.5*	5 251	759
イギリス	*12.4*	[2] *11.3*	[2] *81.5*	[2] *18.5*	[2] 5 493	[2] 1 014
イタリア	*9.4*	[2] *9.0*	[2] *75.9*	[2] *24.1*	[2] 4 291	[2] 1 036
オランダ	*11.4*	*11.2*	*84.1*	*15.9*	7 358	1 171
スイス	*11.8*	*11.3*	*68.9*	*31.1*	8 049	2 502
スウェーデン	[2] *11.2*	[2] *10.7*	[2] *85.8*	[2] *14.2*	[2] 6 438	[2] 913
スペイン	*10.7*	*10.5*	*70.4*	*29.6*	4 462	1 319
デンマーク	*10.8*	[2] *9.5*	[2] *84.8*	[2] *15.2*	[2] 6 280	[2] 956
ドイツ	*12.9*	[2] *12.7*	[2] *86.5*	[2] *13.5*	[2] 8 011	[2] 1 081
ノルウェー	[2] *9.9*	*8.0*	*85.0*	*15.0*	7 898	1 187
フィンランド	*10.3*	*10.2*	*79.4*	*20.6*	5 676	1 170
フランス	*12.3*	*11.9*	*84.6*	*15.4*	6 517	1 006
ベルギー	*11.0*	*10.9*	*76.6*	*23.4*	6 600	1 542
ポーランド	*6.4*	[2] *6.7*	[2] *74.9*	[2] *25.1*	[2] 2 973	[2] 746
ポルトガル	*11.1*	[2] *10.6*	[2] *63.4*	[2] *36.6*	[2] 4 162	[2] 1 522
アメリカ合衆国	*17.4*	*16.6*	*84.8*	*15.2*	12 555	1 912
カナダ	[2] *12.3*	[2] *11.2*	[2] *71.3*	[2] *28.7*	[2] 6 319	[2] 1 813
メキシコ	*6.1*	*5.5*	*53.0*	*47.0*	1 181	555
オーストラリア	*10.6*	*10.0*	*73.2*	*26.8*	6 596	1 769
ニュージーランド	*10.1*	*11.2*	*82.0*	*18.0*	6 061	1 092

OECD（経済協力開発機構）"OECD.Stat" より作成（2023年7月閲覧）。データ比較には、国により医療制度が異なることに留意。保健医療支出は財とサービスの最終消費の指標で、治療やリハビリなどに加えて、医薬品、政府や保険者の管理コスト等を含む。1）購買力平価（PPP）換算。2）暫定値。

第12章　諸国民の生活

表 12-8　HIV感染者数（2021年）（単位　千人）

	HIV（ヒト免疫不全ウイルス）			抗レトロウイルス治療（ART）		エイズ関連死者数
	感染者数	感染率[1)]（%）	年間新規感染者数	治療者数	治療率[2)]（%）	
南アフリカ共和国	7 500	*18.3*	210	5 550	*74*	51
インド	2 400	*0.2*	63	1 561	*65*	42
ナイジェリア	1 900	*1.3*	74	1 734	*90*	51
タンザニア	1 700	*4.5*	54	1 478	*86*	29
ケニア	1 400	*4.0*	35	1 122	*78*	22
ウガンダ	1 400	*5.2*	54	1 169	*82*	17
ザンビア	1 300	*10.8*	38	1 198	*90*	19
ジンバブエ	1 300	*11.6*	23	1 189	*91*	20
マラウイ	990	*7.7*	20	898	*91*	13
ブラジル	960	*0.6*	50	695	*73*	13
エチオピア	610	*0.8*	12	480	*78*	12
インドネシア	540	*0.3*	27	153	*28*	26
コンゴ民主共和国	540	*0.7*	21	444	*82*	14
タイ	520	*1.0*	7	447	*86*	9
カメルーン	500	*2.9*	15	388	*78*	13
コートジボワール	380	*1.9*	6	289	*76*	9
世界計×	**38 400**	*0.7*	**1 500**	**28 700**	*75*	**650**

UNAIDS（国連合同エイズ計画）"AIDSinfo" より作成。2022年推計による。ART治療者数以外の項目は、実数が存在するであろう範囲の中位データ。ARTは数種類の抗レトロウイルス薬を組み合わせて使用するHIV感染の治療法で、ウイルスの体内での増殖能力を抑制してエイズ（後天性免疫不全症候群）の発症を遅らせる。1）15～49歳人口に占めるHIV感染者の割合。2）HIV感染者のうち、ARTを受けている人の割合。×その他とも。

表 12-9　喫煙率（15歳以上）（2020年）（%）

	男	女		男	女
インド	*41.3*	*13.0*	スペイン	*28.6*	*26.7*
インドネシア	*71.4*	*3.7*	ドイツ	*24.1*	*19.9*
韓国	*35.7*	*5.9*	フランス	*34.9*	*31.9*
中国	*49.4*	*1.7*	ロシア	*40.8*	*12.8*
日本	*30.1*	*10.0*	アメリカ合衆国	*28.4*	*17.5*
ミャンマー	*68.5*	*19.7*	カナダ	*15.3*	*10.7*
ヨルダン	*56.8*	*12.8*	アルゼンチン	*29.4*	*19.6*
エジプト	*48.1*	*0.4*	コロンビア	*12.4*	*4.6*
エチオピア	*8.8*	*1.3*	ブラジル	*16.2*	*9.4*
ガーナ	*6.6*	*0.3*	ペルー	*13.2*	*3.0*
ナイジェリア	*6.9*	*0.5*	メキシコ	*19.9*	*6.2*
南アフリカ共和国	*34.0*	*6.5*	オーストラリア	*15.6*	*11.5*
イギリス	*17.3*	*13.5*	ニュージーランド	*15.0*	*12.3*
イタリア	*26.6*	*19.5*	パプアニューギニア	*53.5*	*25.1*

WHO "The Global Health Observatory" より作成（2023年7月閲覧）。15歳以上人口のうち、たばこ製品（無煙を含む）を使用している割合。年齢調整値。電子たばこ等は除く。

表 12-10 薬物のまん延状況（2019年）

	薬物使用率（%）					死亡率[4]（人口10万人あたり）
	大麻	コカイン	アンフェタミン[1]	エクスタシー[2]	オピオイド[3]	
イギリス・・・・[5]	7.2	2.4	0.3	1.3	…	4.2
イタリア・・・・・	[6] 10.2	[6] 1.2	[6] 0.6	[6] 0.4	[6] 0.8	0.8
オランダ・・・・・	[7] 10.1	[7] 2.1	[7] 1.6	[7] 4.0	…	1.0
スペイン・・・・・	[7] 10.5	[7] 2.5	[7] 0.8	[7] 0.9	[6] 0.1	1.1
ドイツ・・・・・・・	[8] 7.1	[8] 1.1	[8] 1.2	[8] 1.1	[8] 0.4	2.0
フィンランド・	[8] 8.2	[8] 0.9	[8] 1.7	[8] 1.4	[6] 0.8	4.5
フランス・・・・・	[6] 11.0	[6] 1.7	[6] 0.3	[6] 1.0	0.5	1.7
ベルギー・・・・・	[8] 7.0	[8] 1.4	[8] 0.7	[8] 1.2	[8] 0.7	2.0
ロシア・・・・・・・	[9] 3.5	[9] 0.2	[9] 0.4	[9] 0.7	[11] 1.0	[12] 5.4
アメリカ合衆国	[7] 21.9	[7] 2.4	[7] 5.7	[7] 1.2	[7] 4.6	21.3
カナダ・・・・・・・	20.7	2.0	0.5	1.1	…	8.7
アルゼンチン・	[6] 8.1	[6] 1.7	…	[6] 0.3	[9] 0.2	[12] 1.5
ウルグアイ・・・	[8] 14.6	[8] 2.1	[8] 0.3	[8] 0.9	[8] 4.9	[12] 0.8
ブラジル・・・・・	[10] 2.8	[10] 2.2	[10] 1.2	[10] 0.3	[10] 0.6	1.1
オーストラリア	11.6	4.2	1.3	3.0	[11] 3.7	6.6

UNODC（国連薬物・犯罪事務所）"dataUNODC"（2023年7月閲覧）およびWHO（世界保健機関）"Global Health Estimates 2019" より作成。調査方法や対象年齢、各薬物の範囲は国により異なる。1）覚せい剤の一種。メタンフェタミンを含む。2）MDMAなど。3）あへん、処方薬を含む。4）薬物乱用による死亡。年齢調整死亡率。5）薬物使用率はイングランド、ウェールズのみのデータ。6）2017年。7）2020年。8）2018年。9）2007年。10）2012年。11）2016年。12）データの信ぴょう性が低いため、比較には注意が必要。

表 12-11 肥満率（15歳以上）（%）

	男	女		男	女
イスラエル・・・・・・[1]	18.5	19.0	ベルギー・・・・・・・・[8]	19.6	22.6
インド・・・・・・・・・・[2]	2.7	4.9	ポルトガル・・・・・・[1]	24.9	32.1
インドネシア・・・・[2]	4.9	9.0	ラトビア・・・・・・・・[9]	18.4	28.9
韓国・・・・・・・・・・・・[3]	7.8	6.1	ロシア・・・・・・・・・・[8]	17.8	24.5
中国・・・・・・・・・・・・[2]	6.2	7.1	アメリカ合衆国・・[8]	43.5	42.1
トルコ・・・・・・・・・・[4]	21.6	35.9	カナダ・・・・・・・・・・[5]	26.7	22.0
日本・・・・・・・・・・・・[5]	5.5	3.8	アルゼンチン・・・・[2]	27.4	29.6
南アフリカ共和国[2]	14.5	38.5	コスタリカ・・・・・・[8]	26.9	35.8
アイルランド・・・・[5]	24.0	23.0	コロンビア・・・・・・[1]	14.4	22.4
イギリス・・・・・・・・[5]	27.0	29.1	チリ・・・・・・・・・・・・[2]	30.2	38.4
チェコ・・・・・・・・・・[6]	21.0	21.0	ブラジル・・・・・・・・[5]	21.8	29.5
ドイツ・・・・・・・・・・[7]	23.3	23.9	ペルー・・・・・・・・・・[2]	14.7	23.5
ハンガリー・・・・・・[5]	35.8	30.8	メキシコ・・・・・・・・[9]	31.5	40.2
フィンランド・・・・[4]	26.1	27.5	オーストラリア・・[4]	31.5	29.3
フランス・・・・・・・・[4]	14.8	16.4	ニュージーランド[3]	32.8	35.9

OECD（経済協力開発機構）"OECD.Stat" より作成（2023年7月閲覧）。BMI30以上の人の割合。実測値。1）2015年。2）2016年。3）2021年。4）2017年。5）2019年。6）2010年。7）2012年。8）2018年。9）2020年。

新型コロナウイルス感染症

2023年５月５日、世界保健機関(WHO)は新型コロナウイルスに関して、「国際的に懸念される公衆衛生上の緊急事態」を終了すると発表した。緊急事態宣言は2020年１月から約３年３か月にわたって継続していたが、死者数の減少傾向やワクチン接種の普及などを踏まえ、終了の判断に至った。

2020年以降に感染拡大した新型コロナウイルス感染症は、未曾有のパンデミック（世界的大流行）となり、2023年６月現在までに累計694万人以上が死亡した。人やモノの流れが停滞し、世界経済もダメージを受けた。

各国の製薬会社などがワクチンを開発し、世界中で接種が進められたことで、徐々に感染が落ち着き、経済も回復していった。しかし、高所得国と低所得国のワクチン接種率には大きな差が生じた。“Our World in Data”によると、2021年末時点で１回以上ワクチン接種した人の割合は、高所得国は70％を超えていたが、低所得国は10％に満たなかった。低所得国にもワクチンを普及させるため、WHOが主導するワクチンの共同購入システム「COVAX」などの取り組みが進められた。2023年５月時点で、低所得国のワクチン接種率は約30％まで上昇したが、依然として格差は大きい。

WHOは､緊急事態終了に関して､「新型コロナが脅威でなくなったわけではない」と警告する。未だ感染が続く中、今後の動きに注意が必要である。

新型コロナの死者数とワクチン接種回数（累計）（2023年６月30日現在）

	死者数（千人）	千人あたり（人）	ワクチン接種回数（千回）	千人あたり（回）
高所得国	2 894	2.31	2 815 992	2 252
高位中所得国	2 663	1.05	5 420 377	2 146
低位中所得国	1 338	0.39	4 913 090	1 432
低所得国	48	0.07	325 139	441
世界計	**6 948**	0.87	**13 474 685**	1 690
（国別）				
アメリカ合衆国	1 127	3.33	676 729	2 038
ブラジル	704	3.27	486 436	2 259
インド	532	0.38	2 206 711	1 557
ロシア	400	2.76	186 692	1 290
メキシコ	334	2.62	223 159	1 750
イギリス	228	3.37	151 249	2 240
ペルー	221	6.49	89 922	2 641
イタリア	191	3.23	144 592	2 449
ドイツ	175	2.10	192 221	2 306
フランス	168	2.60	154 485	2 278
中国	121	0.09	3 491 077	2 448
日本	75	0.60	383 748	3 096

“Our World in Data”（2023年７月10日閲覧）より作成。ワクチン接種回数は６月30日以前の最新の日付におけるデータ。

表 12-12 飲用水源・衛生設備の利用人口の割合（2022年）（%）

	飲用水源				衛生設備			
	基準以上の設備	水源へ往復30分以上	未改良の設備	川や湖など	基準以上の設備	共用トイレ	未改良の設備	野外排便
アジア								
アフガニスタン	82	1	10	6	56	12	23	9
インド……	93	4	2	<1	78	11	<1	11
インドネシア	94	<1	4	<1	88	7	1	4
カンボジア…	78	12	3	7	77	8	3	12
スリランカ…	89	2	7	2	95	4	1	<1
タジキスタン	82	3	3	12	97	3	<1	<1
ネパール……	91	4	3	1	80	10	2	7
パキスタン…	91	4	4	1	71	11	12	7
バングラデシュ	98	1	<1	<1	59	26	15	<1
ミャンマー…	82	<1	6	11	74	12	7	7
モンゴル……	84	7	4	5	70	22	3	5
アフリカ								
ウガンダ……	59	25	11	5	21	17	58	4
エチオピア…	52	28	16	4	9	8	65	18
ガーナ……	88	6	2	4	29	45	10	17
カメルーン…	70	14	12	4	43	17	36	4
ガンビア……	86	6	8	<1	48	12	41	<1
ギニア……	71	12	8	8	31	29	32	7
ギニアビサウ	62	15	22	<1	28	18	46	8
ケニア……	63	9	9	19	37	24	33	6
コートジボワール	73	8	13	6	37	27	15	21
ザンビア……	68	6	19	7	36	22	36	6
シエラレオネ	65	7	17	11	23	34	26	16
ソマリア……	58	28	12	1	41	17	21	21
タンザニア…	61	16	11	12	31	19	44	6
チャド……	52	13	28	7	13	5	19	63
中央アフリカ共和国	36	27	34	3	14	16	45	25
ナイジェリア	80	4	11	5	47	16	19	18
ニジェール…	49	20	29	3	16	10	9	65
ブルキナファソ	50	29	21	<1	25	33	8	34
ブルンジ……	62	19	15	4	46	13	40	1
ベナン……	67	8	22	3	19	20	12	49
マリ……	84	5	11	<1	50	17	28	5
ルワンダ……	65	19	10	5	74	14	10	2
世界平均…	91	4	4	1	81	7	7	5
後発開発途上国	67	14	13	5	41	16	29	13

WHO（世界保健機関）とユニセフ“Progress on household drinking water、sanitation and hygiene 2000-2022”より作成。全国平均。飲用水源の基準以上の設備は、水道水、汚染されていない井戸や泉、雨水、配給水などが含まれ、水源への時間は待ち時間を含み往復30分未満であること。衛生設備（トイレ）の基準以上の設備は、下水道システム、浄化槽、排泄物がきちんと隔離される汲み取り式トイレなどを含み、共用トイレは含まれない。

表 12-13　手洗い施設の利用人口の割合（2022年）（%）

	全国平均			農村			都市	
	手洗い可能	水道又は石けん無し	未設備	手洗い可能	水道又は石けん無し	未設備	手洗い可能	未設備
アジア								
アフガニスタン	48	46	6	44	49	6	59	4
インド……	76	20	3	70	26	4	88	3
インドネシア・	79	21	<1	76	24	<1	81	<1
カンボジア…	83	7	10	82	7	11	88	7
スリランカ…	85	3	11	83	4	13	93	5
タジキスタン・	73	24	4	68	28	4	87	2
ネパール……	64	35	2	60	38	2	75	1
パキスタン…	85	14	<1	80	19	1	92	<1
バングラデシュ	62	33	5	58	36	7	68	3
ミャンマー…	75	20	5	71	23	6	83	3
モンゴル……	86	14	<1	81	19	<1	89	<1
アフリカ								
ウガンダ……	31	39	30	25	42	33	47	22
エチオピア…	8	54	38	5	52	43	20	20
ガーナ……	42	36	22	35	40	25	47	19
カメルーン…	37	59	4	22	74	4	47	4
ガンビア……	13	78	9	12	80	8	14	9
ギニア……	21	51	28	13	57	30	33	25
ギニアビサウ・	20	14	66	16	13	71	25	60
ケニア……	38	29	34	35	27	38	45	24
コートジボワール	22	37	41	11	50	39	31	44
ザンビア……	18	24	58	9	23	68	29	46
シエラレオネ・	18	12	70	15	12	73	21	66
ソマリア……	25	54	21	19	55	26	32	15
タンザニア…	29	63	8	22	68	10	40	6
チャド……	26	31	43	24	32	45	34	36
中央アフリカ共和国	22	16	61	12	16	71	35	48
ナイジェリア・	31	31	38	23	35	42	38	35
ニジェール…	25	51	24	22	50	29	39	<1
ブルキナファソ	9	27	64	5	27	68	17	54
ブルンジ……	6	94	<1	4	96	<1	19	<1
ベナン……	12	44	44	8	48	44	17	43
マリ……	17	53	30	9	61	29	27	31
ルワンダ……	18	43	39	16	44	40	29	33
世界平均…	75	17	8	65	25	10	83	6
後発開発途上国	34	43	23	29	45	26	43	19

資料は表12-12に同じ。各家庭において石鹸を使用して手を洗うための施設の状況を表す指標で、人口に対する割合。全国平均（National）、農村（Rural）、都市（Urban）で比較。「手洗い可能」は石鹸と水で手洗いすることが可能な人口割合。「水道または石鹸なし」は、手洗いすることはできるが、水道設備が整っていいないか、もしくは使用できる石鹸がない状況にある人口の割合。

表 12-14 電気へのアクセス率（%）

	2000	2010	2020	2021	都市	地方
南スーダン……	—	1.5	7.3	7.7	15.6	5.7
ブルンジ……	2.5	5.3	9.1	10.2	62.8	1.6
チャド……	3.1	6.4	10.9	11.3	43.2	1.3
マラウイ……	4.8	8.7	11.5	14.2	54.2	5.6
中央アフリカ共和国	6.0	9.8	15.4	15.7	34.7	1.6
ニジェール……	6.5	13.6	18.7	18.6	65.9	9.1
ブルキナファソ·	9.1	13.1	18.5	19.0	67.6	…
コンゴ民主共和国	6.7	13.0	20.1	20.8	43.8	1.0
パプアニューギニア	12.4	19.5	20.5	20.9	65.2	14.0
シエラレオネ…	7.7	11.5	26.3	27.5	57.0	4.9
リベリア……	…	5.3	27.6	29.8	49.5	8.1
モザンビーク…	6.1	18.9	30.6	31.5	77.4	3.8
マダガスカル…	12.6	12.3	32.0	35.1	72.6	10.9
ギニアビサウ…	…	6.0	33.4	35.8	60.5	15.8
ベナン……	21.5	34.2	41.0	42.0	67.0	18.0
タンザニア……	8.7	14.8	39.9	42.7	77.3	23.3
ウガンダ……	7.4	12.1	42.1	45.2	72.3	35.9
ザンビア……	16.7	22.0	44.6	46.7	85.7	14.5
ギニア……	15.2	28.1	44.7	46.8	89.8	21.3
ハイチ……	33.7	37.2	46.3	47.2	81.8	…
モーリタニア…	19.1	34.2	45.4	47.7	89.7	…
アンゴラ……	24.2	35.0	47.0	48.2	75.0	…
ルワンダ……	6.2	9.7	45.2	48.7	98.0	38.2
ジンバブエ……	33.7	38.9	52.7	49.0	85.3	31.6
ソマリア……	2.1	52.3	49.9	49.3	70.6	30.6
コンゴ共和国…	29.4	40.0	48.7	49.7	67.0	12.4
エリトリア……	29.3	40.1	51.4	52.5	75.7	35.7
北朝鮮……	…	29.3	50.5	52.6	…	…
マリ……	9.6	27.0	50.6	53.4	96.9	18.3
エチオピア……	12.7	25.5	51.1	54.2	94.3	42.8
ナミビア……	36.5	44.4	52.3	55.2	74.7	33.2
トーゴ……	17.0	30.8	54.1	55.7	96.3	24.7
ナイジェリア…	43.2	48.0	55.4	59.5	89.2	26.3
スーダン……	23.0	36.0	59.7	61.8	84.2	49.4
ガンビア……	34.3	46.8	62.2	63.7	82.6	31.2
ジブチ……	56.0	57.9	64.5	65.4	73.5	36.6
カメルーン……	41.0	52.8	64.3	65.4	94.7	24.8
赤道ギニア……	64.8	66.1	66.7	66.8	90.3	1.4
セネガル……	37.7	56.5	64.3	68.0	93.9	43.4
バヌアツ……	22.2	44.1	67.3	70.0	97.0	60.7
世界平均……	78.4	83.6	90.5	91.4	97.7	84.5

世界銀行“World Development Indicators”より作成（2023年7月10日閲覧）。総人口、都市（Urban）および地方（Rural）で電気にアクセスできる人口の割合。

図 12-2　所得の分配

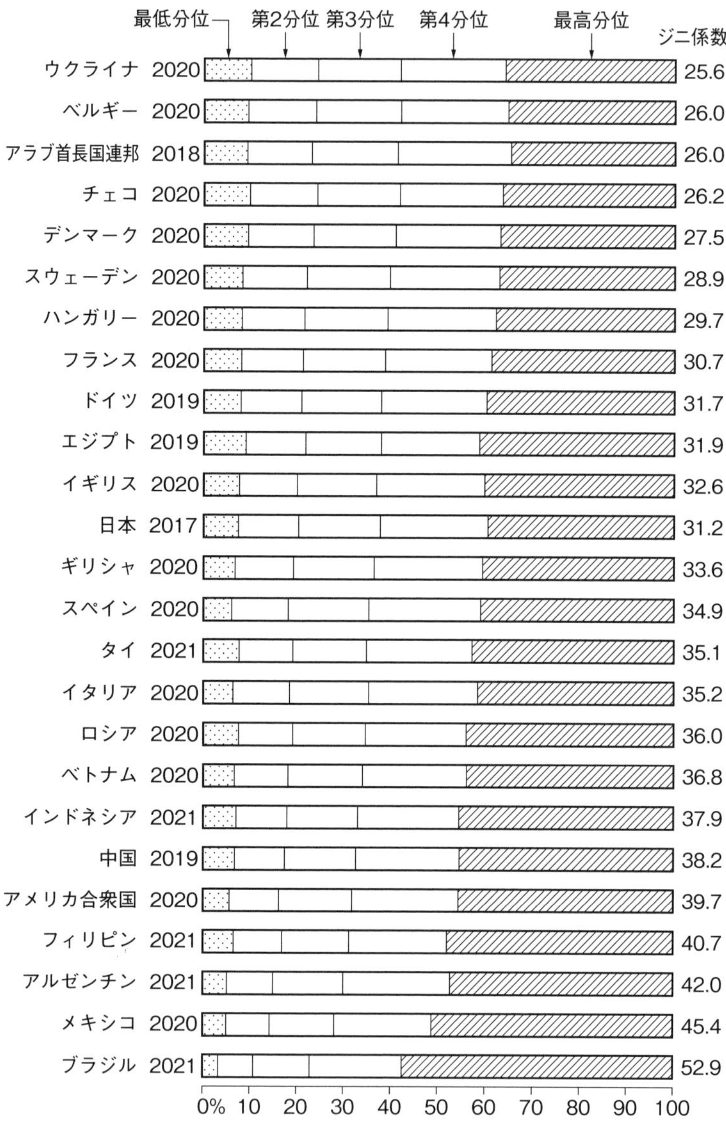

世界銀行“World Development Indicators”より作成。日本は厚生労働省「所得再分配調査報告書」(2017年版）による（3年毎の調査、2020年調査は中止)。区分は人口を1人あたりの所得または支出をもとに20%単位で5階級に分けたもの。各国での所得の概念や標本設定にばらつきがあるため比較には注意が必要。ジニ係数とは所得分配の平等度を示す指数で、0から100の範囲で大きくなるほど貧富の差が大きい。

表 12-15　1人1日あたり食料供給栄養量（Ⅰ）（2020年）

	熱量 (kcal)	でん粉質 (%)	動物性 (%)	たん白質 (g)	動物性 (%)	脂質 (g)
アジア						
アラブ首長国連邦	3 076	*37.7*	*16.7*	84.1	*43.1*	126.0
イスラエル・・・	3 613	*33.8*	*23.5*	125.6	*58.6*	146.3
イラン・・・・・・・	3 089	*53.1*	*11.4*	84.1	*31.3*	81.1
インド・・・・・・・	2 599	*56.1*	*11.3*	67.2	*23.1*	59.7
インドネシア・	2 924	*61.8*	*8.4*	68.8	*38.8*	69.0
韓国・・・・・・・・・	3 443	*34.8*	*20.0*	98.1	*54.8*	126.5
カンボジア・・・	2 770	*68.4*	*8.1*	64.4	*30.7*	37.8
北朝鮮・・・・・・・	2 077	*66.7*	*6.1*	53.8	*18.8*	40.1
サウジアラビア	3 312	*49.6*	*14.9*	92.8	*40.4*	98.0
スリランカ・・・	2 845	*57.1*	*7.4*	70.0	*27.5*	51.4
タイ・・・・・・・・・	2 855	*50.2*	*12.8*	64.3	*41.1*	69.0
中国・・・・・・・・・	3 344	*50.7*	*21.7*	106.7	*39.0*	103.0
トルコ・・・・・・・	3 753	*43.2*	*16.1*	112.7	*35.7*	125.4
日本・・・・・・・・・	2 679	*40.5*	*21.5*	88.3	*56.7*	90.7
パキスタン・・・	2 470	*50.0*	*24.7*	68.5	*45.2*	80.5
バングラデシュ	2 575	*76.5*	*5.1*	61.4	*21.2*	35.2
フィリピン・・・	2 856	*63.6*	*13.4*	68.8	*38.9*	49.2
ベトナム・・・・・	3 005	*54.3*	*21.2*	88.1	*41.7*	80.8
マレーシア・・・	3 010	*40.6*	*18.4*	81.9	*56.6*	107.0
ミャンマー・・・	2 871	*47.1*	*22.2*	97.1	*46.8*	97.0
モンゴル・・・・・	2 960	*37.0*	*44.8*	109.2	*71.4*	135.1
ヨルダン・・・・・	2 472	*39.4*	*14.1*	62.8	*40.0*	91.4
アフリカ						
アルジェリア・	3 487	*50.1*	*11.4*	89.6	*27.4*	99.7
エジプト・・・・・	3 326	*65.9*	*7.8*	93.3	*23.9*	62.5
エチオピア・・・	2 407	*74.7*	*5.3*	74.1	*10.6*	29.3
ガーナ・・・・・・・	3 199	*66.2*	*4.3*	65.3	*25.3*	43.8
ケニア・・・・・・・	2 193	*55.2*	*10.5*	58.6	*22.3*	49.9
ジンバブエ・・・	1 954	*53.0*	*16.6*	56.0	*44.0*	64.3
セネガル・・・・・	2 735	*61.8*	*5.6*	65.0	*19.5*	76.2
タンザニア・・・	2 394	*58.3*	*7.5*	60.1	*20.4*	55.7
中央アフリカ・	1 816	*52.3*	*14.2*	49.0	*41.2*	56.6
チュニジア・・・	3 549	*49.0*	*11.2*	100.4	*28.6*	100.6
ナイジェリア・	2 587	*67.9*	*3.0*	58.9	*11.7*	56.5
マラウイ・・・・・	2 660	*65.9*	*9.2*	71.1	*18.1*	51.7
マリ・・・・・・・・・	2 916	*73.5*	*5.2*	76.6	*14.2*	51.4
南アフリカ共和国	2 857	*50.6*	*16.4*	79.1	*45.7*	93.3
モザンビーク・	2 048	*70.9*	*4.7*	44.2	*16.7*	38.7
モロッコ・・・・・	3 354	*59.1*	*10.5*	99.2	*29.4*	75.9
ヨーロッパ						
アイルランド・	3 857	*28.3*	*31.4*	115.4	*63.1*	162.6
イギリス・・・・・	3 381	*33.7*	*29.1*	105.4	*55.7*	145.2
イタリア・・・・・	3 563	*32.2*	*24.3*	105.7	*54.4*	153.2

1人1日あたり食料供給栄養量（Ⅱ）（2020年）

	熱量 (kcal)	でん粉質 (%)	動物性 (%)	たん白質 (g)	動物性 (%)	脂質 (g)
オーストリア・	3 698	*26.1*	*30.8*	106.1	*58.9*	183.7
オランダ……	3 521	*27.9*	*32.7*	112.6	*63.0*	140.4
ギリシャ……	3 337	*26.9*	*24.6*	102.6	*59.1*	155.7
クロアチア…	3 161	*30.2*	*29.8*	94.5	*59.4*	120.0
スイス………	3 399	*24.7*	*32.8*	98.0	*63.0*	160.2
スウェーデン・	3 252	*30.2*	*32.1*	109.8	*63.9*	134.2
スペイン……	3 354	*26.6*	*26.6*	111.1	*63.9*	155.1
スロバキア…	3 004	*31.9*	*32.2*	72.6	*54.1*	149.9
チェコ………	3 331	*25.2*	*30.1*	90.6	*62.7*	152.3
ドイツ………	3 628	*25.3*	*32.5*	105.9	*63.5*	164.8
ノルウェー…	3 446	*32.0*	*31.9*	118.4	*55.0*	135.9
ハンガリー…	3 352	*27.7*	*31.7*	87.4	*58.4*	151.3
フィンランド・	3 363	*30.1*	*38.4*	117.9	*63.3*	139.7
フランス……	3 538	*32.4*	*34.9*	119.9	*63.2*	152.4
ベルギー……	3 815	*24.5*	*35.4*	104.8	*62.6*	179.7
ポーランド…	3 593	*36.2*	*32.8*	110.1	*57.9*	133.2
ポルトガル…	3 524	*31.1*	*30.1*	117.7	*64.2*	147.6
ルーマニア…	3 638	*40.2*	*24.8*	106.2	*50.2*	129.7
ロシア………	3 407	*40.4*	*25.9*	105.6	*53.9*	118.2
北中アメリカ						
アメリカ合衆国	3 926	*23.7*	*28.7*	118.8	*64.2*	183.9
カナダ………	3 583	*29.3*	*27.1*	106.7	*55.9*	161.7
キューバ……	3 339	*44.9*	*16.6*	84.2	*43.9*	81.5
コスタリカ…	3 032	*34.0*	*24.1*	84.6	*57.6*	105.6
ジャマイカ…	2 691	*39.5*	*19.1*	74.8	*49.1*	79.5
ニカラグア…	2 668	*50.6*	*14.8*	68.2	*36.1*	67.2
メキシコ……	3 174	*43.4*	*21.9*	91.2	*49.3*	103.8
南アメリカ						
アルゼンチン・	3 338	*35.1*	*31.1*	114.2	*59.7*	123.4
コロンビア…	2 960	*37.0*	*18.6*	72.5	*52.1*	91.3
チリ…………	3 154	*40.8*	*27.4*	92.5	*52.3*	100.5
パラグアイ…	2 771	*52.0*	*15.5*	73.0	*39.1*	86.0
ブラジル……	3 343	*30.6*	*27.1*	93.0	*59.9*	140.1
ベネズエラ…	2 286	*41.0*	*13.1*	55.6	*41.5*	75.7
ペルー………	2 844	*52.2*	*16.7*	91.7	*48.7*	64.6
オセアニア						
オーストラリア	3 422	*24.0*	*32.5*	114.9	*65.6*	155.7
ニュージーランド	3 214	*32.5*	*28.9*	93.4	*55.5*	122.5

FAO（食糧農業機関）FAOSTAT "Food Balances" より作成（2023年5月17日更新データ）。1日1人あたりの人間の消費に向けられた食料分で、個人が実際に消費した分の数値ではない。輸出分の食料、肥料や種子用などに用いられる分は含まれない。熱量はアルコール類を含む。でん粉質食料は、穀類（ビールを除く）、いも類・でん粉の合計。

表 12-16　1人1日あたり食料供給量（Ⅰ）(2020年)（単位　g）

	穀物[1)]	いも類	野菜	肉類[2)]	牛乳・乳製品[3)]	水産物[4)]
アジア						
アラブ首長国連邦	365	52	165	136	81	69
イスラエル	393	87	419	281	471	68
イラン	542	125	426	109	71	34
インド	513	80	248	13	183	22
インドネシア	652	200	130	51	13	121
韓国	422	50	525	228	24	245
カンボジア	701	345	94	38	9	125
北朝鮮	502	81	336	39	8	30
サウジアラビア	518	54	204	155	131	32
スリランカ	644	57	190	33	45	79
タイ	563	29	114	76	39	80
中国	559	196	1 039	178	68	148
トルコ	556	140	704	105	498	15
日本	359	65	258	152	128	129
パキスタン	394	45	73	56	331	4
バングラデシュ	751	153	127	13	46	73
フィリピン	733	52	164	108	3	79
ベトナム	648	50	473	181	26	108
マレーシア	472	54	176	178	15	149
ミャンマー	561	42	221	175	47	123
モンゴル	315	185	175	416	423	2
ヨルダン	301	50	294	107	121	14
アフリカ						
アルジェリア	579	175	591	55	200	10
エジプト	718	91	407	74	74	74
エチオピア	513	104	37	25	103	1
ガーナ	343	1 183	77	55	6	68
ケニア	368	158	182	33	217	8
ジンバブエ	288	53	38	144	71	8
セネガル	599	131	432	52	30	33
タンザニア	368	410	109	34	92	18
中央アフリカ	88	706	50	113	36	20
チュニジア	576	79	743	78	247	38
ナイジェリア	377	742	187	21	3	18
マラウイ	447	470	237	68	29	28
マリ	712	88	388	25	119	23
南アフリカ共和国	447	92	105	184	136	18
モザンビーク	330	473	87	21	10	37
モロッコ	684	102	254	113	63	50
ヨーロッパ						
アイルランド	326	166	216	220	653	62
イギリス	352	182	236	220	541	49
イタリア	409	103	258	198	495	80

1人1日あたり食料供給量（Ⅱ）（2020年）（単位　g）

	穀物1)	いも類	野菜	肉類2)	牛乳・乳製品3)	水産物4)
オーストリア	335	154	267	219	509	39
オランダ	263	258	216	164	712	60
ギリシャ	313	136	431	212	552	59
クロアチア	318	109	956	227	439	52
スイス	279	129	256	192	800	44
スウェーデン	303	155	241	206	591	88
スペイン	313	160	291	289	428	112
スロバキア	284	141	199	177	395	28
チェコ	269	162	205	224	422	29
ドイツ	254	183	250	218	570	34
ノルウェー	309	151	209	188	477	137
ハンガリー	310	92	237	228	483	17
フィンランド	291	174	228	201	706	91
フランス	382	140	259	229	542	91
ベルギー	290	244	364	198	364	62
ポーランド	381	275	294	248	480	34
ポルトガル	362	160	358	258	384	164
ルーマニア	463	272	387	192	583	23
ロシア	422	238	272	221	416	59
北中アメリカ						
アメリカ合衆国	311	143	326	353	627	62
カナダ	326	191	272	248	441	57
キューバ	436	241	247	204	225	17
コスタリカ	380	37	90	165	429	49
ジャマイカ	310	220	255	176	191	69
ニカラグア	458	57	97	86	347	18
メキシコ	446	46	169	208	250	37
南アメリカ						
アルゼンチン	379	134	195	328	442	19
コロンビア	355	258	140	166	304	24
チリ	402	153	200	228	244	40
パラグアイ	344	472	156	125	163	11
ブラジル	339	145	131	283	413	22
ベネズエラ	356	82	131	97	267	28
ペルー	428	360	158	154	154	74
オセアニア						
オーストラリア	257	130	221	358	646	66
ニュージーランド	311	143	247	268	279	72

FAO（食糧農業機関）FAOSTAT“Food Balances”より作成（2023年5月17日更新データ）。表12-15の注記参照。原資料では年間の供給量が記載されているため、1日あたり供給量に編者算出。1）ビールを除く。2）内蔵、くず肉を含む。3）バターを除く。4）魚介類と海藻類を含む水産物全般を指す（原資料「Fish, Seafood」と「Aquatic Products, Other」を足し合わせたもの）。

表 12-17　初等教育における指標（%）

	学齢人口の学校への純出席率（2021年）		再履修率（2020年）		最終学年到達率（2020年）	
	男	女	男	女	男	女
アジア						
インド	95.6	95.3	0.5	0.5	99.4	99.9
カンボジア	[1] 96.0	[1] 96.2	[2] 7.6	[2] 4.5	[2] 75.3	[2] 84.6
シリア	…	…	[3] 4.6	[3] 3.2	[3] 86.2	[3] 88.6
パキスタン	[4] 80.5	[4] 73.2	[4] 2.0	[4] 1.9	[4] 61.3	[4] 70.6
ベトナム	98.9	98.7	0.8	0.8	…	…
ヨルダン	[4] 97.2	[4] 98.3	0.3	0.2	97.4	97.4
ラオス	[5] 91.8	[5] 91.4	[2] 3.8	[2] 2.4	[2] 79.8	[2] 84.5
アフリカ						
アルジェリア	…	…	[3] 8.9	[3] 4.6	[3] 91.9	[3] 93.5
ガンビア	[4] 79.3	[4] 83.6	5.2	4.6	73.5	82.7
ケニア	[1] 89.1	[1] 90.3	…	…	…	…
コートジボワール	[2] 79.9	[2] 79.5	9.9	8.6	67.9	72.5
コンゴ民主共和国	[4] 79.1	[4] 77.7	…	…	…	…
シエラレオネ	[5] 80.3	[5] 85.1	2.9	2.9	[2] 39.4	[2] 40.4
ジブチ	…	…	[3] 4.1	[3] 3.7	[3] 87.2	[3] 85.6
ジンバブエ	[2] 94.2	[2] 95.5	[2] 0.5	[2] 0.4	[2] 84.4	[2] 90.8
セネガル	[2] 60.2	[2] 62.3	2.7	2.5	56.9	65.7
タンザニア	91.6	93.1	[2] 3.9	[2] 3.3	[2] 74.6	[2] 82.6
トーゴ	[5] 92.4	[5] 91.2	4.2	4.3	60.8	58.3
ナイジェリア	74.8	73.9	…	…	…	…
ブルキナファソ	[6] 71.0	[6] 73.2	6.0	6.1	55.3	69.5
ブルンジ	[5] 83.0	[5] 83.1	[2] 30.5	[2] 27.9	[2] 45.7	[2] 53.7
ベナン	[2] 74.1	[2] 72.5	8.0	7.7	54.9	53.2
マダガスカル	75.6	80.4	[4] 23.5	[4] 21.4	[4] 29.9	[4] 33.3
マリ	[4] 58.0	[4] 54.9	[7] 21.4	[7] 21.0	…	…
モーリタニア	54.2	56.8	[5] 1.7	[5] 1.9	[7] 63.3	[7] 66.4
南アフリカ共和国	98.1	98.1	[2] 8.9	[2] 4.4	[2] 95.8	[2] 95.3
北中アメリカ						
エルサルバドル	[1] 94.2	[1] 95.8	2.7	2.0	82.1	87.4
コスタリカ	99.4	99.6	[2] 2.7	[2] 1.9	…	…
ドミニカ共和国	98.3	98.9	5.8	3.1	52.9	59.8
パナマ	98.0	98.5	[2] 3.2	[2] 2.3	…	…
メキシコ	[1] 98.1	[1] 98.7	[2] 1.0	[2] 0.7	[2] 96.2	[2] 96.8
南アメリカ						
エクアドル	97.5	97.6	0.3	0.3	99.6	97.4
コロンビア	95.0	95.2	4.0	3.2	97.0	97.7
チリ	[1] 92.0	[1] 91.5	[2] 2.5	[2] 1.5	[2] 100.0	[2] 98.4
ペルー	98.1	97.7	0.7	0.6	96.0	94.9
ボリビア	98.6	99.0	[2] 1.8	[2] 1.3	[2] 95.3	[2] 97.2

UNESCO（ユネスコ）UIS.Statより作成（2023年6月8日閲覧）。1）2020年。2）2019年。3）2021年。4）2018年。5）2017年。6）2022年。7）2016年。

図 12-3　教育機関に対する支出の対GDP比（財源別）（全教育段階）（2019年）

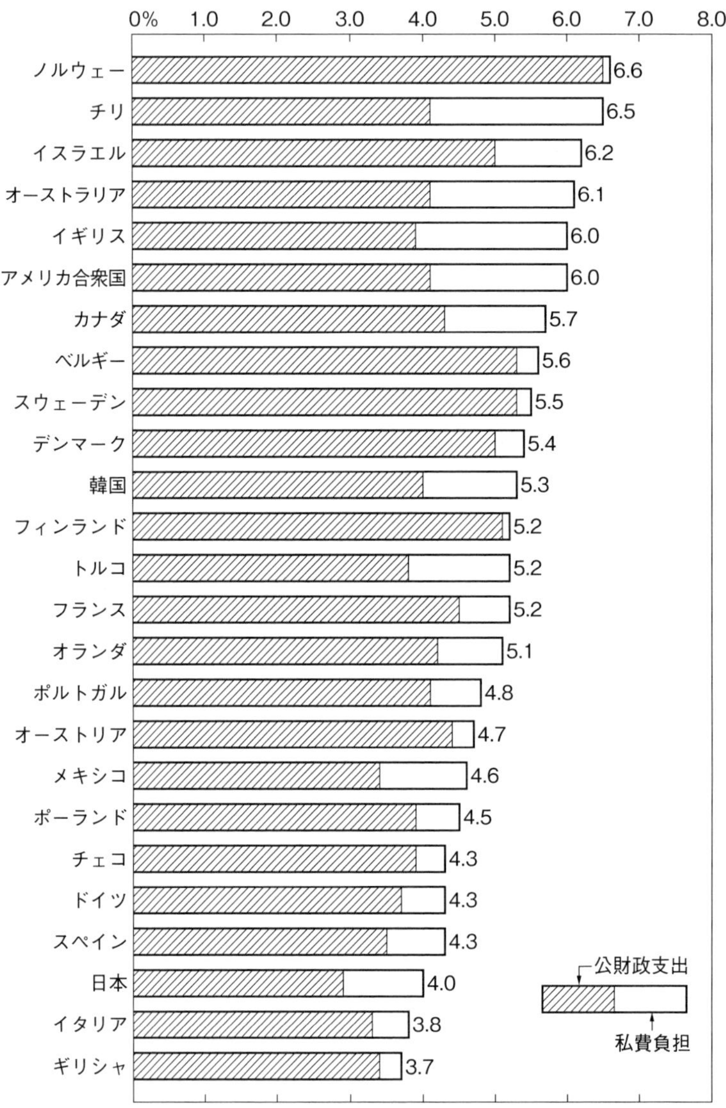

経済協力開発機構（OECD）"Education at a Glance"（2022年版）より作成。国内総生産（GDP）に占める教育支出の割合。教育支出は、施設や設備にかかる費用、教職員の給与などの教育機関に関する支出で、研究・開発活動への支出を含む。公財政支出には、国際財源（国際機関からの支援金など）を含む。家庭教師や学習塾への支出は含まない。

表 12-18 非識字人口（15歳以上）（2021年）

	非識字人口（万人）	女性割合（%）		非識字人口（万人）	女性割合（%）
パキスタン･･･ 1)	5 883	*62.4*	アルジェリア･ 2)	548	*66.0*
ナイジェリア･ 2)	4 176	*61.9*	ウガンダ･･････	539	*63.2*
中国･････････ 3)	3 381	*75.6*	アンゴラ･･････	507	*69.4*
バングラデシュ 3)	3 024	*55.4*	メキシコ･････ 3)	454	*60.1*
エチオピア･･･ 4)	3 015	*58.1*	セネガル･･････	433	*65.6*
エジプト･･････	1 857	*60.5*	ミャンマー･･･ 1)	433	*66.7*
アフガニスタン	1 458	*60.4*	ギニア････････	423	*66.6*
コンゴ民主共和国	1 004	*73.9*	南スーダン･･･ 2)	418	*54.7*
スーダン･････ 2)	977	*56.5*	ベナン････････	393	*60.7*
ブラジル･･････	969	*49.6*	マダガスカル･･	389	*53.8*
インドネシア･ 3)	810	*68.1*	ガーナ･･････ 3)	383	*60.1*
ニジェール････	795	*57.0*	マラウイ･･････	369	*57.2*
マリ･････････ 3)	739	*57.2*	タイ･･････････	346	*63.3*
イラン････････	720	*66.2*	カメルーン･･･ 3)	335	*62.1*
チャド････････	666	*56.2*	イラク･･････ 4)	332	*69.5*
モザンビーク･･	661	*66.4*	ベトナム･････ 1)	314	*65.2*
モロッコ･･････	661	*69.1*	フィリピン･･･ 1)	280	*42.5*
ブルキナファソ	649	*58.4*	ハイチ･･････ 5)	274	*56.0*
タンザニア････	634	*60.5*	シエラレオネ･･	256	*57.5*
ネパール･･････	616	*70.8*			
ケニア････････	593	*58.9*	世界計×･･･ 3)	**76 321**	*62.7*

UNESCO（ユネスコ）UIS.Statにより作成（2023年6月8日閲覧）。非識字人口は、15歳以上で日常的な読み書きができない人の数。インドは前年版では2018年の非識字人口が2億5286万人と表記されていたが、本年版で利用した原資料にはデータの記載が無い。1）2019年。2）2018年。3）2020年。4）2017年。5）2016年。×その他を含む。

表 12-19 高等教育における留学生の状況（2020年）

受入国	留学生数（人）	留学生率（%）	出身国	留学生数（人）	留学率（%）
アメリカ合衆国	957 475	*5.1*	中国･････････	1 088 466	*2.2*
イギリス･････	550 877	*20.1*	インド････････	516 238	*1.4*
オーストラリア	458 279	*26.0*	ベトナム･････	1) 132 559	*6.4*
ドイツ･･･････	368 717	*11.2*	ドイツ････････	123 512	*3.8*
カナダ･･･････	323 157	*18.2*	アメリカ合衆国	109 827	*0.6*
ロシア･･･････	1) 282 922	1) *5.0*	フランス･････	108 654	*4.0*
フランス･････	252 444	*9.2*	韓国･････････	100 610	*3.4*
日本･････････	222 661	*5.7*	ネパール･････	95 268	*21.6*
中国･････････	2) 221 653	2) *0.4*	カザフスタン･･	90 333	*12.2*
アラブ首長国連邦	215 975	*73.0*	ブラジル･････	89 151	*1.0*
世界計×････	**6 361 963**	*2.7*	シリア････････	87 057	…

資料は表12-18に同じ。受入国の留学生率は、高等教育就学者に占める留学生の割合。出身国の留学率は、出身国の高等教育就学者に占める他国へ留学する人の割合。日本出身の留学生は3万2913人、留学率は0.8%。1）2019年。2）2021年。×その他を含む。

第12章 諸国民の生活

表 12-20　道路交通事故（2021年）

	死傷者発生事故件数（件）	事故後30日以内死者数（人）			負傷者数（人）
		総数	人口10万人あたり	走行車10万台あたり	
アジア					
イスラエル	11 554	364	3.9	…	19 866
インド 1)	464 910	147 913	10.9	…	470 975
韓国	203 130	2 916	5.6	…	291 608
中国 2)	247 646	62 763	…	…	256 101
トルコ	187 963	5 362	6.3	…	274 645
日本	305 196	3 205	2.6	…	361 562
ヨーロッパ					
アイルランド	3) 4 428	137	2.7	3) 5.6	3) 5 593
イギリス	105 791	1 608	2.4	…	133 793
イタリア	151 875	2 875	4.9	5.3	204 728
オーストリア	32 774	362	4.0	3) 5.3	40 889
ギリシャ	10 666	614	5.8	…	12 453
クロアチア	9 146	292	7.5	13.4	11 918
スイス	17 436	200	2.3	3.2	20 534
スウェーデン	12 625	210	2.0	3.4	15 937
スペイン	3) 72 959	3) 1 370	3.2	4.3	3) 94 562
スロバキア	4 541	247	4.5	…	5 373
スロベニア	5 330	114	5.4	…	6 438
チェコ	18 156	532	5.1	6.6	22 205
ドイツ	258 987	2 562	3.1	4.5	323 129
ノルウェー	3 719	80	1.5	3) 2.5	4 565
ハンガリー	14 233	544	5.6	11.2	18 599
フィンランド	3 225	225	4.1	4.5	3 862
フランス	53 540	2 944	4.3	6.1	67 057
ベルギー	34 640	517	4.5	3) 6.8	42 050
ポーランド	22 816	2 245	5.9	6.7	26 415
ポルトガル	3) 27 725	3) 536	5.4	6.7	3) 33 935
リトアニア	2 863	146	5.2	7.9	3 283
ロシア 3)	145 073	16 152	11.2	…	183 040
北中アメリカ					
アメリカ合衆国	1) 1 923 000	42 915	12.9	…	4) 2 710 000
カナダ	3) 74 508	1 768	4.6	…	3) 101 572
南アメリカ					
アルゼンチン 1)	102 623	5 420	12.3	…	113 173
チリ	3) 28 870	3) 1 794	10.5	34.5	3) 41 840
メキシコ 3)	11 449	2 722	2.2	…	6 706
オセアニア					
オーストラリア	…	3) 1 103	4.3	5.5	4) 39 598
ニュージーランド	10 768	318	6.2	…	13 259

経済協力開発機構（OECD）The International Transport Forum（ITF）資料より作成（2023年 7 月11日閲覧）。1）2017年。2）2019年。3）2020年。4）2018年。

表 12-21　犯罪状況

	殺人犠牲者数（人）（2021）		人口10万人あたり認知件数（件）			
	実数	人口10万人あたり	侵入盗（2020）	窃盗（2020）	汚職（2021）	詐欺（2020）
アジア						
韓国	1 059	2.0	49.5	346.3	…	…
シンガポール	6	0.1	2.8	120.1	18.3	279.6
日本	291	0.2	35.2	298.0	…	24.3
モンゴル	860	25.7	138.1	154.8	10.0	129.6
アフリカ						
ケニア	2 860	5.4	2.2	16.8	0.2	1.1
南アフリカ共和国	24 865	41.9	…	…	…	…
モロッコ	1 874	5.1	7.9	27.3	1) 67.0	7.0
ヨーロッパ						
イタリア	1 219	2.1	184.0	1 028.9	6.5	476.8
オーストリア	205	2.3	543.8	951.2	32.7	610.8
ギリシャ	400	3.8	132.2	579.8	7.2	38.6
スイス	214	2.5	379.9	1 452.5	0.7	242.9
スウェーデン	339	3.2	782.5	2 999.7	203.3	2 690.3
スペイン	1 497	3.2	284.4	220.7	1) 1.6	761.2
チェコ	240	2.3	196.2	433.4	13.3	75.5
デンマーク	47	0.8	660.8	2 438.2	81.6	924.6
ドイツ	1 705	2.0	358.0	1 118.2	6.1	969.7
ノルウェー	58	1.1	…	1 608.2	0.6	353.1
ハンガリー	292	3.0	2) 290.5	517.3	67.1	158.5
フィンランド	1) 91	1) 1.6	140.9	2 438.4	66.8	852.4
フランス	2 397	3.7	457.6	1 054.9	4.2	360.7
ポーランド	273	0.7	193.9	256.4	15.9	359.6
ルーマニア	320	1.7	132.4	451.7	20.8	57.7
ロシア	24 708	17.0	95.2	466.6	1) 21.2	226.0
北中アメリカ						
アメリカ合衆国	53 490	15.9	3) 334.3	3) 1 521.3	1) 2.8	3) 33.7
カナダ	3 391	8.9	362.9	1 200.1	…	443.1
コスタリカ	1 692	32.8	347.5	384.7	62.8	296.1
メキシコ	135 576	107.0	46.7	198.9	1) 19.5	64.3
南アメリカ						
アルゼンチン	8 724	19.3	…	506.9	…	…
コロンビア	69 483	134.9	64.2	565.2	19.8	103.8
チリ	2 797	14.3	623.5	500.2	1.9	435.0
ブラジル	136 923	64.2	16.7	630.8	…	…
ペルー	1) 7 274	1) 21.8	…	308.9	4.8	40.1
オセアニア						
オーストラリア	506	2.0	521.5	1 888.1	…	45.0
ニュージーランド	3) 356	3) 7.2	1 150.0	2 650.5	…	58.8

UNODC（国連薬物犯罪事務所）資料より作成（2023年7月12日閲覧）。犯罪の法的定義は各国で異なるため、データの比較には注意が必要。1）2020年。2）2015年。3）2019年。

第12章 諸国民の生活

図 12-4　世界の年平均地上気温平年差の推移

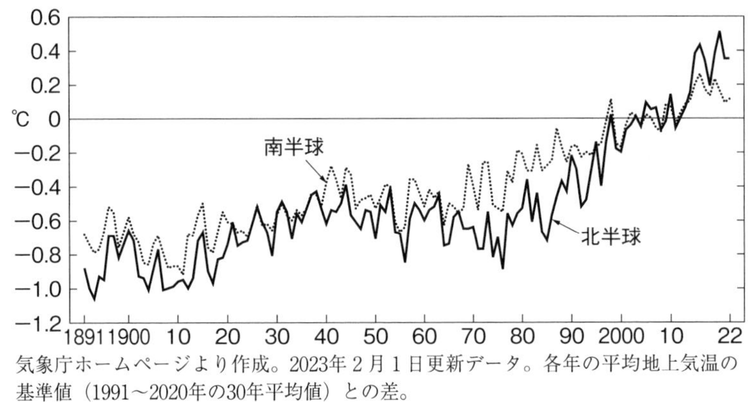

気象庁ホームページより作成。2023年２月１日更新データ。各年の平均地上気温の基準値（1991～2020年の30年平均値）との差。

図 12-5　世界の温室効果ガス排出量の推移

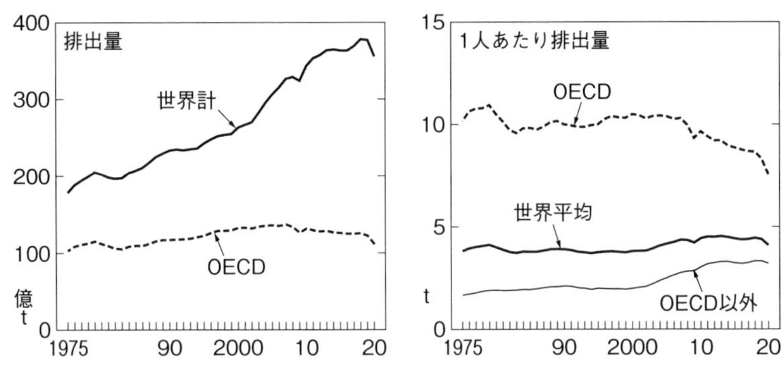

資料・注記は表12-22に同じ。二酸化炭素（CO_2）換算。世界計には国際航空、国際船舶からの排出量を含む。

図 12-6　世界の温室効果ガス排出量の割合

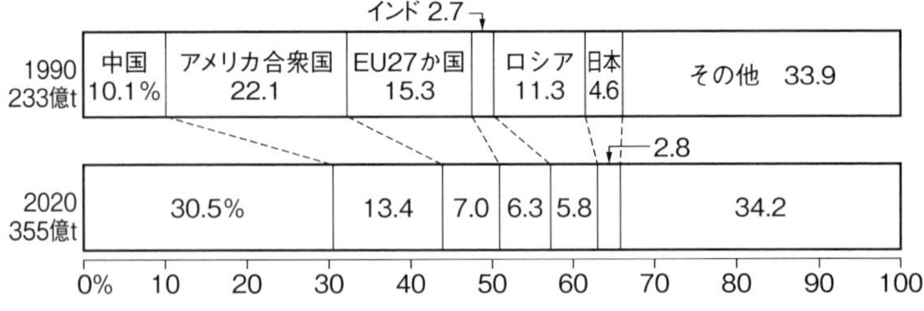

表12-22の資料に同じ。EUは27か国（2020年のEU加盟国の割合はドイツ1.7%、イタリア0.8%、ポーランド0.8%、フランス0.8%など）。

表 12-22 主な国の温室効果ガス排出量（エネルギー起源）（CO_2換算）

	温室効果ガス排出量（百万 t）			二酸化炭素（CO_2）排出量（2020）		
	1971	1990	2020	排出量（百万 t）	1人あたり（t）	GDPあたり[1)]（kg）
中国	911	2 359	10 819	10 081	7.15	0.69
アメリカ合衆国	4 604	5 135	4 744	4 258	12.90	0.22
EU27か国	…	3 554	2 467	2 394	5.34	0.17
ドイツ	994	957	603	590	7.10	0.17
イタリア	294	397	284	274	4.61	0.16
ポーランド	293	350	280	271	7.08	0.49
フランス	433	355	269	261	3.84	0.11
インド	215	621	2 224	2 075	1.50	0.81
ロシア	—	2 637	2 055	1 552	10.77	1.09
日本	762	1 063	1 003	990	7.87	0.23
世界計×	**16 144**	**23 281**	**35 469**	**31 665**	4.08	0.39
（再掲）						
OECD	9 835	11 663	11 085	10 293	7.52	0.21
OECD以外	5 781	10 983	23 446	20 443	3.20	0.63

	CO_2の部門別排出量（2020）（百万 t）					
	電気と熱の生産	製造業・建設	輸送	道路	家庭	商業・公共サービス
中国	5 377	2 888	896	727	338	116
アメリカ合衆国	1 526	438	1 508	1 288	300	211
EU27か国	733	348	701	674	304	114
ドイツ	204	91	142	139	92	32
イタリア	87	29	81	77	43	17
ポーランド	126	29	61	60	31	6
フランス	33	37	106	102	38	20
インド	1 057	501	270	252	94	30
ロシア	771	274	234	146	191	20
日本	481	171	181	165	55	52
世界計×	**13 568**	**6 180**	**7 098**	**5 475**	**1 936**	**773**
（再掲）						
OECD	3 658	1 313	3 099	2 772	859	490
OECD以外	9 910	4 867	3 070	2 703	1 077	283

国際エネルギー機関（IEA）"Greenhouse Gas Emissions from Energy Highlights"（2022年）より作成。二酸化炭素（CO_2）換算。EUとOECDは、2021年時点の加盟国の合計で遡って算出された値。温室効果ガス排出量には、燃料の燃焼による非CO_2温室効果ガスおよび温室効果ガス漏えいを含む。世界計はバンカー油（国際輸送に供される船舶や航空機の燃料）による温室効果ガス排出を含む。CO_2排出量は燃料燃焼によるもので、部門別には、その他のエネルギー生産産業における自社使用による排出量がある。1）2015年価格1米ドルあたりGDP（国内総生産）あたり。×その他を含む。

表 12-23　自然火災による森林の年間焼失面積（2021年）

	焼失面積 (km²)	国土面積割合 (%)		焼失面積 (km²)	国土面積割合 (%)
アジア			ナイジェリア	72 392	*7.9*
インド	66 532	*2.2*	ナミビア	39 264	*4.7*
カザフスタン	52 233	*1.9*	ベナン	12 905	*11.1*
カンボジア	22 572	*12.4*	ボツワナ	106 050	*18.3*
中国	26 177	*0.3*	マダガスカル	30 024	*5.0*
ミャンマー	33 388	*5.0*	マリ	64 950	*5.2*
アフリカ			南アフリカ共和国	51 438	*4.2*
アンゴラ	343 232	*27.4*	南スーダン	259 429	*40.9*
エチオピア	46 174	*4.1*	モザンビーク	179 789	*22.7*
ガーナ	43 941	*18.3*	**ヨーロッパ**		
ガンビア	2 016	*18.7*	ロシア	126 140	*0.7*
ギニア	27 634	*11.2*	**北中アメリカ**		
コンゴ共和国	27 510	*8.0*	アメリカ合衆国	38 326	*0.4*
コンゴ民主共和国	328 411	*14.0*	カナダ	36 424	*0.4*
ザンビア	203 381	*26.9*	**南アメリカ**		
スーダン	62 061	*3.3*	ブラジル	156 870	*1.8*
セネガル	42 854	*21.6*	ボリビア	45 779	*4.2*
タンザニア	99 648	*10.5*	**オセアニア**		
チャド	78 323	*6.1*			
中央アフリカ共和国	156 129	*25.0*	オーストラリア	243 872	*3.2*

OECD "OECD Data Explorer" より作成。

表 12-24　レッドリスト（絶滅のおそれのある野生生物）（2022年）（単位　種）

	レッドリスト種数	哺乳類		レッドリスト種数	哺乳類
マダガスカル	3 747	133	パプアニューギニア	1 133	51
エクアドル	2 692	49	（ニューカレドニア）	1 002	8
メキシコ	2 437	97	ペルー	985	51
インドネシア	2 282	213	ベトナム	933	64
ブラジル	2 229	97	南アフリカ共和国	905	33
マレーシア	2 090	81	ベネズエラ	868	37
アメリカ合衆国	1 960	43	スペイン	854	18
オーストラリア	1 871	69	スリランカ	820	30
コロンビア	1 711	63	タイ	802	65
フィリピン	1 624	43	コンゴ民主共和国	746	48
タンザニア	1 591	45	グアテマラ	698	16
中国	1 419	78	ケニア	697	32
インド	1 355	99	コスタリカ	655	12
カメルーン	1 250	49	日本	612	29

IUCN（国際自然保護連合）「レッドリスト」（version 2022-2）より作成。

表 12-25　海洋保護区面積（2022年）

	海洋保護区面積（km²）	排他的経済水域に占める割合（%）		海洋保護区面積（km²）	排他的経済水域に占める割合（%）
アジア			カナダ	520 923	*9.1*
インドネシア	180 789	*3.0*	（グリーンランド）	96 547	*4.3*
タイ	13 822	*4.6*	コスタリカ	166 920	*28.1*
日本	541 341	*13.3*	パナマ	89 381	*26.8*
フィリピン	31 753	*1.6*	メキシコ	708 751	*22.1*
マレーシア	24 014	*4.7*	**南アメリカ**		
アフリカ			アルゼンチン	87 200	*8.1*
南アフリカ共和国	227 789	*14.7*	エクアドル	206 723	*18.9*
ヨーロッパ			コロンビア	95 430	*13.1*
イギリス	301 906	*41.3*	チリ	1 510 300	*41.1*
イタリア	39 924	*7.4*	ブラジル	979 952	*26.5*
スペイン	128 538	*12.7*	ペルー	66 669	*7.7*
ドイツ	25 658	*45.3*	**オセアニア**		
フランス	134 073	*38.7*	オーストラリア	3 036 163	*41.2*
ポルトガル	78 358	*4.5*	クック諸島	1 980 577	*99.9*
ロシア	172 073	*2.2*	ニウエ	129 173	*40.4*
北中アメリカ			（ニューカレドニア）	1 125 188	*95.2*
アメリカ合衆国	1 640 681	*19.2*	ニュージーランド	1 223 908	*29.8*

OECD "OECD Data Explorer" より作成。

表 12-26　総土地面積に占める劣化した土地の割合（%）

	2015	2019		2015	2019
アジア			南アフリカ共和国	*2.4*	*29.3*
ウズベキスタン	*30.2*	*26.1*	ルワンダ	*35.9*	*27.0*
中国	*27.2*	*26.8*	**ヨーロッパ**		
フィリピン	*38.3*	*49.4*	イギリス	*9.3*	*24.2*
ヨルダン	*5.4*	*25.6*	スロベニア	*10.2*	*26.7*
アフリカ			ドイツ	*23.2*	*31.4*
エスワティニ	*5.7*	*24.1*	ベルギー	*23.0*	*31.7*
エリトリア	*4.2*	*33.7*	**北中アメリカ**		
ガボン	*13.1*	*29.4*	コスタリカ	*33.2*	*32.1*
ガンビア	*4.4*	*34.8*	パナマ	*35.2*	*32.2*
ギニアビサウ	*5.3*	*27.9*	メキシコ	*56.7*	*71.9*
ソマリア	*12.5*	*36.9*	**南アメリカ**		
ベナン	*37.6*	*37.6*	コロンビア	*28.8*	*29.8*
マダガスカル	*8.8*	*31.9*	パラグアイ	*28.8*	*26.9*
マラウイ	*6.8*	*26.8*			

国連 "SDG Indicators Database" より作成。土地劣化は砂漠化や森林破壊などに起因。

第13章　軍備・軍縮

2023年５月、被爆地である広島市でＧ７サミット（主要７か国首脳会議）が開催され、首脳コミュニケ（声明）で、「すべての者にとっての安全が損なわれない形で、核兵器のない世界に向けて取り組みを強化する」ことが再確認された。また、ウクライナに軍事侵攻を続けるロシアを強く非難し、ウクライナへの支持を継続することなども声明に盛り込まれた。しかし実情を見ると、現在、世界の非核化への動きは進んでおらず、１年以上続くウクライナ侵攻が終わる兆しは見えていない。

アメリカ合衆国と旧ソ連の冷戦時代に７万発を超えた核弾頭数は、その後、両国の核軍縮によって大きく減少し、2023年の時点では約１万2500発と報告されている（米国科学者連盟による。内訳はアメリカ合衆国が約42％、ロシアが約47％）。しかし、近年、米ロ関係の悪化や中国の核戦力強化、北朝鮮の核・ミサイル開発の急速な技術進歩、イランの核開発などを背景に、新たな核軍拡の流れが始まっている。ロシアは、ウクライナ侵攻において圧倒的な戦闘能力を示せない中、自国の軍事力をさらに拡大し、核兵器を抑止力として発展させる姿勢を明らかにした。2023年２月には、米ロ間の最後の核軍縮条約である新START（新戦略兵器削減条約）の履行停止を表明し、複数の核弾頭を搭載できる大陸間弾道ミサイル（ICBM）「サルマト」を配備することを発表した。また、３月には隣国ベラルーシに戦術核を配備すると発表している。ウクライナ侵攻の中で、プーチン大統領は核使用を示唆する発言を繰り返しており、2022年12月には、核兵器部隊の戦闘即応性を強化する方針を示した。アメリカ合衆国は、2022年10月に発表した核兵器戦略の指針「核態勢の見直し（NPR）」で、核抑止力を「引き続き国家の最優先事項」と位置付け、核兵器の基本的な役割は米国および同盟国に対する核攻撃を抑止することであると再確認している。中国に関しては、アメリカ国防省が2035年には中国が保有する核弾頭数が1500発に増えるとの見通しを発表しており、特に、米本土を射程に入れるICBMの整備を拡充して、さらに、潜水艦発射弾道ミサイル（SLBM）の開発や配備も進めている。通常兵器においても、中国は軍事力強化を図り、台湾統一に向けて海外に圧力を強めている。米国防省は、中国が国外で陸海空の補給拠点の拡充をはかっており、有事を見据え、西太平洋に米軍を近づかせない戦略を展開するとして危機感を強めている。

2022年２月に始まったロシアのウクライナ侵攻は、ロシア軍の侵攻・占領とウクライナ軍の反転攻撃が続いており、戦争終結の目途が立たない状況である。ウクライナは世界各国に支援を要請し、2023年３月からはNATO（北大西洋条約機構）加盟各国が攻撃能力の高い戦闘機の供与を開始した。NATOは、加盟国に対し集団的自衛権を行使する軍事組織で、2023年４月にフィンランドが31か国目の加盟国となり、ウクライナも加盟を申請している。ロシアとの直接な軍事衝突を避けるため、NATOは戦争中のウクライナの加盟には慎重な姿勢を見せており、一方で、ウクライナへの軍事支援は継続することで合意している。ロシア国内では、2023年６月、重要な戦力となっている民間軍事会社ワグネルとロシア国防省との対立が表面化し、ワグネルが武装蜂起して首都モスクワに向けて進軍する動きを見せた。すぐに撤収されたものの、欧米各国は今後のウクライナ情勢への影響もあるとして注視している。

図 13-1　世界の武力紛争の数

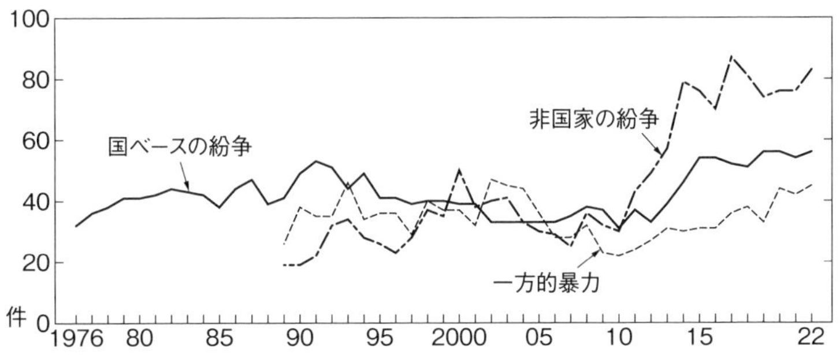

UCDP（ウプサラ紛争データプログラム）/PRIO（オスロ国際平和研究所）の武力紛争データベースより作成（2023年６月23日閲覧）。国ベースの紛争は、少なくとも片方が国家による武力紛争で、年間の死者が25人以上。一方的暴力は、国家または正式に組織されたグループによる一方的な武力行使で、年間の死者が25人以上。非国家の紛争は、紛争当事者に国家が含まれない武力行使。

図 13-2　核弾頭総保有数の推移

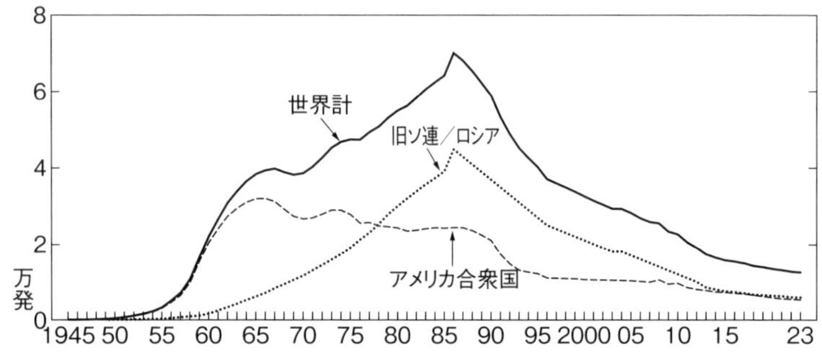

資料・注記は表13-1に同じ。予備分等を含む総計。概数。

表 13-1　世界の核弾頭保有状況（2023年）（単位　発）（概数）

	実戦配備分		予備分（実戦配備可能なもの）	総計（備蓄・退役分を含む）	核実験実施年（初年）
	戦略核	戦術核			
ロシア………	1 674 [1]	…	2 815 [2]	5 889	1949
アメリカ合衆国	1 670 [3]	100	1 938 [4]	5 244	1945
中国………… [5]	…	…	410	410	1964
フランス……	280	…	10	290	1960
イギリス……	120	…	105 [6]	225	1952
パキスタン…	—	…	170	170	1998
インド………	—	…	164	164	1974
イスラエル…	—	…	90 [7]	90	[8] …
北朝鮮………	—	… [9]	30 [9]	30	[10] 2006
世界計……	～3 744	～100	～5 732	～12 512	

Federation of American Scientists（FAS：米国科学者連盟）の資料（fas.org/issues/nuclear-weapons/status-world-nuclear-forces/）より作成。2023年３月更新のデータ。核弾頭の保有状況は機密性が高く、推定を含む概数である。FASによると、実戦配備核弾頭のうち、即時に発射できる厳戒態勢にあるものは、ロシアとアメリカ合衆国、イギリス、フランスが持つ計2000発ほど。爆撃機配備を含む。1）すべての戦術核は倉庫で保管中報告される。多くは解体待ち。2）解体処分待ちの1400発を含む。3）ヨーロッパ（ベルギー、ドイツ、イタリア、オランダ、トルコ）に配備。4）このうち1500発が解体処分待ち。5）米国国防総省は、中国は保有数を2030年までに約1000発に増やすと予測している。6）2020年代半ばまでに180発以下に縮小される計画であったが、2021年にジョンソン政権が備蓄を260発以下にすると発表した。7）100～200発程度の核弾頭を製造できる分のプルトニウム所有とみられる。8）核実験実施の有無については不詳。9）発射可能な状況にあるかどうかは不明。10）2006年、09年、13年、16年、17年に６回の核実験を実施。

戦略核兵器とは、戦略的な目的のために保有する核兵器で、ロシアとアメリカ合衆国では、大陸間弾道ミサイル（ICBM）や戦略爆撃機、潜水艦発射弾道ミサイル（SLBM）に核弾頭を搭載した核兵器の総称。**戦術核兵器**とは、通常兵器の延長での使用を目的とする核兵器で、一般に戦略核よりも射程距離が短い。

表 13-2　各国の主要な核運搬手段（2022/23年）（概数）

	航空機（機）	陸上発射ミサイル		海上発射ミサイル	
		ICBM（基）	IRBM/MRBM（基）	SLBM（基）	（参考）SSBN（隻）
ロシア…………	76	339	—	176	11
アメリカ合衆国	66	400	—	280	14
中国…………	104	106	278	72	6
フランス………	40	—	—	64	4
イギリス………	—	—	—	48	4

防衛省「防衛白書」（2022年版）より作成。ほかに、米国科学誌“Bulletin of the Atomic Scientists”、SIPRI“SIPRI Yearbook”、およびイギリス国際戦略研究所（IISS）“The Military Balance”などを参照。発射実験が行われ核搭載が可能とみられるミサイル等で、実際の配備状況は不詳。項目については下の注記参照。

ICBM（大陸間弾道ミサイル）の射程は5500km以上で、飛行時間は約20〜30分。
IRBM/MRBM（中距離弾道ミサイル）の射程は1000〜5500kmで、飛行時間は約10〜20分。射程距離が1000km以下はSRBM（短距離弾道ミサイル）と呼ばれる。
SLBM（潜水艦発射弾道ミサイル）は、射程距離に関係なくSSBNに搭載されるミサイル。
SSBN（弾道ミサイル搭載原子力潜水艦）はミサイル搭載可能な原子力潜水艦。

フィンランドNATO加盟

2023年４月、フィンランドが北大西洋条約機構（NATO）の31か国目の加盟国となった。ロシアと全長1340キロの国境を接するフィンランドは、長期にわたって中立政策を取ってきた。しかし、2022年２月にロシアがウクライナ侵攻を開始したことで、ロシアに対する軍事的脅威が高まり、同年５月にスウェーデンとともに集団防衛組織であるNATOへの加盟を申請していた。

フィンランドは早期加盟を果たしたが、スウェーデンはトルコとハンガリーが加盟を認めず（加盟には全加盟国の承認が必要）、トルコは、テロ組織とみなすクルド人武力組織をスウェーデンが支援していると強く反対していた。しかし、EU加盟の進展を求めて、2023年７月のNATO首脳会議でエルドアン大統領はスウェーデン加盟をトルコ議会にはかることを発表した。

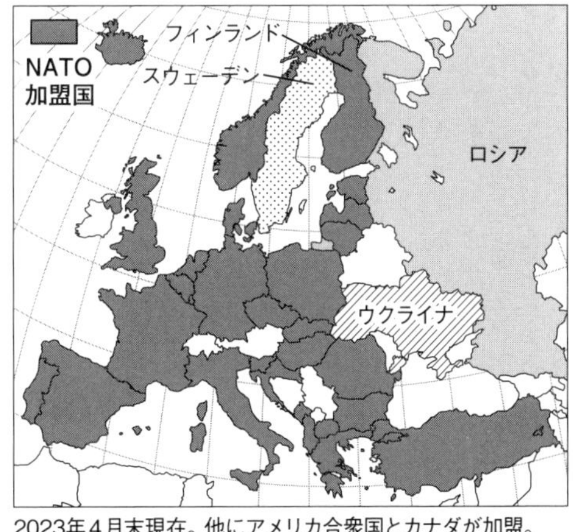

2023年４月末現在。他にアメリカ合衆国とカナダが加盟。

表 13-3　各国の防衛費と兵力比較（I）

	防衛費（百万ドル）			1人あたり防衛費（ドル）		
	2020	2021	2022	2020	2021	2022
北アメリカ……	794 671	782 823	791 223	1 431	1 439	1 458
アメリカ合衆国	774 527	759 645	766 606	2 328	2 268	2 272
カナダ………	20 144	23 178	24 617	534	611	644
ヨーロッパ……	314 753	348 476	335 152	412	471	467
アイスランド・[1]	52	44	42	149	123	117
アイルランド…	1 187	1 269	1 170	229	243	222
アルバニア……	222	245	286	72	79	92
イギリス……	61 473	70 870	70 029	935	1 073	1 033
イタリア……	29 696	33 479	31 120	476	537	509
エストニア……	716	779	830	583	638	685
オーストリア…	3 466	4 200	3 643	391	473	409
オランダ……	12 594	13 883	15 228	729	801	875
北マケドニア…	188	207	229	88	97	108
キプロス……	419	571	497	331	445	384
ギリシャ……	4 976	7 688	7 869	469	727	747
クロアチア……	997	1 413	1 273	236	336	304
スイス………	5 723	5 689	5 554	681	673	653
スウェーデン…	7 036	8 296	8 074	690	808	770
スペイン……	13 744	15 126	14 669	275	320	311
スロバキア……	1 847	1 992	2 008	339	366	370
スロベニア……	605	836	883	288	397	420
セルビア……	896	1 032	1 221	128	148	181
チェコ………	3 253	3 938	3 826	304	368	357
デンマーク……	4 919	5 371	5 064	838	911	855
ドイツ………	52 094	55 543	53 371	650	695	633
トルコ………	10 885	9 547	6 188	133	116	75
ノルウェー……	6 476	7 503	7 433	1 184	1 362	1 338
ハンガリー……	2 175	2 620	2 992	223	269	308
フィンランド…	4 153	5 913	5 819	745	1 058	1 039
フランス……	54 943	58 812	54 417	810	864	797
ブルガリア……	1 249	1 270	1 341	179	184	195
ベルギー……	5 323	5 520	5 663	454	469	478
ポーランド……	12 780	13 424	13 396	334	352	352
ボスニア……[2]	168	192	169	44	50	44
ポルトガル……	2 853	2 932	2 591	277	286	253
マルタ………	81	85	87	177	184	188
モンテネグロ…	74	91	100	121	150	166
ラトビア……	757	824	852	402	442	462
リトアニア……	1 161	1 308	1 585	425	482	590
ルーマニア……	5 182	5 557	5 188	243	262	280
ルクセンブルク	390	412	444	620	644	683
ロシア・ユーラシア	52 367	58 751	76 955	117	126	148
アゼルバイジャン	2 267	2 698	2 641	222	262	255

防衛費のGDPに占める割合（%）			兵力（千人）（2022）			
2020	2021	2022	正規	推定予備	準軍隊	
2.47	*2.24*	*2.09*	1 426	852	5	**北アメリカ**
3.71	*3.30*	*3.06*	1 360	817	—	アメリカ合衆国
1.22	*1.17*	*1.12*	67	34	5	カナダ
1.46	*1.47*	*1.46*	1 948	1 705	649	**ヨーロッパ**
0.24	*0.17*	*0.15*	—	—	—	アイスランド[1)]
0.28	*0.25*	*0.23*	8	2	—	アイルランド
1.47	*1.34*	*1.57*	8	—	—	アルバニア
2.23	*2.22*	*2.19*	150	72	—	イギリス
1.57	*1.59*	*1.56*	161	18	176	イタリア
2.31	*2.12*	*2.15*	7	18	—	エストニア
0.80	*0.88*	*0.78*	23	112	—	オーストリア
1.39	*1.37*	*1.54*	34	6	7	オランダ
1.59	*1.49*	*1.63*	8	5	8	北マケドニア
1.70	*2.06*	*1.86*	12	50	—	キプロス
2.64	*3.55*	*3.54*	132	289	4	ギリシャ
1.74	*2.09*	*1.84*	17	21	—	クロアチア
0.77	*0.71*	*0.69*	20	123	—	スイス
1.29	*1.31*	*1.34*	15	10	—	スウェーデン
1.07	*1.06*	*1.06*	124	15	76	スペイン
1.76	*1.73*	*1.79*	18	—	—	スロバキア
1.13	*1.35*	*1.42*	6	1	—	スロベニア
1.68	*1.64*	*1.95*	28	50	4	セルビア
1.32	*1.40*	*1.29*	27	—	—	チェコ
1.38	*1.35*	*1.31*	15	44	—	デンマーク
1.34	*1.30*	*1.32*	183	33	—	ドイツ
1.51	*1.17*	*0.73*	355	379	157	トルコ
1.79	*1.56*	*1.47*	25	40	—	ノルウェー
1.39	*1.44*	*1.62*	32	20	—	ハンガリー
1.53	*1.99*	*2.07*	19	238	3	フィンランド
2.08	*1.99*	*1.96*	203	41	101	フランス
1.79	*1.58*	*1.58*	37	3	—	ブルガリア
1.02	*0.92*	*0.96*	23	6	—	ベルギー
2.13	*1.98*	*1.87*	114	—	14	ポーランド
0.84	*0.82*	*0.71*	11	6	—	ボスニア[2)]
1.25	*1.17*	*1.01*	27	24	25	ポルトガル
0.54	*0.49*	*0.51*	2	—	—	マルタ
1.65	*1.55*	*1.63*	2	3	4	モンテネグロ
2.27	*2.14*	*2.12*	7	16	—	ラトビア
2.07	*2.01*	*2.34*	23	7	14	リトアニア
2.08	*1.96*	*1.73*	72	55	57	ルーマニア
0.53	*0.47*	*0.54*	—	—	1	ルクセンブルク
2.37	*2.13*	*1.97*	2 202	2 758	1 033	**ロシア・ユーラシア**
5.31	*4.94*	*3.77*	64	300	15	アゼルバイジャン

各国の防衛費と兵力比較（Ⅱ）

	防衛費（百万ドル）			1人あたり防衛費（ドル）		
	2020	2021	2022	2020	2021	2022
アルメニア・・・・	628	622	749	208	206	250
ウクライナ・・・・	4 353	4 298	3 547	99	98	81
ウズベキスタン	…	…	…	…	…	…
カザフスタン・・	1 430	1 538	1 876	75	80	97
キルギス・・・・・・	…	…	…	…	…	…
ジョージア・・・・	283	279	314	57	57	64
タジキスタン・・	89	94	107	10	10	12
トルクメニスタン	…	…	…	…	…	…
ベラルーシ・・・・	601	640	818	63	68	87
モルドバ・・・・・・	44	52	46	13	16	14
ロシア・・・・・・・・	42 671	48 531	66 857	301	341	471
アジア・・・・・・・・	456 944	497 432	515 635	279	312	309
アフガニスタン	2 014	…	…	55	…	…
インド・・・・・・・・	65 307	67 498	66 645	49	50	48
インドネシア・・	8 116	8 407	9 059	30	31	33
オーストラリア	31 418	34 185	33 841	1 234	1 324	1 295
韓国・・・・・・・・・・	40 999	46 258	42 991	791	894	829
カンボジア・・・・	1 032	1 024	1 003	61	59	60
北朝鮮・・・・・・・・	…	…	…	…	…	…
シンガポール・・	9 879	11 433	11 919	1 591	1 949	2 013
スリランカ・・・・	1 683	1 548	1 154	74	67	50
タイ・・・・・・・・・・	6 839	6 708	6 171	99	97	89
(台湾)・・・・・・・・	13 903	16 179	16 164	589	686	685
中国・・・・・・・・・・	187 208	213 923	242 409	134	152	171
日本・・・・・・・・・・	53 758	52 198	48 079	428	419	387
ニュージーランド	3 287	3 269	3 353	667	655	664
ネパール・・・・・・	435	413	421	14	14	14
パキスタン・・・・	9 363	10 300	9 768	40	43	40
パプアニューギニア	95	88	99	13	12	10
バングラデシュ	3 786	4 059	4 320	23	25	26
東ティモール・・	42	39	44	30	28	31
フィジー・・・・・・	52	46	44	55	49	46
フィリピン・・・・	5 269	5 660	5 462	48	51	48
ブルネイ・・・・・・	439	454	435	946	964	910
ベトナム・・・・・・	5 724	6 308	6 030	58	61	58
マレーシア・・・・	3 709	3 829	4 148	114	114	122
ミャンマー・・・・	2 390	3 409	1 876	42	60	33
モンゴル・・・・・・	105	100	90	33	31	28
ラオス・・・・・・・・	…	…	…	…	…	…
中東・北アフリカ	161 564	173 176	187 442	921	1 024	1 064
アラブ首長国連邦	19 826	19 159	20 356	1 984	1 944	2 053
アルジェリア・・	9 699	9 088	8 945	226	209	202
イエメン・・・・・・	…	…	…	…	…	…
イスラエル・・・・	17 234	20 408	19 350	1 987	2 323	2 171

防衛費のGDPに占める割合（%）			兵力（千人）(2022)			
2020	2021	2022	正規	推定予備	準軍隊	
4.97	*4.46*	*4.23*	43	210	4	アルメニア
2.86	*2.21*	…	688	400	250	ウクライナ
…	…	…	48	—	20	ウズベキスタン
0.84	*0.78*	*0.84*	39	—	32	カザフスタン
…	…	…	11	—	10	キルギス
2.04	*1.68*	*1.35*	21	—	5	ジョージア
1.09	*1.07*	*1.07*	9	—	8	タジキスタン
…	…	…	37	—	20	トルクメニスタン
0.98	*0.94*	*1.03*	48	290	110	ベラルーシ
0.39	*0.38*	*0.32*	5	58	1	モルドバ
2.87	*2.73*	*3.13*	1 190	1 500	559	ロシア
2.20	*1.82*	*1.64*	9 178	13 295	3 507	**アジア**
10.00	…	…	100	—	—	アフガニスタン
2.45	*2.13*	*1.92*	1 468	1 155	1 608	インド
0.77	*0.71*	*0.70*	396	400	280	インドネシア
2.31	*2.09*	*1.96*	60	30	—	オーストラリア
2.49	*2.55*	*2.48*	555	3 100	14	韓国
4.10	*3.89*	*3.54*	124	—	67	カンボジア
…	…	…	1 280	600	189	北朝鮮
2.86	*2.88*	*2.81*	51	253	7	シンガポール
1.97	*1.74*	*1.56*	255	6	62	スリランカ
1.37	*1.33*	*1.16*	361	200	94	タイ
2.08	*2.09*	*1.95*	169	1 657	12	(台湾)
1.26	*1.21*	*1.20*	2 035	510	500	中国
1.07	*1.06*	*1.12*	247	56	14	日本
1.56	*1.32*	*1.38*	9	3	—	ニュージーランド
1.29	*1.15*	*1.08*	97	—	15	ネパール
3.12	*2.96*	*2.59*	652	—	291	パキスタン
0.39	*0.32*	*0.32*	4	—	—	パプアニューギニア
1.01	*0.98*	*0.94*	163	—	64	バングラデシュ
2.19	*1.66*	*1.80*	2	—	—	東ティモール
1.16	*1.07*	*0.90*	4	6	—	フィジー
1.47	*1.45*	*1.37*	145	131	12	フィリピン
3.66	*3.24*	*2.36*	7	1	1	ブルネイ
1.67	*1.73*	*1.46*	482	5 000	40	ベトナム
1.10	*1.03*	*0.96*	113	52	23	マレーシア
2.94	*5.23*	*3.15*	356	—	107	ミャンマー
0.81	*0.67*	*0.59*	10	137	8	モンゴル
…	…	…	29	—	100	ラオス
4.81	*4.28*	*3.79*	2 572	1 683	1 152	**中東・北アフリカ**
5.52	*4.56*	*4.04*	63	—	—	アラブ首長国連邦
6.69	*5.59*	*4.78*	139	150	187	アルジェリア
…	…	…	40	—	—	イエメン
4.97	*4.85*	*4.30*	170	465	8	イスラエル

各国の防衛費と兵力比較（Ⅲ）

	防衛費（百万ドル）			1人あたり防衛費（ドル）		
	2020	2021	2022	2020	2021	2022
イラク········	10 191	7 423	8 690	262	187	215
イラン········	16 549	28 102	44 011	195	327	507
エジプト······	4 106	4 839	5 211	39	45	48
オマーン······	7 483	6 431	6 431	2 059	1 741	1 709
カタール······	6 466	6 258	8 419	2 645	2 523	3 357
クウェート····	6 823	9 635	9 172	2 279	3 178	2 989
サウジアラビア	52 000	50 667	45 600	1 522	1 457	1 290
シリア········	…	…	…	…	…	…
チュニジア····	1 153	1 231	1 283	98	104	108
バーレーン····	1 405	1 399	1 399	934	916	908
モーリタニア··	207	213	229	52	52	55
モロッコ······	5 961	6 521	6 413	168	182	175
ヨルダン······	1 719	1 801	1 933	159	165	176
リビア········	…	…	…	…	…	…
レバノン······	741	…	…	136	…	…
中南アメリカ··	49 150	49 508	51 245	115	109	109
アルゼンチン··	2 904	2 588	3 380	64	56	73
ウルグアイ····	509	516	546	150	152	160
エクアドル····	1 545	1 593	1 581	91	93	91
エルサルバドル	172	248	257	27	38	39
ガイアナ······	66	71	85	88	90	107
キューバ······	…	…	…	…	…	…
グアテマラ····	366	340	400	21	20	23
コスタリカ····	457	430	423	90	84	81
コロンビア····	5 480	6 078	6 307	112	121	129
ジャマイカ····	238	207	204	85	73	72
スリナム······	…	…	…	…	…	…
チリ··········	4 049	4 041	3 758	223	221	204
ドミニカ共和国	589	582	761	56	55	71
トリニダード・トバゴ	954	773	838	789	633	596
ニカラグア····	79	81	85	13	13	13
パナマ········	753	830	870	193	211	201
パラグアイ····	278	278	276	39	38	37
ブラジル······	22 234	21 293	22 951	105	100	106
ベネズエラ····	…	…	…	…	…	…
ベリーズ······	25	20	23	61	49	57
ペルー········	2 132	1 818	1 746	67	56	54
ボリビア······	479	476	481	41	40	40
ホンジュラス··	345	352	371	37	38	39
メキシコ······	5 352	6 713	5 743	42	52	44
サハラ以南アフリカ	17 034	17 992	20 965	32	32	33
アンゴラ······	1 014	993	1 760	31	30	51
ウガンダ······	960	1 222	1 091	22	27	24

防衛費のGDPに占める割合(%)			兵力(千人)(2022)			
2020	2021	2022	正規	推定予備	準軍隊	
6.01	*3.71*	*3.16*	193	—	266	イラク
1.70	*1.77*	*2.23*	610	350	40	イラン
1.41	*1.45*	*1.39*	439	479	397	エジプト
10.12	*7.49*	*5.90*	43	—	4	オマーン
4.48	*3.48*	*3.80*	17	—	5	カタール
6.44	*7.10*	*5.00*	18	24	7	クウェート
7.39	*6.08*	*4.51*	257	—	25	サウジアラビア
…	…	…	169	—	100	シリア
2.91	*2.81*	*2.95*	36	—	12	チュニジア
4.05	*3.61*	*3.22*	8	—	11	バーレーン
2.41	*2.15*	*2.27*	16	—	5	モーリタニア
4.92	*4.57*	*4.50*	196	150	50	モロッコ
4.90	*4.91*	*4.75*	101	65	15	ヨルダン
…	…	…	…	…	…	リビア
3.03	…	…	60	—	20	レバノン
1.17	*1.00*	*0.92*	1 488	2 132	1 269	**中南アメリカ**
0.75	*0.53*	*0.54*	72	—	31	アルゼンチン
0.95	*0.87*	*0.77*	21	—	1	ウルグアイ
1.56	*1.51*	*1.37*	41	118	1	エクアドル
0.71	*0.86*	*0.80*	25	10	26	エルサルバドル
1.20	*0.92*	*0.57*	3	1	—	ガイアナ
…	…	…	49	39	27	キューバ
0.47	*0.40*	*0.44*	18	64	25	グアテマラ
0.75	*0.68*	*0.62*	—	—	10	コスタリカ
2.04	*1.95*	*1.85*	256	35	172	コロンビア
1.71	*1.34*	*1.27*	6	3	—	ジャマイカ
…	…	…	2	—	—	スリナム
1.60	*1.28*	*1.21*	69	19	45	チリ
0.75	*0.61*	*0.68*	56	—	15	ドミニカ共和国
4.46	*3.22*	*2.86*	5	1	—	トリニダード・トバゴ
0.63	*0.58*	*0.54*	12	—	—	ニカラグア
1.40	*1.31*	*1.22*	—	—	28	パナマ
0.78	*0.72*	*0.66*	14	165	15	パラグアイ
1.53	*1.32*	*1.21*	367	1 340	395	ブラジル
…	…	…	123	8	220	ベネズエラ
1.26	*0.86*	*0.87*	2	1	—	ベリーズ
1.04	*0.80*	*0.73*	81	188	77	ペルー
1.30	*1.17*	*1.11*	34	—	37	ボリビア
1.45	*1.24*	*1.21*	15	60	8	ホンジュラス
0.49	*0.52*	*0.40*	216	82	137	メキシコ
1.49	*1.42*	*1.48*	1 960	93	295	**サハラ以南アフリカ**
1.74	*1.32*	*1.41*	107	—	10	アンゴラ
2.56	*2.84*	*2.26*	45	10	1	ウガンダ

各国の防衛費と兵力比較（Ⅳ）

	防衛費（百万ドル）			1人あたり防衛費（ドル）		
	2020	2021	2022	2020	2021	2022
エチオピア‥‥	429	377	1 576	4	3	14
エリトリア‥‥	…	…	…	…	…	…
ガーナ‥‥‥‥	276	362	262	9	11	8
ガボン‥‥‥‥	272	312	280	122	136	119
カメルーン‥‥	407	444	419	15	16	14
ギニア‥‥‥‥	211	247	327	17	19	25
ケニア‥‥‥‥	1 102	1 099	1 346	21	20	24
コートジボワール	608	638	610	22	23	6
コンゴ共和国‥	311	313	264	59	58	48
コンゴ民主共和国	346	291	372	3	3	13
ザンビア‥‥‥	358	282	444	21	15	23
シエラレオネ‥	24	33	26	4	5	3
ジブチ‥‥‥‥	…	…	…	…	…	…
ジンバブエ‥‥	39	287	751	3	19	50
スーダン‥‥‥	…	…	…	…	…	…
セネガル‥‥‥	346	474	423	22	29	24
ソマリア‥‥‥	…	…	…	…	…	…
タンザニア‥‥	803	903	943	14	15	15
チャド‥‥‥‥	274	286	259	16	16	14
中央アフリカ共和国	41	43	39	7	8	7
トーゴ‥‥‥‥	116	118	173	13	14	20
ナイジェリア‥	2 505	2 423	2 778	12	11	12
ナミビア‥‥‥	378	367	363	144	137	133
ニジェール‥‥	211	203	244	9	9	10
ブルキナファソ	388	459	469	19	21	21
ブルンジ‥‥‥	62	65	67	5	5	5
ベナン‥‥‥‥	56	226	394	4	17	29
ボツワナ‥‥‥	560	520	495	242	221	208
マダガスカル‥	107	102	102	4	4	4
マラウイ‥‥‥	69	82	75	3	4	4
マリ‥‥‥‥‥	787	855	831	40	42	40
南アフリカ共和国	3 321	3 342	3 090	59	59	54
南スーダン‥‥	92	43	64	9	4	6
モザンビーク‥	131	143	145	4	5	5
リベリア‥‥‥	12	20	19	2	4	3
ルワンダ‥‥‥	128	152	169	10	12	13
レソト‥‥‥‥	38	35	40	19	16	18
世界計‥‥‥3)	**1 846 484**	**1 928 158**	**1 978 617**	295	321	326

イギリス国際戦略研究所（IISS）"The Military Balance"（2023年版）より作成。防衛費は各国公表値のドル換算（公式レート）で名目値。防衛費を公表していない国は、IISSの推計値となっている。公表される防衛費に含まれる内容は、国ごとに異なるため注意。NATO加盟国は、原則としてNATO定義（軍人恩給、自国内に駐留する他の部隊に対する受入国政府負担経費、研究開発費など、当該国の国防に対するすべての支出を含む）による。↗

防衛費のGDPに占める割合（％）			兵力（千人）（2022）			
2020	2021	2022	正規	推定予備	準軍隊	
0.44	*0.38*	*1.42*	503	—	—	エチオピア
…	…	…	302	…	—	エリトリア
0.39	*0.46*	*0.34*	16	—	—	ガーナ
1.77	*1.54*	*1.26*	5	—	2	ガボン
1.00	*0.98*	*0.95*	25	—	9	カメルーン
1.49	*1.53*	*1.66*	10	—	3	ギニア
1.09	*0.99*	*1.17*	24	—	5	ケニア
0.99	*0.91*	*0.89*	27	—	…	コートジボワール
3.01	*2.48*	*1.82*	10	—	2	コンゴ共和国
0.71	*0.52*	*0.58*	134	—	—	コンゴ民主共和国
1.98	*1.32*	*1.64*	15	3	1	ザンビア
0.58	*0.79*	*0.63*	9	—	—	シエラレオネ
…	…	…	8	—	5	ジブチ
0.17	*0.87*	*1.96*	29	—	22	ジンバブエ
…	…	…	104	—	40	スーダン
1.41	*1.72*	*1.54*	14	—	5	セネガル
…	…	…	14	—	—	ソマリア
1.25	*1.28*	*1.23*	27	80	1	タンザニア
2.55	*2.43*	*2.00*	33	—	12	チャド
1.73	*1.67*	*1.56*	9	—	1	中央アフリカ共和国
1.53	*1.40*	*2.07*	13	—	3	トーゴ
0.58	*0.55*	*0.55*	143	—	80	ナイジェリア
3.58	*2.98*	*2.91*	10	—	6	ナミビア
1.53	*1.35*	*1.66*	33	—	25	ニジェール
2.23	*2.40*	*2.57*	7	—	4	ブルキナファソ
2.02	*1.95*	*1.81*	30	—	1	ブルンジ
0.36	*1.27*	*2.24*	12	—	5	ベナン
3.75	*2.95*	*2.75*	9	—	—	ボツワナ
0.82	*0.71*	*0.68*	14	—	8	マダガスカル
0.58	*0.69*	*0.65*	11	—	4	マラウイ
4.50	*4.47*	*4.51*	21	—	20	マリ
0.98	*0.80*	*0.75*	74	—	15	南アフリカ共和国
1.37	*0.84*	*1.33*	53	—	—	南スーダン
0.93	*0.91*	*0.81*	11	—	—	モザンビーク
0.40	*0.56*	*0.48*	2	—	—	リベリア
1.26	*1.38*	*1.40*	33	—	2	ルワンダ
1.84	*1.42*	*1.58*	2	—	—	レソト
1.96	*1.76*	*1.67*	**20 774**	**22 517**	**7 911**	世界計3)

↘地域区分は原資料通りで、他表の分類とは異なる。ロシアの防衛予算は中央政府予算のみで、他の枠組み下にある防衛関連支出は含まれないと推計される。また、2022年のロシアとウクライナに関しては、2月に開始したロシアのウクライナ侵攻に関連するデータが反映されていないと推測される。1）沿岸警備隊費。軍隊は設立されていない。2）ボスニア・ヘルツェゴビナ。3）公表値未発表の国は含まれない。各地域計も同じ。

図 13-3　防衛費の上位10か国（2022年）

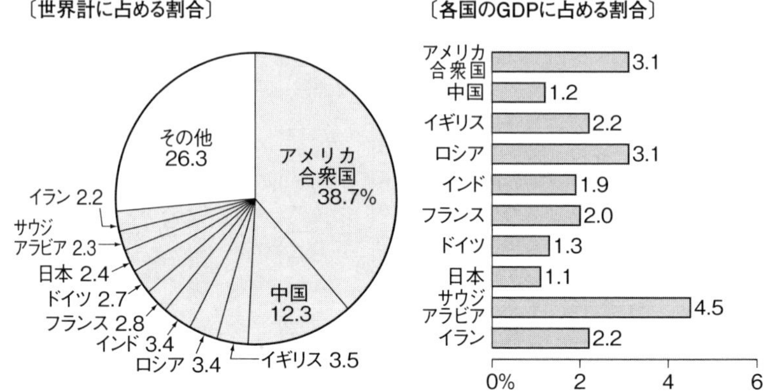

資料・注記は表13-3に同じ。世界計は1兆9786億ドル。

図 13-4　主な国の兵力（概数）（2021/22年）

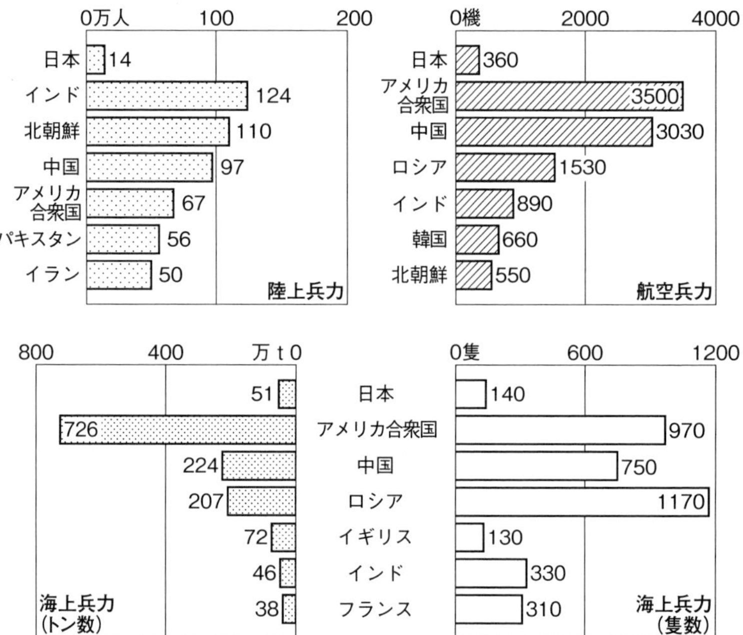

防衛省「防衛白書」(2022年版）より作成（原資料は「ミリタリー・バランス」および「ジェーン年鑑」など)。陸上兵力は陸軍の兵員。海上兵力は艦船トン数および隻数。航空兵力は作戦機数。日本は2021年度末の実勢力で、航空兵力の作戦機数は、航空自衛隊の作戦機（輸送機を除く）と海上自衛隊の作戦機（固定翼のみ）の合計。

表 13-4　主な国の軍種別兵力（2022年11月現在）（単位　千人）

	正規兵力				推定予備兵力	準軍隊
	計	陸軍	海軍	空軍		
中国	2 035	965	260	395	510	500
インド	1 468	1 237	74	140	1 155	1 608
アメリカ合衆国	1 360	465	346	325	817	—
北朝鮮	1 280	1 100	60	110	600	189
ロシア	1 190	550	145	165	1 500	559
ウクライナ 1)	688	250	13	37	400	250
パキスタン	652	560	22	70	—	291
イラン	610	350	18	37	350	40
韓国	555	420	70	65	3 100	14
エチオピア	503	500	—	3	—	—
ベトナム	482	412	40	30	5 000	40
エジプト	439	310	19	30	479	397
インドネシア	396	300	65	30	400	280

イギリス国際戦略研究所（IISS）"The Military Balance"（2023年版）より作成。正規兵力の計には、陸・海・空軍以外で各国が有する兵力を含む。1）領土防衛兵として350千人。

表 13-5　主要国・地域の兵役制度

	区分	徴兵の服務期間および備考
アメリカ	志願	
ロシア	徴兵	12か月、志願制を併用
イギリス	志願	
中国	徴兵	24か月（選択的徴兵制）
フランス	志願	2001年に徴兵制廃止（1997年より新規徴兵を停止）
ドイツ	志願	任意徴兵は最長23か月の兵役義務
ウクライナ	徴兵	20歳以上で、陸空軍：18か月、海軍：24か月
スウェーデン	徴兵	4～11か月（2018年より選択徴兵制復活）
フィンランド	徴兵	165日、255日、347日
ノルウェー	徴兵	19か月（最長）
インド	志願	
韓国	徴兵	男性、陸軍：18か月、海軍：20か月、空軍：21か月
北朝鮮	徴兵	陸軍：5～12年、海軍：5～10年、空軍：3～4年
（台湾）	徴兵	19～40歳で、1993年生まれ以前の人は12か月間、1994年以降生まれの人は4か月間の強制的な軍事訓練がある
タイ	徴兵	24か月（男性）で、くじ引きによる選抜
ベトナム	徴兵	陸軍・防空軍：2年、空軍・海軍：3年 特技者は3年、一部の少数民族は2年
イスラエル	徴兵	将校：48か月、その他：32か月、女性：24か月 兵役義務はユダヤ教とイスラム教ドゥルーズ派のみ
イラン	徴兵	18～21か月
トルコ	徴兵	12か月（大学者5.5か月、免除のある大卒者21日）
エジプト	徴兵	12か月～36か月

イギリス国際戦略研究所（IISS）"The Military Balance"（2023年版）などより作成。

国連平和維持活動（PKO）の現況（2023年３月末現在）

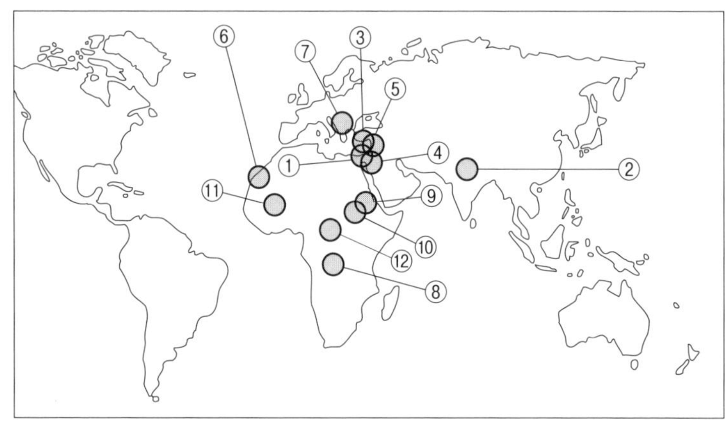

①UNTSO（国連休戦監視機構）：1948年５月～
　パレスチナにおける休戦状態の監視。

②UNMOGIP（国連インド・パキスタン軍事監視団）：1949年１月～
　ジャム・カシミール地域での両国の休戦を監視。

③UNFICYP（国連キプロス平和維持隊）：1964年３月～
　ギリシャ系のキプロス国家守備隊とトルコ系軍との戦闘再発を防止。

④UNDOF（国連兵力引き離し監視隊）：1974年５月～
　イスラエルとシリアのゴラン高原での休戦を監視。

⑤UNIFIL（国連レバノン暫定隊）：1978年３月～
　レバノン南部からのイスラエル軍の撤退を確認。

⑥MINURSO（国連西サハラ住民投票監視団）：1991年４月～
　モロッコへの統合か独立かを選択するための住民投票を監視。

⑦UNMIK（国連コソボ暫定行政ミッション）：1999年６月～
　2008年の独立により権限が移譲されたコソボ政府の監視・監督。

⑧MONUSCO（国連コンゴ民主共和国安定化ミッション）：2010年７月～
　1999年11月から開始したミッションを引き継ぎ、文民保護などに当たる。

⑨UNISFA（国連アビエ暫定治安部隊）：2011年６月～
　スーダン南部アビエ地区の武装解除と治安維持。

⑩UNMISS（国連南スーダン共和国ミッション）：2011年７月～
　新独立国の南スーダンの国家建設と発展に向けての援助と治安の維持。

⑪MINUSMA（国連マリ多面的統合安定化ミッション）：2013年４月～
　2013年７月１日にアフリカ主導の多国籍軍から任務を引き継ぐ。

⑫MINUSCA（国連中央アフリカ多面的統合安定化ミッション）：2014年４月～
　内戦下での民間人の保護、人道支援の促進などにあたる。

図 13-5　各国のPKOへの派遣人員と予算分担率（2023年）

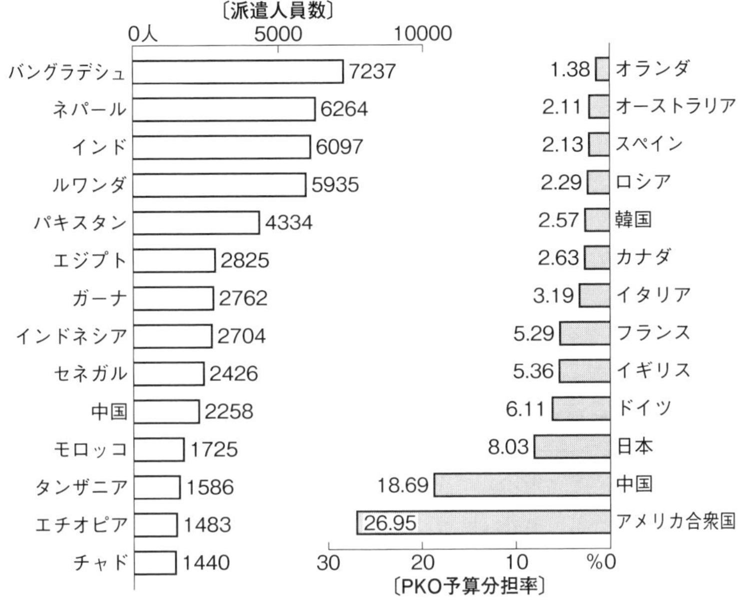

国連平和維持活動（United Nations Peacekeeping Operations）資料より作成。派遣人員数は警官などを含み、2023年３月末時点で総数は７万6712人。日本人は４人。PKO年間予算は2022／23年（７月～６月）で、総額65億1319万ドル。

図 13-6　通常兵器の輸出の推移

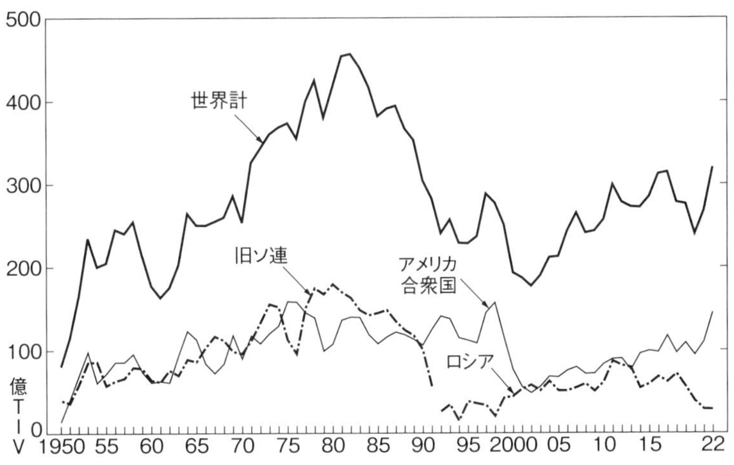

資料・注記は表13-6に同じ。データは過去に遡って見直されるので注意。

図 13-7　通常兵器輸出入の国別割合（2018～2022年計）（単位　TIV）

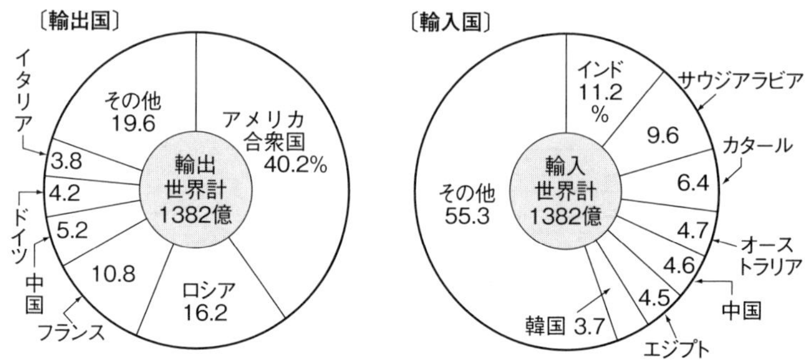

資料・注記は表13-6に同じ。

表 13-6　通常兵器輸出国・輸入国（単位　百万TIV）

輸出国	2018	2019	2020	2021	2022	2018～22の合計
アメリカ合衆国	9 674	10 888	9 426	10 994	14 515	55 497
ロシア……	7 173	5 627	3 904	2 857	2 820	22 381
フランス……	1 998	3 612	2 378	3 853	3 021	14 862
中国……	1 372	1 585	704	1 462	2 017	7 139
ドイツ……	1 106	1 020	1 172	938	1 510	5 745
イタリア……	539	384	848	1 673	1 825	5 269
イギリス……	683	910	625	656	1 504	4 377
計×……	**27 807**	**27 607**	**24 000**	**26 792**	**31 983**	**138 190**

輸入国	2018	2019	2020	2021	2022	2018～22の合計
インド……	2 118	3 470	2 847	4 167	2 846	15 449
サウジアラビア	3 276	3 484	2 491	1 739	2 272	13 262
カタール……	581	2 048	838	2 075	3 342	8 883
オーストラリア	1 582	1 186	1 655	1 260	761	6 445
中国……	2 119	1 503	884	981	807	6 293
エジプト……	1 638	1 157	1 403	1 287	701	6 186
韓国……	1 140	1 495	1 276	798	408	5 115
パキスタン……	886	733	688	1 180	1 565	5 051
日本……	755	972	923	947	1 291	4 887
アメリカ合衆国	380	890	801	868	837	3 777
アラブ首長国連邦	1 136	810	564	508	681	3 699
クウェート……	96	55	66	904	2 249	3 371
イギリス……	518	342	652	878	799	3 189
ウクライナ……	70	23	18	39	2 644	2 794

ストックホルム国際平和研究所（SIPRI）Arms Transfers Database（https://www.sipri.org/databases　2023年５月15日閲覧）より作成。TIV（trend-indicator value）はSIPRIによる独自の価格単位で、通常兵器の移転に関する販売価格ではなく生産コストなどに基づいて見積もられた評価額のこと。×はその他を含む。輸入の計は輸出と同じ。

図 13-8　通常兵器輸出入国の輸出先と輸入先（2018～2022年計）

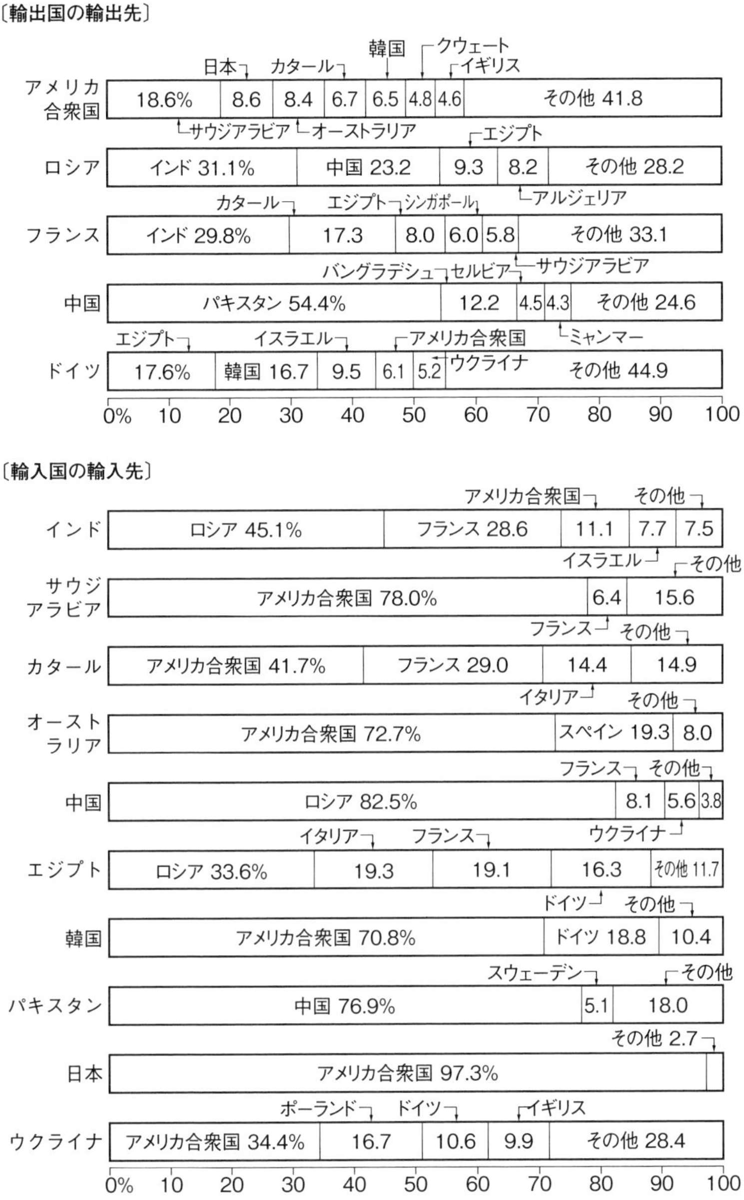

〔輸出国の輸出先〕

アメリカ合衆国	サウジアラビア 18.6%、日本 8.6、オーストラリア 8.4、カタール 6.7、韓国 6.5、クウェート 4.8、イギリス 4.6、その他 41.8
ロシア	インド 31.1%、中国 23.2、エジプト 9.3、アルジェリア 8.2、その他 28.2
フランス	インド 29.8%、カタール 17.3、エジプト 8.0、シンガポール 6.0、サウジアラビア 5.8、その他 33.1
中国	パキスタン 54.4%、バングラデシュ 12.2、セルビア 4.5、ミャンマー 4.3、その他 24.6
ドイツ	エジプト 17.6%、韓国 16.7、イスラエル 9.5、アメリカ合衆国 6.1、ウクライナ 5.2、その他 44.9

〔輸入国の輸入先〕

インド	ロシア 45.1%、フランス 28.6、アメリカ合衆国 11.1、イスラエル 7.7、その他 7.5
サウジアラビア	アメリカ合衆国 78.0%、フランス 6.4、その他 15.6
カタール	アメリカ合衆国 41.7%、フランス 29.0、イタリア 14.4、その他 14.9
オーストラリア	アメリカ合衆国 72.7%、スペイン 19.3、その他 8.0
中国	ロシア 82.5%、フランス 8.1、ウクライナ 5.6、その他 3.8
エジプト	ロシア 33.6%、イタリア 19.3、フランス 19.1、ドイツ 16.3、その他 11.7
韓国	アメリカ合衆国 70.8%、ドイツ 18.8、その他 10.4
パキスタン	中国 76.9%、スウェーデン 5.1、その他 18.0
日本	アメリカ合衆国 97.3%、その他 2.7
ウクライナ	アメリカ合衆国 34.4%、ポーランド 16.7、ドイツ 10.6、イギリス 9.9、その他 28.4

資料・注記は表13-6に同じ。

表 13-7　主な兵器製造および軍事関連企業

企業名	国名	軍事売上高（百万ドル）		対総売上高（%）
		2020	2021	2021
ロッキード・マーチン	アメリカ	58 210	60 340	*90*
レイセオン	〃	36 780	41 850	*65*
ボーイング	〃	32 740	33 420	*54*
ノースロップ・グラマン	〃	30 420	29 880	*84*
ゼネラル・ダイナミクス	〃	25 840	26 390	*69*
ＢＡＥシステムズ	イギリス	24 020	26 020	*97*
中国兵器工業集団（NORINCO）	中国	17 930	21 570	*26*
中国航空工業集団（AVIC）	〃	16 980	20 110	*25*
中国航天科技集団（CASC）	〃	16 880	19 100	*44*
中国電子科技集団（CETC）	〃	14 610	14 990	*27*
中国航天科工集団（CASIC）	〃	11 870	14 520	*31*
レオナルド	イタリア	11 160	13 870	*83*
Ｌ３ハリス・テクノロジーズ	アメリカ	14 190	13 360	*75*
中国船舶工業集団（CSSC）	中国	9 370	11 130	*21*
エアバス	1)	11 990	10 850	*18*

ストックホルム国際平和研究所（SIPRI）資料より作成。2015年以降、データが信頼できると判断された中国企業が調査範囲に組み込まれるようになった。1）オランダ、フランス、ドイツなどから成る欧州多国籍企業。

表 13-8　主な軍事衛星（2022年11月現在）（単位　基）

	通信	測位航法1)	気象	情報2)	電子信号3)	宇宙監視	早期警戒4)	RPO5)	計
中国	11	45	8	55	81	—	5	2	207
アメリカ合衆国	47	30	4	14	31	8	10	—	144
ロシア	32	27	—	10	8	—	5	7	89
インド	2	7	—	15	1	—	—	—	25
フランス	4	—	—	6	3	—	—	—	13
日本	2	—	—	9	—	—	—	—	11
イスラエル	3	—	—	7	—	—	—	—	10
イタリア	3	—	—	7	—	—	—	—	10
ドイツ	2	—	—	6	—	—	—	—	8
イギリス	6	—	—	—	—	—	—	—	6

イギリス国際戦略研究所（IISS）"The Military Balance"（2023年版）より作成。主として各国の国防担当省が管理している。同じ名称下で複数の衛星がある場合は、それぞれを1基とする。民生利用を併用するものもある。1）測位・航法およびタイミング（PNT）衛星。アメリカ合衆国はGPS、中国はBeidou。2）情報収集・監視・偵察衛星（ISR）。地表の軍事施設などを光学画像などで監視。日本の情報収集衛星は内閣官房の管理下で、北朝鮮ミサイル問題を契機に2003年導入。3）ELINT/SIGINT（Electric Intelligence/Signals Intelligence）。通信、電子信号などによる情報収集。4）弾道ミサイル発射の探知。5）ランデブーおよび近接オペレーション。

索引

本書の内容や、引用転載等に関するお問い合わせは、編集室までメールにてご連絡ください。
編集室メール：edit@yt-ms.jp

[編集]
編集長　岡田 康弘
白崎 あけみ
吉田 博一
井口 萌奈
福地 早希子
トゥアー 英里奈ジュリエット
細谷 知広
大沼 昇一
有働　洋

世界国勢図会（せかいこくせいずえ） 2023／24

2023年（令和5年）9月1日発行
編集・発行　公益財団法人　矢野恒太記念会（やのつねたきねんかい）
理事長　渡 邉 光一郎
編集長　岡 田 康 弘
〒100-0006　東京都千代田区有楽町 1-13-1　第一生命本館
URL: https://yt-ms.jp

ISBN978-4-87549-458-4
定価 3,300円（本体3,000円＋税10%）

乱丁・落丁本はお取りかえいたします。印刷／大日本印刷株式会社